el tiempo amarillo

MEMORIAS 1921-1997

**Fernando
Fernán Gómez**

el Tiempo amarillo

MEMORIAS 1921-1997

**Fernando
Fernán Gómez**

Prólogo de
Luis Alegre

colección
Entrelíneas

Capitán Swing

Título original:
El tiempo amarillo: Memorias ampliadas (1998)

© Del libro:
Fernando Fernán Gómez

© Del prólogo:
Luis Alegre

© De esta edición:
Capitán Swing Libros, S. L.
c/ Rafael Finat 58, 2º 4 - 28044 Madrid
Tlf: (+34) 630 022 531
contacto@capitanswinglibros.com
www.capitanswinglibros.com

© Diseño gráfico:
Filo Estudio
Ayala 97, local 6
28006 Madrid
www.filoestudio.com

Corrección ortotipográfica:
Toni Montesinos

ISBN: 978-84-942878-8-6
Depósito Legal: M-647-2015
Código BIC: FV

Impreso en España / Printed in Spain
Imprenta Gracel S.L. Alcobendas

Queda prohibida, sin la autorización escrita de los titulares del copyright, bajo las sanciones establecidas en las leyes, la reproducción total o parcial de esta obra por cualquier medio o procedimiento.

Esta obra ha sido publicada con una subvención de la Dirección General del Libro, Archivos y Bibliotecas del Ministerio de Cultura para su préstamo público en Bibliotecas Públicas, de acuerdo con lo previsto en el artículo 37.2 de la Ley de Propiedad Intelectual.

ÍNDICE

Prólogo. Memorias inolvidables 7
01. Los viajes de la memoria 33
02. Cómo empezó todo 47
03. Paseos 59
04. Vidas paralelas 75
05. Precedentes 87
06. Sin vocación teatral 101
07. El servicio doméstico y la poesía 119
08. Prólogo para una tragedia 129
09. Una loca fiesta trágica 145
10. La comedia inhumana 157
11. Una relativa estabilidad 165
12. Puño en alto 173
13. Grandes esperanzas y desesperanzas 185
14. Honradamente hambriento 197
15. Un grano de alegría, un mar de olvido 209
16. Posguerra 223
17. Primeros tiempos 237
18. La sombra del padre 245
19. La guerra de la posguerra 257
20. La destrucción o el amor 267

21. Actor de cine	277
22. Madrid, ciudad ocupada	287
23. El que se muere en *Botón de ancla*	295
24. Un año olvidado	307
25. El ascendente camino del éxito	321
26. Roma	333
27. Hay que volver, volver a empezar	349
28. *Faustina* en Cannes	363
29. La isla de la libertad	371
30. ¿En la mitad del camino?	383
31. Un fantasma muy antiguo	393
32. Las argucias del tiempo	407
33. Un plan muy ambicioso	417
34. Duras experiencias	425
35. Corto viaje a la URSS	433
36. Brindis, discursos, espectáculos	445
37. La noche	457
38. Saldo a favor	465
39. Ocho años después	481
40. Se hace camino al andar	491
41. Ofertas sorprendentes	505
42. Viaje de ida y vuelta	515
43. Diario de una pesadilla	529
44. Avive el seso y despierte	561
45. Renovadas esperanzas	569
46. Presentación, nudo y ¿desenlace?	581
47. El conde de Albrit, Pepe Guindo, Ramón y Cajal y Cicerón	589
Nota final	595

PRÓLOGO
Memorias inolvidables

LUIS ALEGRE

A mí también *El tiempo amarillo* me parece una delicia, una obra maestra de la literatura de la memoria. Pero en este prólogo no voy a insistir en lo que Fernando Fernán Gómez cuenta a su espléndida manera. Tal vez lo mejor es que yo evoque al Fernando que conocí, que escriba mis memorias alrededor de él. Soy el único que lo puede hacer.

Mi devoción por Fernando Fernán Gómez arranca en 1976. Yo tenía 14 años y estudiaba en la Universidad Laboral de Cheste (Valencia). Antonio Paños Esteso, tutor de mi colegio, me había encargado dirigir el cineclub, escribir las reseñas de las películas y moderar el cinefórum con mis compañeros, entre los que, por cierto, se encontraba Bernardo Sánchez, futuro escritor y experto en Rafael Azcona. Un día, en el cineclub, programamos una película que yo desconocía, *El extraño viaje*. Su director era el actor Fernando Fernán Gómez. Esa película me deslumbró, me volvió loco. Yo era muy mitómano y juraba amor eterno a la gente que me hacía feliz. En mi altar figuraban personalidades del cine como Alfred Hitchcock, Luis Buñuel o Ingrid Bergman. Ese día añadí otra: Fernando Fernán Gómez. *El extraño viaje* me cambió la manera de ver y entender el cine. Desde entonces, cualquier cosa de Fernán Gómez me iba a interesar.

En marzo de 1985 yo tenía 23 años, vivía en Zaragoza y escribía de cine en *Andalán*, una combativa revista aragonesa de la Transición. Supe que Fernán Gómez iba a estar unos días en la comarca de Calatayud para rodar *Réquiem por un campesino español* y en seguida fui allí con la excusa de escribir un reportaje. Me quedé tres semanas. Pasé muy buenos ratos con Paco Betriu, Alejo Lorén, Ramón Pilacés, Paco Algora, Antonio Ferrandis, Antonio Banderas, Ana Gracia, José Antonio Labordeta o Terele Pávez. Pero, en las tres semanas, sólo hubo un momento en el que me atreví a decirle «hola» a Fernán Gómez. Fue en la Plaza de Chodes, mientras Fernando aguardaba, sentado, el rodaje de una secuencia. Esa fue toda mi relación con él. Me intimidaba, claro que me intimidaba. Años más tarde coincidí con Fernando, José Luis López Vázquez y Héctor Alterio en un homenaje que Jaime de Armiñán recibió en el Festival de Cine de Huesca. Era junio de 1990. Se jugaba el Mundial de Fútbol de Italia y, en el bar del Hotel Pedro I, vimos juntos la semifinal que jugaron Italia y la Argentina de Maradona. Fernando iba, cómo no, con Argentina, pero le hacía mucha gracia que un jugador italiano se llamara Schillachi, un nombre que sonaba muy parecido a Esquilache, el personaje que acababa de interpretar en la película dirigida por Josefina Molina. Argentina pasó a la final por penaltis y Fernando se puso muy contento. Pero no llegamos a cruzar más de una palabra.

El día de Nochevieja de 1991 fue otra cosa. Yo había cenado con la familia de David Trueba en Madrid, en su casa de Estrecho. Después de las uvas, Maribel Verdú nos animó a que fuéramos a tomar algo a casa de unos amigos. Uno de los que estaban con Maribel era Juan Diego. Hacia las tres de la madrugada se disolvió la reunión y Juan, David y yo dejamos en su casa a Maribel. Entonces, Juan nos dijo: «Y, ahora, vamos a casa de Fernán Gómez.» David y yo nos quedamos paralizados y con la duda de si aquello era una buena idea. Yo conocía a Emma Cohen, la compañera de Fernando, pero no lo suficiente como para invadir su casa a esas horas de la madrugada, por muy Nochevieja que fuera. Pero Juan se empeñó y cedimos en seguida. Nos hacía demasiada ilusión. David también admiraba a Fernán Gómez y, a esas alturas, habíamos hablado a menudo de lo extraordinario del personaje. Pero, además, para nosotros, las nocheviejas en casa de Fernán Gómez eran algo mítico. Yo compartía un gran amigo con Fernán Gómez, Pedro —Perico— Beltrán, al que había conocido en 1982 en un coloquio sobre *El extraño viaje*. Perico era el guionista de esa película que a mí me cambió la vida pero, además, era un ser insólito que había que conocer para creer que, realmente, alguien así era posible. Perico me había referido muchas veces esas nocheviejas. Yo sabía casi de memoria la gente que solía acudir: Eduardo Haro Tecglen, Charo López, José Sacristán, José Luis García Sánchez, Julieta Serrano, Tina Sáinz, Juan Tébar, Concha Barral, Agustín González, Manolo Alexandre, Pedro Mari Sánchez, María Asquerino, Juan Estelrich Jr., Kathleen López, Jaime de Armiñán, Elena Santonja, Francisco Umbral, María España, Marisa Paredes, Jesús García de Dueñas, Teresa Pellicer, Enrique Brasó, Luis María Delgado, Manolo Pérez Estremera, Charo Emma, Pablo del Amo, Álvaro de Luna, Dolores, la mujer que trabajaba en la casa o Helena y Fernando, los hijos de Fernando.

Llegamos a casa de Fernando y Emma, en el Paseo de la Castellana, al lado del Santiago Bernabeu. Emma nos abrió, nos felicitó el Año Nuevo, le presentamos a David y nos invitó a pasar al salón.

Allí estaba Fernando rodeado de amigos. Yo pregunté por Perico Beltrán. Emma me dijo que se acababa de marchar y nos ofreció tomar algo. Entonces, Juan Diego se dirigió a la tertulia y dijo: «Compañeros, os presento a David y a Luis. Son dos cantantes callejeros de Zaragoza a los que me acabo de encontrar. No tienen dónde pasar la noche y se me ha ocurrido traerles aquí para que os canten un poco. Luego pasaré la gorra.» Fernando y sus amigos nos miraban, tal vez pensando que este tipo de cosas sólo podían pasar en Nochevieja y con Juan Diego. Entonces, Juan nos animó a cantar. Yo entoné *Te lo juro yo*, a la manera de Miguel de Molina, mientras David me hacía los coros. Recibimos una cerrada ovación. Emma y José Sacristán, que también me conocía, callaban, cómplices. Juan recorrió el grupo para recoger la limosna. La recaudación ascendía a algo más de 10.000 pesetas. Juan dijo: «Como representante vuestro que soy, me corresponde el 75%. Con lo que queda, ya tenéis para la pensión.» Todos se rieron y Fernando nos invitó a tomar asiento. Nos colocamos en un lugar discreto. Emma nos trajo los *gin-tonics*. David y yo estábamos absortos. La tertulia se reanudó. Y, entonces, Fernando comenzó a hablar. En seguida comprendimos por qué tenía esa fama de gran conversador. Si alguno de la tertulia le interrumpía nos daban ganas de decirle que por qué no cerraba la boca de una vez.

Un par de meses después Fernando vino a Zaragoza a participar en «Invitación a la lectura», un ciclo organizado por el profesor Ramón Acín en el que los escritores hablaban sobre su obra con los alumnos de unos institutos de secundaria. Fui con Ramón a esperar a Fernando al aeropuerto, pasamos el día con él, asistimos a sus encuentros con los estudiantes, comimos, merendamos y luego, por la noche, con mi amigo Cuchi, le acompañé al aeropuerto. Me recuerdo ahora con él, en el taxi, charlando de nuestro querido Julio Alejandro, el guionista de Luis Buñuel. Fue el viernes 28 de febrero de 1992. Lo sé con tanta precisión porque guardo el artículo que publiqué sobre él en *El periódico de Aragón* el domingo anterior a su visita, aprovechando que justo esa semana Emma Cohen había representado en el Teatro Principal de Zaragoza, *Los domingos, bacanal*, una obra, precisamente, de Fernando, dirigida por José Luis García Sánchez.

Ese texto lo titulé «¿Sólo se vive una vez?» y en él mostraba mi asombro por la inaudita versatilidad de Fernando y por su capacidad para dejar obras claves como actor, escritor y director, en la literatura, el cine, el teatro y la televisión. Nadie como él sintetizaba lo mejor de la cultura española en el siglo XX.

En realidad, nadie como él reflejaba mejor un cierto siglo XX español. Fernando pertenecía a esa generación de españoles cuyas vidas recorrieron el final de la Restauración, la Monarquía de Alfonso XIII, la dictadura de Primo de Rivera, la Segunda República, la Guerra Civil, la posguerra y el franquismo, la Transición, la democracia y la España de los primeros años del siglo XXI. Se trata de una generación única, testigo de periodos y acontecimientos de gran calado histórico. Cada uno de esos periodos y acontecimientos podían marcar la vida de cualquiera. Fernando fue uno de esos españoles que los vivió todos, con la particularidad de hacerlo desde un mundo tan especial como el de la cultura y el espectáculo y desde unas circunstancias personales y profesionales tan fuera de lo común como las suyas. Si, por lo demás, se reparaba en su inteligencia, gracia y poder de observación, en su forma de percibir y contar las cosas de la vida y en su gran categoría como escritor, es complicado pensar en otro español más preparado para escribir unas memorias inolvidables. Por todo eso, entre otras cosas, *El tiempo amarillo* es un libro tan maravilloso.

El verano de 1992 también fue maravilloso. Fernando Trueba nos había contado a su hermano David y a mí el reparto de *Belle Époque*, la película que iba a rodar durante julio y agosto en la zona de Vila Franca de Xira y Arruda dos Vinhos, cerca de Lisboa: Jorge Sanz, Maribel Verdú, Penélope Cruz, Ariadna Gil, Miriam Díaz Aroca, Gabino Diego, Chus Lampreave, Agustín González, Michel Galabru, María Galiana, Joan Potau, Mari Carmen Ramírez y Fernando Fernán Gómez. El personaje de Fernando era un traje a medida: un pintor bohemio, ilustrado y libertario que, poco antes de la proclamación de la Segunda República, acoge en su casa a Fernando, un joven desertor del ejército. En la casa viven las cuatro hijas de Manolo que, una detrás de otra, seducen al chico. Fernando Trueba había escrito la historia de *Belle Époque* con José Luis García Sánchez y Rafael Azcona. La película retrataba la ilusión fugaz de una vida soñada, de una España soñada.

David y yo decidimos no perdernos aquello. Y, a finales de julio, con el Renault 5 amarillo de David, allá que fuimos. El ambiente que encontramos ya no podía ser más agradable. Nuestra primera idea era quedarnos tres o cuatro días pero al final nos quedamos cuatro semanas, con todas sus noches. Esos días fueron una fiesta total para David y para mí, que no teníamos otra cosa que hacer que disfrutar. Y tuvimos mucho tiempo para disfrutar de Fernán Gómez, en los descansos del rodaje, en las comidas y cenas, en las noches de los sábados. Fernando se sentía muy a gusto en aquel rodaje y con aquella gente. Y nosotros nos reíamos mucho con él. A gusto y relajado, Fernando era la compañía más divertida posible.

Ese verano del 92 fue crucial en nuestra relación con Fernando. Yo creo que, desde entonces, nos aceptó como amigos. Esa era una de las cosas fantásticas de Fernando: siempre estaba deseando conocer gente nueva. Sé de muchos que, llegado un momento, piensan que ya no pueden admitir ninguna otra amistad, ningún afecto más, y eluden conocer más personas. Fernando era mayor que mis padres y tenía un montón de amigos. Sin embargo, estaba encantado de que unos chicos a los que llevaba más de 40 años entraran en su vida. Y eso es lo que hicimos.

Durante los últimos 15 años de su vida fuimos amigos de Fernando. Esos años tienen una escasa presencia en *El tiempo amarillo*. Eso hace que tenga más sentido que en este prólogo escriba del Fernando que conocí en ellos.

Había algunos ritos en nuestra relación con él: las fiestas en su casa en Nochevieja y el día de su cumpleaños, cada 28 de agosto. Era la bonita costumbre que Fernando y Emma tenían para disciplinar el cultivo de la amistad. Pero luego estaban nuestras cenas, que yo mismo convocaba, y que no se quería perder nadie cuando dejaba caer que Fernando había confirmado su asistencia. Eran cenas en las que nos reuníamos 10, 12, 15, 20 o 30 personas. Nuestro restaurante de referencia era el Hispano, en la Castellana, pero también cenábamos en otros como Casa Benigna, La Misión, La Taberna del Alabardero o Nabucco. El núcleo duro de esas cenas lo formaban Fernando Trueba, Cristina Huete, José Luis García Sánchez, Rosa León, David Trueba, Ariadna Gil, Ana Belén, María Barranco, Víctor Manuel, Jorge Sanz y yo mismo. Pero a lo largo de los años a esas cenas vinieron decenas de actores, actrices, directores, periodistas, productores, músicos, políticos, cantantes o escritores, de varias generaciones: El Gran Wyoming, Imanol Uribe, Eduardo Noriega, Elena Anaya, Ana Álvarez, Penélope Cruz, Carmen Alborch, Francisco Umbral, María España, Paco Rabal, Asunción Balaguer, Mauricio Vicent, Itziar Miranda, Arturo Valls, Nerea Barrios, Maribel Verdú, Pedro Larrañaga, Concha García Campoy, Agustín Díaz Yanes, Lorenzo Díaz, Loles León, Rosa María Sardá, Gustavo Salmerón, Rafael Escuredo, Ana María Ruiz Tacgle, Goya Toledo, Lucía Jiménez, Beatriz Rico, Emma Suárez, Antonio Resines, Manuel Vicent, Marisa Paredes, Daniel Calparsoro, Irene Visedo, Pilar Punzano, Víctor y Marta García León, Leonor Watling, Ana Huete, Jonás Trueba, Ángel León, Alejandro Pelayo, Elsa Pataky, Joaquín Sabina, Andrés Vicente Gómez, Juan Luis Galiardo, Fernando León, Gracia Querejeta, Santiago Segura, Félix Romeo, Quique San Francisco, Eduardo Cruz, Carmen Rico Godoy, Manolo Iborra, Mariano Gistaín, Gabino Diego o Verónica Forqué.

La noche que no venía Fernando lo extrañábamos demasiado. Resultaba muy excitante su presencia y, cuando abría la boca, era un espectáculo. Con sus 75, 80, 85 años, mantenía una agilidad mental, una alegría y unas ganas de alegrar la vida de los que le rodeaban muy impactantes. Uno de los lugares decisivos para Fernando —en *El tiempo amarillo* lo detalla— fue el Café Gijón, en el que «vivió» durante unos 30 años. Fernando fue un adicto a esa cultura del café y de la tertulia y yo creo que nuestras cenas prolongaban, de algún modo, aquel ambiente que tanto le marcó y en el que él reunía todas las condiciones para ser una estrella.

Una noche de verano, después de cenar, quisimos ir a la terraza de la Plaza de la Paja. Pero, al salir del restaurante, no encontramos taxis. Entonces, a nuestro lado se detuvo una furgoneta del servicio municipal de limpieza, con dos hombres. David Trueba, sin pensarlo dos veces, se dirigió a los empleados y les dijo: «¿Ustedes nos podrían hacer el favor de llevar en su furgoneta a la Plaza de la Paja al señor Fernán Gómez y al señor Umbral, que ya están un poco mayores?» Debían de ser cerca de las dos de la madrugada. Los empleados reconocieron a nuestros amigos y, sin poner una sola pega, con total naturalidad, abrieron la puerta trasera de la furgoneta y les animaron a subir. Emma Cohen y María España, la mujer de Umbral, también se metieron en la furgoneta. Al poco rato, llegaron un par de taxis para los demás.

En la Plaza de la Paja no había mucha gente. Nos sentamos en la terraza y pedimos unas copas. Pasó Juan Barranco, el que fuera alcalde de Madrid, y saludó a Umbral. Luego, nos pusimos a charlar. Umbral tenía un gran vozarrón, que conocía toda España. Su voz se escuchaba muy bien en la terraza semivacía y silenciosa. Entonces, un vecino, desde una de las ventanas, gritó: «¡Umbral, cállate de una puta vez que no nos dejas dormir!» Cualquiera puede imaginar el ataque de risa que nos dio a todos. Fernando nunca se reía a carcajadas pero se notaba mucho cuando algo le divertía. El grito lo interpretamos como un aviso. Dejamos la terraza pero ni a Umbral ni a Fernán Gómez les apetecía marcharse a casa. Eran las cuatro de la madrugada. Fernando tendría 78 años. Preguntamos por algún garito que permaneciera abierto y nos metimos en uno cercano a la plaza. Fernando y Umbral bebían whisky. El garito estaba muy oscuro. Seguimos hablando y hablando. Fernando estaba imparable. A las cinco, Umbral arrojó la toalla y se marchó a casa. Salimos de aquel bar sobre las siete de la mañana. Yo propuse ir a desayunar a algún lado y Fernando y Emma aceptaron en seguida. También se apuntaron David, Mariano Gistaín y Félix Romeo, dos escritores aragoneses, íntimos amigos míos. Éramos los únicos supervivientes. Encontramos una cafetería cerca de la Plaza de la Ópera. Pedimos chocolate con porras. Nunca se me olvidará la cara de niño pillo que puso Fernando cuando, al llegar el plato con las porras, se abalanzó sobre ellas antes que nadie y se llevó una a la boca.

Esa fue una de las noches memorables. Fernando siempre se desenvolvió muy bien en el ambiente de la charlas a deshoras, de los garitos que cerraban al alba, de las cafeterías que parecía que nunca cerraban. Entre los años 40 y los 80 ese, el de la noche, fue uno de sus mundos más queridos. Yo, en esa noche de finales de los 90, me pude dar una idea de cómo debieron de ser aquellas. Su compañero más habitual de esas noches fue Paco Rabal, otro coloso. La pareja Paco y Fernando, por las noches del Madrid de los 50 y 60, debía de ser algo de otro mundo. Alguna vez Fernando dijo que él dejó de salir por las noches desde que en ellas no se encontraba con Paco Rabal, al que en un artículo definió como «El novio de la vida». Un día me propuse volver a reunir a Fernando y Paco y lo conseguí. Fue en el Hispano, en una cena reducida. Pero no faltó Umbral, que adoraba a Paco y a Fernando. Hacía siglos que no coincidían los tres. Fue una cena muy agradable pero un poco triste. Paco ya no se encontraba bien de salud. Pese a sus esfuerzos, se le notaba mucho la fatiga. Fernando le miraba con un enorme cariño y un poco de melancolía.

El 28 de agosto de 2001 Fernando cumplía 80 años y Emma le preparó una fiesta a la que no quería que faltara nadie. Invitó a Paco Rabal y a Asunción Balaguer, pero ese 28 de agosto se encontraban en el festival de cine de Montreal. Fuimos casi todos los demás. Emma nos citó hacia las siete de la tarde. Nos colocamos en el jardín. Recuerdo que, de repente, Fernando me dijo: «Gracias, Luis, por querernos tanto a los cómicos.» La noche se prolongó, cómo no, hasta la madrugada. En otras fiestas llegaba un momento en que Fernando, sin avisar, desaparecía y se retiraba a su cuarto. Pero, esa noche, se encontraba eufórico. Ese día, también, nos hizo un regalo muy frecuente en esas veladas: una discusión feroz con Emma Cohen a propósito de la fruslería más absoluta. Esa lección de esgrima dialéctica era algo que les divertía mucho a ellos y, sobre todo, que nos divertía mucho a los demás. Estaban inmensos.

A la mañana siguiente yo viajaba a Venecia con Maribel Verdú y Pedro Larrañaga. Se presentaba en el festival de cine *Y tu mamá también*, la película de Alfonso Cuarón que Maribel había rodado en México. No pegué ojo. Poco después de llegar a Venecia, sonó mi móvil y vi en la pantalla el número de la casa de Fernando. Pensé que era Emma, que me llamaba para comentar la noche. Pero no. Emma me dijo algo horrible: «Ha muerto Paco Rabal.» Paco había muerto en el vuelo de regreso de Montreal, a la altura de Burdeos, poco después de que hubiera brindado con champán con Asunción, su gran amor. En Burdeos había muerto Goya, el último gran personaje de Paco, por el que obtuvo el premio Goya. De esas extrañas simetrías recuerdo haber hablado con Fernando pocos días después.

Cuando Fernando se enteró de la muerte de Paco lloró, como lloraba siempre que se iba un ser querido.

Como todos sus amigos, Paco Rabal adoraba a Fernando. En los últimos tiempos no se veían mucho y Paco siempre me preguntaba por él. Lo único que Paco le reprochaba a Fernando es que nunca se pusiera al teléfono. Le daba mucha rabia. Fernando era la persona a la que más le gustaba hablar pero la que más detestaba el teléfono, tal vez porque valoraba tanto el hablar mirando a los ojos de la gente. Emma era la que recogía los recados y servía de intermediaria. Sólo una vez hablé con él por teléfono. Fue un día de su cumpleaños en el que, no recuerdo por qué razón, no se pudo celebrar la fiesta. Pero Fernando, que casi nunca se ponía al teléfono, siempre estaba deseando que lo fueras a ver a su casa y que charlaras con él hasta que ya no quedara una gota de su whisky favorito.

La época dorada de las cenas con Fernando duró hasta el año 2000. Ese año Fernando sufrió un serio trastorno de salud —debido, como supimos luego, a un cáncer de colon, que logró superar— y tuvo que abandonar el rodaje de la película que dirigía, *Lázaro de Tormes*. Fernando sugirió al productor, Andrés Vicente Gómez, el director más indicado para sustituirle en la película: su amigo y compañero de cenas José Luis García Sánchez. Desde entonces, Fernando dosificó mucho más su tiempo, sus energías y sus cenas.

Sólo unas pocas veces estuve con Fernando fuera de Madrid. En marzo de 1996 vino a Zaragoza para participar en un ciclo de coloquios que yo dirigía. El ciclo se llamaba «Yo confieso», estaba organizado por el Ayuntamiento de Zaragoza y me lo había encargado el concejal de Cultura, el escritor Juan Bolea, como parte de la celebración del centenario del cine. El coloquio con el público se hizo en el salón de actos de la CAI, en el Paseo de la Independencia. En la entrada se repartía un folleto con una mini biografía de Fernando. Los espectadores le lanzaban preguntas muy amables. Hasta que uno le preguntó:

—Señor Fernán Gómez, usted presume de libertario pero veo en su filmografía que rodó muchísimas películas durante el franquismo. ¿Qué me tiene que decir?

Entonces, Fernando, más rápido que una ardilla, le respondió:

—Sí, es verdad que yo estaba en contra del franquismo. Pero, por lo visto, el franquismo no estaba en contra de mí.

En junio de 1998 fuimos al Festival de Cine Español de Málaga. Era la primera edición y el director del festival, Salomón Castiel, quiso rendirle un homenaje a Fernando. En la rueda de prensa, un periodista le preguntó a Fernando:

—Oiga, y a usted esto de recibir un homenaje ¿no piensa que suena a final de etapa?

La réplica de Fernando fue esta:

—Eso me lo pregunta porque es lo que usted cree que va a pensar si algún día le hacen a usted un homenaje.

Luego, en la ceremonia que se celebró en el Teatro Cervantes, unos cuantos amigos de Fernando salieron al escenario para hablar de Fernando. Eduardo Haro Tecglen, uno de sus más antiguos amigos, dijo más o menos esto:

—Supongamos que un día sucede una catástrofe, el mundo se viene abajo y todos perdemos todo lo que tenemos. Supongamos que en el nuevo mundo que se inicia nadie conoce a nadie y todo vuelve a empezar. Supongamos que en ese nuevo mundo a Fernando le encargan ser uno de los barrenderos de su calle. Pues bien, estoy seguro de que el trozo que le encargaran barrer a Fernando sería el mejor barrido de toda la calle.

Al final de las intervenciones, Fernando salió al escenario e hizo el saludo anarquista.

Yo estaba en un palco del Cervantes, con el director de cine Juanma Bajo Ulloa. Juanma dijo que le gustaría mucho dirigir algún día a Fernando.

Muy a menudo, yo comentaba con David Trueba el lujazo de tener a Fernando como amigo. Y, concretamente, cuando nos recreábamos en sus perlas orales, siempre decíamos que era una lástima que esas genialidades, de algún modo, se las llevara el viento, que no quedaran, y que nadie que no fuera su amigo pudiera disfrutar de ellas. Entonces, comenzamos a rumiar una idea: poner una cámara delante de Fernando mientras hablaba para que sus perlas no se las llevara el viento. No se trataba, claro, de llevar una cámara a una de nuestras cenas. Queríamos proponer a Fernando ir a su casa con un mini equipo y grabar una conversación con él, a lo largo de varios días. No teníamos muy claro el destino de esas grabaciones. La aspiración era, desde luego, editar con ellas una película, pero no nos lo imponíamos como exigencia. La idea nos parecía buena en cualquier caso. Aunque sólo fuera porque nos iba a permitir estar unas horas más con Fernando y escucharle.

Desarrollamos el proyecto por escrito y se lo enviamos a Fernando. Un día nos citó en su casa de la urbanización Santo Domingo, en Algete. Nos dijo que se sentía muy halagado por la idea pero que, francamente, él no creía que eso pudiera interesar a alguien. Y, a nuestro proyecto, lo comenzó a llamar esa misma tarde «el experimento».

Sin embargo, se mostraba dispuesto a hacerlo.

Nos llevamos, cómo no, una gran alegría. Pero no fue fácil concretar unas fechas. Mientras tanto, cuando nos veíamos, Fernando nos preguntaba: «¿Cómo va el experimento?»

Las primeras grabaciones las hicimos en septiembre de 2001, pocos días después del 11-S. Formamos un pequeño equipo con Ariadna Gil, productora ejecutiva, Mischa Lluc, cámara y director de fotografía, Eva Taboada, directora de producción, Jonás Trueba, ayudante, y Rafa, técnico de sonido. El primer día —y algunos más— también acudieron Elena Anaya y Gustavo Salmerón. Cuando les contamos el proyecto, nos pidieron estar ahí, para mirar y escuchar. Para Gustavo, Fernando era un ídolo de la niñez. Como la idea era procurar alrededor de la charla el clima más confortable pero, también, más «profesional» posible, a Elena y Gustavo les encargamos que se pusieran los cascos y que controlaran la calidad del sonido. Celebramos nueve sesiones. Cada sesión duraba unas tres horas. En algunas de ellas contamos con otras dos ayudantes: las actrices Lucía Jiménez y Natalia Verbeke. A ellas les encantaba estar allí y a Fernando le encantaba que estuvieran. Nosotros sabíamos bien que la presencia de Ariadna, Elena, Lucía o Natalia no iba a empeorar, precisamente, las palabras de Fernando.

    Grabábamos en la estancia más grande de la casa, en la zona del televisor y la chimenea. Cuando todo estaba listo, Fernando salía de su cuarto, situado en la planta superior. Su aparición en escena no tenía desperdicio. Fernando sufría problemas de movilidad en las piernas y le resultaba una tortura bajar unas escaleras. Para llegar hasta nosotros Fernando, ayudado de un aparato, se deslizaba por el barandado. Aunque me producía cierta incomodidad, yo no podía dejar de mirarle mientras lo hacía.

    Fernando saludaba muy amablemente, se sentaba en la silla, se servía un whisky, picaba algo y, mientras esperaba el comienzo de la grabación, charlaba con nosotros de cualquier cosa. David y yo estábamos de pie, cerca de él. Luego, nos sentábamos al lado de la cámara, pegados el uno al otro, para que Fernando no desviara la mirada cuando nos hablara. Y, entonces, David y yo arrancábamos la charla y Fernando hablaba y hablaba.

    Nuestra intención era retratar al Fernando más parecido posible al de las charlas entre amigos, tratar de capturar ese milagro que sólo se producía con él. Pero antes de iniciar las grabaciones teníamos una inquietud que parecía de lo más natural: no es lo mismo charlar entre amigos en una cena que hacerlo delante de una cámara y unos focos. Sin embargo, desde que comenzó a hablar, Fernando nos despejó la zozobra: su charla tenía el aroma que tanto nos gustaba.

    Fernando sabía muy bien que aquel trabajo no era un trabajo más, pero él se lo tomó con la disciplina y la profesionalidad de un trabajo más. Fernando era guionista y director pero, cuando alguien le dirigía, se ponía a sus órdenes y jamás sugería nada ni cambiaba nada. Una de las singularidades de este «experimento» es que él no conocía el guión. Al proponerle el proyecto, le brindamos la posibilidad de anticiparle las cuestiones de la charla pero él nos dijo que prefería la improvisación. Otro lujo para nosotros: Fernando era el improvisador más inesperado. Un día le escuché que «las improvisaciones hay que prepararlas muy bien», pero él las improvisaciones las improvisaba como nadie.

Al «experimento» le pusimos un título provisional: «Estado de gracia.» Durante las 20 horas aproximadas de charla, Fernando habló, básicamente, de su vida y de las cosas de la vida: de su infancia y adolescencia; de su madre y su abuela; del padre que nunca le reconoció y al que sólo vio fugazmente; de la guerra y la posguerra; de cine, de teatro, de literatura y de política; de las noches del Madrid de los 50 y 60; de Marlene Dietrich, Frank Sinatra, Ava Gardner y las mujeres; de las putas, de la patria, del español y sus taras; de la religión, del alcohol, del lujo, de la amistad, de la profesión de actor, de la vanidad, de la timidez, del éxito y el fracaso, de la mala conciencia, de la vejez o de cómo contemplaba su propio futuro.

Como es lógico, de buena parte de esos asuntos Fernando escribe en *El tiempo amarillo*. Pero no queríamos que ese libro fuera nuestra guía. Procuramos que la conversación tomara su propio rumbo, que tuviera el caos, el capricho y la libertad que suelen tener las conversaciones, que Fernando fuera muy a su aire.

Además de su poso cultural y vital, además de cosas que contar, Fernando tenía innumerables virtudes como conversador. Decía lo que no decía nadie y como no lo decía nadie, algo a lo que le ayudaba su condición de gran actor y su imponente y hermosa voz. Alguna vez le bautizamos como el Maradona de la conversación: era un *crack* que, como Maradona con el balón, cuando tomaba la palabra, nunca se sabía por dónde iba a salir. Él no solía tener la iniciativa de las conversaciones: aguardaba a que alguien sacara un tema y entonces él entraba y arrollaba. Era lúcido, explosivo, incorrecto, subversivo, imbatible, magnético, vitriólico, desconcertante, inagotable, hipnótico, chocante, muy divertido y definitivamente genial. Nunca se apoyaba en lugares comunes, siempre parecía genuino y también por eso resultaba tan inesperado. Tenías con él la fantástica impresión de que decía lo que se le pasaba por la cabeza, que no impostaba nada, que no maquillaba nada. Que un personaje público dijera lo que de verdad pensaba nos parecía, directamente, revolucionario. Cuando hablaba de sí mismo no tenía ningún reparo en subrayar sus limitaciones, sus derrotas, sus debilidades: soy alcohólico, tengo mal carácter, soy incapaz de ser amigo de una mujer. Fernando no aspiraba a brindar una imagen de sí mismo que le beneficiara si esa imagen no correspondía a la realidad. Como diría Manolo Vicent, todo lo que salía de la boca de Fernando era proteína pura. Palabras mayores. Cuando dejaba de hablar te entraban ganas de decirle lo contrario de lo que el rey Juan Carlos le soltó a Hugo Chávez: «¿Por qué te callas?» Pero él, cuando hablaba alguien, le miraba a los ojos con sus ojos azules, sin perder palabra. Él también sabía escuchar muy bien.

Fernando tenía la edad de un anciano pero se parecía muy poco a la mayoría de los ancianos. Su curiosidad insaciable, sus ganas de que le pasaran cosas, su tendencia a ir a contracorriente y a no tragar, su instinto rebelde, su libertad de pensamiento y su fascinación por las chicas guapas no eran los de un anciano fatigado de la vida.

Otro detalle formidable de Fernando era su ausencia de prejuicios. Valoraba a las personas y las cosas por la impresión que le producían a él, sin dejarse contaminar por los tópicos o las referencias que les rodearan. Fernando no acudía al diccionario de ideas recibidas. En eso también radicaba la autenticidad, la pureza y la libertad de lo que pensaba y decía.

Fernando adoraba las paradojas: detectarlas, crearlas, subrayarlas, exprimirlas, recrearlas, con su escepticismo socarrón, su perplejidad divertida, su finísima ironía. Esos son algunos de sus rasgos de conversador que brillan también, como escritor, en *El tiempo amarillo*.

Truman Capote dijo que las observaciones tal vez no eran literatura pero sí que podían ser arte. Y eso es en lo que Fernando convertía sus observaciones cuando charlaba. El arte de hablar existía y ningún artista que conociéramos había llegado tan lejos.

Si alguien se puede enamorar de una forma de ver la vida y de una manera de contarla, entonces se puede decir que caímos enamorados de cómo veía y contaba la vida Fernando Fernán Gómez. Pretendíamos, con el experimento, que se pudiera entender el porqué de nuestra fascinación.

También creíamos que si alguna vez aquello se convertía en una película podía tener un gran valor testimonial, sobre todo para las generaciones futuras. Sólo hacía falta pensar en el tesoro que hoy sería una película en la que pudiéramos ver y oír a Cervantes, Quevedo, Goya o Galdós charlar de las cosas de la vida.

Cuando grabamos las charlas Fernando tenía 80 años. Un día nos confesó que no sólo no había logrado vivir entre el lujo con el que alguna vez soñó sino que de ninguna manera tenía su futuro asegurado, que no podía dejar de trabajar. Nos impresionó aquella confesión y nos pareció que era una buena metáfora de muchas cosas. Del país y de la cultura del país, por ejemplo. No nos imaginábamos que, por ejemplo en Francia, una figura de la talla de Fernán Gómez, a los

80 años, se viera obligada a trabajar para mantener un modo de vida tan poco lujoso como el suyo. Es muy revelador que *El tiempo amarillo* se cierre con estas palabras escritas en 1997-98, cuando Fernando tenía 76 años: «Estoy en el jardín de nuestra casa, a la vista de los rosales, frente a los árboles caducos, esperando la llegada de unos amigos, el regreso de mi compañera, que ha ido a la ciudad a hacer recados, la oferta de un nuevo trabajo...»

Fernando era un gigante de la cultura que había vivido en un país culturalmente enano. Buena parte de su carrera —casi 40 años, nada menos— la desarrolló durante el franquismo, en una España subdesarrollada, desde muchos puntos de vista. Fernando conocía muy bien cómo era España, su historia, su cultura, su esencia, su personalidad, su encanto, su desastre. En *El tiempo amarillo* y en otros de sus textos —*El vendedor de naranjas*— refleja con mucha gracia y conocimiento de causa el ambiente que ha distinguido el cine y el teatro de nuestro país: su precariedad endémica, el carácter de sus profesionales, la chapuza y la picaresca como asumidas formas de manejarse, los chascos cotidianos, lo fugaz y engañoso del éxito. Y, también, su moral, afortunadamente apartada de la moral infame que presidía la España nacionalcatólica y enlutada. Fernando sostenía que el mundo de los cómicos era «un país aparte».

El placer y el disfrutar de la vida siempre fue una gran prioridad para Fernando, como él mismo admite en *El tiempo amarillo* y como demostró hasta el fin de sus días. En las memorias dice algo que forma parte de su lado más incorrecto: para él, en una época, esa prioridad estuvo por encima, por ejemplo, de la tarea de educar a sus hijos. Fernando pensaba que era un disparate que los padres se encargaran de algo tan complicado como la educación de los hijos.

Me gusta mucho esa parte de *El tiempo amarillo* en la que cuenta cómo redescubrió a sus hijos Helena y Fernando y recrea los domingos con ellos por los restaurantes y las calles de Madrid.

Fernando supo muy pronto que ser un grande de la cultura española no garantizaba la ausencia de dificultades para vivir con dignidad. Él conoció bien el caso de Enrique Jardiel Poncela, una de las figuras del teatro español. Jardiel fue fundamental en el despegue de la carrera de Fernando, la primera persona que confió en él. Fernando siempre recordó su apoyo. En los últimos años de su vida Jardiel las pasó canutas y, como otros amigos, Fernando le enviaba dinero de forma anónima. Jardiel murió sin saber que Fernando era uno de sus benefactores. Pero el pudor y la elegancia le impidieron a Fernando contar algo así en *El tiempo amarillo*. Sin embargo, no tuvo ningún inconveniente en confesar que, cuando él, Fernando, se arruinó, varios amigos le prestaron dinero o que gracias a Analía Gadé pudo pagar la clínica de su madre.

Yo fui testigo muy directo de su extrema generosidad con los amigos, otra de sus grandes prioridades. Su íntimo amigo —y mío— Perico Beltrán se peleó con un camarero que, en un centro regional de Madrid, le había reprochado repetidas veces que metiera la cuchara en una paella que no era suya. El camarero rompió el brazo de Perico por varios sitios. Le llevaron a un hospital, le operaron y tuvo que permanecer ingresado. Perico, un genio y un desastre, no podía de ninguna manera costearse aquello. Fernando, también de manera anónima, se hizo cargo de todo. Pero Perico se enteró y llamó a Fernando para darle las gracias. La respuesta de Fernando fue: «Gracias a ti, Perico, por darme la oportunidad de demostrarte mi amistad.»

Tuvo cientos de amigos, del cine, del teatro, de la televisión, de la literatura, del periodismo, del derecho, de la medicina, de la escalera de su casa, de los cafés y de la noche, de izquierdas, de derechas, franquistas —Jardiel, Wenceslao Fernández Flórez, José Luis Sáenz de Heredia—, antifranquistas, comunistas o libertarios. Él siempre colocó su sentido de la amistad muy por encima de la ideología. Él se sentía «anarco-solidario». Así se definió delante de un Alfredo Landa boquiabierto mientras rodaban *Marcelino, pan y vino* con Luigi Comencini en Piediluco (Italia). Fernando sostenía que, pese a que se habían ensayado varios, ningún modo de organización económica y social había triunfado: parecía claro que el mundo había sido siempre una catástrofe. Pero él insistía en que nadie le había demostrado que el sistema libertario había fracasado porque, sencillamente, no se había ensayado, al menos «en serio».

Fernando admitía que había sido un mal compañero de viaje de la gente de izquierdas porque no se implicaba en ningún tipo de activismo político, ni asistía a manifestaciones ni a actos reivindicativos. Sin embargo, a Fernando, su apoyo en 1962 a los mineros asturianos en huelga le costó el veto en sitios como la radio y la televisión públicas. Y, en febrero de 2003, en silla de ruedas, con Pedro Almodóvar y Leonor Watling, leyó en la Puerta del Sol un manifiesto en contra de la guerra en Irak y de la intervención de España en el conflicto.

Entre sus amigos creadores se contaban Berlanga, Bardem, Azcona, Juan Estelrich y Perico Beltrán, unas personalidades que representan a una generación muy llamativa del cine español. Era un grupo muy potente, que nunca lo tuvo fácil y que a menudo logró lo más difícil. Fernando dirigió en los primeros 60 dos películas, *El mundo sigue* y *El extraño viaje*, que han pasado a la historia, pero, en su momento, la primera no se estrenó en Madrid y la segunda lo hizo de tapadillo con cinco años de retraso. Esa fue la época en la que Fernando estuvo más de un año sin recibir ni una sola propuesta de trabajo y tuvo que recurrir al dinero de los amigos para sobrevivir.

Fernando adoraba la amistad y adoraba a las mujeres. Él fue un niño raro que creció rodeado de mujeres. En los años 20 no eran frecuentes ni los hijos únicos, ni las madres solteras. Y él era el hijo único de una cómica soltera que pasaba mucho tiempo con su abuela y con las criadas de su casa.

Fernando adoraba a las mujeres pero se declaraba incapaz de mantener una relación de amistad con una mujer: «Sí creo que puede existir una relación de amistad entre un hombre y una mujer. Siempre que el hombre no sea yo.» Para él una mujer significaba seducción, amor, sexo —relaciones táctiles como decía él— o varias de esas cosas a la vez. Sentía una debilidad total por las mujeres guapas. En nuestra charla grabada le preguntamos si no valoraba el que una mujer fuera culta para que le resultara atractiva. Fernando contestó que no, que la cultura no volvía a sus ojos más atractiva a una mujer; pero que una mujer culta le parecía muy bien para que le fuera a enseñar filosofía medieval de seis a siete. Ese era el Fernando sincero e incorrecto en estado puro. A nosotros nos encantaba esa reflexión que, por otro lado, parecía muy generalizada, aunque nadie se atreviera a decirla en voz tan alta como la de Fernando: conocíamos a muy pocas mujeres cultas pero feas que hubieran seducido a hombres muy guapos; conocíamos a muy pocos hombres cultos pero feos que hubieran seducido a mujeres muy guapas.

Ahora, es preciso recordar algo. Fernando tuvo tres grandes amores: María Dolores Pradera en los años 40 y primeros 50; Analía Gadé en los 50 y 60; y Emma Cohen desde los 70. A las tres las he conocido y, en el caso de María Dolores y Emma, son muy amigas mías. Pues bien, puedo asegurar que Fernando logró enamorar a tres de las mujeres más deslumbrantes del siglo XX en España. Tres mujeres distinguidas, todo sea dicho, por su enorme cultura, gracia e inteligencia. Fernando era un profundo romántico que, durante toda su vida, soñó con encontrar a la mujer soñada. Mientras tanto, la encontró tres veces.

María Dolores Pradera, a estas alturas, dice a menudo, para hacernos reír: «¿Y tú te puedes creer que no me acuerdo de por qué me separe yo de Fernán Gómez»? María Dolores también me contó una vez algo: desde que se separaron a inicios de los primeros 50, ella y Fernán Gómez sólo habían coincidido en una ocasión, en la boda de su hijo Fernando. Es realmente curioso que dos personas como ellas, que compartían tantos amigos y que frecuentaban parecidos ambientes, al margen de esa boda, jamás se hubieran cruzado ni de casualidad a lo largo de más de 50 años. María Dolores, por cierto, cumple años el día 29 de agosto, al día siguiente del aniversario de Fernando. En más de una ocasión los amigos comunes celebramos el cumpleaños de Fernando en su casa y, a la noche siguiente, cenamos con María Dolores para festejar el suyo.

Fernando habla de María Dolores, Analía y Emma en *El tiempo amarillo*, pero sin entrar en detalles de su intimidad. También ahí le venció el pudor y su sentido del respeto a las mujeres de su vida. Quizá lo más llamativo es cuando, sin nombrarla, evoca cómo descubrió a «la compañera de mi vida» y cuando, en otro momento, confiesa que después de concluir el rodaje de *Maravillas* y la gira de *El alcalde de Zalamea*, «mi compañera me abandonó». Y cuenta cómo, una vez más, los amigos le sirvieron de refugio. Lo que no cuenta es que, en un bonito arrebato, escribió una carta a su amor pidiéndole que volviera a su lado y que esa carta la publicó en la revista *Triunfo*. No tardó en volver a su lado la compañera de su vida, Emma Cohen.

En *El tiempo amarillo* Fernando tampoco desvela algo: la identidad de su padre. Fernando escribe de él y cuenta que no le reconoció y que nunca quiso saber nada de él. Y recuerda el momento en el que se cruzaron en el teatro y cómo reaccionó su padre. Pero no descubre de quién se trata. Sin embargo, a los pocos días de la muerte de Fernando, se publicó que su padre fue el actor Fernando Díaz de Mendoza, hijo de María Guerrero. Es decir, que Fernando Fernán Gómez era nieto de la eximia actriz María Guerrero. Su madre Carola se había quedado embarazada de él mientras trabajaba en la compañía María Guerrero-Díaz de Mendoza. La noticia también decía que María Guerrero había impedido que se casaran los padres de Fernando.

Un día José Luis García Sánchez me hizo reparar en algo interesante: Fernando no tuvo ninguna relación con su padre pero sí con su tío, el actor Carlos Díaz de Mendoza, al que dirigió en películas como *El mensaje*, *La vida por delante* y *La vida alrededor*.

Fernando era el tema predilecto de conversación entre los amigos de Fernando y entre otros que apenas le conocían. Cada vez que yo veía, por ejemplo, a Pilar Bardem, Marisa Paredes, Verónica Sánchez, Tina Sáinz o Charo López, Fernando monopolizaba buena parte de nuestras conversaciones. Lo mejor de todo es que ahora lo sigue haciendo. Ese poder de fascinar a los seres cercanos, ese embrujo, sólo lo he visto con esa fuerza en las personas que disfrutaron de la cercanía de Luis Buñuel.

José Sacristán es tal vez al que siento más tocado por la grandeza, el talento y la amistad de Fernando. Para José —Pepe—, Fernando es una referencia imprescindible. Lo tiene siempre en la boca. Casualmente, mientras escribía este prólogo, escuché una entrevista que

Puri Beltrán le hizo en la Cadena Ser. Pepe dijo: «Estoy en primero de Fernán Gómez.»

Álex de la Iglesia decía: «Fernando es el puto amo.» Álex conoció a Fernando un día que le llevó a su casa Sancho Gracia. Tuve el placer de enseñarle a Álex en mi casa *El extraño viaje*, en 1993. Álex, en ese mismo instante, la convirtió en una de sus películas favoritas.

Luis Berlanga siempre me preguntaba: «¿Cómo anda el maestro?» Y luego me decía: «A ver cuándo voy a alguna de vuestras cenas.»

A Elías Querejeta le divertía mucho recordar la pregunta que Fernando le hizo cuando leyó *El espíritu de la colmena*, producida por Elías: «¿Es preciso entender el guión para interpretar este personaje?». Elías le respondió que no, que no era necesario. Entonces, Fernando, le dijo: «Ah, pues entonces, la hago.»

Eduardo Haro Tecglen era el crítico teatral más influyente de España e íntimo de Fernando. Su prólogo a la edición de *Las bicicletas son para el verano* y su crítica de la representación de esa función contribuyeron al enorme prestigio que en seguida adquirió la obra. Sin embargo, en alguna ocasión, Fernando sufrió las críticas de Haro. Pero su cariño por él era demasiado sólido como para que se viera afectado por una simple crítica.

Fernando decía que las críticas nunca le dejaban contento. Si eran malas porque le hacían daño. Y si eran buenas porque creía que podían haber sido mucho mejores. Un día decidió no leerlas pero conservarlas. Y mirarlas años después, para que las críticas adversas ya no le pudieran doler e, incluso, se pudiera reír de ellas. O sea que igual lo que pasaba con Haro Tecglen es que no leía sus críticas.

En el rodaje de *Belle Époque*, Gabino Diego nos contaba que él, para superar el trauma de las críticas que recibió por *Las bicicletas son para el verano*, optó por memorizar esas críticas feroces. Y Gabino se puso a recitarlas. Entonces, Fernando, atónito, comentó: «No he oído otra cosa igual. Gabino, esto lo podrías convertir en un espectáculo.» Años después Gabino escribió y representó una divertidísima función, *Una noche con Gabino*, en la que incluía el recitado de las críticas y en la que rendía tributo a Fernán Gómez.

Luis Merlo recuerda a menudo una conversación que Fernando mantuvo con José María Gavilán, su amigo y representante. Gavilán le informaba de un proyecto que le habían ofrecido y le decía: «La película tiene muy mala pinta, Fernando. El guión es muy flojo, tu personaje es muy poco lucido y, además, pagan muy poco.» Entonces, Fernando, le dijo: «Ah, pues entonces hacemos la otra.» Y Gavilán: «Pero si no hay otra, Fernando.» Y Fernando: «Entonces, hacemos esa, la única.»

A Luis Merlo también le gusta mucho contar lo que Fernán Gómez pensaba del teatro. Fernando decía que había dos posibilidades cuando se estrenaba una función, que fuera un éxito o un fracaso. En los dos casos él se llevaba un disgusto. Si era un fracaso, porque era un fracaso. Si era un éxito, porque eso significaba ir muchos días al teatro y salir por ahí de gira, con el engorro que eso suponía. Fernando también decía que él abandonó el teatro porque un día se dio cuenta de que no le gustaba nada que la gente le mirara mientras trabajaba.

Una noche, en una de nuestras cenas, salió el tema de la doble función en el teatro y se comentó lo duro que era para los actores interpretar dos funciones el mismo día. Todos los actores que estaban en la cena se mostraron de acuerdo en que había que reivindicar la función única. Entonces, Fernando soltó:

—Sí, sí, yo también estoy de acuerdo con la función única. Quiero decir, hacer la función una sola vez. Y nunca más.

Fernando era hijo y nieto de cómicos, había mamado el teatro desde que nació, había escrito y reflexionado como nadie sobre la profesión de actor, había escrito la obra maestra del teatro español de la segunda mitad del siglo XX —*Las bicicletas son para el verano*—, había recreado el mundo de los cómicos de la legua en *El viaje a ninguna parte* y había recibido algunos de sus mayores piropos por sus interpretaciones en los escenarios. Y, sin embargo, llegó un momento en que el teatro, el hacer teatro más bien, le comenzó a dar una pereza insuperable.

En los años 60 Fernando dirigió e interpretó la obra de teatro *La pereza* y a él le gustaba mucho hablar y escribir de la pereza. Y del secreto alivio que sentía cuando un trabajo se suspendía a última hora, aunque fuera por alguna pequeña desgracia. «Se ha suspendido», eran tres de las palabras que más le gustaba escuchar.

En la carrera de Fernando figuran más de 200 películas y decenas de obras de teatro y de televisión como actor y/o director. Y montones de libros, artículos y conferencias. Fernando comenzó a trabajar desde adolescente y no dejó de hacerlo nunca. Durante unos 70 años. Desde luego, fue un perezoso muy extraño.

Fernando sostenía que, en España, la fama suele durar, como mucho, tres años, y que luego se apaga. En los primeros tiempos de su carrera Fernando aspiraba a la popularidad en la medida que era un síntoma de que, por fin, él había logrado su obsesión, «ser alguien», la única manera de garantizar la supervivencia en aquellos pésimos años de la posguerra.

Él logró ser alguien muy temprano. Como cuenta en *El tiempo amarillo*, la primera vez que Fernando alcanzó una cierta notoriedad fue con *Botón de ancla*, una película del año 48. Fernando tenía

26 años. La gente no sabía su nombre pero ya lo señalaban por la calle: «Mira, el que muere en *Botón de ancla*». A principios de los 50 el cura de *Balarrasa* le concedió una popularidad extraordinaria. Y, al tiempo, ya era, para algunos, el actor de culto de *Vida en sombras* o de películas de Sáenz de Heredia (*El destino se disculpa, Los ojos dejan huella*), Edgar Neville (*Domingo de Carnaval, El último caballo*) o Carlos Serrano de Osma (*Embrujo*).

Fernando es la personalidad del cine español que, de forma más equilibrada y sostenida en el tiempo, logró esa rarísima mezcla de popularidad y prestigio. Desde los años 40 hasta el final de su vida, Fernando brilló, como actor, creador o/y director, en algunas de las obras y con algunos de los directores más relevantes de nuestro cine. Fernando fue el protagonista, en los 50, de *Esa pareja feliz* —la primera película de Bardem y Berlanga, la pareja que revolucionó el cine español—, pero también de otras como *El fenómeno* de José María Elorrieta, *El inquilino* de Nieves Conde o la serie de comedias de Pedro Lazaga (*Ana dice sí, Las muchachas de azul*). Mientras tanto, su labor como director en los 50 y 60 dejaba películas decisivas (*La vida por delante, El mundo sigue, El extraño viaje*). Luego, en los años de la Transición, trabajó con cineastas tan ligados al periodo como Carlos Saura (*Ana y los lobos; Mamá cumple 100 años*), Víctor Erice (*El espíritu de la colmena*), Pedro Olea (*Pim, pam, pum... ¡fuego!*), Ricardo Franco (*Los restos del naufragio*), Juan Estelrich (*El anacoreta*), Manuel Gutiérrez Aragón (*Maravillas, La mitad del cielo*), Jaime de Armiñán (*Stico*), Imanol Uribe (*El rey pasmado*) o José Luis García Sánchez (*La corte de Faraón*). Recibió en el Festival de Berlín el Oso de Plata por *El anacoreta* y *Stico* y en los años 80 creó y dirigió *El viaje a ninguna parte*, otra de sus cumbres. En los 90 y en los primeros años del siglo XXI, ya quintaesenciado como actor, hizo auténticos alardes de su talento con directores como Fernando Trueba (*Belle Époque, El embrujo de Shanghai*), José Luis Garci (*El abuelo*), José Luis Cuerda (*La lengua de las mariposas*), Pedro Almodóvar (*Todo sobre mi madre*), Manuel Iborra (*Pepe Guindo*), Antonio Hernández (*En la ciudad sin límites*), Antonio Artero (*Cartas desde Huesca*), Patricia Ferreira (*Para que no me olvides*) o Gustavo Ron (*Mia Sarah*). Y, luego, hay que añadir su también imprescindible aportación como autor, actor o director al teatro (*La Sonata a Kreutzer, El enemigo del pueblo, El alcalde de Zalamea, Las bicicletas son para el verano*), a la televisión (*Juan Soldado; El pícaro*) o a la literatura (*El tiempo amarillo*, sin ir más lejos). Desde los años 90, especialmente, recibió un aluvión de reconocimientos: el Oso de Honor del festival de Berlín, el premio Donostia del festival de San Sebastián, el homenaje en la primera edición del Festival de Cine Español de Málaga, el Premio Nacional de Cinematografía, el Premio Príncipe de Asturias de las Artes, la Medalla de Oro de la Academia de Cine o numerosos premios Goya, que siempre recogía su adorable hija Helena. Él no soportaba la tensión de ir a la entrega de unos premios sin saber si era o no el ganador. Esa fobia le nació un día en que le insistieron para que fuera a la entrega de los premios Mayte con el anzuelo de que él, con toda seguridad, era el premiado. Después de la cena, llegó el momento de entregar el premio. Cuando el presentador decía «Y el premio es para...» Fernando se comenzó a levantar de su asiento. Pero se quedó a medias. El presentador acabó su frase con «... para María Fernanda D'Ocon». Fernando se sintió tan ridículo que se propuso no volver a una ceremonia parecida. En *El tiempo amarillo* refiere las críticas de todo tipo que padeció por no acudir a la entrega de la primera edición de los Goya, en la que él arrasó con *El viaje a ninguna parte*. Pero sí fue a la siguiente edición para explicar, entre otras cosas, por qué no había ido a la primera. Y estuvo, una vez más, genial.

A Fernando no le gustaban las entregas de premios ni las entrevistas, a las que siempre llamaba «interrogatorios».

Una de sus últimas grandes satisfacciones fue ser elegido miembro de la Real Academia Española. Con él entró el cine en la Academia. A Fernando le hacía mucha ilusión formar parte de una institución tan vinculada a la lengua, a la literatura, a la palabra. Él siempre tuvo una vocación literaria muy intensa, desde todos los puntos de vista. Con 26 años se convirtió en mecenas del premio Café Gijón de novela corta, una iniciativa que le delató muy pronto. Se sentía muy a gusto entre escritores. Hasta que la salud se lo permitió, cada jueves asistía a las reuniones de la Academia, a charlar con gente que él quería y admiraba tanto como Antonio Muñoz Molina o Francisco Rico.

Sin embargo, la mayor presencia de Fernando Fernán Gómez en las televisiones de la España de finales del siglo XX y principios del XXI no estuvo provocada por ninguno de sus interminables méritos. Esa relevancia fue debida a un incidente ocurrido, precisamente, en la presentación de la nueva edición, ampliada, de *El tiempo amarillo*. Fue en el Círculo de Bellas Artes, el miércoles 21 de octubre de 1998. El presentador del acto era José Luis Borau, entonces presidente de la Academia de Cine. Fernando había advertido a la editora, Lourdes Lucía, que no quería firmar libros y le había solicitado que una persona avisara de ello a los asistentes que solicitaran su firma. El caso es que la persona encargada de esa tarea se ausentó mientras acompañaba a Borau al retrete y, en ese momento, un caballero abordó a Fernando y le pidió que le dedicara *El tiempo amarillo*. Fernando se negó. El caballero insistió una y otra vez y Fernando, reacio desde muy joven a que se le insistiera en nada, se volvió a negar una y otra vez. El caballero se puso pesadísimo y Fernando, que no podía con los plastas, desató toda su furia: cogió el libro, lo tiró al suelo y, cuando el hombre aludió a su mal carácter y dijo «¡Así yo también soy anarco!», Fernando se fue hacia él y le gritó: «Usted dice que yo tengo mal carácter, ¿verdad? ¡Pues lo tengo peor!» y, a continuación, por dos veces: «¡Váyase a la mierda!». El caballero le dijo: «Con lo que yo le admiraba...» y Fernando le replicó: «¡Pues no me admire!». Uno de los invitados a la presentación era Jorge Sanz, su compañero en *Belle Époque*, al que Fernando había dirigido en otra de sus películas malditas, *Mambrú se fue a la guerra*. Un programa de televisión entrevistaba a Jorge y le preguntaba por Fernando. Mientras Jorge decía que Fernando era un ser encantador, al fondo del plano se veía a Fernando increpar al caballero. Parecía un gag, pero no lo era.

En aquellos años Fernando sufrió otros brotes de su mal carácter —reconocido por él sin ambages— delante de una cámara: con una reportera de TVE cuando fue a Hollywood a la entrega de los Óscar en los que compitió *El abuelo*; con Pablo Carbonell en un reportaje del programa *Caiga quien caiga* o con la periodista de *El País* Rocío García en la presentación de *Para que no me olvides*, aunque en este caso Fernando le envío luego un ramo de flores. Pero, en ese sentido, el suceso estrella fue el de «¡Váyase a la mierda!» que le soltó a su hasta entonces entusiasta admirador. Esas imágenes fueron emitidas cientos de veces por los programas basura en unos tiempos especialmente patéticos de la televisión en España. Aún se emiten de vez en cuando. Y si se busca en YouTube «Fernando Fernán Gómez» el primer vídeo que aparece es el de ese episodio, con cientos de miles de visitas.

Un día de finales de 2001 fuimos con Fernando a una sala de Cine Arte a ver la proyección privada de *El embrujo de Shanghai*. Al salir, en la Plaza Conde de Barajas, a unos metros de nosotros, vimos jugar a unos chicos de 13-14 años. Uno de ellos reconoció a Fernando y dijo: «Mirad, mirad quién está ahí, el de ¡a la mierda!» Fernando se rió y nosotros con él. Eso era Fernando Fernán Gómez, gran gloria nacional, para buena parte de los adolescentes del siglo XXI: el señor de ¡a la mierda!

Pero Fernando, en su salsa, era delicado, tierno y cariñoso. Eso es lo que yo les decía a los que me preguntaron sobre el suceso. Ante aquellas imágenes de Fernando fuera de sus casillas era difícil de creer. Pero era verdad.

David Trueba y yo dejamos dormir durante un tiempo las cintas que recogían nuestras charlas con Fernando. Algunos amigos estaban al corriente del asunto. El periodista Ángel Sánchez Harguindey bromeaba con nuestra tardanza en darle salida al material: «¿Qué, cómo va el epílogo de Fernán Gómez?» *Epílogo* es el programa de Canal + que recoge entrevistas que sólo se emiten después de fallecer el entrevistado.

Diego Galán resultó decisivo. Diego comentó la existencia de esas grabaciones a Domingo Corral y Rafael Portela, del Canal TCM. Y Domingo y Rafael nos ofrecieron ayudarnos en la posproducción y edición del material a cambio de los derechos para emitir la película. Eso hizo posible *La silla de Fernando*, la película-conversación que jamás nos hubiéramos perdonado no hacer y que tantas alegrías nos ha dado a David y a mí. Cuando la presentamos dijimos que *La silla de Fernando* era nuestra aportación al cine espectáculo.

La mayor alegría de *La silla de Fernando* la vivimos la tarde de otoño de 2006 en la que fuimos a casa de Fernando a enseñarle la película. Nos acompañó Fernando Trueba. David y yo, cómo no, estábamos algo más que inquietos por la reacción de Fernán Gómez. Al acabar la proyección, Fernando nos dijo: «Gracias por quererme tanto.» Nos quedamos paralizados. Esa frase resultaba especialmente conmovedora por parte de Fernando, que no acostumbraba a entregarse a debilidades sentimentales de ese tipo. Fernando no era de los que decía «te quiero». En ese momento sentimos de qué manera había merecido la pena *La silla de Fernando*.

Por aquellos días Fernando dijo algo imposible de olvidar: «Si hay algo de lo que me arrepiento en esta vida es el de no haberle dicho a la gente que quería hasta qué punto la quería.»

Fernando no vino al estreno en el cine Rialto de *La silla de Fernando*, que, sin él, se convirtió en un homenaje a él. Sus piernas le impedían salir de casa pero nosotros sí que íbamos a verle de vez en cuando. En una de mis últimas visitas fui con Penélope Cruz, en las navidades de 2006. Penélope veneraba a Fernando y Fernando estaba encantado de tener en su casa a una chica tan linda, inteligente y cariñosa como Penélope.

La última visita a Fernando se la hice en septiembre de 2007, con David y con Ariadna Gil. La intención era proponerle un nuevo proyecto. David y Ariadna habían visto en París una obra de teatro escrita y protagonizada por Jean Claude Carrière, el guionista de *Valmont*, de las películas francesas de la última época de Luis Buñuel o de *El artista y la modelo*. La función se titulaba *La palabra y la cosa* y estaba protagonizada únicamente por dos actores, el propio Carrière y una joven que, sentados, dialogaban alrededor de sexo y lingüística, dándole vueltas, con mucho humor, a las numerosas maneras de nombrar a las relaciones y los órganos sexuales. Parecía una obra perfecta para que la interpretara Fernando con Ariadna, con la ventaja añadida de que Fernando la podía representar sentado. Como resultaba impensable que Fernando volviera a subir a un escenario, la idea era rodar la función en su propia casa, como hicimos con *La silla de Fernando*, a ver qué salía. Emma Cohen, que seguía nuestra charla, se puso a aplaudir de alegría. Y, a Fernando, de inmediato, le gustó la idea y nos volvió a hacer muy felices. Le dejamos el manuscrito de *La palabra y la cosa* y quedamos en vernos en un par de semanas. Fernando, al despedirnos, nos dijo: «Volved cuando queráis. Ya sabéis que a mí me gustan mucho las visitas.» Esas fueron las últimas palabras que nos dijo en su vida.

Cuando unos días después llamé a Emma, me dijo que Fernando se encontraba hospitalizado.

El miércoles 21 de noviembre por la tarde, murió. Nada más anunciarse la noticia, me llamó Penélope y rompimos a llorar.

Para espantar la tristeza, Emma se puso a preparar su propio homenaje a Fernando. En el escenario del Teatro Español se iba a instalar la capilla ardiente. La idea de Emma era colocar un atril en ese escenario, al lado del féretro, y que los amigos salieran a recitar poemas y textos escritos por Fernando. Emma quería que fuera una despedida muy especial y me llamó para que la ayudara a localizar a Enrique Morente. La ilusión de Emma es que, antes de que el cuerpo de Fernando abandonara el Teatro Español, Morente le dedicara *Caminito*, el tango favorito de Fernando. Emma sabía que Morente lo bordaba porque nosotros tuvimos la suerte de que, acompañado al piano por Bebo Valdés, lo grabara para cerrar con él *La silla de Fernando*.

El jueves 22 miles de personas se acercaron al Teatro Español. Los amigos y compañeros de Fernando le rindieron el tributo que Emma quería y, uno detrás de otro, leyeron en el atril textos de Fernando. En un momento dado, Emma me dijo: «Y ahora tú vas a cantarle a Fernando *La bien pagá*». Me quedé estupefacto y, con toda la delicadeza que pude, le dije a Emma que tal vez no era el momento para cantar una canción así. Pero Emma me insistió: «Se la cantaste muchas veces cuando él estaba vivo. Es estupendo que lo hagas ahora también.» El caso es que lo hice. Fue uno de los gestos más surrealistas de mi vida. Pero qué maravilla.

A la mañana siguiente, Enrique Morente, otro fuera de serie que siempre añoraremos, le despidió.

El gobierno de José Luis Rodríguez Zapatero le concedió a título póstumo la Gran Cruz de la Orden Civil de Alfonso X el Sabio. Y el alcalde de Madrid, Alberto Ruiz-Gallardón, le puso su nombre al

Teatro de la Plaza Colón. Esos días, algunos programas de televisión le homenajearon con especiales y películas y otros volvieron a emitir el episodio de «¡Váyase a la mierda!». Mientras escribo estas líneas está cerca de cumplirse el quinto aniversario de la muerte de Fernando. Este texto me ha empujado a evocarle y a recordar mi vida con él. Pero yo recuerdo a Fernando cada minuto.

He tenido mucha suerte en esta vida. He conocido a seres fabulosos que me han permitido ser su amigo. Nunca les olvidaré. Pero, de entre los inolvidables, Fernando Fernán Gómez tal vez sea el más inolvidable de todos.

LUIS ALEGRE
Lechago, Teruel
Verano de 2012

el Tiempo amarillo

MEMORIAS 1921-1997

Fernando Fernán Gómez

Nuestro agradecimiento a los siguientes
autores de las fotografías:

Foto T. Gioia, Mena, Gombau, Santos Yubero, Estudios Leo Pérez, J. Ortas, J. Maymó, Carlos Pérez de Rozas, Antonio Barbero, Delapeña, R. Pacheco, Ruiz Hnos., Calvo, Mora, Peñalara, Wagner, G. B. Pobotto, Simón López, Altamira, Gyenes, Hnos. Frías, A. Traverso, Felipe López, Marín, Foto Alfredo, SAF Fotografía, Fotografía Escribano, Erika Rabau Fotografin, Cortina, Miguel Gómez/ Pull, M. Povedano y Tecafoto.

01
Los viajes de la memoria

¡Libertad, libertad, libertad!

11 de junio de 1980. Su Majestad el rey de España, don Juan Carlos, me estrecha la mano. Sonríe abiertamente, sin que su sonrisa llegue a romper el protocolo, y mi imaginación me lleva a pensar que quiere significarme en silencio un afecto especial. El rey estrecha la mano de un cómico. El nieto del último rey de España estrecha la mano del hijo de la cómica. Estamos en un salón del Museo del Prado. Me hace Su Majestad entrega de un estuche que contiene la medalla de oro al Mérito en las Bellas Artes. Mi siempre caprichosa memoria me juega una trastada: en este instante, en esta solemne y para mí conmovedora ceremonia, me hace evocar el 14 de abril de 1931, día de la proclamación de la República, de la Segunda República. Cuando este rey aún no había nacido y yo tenía nueve años. Ahora, con casi sesenta, bajo del estrado y me siento en mi butaca. Sin apartar mi mirada del noble, entrañable y un poco desvalido rostro de Juan Carlos I, veo los radiantes colores de aquel día, escucho sus sonidos, sus voces populares, triunfales, alegres. «¡Viva la República!», grita el pueblo de Madrid con un único grito proferido por miles y miles de gargantas unánimes en aquella dorada mañana de primavera, la más alegre de su historia. No asocio lo que mi cabeza y mi corazón guardan de aquella explosión de esperanza con el romántico frenesí de *La libertad guiando al pueblo*, de Delacroix, ni mucho menos con la patética, armoniosa sobriedad de *El cuarto estado*, de Pellizza da Volpedo, sino con un cuadro muy posterior, de 1945: *Boogie-boogie de la victoria*, de Mondrian. Luminosos colores y colorines de farolillos de baile callejero, de barracas de verbena, de cartel de toros, eso quedó en mi retina. La detonante combinación de colores de la bandera republicana, el casi desagradable emparejamiento del morado con el amarillo, le iban bien a aquella fiesta gloriosa y chabacana, en la que la zafiedad, la charanga y la pandereta eran guiones deliberadamente izados para señalar los nuevos caminos a los atildados burgueses de buen gusto. Casaba bien aquel violento contraste de colores con las

disfónicas, desgañifadas voces que cantaban el *Himno de Riego* y proferían soeces insultos contra el rey, sus ministros y los curas.

Pero, si damos su parte a los ideales, de aquel día en adelante el gualda de la bandera ya no debía ser el amarillo del dinero, sino el del trigo; el rojo no debía ser el de la sangre derramada, sino el contenido en los labios. Así se cruzan y brincan en mi memoria los colores de aquella jubilosa mañana.

Tengo nueve años y setenta y uno mi abuela, que aparenta menos, y se conserva erguida, con porte señorial, del que siempre estuvo orgullosa. Bajamos la escalera del número 11 —luego lo cambiarían en 9— de la calle del General Álvarez de Castro, todo lo deprisa que sus reumáticas piernas le permiten. Llegamos al portal.

—¡Hala, a celebrarlo!

Los porteros, que conocen y comparten las ideas subversivas de esta campechana y castiza vecina, la saludan alegremente:

—¡Viva la República, doña Carola!

—¡Viva la República! —contesta ella.

—¿Adónde va usted con el chico?

—¡A donde hay que ir: a la Puerta del Sol!

En la misma ceremonia, el 11 de junio de 1980, se entrega también la recién creada medalla de oro al Mérito en las Bellas Artes a Luis Buñuel —representado por el doctor Barros—, a Tàpies, a Chillida, a Mariemma, al musicólogo Samuel Rubio, a Alfredo Kraus, a Nicanor Zabaleta, a Cristóbal Halffter... A todos va estrechando la mano y entregando el estuche el rey de España.

Por nuestra calle se veían ya algunos grupos sueltos que iban hacia el centro; pero al llegar a la glorieta de Quevedo, donde la calle de Bravo Murillo, que baja desde la popular barriada de Cuatro Caminos, enlaza con la calle de Fuencarral, era ya una verdadera multitud —unos a pie, muy pocos en coche y muchos en camionetas y tranvías— la que iba hacia la Puerta del Sol. Cantaban a voz en cuello el *Himno de Riego*, no con la letra auténtica, sino con la populachera:

> *Si las monjas y frailes supieran*
> *la paliza que les van a dar,*
> *subirían al coro cantando:*
> *¡Libertad, libertad, libertad!*

Coreaban también vulgares estribillos, alusivos al rey Alfonso XIII:

> *¡No se ha ido,*
> *que le hemos barrido!*
> *¡No se ha marchao,*
> *que le hemos echao!*

Mi abuela había visto en la calle la entrada de Amadeo de Saboya, afectuosamente acogido por los madrileños. Cuando entró en Madrid el rey italiano, al que el general Prim trajo a España para sentar en el trono a un rey constitucional que no fuera Borbón, la noche antes había caído sobre la Villa y Corte una copiosa nevada. Los tejados, las escasas aceras y las calzadas amanecieron blancos aquella fría mañana invernal. Pero ello no arredró a los madrileños, que no querían perderse el espectáculo, para tener algo que contar, y deseaban además mostrarse cordiales con su nuevo rey, al que aplaudieron a lo largo del recorrido si no con desbordado entusiasmo, al menos con simpatía y amabilidad. Le aplaudían por joven, por apuesto y por constitucional. Mi abuela le vio en la carrera de San Jerónimo, encaramada a una verja. La llevó desde Lavapiés su madre, el 2 de enero de 1871, cuando ella tenía once años, porque debían verse esos acontecimientos.

—Así tendrás cosas que contar a tus hijos y a tus nietos.

Por eso me llevaba ahora a mí a la Puerta del Sol el 14 de abril de 1931.

La más alegre mañana de abril

El día antes, al saberse que, como resultado de la derrota monárquica en las elecciones municipales, el rey se marchaba de España, empezaron a recorrer Madrid unos automóviles descapotados en los que grupos de activistas de los distintos partidos de la coalición vencedora, republicanos y socialistas, participaban la victoria a la gente agolpada en los balcones.

Comenzaron a aparecer algunas colgaduras con los colores de la República, y también banderas; pero en mayor número surgieron sobre las barandillas mantones de Manila, colchas, alfombras y tapetes de colores. Mi abuela recorrió toda la casa, abrió armarios y baúles, y encontró una especie de tapete de un tono granate, muy apagado, bastante discreto, y lo colgó en el balcón. Reía feliz, conmigo al lado. Uno de los automóviles descapotados, con un grupo de personas vociferantes, entre las que se veía a una mujer, nos informaba a todos los vecinos del triunfo de la República.

—¡El rey ha abdicado! ¡Se va de España!

Debían de ser, poco más o menos, las seis de la tarde, pues yo ya no estaba en el colegio, que terminaba a las cinco, pero aún no había anochecido. Al otro lado de la calle, en la acera de enfrente, sobre el cartel que anunciaba: «Colegio de Santa Teresa. Academia Domínguez», estaba don Alejandro, el director, con su mujer, la guapísima y jovencísima maestra de párvulos. Nadie sabía aquella tarde que nos hallábamos en los prolegómenos de la Guerra Civil, y mi abuela se permitió saludar con una risa y un aleteo de manos al cariacontecido don Alejandro Domínguez, que era de derechas y conocía las ideas socialistas y más o menos revolucionarias de mi abuela. El director correspondió afablemente con una sonrisa y unos aplausos.

Al día siguiente mi abuela me vistió de domingo y me llevó a la Puerta del Sol. ¿Hicimos el recorrido a pie? Se tardaba más de media hora desde casa. Mucho para mi abuela, aquejada de reumatismo, aunque muy vigorosa. Quizás fuéramos en metro hasta la Plaza de Isabel II (días después, Plaza de la Ópera), pues sé que estuvimos allí. O hasta la estación de Gran Vía. Anduvimos por la calle de la Montera y ya llevaba yo puesto el gorro frigio de papel y enarbolaba la bandera republicana que mi abuela me había comprado. También compró una lámina con la alegoría de la República —la matrona abanderada y el león— y unos retratos de Galán y García Hernández en medallones. A mi abuela, la más vieja que se veía en aquella riada humana, la saludaban algunos con simpatía y cariño:

—¡Viva la República, abuela!

—¡Lo que hace falta es que la dejen vivir! —contestaba ella—, ¡Que no le pase lo que a la otra, a la primera!

Y sin perder su sonrisa, se le saltaban las lágrimas.

Mi impresión era que todos los habitantes de Madrid —500.000, había aprendido en el colegio, en un texto, como siempre, algo retrasado— se habían echado a la calle o estaban apiñados de bruces sobre las barandillas de los balcones, cantando, riendo, vitoreando, y también insultando a los perdedores. Faltaban muy pocos años para que me enterara de que aquel inmenso gentío no era todo el pueblo de Madrid, sino algo más de la mitad. Casi otra mitad estaba en el interior de las casas, de los palacios, aterrada o, por lo menos, entristecida o, los más audaces, pensando ya en cómo poner coto a todo aquello.

Por Montera, como nosotros, o por Carretas, Arenal, Mayor, Alcalá, San Jerónimo, la multitud confluía en la Puerta del Sol. Antes de que dieran las doce en el reloj de Gobernación ya no cabía allí nadie más.

Con aquel delirante entusiasmo no se celebraba solamente la llegada de la libertad —y utilizo «delirante» en todos los sentidos de la palabra—, sino la llegada de la felicidad para todos, del placer inacabable y, ¿cómo no?, de la riqueza. Lo veía con claridad: aquella gente, los mayores, celebraban que a partir de aquel día ningún problema se quedaría sin solución, todos los deseos se verían satisfechos.

Documento cinematográfico

Si alguien quisiera hoy hacerse una idea exacta de lo que fue la exultante alegría del pueblo de Madrid en aquella fecha histórica, más que las referencias literarias le servirán las imágenes cinematográficas que se han conservado y que de manera reiterada se han ofrecido en películas y en documentales de televisión. Son más expresivas, más exactas y más conmovedoras, en su indudable objetividad, que cualquier descripción, aunque sea la de un testigo presencial tan limpio como un chico de nueve años.

Mucho después, en 1977, también yo utilicé trozos de aquellos documentales para la película *Mi hija Hildegart,* cuya acción se desarrollaba antes y después de la proclamación de la República, y quizás subyugado por la expresividad de las imágenes que tan fielmente mostraban el insólito entusiasmo del pueblo de Madrid en aquella enloquecida fiesta de la esperanza, utilicé más metros de los que el buen ritmo de la película requería, aunque no estoy muy seguro de ello. Pero un crítico de filiación fascista y amigo mío, el del diario *Pueblo*, Tomás García de la Puerta, me lo reprochó: «Se recrea demasiado el director en las imágenes documentales de la proclamación de la República, atendiendo más a la propaganda política que al interés del filme.» Quizás no le faltara razón, aunque fue el único en señalar este defecto en una película en la que tantos encontraron sus colegas, pero lo atribuyo a la emoción retrospectiva y nostálgica que en mí han despertado siempre esas imágenes. Que tienen otra ventaja considerable: en ellas no se oyen las imprecaciones groseras, los denuestos soeces que los que se creían definitivamente vencedores lanzaban contra los derrotados. Imprecaciones y denuestos que iban dirigidos a algunos generales, en particular a Primo de Rivera y a Berenguer, pero, la mayor parte de ellos, a Alfonso XIII, el abuelo de este rey, de este hombre amable, cordial, sencillo, que en un salón del Museo del Prado, durante un solemne acto oficial, cincuenta años después, había estrechado mi mano y me había hecho entrega de una honrosísima condecoración.

Todos entendíamos —en este «todos» intento abarcar a los cómicos— que aquella medalla entregada por el rey de España a propuesta del ministro de Cultura y por indicación del director general de Cine, Matías Vallés, no era exclusivamente un premio que se me concediera a mí para señalar mis méritos, sino que con su inclusión en el denominado Mérito en las Bellas Artes se intentaba remediar el desprecio que la Administración y buena parte de la sociedad administrada habían demostrado desde tiempo inmemorial a los actores. Unos cuantos actores y actrices fueron invitados al acto de la entrega para poner más de relieve este significado.

Y ellos así lo entendieron y manifestaron bien claramente su emoción. Para ellos, dentro de su pequeño mundo, aquella era una fecha señaladísima. Se suponía que de aquel día en adelante —por las razones que fuera— los cómicos pasaban a ser personas como las demás y que a los de mérito se les reconocería públicamente, como a los demás artistas.

Son muchos los cómicos que no sólo en tiempos remotos, sino en los actuales, no tienen demasiado interés en integrarse en la sociedad burguesa, aunque también son muchos los que lo están deseando. Pero no hay casi ninguno que no desee que sus méritos sean reconocidos. Y a ellos, que, por lo general, aspiran a representar el teatro de Shakespeare o el de nuestro Siglo de Oro o a ascender a las altas cimas de la tragedia griega, no les molesta que un rey les estreche la mano, aunque les guste la República tanto como a aquellos madrileños —podemos dejarlo en el sesenta por ciento— del 14 de abril de 1931, que montaron en las calles espontáneamente la gran verbena de la alegría y de la esperanza.

La sociedad de seguros

Al día siguiente se reanudaron las clases y en el colegio y en el barrio fue un día como otro cualquiera. Desde entonces hasta ahora siempre he considerado que lo más digno de resaltar de aquel curso fue la extraordinaria peripecia financiera del alumno Arturo Fernández (que nada tiene que ver con otro amigo y compañero, el popular actor del mismo nombre).

Mi amigo Arturo Fernández, el hijo del carpintero ebanista —un poco más adelante explicaré cómo nos conocimos y el porqué de nuestra amistad—, aunque era un año o dos mayor que yo, lo que ante mí le daba un gran prestigio, estaba en mi misma clase en el colegio de Santa Teresa, academia Domínguez. Tenía tres o cuatro hermanos varones y dos hermanas, todos mayores que él y, posiblemente, de una conversación familiar a la hora de la comida hogareña, en la que además estaban sus padres —mesa que a mí se me antojaba multitudinaria—, sacó una idea maravillosa. Siempre me ha parecido, en un muchacho de diez u once años, un rasgo genial: aplicar el sistema de seguros al colegio. Debo explicar esto debidamente y el lector ha de tener algo de paciencia para seguirme. En el colegio de Santa Teresa, como en muchos otros, estaba establecido un sistema de vales, que se recibían o se devolvían al profesor según la aplicación en el estudio, la manera más o menos acertada de responder a las preguntas, la puntualidad y la buena o mala conducta durante las clases. Mi genial amigo y condiscípulo Arturo Fernández tuvo la luminosa idea de *asegurar* a los alumnos por medio de una cuota de vales semanal. De la misma manera, sin duda, que su padre había asegurado el taller o la casa, contra robo, incendio o cualquier eventualidad. Los alumnos que, mediante dichas cuotas, se inscribieran en la sociedad de Arturo, podían ya no saberse la lección, charlar unos con otros, llegar tarde, hacer «pellas» —así llamábamos en mis tiempos de primera enseñanza a los «novillos»—, alborotar, incluso gastarle chuflas al profesor, pues Arturo —la *sociedad de seguros* fundada por Arturo— se encargaba de pagar el importe de la sanción impuesta. Me pasaba yo muchos ratos en el taller de la familia de Arturo, que estaba en el número 10 de Álvarez de Castro —el colegio estaba en el 16— y también daba muchos paseos con él, arriba y abajo de nuestra calle, enterándome de lo que era el mundo de los mayores, del que él lo sabía todo, a través de sus numerosos hermanos. Algunos días, los de invierno, Arturo subía a mi casa y remediaba mi soledad ayudándome a pintar de colores las láminas en blanco y negro de algún libro. En todos esos ratos de apasionante, ilustradora compañía, supe que la organización de seguros de mi amigo y condiscípulo era perfecta, y que si los propietarios de las compañías de seguros de verdad eran multimillonarios, él, por lógica y por matemática, acabaría siendo millonario en vales del colegio.

Pero alguna diferencia debía de haber entre los chicos del colegio y las personas mayores, entre el dinero y los vales, pues ocurrió algo inesperado —por lo menos, inesperado para Arturo—. Como consecuencia de su organización, de que él se encargara de pagar los vales cuando el profesor impusiera sanciones —que de no tener los vales habían de pagarse en tiempo de permanencia, de castigo, en el colegio después de la hora de salida—, se relajó la disciplina de la clase. Los primeros o primeras de la clase —el colegio era mixto— siguieron siendo los primeros y primeras, como los más seriecitos siguieron siendo los más seriecitos; pero los de las zonas intermedias, los que estudiaban no por deseos de saber sino por temor al castigo, a la regañina familiar, y los que por las mismas razones permanecían en las clases más o menos callados y modosos, se entregaron al libertinaje y a la vagancia, puesto que si eran pillados en falta sería el asegurador Arturo quien, bajo cuerda, les daría los vales suficientes con que cubrir el castigo impuesto por el profesor. En cuanto a los otros, los que no estaban en las zonas intermedias del estudio ni de la moral, los de las zonas bajas, los golfos y los malos, esos ya se desmadraron. Ni el profesor —esto fue en la etapa de don Secundino, que mientras nos daba clase preparaba oposiciones para ingresar en la policía—, ni el director, don Alejandro Domínguez, podían comprender lo que ocurría en aquella clase, ni creo que llegaran nunca a saberlo. En cambio, el que tardó mucho en olvidarlo fue mi amigo Arturo Fernández, pues a los pocos días comprobó que se había equivocado en las cuentas y que la cantidad de vales que tenía que entregar a los revoltosos, perezosos, ineducados, libertarios alumnos era muy superior a la que él recaudaba con las cuotas semanales. Con los alumnos de elevados principios y aplicación pertinaz no había problema, pues ni siquiera habían ingresado en la sociedad de seguros, pero con los de la zona intermedia ya los había, pues reclamaban los vales a los que tenían derecho y de los que Arturo carecía, y los golfos y malos recurrieron a la acción directa, muy de moda en aquellos tiempos, y amenazaron a Arturo con partirle la boca a la salida del colegio si no les proporcionaba los vales necesarios que les evitaran quedarse encerrados una hora después de terminadas las clases.

El frustrado financiero —cuyo error quizás consistió simplemente en aplicar con adelantamiento una técnica económica que podría haberle conducido a la extremada riqueza algunos años después— se vio obligado a apoderarse provisionalmente de algunas herramientas del taller familiar, pues imaginación y recursos no le faltaban. Luego propició con su mal comportamiento que el profesor se viera obligado a castigarle. De esta manera consiguió quedarse en la clase una hora después de la salida. Debo explicar para la perfecta comprensión de este folletín que en el colegio de Santa Teresa, academia Domínguez, nadie se quedaba a vigilar a los alumnos durante la hora de castigo. Así, aquella hora Arturo pudo aprovecharla para, con las herramientas que se había proporcionado en el taller, abrir habilidosamente por la parte de atrás el cajón de la mesa del profesor y apoderarse de un montón de vales. Con ellos amortizó las deudas contraídas con los golfos, los malos y los medianos y se libró de una buena paliza y quizás de una denuncia. Pero consideró prudente no reanudar el negocio.

Dudas políticas

Por haberse marchado de nuestra casa mis primos, de mi misma edad y que vivieron con nosotros más de un año, o por haber pasado de la primera enseñanza al bachillerato, o por haberse proclamado la República o por haber empezado a contarse los años de mi edad con dos cifras en vez de con una, o por todas estas causas a un tiempo, el estilo de mi existencia y de mi entorno dio un cambio radical en aquel año 1931. Un elemento del que había carecido mi vida entró en ella y pasó a ocupar una gran parte del ambiente en que me desenvolvía. Así como en años anteriores para mis primos y para algún otro niño que conociéramos, los nombres de los ministros de la Monarquía eran totalmente ignorados, y en casa ni la criada, ni las abuelas, ni mi madre ni los cómicos y cómicas que algunas veces se reunían con ella pronunciaban nunca los nombres de García Prieto, Antonio Maura, Ardanaz, García Reyes, de pronto los nombres de Indalecio Prieto, Largo Caballero, Alcalá Zamora, Azaña, Lerroux, Gil Robles estaban en todas las conversaciones. Los chicos nos enteramos de que en el otoño habría elecciones, de que aquellas elecciones serían para *Cortes constituyentes*.

Empecé a enterarme también, desde poco antes de abril del 31 hasta poco después, no sólo de que mi abuela era republicana, sino socialista, y de que mi madre era monárquica. Cuando se proclamó la República, mi madre estaba contratada en la compañía de Casimiro Ortas y hacía una turné por provincias. Muy poco después escribió a casa: «Con esto de la República, no viene ni un alma a los teatros.» El hecho era cierto, y mi abuela hubo de reconocerlo cuando poco después hablaron de ello, pero mi madre, al resaltarlo, manifestaba sus ideas, opuestas a las de la abuela, y la política entraba en nuestra casa iniciando la división de mi pensamiento. Empezaban a nacer mis dudas políticas.

Al proclamarse la República en abril, muy pronto llegaron las vacaciones. Me encontraba en el curso denominado *superior*. Tras él se abandonaban los estudios o era preciso presentarse al examen de *ingreso* para comenzar el bachillerato. La edad que se exigía eran diez años cumplidos. Como los cumplo el 28 de agosto, podía presentarme a los exámenes de septiembre. En vista de lo cual se decidió que don Francisco, uno de los profesores del colegio de Santa Teresa, me preparase para el ingreso durante el verano. En compensación por este estudio intensivo mi abuela decidió llevarme casi todas las noches al cine de verano, al aire libre. Había uno cerca de casa, en la calle de Fernández de los Ríos, pero le parecía, no sé por qué referencias, que aquel cine era demasiado golfo o demasiado pobre y me llevaba a otro que suponía más distinguido, en la calle de Luchana, donde hoy está el cine del mismo nombre. Aunque me perdí el veraneo, aquel fue para mí un feliz verano. No tenía que ir al colegio más que una hora por las mañanas. Era el único alumno y aprendía mucho más. Para ingreso sólo se pedían nociones de Historia de España, de Geografía, dictado y Aritmética hasta la regla de tres. El resto del día me lo pasaba jugando con los chicos en la calle calcinada por el sol, revoleándonos en la tierra, correteando por las calles cercanas. Por la mañana iba a una velocidad que me imaginaba semejante a la del rayo o, por lo menos, a la de un caballo de los de las películas de «americanos», hasta el cine Luchana. Allí veía en la cartelera el anuncio de las películas que iban a «echar» por la noche y volvía a casa a la misma velocidad. Se lo decía a mi abuela y ella en casi todos los casos la aprobaba, aunque fuera una película muy para chicos, que también otros días me tragaba yo las de amor. A pesar de que estaba ya en auge el cine sonoro, en aquellos cines al aire libre, instalados en solares, proyectaban películas mudas. Aquellos veranos me sirvieron para ver películas que habían visto los chicos algo mayores que yo, pero no los de mi edad. Vi varias del Oeste; algunas de un *cowboy* muy famoso, pero al que yo no conocía: Fred Thompson. También las españolas *El crimen de anoche*, interpretada por el torero Nicanor Villalta; *Estudiantes y modistillas*, por La Romerito; *Alma de Dios*, por Juan Bonafé; *Boy* —sobre la novela del padre Coloma—, cuyo protagonista era Juan de Orduña, después famoso director; entre las americanas, *La hermana blanca*, una historia de amor con monja y explosión del Vesubio, de la que después se hizo una versión sonora. Aquel público escandaloso de chiquillos, criadas y menestrales no advertía la diferencia de calidad entre el cine español y el extranjero, que se evidenciaría años después. Pero mi abuela sí me hizo notar que los actores americanos eran mucho más sobrios que los españoles, a ella le gustaban más:

—No hacen tantas muecas, ni mueven tanto las manos. Son mucho más finos.

A la mañana siguiente, antes o después de ir a dar clase con don Francisco, contaba de cabo a rabo la película a un grupo de chicos del barrio, sentados a la puerta del garaje Carrizo —donde años después se instalaría el cine Voy, que ya ha desaparecido—. Este pequeño cine debió su curioso nombre a la prohibición por parte del triunfante régimen franquista de emplear palabras extranjeras para titular locales públicos, pues la intención de su primer empresario fue llamarle Boy, pero al impedírselo las autoridades, no se calentó más la cabeza y sustituyó la be por una uve. En mi mismo barrio, el cine Hollywood cambió su nombre por el de Apolo. Un poco más allá, el Royalty se tituló Colón. Los empresarios del cine Madrid París no se anduvieron con chiquitas y para no utilizar el nefando nombre de la capital de Francia, le dieron el de cine Imperial. Los dueños de una acreditada camisería tuvieron que demostrar que Clars no era una palabra extranjera, sino una sigla formada con los nombres de los socios que la habían establecido. La estupidez de los que se atreven a regir a los demás puede llegar a extremos incalculables.

Los chicos me escuchaban con muchísima atención y opinaban que contaba las películas muy bien, como si la estuvieran viendo. Tenía que levantarme para imitar el galopar de los caballos y reproducir la pelea final entre el malo y el bueno. No era un trabajo fácil, pero me gustaba mucho. Luego, salvo un breve rato que me ocupaba la comida y un poquito de siesta, otra vez a la calle, a jugar al *rescatado* —policías y ladrones—, a *dola* —pídola—, al fútbol —ya empecé a descubrir mi torpeza— y a tragar tierra de las obras de la calle, que se nos metía por las perneras de los pantalones, por las mangas, la boca, la nariz, las orejas... Era un gozo.

Al anochecer, subía a casa para cenar pronto y echar a andar con mi abuela hacia el cine Luchana. Allí veíamos la película entre el griterío de la chiquillería. Mi abuela hacía una breve crítica de la película y otra del público, al que encontraba bastante mal educado, porque la desgracia de España era que había muy poca cultura, y nos volvíamos a casa.

Había sido un día como otro cualquiera, un día muy feliz.

Y llegaron los exámenes de ingreso. El profesor, don Francisco, me acompañó al instituto. Tuve que legalizar mi situación de ciudadano argentino al sacar la documentación necesaria para presentarme al examen oficial. Por primera vez fui al consulado. A espaldas mías, procurando que no lo oyese, mi abuela —mi madre seguía de turné con Casimiro Ortas— y el cónsul hablaron de algo. Ya sabía yo lo que era; pero así como los mayores tenían que procurar que no me enterara, tenía yo que procurar que creyesen que no me había enterado.

Me impuso mucho respeto el edificio del Instituto del Cardenal Cisneros. Y el respeto se transformó en temor al ver las enormes dimensiones del aula. También era grande la mesa del tribunal. Todo me pareció injustamente desproporcionado para lo que era yo y lo que había sido mi mundo hasta entonces.

Al leer el examinador que mi nacionalidad era argentina, me preguntó los nombres de los países y las capitales de Hispanoamérica, que me sabía de corrido. El dictado no recuerdo cuál fue, pero en ortografía iba bien preparado. Y el problema de regla de tres que me pusieron lo resolví sin dificultad. Mi nota fue «admitido», mi alegría muy grande y la de mi abuela desbordada, pues creyó que su nieto había realizado una proeza.

En el paraíso

Cuando me preparaba para el ingreso con don Francisco, cuando estudiaba en casa, cuando me sometía al examen en el atemorizador Instituto del Cardenal Cisneros, no suponía ni por asomo lo que me esperaba. El peor recuerdo de mi infancia y mi adolescencia es el bachillerato, la aridez de los libros de texto, el terror que nos inspiraban algunos profesores, el miedo a los exámenes. Me sentí un niño malvado, injusto, al no estudiar, al no pagar de alguna manera los sacrificios que por mí hacían aquellas dos mujeres. Así me lo reprochó, estando ya en tercer año, don Alejandro, el director del colegio. Pero estudiar era imposible mientras hubiera quioscos llenos de tebeos y novelas, y condiscípulas tan guapas, y cines, y con aquella calle toda entera, abierta, ofrecida de la mañana a la noche para jugar.

Este es, en cambio, mi mejor recuerdo de aquellos años: la calle, el día en que mi abuela, una mañana templada, con sol, me sacó de casa, buscó a un chico con la mirada, le llamó.

—¿Cómo te llamas?
—Vicente.
—Este es mi nieto Fernando. ¡Hala, a ver cuál de los dos corre más!

Nos dio sendos empujones y se marchó a la compra. Vicente, el de la verdulería y frutería, que estaba en nuestra misma casa, fue mi primer amigo de la calle. Mi abuela acababa de hacerme el mejor regalo de mi infancia y uno de los mejores que me han hecho nunca. La calle del General Álvarez de Castro, con sus dobles filas de acacias frágiles, que hoy ya son robustas, con suelo de tierra, que nosotros, los chicos de la calle, vimos asfaltar, esa calle con sus solares que se iban poblando, con su verbena del Carmen que se alzaba como un grito de alegría todos los veranos, esa calle que creció al mismo tiempo que yo, con sus golfos, sus hijos de obreros, sus hijos de empleados de clase media, que era tan ancha, tan hermosa, tan tranquila, tan dispuesta para el juego, fue entonces mi paraíso y es hoy mi paraíso perdido.

Nueve años tenía cuando mi abuela me echó a correr en libertad, y había de tardar muy pocos meses en decidir lo que quería ser. Quería ser dos cosas: el niño actor Jackie Cooper y escritor de novelas de Salgari.

A las cinco de la tarde se terminaba el colegio, mi martirio, y creo que el de muchos más, pues la salida del colegio y la llegada a la calle eran siempre como una explosión de regocijo, de jolgorio. A la derecha del portal, según se salía, estaba el despacho de leche de doña Primitiva; a la izquierda, la vaquería. Por el estrecho portal salíamos todos corriendo, disparados a derecha y a izquierda, invadiendo la calle, entre gritos, carreras, empujones, saltos. Con vertiginosa velocidad se emprendía algún juego entre los que se quedaban un rato en la calle; otros corrían a perderse por las esquinas. Yo subía a casa en busca de la onza de chocolate y el panecillo, para volver a bajar sin tiempo de dar a mi abuela el obligado beso, y zambullirme de nuevo en el torrente. No podía permanecer hasta la anochecida en la calle porque había que subir de nuevo a casa, a estudiar. A simular que se estudiaba, pues mi odio hacia los libros de texto era ya patente. Mentía diciendo que se estudiaba en el colegio. Pero pronto se supo en casa que el estudio no se me daba bien y que si me gustaba mucho copiar en casa dibujos de los tebeos y colorearlos, no me gustaba nada hacer lo mismo con los mapas de Europa, América, Asia, África y Oceanía. Me obstinaba en imaginar novelas parecidas a las de Salgari, y en el colegio, durante la clase de Geografía del feroz y sarcástico don Horacio, se las contaba en voz baja a mi compañero de pupitre, Ángel Campos. No tenían ni principio ni fin, pies ni cabeza, salían pescadores de esponjas y piratas del Caribe, eran sólo un bello motivo para no escuchar a don Horacio y para no enterarse de dónde estaban las penínsulas o los estrechos.

Con unas láminas de caligrafía que me prestó una amiga un poco mayor, Josefina Castellote, y que entre mi abuela y yo camuflamos lo mejor que pudimos, conseguí un *sobresaliente* en Caligrafía; por saber cómo se obtiene el área del trapecio me dieron otro en nociones de Aritmética. Me encontré en la calle a don Francisco, el maestro que me había preparado el año antes para el ingreso, y al enterarse de mis dos sobresalientes y de que en Geografía y en Gramática había tenido solamente *aprobado,* torció un poco el morro. No era un hombre tonto, y con aquellos resultados y lo poco que sabía de mí como alumno, comprendió que allí no había un buen estudiante.

02
Cómo empezó todo

La gran ciudad

Recuerdo haber leído no sé dónde que no se debe escribir sobre la propia infancia, porque la infancia de todos los hombres es la misma. Efectivamente, yo nací, como todo el mundo, en Lima. Pero no me registraron allí, sino que, como a todos los hombres, me sacaron del Perú casi de contrabando, porque la compañía en que actuaba mi madre continuaba su gira, y fui inscrito días después en Buenos Aires. Mi abuela, como las abuelas de todos los demás, tuvo que desplazarse —a sus sesenta años de costurera madrileña— a la ciudad del Plata para hacerse cargo del evento, ya que mi madre se había contratado en otra compañía trashumante, la de Antonia Plana y Emilio Díaz, y no sabía qué hacer con aquel regalo de la Providencia. Durante algunos meses, también como todos los niños, tuve un ama negra.

Mi abuela, que cuando acompañó a su hija en su condición de madre de la artista, había descubierto Sevilla, la alegría de sus balcones rebosantes de flores y los encantos del barrio de Santa Cruz, se quedó prendada del esplendor de Buenos Aires. En 1921 la diferencia que había entre Buenos Aires y Madrid era como la que puede haber entre un planeta y otro. Los españoles que llegaban a aquel emporio, entonces como ahora, solían aposentarse en la avenida de Mayo y alrededores; y allí, en una pensión, en un cuarto con balcón a la calle, nos hospedamos mi abuela y yo.

—Pero ¡qué calle...! —le decía, ponderativa, mi abuela a la amiga de turno, la Eleuteria, la Regina, doña Josefa...—. Más ancha que los bulevares, con unos árboles hermosos, unas aceras de diez metros. ¡Si hubiera usted visto a este crío corretear por allí. ¡Una gloria! Y qué ciudad tan limpia, tan rica, qué señorío. Madrid es un poblacho.

Ella me hizo añorar, antes de conocerlas, las grandes ciudades. Le parecía muy pequeño y muy sucio y muy empinado Madrid, porque a los sesenta años, cuando fue a recogerme, conoció Buenos Aires.

—¡Aquello sí que es una ciudad! ¡Qué limpieza! Todas sus calles son rectas. Era como si fuera una libra de chocolate, ¿sabes? Todas las calles son rectas y se cortan unas a otras. Igual que una libra de chocolate. Es una ciudad muy moderna.

Me lo contaba después de cenar, en el 11 de Álvarez de Castro, en el cuarto deslavazado de la camilla cuadrada, la rinconera con mis papeles, el armario de cocina pintado de verde en que guardábamos mi ropa y mis juguetes. O a la salida del colegio, cuando, después de jugar en la calle con los chicos, me quedaba un rato junto al balcón, esperando la hora de cenar y sin encender la luz, para ahorrar, mientras las siete de la tarde, las ocho, nos iban envolviendo a los dos en tristeza, en aislamiento y en melancolía, en recuerdos, en suspiros y en nuestra comunión. O me lo contaba en los largos paseos. Como todos los viejos, contaba las mismas cosas muchas veces.

Sí, en las aceras de la avenida de Mayo anduve a gatas por primera vez. Allí di mis primeros pasos. Cuando he vuelto a Buenos Aires —1951 para el Festival de Mar del Plata, 1962 para intervenir en el rodaje de *La mujer de tu prójimo*— he ido a pasear solitario por la avenida para sorprender alguna huella en el aire, alguna sombra de recuerdo oculta en el último recoveco de la desmemoria. La calle es hermosa, como decía mi abuela, hermosos los árboles, pero no me ha sorprendido nada.

Aproximadamente nueve meses después mi abuela me trasladó a España. No por su gusto, sino ante la insistencia de mi madre. Mi abuela había elaborado otro proyecto: quedarse con el niño en Buenos Aires y emprender una nueva vida, sin acordarse para nada de su marido, de su hija ni de su hijo. (Ya se verá más adelante qué motivos tenía para querer olvidarlos.) Se encontraba con energías suficientes para trabajar como costurera por las casas o para hacer lo que fuera y ahorrar y enriquecerse y quedarse allí para siempre, en el extranjero, un extranjero milagroso en el que se hablaba su mismo idioma, en aquella ciudad prodigiosa que ella nunca había podido soñar. Allí quería quedarse, trabajar, echar raíces y allí quería que creciese su nieto y se hiciera hombre. Consiguió un empleo de «lectora» en una casa rica. Pero pudieron más las demandas y los derechos de mi madre que me reclamaba, ya desde Madrid, adonde había llegado.

Muchas veces me contó mi abuela nuestro viaje en barco, cómo un médico alemán le recomendó que echara unas gotas de coñac en mis papillas y me diera a comer muchas uvas peladas. He conservado la afición a las uvas peladas, pero a lo largo de mi vida no me ha sido fácil encontrar quien me las pele. Padecí durante el viaje no sé qué dolencia muy grave en el cuello o en la garganta, que me curó, por medio de una operación urgente, el médico alemán, al que mi abuela guardó siempre una profunda gratitud y un gran respeto, porque me salvó la vida. Años más tarde, al considerar mi comportamiento con algunos empresarios y algunas mujeres, he pensado si aquel médico no me operaría de meningitis. Pero hace poco tiempo, mi compañero y amigo José Sacristán, cuando leyó este dato en un avance de estas memorias que publicó la revista *Triunfo*, me dijo que aquella enfermedad pudo ser la difteria. Me inclino a pensar que estaba en lo cierto, por la pequeña huella de la operación que conservo en el cuello.

Mi abuela me decía que estuve a punto de morir y de que me tiraran al mar, y que lo que más pena le daba a ella era que su nietecito tuviera aquel final. Lo de las uvas peladas era para mi abuela una innovación sorprendente, pues ella había destetado a todos sus hijos con cebolla, procedimiento por el cual consiguió que no se le murieran más que nueve antes de cumplir un año. El décimo llegó a los doce. Y otros dos, mi madre y mi tío Carlos, sobrevivieron.

Durante mi infancia le oí contar repetidamente aquel viaje a las visitas, y tardé muchos años en comprender por qué razón debía contar aquello tantas veces y por qué para ella podía ser un suceso tan importante y que todavía le hiciera llorar. Para mí era un suceso lejanísimo, prehistórico, que no había ocurrido en la realidad, en la medida real del tiempo. Y, ya digo, tardé mucho en comprender que para mi abuela había sucedido sólo cinco o seis años atrás, o sea, casi nada, ayer, como quien dice; estaba sucediendo aún.

—Vamos, vamos, doña Carola, no llore. Todo eso ya es agua pasada —o algo así, le decía su amiga.

Pero, insistente, mi abuela contaba una y otra vez que hizo el viaje desde Buenos Aires para devolverme a mi madre...

—Y habría llegado sin él —me señalaba, mientras yo, en mi pupitre, pintaba con lápices de colores—. Porque si se hubiera muerto en el barco, le habrían arrojado al mar.

—No llore, no llore, mujer.

—No, Eleuteria; si tengo ya callo en el corazón de tanto llorar.

A mi abuela, como podrá ver más adelante el curioso y paciente lector, le fueron casi siempre muy mal las cosas. Lo comentaba con sus viejas amigas, vestidas como ella, de negro, delante de mí, sin discreción, sin precaverse. No sé si lo hacía así porque, como casi todas las personas mayores, creía que los niños no se enteran de nada, o porque, mujer más lista que muchas otras, consideraba conveniente que su nieto se fuese enterando de todo poco a poco.

Primer recuerdo

Una bombilla cuelga de su cable trenzado en el centro de la habitación. Habitaciones pequeñas de pensiones o de casas de huéspedes. Habitaciones con una ventana que daba a un patio o a una galería. O sin ventana. Pero con una luz amarilla que cuelga del techo. No hay un adorno, un cuadro, un papel pintado, un friso, un zócalo de otro color; de otro color que no sea blanco (en realidad, gris blancuzco), con el tono amarillento que a partir de las ocho de la noche le da a la luz de la bombilla que pende del cable trenzado. Suelos de baldosín. Paredes de yeso. Paredes pintadas hace tiempo, sin reparar; una cama, una mesilla de noche, pocas veces un armario, una silla; la ventana o el montante de sobre la puerta ofrecen durante el día un rectángulo de entristecida luz que mi abuela puede aprovechar para zurcir los calcetines o remendar la ropa demasiado usada. Habría, aunque no lo recuerdo, un lavabo de madera o metal con su jarro, su cubo y su palangana. Estos jarros, estos cubos, estas palanganas, las paredes blanqueadas, sin decorar, sin cuadros, la bombilla en el centro de la habitación, el orinal debajo de la cama o en la mesilla, son el decorado de mi primera infancia.

Más adelante, cuando yo no vivía de pensión o en casa de huéspedes con mi abuela, sino en casa de mi madre, en su piso de siete habitaciones, con tres balcones a una calle ancha y arbolada, que a mi abuela le recordaba su añorada avenida de Mayo, pero menos viva, menos rica, el cuarto de estar, también mi cuarto de jugar y comedor de a diario, era una habitación pequeña, de unos seis metros cuadrados, con poquísimos, pobres y descabalados muebles, de paredes blanqueadas y una bombilla en el centro que conforme entrábamos nos teñía las caras del amarillo de la luz eléctrica; de la luz eléctrica escasa.

Las aulas en las que aprendí las cuatro reglas, los nombres de los océanos, y a trazar palotes, curvas y garrotes, no eran tales aulas, sino habitaciones pequeñas, de paredes encaladas, con una bombilla de luz amarillenta en el centro y seis u ocho pupitres pintados de un color muy sufrido, gris oscuro, casi negruzco.

El primer recuerdo que tengo, verdadero del todo y nítido —debía de andar por los dos años— es el de ver en un aparatito de juguete, de los que se usaban para mirar fotografías de película al trasluz, el escudo de España que un señor que vivía en nuestra pensión había recortado de una cajetilla de tabaco.

El falso recuerdo que conservo de aquel momento es el de un enorme vestíbulo o recibidor, cuadrado, de color madera sin pintar, algo así como canela. La puerta que daba a la escalera era muy ancha; otra, más estrecha, conducía al pasillo. En aquel enorme vestíbulo cuadrado había una amplia ventana que daba a un patio inmenso. También había una mesa, no sé por qué allí, de proporciones normales. Yo estaba sentado encima de la mesa. Y aquel huésped que había recortado el escudo de España de la cajetilla de tabaco y lo había metido en el aparatito de mirar fotogramas me lo colocaba en un ojo y dirigía mi vista hacia la luz de la ventana. Lo recuerdo muy bien: el escudo de España era mucho más grande que en la cajetilla, era transparente, y tenía un color verdoso.

Sin embargo, para mí, la palabra «España» de aquella época me sugiere siempre una gran superficie amarilla.

En una de aquellas pensiones, la de la calle de Carretas, «Pensión Adame», vivía también la gran actriz doña Concha Catalá, que actuaba en el Teatro Lara. A mí me gustaba mucho que al volver del teatro —debía de ser a la hora de la cena— me sentara sobre sus rodillas para jugar conmigo. Recuerdo sus brazos espléndidos, desnudos, carnales, provocativos, en los que yo intentaba hundir mis dedos y mis manos, apañuscarlos, mientras ella no contenía su risa abierta y luminosa, que le dio fama. Eran mis primeros inicios en el juego sexual.

También me gustaba ver el cuarto de la señora, que se dedicaba a hacer flores artificiales. Mi abuela a veces me llevaba, y charlaba con ella. Yo me quedaba extasiado mirando las flores. Siempre estaba el cuarto muy bonito, porque tenía las flores, de trapo, recién pintadas y puestas a secar, colgadas de unos cordeles a lo largo de las paredes, del techo. Yo, desde que entraba en el cuarto, dejaba de mirar a la señora y a mi abuela y no separaba los ojos de aquellas flores; iba hacia un lado, hacia otro, con la cabeza hacia arriba. La señora hacía aquellas flores para venderlas en una tienda, quizás en la de la calle Núñez de Arce, que duró muchos años y puede que todavía esté. No lo he comprobado. Las manchitas amarillas, rosas, azules, colgando del techo, cruzando la lóbrega habitación, no las he olvidado nunca.

Sobre la cripta de Pombo

Siempre pensé que algún día tendría que investigar por qué aquella pensión se llamaba pensión Adame. Adame se llamaba un escritor y crítico teatral al que conocí años después. La pensión estaba en el mismo edificio de la calle de Carretas en el que estaba la botillería de Pombo, en cuya cripta se reunía la tertulia de Gómez de la Serna. Pero para mí, durante muchísimos años, esto permaneció ignorado. Hoy no existe el edificio.

En aquella pensión pasé uno de los momentos más angustiosos de mi vida. Según mis cálculos, quizás erróneos, aún no habría cumplido los cinco años. Era la hora de comer y mi abuela se fue al comedor. A sentarse «a mesa puesta», según ella decía repetidas veces, como colmo de la felicidad. Yo me había quedado en nuestro cuarto. Cuartucho, si utilizamos bien el castellano, pues no tenía ventana ni a la calle, ni al —inmenso— patio, ni al callejón trasero. De pronto, sentí que me había cagado. Yo, sin mi abuela, no era nadie. Me recuerdo aún dando vueltas y vueltas alrededor del cuarto, diciendo: abuelita, abuelita, abuelita... Pues no sabía qué hacer. Comprendo que en la vida de un hombre adulto sobrevienen problemas mayores, angustias más sartrianas que aquélla, pero cuando algunas las releo ahora en anotaciones que he ido tomando a lo largo de mi vida me sorprenden porque se habían hundido en el pozo de la desmemoria, mientras que aquellos minutos angustiosos jamás los he olvidado, aquellas vueltas y vueltas con la mierda en el culo y sin saber dónde debía ponerla.

Felizmente, como siempre en aquellos tiempos, mi abuela llegó.

Lugar y fecha de mi nacimiento

Desde que en 1931, para comenzar el bachillerato hube de poner en regla mi documentación, en todos mis papeles ha figurado que nací en Buenos Aires el 28 de agosto de 1921. Pero esto no está muy claro, sino que, por el contrario, añade una oscuridad más a mi nacimiento, pues siempre he sabido —porque así me lo contaron, no con mayor base— que nací en Lima y me inscribieron en el registro en Buenos Aires. Hace muy poco tiempo (escribo en 1986), tras minuciosas rebuscas en casa de mi madre, ya fallecida, conseguí encontrar una copia de mi partida de nacimiento, en negativo, de lectura casi imposible, pero en la que mi agente, José María Gavilán, consiguió hallar los datos necesarios para que enviaran de Buenos Aires una copia algo más legible. Me era necesaria para recuperar la nacionalidad española, gestión en la que me hallaba embarcado desde hacía poco tiempo y que referiré en otro momento que me parezca más adecuado.

Esta es mi partida de nacimiento:

41131 - Doc. 2 - 205 – 1242436
Fernández: Fernando - 109 - 019009 - 8
Número mil ocho En la Capital de la República Argentina á diez y seis de Setiembre de mil novecientos veinte y uno ante mí Segundo Jefe de

la Sección Trece del Registro / Carolina Fernández de veinte y dos años soltera española domiciliada Belgrano mil seiscientos noventa y dos hija de Álvaro Fernández y de Carolina Gómez declara: que el veinte y ocho de Agosto último a las diez y siete, dio a luz al varón Fernando en su domicilio á quién vi, hijo de ella. Leída el acta la firman conmigo la declarante y los testigos Oscar Mauri de veinte y dos años soltero domiciliado Paseo [ilegible] trescientos ochenta y tres y Abel Charentin de treinta y cinco años soltero domiciliado Carlos Pellegrin seiscientos cincuenta y cinco. Hay las firmas de: Carolina Fernández, O. Mauri, A. Charentin y Arturo [ilegible].

Hay un sello que dice: REGISTRO CIVIL DE LA CAPITAL SECCIÓN 13 REPÚBLICA ARGENTINA.

El hecho de que habiendo nacido en Lima me inscribieran en Buenos Aires no se debió a ninguna preferencia por una u otra ciudad, sino a la premura del viaje. Supongo que los diecinueve días que van desde el 28 de agosto al 16 de septiembre son los que tardaría la compañía en que mi madre actuaba en recorrer en tren aquella gran distancia, deteniéndose quizás a actuar en algún otro lado. Nunca he sabido esto con precisión. Como tampoco sé si mi madre hizo el largo viaje con la compañía o si lo hizo sola. Nunca me atreví a pedir que iluminaran un poco más aquellas oscuras circunstancias.

Primera infancia

Desembarcamos en Vigo, desde donde nos trasladamos a Madrid.

Mi abuela me da la papilla sentada en el borde de una cama que casi ocupa por entero la pequeña habitación. Luz intensa, amarillenta, de una bombilla que pende del techo.

A mi madre, que quizás esté de turné con la compañía Antonia Plana-Emilio Díaz, le parece nuestro alojamiento demasiado miserable y nos trasladamos a la pensión Adame, en la calle de Carretas. Una pensión grande, limpia, con espacioso comedor y galería encristalada, que da a un patio. Es de primera categoría y en ella se hospedan personas importantes.

Estuvimos esta primera vez poco tiempo —volveríamos después—, porque me llevaron a vivir con mi madre a la calle General Álvarez de Castro, al número 4, a un piso que mi madre tuvo a medias con una amiga separada de un guardia civil. Aquel tiempo que pasé en el 4 de Álvarez de Castro no es un recuerdo directo, auténtico, sino un recuerdo de recuerdos. La criada, la Aurelia, me llevaba a jugar a la parte alta de la calle, aún sin urbanizar del todo, delante de las tapias de un lavadero al que se entraba por la calle de Bravo Murillo y que permaneció allí muchos años, hasta después de terminada la Guerra Civil. Alguna vez fui a ese lavadero acompañando a las asistentas que venían a trabajar a casa. Años después, en *La taberna*, de Zola, encontré la descripción exacta del lavadero, aunque situado en una barriada de París.

Mi juego preferido consistía en machacar ladrillos —había siempre por allí unos cuantos, que provenían de las construcciones cercanas— con una piedra, y así hacer pimentón. Mi criada, la Aurelia, a la que empezaron a llamar la Pirula, me ayudaba. Debía de ser casi tan niña como yo.

Por las razones que fueran, mi madre dejó de compartir el pisito con la mujer del guardia civil, y mi abuela y yo nos fuimos a vivir a casa de un amigo de la familia, amigo sobre todo de mi tío Carlos, el sastre Francisco Ávila, que estaba establecido en el pasaje de la Alhambra, travesía, hoy inexistente, en la que el novelista Darío Fernández Flórez situaría la vivienda de la protagonista de su novela, famosa en los años cuarenta, *Lola, espejo oscuro*. También en el pasaje de la Alhambra tenían lugar en los cuarenta y comienzos de los cincuenta las reuniones de jóvenes poetas de las que surgió el *postismo*. Asistí por aquellas fechas a alguna tertulia en un interior burgués, decorado con cuadros de Chicharro.

De la casa del sastre Ávila me gustaban los anaqueles en los que se guardaban las piezas de tela, porque a veces alguna de las costureras del obrador me subía a uno de ellos y me escondía, para hacer rabiar a mi abuela, que fingía desesperarse por haber perdido al nieto. También disfrutaba cuando las cuatro o cinco chicas que trabajaban en el obrador —una de ellas, María, la primera oficiala, acabaría casándose con Francisco Ávila— cantaban a coro mientras cosían. Su canción preferida era *La canastera*, que se oía hasta la saciedad por las calles, cantada por las niñas cuando jugaban, por las criadas a través de las abiertas ventanas de los patios. También cantaban dos canciones dedicadas al tabaco, aunque ninguna de las costureras fumaba, *Fumando espero* y el tango *Nubes de humo*.

Mi abuela solía llevarme a la iglesia porque le gustaba lo que el ceremonial tenía de espectáculo gratuito, aunque detestaba a los curas y a los frailes, que consideraba enemigos de los pobres, de la clase obrera. De escuchar sermones surgió en mí la vocación de orador. Me subía a una silla bajita de enea, de las del obrador, y lanzaba a las costureras discursos religiosos. Otro oficio que me pareció muy interesante fue el de barbero. No por cortar el pelo, que eso no me atraía, sino por el ambiente de las peluquerías, en el que me prendían la atención, particularmente, los espejos; los espejos enfrentados en cuyo azogue mi imagen —estaba yo encaramado en la sillita supletoria— se multiplicaba incomprensiblemente hasta el infinito. El agitar habilidoso de las tijeras en manos del peluquero también atraía con insistencia mis miradas. Pero lo que había decidido hacer cuando fuera mayor, era afeitar. Aquella operación me parecía maravillosa: embadurnar las caras de jabón, hacer que fuera surgiendo la blanquísima espuma, que se hinchase sobre las mejillas, el mentón y el cuello. Y luego pasar delicadamente la navaja, llevarse en ella el jabón y con lento cuidado depositarlo en el cacharrito de metal y goma. Tenía yo un muñeco grandote que se llamaba Pepe. Debió de ser el nombre de Pepe muy significativo para mí, porque también se llamaba Pepe mi amigo imaginario y secreto con el que hablaba a solas cuando me aburría, en casa, en los cuartos de las pensiones o en los largos paseos cogido de la mano de alguien. A ese muñeco, a Pepe, le afeitaba en casa del sastre. Me dejaban jabón y una brocha vieja y le rasuraba una y otra vez al tiempo que charlaba con él como había visto hacer a los barberos.

La mesa de cortar era muy grande y muy suave, porque estaba barnizada. Allí estaba yo, avergonzado, haciendo la visita a mi tío Carlos, que había venido de Toledo, donde estaba destinado como director de un banco. Mi tío Carlos era enormemente grande y gordo. Reía y era cariñoso. Cada vez que me veía me daba un duro —uno de aquellos duros de plata de verdad—. Esta vez no sé si porque se acercaba mi santo, mi cumpleaños, o porque se sentía espléndido, me preguntó:

—¿Qué quieres que te regale?

Yo ya era tímido, huidizo, difícil para el trato. Escondí la cara para decir con voz profunda:

—*Libos*, quiero *libos*.

—Que quiere libros, libros de cuentos —tradujo mi abuela.

—Pero si aún no sabe leer.

—Pero le gusta pasar las hojas y mirar las estampas.

Durante muchos años estuve oyendo a mi abuela contar a todas las visitas que cuando me habían preguntado qué quería que me regalasen había respondido que quería *libos*, sólo *libos*.

Por algún retazo de conversación, quizás escuchada a mi madre en una de sus frecuentes visitas, pues creo imposible que fuera por mi asistencia a los teatros, se despertó en mí una tercera vocación. Según me contaron después, cuando alguien me preguntaba qué quería ser de mayor, yo solía responder:

—Galán joven.

Hoy, doblada ya la curva de los sesenta, no me parece mala decisión aquella, aunque ignorase, a mis tres años sin cumplir, lo que significaba exactamente aquel puesto dentro de una compañía teatral. Si lo aplico no al oficio de cómico, sino a la vida real, la decisión de un niño de ser el día de mañana galán y joven me parece acertadísima. Ojalá fuese realizable por propia voluntad.

Zona de misterio

¿Por qué vivíamos mi abuela y yo en una habitación de la casa de «Francisco Ávila. Sastre», en el pasaje de la Alhambra? A mis dos o tres años, aquello no me interesaba nada. Pero más adelante, por simple curiosidad, me interesó. No sé si no me decidí nunca a preguntarlo, o lo pregunté y con el tiempo llegué a olvidar la respuesta. Lo cierto es que en la edad en que empezó a distraerme hacer recuento de mi vida ya no tenía a quién preguntárselo.

No sabía yo, me enteré entonces, que en una casa podía ser una desgracia que se cortase la mayonesa. Corrían aquellas mujeres de acá para allá, se echaban la culpa unas a otras:
—¡Se ha cortado la mayonesa! ¡Se ha cortado la mayonesa!
—¿Cómo ha podido ocurrir?
—¡Eres una descuidada!
—¡Yo no he tenido la culpa!

Alguna de aquellas mujeres estaba a punto de llorar. El sastre se dejaba caer en una silla, desolado. Mi abuela suspiraba y elevaba la mirada al cielo. En casa de Paco, el sastre, quizás se siguiera haciendo mayonesa; en mi casa, desde, luego, en todos los años que estuvo bajo la gobernación de mi abuela, que fueron muchos, no recuerdo que se hiciera nunca. Ya que la mujer tuvo tantos disgustos por cuestiones que consideraba graves, la tuberculosis del padre, la orfandad, el hambre, el fracaso de la Primera República, el adulterio, doce embarazos, diez hijos muertos, un hijo presidiario, una hija seducida y madre soltera, la separación matrimonial, un nieto bastardo, el reumatismo, la piorrea, la deformación desde los treinta años, la dictadura del general Primo de Rivera, no debía de estar dispuesta a llevarse berrinches por fruslerías sin importancia.

El 23 de mayo de 1921 —meses antes de que yo naciera— el rey Alfonso XIII pronunció un discurso antiparlamentario en el que reveló su tendencia militarista. En el verano de 1923 miles de obreros, en todas las regiones de España, buscaban trabajo inútilmente. Comenzó a aumentar de manera ostensible el número de atracos, robos y asesinatos. La represión del anarcosindicalismo, con el amparo de los sindicatos amarillos y de la «ley de fugas», fue durísima, sangrienta. De un momento a otro algo trascendental iba a ocurrir en España impulsado por los socialistas o los anarquistas: la revolución.

En 1923 —acababa yo de cumplir dos años— dio el general don Miguel Primo de Rivera el golpe de Estado, con el que no pretendía convertirse en dictador en el sentido clásico del término: «gobernante que asume todos los poderes, circunstancialmente, en momentos de máximo peligro», sino instaurar un régimen estable imitado del fascismo triunfante en Italia desde que Mussolini había asaltado el poder en 1922.

Mi abuela ignoraba todavía, o no la había incorporado a su léxico habitual, la palabra *fascismo*, pero si se hablaba de Primo de Rivera, decía:

—Este quiere ser otro Mussolini: ordeno y mando, y a hacer la puñeta a los obreros.

Desde el primer momento contó el general con el apoyo del ejército, de una alta y media burguesía deseosas de un orden y una estabilidad que conservase las diferencias sociales, y del clero, atemorizado desde tiempo atrás por el fantasma de la revolución.

El capitán general de Cataluña hizo público un manifiesto en el que comunicaba que ante la necesidad de salvar a la patria, que peligraba por culpa de los profesionales de la política, acordaba constituir un *Directorio inspector militar* con carácter provisional. Todo el poder para los militares, con apartamiento total de los partidos políticos. Al día siguiente se alzó contra el gobierno en Barcelona, utilizando la circunstancia de una manifestación separatista en la que se había arrastrado por los suelos la bandera nacional. Alfonso XIII faltó a su juramento constitucional y entregó el poder al general sublevado, que suprimió el Parlamento, suspendió todos los derechos constitucionales y proclamó el estado de guerra en todo el territorio nacional, con lo que fueron anuladas las libertades públicas.

«Pensamos primero para actuar en el 11 de septiembre —declaró—, Pero temí que se confundiera, aunque fuese momentáneamente, nuestra patriótica actuación con las algaradas separatistas, justamente cuando nosotros venimos a acabar con el separatismo como sea necesario. No dejó de pesar también en mi ánimo el deseo de no perjudicar el mejor éxito de la Exposición del Mueble de Barcelona. En fin, lo aplazamos para el 14 y fue en la noche del 13 cuando...»

«Durante el trayecto de Barcelona a Madrid» —dice el cronista de *ABC* Pedro Pujol— «numerosas personas que van en el tren —¡oh, el éxito!— acuden a felicitar al general. En Sitges, el andén, lleno de público que aplaude, obliga al general a saludar al correr del tren.»

El director de cine José Luis Sáenz de Heredia en un largo viaje por carretera —1956, para rodar unas escenas de *Faustina* en Málaga— me contó que aquel mismo día, 13 o 14 de septiembre, su

hermano se examinaba en el instituto de alguna asignatura del bachillerato que le había quedado pendiente. Como es sabido, el director de *El escándalo* y de *El destino se disculpa* es primo del fundador de Falange Española, José Antonio Primo de Rivera y Sáenz de Heredia. Su hermano era, por tanto, sobrino del general golpista. El catedrático examinador, al ver al muchacho al otro lado de la cátedra, tras haber escuchado que su apellido era Sáenz de Heredia, el mismo de la mujer del general Primo de Rivera, le preguntó:
—¿Es usted pariente del general?
Sin saber a qué venía aquello, desconcertado, respondió el examinando:
—Es mi tío.
—Puede usted retirarse —le dijo el catedrático sin hacerle ninguna pregunta más.
Al salir del instituto preguntó el chico a su padre.
—¿Qué ha hecho el tío en Barcelona, papá?
Y le mostró la papeleta de examen, en la que se leía: «Aprobado.»
Aquel 13 de septiembre de 1923 se inició una dictadura militar que terminó en mayo de 1930. Si a aquellos seis años se suman los cuarenta, de julio del 36 a diciembre del 75, en que detentó el poder Francisco Franco, obtenemos la conclusión de que todos los españoles que hemos nacido alrededor de 1920 nos diferenciamos del resto de los europeos no sólo en que nos gusten las corridas de toros y algunas de nuestras mujeres lleven navajas en la liga y por nuestros caminos vagara hace siglos un tonto de pueblo al que llamaban «el Quijote», sino porque hemos vivido, de nuestros sesenta años, cuarenta y seis bajo la opresión de dictaduras militares y personales, sin las relativas libertades que a los adultos se les consentían en los demás países.

Otra desgracia sucedió uno de aquellos días. Por andar tanto en el obrador y con las modistillas, se me cayó la tabla de planchar encima de un dedo gordo. Aquel terrible dolor sí que lo recordé durante muchos años. Creyeron que me había roto el dedo.

—Con ese dedo roto, se cojea —decía una de las oficialas.
—Habrá que llevarle a la casa de socorro —decía otra.

Y no sé más. Si me esfuerzo en reproducir la escena, acabaré inventando, y no es mi deseo, en estas páginas, recurrir a la invención. Me dolió mucho, tardé en olvidar el dolor, y eso es todo.

Recuerdo de aquella temporada los torteles y las medias noches que mi madre me compraba en la pastelería Molinero, de la calle de las Torres. Y también los seis primeros números de la revista infantil *Pinocho*, que conservé durante muchísimo tiempo.

No guardo la impresión de haber sido un niño mimado —quizás porque las circunstancias no lo permitían—, pero sí un niño muy querido y atendido, tanto por mi madre como por mi abuela.

03

Paseos

Desde la calle de Carretas

Cuando tuvimos que marcharnos de la casa de «Francisco Ávila. Sastre» fuimos por segunda vez a la pensión Adame, en la calle de Carretas. Solíamos dar paseos, de los que recuerdo tres itinerarios. Uno de ellos consistía en cruzar Carretas y entrar en el callejón de Cádiz. Allí, en una de las primeras casas de la derecha, había una pastelería y panadería cuyos dueños eran amigos de mi abuela. Este establecimiento puede que se llamase El Postre. Sus dueños lo fueron también, años después, del conocidísimo bar Sol. En El Postre mi abuela charlaba un ratito y compraba —o le regalaban, no lo sé bien— puntas de colines, los trozos de los que se rompían. Este fue durante muchos años uno de mis alimentos preferidos.

Con el paquetito, seguíamos el paseo atravesando Espoz y Mina hacia el callejón del Gato para que me viese en los espejos deformantes, cóncavos y convexos, de los que tanto se ha hablado a partir del discurso esperpéntico de Valle-Inclán en *Luces de bohemia*. Esta fue para mí una diversión inolvidable.

Concluíamos el paseo en la Plaza de Santa Ana, uno de los lugares más acogedores y hermosos de Madrid. La moderna fachada de los almacenes Simeón a un lado; frente a ella, el noble edificio del Teatro Español. Altos árboles, setos ajardinados, un estanque, en el que un joven estudiante suspendido arrojó airado sus láminas de dibujo. Nos sentábamos en un banco. Los bancos eran muy bonitos, nuevos, decorados con azulejos.

—Abuelita, ¿de quién es esta plaza?
—Del gobierno.
—¿Y quién ha puesto aquí estos bancos?
—También el gobierno.
—¿Quién es el gobierno?
—El general Primo de Rivera.

Yo entonces me imaginaba al general poniendo allí personalmente los bancos, y no lo encontraba demasiado raro.

Si era por la tarde, mi abuela solía llevarme un bocadillo de carne y una naranja, como merienda. Pelaba muy bien las naranjas. Unas veces la cáscara parecía una estrella o una flor, otras una larguísima serpentina de carnaval. Cuando me había comido la carne y la naranja procuraba que jugase con algún otro niño, pero aquella forzada convivencia no resultaba fácil.

Para mí, mi abuela era la ternura, el calor, la compañía; mi madre, el misterio, la lejanía, la belleza. Jugaba yo en la Plaza de Santa Ana con algún otro niño desconocido, y allí, por el fondo de la plaza, donde está aún Villa Rosa, doblando la esquina, se dibujaba una aparición sonriente, venía hacia mí llena de belleza. Era mi madre. Lo más bello que había en toda la plaza. Me traía besos, abrazos, un regalo, un juego de dominó con las fichas de chocolate, una caja de lápices de colores.

Vivíamos a dos pasos de la Puerta del Sol, pero casi nunca pasábamos por ella. Mi abuela prefería dar largos rodeos o atravesarla en tranvía para ir a otros barrios. También es verdad que era más de mi abuela el Madrid antiguo, el castizo, el de la Puerta del Sol para allá, que el de la Puerta del Sol para acá (escribo desde Chamartín). Las calles de la Cruz, Espoz y Mina, Concepción Jerónima, Postas, Magdalena, plazas del Ángel y del Progreso (hoy Tirso de Molina) eran sus espacios más frecuentados.

El bien y el mal

En la Plaza del Ángel —que atravesábamos en otro de nuestros itinerarios, el que nos llevaba a la iglesia de San Sebastián— estaba la relojería de los Chinos, la de Canseco. En su escaparate, un gran reloj con dos grandes figuras de chinos. Mi abuela me llevaba casi a diario a ver cómo los coletudos daban la hora con un dulce tintineo mecánico. Pasado el reloj de los Chinos estaba la iglesia de San Sebastián, que tenía una gran tienda de flores en su atrio. Y en el interior de la iglesia de San Sebastián estaba San José, rodeado de flores en su pequeño altar, con una vara también florida en la mano y el niño Jesús en la otra. En mi recuerdo, el color del santo es el azul. Estuve también en la iglesia de San Sebastián durante la Semana Santa. La iglesia quedaba completamente oscurecida y yo podía dar vueltas a mi carraca y hacerla sonar desagradablemente. O quizás los demás niños tenían carracas y yo no, porque mi abuela fue siempre muy ahorrativa y nunca gastaba el dinero en chucherías, nimiedades, bagatelas, o lo que sea, que ella llamaba puñeterías. Pero, principalmente, íbamos a la iglesia a preguntar a san José

si yo había sido bueno o malo en el transcurso del mes. Llegábamos frente al altar. Allí estaba el santo azul. Aún le veo. El resto de la iglesia era gris oscuro y el santo era azul rodeado de lucecitas. Veo sus facciones rígidas y bondadosas, su barba. Mi abuela me animaba:
—Anda, pregúntale si has sido bueno.
Yo, sin apartar mis ojos del santo, preguntaba:
—San José, ¿he sido bueno este mes?
Quizás alguna beata reía, cariñosa.
Yo miraba fija, muy fijamente la cabeza del santo. Y la cabeza del santo se movía de manera casi imperceptible, se movía una o dos veces hacia adelante. ¡Sí, había sido bueno! Si, por el contrario, había sido malo, lo hacía de derecha a izquierda. Solucionado el enigma de mi maldad y mi bondad, salíamos del templo. Si había sido bueno mi abuela me llevaba a un bazar de «Todo a 0,65».
Un día como otro cualquiera llegamos los dos frente al santo. Era azul como siempre; como siempre estaba rodeado de lucecitas, como siempre el resto del interior de la iglesia de San Sebastián era gris oscuro. Se oía el bisbiseo de las beatas. Mi abuela me dijo:
—Pregúntale.
Yo, como siempre, dije:
—San José, ¿he sido bueno?
En suspenso, miré los ojos del santo; miré su cabeza, espiando su movimiento más leve. Era, como siempre, castaño su rostro y más oscuras sus barbas. Pero no se movía. No se movía absolutamente nada, ni hacia adelante, ni hacia atrás, ni a un lado y otro.
Repetí mi pregunta:
—San José, ¿he sido bueno?
Volví a repetirla y el santo siguió sin responderme.
—¿Qué te dice, Fernando? —me preguntaba mi abuela.
—Nada, abuelita, no me dice nada. No me contesta, no mueve la cabeza. ¿Es que ya no me quiere san José, abuelita?
—San José te querrá siempre. Será que tú no te fijas bien...
Estuve largo rato mirando fijamente aquella cabeza inmóvil. Rezamos mi abuela y yo un padrenuestro. Pero yo seguía afirmando que aquella cabeza estaba absolutamente quieta.
—Ya sé lo que es —dijo al fin mi abuela—; ya no te hará falta venir a preguntar a san José si eres bueno o malo. Te has hecho mayor, y de ahora en adelante tú solo, sin ayuda alguna, sabrás si lo que haces está bien o mal.
Volvió a tomarme de la mano. Antes de traspasar la puerta de la iglesia eché una última mirada a la cabeza inmóvil. Salimos a la calle de Atocha y, como otros días, echamos a andar hacia la pensión.

Desde entonces he tenido que vivir sin llegar a saber si era bueno o malo. Quizás aquella mañana aturdiese a mi abuela con preguntas, pero si fue así, las he olvidado todas.

Espectáculos gratuitos

Otro de los itinerarios de nuestros paseos era en dirección contraria, hacia la calle Mayor y luego, por cualquier bocacalle, a Arenal para, cruzando la Plaza de Isabel II, llegar al Palacio de Oriente. Allí había que ver, también espectáculo gratuito, la parada, nombre con el que se conocía en el Madrid de entonces, y desde mucho antes, el relevo de la guardia de Palacio. Banderas y guiones, sables, soldados de azul y rojo, música de banda, saludos y desfiles. La brillante y marcial ceremonia era presenciada por una multitud de desocupados, de provincianos que estaban de paso, de niños y niñeras. Todos nos agolpábamos junto a la verja de la Plaza de la Armería, donde el espectáculo tenía lugar a las diez de la mañana. Como espléndido remate, lo que más se grabó en mis ojos y oídos infantiles: la llegada de los alabarderos, el cuerpo encargado de la guardia interior de Palacio. Bajaban desde una de las calles que bordean el Teatro Real, con sus llamativos uniformes de blanco, azul y plata, sus sables y alabardas, precedidos por su propia banda de música.

El último de los itinerarios consistía en recorrer toda la calle de Carretas, pasando ante el Teatro Romea, y enlazar con Concepción Jerónima hasta desembocar en la de Toledo, casi junto a la catedral, que era nuestro punto de destino. Pero este itinerario lo recorríamos pocas veces, sólo cuando en la catedral había gran solemnidad religiosa, que era lo que le gustaba a mi abuela y lo que quería que disfrutase yo. Las lujosísimas casullas bordadas, los gorros puntiagudos, los miles de velas, el derroche de luz eléctrica, la música y los cánticos del coro, el humo del incienso... A mi abuela le hubieran entusiasmado las representaciones teatrales de Rambal que pocos años después nos encantarían a mis primos y a mí, pero nunca fue a verlas.

Casi todas las costumbres tradicionales de Madrid las vi y las viví de la mano de mi abuela. También las procesiones, la del Corpus era deslumbrante; los puestos de la Plaza de Santa Cruz, en diciembre, en los que se vendía musgo, corcho, figuras y casitas para los nacimientos. Mi abuela me contaba que ella y sus hermanas y su madre, Fernanda «la Rubia», recogían durante todo el año cajas usadas de cartón y con ellas iban haciendo casitas de nacimiento que luego vendían allí, en aquella plaza.

La luna

No sabía yo aún lo que era un planeta y mucho menos eso tan tremendo de que el universo es el conjunto de todo lo que existe. No sabiendo lo que eran los planetas, ni lo que era el universo, tampoco sabía lo que eran los astros; por tanto, me era absolutamente imposible saber lo que era la luna.
 Yo la veía cada noche en el cielo, cuando el cielo se oscurecía. Lo más parecido a la luna era un agujero por el que penetrase la luz, el faro a medio encender de un automóvil o una mancha de aceite en un papel mirado al trasluz. Pero aún no sabía que la luna es el satélite de la tierra, ni que los satélites son astros pequeños que giran alrededor de los otros acompañándolos en su viaje alrededor del sol. Tampoco sabía que, como grandes espejos voladores, reflejan la luz del sol. Me faltaban aún algunos años para enterarme de que un aeroplano marchando a cien kilómetros por hora tardaría en llegar a la luna cinco meses, de que es cincuenta veces menor que la tierra y de que su superficie presenta largas cadenas de montañas altísimas y gran número de cráteres gigantescos. Ni que decir tiene que ignoraba quién era Edwin Aldrin, pues aún no había nacido. Sólo sabía de la luna que unas veces parecía un señor gordo, con sus ojos y todo; otras veces, una raja de melón, y otras una de sandía. Por eso me sorprendió descubrir una tarde que la luna tenía la extraña facultad de estar en dos sitios distintos a la vez. Le pregunté a mi abuelita la causa de aquel extraño fenómeno, pero no supo responderme. Siempre le preguntaba a ella, y ella casi siempre encontraba respuesta. Aquella vez no.
 Era una tarde de mediados de julio de mil novecientos veintitantos. Habíamos ido a la verbena del Carmen, donde yo monté en el tiovivo que llamábamos «los cerditos», como otras veces. Siempre que me llevaban a dar vueltas en aquel tiovivo era «como la otra vez». Siempre recordaba haber montado ya antes en aquellos cerdos que subían y bajaban lentamente por unas barras doradas. Una de las primeras cosas que debí de hacer en mi vida fue dar vueltas en aquel tiovivo lujosísimo, solemne, con muchos oros y música de órgano.
 Ya en la calle de Eloy Gonzalo se veían algunos puestos distanciados. Pero el verdadero cuerpo de la verbena, que se perdía al fondo, junto a la tapia de los lavaderos, comenzaba en la entrada de la calle de Álvarez de Castro. Allí estaba el gran tiovivo de los *cerditos*. Allí giraba como rueda de la fortuna, a la entrada del mundo, reluciente de dorados y esmaltes. Adentrándose en la calle seguían rifas y barracas de espectáculos, de tiro al blanco y de otros juegos, casi todas, cuando llegamos, aún cerradas, cubiertas

con lonas sucias llenas de remiendos. Las siete de la tarde. Estaba triste la verbena a medio abrir. Ya flotaba el humo de los churros y empezaban a dar vueltas majestuosamente los cerdos, acompañados por los sones del órgano. Sólo unos niños y dos o tres jóvenes montaban en el tiovivo y únicamente gente del barrio deambulaba con lentitud por la verbena. Dimos unas vueltas entre las misteriosas barracas que aún no querían mostrar sus maravillas y mi abuela me compró un churro. También habló con algunas porteras, pues uno de los motivos del paseo era saber si por allí alquilaban una habitación. Pude evocar durante muchos años (hasta que en 1946 tomé las notas que ahora utilizo para redactar estas páginas) una gran perspectiva de la verbena vacía, el primer giro lento de los cerdos, la tela pálida que cerraba la primera rifa, un amplio cielo azul clarísimo y en él la luna.

—Qué grande es hoy la luna.

—Es verdad. Qué luna más hermosa. Cuando está así se llama luna llena.

Eran más nutridos y vocingleros los grupos que iban hacia Álvarez de Castro cuando el tranvía se alejaba llevándonos de vuelta hacia la calle de Carretas, y la luna se quedaba allí, sobre el cielo de la verbena. Yo, arrodillado sobre el banco de madera, la veía alejarse, hacerse pequeña.

—Ya no se la ve, abuelita.

—Se ha quedado en la verbena.

Pero al llegar al final de nuestro trayecto, ¡qué gran sorpresa!, encimita de la Puerta del Sol, estaba la luna, redonda y contenta, con ojos, nariz y boca.

—¡Mira, abuelita, otra luna, otra luna!

—No, no es otra; es la misma.

—¿La misma? Entonces ¿ha venido con nosotros?

—Claro.

—¿Y ya no está en la verbena?

—Sí, hombre; está en los dos sitios.

—¿Cómo puede ser eso?

Y no pudo responderme. No pudo explicarme por qué la luna podía estar en dos sitios al mismo tiempo. Creo yo que le habría sido fácil decirme que si nos íbamos a la Plaza de Santa Ana, allí la encontraríamos; si al Palacio de Oriente, donde por las mañanas veíamos la parada, allí la encontraríamos también; que a cualquier sitio al que yo me marchase, la luna iría conmigo. Le habría sido fácil decirme que todo lo que está demasiado lejos, como los muertos, los recuerdos y la luna, no puede nunca separarse de nosotros.

Mi madre en el teatro

Cuando mi abuela me llevó al Teatro del Centro a ver a mi madre, en marzo o mayo de 1925, tenía yo tres años. Puede que fuera en mayo, quizás el día de mi santo, el 30. Antes de entrar en los camerinos, nos asomamos al patio de butacas y pude ver en el escenario mágicamente iluminado, con aquella vieja luz teatral, tan distinta a la de la realidad, hacia la parte de nuestra derecha, a una mujer dentro de una jaula muy grande. Mi abuela se inclinó hacia mí y me dijo en voz bajita:

—¿No la has conocido? Esa es tu mamá.

Mi sorpresa fue enorme, tanto que no me atreví a abrir la boca y guardé para mí la pregunta. ¿Por qué estaba mi mamá dentro de una jaula? Pero mi madre no parecía sufrir, ni tenía miedo, ni estaba enfadada. Hablaba con tranquilidad, decía unas cosas que yo no llegaba a entender. Tengo que investigar, con ayuda de mi documentalista, Teresa Pellicer, qué obra podía ser aquella, porque desde luego no era *Son mis amores reales,* de Joaquín Dicenta (hijo), en la que mi madre intervino aquella temporada y en aquel mismo teatro, porque en *Son mis amores reales* no aparece ninguna jaula, ni grande ni pequeña.

A la salida del teatro, o quizás otro día, pero yo lo relaciono con aquella visita, me llamaron la atención por primera vez los maniquíes de mujer que había en los escaparates. Asocié los cristales de las vidrieras con las barras de hielo que había visto en la pensión; el escaparate, con la jaula en que estaba encerrada mi madre. En los años anteriores a mi adolescencia y durante ella he recordado muchas veces ese recuerdo y veo a los maniquíes femeninos vestidos con ropa interior, la ropa interior pícara y sugestiva de los años veinte; pero esto no lo creo posible; debe de ser un añadido de mi imaginación erótica. El caso es que pregunté a mi abuela:

—¿Por qué tienen a esas mujeres encerradas en los escaparates?

Y a ella, nunca he sabido por qué, se le ocurrió responderme:

—Porque han sido malas.

Volví a mirar a las mujeres de los escaparates, me aislé en mis reflexiones, y al cabo de un ratito hice una nueva pregunta:

—Y si mi mamá es mala, ¿la encerrarán en un escaparate?

Mi abuela, sin pensarlo mucho, contestó:

—Sí, si es mala, la encerrarán en un escaparate para siempre.

Alguna vez, pasados los años, cuando empezaba a creerme escritor y mi abuela era muy vieja, pensé preguntarle por qué me había contestado aquello, pero ¿para qué preguntarle nada, si ya era tan vieja?

Lecturas

Era mi abuela una gran lectora. Su madre, Fernanda López de la Fuente, analfabeta, quiso que por encima de todo aprendiera a leer, porque sin saber leer los pobres no podrían nunca defenderse, y leyó durante toda su vida. Me enseñó a leer a mí en una cartilla cuyas letras grandísimas me parece ver ahora. También, tiempo atrás, me había enseñado a reconocer las letras en los rótulos de las tiendas, y con un alfabeto, que quizás me regalara mi madre, de cartoncitos cuadrados en los que cada letra iba ilustrada con una figura: la e con un elefante, la f con un faro, la o con un oso... Cuando me supe la cartilla, me compró un libro de lectura para párvulos, *El cantarada*, y en él leímos los dos. Rompí, sin querer, una página y ella la pegó con papel de goma transparente. Muy poco después me llevó al colegio. Era uno que estaba muy cerca, en un piso de la calle de la Cruz, frente a la célebre tienda de capas de Seseña. Desde sus balcones se veía un anuncio de la crema para los zapatos Eclipse inmenso, con las dos enormes caras del sol y de la luna. El primer día, al verme allí solo, con el maestro y ante tantos niños desconocidos, cogí un berrinche tremendo. Mi abuela se marchó y yo me quedé allí solo, abandonado, quizás para siempre, sin faldas a las que agarrarme.

Más adelante, año 28 o 29, cuando ya alumno de los maristas, tenía un libro llamado *Lecturas graduadas*, nos reunía a mis primos y a mí antes de cenar y nos leía los mejores fragmentos. *La Nochebuena del poeta*, de Alarcón, nos hacía llorar.

La Nochebuena se viene,
la Nochebuena se va,
y nosotros nos iremos,
y no volveremos más.

Poco después, años treinta, leíamos los dos, uno a cada lado de la camilla. Ella, el *Heraldo*, del que le gustaban especialmente los artículos de Juan García Morales, presbítero; yo, cualquier novela de aventuras o revista para chicos, *Pichi, Pulgarcito, El Infantil, Pocholo*... Los dos nos interrumpíamos uno a otro para leernos algo que nos llamaba la atención. Yo la regañaba por interrumpirme, y ella me decía:

—¿Pues no me interrumpes tú a mí? —y simulaba un enfado de niño.

Siempre leyó mucho. De joven, *Mana, la hija de un jornalero*. Le costaba un real cada cuadernillo —un real de 1870—, y su madre la reprendía. Pero ella estaba interesadísima en las desventuras de

María, más tarde marquesa de Bella Flor, víctima de la persecución de un lascivo franciscano. Cuando el año cuarenta y tantos, en los puestos de viejo de Atarazanas, de Barcelona, cayó en mis manos el tremendo folletón, que me apresuré a comprar, encontré una de las raíces de su anticlericalismo.

Ya de vieja, leía las novelas rosas que compraba mi madre, aunque la fastidiaba que los personajes tuvieran nombres tan raros y que a cada momento se sentaran a tomar el té. Abundaban en la colección las novelas inglesas o norteamericanas de la buena sociedad. Alguna vez, por ilustrarse, leyó novelas de Salgari, y las encontró muy instructivas. Poco antes de morir —en el año 45— leyó a Azorín y no le pareció mal.

—Demasiada prosa —me dijo.

Llamaba *prosa* a todo lo que no era diálogo o acción, a lo que era más descriptivo que narrativo.

—A mí me gusta mucho la lectura —decía siempre—, pero me salto la prosa.

Cayó en sus manos, durante la Guerra Civil, *Así hablaba Zaratustra,* que yo acababa de comprar por recomendación de mi amigo Manuel Alexandre, pero no pudo pasar de las primeras páginas.

¿Era demasiada prosa, abuela?

—¡Vaya unos libros que compras, Fernando! He cogido el Zarratraspa ése y no he podido leer ni una página. Qué cosa más tonta. Eso ni ilustra ni nada.

Era ya la época en que yo nunca interrumpía su lectura para leerle en voz alta de la mía.

Cambios de colegio

La misma facilidad y la misma inquietud que a lo largo de muchos años de su vida mostró mi madre para cambiar de domicilio, la tuvo para cambiarme a mí de colegio. En una misma calle puso casa en el número 4, en el 10, en el 11 y en el 22. Como yo además viví una temporada en el 16, en una habitación con derecho a cocina, viví en cinco casas de la misma calle de 1921 a 1936. Si añadimos una pensión que he olvidado, la de la calle de Carretas, la casa del sastre, y el sitio en que viviera los meses de Buenos Aires, resultan nueve casas sin salir de turné y sin contar los veraneos.

En cuanto a colegios, el de la calle de la Cruz frente a la tienda de capas de Seseña le pareció demasiado miserable para su hijo y me llevaron al colegio San Estanislao de Kostka, que era más grande y más importante, y estaba en la calle de Atocha, cerca también de la

pensión Adame. Aquel colegio tenía la ventaja de que a veces se veía pasar a los soldados por la calle. Se escuchaba la trompetería y los niños gritábamos:
—¡Los soldados! ¡Los soldados!
Y nos abalanzábamos hacia los balcones. El maestro no protestaba, pues era natural suspender todas las actividades, escolares y laborales, para ver pasar a los soldados, que solían ir de un lado a otro con mucha frecuencia.

Fue también en aquel colegio donde me entretenía muchos ratos quitándome unas costras que se me habían formado en las rodillas porque me había caído. Hasta entonces no me había dado cuenta de lo agradable que resultaba arrancarse las costras. También descubrí, al mismo tiempo que mi compañero de pupitre, que arrugar unos trocitos de papel de periódico hasta formar con ellos unas pequeñas bolitas y metérselas luego por las orejas podía ser un buen entretenimiento en lo que el maestro perdía el tiempo intentando enseñarnos no sé qué. Lo malo fue que una de las bolitas de mugriento papel, la que yo había introducido en mi oreja derecha, se negó a salir. Mi compañero intentó extraerla utilizando un lapicero, pero la bolita se fue más al interior y la oreja empezó a dolerme. (Se trata de la misma oreja en la que años después un hermano marista me dio una hostia, pero eso viene más adelante.) Acabó la clase, y a mi abuela, que me esperaba para recogerme, no tuve más remedio que contarle lo sucedido, aunque era difícil explicarle a una persona mayor el motivo por el cual me había introducido en la oreja un trozo de periódico y sólo se me ocurría argumentar que el otro niño también lo había hecho. Por desgracia, aquella tarde no podíamos ir corriendo a la pensión, porque mi madre había quedado en que se reuniría con nosotros en la Plaza de Santa Ana. Y allí fuimos rápidamente. Mi madre llegó, bella y alegre como siempre. El regalo de aquella tarde me parece que era un soldado de cartón con su ros y todo que, si se le quitaba la cabeza, estaba lleno de caramelos. Mi madre se espantó cuando se enteró del acontecimiento. Yo me eché a llorar para despertar compasión y que no insistieran en reprenderme y querer averiguar los motivos de mi conducta. No oculté que la oreja me dolía. Mi madre, con muy buen criterio, decidió que ni ella ni la abuela podían hacer nada, y que tampoco lo podrían hacer en la pensión. Lo que procedía era llevarme inmediatamente a la casa de socorro. Al oír esto me aterré y redoblé el llanto. Pero me llevaron y un médico me extrajo la sucia bolita con gran facilidad. Lo malo fue que cuando todo estaba resuelto el médico se empeñó en saber por qué me había metido el papel en la oreja y no tuve más remedio que ponerme a llorar de nuevo. No fue a causa de este trivial episodio, sino por influencias intelectuales recibidas en su vida teatral, por lo que me sacaron del colegio de San Estanislao de Kostka y me llevaron al que era, indudablemente, el mejor de Madrid, y en el que se habían educado todos los hombres y mujeres que estaban resultando importantes y se educaban todos los que lo serían en el futuro: la Institución Libre de Enseñanza, en la calle de Martínez Campos.

—Si ese colegio es tan bueno como dices —protestaba mi abuela—, será carísimo; no podrás sostenerlo.

—Sí es caro. Pero tiene una ventaja: se paga lo mismo ahora, en párvulos, que en los demás cursos, hasta que el chico empiece el bachillerato. Mientras que en los demás colegios, aunque ahora se pague menos, luego van subiendo.

—Además —mi abuela seguía en su oposición—, Martínez Campos está lejísimos.

—El tranvía 18, Obelisco-Puerta del Sol-San Francisco, puede usted cogerlo en la esquina y la deja en la puerta del colegio.

Venció mi madre y me convertí en alumno de la Institución Libre de Enseñanza. Aquel colegio me pareció maravilloso. En primer lugar, por una cosa, la más importante de todas para mí: parecía un colegio de ricos. Era, por tanto, como si yo me hubiera hecho rico. Tenía un gran patio con árboles y flores y las clases estaban alrededor. Íbamos al colegio niños y niñas, y ellas, las niñas, todas estaban muy bien vestidas, como algunas de las niñas ricas que había visto en Recoletos y en el Retiro acompañadas por ayas de atuendos inverosímiles. Era un gozo verlas correr y saltar. Y, aunque me daba mucho miedo, a veces me atrevía a acercarme a alguna de ellas y a preguntarle cómo se llamaba.

Otro de los atractivos del colegio era que las horas de recreo duraban más que las de clase y que la maestra no enseñaba nada. Hubo que comprarme un plumier y más lápices de colores de los que yo tenía y cuadernos para pintar. A mi abuela le parecía que eso eran cosas para tener en casa y jugar con ellas, pero no para llevar al colegio. En aquellos años yo aún estaba sin picardear y a la consabida pregunta:

—¿Qué has hecho hoy en el colegio?

...contestaba ingenuamente la verdad:

—Hemos estado cantando.

—¿El qué?

—Cada uno lo que sabía.

—¿Y tú que has cantado?

—Quinto, levanta... Luego la maestra nos ha enseñado una canción y la hemos cantado todos al mismo tiempo.

—¿Qué canción?

—Se me ha olvidado.

O bien, otro día:
—Hemos estado pintando con los lápices de colores, luego ha venido un señor y nos ha contado un cuento.
—¿Y por la tarde?
—Por la tarde cada uno ha hecho lo que ha querido.
—¿Y tú que has hecho?
—Nada.
—¿Por qué?
—No tenía gana.
—¿Y no te han regañado?
—En este colegio no regañan.

Pero aunque no regañaban, un día la maestra le dijo a mi abuela, a la salida de la clase, cuando fue a recogerme, que quería hablar con ella. Las clases estaban en la planta baja y tenían ventanas que daban al patio. Durante el recreo, como hacía buen tiempo, las ventanas estaban abiertas y yo había decidido entrar en la clase por la ventana. Había conseguido, apoyándome no sé dónde, llegar hasta el alféizar, pero allí me quedé sin atreverme a ir ni para adelante ni para atrás hasta que la maestra me salvó de tan ridícula situación. Mi abuela me lanzó una mirada iracunda y estaba a punto de regañarme cuando la maestra la contuvo y dijo que aquello no era lo malo, era una demostración de normalidad, pues todos los niños tienen tendencia a entrar y salir de las habitaciones por las ventanas. Mi mala acción no tenía nada que ver con aquello. Durante el recreo en el patio ajardinado, tras tomar carrerilla, me había lanzado velozmente sobre una de las niñas y le había arrancado a tirones el lazo con que adornaba su peinado. La niña, caída de culo contra el suelo, se había puesto a gritar y a llorar desesperadamente.

Con mi torpe y escaso lenguaje intenté explicar a mi abuela y a la maestra que aquel acto arrebatado intentaba ser una muestra de admiración. Pero, ya digo, me faltaban las palabras para hacerme entender. También recurrí a echar la culpa a la debilidad de la niña, que debía de ser de mantequilla de Soria y por eso se había caído y había llorado. Porque yo no hice más que tocarla. Insistí mucho en lo de que la niña era de mantequilla de Soria. Me pareció una comparación muy adecuada, y quizás era una manifestación subconsciente, pues había probado ya varias veces la mantequilla de Soria y me parecía algo exquisito.

Unida la aventura del lazo a mis explicaciones sobre los procedimientos pedagógicos de la Institución Libre de Enseñanza, a la larga distancia que era necesario recorrer varias veces al día y a las veinticinco pesetas mensuales que costaba la clase de párvulos, también me sacaron de aquel colegio. No sé si volví al de San Estanislao o esto coincidió con el momento en que mi abuela decidió que nos fuéramos a vivir a una habitación con derecho a cocina en el número 16 de General Álvarez de Castro, justo en el mismo edificio en que se encontraba el colegio de Santa Teresa, academia Domínguez. El primer día en que subí a este colegio y me llevaron a la clase de párvulos comprendí que había vuelto a ser pobre.

Homenaje a Freud

En febrero de 1924 me hicieron un disfraz de gato. Debieron de hacerlo las chicas del obrador del sastre Francisco Ávila. Era blanco, con orejas y un cascabel. Lo de que pareciese un gato no debía de estar muy conseguido, pues alguna persona mayor y algunos de los niños que se acercaban me preguntaron:
—¿Tú de qué vas?
Yo respondía sin demasiada alegría pagana y carnavalesca:
—Voy de gato.
Así vestido me pasearon por las calles y me llevaron, quizás con mis primos, a un baile infantil, muy posiblemente en los bajos del Teatro del Centro, donde durante muchos años hubo una *sala de fiestas*. Allí ocurrió uno de los episodios más terribles de mi vida. Estaba tranquilamente viendo bailar por parejas a los niños y las niñas, casi todos disfrazados. Conmigo estaba una de las dos abuelas —creo que la mía, la abuela grande, pero me parece raro, o una criada—; y de pronto apareció delante de mí una holandesita. Era de mi misma estatura, muy guapa y llevaba un vestido muy bonito. Me preguntó:
—¿Tú de qué vas?
Hasta ese momento las cosas no fueron demasiado terribles, y tuve fuerzas para responder:
—Voy de gato.
Y empezó la tragedia. Tragedia que aún no ha concluido, más de sesenta años después. La holandesita dijo: —¿Quieres bailar?
En el acto la holandesita se convirtió a mis ojos en una criatura monstruosa y el salón de baile en un infierno.
—No, no, no... —dije con mi voz más profunda y autoritaria.
La holandesita, con dulzura terrorífica, me había agarrado de una mano y tiraba de mí hacia la pista donde sorprendentemente tranquilos bailaban pieles rojas, *charlots, pierrots,* guardias de la porra, marineros, toreros, piratas, con hadas, andaluzas, chinitas, princesas, zíngaras, ratitas, caperucitas rojas...
La holandesita feroz insistía:

—Anda, gatito, vamos a bailar.
—No, no, no —repetía yo al tiempo que interiormente suplicaba a los poderes del más allá que cayera un rayo o que se abriera el suelo y nos hundiéramos todos. La persona que me acompañaba contribuía a mi desgracia:
—¿Por qué no bailas con esta niña tan guapa? Anda, baila, baila...
Me desprendí bruscamente de la mano de la holandesita y me oculté en las faldas de quien fuera, al tiempo que la holandesita rompía a llorar, daba media vuelta, echaba a correr y desaparecía para siempre.

En los años cuarenta y cincuenta, cuando los productores americanos de películas descubrieron que el psicoanálisis, aunque no fuera muy eficaz para curar las enfermedades mentales, sí lo era para proporcionar argumentos cinematográficos, nos explicaron elementalmente que cuando uno, rebuscando en su memoria, descubría la causa remota de un complejo, el complejo desaparecía. Pues bien, hay dos posibilidades en mi tragedia personal. Primera: que la causa del complejo que me ha impedido durante toda mi vida dar ni dos pasos seguidos de baile de salón —ni siquiera de un pasodoble o un bolero— no fuera, como yo he creído, la solicitación de aquella holandesita, sino otra más oculta que no he llegado a descubrir. Segunda: que los productores americanos de películas no estuvieran bien informados. Pero lo cierto es que desde aquel carnaval quedé inutilizado para el baile, lo cual a lo largo de mi vida ha supuesto un grave inconveniente no sólo para mi oficio, sino para mi adicción a los placeres del tacto.

Al año siguiente me disfrazaron de *pierrot*. Aunque nunca he llegado a comprender la necesidad que tenían de disfrazarme, aquello ya me pareció otra cosa. Otra cosa mejor, quiero decir, más aceptable, más respetable. Sin duda me llevaba a pensar así el observar que muchísimos hombres, no sólo niños, iban vestidos de *pierrot*. No era singularidad, y satisfacía dos deseos muy de la infancia: el ser como los demás y el ser como los hombres. Para un niño pelirrojo y sin padre, el que además le disfrazaran de algo que impulsaba a preguntar «¿tú de qué vas?» debía de resultar angustioso; no poder ser como los demás ni siquiera en carnaval.

Aparte de estos vestidos de gato y de *pierrot*, tuve otros a los que en mi ámbito familiar se les llamaba con nombres especiales; uno era «el de la boda de la Susi» y otro «el que le regaló Antonia Plana».

Juguetes, tenía muy pocos, pero no los echaba de menos porque me gustaban más los juegos con que me distraía mi abuela. Tuve una pelota grandísima, inmensa, casi tan grande como yo, a gajos de colores. Un día se desinfló y se quedó medio muerta en un rincón. Hubo que esperar la próxima visita de mi madre. Me vistieron con uno de los dos trajes, «el de la boda de la Susi» o «el que le regaló Antonia Plana» y mi madre me llevó al bazar Melilla, en la calle del Barquillo, a que la inflaran de nuevo.

Uno de los juegos que más me gustaban, en la soledad del cuarto de la pensión, envueltos en la luz amarillenta de la bombilla, era el de hacer cucuruchos de papel y ponérnoslos en los dedos. Parecía entonces que teníamos manos de bruja, o se podía hacer también como que un señor andaba con zancos sobre el suelo o sobre el asiento de la silla. Era un juego divertidísimo. Más aún lo era hacer pompas de jabón. A mí me costaba mucho trabajo y no me salían bien del todo. Pero las que hacía mi abuela eran maravillosas y llenaban todo el cuarto, conseguían que pareciese otro. La mirada se perdía en las coloreadas pompas y no llegaba a las paredes desconchadas. Era mágico también que aquellas pompas existieran y no existieran, porque al acercarse a ellas las puntas de los dedos desaparecían sin dejar ningún resto, ninguna huella, ninguna sombra.

Aunque no era un juego, lo que más placer me causaba era el momento del baño. Mi abuela me colocaba desnudo dentro de un barreño con agua tibia en el centro del cuarto, me enjabonaba, me lavaba y luego, con una regadera, me rociaba con una ducha refrescante que me hacía reír de manera incontenible. Pero más me reía aún cuando poco después, tras devolverme mi abuela, ya bien seco, a la cama y cubrirme con la sábana, yo me ocultaba con ella desde los pies a la cabeza y mi abuela, creyendo que su nieto había desaparecido, me buscaba desolada por toda la habitación. ¡Qué esfuerzos tenía yo que hacer para contener la risa! ¿Cómo mi abuela era tan torpe que no sabía que yo estaba en la cama? Pero, claro, como estaba yo muy bien escondido, no podía encontrarme. Hasta que yo me destapaba y ella corría hacia mí y me abrazaba y yo me moría de risa entre sus brazos, por el susto que le había dado.

No sabía entonces que habría de perder más de media vida tratando de volver a encontrar momentos de felicidad como aquéllos.

04
Vidas paralelas

Todas las comparaciones son odiosas

Es mi intención volver más adelante sobre aquellos tiempos hasta llegar de nuevo a 1931, año que resultó crucial en mi vida, en la historia de España y en el ambiente en que me desenvolvía. Pero antes quiero permitirme un breve desvío que me parece necesario para que el lector interesado en estos recuerdos comparta conmigo algunas de las inquietudes que me asaltan al escribir el libro.

Minuto a minuto recordaba Lauren Bacall al redactar sus memorias en 1978, el día de 1942, cuarenta años antes, a los diecinueve años, en que Howard Hawks le hizo una prueba, cuando ella aún no había actuado en el cine. Al ver la proyección de la prueba, el famoso director opinó que era excelente y en el acto contrató a Lauren Bacall para siete años en una cifra global de, poco más o menos, 300.000 dólares. «Al acabar la prueba —escribe en *Lauren Bacall, por mí misma*— estaba llena de jactancia, mencionaba nombres célebres como si fueran mis íntimos todo el tiempo y me sentía cosmopolita.»

También a mí me hicieron una prueba, en 1944, para interpretar por primera vez el personaje protagonista de una película, *Empezó en boda*. A última hora había fallado el actor elegido, Antonio Casal, que prefirió hacer *La torre de los siete jorobados*, de Edgar Neville, sobre la novela de Emilio Carrere, y precipitadamente el director Raffaello Matarazzo, un italiano que desconocía a la mayor parte de los actores españoles y había visto unas actuaciones mías en personajes secundarios en *Rosas de otoño*, de Juan de Orduña, y *Una chica de opereta*, de Ramón Quadreny, me eligió para sustituirle. Hice en solitario la prueba, que consistió en mirar de frente, a la derecha, a la izquierda, andar y decir tres o cuatro frases del texto. Fue lo bastante para que pasase un día horrible, a pesar de que ya tenía otra oferta de trabajo, para intervenir en *El destino se disculpa*, de Sáenz de Heredia, y de que me consideraba a mí mismo, desde hacía tiempo, un actor extraordinario aunque desconocido. Mi sentido de la autocrítica se ha ido desarrollando con los años; entonces era tan escaso como el de la mayoría de mis conciudadanos. Cuando el director y el productor vieron la prueba se me comunicó que estaba aceptado. Pero alguien, no recuerdo quién, matizó que no era yo el ideal pretendido por Matarazzo, pero no habían encontrado, por el poco tiempo de que disponían, otro que pudiera hacer pareja con la actriz que acababan de descubrir, una muchachita de quince años que pocos días después se llamaría Sara Montiel. Se me dijo además que habría que maquillarme de una manera especial para que mi nariz pareciese más corta y que debía esforzarme en corregir mi acento catalán. Alegué que, aunque había rodado unas cuantas películas en Barcelona, mi acento era de Chamberí. El director se disculpó, ya que él, como extranjero recién llegado, no era autoridad en la materia. Alguien le había dicho lo de mi acento. Me contrataron para siete semanas en una cifra global de 20.000 pesetas.

No estuve lleno de jactancia, ni mencioné nombres célebres como si fueran mis íntimos, ni me sentí cosmopolita, pero mi alegría debió de ser tan intensa como la de Lauren Bacall. Era mi primer trabajo de protagonista.

El plagio imposible

La idea de plagiar una autobiografía es totalmente descabellada, entre superrealista y borgiana; y aunque ha pasado por mi imaginación, la he aceptado como posible tema para un cuento fantástico, pero no como ayuda en este trabajo. Por ello no siento rubor cuando confieso que al enfrentarme con la preparación y posterior redacción de estas páginas he leído, o releído, unos cuantos libros de memorias de otras personas. Me siento libre de sospechas.

No tracé previamente un «plan de la obra», como recomendaba la *Preceptiva literaria* de mi bachillerato, sino que lo aplacé hasta que tuviera enhebrada y escrita una primera serie de evocaciones, pues confiaba en que este sistema sería más útil para espabilar mi memoria. Cuando llevaba escritos en un primer borrador, de manera caprichosa, sin un orden previo, unos cuantos episodios que presentaban saltos en el tiempo como de diez, veinte o treinta años —entre ellos, casi todos los que van incluidos en los capítulos precedentes—, caí en la cuenta de que mis lecturas de autobiografías eran muy escasas. Es normal que un novelista haya leído cientos de novelas cuando escribe las suyas, y también cientos de obras teatrales el dramaturgo y muchos más poemas el poeta. Pero yo, al emprender este trabajo, ¿cuántas autobiografías había leído? Quizás cinco o seis a lo largo de sesenta años. Pensé que posiblemente me había precipitado al proponerme llevar a cabo algo que en realidad no sabía lo que era.

Suspendí por un breve lapso la redacción de mis recuerdos y busqué en mi biblioteca algunos libros de este género, sin leer o que hubiera leído años atrás, y pude comprobar que, aunque más de los que suponía, eran efectivamente escasísimos: *Mi vida,* de Giambattista Vico; *Mi vida,* de Diego de Torres Villarroel; *Poesía y verdad,* de Goethe; *Mis recuerdos,* de Massimo d'Azeglio (éste sin leer); las «autobiografías» de Stuart Mill, Chesterton y Charles Chaplin; *Confieso que he vivido,* de Pablo Neruda, y las «memorias» de Casanova, Fouché y Azaña. En total diez. Como mi biblioteca se ha descompuesto alguna vez, puede que hayan desaparecido unos cuantos, entre ellos las *Memorias,* de De la Rochefoucauld, y las *Confusiones,* de san Agustín, que recuerdo haber tenido; pero no creo que pasaran de dos o tres. En vista de lo cual, adquirí unos cuantos más, de los que están en venta actualmente, sin detenerme mucho en la elección, que prefería más bien azarosa, y me puse a leer, a más velocidad de la que habría deseado, pero tomando algunas notas, *Años de penitencia,* de Carlos Barral; *Mi vida,* de Ingrid Bergman; *A libro abierto,* de John Huston; *Coto vedado,* de Juan Goytisolo; *Memorias,* de Alec Guinness; *Bailando en la luz* y *Lo que sé de mí,* de Shirley McLaine; *Memorias de una estrella,* de Pola Negri; *Lauren Bacall, por mí misma*; *Confesiones de un actor,* de Laurence Olivier.

Lo primero que se me ocurrió fue clasificar a todos estos hombres y mujeres en pobres y ricos. El dinero siempre me ha importado muy poco y no he sabido administrarlo, pero en cambio la riqueza me ha atraído constantemente. Para mí el dinero es la calderilla, los billetes usados que se llevan en el bolsillo. Eso que, según se me recomendó de pequeño, conviene ahorrar poquito a poco para una eventualidad o para subir unos peldaños de la escala social. La riqueza es algo muy distinto, algo que está por encima del dinero. Una situación en la cual el dinero ya no es necesario o, por lo menos, no es necesario contarlo. Desde niño, sin que nadie me lo enseñara o me lo aconsejara, me acostumbré a clasificar a los otros niños en ricos y pobres. Eva y Trini, las hijas de los dueños de la pensión Adame, eran ricas, porque sus padres eran dueños de aquella casa tan grande, con tantísimas habitaciones, y de las bombillas y de la ropa de las camas y de los platos, cuchillos, tenedores y del teléfono. Mi madre, mi abuela y yo éramos pobres porque no éramos dueños de nada, y mi madre tenía que trabajar lejos de mí para que mi abuela y yo viviéramos en una habitación pequeña, sin ventana a la calle ni al callejón, y que no tenía más luz que la amarillenta de la única bombilla.

Bien sé que esta obsesiva afición a la riqueza, despertada a tan temprana edad, y rayana con la envidia mala, no es algo de lo que deba enorgullecerme, y si la consigno es porque el enfrentarse a unas memorias obliga a una relativa sinceridad. Aunque sean triviales como éstas, y no se acerquen a «confesiones», si no son más verdaderas que una simple conversación de sociedad, si no se trasluce que en ellas el autor está dispuesto a decir de vez en cuando algo que no estaría dispuesto a decir a todo el mundo en su trato cotidiano, poco derecho tiene el que las escribe a reclamar la atención del lector.

Así, aunque bien sé que muchos sabios han elogiado la belleza de la vida modesta, y aunque no olvido que he pasado momentos felices en las épocas de mayor penuria, cuando el azar me proporcionó compañía afectuosa, me creo obligado a manifestar con la mano en el corazón, y es mi gusto hacerlo, que siempre he añorado no sólo la riqueza y la seguridad que ella proporciona, sino el lujo, la buena vida. Cabe pensar, yo mismo lo he pensado, que esto puede ser una consecuencia de la escasez, del sentimiento de abandono. Y quizás en algunos casos sea así. Pero no en todos. Permítaseme una ojeada a la vida del marqués de Azeglio.

De todos éstos cuyas vidas me ayudan a recomponer la mía, es el más preocupado por la moral. Por la moral tradicional. Y por difundirla. A pesar de que a veces se muestre un tanto anticlerical y sobre todo enemigo del jesuitismo, aunque su muy querido hermano fuese de la Compañía, dedica páginas enteras a exaltar la moral, el sacrificio, la entrega a un fin superior. Y achaca gran parte de las desgracias de Italia a la pérdida de la conciencia moral.

Y un hombre así, que escribe: «... mi ambición nada tuvo que ver nunca con títulos, palacios, empleos y pequeñeces semejantes», cuando en la infancia, tras varios años de destierro, regresa con sus padres y hermanos al palacio familiar, en Turín, esto nos dice: «Pero cuando al bajar de la calesa me encontré en un hermoso atrio, y vi venir a nuestro encuentro a los criados y al secretario de casa, que era el abogado Capello; cuando luego oí que me decían: "¿Ha hecho bien el viaje, señor caballero?", puede figurarse el lector qué género de transformación se obró en mí; ¡yo que jamás había caído en la cuenta de que era caballero, verme promovido tan inesperadamente a tan alta dignidad! [...] Mi admiración fue subiendo de punto cuando entré en una hermosa sala con colgaduras de seda, con balcones a un jardín, lustroso entarimado, etc., etc.»

Salvadas las distancias, los gustos de un marqués pueden ser los mismos que los de un cómico.

Tener y no tener

El caballero Jacques Casanova de Seingalt, Johann Wolfgang Goethe, Fouché, Massimo d'Azeglio, John Stuart Mill, Gilbert K. Chesterton, Laurence Olivier, John Huston, Manuel Azaña, Ingrid Bergman, Shirley McLaine, Lauren Bacall, Carlos Barral, Juan Goytisolo eran hijos de familias acomodadas. De mi lista, los que tuvieron una infancia pobre fueron Giambattista Vico, Diego de Torres Villarroel, Charles Chaplin, Pola Negri y Pablo Neruda.

En 1756, a los treinta y un años, Casanova, que desde su juventud se codeó con los nobles y la realeza de varios países, ya había acumulado una considerable fortuna.

Goethe nació en una familia de juristas, tanto por vía paterna como materna; burgomaestres, alcaldes, consejeros reales eran sus abuelos y su padre. Transcurrieron su infancia y su adolescencia en un mundo de riqueza muy cercano a la aristocracia, y ese fue ya su ambiente hasta el fin de su vida.

José Fouché era hijo de un capitán de la marina mercante de saneada fortuna pero, tras la Revolución Francesa, cuando murió era duque de Otranto y dejó una de las herencias más cuantiosas de Europa.

Massimo Taparelli no solamente era rico, de una de las más poderosas familias de Piamonte, sino marqués de Azeglio. Su padre fue embajador cerca del gobierno pontificio.

El padre de John Stuart Mill en su juventud fue preceptor en varias familias escocesas, entre ellas la del marqués de Tweeddale, pero muy pronto se dedicó exclusivamente a escribir sobre economía y filosofía y de ello vivió hasta que a los cuarenta y seis años, a raíz de publicar su *Historia de la India Británica*, la Compañía de Indias le confió un importante y lucrativo cargo. Auspiciado por su padre, John Stuart ingresó en el mismo organismo y durante muchos años fue un funcionario de gran categoría, lo que consideraba una ocupación muy adecuada a sus aspiraciones. «No puede recomendarse a nadie, capacitado para realizar algo superior en el orden de la literatura o del pensamiento, escribir para la imprenta como recurso permanente.»

Gilbert K. Chesterton, que afirma: «Nací de padres respetables, pero honrados», pertenecía a una familia de la alta clase media inglesa, un poco anticuada (en 1870). Su padre encabezaba un negocio, hereditario, de corredores y agentes de negocios.

Sir Laurence Olivier nació en 1907, hijo de un párroco avariento. No debía de nadar en la abundancia su familia, pero desde la óptica española de los años diez y veinte de este siglo, una casa en la que se podía beber oporto, aguardiente de cerveza, whisky, en la que había plata y en cuyo sótano se guardaba un pequeño barril de cerveza, era una casa rica.

Adinerada era también la familia materna de Ingrid Bergman. Su padre fue un pintor algo bohemio, pero su madre pertenecía a la sociedad burguesa de Estocolmo.

El padre de John Huston, el gran actor Walter Huston, fue una estrella de Hollywood y de Broadway, lo que le permitió criar al pequeño John en un ambiente de lujo y satisfacer todos sus caprichos de niñez, adolescencia y juventud hasta que se independizó.

La familia de Shirley McLaine disfrutaba de muy buena posición y dio a sus hijos una educación burguesa. En plena juventud, Shirley conoció el triunfo, la fama, la riqueza.

Durante su infancia Lauren Bacall y su familia no sufrían privaciones, pero vivían con un presupuesto estricto; eran una familia de emigrantes judíos. El abuelo había recorrido las calles con un carro de mano vendiendo y comprando toda clase de objetos. En fin, era trapero. Pero esta pobreza norteamericana nunca se puede entender desde aquí. Al poco tiempo de andar con el carrito de un lado para otro, el abuelo ya era propietario de una confitería. Se murió pronto, y con el dinero que su viuda cobró del seguro hizo reformas en la confitería y se mudó a un apartamento mejor. Cuando nació Betty (después Lauren Bacall) en la familia había abogados, una secretaria ejecutiva, un hombre de negocios. Aunque vivieran con arreglo a un presupuesto estricto, según nos cuenta Betty, no eran lo que en la España de los años veinte (la infancia de Lauren Bacall) se entendía por pobres, sino todo lo contrario. Tener y no tener. La pequeña judía Betty Weinstein-Bacall y los suyos tenían. Y antes de cumplir los veinte años, el estrellato, el éxito, la fama internacional. Y muy poco después, la boda con uno de los hombres más famosos del mundo, la riqueza, el lujo, las suntuosas mansiones, los yates, los viajes de placer, el esplendor de las constantes fiestas.

El poeta Carlos Barral y el escritor Juan Goytisolo provienen de familias de la burguesía catalana.

Al otro lado de la línea podemos situar, de los incluidos en la lista, a Giambattista Vico, hijo de un librero muy pobre, lo que obligó a Vico a interrumpir sus estudios de jurisprudencia a los quince años, por falta de recursos. Quizás su época más cercana a la riqueza fueron los nueve años que pasó en el castillo de Vatolia, donde ocupó el puesto de preceptor del hijo del marqués de la Rocca. Más adelante consiguió ser nombrado catedrático de Retórica de la Universidad de Nápoles, pero a causa del disoluto comportamiento de sus hijos tuvo que emplear gran parte de su tiempo en dar lecciones particulares para hacer frente a la miseria.

Casi tan pobre como el padre del anterior fue el de Diego de Torres Villarroel, también librero, éste en Salamanca. Gracias a una beca pudo Torres Villarroel cursar estudios en el Colegio Trilingüe. Después, sus escritos fueron muy bien acogidos, le convirtieron en un personaje popular y pudo llevar una vida acomodada.

Más que miserable fue la niñez de Charles Chaplin. El hambre, el frío, la enfermedad, la indigencia callejera fueron las primeras compañías del genial payaso. Pero en plena juventud le llegó el triunfo, la fama, el dinero. La riqueza en cantidades muy superiores a las que nunca había podido soñar.

Sin llegar a esos extremos en ninguno de los dos sentidos, también fue modesta la infancia de Pablo Neruda, hijo de un ferroviario descendiente de una familia de agricultores arruinados. Y también en sus años de madurez consiguió fama mundial y pudo llevar una vida holgada y permitirse ciertos lujos.

A pesar de llevar sangre noble en sus venas —su madre descendía de aristócratas venidos a menos—, Pola Negri tuvo una infancia miserable, a la que contribuyó la prisión que por motivos políticos padeció durante años su padre. Pero antes de cumplir veinticinco años, con *Carmen* y *Madame du Barry,* de Ernst Lubitsch, ya había conseguido fama internacional, y su matrimonio con un conde polaco le devolvió la aristocracia perdida.

Al repasar y analizar y comparar estas dos listas, lo primero que advierto es que no se ven claros los motivos que pudieron impulsar a Giambattista Vico a contar su vida. Publicó, como es sabido, libros de filosofía valiosísimos que contribuyeron a la evolución del pensamiento. Fueron denostados por unos y elogiados por otros, como es costumbre. Pero no alcanzó en su tiempo una fama como la de los otros autobiografiados de mi colección ni consiguió salir de la pobreza. Y fácilmente se puede comprobar que todos los otros libros están escritos por triunfadores. Por personas que si eran de la clase alta, en ella permanecieron y, sin perder la riqueza, se adornaron con otras galas; o que si arrancaron de las capas bajas de la sociedad, ascendieron a las altas. ¿Tendría lectores la autobiografía de un hombre que no fuera un triunfador? Puede tenerlos, indudablemente, la de un fracasado —a la cabeza de la inacabable lista podemos poner a Napoleón Bonaparte—, siempre que antes de su fracaso haya conocido la gloria. Pero las memorias de un hombre corriente, más bien pobre, que no haya salido de la pobreza, ¿se han publicado alguna vez?

De ese pensamiento es fácil pasar a otro: ¿qué soy yo en el trance de meterme a enhebrar estos recuerdos, con la pretensión de que salgan a la pública luz? ¿Soy un triunfador? ¿Soy un fracasado? ¿Puede interesar a alguien la vida de un hombre que nació hijo de cómicos y que al llegar a la edad de la jubilación sigue siendo eso, un cómico? En la segunda mitad de este siglo un actor que sólo muy excepcionalmente ha salido de su país —un país pobre y aislado como España—, aunque en él haya obtenido elogios, beneplácitos y galardones, ¿no es un fracasado? ¿O es un triunfador porque el cuarto de estar en que se desarrolló buena parte de su infancia medía seis metros cuadrados y el de ahora mide ochenta? Es necesario o, por lo menos, muy conveniente, al poner manos a la obra, saber si va a ser lamentosa como la de Giambattista Vico o exultante como la de casi todos los demás. Pero la respuesta a la cuestión no es fácil. Casi podría afirmarse que vale la pena realizar el trabajo para que éste pueda ser una indagación que nos ayude a resolver la duda.

¿Cuándo terminan los comienzos?

Mi gran amigo, y también apoderado para lo referente a mi trabajo de actor, José María Gavilán, hombre inteligente y agudo, con sentido del humor —esa rarísima peculiaridad que casi todo el mundo se atribuye—, es también un gran lector. Le dio una temporada, hace muy pocos años, por leer biografías de actores y directores. Todos extranjeros, principalmente anglosajones. No por propia selección, sino porque en las librerías no abundan las biografías de actores y directores españoles, cosa bastante comprensible. Cuando estaba inmerso en aquellas lecturas me dijo:
—Sorprende que a pesar de las diferencias de culturas, de estilo de vida, de costumbres, de riqueza, en el ambiente del cine y del teatro, lo que sucede en Hollywood, en Nueva York, en Londres es lo mismo que sucede en España. Los mismos problemas, las mismas ideas, las mismas conversaciones. Parece que estás asistiendo a un ensayo general de aquí o al rodaje o a la contratación de una película nuestra. Sólo hay algo que es totalmente distinto: el éxito. En el extranjero es algo definitivo, cambia la vida de una persona. Aquí no sirve para nada, no significa nada.

Como el tema era incitante seguimos hablando durante un buen rato, pero sin demasiado apasionamiento, porque estábamos de acuerdo. Él lo había observado desde muchos años atrás no sólo en sus poderdantes, sino en otros actores, actrices, autores, directores, en cine y teatro. Yo lo había experimentado personalmente. O quizás a los quejosos les ocurra —o nos ocurra, porque en algunos momentos uno también ha sido quejoso— que creen haber alcanzado el éxito cuando en realidad no ha sido así. Han sonado ovaciones, ha habido críticas elogiosísimas, muchos amigos nos han felicitado. Pero si hubiera un juez imparcial, infalible, quizás él nos dijera:

—¿Por qué se lamenta usted de que el éxito que alcanzó el año pasado con la interpretación del personaje de Ceniciento en *Los oscuros presagios* no le ha servido para enriquecerse, para asegurar su porvenir, para que hablen de usted constantemente los periódicos o para que le ofrezcan nuevos contratos los empresarios o para que mujeres desconocidas le envíen cartas de amor? ¿Es posible que aún no se haya enterado usted de que su actuación no constituyó un éxito, sino un fracaso?

—¿Y cómo podría haberme enterado, si la crítica elogió mi labor, y también los amigos y los compañeros? —preguntaría el lamentoso.

—Pues de una manera muy sencilla —respondería el juez infalible—: Al comprobar que no se ha enriquecido, que sigue teniendo un porvenir incierto, que ya no hablan de usted los periódicos, ni le ofrecen los empresarios nuevos contratos, ni mujeres desconocidas le envían cartas de amor.

Que los comienzos de nuestra carrera son duros está de sobras divulgado y nadie lo discute. Pero llegado el momento de escribir una autobiografía, conviene saber cuándo terminan esos principios. Según la observación de mi amigo Gavilán, que comparto sin titubeos, para los actores españoles, al establecer comparación con los extranjeros, no terminan nunca.

Debo hacer una salvedad dirigida al lector profano, al que no es de mi oficio y no ha compartido horas y horas de tertulia en los cafés de cómicos: al decir todo esto, me refiero exclusivamente a los actores de cine o de teatro no musicales, que no cantan ni bailan, que se limitan a recitar y a interpretar sus papeles en dramas y comedias. No soy tan distraído que pretenda afirmar que, por ejemplo, a Montserrat Caballé, a Julio Iglesias, a Miguel Bosé, a Javier Gurruchaga o a Paloma San Basilio sus éxitos no les sirvieron de nada.

Nosotros, los actores, como los pintores, los músicos, luchamos durante años y años, esperamos, aprendemos, realizamos trabajos secundarios que se nos antojan insuficientes, hasta que un día a los más afortunados les —o nos— llega el éxito. Otros lo siguen esperando durante toda su vida. Lo singular de la situación de los actores afortunados en España es que después de alcanzado lo que en apariencia es el éxito nos vemos obligados a seguir esperándolo. Esta situación podría ser la razón suficiente para no llevar a cabo esta autobiografía, puesto que las memorias de los que no han logrado triunfar no parece que le interesen a nadie. Pero, por otro lado, quizás no sería del todo erróneo pensar que en esa situación de permanente espera pueda consistir su peculiaridad, su interés o una mayor emoción del relato. En fin, ya metido en faena, me conviene aceptar este segundo supuesto.

Si las autobiografías que se publican son casi siempre —recordemos la excepción de Giambattista Vico— biografías de triunfadores, y en España, en el mundo del cine y el teatro, no existe esa clasificación de una manera categórica, los lectores y yo habremos de afrontar la autobiografía de un profesional que no refiere las diversas etapas que le condujeron al éxito ni cómo éste hizo posibles sus trabajos posteriores y le situó en una de las capas más altas de la sociedad, sino que indaga qué es el éxito, trata de comprobar si existe en realidad o si no es más que una fantasmagoría y, en última instancia, intenta averiguar si él lo ha obtenido o si en el momento de poner fin a este trabajo está a punto de obtenerlo o debe renunciar a él definitivamente.

Según hemos visto, Lauren Bacall, el día de su prueba en Hollywood con Howard Hawks, obtuvo un éxito, y yo obtuve otro en mi prueba con Raffaello Matarazzo. A ella le supuso la consagración, la fama mundial y casarse con Humphrey Bogart. A mí —no puedo quejarme— me supuso, aparte de 20.000 pesetas, la posibilidad de que me dieran oportunidades para alcanzar cuarenta o cincuenta éxitos de la misma entidad y así seguir permaneciendo en mi oficio.

A mi compañera de trabajo en *Empezó en boda*, Sara Montiel, que consiguió un éxito mayor que el mío, le faltaban doce años para, después de pasar por Hollywood, actuar con Gary Cooper y casarse con el famoso director de cine americano Anthony Mann, alcanzar la consagración con *El último cuplé*. Pero cantando.

A vueltas con el comienzo

Ahora parece que he encontrado una justificación, o cuando menos un motivo, para no verme obligado a suspender la redacción de estas páginas cuando ya me había adentrado en el amenazador mar de las letras que tanto atemorizaba a Ramón Gómez de la Serna en el momento de iniciar la obra. El escritor teme ahogarse en él, decía. Aceptado el subterfugio, paso a otro problema que me ha planteado el afán de meter la nariz en vidas ajenas. ¿Dónde debo iniciar los recuerdos, o los recuerdos de recuerdos? ¿A qué suceso debo remontarme? ¿Al más lejano que he oído referir sobre mí mismo? ¿Al que me contaron sobre mis antepasados? ¿A los que mucho más adelante he conseguido averiguar yo, o sin pretenderlo me ha proporcionado el azar? Esos libros-modelo que tengo ante mí me brindan un incitante catálogo.

Goethe arranca exactamente el día en que nació, incluso nos brinda su carta astral. Algunos años antes de su nacimiento comienza John Stuart Mill, cuando su padre fue enviado a la universidad. Massimo d'Azeglio se remonta, y sus cartas de nobleza le dan perfecto derecho a ello, a tiempos anteriores a Carlos de Anjou. Los datos más antiguos que nos proporciona Charles Chaplin son que su abuela materna era medio gitana y se había separado de su marido porque éste la sorprendió con su amante, y que el abuelo era un zapatero remendón que se había trasladado a Londres desde el condado de Cork. Pola Negri inicia su relato poco años antes de que su madre contrajera matrimonio con el que había de ser su padre, un estañero hojalatero muy guapo y diez años más joven que su esposa. La posibilidad que eligió sir Laurence Olivier para iniciar el libro de su vida fue la de trazar una especie de rápida semblanza de su padre, insistiendo en uno de sus rasgos negativos, quizás el que más huella le dejó en su infancia: la tacañería. La página en la que Olivier describe el modo que su padre tenía de trinchar y repartir la carne parece de cualquier libro de nuestra picaresca. No podría yo ofender la memoria de mi padre ni con esta ni con ninguna otra censura, pues poco supe de él: que a los veintitantos años ya era viudo, que volvió a casarse y no con mi madre, que era buen actor, hijo de actores, que convirtió su compañía en un serrallo, que le gustaban mucho los filetes, no sé si a la plancha o fritos, que murió en un naufragio y poco más. John Huston en *A libro abierto* se remonta a poco antes de la muerte de su abuelo. Carlos Barral se alarga hasta sus bisabuelos —barceloneses por una rama y gerundense y manchega por la otra—, situados ya en Barcelona a mediados del siglo XIX. Juan Goytisolo sitúa los informes que ha logrado obtener tocantes a sus antecesores también en la mitad del siglo pasado.

Consultados todos estos amigos, y tras renunciar a consultar a otros tantos para no excederme en el trabajo, cosa nunca aconsejable, y después de dar vueltas y vueltas al asunto, decido elegir como dato más antiguo al que remontarme, aunque en mi familia no haya encontrado a ningún militar, una fecha histórica, un glorioso hecho de armas: la toma de Tetuán, Aita-Tetauen, la Blanca Paloma. Y ahora mismo se verá por qué.

05
Precedentes

La toma de Tetuán

Entre otros acontecimientos históricos, en 1860 Abraham Lincoln se presentó candidato a la presidencia de Estados Unidos; llegó a la ciudad de San Francisco, en California, el primer correo regular; Garibaldi con sus voluntarios, los mil *camisas rojas*, se lanzó a la ocupación de Sicilia y Nápoles, y en Marruecos los españoles, bajo el dificultoso reinado de Isabel II, peleaban contra los moros. En el buen pueblo de Madrid se había desarrollado una gran afición al teatro. A comienzos del siglo había tres locales y el año 60 la capital, cuyos habitantes no llegaban a 300.000, contaba con cerca de veinte. Les gustaban a los madrileños los espectáculos musicales, los dramas románticos en verso, las comedias de magia, los melodramas de acción con mucha intriga. Pero el mayor éxito de enero de 1860 lo alcanzó el prestidigitador Hermán, que para redondear su triunfo en el teatro un día se fue a actuar, acompañado por un grupo de periodistas, al mercado de la Plaza de San Miguel y allí realizó varios juegos utilizando los productos que estaban a la venta. Para uno de sus trucos compró media docena de huevos y al cascarlos fue sacando de cada yema una moneda de cinco duros. Los vendedores, las amas de casa, las criadas le dieron una frenética y espontánea ovación. Con estos entretenimientos y con los *bailes candil* los madrileños intentaban olvidar los dolores de la guerra, la desaparición de los seres queridos. No obstante, fue la guerra la que trajo la mayor diversión, la más popular algazara. El 5 de enero las tropas españolas tomaron Tetuán, y esa victoria pondría fin a la contienda. Al saberse la noticia, el día 6, el pueblo de Madrid, mezcladas fraternal y excepcionalmente las clases sociales, se echó a la calle a celebrar el glorioso acontecimiento.

Ese fue el motivo de que Fernanda López de la Fuente, conocida en el barrio de Lavapiés por «la Rubia», a causa del tono rojizo de su pelo, se viera desasistida en el momento de traer al mundo a su cuarta hija. Ni médicos ni comadronas estaban en sus casas cuando le llegaron los dolores del parto, cuando rompió aguas. Su marido, el carpintero, y sus otras hijas también estaban en la calle, sumados al jolgorio. Casi nadie quedó en las casas. Gritó la parturienta y a sus gritos acudió un vecino, o poco patriótico o no muy ágil, que fue quien ayudó a venir al mundo a la pequeña Carolina, quien años después, ya muy mayor y con experiencia de la vida, habría de decir repetidas veces que en los vecinos se debía confiar mucho más que en la familia, y que al aposentarse en una casa nueva lo primordial era establecer buen trato con los vecinos. Siempre le reprochó a mi madre que, quizás por considerarse artista —un poco al margen de la sociedad—, no siguiera esta norma.

A la recién nacida se le puso el nombre de Carlota, pero todo el mundo la llamó Carolina y así en algunos viejos documentos puede leerse: «Carlota Gómez de la Fuente, conocida por Carolina.» Más adelante la llamaron Carola y en su edad madura, cuando ya no era una de las hijas de «la Rubia», sino la mujer de un funcionario de la Diputación, doña Carola. En cuanto a su padre, es evidente que se apellidaba Gómez, pero nunca he sabido, o lo he olvidado, su nombre de pila. Es muy posible que Gómez viniera a Madrid de algún pueblo de la provincia, pues esa inmigración era muy abundante desde años atrás y fue la que dio lugar a las barriadas obreras en las que se formó el supuesto «casticismo madrileño» que pocos años después, con el auge del género chico, el chotis, la gorra, el bombín y las mangas de jamón, quedaría estereotipado, es de creer que pasajeramente. Sorprende que cuando se fijó el prototipo de lo madrileño, de lo capitalino, fue en el momento en que el país llegó a su mayor desastre.

Las hijas de «la Rubia»

Fernanda López de la Fuente sí es seguro que provenía de uno de aquellos pueblos de la provincia, Valdelaguna, donde todavía hoy, en los años ochenta de este siglo, quedan descendientes de aquella familia. La que formaron en Madrid el carpintero Gómez, Fernanda y sus cinco o seis hijas fue popular y barriobajera, pero no pobre. En vida de Gómez nunca pasaron apuros ni conocieron el hambre que a tantos alcanzaba en el barrio. Gómez era un hombre trabajador y diestro en su oficio, y cuando nació su última hija, Emilia, tenía ya una carpintería con doce bancos y muchos oficiales.

Pero cayó enfermo y se descubrió que estaba tísico. Inmediatamente tuvo que suspender el trabajo. El aire de un taller de carpintería no es el más propio para unos pulmones averiados. Todos sabemos que ha fracasado la revolución, pero el miedo de los burgueses a que resurja, más los trabajos de los científicos, no la caridad cristiana, han hecho que hoy los obreros tengan una vida muy distinta a la que tenían en 1860. Aproximadamente un año estuvo en cama el carpintero Gómez, y durante aquel tiempo los médicos, las medicinas, la sobrealimentación, la inactividad se comieron los ahorros y el taller y los doce bancos. Al cabo, el carpintero murió y dejó a «la Rubia» y a sus hijas en la más absoluta miseria.

Aún estaba Fernanda en edad de merecer y tenía buena planta. Podía haberse prostituido para sacar adelante a sus hijas. Pero no lo hizo. Aparte su posible repugnancia, no podía prostituirse porque existían aquellas cuatro hijas, y por la misma razón no podía meter en casa a un hombre que no fuera el padre. Porque pudo intentar casarse por segunda vez, pero incluso esto le parecía una traición al difunto y un peligro para sus hijas. Debió de devanarse bastante los sesos Fernanda. Una casa necesita un hombre. El «hombre» era —y lo ha seguido siendo hasta hace poquísimo tiempo— algo fundamental, imprescindible, casi con poderes mágicos, para una casa, un negocio, una excursión, un taller, unos funerales, todo. ¿Cómo hacer esto y lo otro y lo de más allá sin un hombre? ¿Cómo sacar adelante una familia —se preguntaría «la Rubia»— sin un hombre? Pero ¿cómo meter a un hombre en una casa en la que tienen que vivir tantas mujeres? ¿Vería en algunos momentos de su tempestad bajo un cráneo la infeliz Fernanda más decente y menos arriesgada la prostitución que el matrimonio? El caso es que desechó las dos posibilidades y eligió el camino de los héroes. Ni se casó ni se prostituyó: trabajó.

Decidió ponerse a trabajar de la mañana a la noche, cosiendo por las casas, lavando ropa, fregando suelos, para mantener a sus hijas. En los ratos que le sobraban se quedaba en casa cuidando niños de las vecinas a cinco céntimos la hora. En cuanto las hijas llegaban a una edad que les permitía trabajar, los diez u once años, procuraba colocarlas en alguna casa, en un taller. Y sabía que, como todas las mujeres de su tiempo, únicamente podrían encontrar salvación en el matrimonio.

A pesar de los vientos de anticlericalismo y revolución que soplaban por los barrios bajos, en su decisión Fernanda estaba de acuerdo con las autoridades políticas y morales, y éstas reconocieron su heroicidad según consta en el diploma que su hija Carolina conservó durante toda la vida en marco de madera dorada y al que agregó una fotografía de su madre:

SOCIEDAD ECONÓMICA MATRITENSE DE AMIGOS DEL PAÍS
EL JURADO DE PREMIOS A LA VIRTUD CONCEDE A FERNANDA
LÓPEZ DE LA FUENTE *Mil reales por su heroísmo maternal Madrid 9
de Noviembre de 1875* EL DIRECTOR, Pablo Abejón EL CENSOR. *Fermín [ilegible]* EL VICESECRETARIO GENERAL. *Alberto Bosch.*

No fue una tarde en el tranvía cuando regresábamos de algún barrio a la pensión de la calle de Carretas. Ni a la salida del colegio, cuando nos sentábamos en un banco de la Plaza de Santa Ana. Tampoco fue mano a mano en el cuarto de la pensión mientras desayunábamos rebanadas de pan mojadas en café con leche. Ni más adelante, sentados los dos a la mesa camilla, a la caída de la tarde. Ni en cualquier otra ocasión determinada. Fue en muchos lugares y en muchos días y en muchas ocasiones cuando mi abuela me refirió su infancia, su juventud, su vida entera.

Los domingos, Fernanda López de la Fuente sacaba a pasear a sus hijas, compraba una rosca de pan, la repartía entre sus hijas y les decía:

—Ya sabéis que esto es lo que hay. No se puede pedir más. La que se lo coma ahora, que no pida luego.

Otras veces se lamentaba:

—Lo que más siento en la vida es no haber aprendido a leer. Ya que yo no he sabido, quiero que mis hijas sepan. La mujer que no sabe nada es una esclava. No quiero que mis hijas lo sean.

Se desesperaba al ver los nombres incomprensibles de las tiendas, los rótulos de las calles. Dio a cada una de sus hijas un oficio y les hizo acudir puntual y asiduamente a la escuela dominical.

Carolina trabajó desde los once años. Ya antes hacía recados en el barrio. Uno de ellos, por el que cobraba cinco céntimos, llevar la comida a un vecino que trabajaba en la calle de Fomento. En los años de nuestra convivencia, ya en su vejez, recordaba con nostalgia aquella larga carrera que daba todos los días desde la calle del Ave María por Antón Martín y por Atocha, por Arenal hasta la de Fomento. Corriendo como una liebre, sorteando a los viandantes, ni cinco minutos tardaba.

—¡Lo que tardaría yo ahora en hacer lo mismo! —se lamentaba mirando sus inflamadas piernas.

Se colocó en el taller de un guarnicionero y, tras alguna otra ocupación temporal, a los quince años consiguió entrar como costurera en casa de la condesa del V... Siempre habló con amor y agradecimiento de la señora condesa, y de una de sus hijas, que le tomó predilección. No hablaba con tanto afecto de los condesitos, sobre todo de uno de ellos, que se divertía obligando a las doncellas a que se desnudasen delante de él. Ni de una de las señoritas, que no hacía más que beber cerveza. Ni tampoco de los criados, que a veces entre tres o cuatro cogían a una doncella, se la llevaban a las cocheras y a la fuerza la montaban uno tras otro. La pobrecilla volvía derrengada. A sus dieciséis años Carolina sólo estuvo en peligro una vez, cuando durante un viaje en coche a Murcia el señor conde, que era ya un camastrón, se arrimó a ella más de lo prudente y empezó a meterle mano. Carolina pasó un susto tremendo, no sabía qué hacer, pero se atrevió a apartarse bruscamente y el señor conde no insistió.

Era el tiempo en que vinieron a Madrid unos italianos que tocaban el arpa por las calles y cantaban canciones muy bonitas.

Mi abuela recordaba algunas:

> Me gustan todas,
> me gustan todas,
> me gustan todas
> en general.
> Pero las rubias,
> pero las rubias,
> me gustan más.

Un hombre recorría las calles vendiendo tinta que llevaba en un cuerno, y las chicas, a propósito del cuerno, le gastaban chuflas y se iban canturreando tras él. La rondalla del «Chepa» daba conciertos en los talleres de Lavapiés. Una de las hermanas de mi abuela era de la rondalla del «Chepa». Fernanda, su marido, sus hijas, sus familiares, casi todos fueron siempre liberales, republicanos, en fin, de izquierdas. Cantaban cuando la guerra de Marruecos:

> Esta guerra ya no es guerra,
> que esto es un desolladero,
> que se llevan a los viudos,
> los casados y solteros.

Y como homenaje a Isabel II:

> Viva Prim, viva Serrano,
> viva el general Topete.
> Y al marido de la reina
> que le den por el ojete.

Mi abuela nunca tuvo rubor de mecer mi infancia con estas canciones. Había cantado también el *Trágala* y luchó como pudo y donde pudo, al lado de los liberales, de los que, según ella creía, deseaban el progreso y el bienestar de los pobres, contra los cavernícolas, que no hacían más que darse golpes de pecho y estaban incapacitados para la comprensión y la caridad. Como las hijas de «la Rubia» eran pobres, debían casarse cuanto antes, para lo cual tenían que procurar ser muy decentes.

Fernanda, «la Rubia», estaba segura de pertenecer a una clase oprimida y también de que la educación era uno de los medios para evadirse de esa clase o para luchar contra las clases opresoras; por ello había enviado a sus hijas, hasta que se fueron casando, a la escuela dominical, y allí aprendió Carolina a leer. Y aprendió a leer tan bien, que cuando la infanta Isabel, «la Chata», visitó la escuela, ella fue la encargada de leer en voz alta, y «la Chata» la felicitó.

—Qué bien lee esta niña —dijo.

Y al día siguiente envió cinco duros a mi abuela. En aquel tiempo eran cinco bellas monedas de plata.

Durante toda su vida respetó a la infanta Isabel. Le parecía muy demócrata, muy castiza, muy del pueblo. Asistía a las verbenas y a ella le había dado cinco duros. Es una pena que las palabras, mal utilizadas como suelen ser las mías, sean tan poco útiles y no pueda ahora hacer ver al amigo lector la expresión ponderativa y la sonrisa desdentada de mi abuela cuando me refería esto. Pero más aún que a «la Chata», respetó a Fernanda «la Rubia», su madre. Le parecía la mujer más buena del mundo. Nadie —ni siquiera ella— podría igualarla nunca en capacidad de amor. De ella aprendió a ser buena, honesta, fiel, madre heroica y perfecta cristiana (de ahí su anticlericalismo, su odio a los curas y a todo lo que representaban, y a la cabeza de todos ellos, el papa). Creyó siempre que no se debía robar; ni mentir, ni pegar (aunque le dio un tortazo a una criada y un pucherazo a su marido, Álvaro, y nunca oí que se arrepentiera), ni injuriar, ni hacer indecencias. Pero fue un ser humano. El primer oficio que tuvo fue el de guarnicionera, y en el taller aprendió a los doce años toda suerte de porquerías de las otras oficialas y aprendizas. Porquerías que no olvidó nunca.

Bodas reales y bodas plebeyas

La disposición de la joven Carolina para la lectura le proporcionó la oportunidad de obtener un pequeño sobresueldo, más bien una propina, en casa de la condesa del V... Sin abandonar su labor de costurera, pasó a ser lectora de la señora condesa y de las señoritas. Era costumbre reunirse a la atardecida algunos días, no todos, a escuchar la lectura de una novela. Por la noche se iba al teatro.

Los condes del V... estaban abonados cada día de la semana a uno distinto, como toda la nobleza, lo que obligaba a las compañías a cambiar constantemente de cartel, de ahí la necesidad del apuntador, pues era imposible aprenderse tantas comedias de memoria. Bien podían permitirse estos lujos los condes del V... en 1875, ya que disfrutaban una renta de cuatro mil reales diarios. A pesar de que trasladar el valor de la moneda de unos tiempos a otros es muy difícil y tiene un amplio margen de error, puede calcularse que equivaldría a unas setecientas cincuenta mil pesetas en dinero de 1987. Para mantener un palacio en el centro de Madrid con toda su servidumbre quizás hoy no alcanzara.

Aquel rey Amadeo, cuya entrada en Madrid presenció Carolina a los once años, se marchó de España muy pronto por no considerarse capacitado para gobernar este país. Hubo luego una República relámpago, con cuatro presidentes y un año de duración, y por fin el 14 de enero de 1875 entró en Madrid el rey Alfonso XII, después de haber sido objeto de grandes demostraciones de simpatía en Barcelona y Valencia. Se acabaron las guerras carlistas, el joven rey se casó con Mercedes, una prima suya a la que amaba intensamente, y pareció que las cosas empezaban a arreglarse o, por lo menos, a marchar con más tranquilidad.

Una mujer de aquella época, aunque cosiera, aunque leyera muy bien, aunque fuera la predilecta de una condesita, debía necesariamente casarse. Lo otro no era suficiente. Las otras hijas mayores de «la Rubia» ya se habían casado, con obreros, tenderos, de allí, del barrio de Lavapiés. La última, la pequeña —cosas de la vida—, se casaría más adelante con un portugués adinerado, se iría a Lisboa y allí se convertiría en una mujer rica, propietaria de una fábrica de cerillas.

El primer pretendiente de Carolina, un muchacho del barrio, muy formal, seriote, apodado «el Patazas» porque tenía los pies muy grandes, aunque no era feo tenía un defecto que a Carolina le parecía grave para el matrimonio. Años después, muchos años después, en otro siglo, Carolina, cuando ya se llamaba doña Carola, se lo contaba a su nieto, sentados los dos a la mesa camilla del cuarto de estar del 2º izquierda de General Álvarez de Castro, 9.

—La mayor ilusión de mi vida era tener hijos, hijos...

—¿Por qué, abuelita?

—Qué sé yo; porque me gustaban los niños. Por eso quería casarme. Aquel hombre, «el Patazas», no era mal mozo y todo el mundo en el barrio decía que era honrado y trabajador. Él me pretendía. Y mi madre también quería que me casara cuanto antes, porque así era una boca menos.

—¿Y no te casaste con él?

—No; me casé con tu abuelo Álvaro.
—¿Por qué?
—Porque un día otros mozos del barrio llevaron al «Patazas» a una casa de mujeres y resultó que era impotente.
—Y eso ¿qué es?
—Que no servía para tener hijos.
—Ah, ya.
—Figúrate tú, ¿cómo iba a casarme con él? Yo quería casarme para no ser una carga para mi pobre madre, que en paz descanse, pero sobre todo para tener hijos. Por eso me casé con tu abuelo Álvaro, que era mucho mayor que yo: tenía veintiocho años y yo solamente diecisiete.
—¿Y a ti te gustaba? ¿Era guapo?
—Sí, era muy buen mozo. Pero muy bruto. Ya recién empezadas mis relaciones con «el Patazas» me decía al verme pasar: «Tú serás mi novia.» Pero me casé casi sin conocerle, sin tratarle, y me llevé el mayor chasco de mi vida. No habíamos salido aún de la iglesia, cuando me dijo: «Bueno, ya estamos casados. Desde ahora, si yo digo que es de noche, aunque luzca el sol, es de noche.»

Relaciones matrimoniales

Carolina estuvo a punto de echarse a llorar allí mismo, delante de la familia y de las amistades. Muerta de miedo, se dijo: «Pero ¿qué has hecho, Carolina?» A partir de entonces su vida fue siempre un calvario. Pero su madre, Fernanda «la Rubia», pudo decir, satisfecha, poco antes de su muerte:
—Las dejo a todas casadas.
El autoritario marido de Carolina había nacido en Avilés y se llamaba Álvaro Fernández-Eres y Pola y, de niño, sus padres le trajeron a Madrid. Cuando conoció a mi abuela era tipógrafo, amigo de Pablo Iglesias, del mismo oficio y, desde luego, socialista. Esta fue la razón de que en el primer apellido suprimiera el Eres y se quedara en Fernández, lo mismo que mi abuela suprimió de su segundo apellido De la Fuente y se quedó en Gómez López. Fue muy acostumbrada esta práctica entre los socialistas y anarquistas de los primeros tiempos. Mi abuela solía contarlo con frecuencia y no advertía que al hacerlo presumía doblemente: de que su marido y ella hubieran abreviado los apellidos y de haberlos tenido largos.
A pesar de ser aquella época de gran agitación revolucionaria, y Álvaro amigo y colega del fundador del PSOE y de la UGT, entre los

recuerdos que mi abuela guardó de él, casi todos desdichados, no figuraba el de sus actividades obreristas o políticas. Sí recordaba que era muy inteligente, pero intratable y desatento; que tenía ínfulas de escritor, de actor y también de inventor, por lo que era un asiduo cliente del Rastro, donde compraba toda clase de cachivaches. Le gustaba además perder el tiempo en la taberna, jugando a las cartas, y obligaba a Carolina a que le acompañase, sentada a su lado.

Carolina era también muy voluntariosa, aunque estuviese amedrentada, y al cabo de un tiempo se negó a permanecer sentada en la silla en lo que Álvaro le daba al naipe. De resultas de aquellas ausencias, el tipógrafo se echó una querida, precisamente la tabernera.

Todo el barrio era como una gran casa de vecindad, y Carolina no tardó en enterarse, por lo cual todos los días recibía a Álvaro con una canción alusiva:

> *Y si no se le quitan bailando*
> *los dolores a la tabernera,*
> *y si no se le quitan bailando,*
> *déjala que se pudra y se muera.*

Y de ahí pasaron a la acción directa. Un día él estrellaba los platos en el suelo; otro día ella estampaba el puchero del cocido en la cabeza de él.

Fatalidad

La amada mujer de Alfonso XII, la reina Mercedes, murió a los seis meses de contraer matrimonio y pasó a las canciones populares. Contrajo nuevas nupcias el rey, esta vez con la archiduquesa de Austria, doña María Cristina. Pero, adolecido de tuberculosis, murió en 1885, dejando a su mujer encinta del que reinaría años después con el nombre de Alfonso XIII.

Mi abuela quería tener hijos, pero no se le lograban. Los médicos no daban con la causa. Le aconsejaban que comiera más y comía; que reposase más, y reposaba.

—No sabían lo que era, no lo sabían... —comentaba al referírmelo—; pero yo sí, sí: demasiado macho, eso era, demasiado macho. Pero ¡cómo iba a decir eso el médico! Los hombres siempre están de acuerdo unos con otros. Son una colección de cochinos. Hasta que me planté. ¡Señor, si yo había visto en el campo que a las yeguas y a las vacas les retiraban al macho para que pariesen! Y tuve un hijo. ¡Pues claro! ¡No había de tenerlo!

Y resoplaba y torcía el morro, con su peculiar mueca de vieja resabiada. Pero el hijo no se la logró. Murió a los pocos meses. Y tuvo otro, y otro y otro. Parió doce veces y destetó a sus hijos con cebolla y se le fueron muriendo uno tras otro. Los dejaba descansar entre las cestas de su costura y el marido los besaba con tinta de imprenta y nicotina en los bigotes.

Les nacieron sucesivamente nueve hijos, algunos muertos y otros que murieron antes de cumplir un año. El décimo se logró pero murió a los doce años. Le gustaba mucho a doña Carola hablar de aquel hijo y contar lo malo que era, que había que dejarle atado si se quedaba solo en casa, y al mismo tiempo lo listo; dibujaba muy bien para su edad, hacía figuras recortadas que asombraban a los maestros y a los vecinos. Muy precozmente se entregó a los vicios solitarios. Creía firmemente mi abuela que a consecuencia de ello le apareció en la ingle un tumor que resultó maligno. Sus dos hijos siguientes, Carlos y Carola, sí vivieron hasta ver morir a la abuela en 1945.

Mi abuela le ponía como ejemplo al abuelo a su amigo Pablo Iglesias. Le animaba a trabajar más, a estudiar, a superarse... Pero Álvaro no necesitaba estímulos; era un perfecto cajista y también bastante leído; aunque mi abuela opinaba que el que no le enviaran al colegio hasta los once años le perjudicó notablemente y por eso fue siempre un animal. En el verano de su vida, Carola gastó energías en intentar liberarse de la tiranía masculina, en procurar dejar de ser una burra de carga.

—Decía mi marido en sus momentos de expansión: «Yo eché a una rifa y me tocó una muía.»

En uno de esos momentos debió de ser cuando mi abuela le estrelló el puchero en la cabeza. Era a finales de siglo. Estrenaban Chueca, Valverde, Ricardo de la Vega, López-Silva... Él llevaba el hongo de los cajistas y el rizado bigote. Ella se tocaba con un pañuelo blanco. En casa vivían sainetes; o mejor: las tragedias grotescas que pocos años después idearía Carlos Arniches.

Aunque la desavenencia matrimonial de mis abuelos fue constante y no se remedió nunca, no debe echarse toda la culpa de ello a la cuenta del asturiano Álvaro Fernández Pola ni a la de la madrileña Carolina Gómez López, sino a la fatalidad. En uno de sus frecuentes embarazos, muy poco después de parir, la hija de «la Rubia» se vio aquejada de una afección cutánea. El médico —una mala bestia, según seguía ella certificando después de cuarenta años— le prescribió pomada mercurial. A los pocos días se le produjeron unas grandes inflamaciones en brazos y piernas.

Se le espantaron los ojos de horror aquella mañana. Se miró y se palpó una y otra vez aquellos bultos repugnantes. Lloró, se enjugó las lágrimas y volvió a llorar. Corrió a buscar al médico viejo, al de cabecera, no al de la imprenta. El médico viejo, que solía recetar galletas María, horrorizado al ver aquello y al conocer la prescripción del médico anterior, exclamó:

—¡Por Dios, pomada mercurial a una recién parida! ¡Qué crimen!

Comprendió Carolina que aquello no era algo leve, pasajero; que aquellas inflamaciones, transformadas poco después en bolsas colgantes en brazos, antebrazos y piernas, le quedarían para toda la vida. Tardó horas, muchas horas en decírselo a su marido. Comprendía, a pesar de casi no tener saberes, que de pronto se habían secado los ríos de sus caricias. Pero tuvo que decírselo al fin. El tipógrafo Álvaro no debía de saber todavía ningún tierno lenguaje, y Carolina lloraría una noche interminable que debió de secarle el corazón para siempre. Pero no fue así. A la pobre, la parte de Job que a todos nos corresponde le alcanzó muy cumplida. Cuando estupefacta, aún con un resto de ternura, deshecha en llanto, como pidiendo inútil compasión, le dijo al otro médico:

—¡Mire cómo me he quedado! ¿Cómo ha podido usted hacerme esto?

... el desgraciado ignorante («aquella mala bestia», decía mi abuela) respondió:

—¿Qué quiere usted, señora? Hay cosas que cuanto más se estudian, menos se aprenden.

Esta frase cerraba un acto de su vida.

Ni a la vista, ni siquiera al tacto —supongo que copularían siempre a oscuras— debía de resultarle muy estimulante al tipógrafo el nuevo aspecto de su mujer. El recurso a la tabernera parece algo justificado, aunque Carolina no lo comprendiera así y nunca fuera capaz de perdonarlo.

En el camino del Calvario

¿Qué hacía mi abuelo? Aparte de acudir a su trabajo, jugaba a las cartas, pendoneaba por el barrio; esta temporada cazaba; la siguiente pescaba, llenaba la casa de cañas y de gusanos; la otra fabricaba perfumes según las instrucciones de un manual; la otra se hacía inventor de juguetes mecánicos. Y en una de aquellas temporadas escribió e imprimió un libro, el *Manual del perfecto cajista*.

¿Qué hacía mi abuela? Cultivaba todo lo que podía sus amistades, a sus antiguos señores, los condes, y a los amigos de éstos, los suplicaba, los asediaba. Por aquellas fechas quedó vacante la plaza de regente de la imprenta de la Diputación. Mi abuela, con el *Manual del perfecto cajista* en la mano, y contra la prohibición del abuelo, fue a ver a su señora condesa, a pedirle ayuda. La condesa se la prestó gustosa. Movió a sus relaciones y le dijo a Carolina a quién debía dirigirse. Carolina, ilusionada, le contó a su marido el resultado de sus gestiones, pero el orgulloso Álvaro no quiso saber nada. Ella le insistía: era una plaza fija, con jubilación, con casa y luz gratis, en el mejor sitio de Madrid, junto al campo, en el edificio de lo que entonces era Hospicio y en el que se encontraba la imprenta y otros servicios de la Diputación. Aquello era prosperar, dejar de ser obreros y pasar a ser funcionarios. Como si hablara a un tabique.

Pero ella siguió en sus trece, se movió de un lado a otro, de oficina en oficina, de despacho en despacho. Se entrevistó al fin con el concejal del que dependía el resultado definitivo.

—Muy bien, todo está muy bien —dijo éste—. Ahora traiga usted mil pesetas. Yo por menos de mil pesetas no hago un favor ni a mi padre.

Se ve que en aquellos tiempos se hablaba muy buen castellano. Para aquello Carola no se atrevía a recurrir de nuevo a su señora condesa. En la familia había un hombre, del que oí hablar muy confusamente, ya después de su muerte, Carlos, el jorobadito, que, por lo visto, tenía dinero, quizás fuera prestamista, y a él recurrió Carola ante la indignación de Álvaro, y él facilitó los doscientos duros para el soborno del concejal, y Álvaro Fernández Pola pasó a ser regente de la imprenta de la Diputación y a abandonar con su familia los barrios bajos para instalarse en una buena casa y sin pagar por ella ni un céntimo.

Allí nació mi madre en 1899. Y allí escribió mi abuelo dos funciones de teatro, *Juanito o las hadas del bosque* y *Las dos rosas*, que representó utilizando como elenco a las familias de otros empleados de la Diputación que habitaban el mismo edificio. Una de ellas, *Juanito...*, la tuve en mis manos, la hojeé y era absolutamente ilegible. No me imagino lo que pudo resultar su representación. La otra, *Las dos rosas*, todavía al cabo de los años, cuando mi abuela rememoraba el suceso, le hacía rugir de ira, pues según ella aquellas dos rosas eran su hija y la amante de turno de don Álvaro, el regente de imprenta.

Doña Carola ahorraba todo lo que podía para que don Álvaro abriese por allí cerca una pequeña papelería con imprenta. Había una muy conocida en la calle de Fuencarral, La Carroza, que era su ejemplo y su envidia.

—Con comprar a plazos una pequeña Minerva nos bastaba. Porque de la imprenta de la Diputación tu abuelo podía haber sacado todo lo que hiciera falta.

Cuando lo tenía todo listo, al regente de la Diputación le faltaba decisión y empuje. Doña Carola se desesperaba y maldecía a su marido cuando se marchaba a pescar. Ella quería por encima de todo que sus hijos fueran unos señores, que no trabajasen como ella, que no arrastrasen su miseria por los barrios bajos. Sabía que comerciando se gana dinero, y se habría dado buena maña para administrarlo. Pero el abuelo Álvaro pensaba que la bola del mundo anda sin que nadie la empuje. Y cuando mi tío Carlos cumplió los trece años, le abrió la puerta de la calle una noche y le dijo:
—Ya eres un hombre, vuelve tarde.
Y la cerró tras él.
—Mi pobre hijo —decía mi abuela cuando lo contaba— se pasó la noche sentado en la escalera. Pero eso fue sólo la primera noche, las otras no.
No se sentía ligada a su marido por ningún vínculo de afecto. Mi abuelo era un vapor y ella el fogonero que ponía al rojo su caldera. Pero el vapor tenía mucho humo y pocas realidades. Hacía agua por todas partes. Los esfuerzos de doña Carola eran inútiles. Don Álvaro escribía, inventaba, pescaba, pero no sabía medir el futuro. Mi abuela comenzó a echar carbón en las calderas de sus hijos. Había que agarrar por los pelos una vida mejor. Una vida mejor era el sueño de doña Carola. Esta lucha no por la vida, sino por una vida mejor, le hizo mirar el dinero como el único fin de toda lucha. De vieja, habría sido una de esas que guardan los billetes bajo una tabla del entarimado. No me perdonó el no haberle dado unos pocos para que realizase su ideal.

Según ella, don Álvaro no sabía educar a su hijo Carlos porque, o le trataba con un rigor inhumano, o como castigo le echaba de casa y le dejaba en absoluta libertad. Mi tío Carlos a muy corta edad descubrió las malas amistades, las putas y el juego. Él me contó algunas de las vergüenzas que le hizo pasar su madre; una de ellas, cuando al pasear por la calle con una de sus amigas putas se presentó doña Carola vociferando, y a golpes, a tirones, le arrancó del brazo de la pobre mujer.

Aparte de para la tienda de objetos de escritorio, ahorraban también don Álvaro y doña Carola para librar a su hijo del servicio militar. Era la época de la guerra de Marruecos, y también la de los sustitutos. Pagando al Estado determinada cantidad, el chico no iba al servicio ni, por tanto, a la guerra, y en su lugar se enviaba a otro más pobre.

Cuando le llegó el momento a mi tío Carlos, sus padres abonaron la cantidad ahorrada durante años y se libró. Pero a los pocos días, él, por su cuenta, se vendió voluntario para, con la pequeña cantidad que daban, pagar una deuda de juego.

Nueva bronca entre don Álvaro y doña Carola, sobre cuál de los dos tenía la culpa del mal comportamiento de aquel hijo. Nueva visita de mi abuela, hecha un mar de lágrimas, a su señora condesa, y de nuevo una buena acción de ésta, y mi tío Carlos sin ir a África y así poder seguir en Madrid su destino de bala perdida. Un poco mitigado por otra buena acción de la benéfica condesa, que consiguió colocarle de empleado en un banco; con lo que, sin saberlo, y con la mejor de las intenciones, labró la desdicha de mi tío y aumentó la de su madre, doña Carola.

06
Sin vocación teatral

Un episodio confuso

Eran ya los años de la posguerra de la Primera Guerra Mundial cuando una muchacha madrileña, hija de la costurera retirada y del regente de imprenta, se colocó de mecanógrafa en una tienda, me parece que de máquinas de escribir, que había entre Tribunal y la glorieta de Bilbao. Por dicho establecimiento acertó a pasar el representante de la compañía teatral Guerrero-Díaz de Mendoza, quien, impresionado por la belleza y la buena planta de la muchacha, le hizo una casi deshonesta proposición: que se dedicara al teatro, ingresando en la compañía de mayor prestigio, donde tendría como maestra de su nuevo oficio nada menos que a doña María Guerrero.

Carola, que ya estaba enamorada de Iván Mosjukin y de Rodolfo Valentino y que se partía de risa con las películas del cómico Sandalio —cuyo nombre aplicaba al dueño de la tienda, que le tiraba los tejos— vio el cielo abierto. O, mejor, creyó que el cielo había descendido a la tierra.

Precisamente allí, en el cielo, puso el grito el regente de imprenta cuando se enteró de que su hija quería dedicarse a un oficio tan lleno de peligros para una chica joven y guapa. Pero tomó partido a favor de ella la madre, a quien no le parecía mal que su niña fuera artista, pues así podría ser una mujer independiente. El socialista amigo de Pablo Iglesias, por el contrario, sintió nacer en su interior unos rancios principios morales que le obligaban a oponerse a aquel disparate. Los dos enemigos mortales decidieron separarse judicialmente. Para don Álvaro, al que sólo le faltaban dos meses para la jubilación, aquello debió de ser como un alba de oro, la llegada de una doble libertad.

La madre y la hija se marcharon de casa, y Carola se dedicó a la escena. Durante los primeros meses, doña Carola fue una madre de teatro y acompañó a su hija en una breve gira; pero al año siguiente la compañía debía hacer una gira más larga, por países más distantes; se iba nada menos que a América, y a doña María Guerrero no le parecía bien que las mamás de las actrices acompañasen a las niñas en la excursión, y además sería costosísimo sufragar el gasto. Hubo las pertinentes discusiones, habló con doña Carola el representante de la compañía, habló el mismísimo don Fernando Díaz de Mendoza, y la madre y la hija fueron convencidas, supongo que la hija con poco esfuerzo, y Carola partió para las Américas, que habría de recorrer durante un año, desde México hasta Argentina, separada de su madre, confiada a la tutela de las personas serias de la compañía. Y, como es natural, nací.

Algunos años después, cuatro o cinco, en el cuartito de la pensión Adame, una tarde que mi madre había ido de visita, en lo que hablaba con la abuela yo me quedé en un pupitre que me habían comprado y con el que me encariñé mucho, coloreando un cuaderno de estampas. Luego, cuando mi madre se marchó, le hice observar a mi abuela que no había usado el lápiz amarillo porque había oído decir a mi mamá que ese color traía mala suerte. Pero le hablé de otra cosa, para mí más importante.

—Abuela —pregunté—, ¿dónde está mi papá?

—En España —me contestó ella.

La respuesta no me pareció satisfactoria, pero yo, a mi edad, ya sabía que los niños no debían preguntar demasiado. Y me quedé pensando en España, que en mi imaginación era entonces una gran superficie amarilla. Como aún no conocía la meseta castellana, es probable que aquella imagen la sacara de la contemplación de la bandera, a la que, con mi fantasía, había suprimido las dos franjas sangrientas.

Al llegar a este punto debo relatar un episodio que he reconstruido posteriormente sobre la base de retazos de un lado y de otro, frases cazadas al vuelo, conversaciones medio secretas, y de cuya veracidad, por tanto, no puedo responder. Tengo a mi favor la ventaja de que a nadie pude importarle que fuera tal como lo cuento o de distinta manera.

Cuando mi madre recibió a mi abuela en Buenos Aires estaba muy contenta, feliz y le mostró una gran cantidad de dinero y los ricos pañales en que se había envuelto el fruto de su deshonra. Mi abuela no compartió su alegría, sino que se echó a llorar.

A partir de entonces, mi madre y mi padre rompieron sus relaciones. Según mi madre, porque mi padre prefirió casarse con otra; según mi abuela, mi padre le había dicho confidencialmente:

—A su hija Carola la quiero mucho, pero es muy bestia.

Todo quedó en que la Fernán Gómez se contrató en la compañía de Antonia Plana-Emilio Díaz y que, además del sueldo que ganaba con su trabajo de actriz, percibía una asignación mensual que le pasaba mi padre. Pero dos o tres años después, a la edad de veintitrés o veinticuatro años, se echó otro novio, un joven poeta y autor teatral; y mi padre, que no había vuelto a verla, al enterarse lo tomó muy a mal y dejó de enviar la mensualidad. Esto quien lo tomó muy a mal fue mi abuela, que recriminó a mi madre el que por enamorarse hubiera privado a su hijo del dinero que le correspondía. Cuando tenía yo seis o siete años ocurrieron tres cosas a un mismo tiempo que confluyeron en el desenlace de esta peripecia: mi madre se contrató en la compañía de Loreto Prado-Enrique Chicote, que actuaba permanentemente en Madrid; se fue a vivir a Chamberí, a un entresuelo del número 10 de la calle del General Álvarez de Castro, y rompió sus relaciones con el joven poeta y autor teatral.

Doña Carola entonces cogió a su nieto, se marchó de la pensión Adame y nos fuimos a vivir a una habitación «con derecho a cocina», precisamente en el número 16 de la misma calle de Álvarez de Castro. Desde allí mi abuela pensaba comprobar si era del todo cierto que las relaciones de la Fernán Gómez con el poeta iban mal y si se rompían del todo. Cuando lo hubo comprobado, después de unas conversaciones previas, me puso un abriguito, una bufanda, y me depositó en la puerta del entresuelo. Me dio un beso y se marchó.

Empezó para mí una nueva vida. En aquella casa había una criada jovencísima, que pronto se encariñó conmigo. La casa tenía tres habitaciones muy bien puestas: un gabinete, el dormitorio de mi madre y un comedor. Todas las mañanas, al volver del colegio, entraba yo a despertar con un beso a mi madre, que aún dormía. Me acariciaba y jugueteaba conmigo en la cama. Luego comíamos juntos en el comedor. Lo que más me gustaban eran los sesos huecos, que se envolvían en azúcar.

Seguí yendo al mismo colegio de Santa Teresa, porque estaba muy cerca. El fundador del colegio era un empleado del metro que se lo traspasó a su hermano, que había sido cura pero colgó los hábitos. Era un hombre joven que a mí me parecía mayor, de aspecto linfático, no muy atrayente pero tampoco feo, casado con una señorita muy joven y guapísima que daba clase a los párvulos y demostraba una total ignorancia.

A la salida del colegio, mi madre ya no estaba en casa, pues los actores de entonces tenían una jornada de trabajo, entre los ensayos y las representaciones, que empezaba a las tres de la tarde y concluía a la una y media de la madrugada. Hacia las ocho la criada y yo nos poníamos en camino para llevar la cena a mi madre, al Teatro Cómico, que estaba donde ahora se encuentra uno de los sectores del edificio central de El Corte Inglés.

La primera turné

Del barrio de Chamberí mis más lejanos recuerdos son los del cine al aire libre, que se instalaba todos los veranos en un solar en el que acababa la calle de Álvarez de Castro. El cine estaba delante de la tapia de los lavaderos. Desde mi balcón vi por primera vez en la pantalla a ese esquiador que en pleno salto parece que nos va a arrollar, que se abalanza hacia nosotros, pero vuela por encima.

Florentina una noche me llevó a un cine al aire libre que estaba muy lejos de casa, en Recoletos o en el paseo del Prado. Aunque quizás en esto la memoria me juegue una trastada, pues me parece muy raro que allí se instalase un cine.

Este piso que tenía mi madre en el 10 de Álvarez de Castro era un entresuelo con dos balcones a la calle, a no más de metro y medio de la acera. Eso para mí tenía un encanto extraordinario, casi fantástico. Hasta entonces había vivido en habitaciones sin ventana, o con una ventana a un callejón o a un patio, como la del cercano 16, donde estaba el colegio. Y ahora me encontraba en un sitio desde el que veía la calle entera, una calle inmensamente ancha, en la que no dejaban de suceder cosas. Pasaban hombres que lanzaban pregones, el mielero, el del requesón, el del arrope, el de los pichones. Pasaban los burros de los botijeros. Un día a la semana, justo al pie de mis balcones, se instalaba un mercadillo.

Tenía yo unos cuantos juguetes, tres o cuatro, he olvidado absolutamente cuáles eran. Los tenía allí, en el balcón. Unos chicos de la calle que formaban grupo me los pidieron y yo los fui lanzando a la calle para que los cogieran. Lo hicieron y salieron zumbando. Cuando la Florentina se dio cuenta de lo que había ocurrido se echó a llorar. ¡Menuda le iba a armar la señorita! Llamaron a la puerta y era uno de aquellos chicos, el hijo del carpintero que tenía el taller debajo de nuestro piso, un semisótano que daba a la calle. Había contado a sus padres que el niño del entresuelo estaba repartiendo sus juguetes y que él había cogido uno, y sus padres le mandaron que subiera a devolvérmelo. Mi madre acababa de levantarse, se enteró del generoso suceso, me echó una bronca anticristiana y le dijo al chico del carpintero, unos dos años mayor que yo, que subiera a jugar conmigo cuando quisiera. Este fue mi segundo amigo. Amigo íntimo y condiscípulo durante muchos años. Hasta algunos después del final de la Guerra Civil, en que la diferencia de nuestras actividades, él se dedicó a los negocios y acabó la carrera de Derecho, empezó a separarnos.

Don Enrique Chicote a veces jugaba conmigo, enseñándome unos movimientos gimnásticos, que tiempo después comprendí que eran lances de esgrima. Yo me entretenía en el camerino de mi madre, pintando con lápices de colores. Paco Melgares, el galán cómico de la compañía, sobrino de la gran Loreto Prado y que llegaría a ser uno de los más grandes actores del teatro español en los años de la posguerra, era también dibujante, y me dejaba que mirase, extasiado, cómo coloreaba un dibujo que figuraba un barco de pasajeros. Me fui corriendo al camerino de mi madre a trazar con mis lápices redondeles que eran los ojos de buey de los camarotes. A veces, entre bastidores, veía trozos de las funciones. Florentina, la criada, me acompañaba.

Esto era cuando desde casa íbamos al teatro a llevarle la cena a mi madre, costumbre que en aquella época seguían muchísimos actores y actrices. Le llevábamos la cena en un cacharro compuesto de varias tarteras metálicas que conservaban algo el calor.

Por las tardes Florentina, en casa, quería jugar a los teatros. Intentaba que las contraventanas —las maderas— hicieran de telón. Se abrían y ella y yo aparecíamos o aparecía uno de los dos, y el otro era el público. Ella creía imitar las posturas, los ademanes, las frases de las actrices; yo me limitaba a hacer el tonto. Aquellas funciones no nos salían nada bien.

Desde que supe que íbamos a ir de viaje, a salir de Madrid, estuve impaciente. Exigía a mi madre y a Florentina que me explicasen cómo era lo que no era Madrid. Ellas no supieron hacerlo muy bien, aunque pusieron buena voluntad. Tampoco mi amigo Arturo estuvo muy acertado, aunque por haber venido de Zamora dos años antes debía de saber bien lo que yo preguntaba. Tuve que resolver la ignorancia por mí mismo. Y me imaginé Zaragoza, Barcelona —las dos plazas en las que aquel verano actuaría la compañía de Loreto Prado-Enrique Chicote—, lo que no era Madrid, como una gran superficie verde, con colinas, montañas y alguna que otra casita. Creo que tomé el modelo de las cajas de queso en porciones El Caserío. Me gustó mucho la estación y el viaje en tren. Y ver cómo iban colocando las maletas en la baca de un autobús al que subieron los actores y las actrices. Un señor muy simpático, el traspunte, ayudaba a colocar los equipajes y hablaba de las piernas de las actrices. Mi decepción cuando me encontré en Zaragoza fue enorme. Nos sentamos unos cuantos a una mesa de un café en una calle muy amplia, con soportales. Había muy poca gente porque era temprano. Yo pregunté, desconsolado:

—Mamá... ¿Esto es Zaragoza?
—Sí. ¿No te gusta?
—No. Es igual que Madrid.

No comprendía yo el motivo de aquel viaje para llegar a un sitio en que las casas eran iguales a las de Madrid, tenían los mismos balcones, las calles el mismo empedrado. No había ni un trocito de campo verde y de un lado a otro iban personas vestidas como las de Madrid, en vez de vacas. Me puse a jugar con una pelota que tenía, y que simulaba una cara con ojos, nariz y boca.

Una tarde mi madre quiso arreglarme las uñas. Me las limpió muy bien con un cepillo y un limpiauñas metálico. Luego me las pulió con un *polisoir* de gamuza. Con el mismo instrumento que utilizó para limpiármelas después del cepillo se esforzaba en remeterme para atrás la cutícula. Casi me hacía daño.

—Qué uñas más feas tienes, hijo. Igual que las de tu padre —comentó.

Sabía yo que debía encerrarme en un profundo silencio y así lo hice.

Otro día, en lo que mi madre trabajaba en el teatro, subí con Florentina y unos estudiantes, huéspedes de la misma pensión, a la terraza de la casa. Jugando conmigo, uno de los estudiantes, mientras yo pataleaba y berreaba desesperado, poseído por el terror, me sacó por encima del pretil de la terraza, a una altura de seis pisos y me tuvo un rato así, en el vacío, muerto de risa por mis berridos. Florentina, agarrada a los brazos del estudiante, tiraba de él para obligarle a suspender el terrible juego. Aún no se me ha pasado el susto y conservo el horror al vacío aunque sea a dos metros de altura.

Barcelona

En Barcelona, mi madre, Florentina y yo nos hospedamos en una pensión muy importante, dentro de lo que es el mundo de los cómicos. Se llamaba La Toledana y estaba en el mismo edificio del cine Capitol, en las Ramblas, muy cerca de la Plaza de Cataluña. Años después, el 41 o el 42, volví a vivir en ella, cuando fui un verano con la compañía del Teatro de la Comedia, y coincidí con mi madre, que estaba en Barcelona con otra compañía. Desde una ventana de un pasillo, por las tardes, se veía la pantalla del cine Capitol, porque abrían parte del techo para refrescar el ambiente, y desde allí Florentina y yo vimos algunas películas. Un monstruo, o un buzo, avanzaba por un túnel. El célebre vaquero Tom Mix estaba en pie, abierto de piernas, y dos chiquillos pasaban bajo ellas. Una mano misteriosa desconectaba una instalación eléctrica.

Con Florentina paseaba por las Ramblas. En aquellos años las piernas de las mujeres tenían muchísima importancia, porque estaban recién descubiertas. Las piernas de Florentina eran muy bonitas y siempre había algún muchacho, o un hombre ya entrado en años, que se acercaba a decírselo. Ella seleccionaba, y a unos les

daba conversación y a otros no. Yo, a mis seis años, era ya su cómplice.
—No le digas a tu madre que hablo con estos moscardones.
Yo prometía no decírselo y cumplía la promesa porque me compraban barquillos o caramelos o me daban una perra gorda. Uno de aquellos moscardones invitó a Florentina al cine. La chica se hizo de rogar pero acabó aceptando y nos fuimos los tres a uno de aquellos cines que había cerca del Arco del Teatro.
Con otro la conversación fue no acerca de las piernas de Florentina, sino de las de mi madre. Florentina le había dicho al moscardón que su señorita, la madre del niño, era actriz y que trabajaba con Loreto y Chicote en el Poliorama, y el seductor callejero dijo:
—Pues esta noche iré a verle las piernas.
Lamento haber olvidado la extensa conversación que Florentina y yo tuvimos sobre el interés de los hombres en ver las piernas de las mujeres.
A mí también debieron de atraerme las piernas de las niñas, porque durante aquel verano, en Barcelona, me enamoré por segunda vez. (La primera fue a los tres años, de Lucía, la hija de la portera.) Desgraciadamente, ella, hija de un actor, y unos años mayor que yo, no me correspondía. Le gustaba otro muchacho de su edad, también hijo de una actriz de la compañía. Luego, andando el tiempo, resultó ser Federico Melchor, el líder socialista, secretario de Largo Caballero. Con él daba mi amada largos paseos ante mi vista. En cambio, yo era perseguido por otra niña; era víctima al mismo tiempo de dos tormentos que alguna vez volvieron a surgir emparejados en mi vida: mis propios celos y una persecución no deseada. Mi espíritu y mi memoria aún no estaban lo suficientemente fortalecidos y la situación se me hacía insoportable. Un día, estando en el puerto de Barcelona, en el embarcadero de La Golondrina, acompañado por aquella niña que se empeñaba en ir siempre conmigo, y viendo cómo paseaban los otros, la empujé violentamente y la tiré al mar. Tengo que aclarar que la salvaron en seguida; pero a mí me echaron tal bronca y me dieron tal azotaina que dejé de ser un hombre duro para toda la vida.
Durante la temporada veraniega de Barcelona, una tarde faltó un niño que sacaban a escena de la mano de una actriz y permanecía allí quieto, sin decir una palabra. Pensaron que podía sustituirle fácilmente el niño de Carola, Pirulo, como entonces me llamaban sin ningún agrado por mi parte. Mi madre accedió, pero yo, aterrorizado ante la posibilidad de verme en un escenario y de que me vieran, me negué enérgicamente, dando patadas a diestra y siniestra, al tiempo que pronunciaba horribles palabrotas.

—¡Vaya educación que te ha dado la abuela! —se lamentaba mi madre, que a todo trance quería quedar bien con sus empresarios. Pero no hubo manera de convencerme para que saliera al escenario. Aquella tarde la función se hizo sin niño. Y todos opinaron que el hijo de la Fernán Gómez no tenía vocación teatral. Yo estaba de acuerdo.

Misterio en torno a mi tío

Aquí también tropiezo con una zona oscura que se me iluminó años después, pero en la que algo percibíamos ya entonces mis primos y yo. Hoy me es imposible precisar qué es lo que averiguamos o intuimos entonces, a nuestros siete años, y qué es lo que fui sabiendo con el paso del tiempo. El episodio es, poco más o menos, el que viene a continuación.

Cuando mi madre estaba en la compañía de Loreto Prado-Enrique Chicote y vivíamos en el entresuelo del 10 de Álvarez de Castro, mis primos Carlos y Manolo —Carlos me llevaba medio año y Manolo tenía un año menos— eran más ricos que yo. A su padre, mi tío Carlos, le había ido muy bien en el banco y le habían destinado a Toledo, como director de la sucursal en aquella ciudad. Esto le dio para ayudar a establecerse en plan de sastre de gran categoría a su íntimo amigo Paco Ávila, primero en el pasaje de la Alhambra y luego en uno de los mejores sitios de Madrid, en la calle del Príncipe, y para que sus dos hijos vivieran a lo grande, con una habitación solamente dedicada a los juguetes; cuando la vi me quedé asombrado, no había ni un mueble, ni siquiera una silla, sólo juguetes esparcidos por el suelo. Tenían también Pathe-Baby, que era el colmo de la riqueza para los niños de entonces. Después de comer, estuvimos viendo películas de Charlot y Harold. Uno de aquellos años mis primitos me invitaron a pasar unos días en el chalé que su padre había alquilado para el veraneo, en el vecino pueblo de Aravaca. Tenía ventanas por las que, saltando, se podía salir al campo. A la caída de la tarde, acompañados por el primo Ricardo, hijo de una hermana de Julia, la madre de mis primos, íbamos por la carretera hasta Pozuelo y regresábamos a la anochecida, cuando la carretera estaba ya iluminada por bombillas de luz amarillenta.

Mi tío hacía frecuentes viajes a Madrid y en ellos visitaba la sastrería de su socio Paco Ávila; quizás se alojara allí. Recuerdo el inmenso salón, el gran probador con múltiples espejos, los relucientes suelos encerados, el obrador con las modistillas cantando.

Uno de los días en que mi tío se encontraba allí llegó la policía preguntando por él, que salió a ver qué ocurría. Le dijeron:
—Tiene usted diez minutos para recoger sus cosas. Le esperamos. Y se lo llevaron.

Parece ser que se había complicado en un turbio asunto del banco, una estafa, un desfalco, o algo así, del cual acabó apareciendo como único culpable, aunque él siempre dijo que el asunto había sido de otra manera. Como la Providencia es caprichosa, al mismo tiempo a Julia, su mujer, que tendría menos de treinta años, se le manifestó un cáncer de mama. Le cortaron un pecho y luego se murió. Mis dos primitos, vestidos de negro, se habían quedado sin padres, sin casa y sin dinero. Aunque, a causa del peligroso oficio de mi madre y de mi oscuro nacimiento, las relaciones de mi madre con su hermano Carlos se habían enfriado —no convenía que un director de banco frecuentase a una hermana cómica y madre soltera—, mi madre tuvo que recoger a los dos primitos y, para que los atendiera, a una abuelita muy pequeña y excesivamente pacífica, que se llamaba Valentina. Fácilmente se comprenderá que una actriz sin compañía propia, que vivía de un sueldo inseguro, no podía mantener a tanta gente. Se recibía en casa una misteriosa ayuda mensual que la abuela pequeñita iba a recoger a casa de un señor rico. A veces la acompañábamos mis primos y yo. En lo que el señor rico atendía a la abuelita, mis primos y yo jugábamos a gatas entre las patas de las sillas por el suelo encerado.

Mi madre tuvo que mudarse a un piso más amplio. Lo encontró enfrente del anterior, en la misma calle de Álvarez de Castro. Tenía siete habitaciones y un balcón y dos miradores a la calle. Con esta decisión, el enfado entre mi madre y mi abuela aumentó, pues a la abuela no le parecía bien que su hija, cuyo porvenir no aparecía muy risueño, cargase con las culpas de su hermano. Pero, con unas rarísimas condiciones, aceptó venir con nosotros. Con lo cual pasé de vivir casi solo a vivir con dos primos, dos abuelas, una criada y una madre. En esta temporada aún no jugaba en la calle, sino en casa, con los primos. Pero lo hacíamos sin juguetes, porque nuestras respectivas abuelas, con un riguroso sentido de la propiedad originado indudablemente en su pobreza, no querían que yo jugara con los juguetes de mis primos ni mis primos con los míos. Los tenían guardados para cuando volviéramos a separarnos. Sólo una o dos veces recuerdo que se autorizara a mis primos a sacar un extraño juego de trozos de madera con los que se formaban figuras de hombres y mujeres. Una especie de mecano, no metálico sino también de madera, que tenía yo, el Teatro de los Niños de Seix Barral, la caja de construcción de preciosos hotelitos, no aparecieron nunca. El Pathe-Baby de los primos se había vendido. Así que cuando el tío Carlos, desde la cárcel de Toledo, nos envió tres pliegos de construcciones recortables, fue como una fiesta. Se llamó al primo Ricardo, que era algo mayor que nosotros, y pasamos con las tijeras y la goma arábiga unas tardes gozosas.

Una de las condiciones impuestas por mi abuela para esta convivencia era que ella se pagaría lo suyo, para no ser gravosa. Aceptaba el techo y la cama, pero nada más. Para mantenerse se puso a trabajar como costurera en casa de unos conocidos que tenían una pensión en la calle de Campoamor. Allí cobraba muy poco y le daban unos alimentos que ella se cocinaba en casa. Otra de las condiciones era que no se hablaría con nadie. Se marchaba por la mañana y volvía a la atardecida. Los niños le llamábamos «la abuela grande» y no nos caía nada bien. Como la otra abuelita, la pequeña, era tan pacífica que no daba golpe y mi madre estaba trabajando en el teatro, todo lo tenía que hacer la criada. Por suerte teníamos una muy buena, muy trabajadora y ahorrativa, que se llamaba Lumi. Pero se casó y volvió a casa la Florentina, hermana suya. Según mi abuela, era una vaga y una manirrota y sólo le gustaba presumir, porque se creía una niña bonita.

Como es natural, a los niños nos guardaban rigurosamente el secreto de lo que había sucedido con mi tío. Estaba de viaje. Pero dejaban encima de las mesas las cartas dirigidas a él, en cuyos sobres se leía: «Señor don Carlos Fernández. Prisión celular. Toledo.» Los niños también guardábamos nuestro secreto ante los mayores.

Mis primos fueron conmigo al colegio de Santa Teresa. Pero no sé qué incidente provocaríamos, que mi extraña familia de abuelas y madre decidió que no podíamos estudiar juntos. Tras unas deliberaciones de las que me llegaban referencias, comprendí que mi madre quería que estudiase en un colegio religioso y, como en los jesuitas no podía ser, porque no admitían a niños de mi condición, se averiguó que en el cercano colegio de San José, de hermanos maristas, sí los admitían. Y allí fui un día con mi abuela, a hablar en un despachito, y otro día con mi madre y en seguida me incorporé a la clase de párvulos, en la que permanecí muy poco tiempo, porque estaba más adelantado. El consejo familiar decidió que a mí me perjudicaba jugar en casa con mis primos a la salida del colegio y se me apuntó en lo que llamaban la «vela», que consistía en una hora más de clase a la que nos quedábamos solamente tres o cuatro alumnos. Entré en el colegio como «mediopensionista», porque a mi madre le parecía más elegante y para que no estuviera en casa, alborotando con los primos. A mí este sistema no me gustaba, porque mi primo Carlos pasaba a ser el dueño de la casa y yo un niño que no estaba más que un rato, como de visita. Carlitos se aprovechaba de esta circunstancia.

Política tributaria

Un día llegué a casa con mis libros, y allí, en la «leonera», el cuarto que se había destinado para nuestros juegos, estaban mis primos Carlitos y Manolín. Manolín, siempre inofensivo, estaba tirado por el suelo, pero Carlitos ¡se había apoderado de mi pupitre! Inmediatamente, le exigí que lo abandonara. Pero me replicó que no tenía por qué abandonarlo. Se había apoderado de él y podía usarlo, aunque siguiera siendo mío, por lo que se llamaba «derecho de ocupación». Y además yo debía quedarme en la puerta, no podía entrar en el cuarto hasta que no pagase un impuesto. No comprendo por qué razón a un alumno de curso *elemental* en el colegio de Santa Teresa le habían enseñado de pronto aquellas cosas. Quizás el maestro estaba preparando unas oposiciones y aprovechó aquella tarde para repasar unos temas.

El caso es que Carlitos me explicó la situación. Para entenderle tuve que avanzar un poco en el cuarto, pero luego me obligó a salir. Lo del pupitre estaba claro: «derecho de ocupación»; el primero que llegaba podía usarlo, porque si no, era inútil, se convertía en un bien que se derrochaba. Como él salía antes del colegio, él lo ocuparía todas las tardes. A eso me opuse con energía. Yo podía aceptar, todo lo más, que estábamos jugando. Y como juego, transigía en lo que él quisiera por aquella tarde. Y a lo mejor alguna vez más, pasado algún tiempo. Pero sólo para jugar. Porque de verdad, el pupitre era mío, y el cuarto era mío y la casa era mía. Mi primo se vio obligado a pactar, pero me ordenó salir de la habitación para iniciar el juego. Él, sentado en el pupitre, era lo que se llamaba «un Ministerio». Y si yo quería entrar en el cuarto, tenía que pagar un impuesto. El «ministro» decidió que el impuesto se pagaba con trozos de papel de bloc bastante grandes. Manolín se acercó a mí, le entregué un trozo de papel y él se lo entregó al «ministro». Ya dentro del cuarto fui a dejar la cartera de los libros donde la dejaba siempre, en la mesa camilla; pero Carlitos, desde su pupitre ministerial, me detuvo:

—¡El impuesto por usar la camilla!

Pagué el impuesto por jugar al juego de los impuestos, el de quitarme el abrigo, el de sentarme en el suelo, el de protestar porque hubiera tantos impuestos, y algunos más. Hasta que Carlitos se cansó y nos pusimos a jugar a otra cosa, no necesariamente a fuerza de imaginación, pues aunque he referido lo de los juguetes encerrados, sí podíamos jugar con los que nos trajeron los reyes y con los que nos regalaron por nuestros santos y cumpleaños. Reunimos bastantes. Teníamos un violín, un *jazz-band,* un guiñol, un garaje, dos o tres coches, un faro con una barquita que iba por el agua, un

avioncito, un burro de cartón con unos chorizos (éste era de Manolín), una plaza de toros con toreros, unos soldados de madera, cajas de pinturas, lápices de colores, muñecos de celuloide... Con todo eso podíamos jugar. Pero con los otros, con los que eran de ellos o míos antes de vivir juntos, con esos no.
Arbitrarias decisiones de las personas mayores.

Teatros de mentira y de verdad

Cuando la madre del joven Guillermo Meister —el personaje autobiográfico de Goethe— le reprende por su absorbente afición al teatro, que le hace descuidar sus deberes familiares, y se reprocha a sí misma el haberle regalado doce años antes, por Pascuas, un condenado teatrillo de marionetas, que fue el que despertó en el hijo la desmedida afición por el espectáculo, Guillermo-Goethe replica:

«¡No maldiga usted a las marionetas, ni se arrepienta de su amor y previsión! Fueron aquellos los primeros momentos felices que en la nueva casa vacía disfruté yo.»

Y a continuación rememora con deleitosa precisión, minuciosamente, los detalles del momento en que recibió el preciado regalo, la representación de un pasaje de la Biblia que sus padres ofrecieron a los niños. Después se lleva el viejo teatrillo de marionetas y corre a jugar con su amada.

Chesterton se extiende en consideraciones sobre sus teatros de juguete, un teatrito y un guiñol. Se adelanta a los que pueden temer la desilusión que produce a los niños el comprobar que esos teatros y sus personajes no son de verdad, que aquellos actores son de cartón o de madera. Precisamente con eso gozaba él en su infancia, con el conocimiento de que aquellos muñecos eran muñecos, no personas; de que el teatro y el guiñol eran falsos, no verdaderos. No se engañaba el niño al jugar con ellos y, por tanto, no podía recibir un desengaño, no se sentía desilusionado.

Tuve también un teatro de juguete. El Teatro de los Niños, de Seix Barral. Me lo regaló, por el día de mi santo, la actriz Carmen Seco en el año 1925, cuando actuaba en la misma compañía que mi madre, la de José Romeu, que acababa de estrenar en el Teatro del Centro el drama en verso de Joaquín Dicenta (hijo) *Son mis amores reales*. Era entonces demasiado pequeño y recuerdo que en el comedor familiar de la pensión Adame el hijo de los dueños montó el teatro para que yo lo viera. Como no acertaba a que el proscenio se mantuviera fijo sobre la mesa, sino que se alzaba y tapaba parte del escenario, puso un tomate en el lugar de la concha del apuntador y con ello el proscenio se quedó en su sitio. Inmediatamente el teatro se guardó para cuando yo fuera mayor y pudiera jugar con él. Pero tuve desde mi primera infancia los teatros de verdad. Y el dejarme captar por su misterio no constituyó ningún problema familiar, como en el caso de Goethe; ni tuve el peligro de desilusionarme al comprobar la irrealidad de los actores, porque los que conocía eran de carne y hueso, tan verdaderos o tan falsos como el resto de las personas. Atravesaba de la mano de la criada un escenario sin decoraciones. Estaba en penumbra. Una única bombilla de luz amarillenta colgaba de los altísimos telares. Unos cuantos cómicos estaban sentados en sillas, quietos, en silencio, esparcidos por el escenario. En el centro hablaban dos hombres, sentados a una mesa, a los que vi de espaldas, porque la criada y yo íbamos por la parte del foro. Uno de los hombres le decía al otro:

—Me levantaré la tapa de los sesos.

Después, mi madre tuvo que explicarme lo que quería decir aquello. Pocos años más adelante estuve en un ensayo general en el Teatro Cómico, cuando mi madre trabajaba en la compañía Loreto-Chicote. La obra se titulaba *He visto a un hombre saltar*, y no sé quién era su autor. A veces los actores se interrumpían porque alguien les hablaba desde el patio de butacas. De pronto, un hombre, desde una de las primeras filas, se alzó dando voces, enfadadísimo. Los actores se paralizaron, enmudecieron. El regidor entró en el escenario y recibió la bronca. No había sonado un ruido de cristales rotos. Se reanudó el ensayo, sonó el ruido y los actores siguieron hablando.

Como espectador, antes de cumplir los cuatro años, había visto los Piccoli de Podrecca, la zarzuela *La Bejarana* y la revista *Las corsarias*, que hizo furor en su momento. Pero la revelación, la gran sorpresa, la magia de que era capaz el teatro me llegaron a los siete años de edad, cuando mis primos vivían en casa y asistimos a las representaciones de la Compañía de Gran Espectáculo de Enrique Rambal.

Rambal

Más que los juguetes y que los juegos que inventábamos, nos gustaba el teatro, tanto a mí como a Carlitos y a Manolín. Pero porque tuvimos una suerte excepcional. Mi madre se marchó de la compañía de Loreto Prado-Enrique Chicote, en la que había obtenido grandes éxitos, que la hicieron muy popular, en *Charlestón* y *Los lagarteranos*, dos sainetes de Luis de Vargas, uno de los numerosos epígonos de Arniches, y tras una temporada en la compañía de Aurora Redondo-Valeriano León se contrató de primera actriz con Enrique Rambal.

Al mismo tiempo se produjo otro acontecimiento que, por obra de la casualidad, se relacionó con el anterior: se inauguró la prolongación del metro de Quevedo a Cuatro Caminos. Muy cerca de Quevedo estaba nuestra casa y precisamente al lado de la glorieta de Cuatro Caminos se alzaba —y se alza todavía, aunque convertido en salón para bodas y banquetes— el modernísimo edificio del recién inaugurado Teatro Gran Metropolitano, en el que actuaría durante unos meses la compañía de Enrique Rambal, con un repertorio absolutamente insólito en aquellos tiempos, como seguiría siéndolo en éstos. Un repertorio que, aunque pensado para públicos adultos populares —por eso se consideraba muy adecuado aquel teatro, nuevo y lujoso, pero situado junto a una barriada obrera y pobladísima— parecía que estuviera proyectado para niños. *El signo del Zorro, La corte del Rey Sol. El jorobado o El juramento de Lagardère, Volga, Volga. 20.000 leguas de viaje submarino, La vuelta al mundo en 80 días, Miguel Strogoff, el correo del zar. El carnet del diablo. Las mil y una noches.* Rambal fue sobre todo, además de un actor eficaz para el género que cultivaba, un extraordinario director, excepcional en el panorama español y que no tuvo continuadores. Supo aprovechar una circunstancia que se dio en su tiempo y que no ha vuelto a repetirse: las películas eran mudas y carecían de color. Especializado en sus comienzos, en la segunda década del siglo, en el género del melodrama, muy común entonces, recorría con compañía propia las regiones levantina y andaluza hasta que, asociado con el empresario y autor Álvarez Angulo, añadió a su repertorio melodramas policiacos, imitados de los norteamericanos. Con la compañía Angulo-Rambal actuó en Madrid y estuvo de gira por Hispanoamérica. Separado de Angulo, dedicó su compañía al llamado Gran Espectáculo y encontró su sello característico como director y empresario. Formó un repertorio en el que abundaban las adaptaciones de títulos popularizados por el cine —aunque algunos fueran antes novelas famosas—, y que parecían lo contrario a lo que muchos creen que es el teatro: espectáculo en el que lo fundamental es la palabra y la acción carece de importancia, y es más, debe eludirse. En el repertorio de Rambal la acción era lo primordial, lo que más debía resaltarse, y aquella acción estaba confiada, en primerísimo lugar, a los decorados, a la luz, a la tramoya. Los actores eran unos seres tranquilos, casi apáticos, que se limitaban a entrar, salir y permanecer, casi sin evolucionar. Pero los decorados se transformaban constantemente, las obras se componían de diez, doce, veinte cuadros, en oposición a los tres actos obligados del que entonces era el teatro al uso. En los locales en que Rambal actuaba podían verse las grandes películas en pantalla gigante, con actores de carne y hueso, en colores y con sonido, con diálogos. Añadió además a los melodramas unos números musicales a cargo de doce «vicetiples» y una «primera bailarina», que contribuían a la sensación de irrealidad mágica o de superrealidad. Aparte de los números de baile, estas señoritas tenían también la misión de hacer de comparsas, y en esos casos, tan pronto figuraban revolucionarios franceses como soldados del ejército mexicano o frailes. A mis primos y a mí esto no nos convencía. Necesitábamos un poco más de rigor. Estábamos en esa edad en la que, por lo menos a Carlitos y a mí, acababa de invadirnos la razón, sin que la experiencia y la ciencia hubieran tenido tiempo de atenuarla. Sabíamos y aceptábamos que las casas, los campos, los palacios, el submarino no eran de verdad, eran telas o papeles pintados. Que aquellos chinos no eran chinos, sino los mismos actores que el día anterior eran nobles franceses. Pero que aquellas doce señoritas, tan guapas, pintadas como señoritas, y con aquellos andares, fueran piratas o cosacos, eso no lo aceptábamos. Y lo discutíamos con mi madre, con la criada, con la abuelita Valentina, que a toda costa querían meternos en la cabeza lo que era el mundo ilusionario de los mayores, y que incluso les apenaba que quisiéramos destruirlo.

En *El signo del Zorro,* cuando los soldados iban a apresarle, el Zorro con su espada pinchaba muchísimos sacos de harina, todo el escenario se llenaba de polvo blanco, los soldados se desconcertaban y en medio de aquella nube el Zorro escapaba. *Volga. Volga,* inspirada en episodios de la vida del revolucionario ruso Stenka Racine, transcurría casi toda en un barco pirata que iba por el río Volga. Los piratas secuestraban en un palacio a mi madre. En el cuadro siguiente arrojaban a los pies de su jefe, Stenka Racine, una alfombra de la que, al desenrollarse, surgía mi madre. En *20.000 leguas de viaje submarino,* el *Nautilus* se sumergía a la vista del público. Aparecía el fondo del mar, con unas conchas gigantescas, blancas, que se abrían, y de su interior surgían las doce vicetiples, que evolucionaban en el agua, detrás de la «primera bailarina». En *La vuelta al mundo en 80 días* aparecían en el escenario tranquilos camellos en reposo cuando la acción era en Egipto; cuando Phileas Fogg llegaba a la India, la acción se trasladaba al patio de butacas: desde el vestíbulo, por el pasillo central, entraba una lujosísima caravana en la que llamaban la atención tres elefantes, sobre uno de los cuales iba mi madre. Los elefantes no eran de verdad, llevaban hombres dentro. Pero eso nosotros lo comprendíamos, tenía que ser así, porque una cosa era el teatro y otra la Casa de Fieras o el circo. En *Miguel Strogoff, el correo del zar,* llegaban los tártaros a un bosque, y con antorchas, lo incendiaban. Iban prendiendo uno por uno los matorrales, hasta que las llamas cubrían el escenario. Pero no se quemaba el teatro, ni los actores, ni el fuego se propagaba al patio de butacas. Nos resultaba difícil entenderlo, y mi madre nos explicaba que aquellos eran fuegos artificiales, como los que ya habíamos visto en alguna fiesta o los que ella, en pequeña cantidad, nos compró para que los prendiéramos en el balcón de casa. Comprendimos que existían fuegos que no abrasaban.

Desenlace funesto

Llevaban mis primos en casa poco más de un año cuando tuvo lugar el juicio contra mi tío Carlos. Resultó culpable y fue condenado a seis años de prisión. Aquellos días se notó en casa un gran movimiento. Mi madre salía a la calle por la mañana, a horas desusadas. Cuando todo estuvo resuelto, vino un señor a casa. Un señor riquísimo. A nosotros se nos encerró en la leonera. Mi madre recibió a aquel potentado en el comedor. El potentado venía a entregar a mi madre el dinero necesario para pagar al abogado, el famoso conde de Santa Engracia, y las costas del juicio.

Luego mi abuela rezongaría por los pasillos.

—El que más ha salido ganando ha sido el abogado.

Mis primos, tal como estaba previsto, se marcharon de casa a vivir en Laredo con la familia de su madre, con otra hija de la abuela Valentina, Emilia, casada con un cartero que se llamaba Emilio. Este tal Emilio se había metido de cartero aprovechando una huelga, como esquirol, y cuando terminó la huelga le respetaron el empleo por haber hecho un bien a la comunidad, pero le destinaron fuera de Madrid, a Laredo, por haber hecho un mal a los huelguistas. A Laredo se fueron a vivir mis primos, y yo lamenté su marcha porque me había acostumbrado a ellos, que se habían convertido en hermanos míos. La gente nos lo decía. Como los tres éramos pelirrojos —herencia de Fernanda «la Rubia»—, cuando nos veían por la calle solían decirnos:

—No podéis negar que sois hermanos.

Ya no abusaría de mí Carlitos porque llegaba antes a casa, ni iríamos por las tardes a la Plaza de la Villa de París, tan hermosa y tan melancólica, ni a los jardines del canal de Lozoya, en los que podíamos entrar por la puerta principal, porque alguien, en el teatro, había conseguido a mi madre una autorización. Dos años después seguiría jugando en esos jardines, pero entraría por la parte de atrás, con los chicos de la calle, saltando las alambradas y perseguido por Romanones, el guarda cojo.

Volvía a ser un niño «sin familia», aunque muchísimo menos desdichado que el de la novela de Héctor Malot, porque por mí velaban dos hadas madrinas. Y las criadas.

En el momento de hablar de las criadas me asalta de nuevo una duda que me creo en la obligación de comunicar a mis presuntos lectores. Algunos de mis trabajos de escritor pueden considerarse autobiográficos. Es más, cuando en el trance de redactar estas memorias los he consultado y he pedido a mi documentalista que los ordene, me he encontrado con la confirmación de lo que ya sospechaba: muchos de ellos son, efectivamente, como me hizo notar el profesor Francisco Rico, autobiográficos. Si los utilizo de nuevo en este libro algunos lectores los leerán dos veces, pero si no los incluyo, hurto buena parte de mi autobiografía. ¿Debo incluirlos de forma disimulada, redactándolos de nuevo, de manera que, aunque cuente lo mismo, la forma sea distinta y pueda parecer que cuento otra cosa?

Este procedimiento me parece rechazable por dos razones: la primera, porque tiene algo de engaño y, como ya creo haber dicho más arriba, procuro en estas páginas prescindir de los engaños o limitarlos al mínimo, y la segunda porque supondrían un trabajo innecesario, y si el trabajo ya suele tener de por sí algo de desagradable, su esterilidad puede convertirlo en repugnante.

Tengo ante mí la utilísima colección de autobiografías para buscar modelos, consejo. Pocos de estos autobiografiadores han publicado trabajos narrativos sobre sus propias vidas. Encuentro cierta solidaridad en unos breves párrafos de Massimo d'Azeglio.

«Años ha —escribe— mi amigo José Torrelli publicaba un periodiquillo titulado *El Cronista*, donde aparecían varios artículos míos con el título de "Narraciones, leyendas, etc.", en las cuales relataba mi permanencia en casa del señor Chacco Tozzoeri.

Aquellos artículos, así como otras secciones del periodiquillo, se leyeron y, según me dicen, no desagradaron —todo hipocresía para aparecer modesto, porque sé que se devoraron con avidez—; pero, sin embargo, me parecía presunción excesiva dar por supuesto que los leyó todo el mundo. Como no quiero ser tan presuntuoso, sigo la historia de mi vida en casa del señor Chacco, como si nunca la hubiese referido.»

Avalado por un clásico, decido emplear el mismo sistema. Pido perdón a los lectores que encuentren reiteraciones y, como escasa compensación, procuraré que las transcripciones en algunos casos sean corregidas y en otros abreviadas o aumentadas. Y ahora, con permiso de los lectores, paso a hablar de las criadas.

07
El servicio doméstico y la poesía

Criadas pobres para casas pobres

Era difícil en aquellos tiempos encontrar una criada fiel, ahorrativa, limpia, que cobrase poquísimo y permaneciese bastante tiempo en la misma casa. Por eso yo recuerdo a muchas, a algunas sólo por el nombre: a Filo, a Aurelia, a Rosalía, a Isabel, a Paula, a Florentina, a Lumi... Si tenían esas condiciones que tanto deseaba mi abuela pronto se iban a otra casa en la que pudieran ganar más o se casaban. De todas las que pasaron sucesivamente por casa, a la que recuerdo con más cariño es a una de las dos Marías. Llegamos a ser amigos y confidentes. Debió de estar con nosotros, poco más o menos, de mis diez a mis doce años. Desde recién proclamada la República hasta comienzos del bienio negro. Por conversaciones posteriores con amigos y por la observación de otras «empleadas del hogar» que he conocido en mi edad adulta he llegado a la conclusión de que aquella criada, que a mí entonces me parecía completamente normal, era un ser bastante singular, pues su mayor afición era la poesía. También le gustaba mucho el cine, lo que era más común en su oficio. Esto y una tercera afición, igual que las otras, compartida conmigo, las conversaciones sobre novios, novias y enamoramientos, nos unió mucho.

Creo que no debo de ser el único hombre en cuya educación han tenido gran influencia las criadas. Que los padres sean los encargados y los responsables de la educación de los hijos siempre me ha parecido un disparate. La inmensa mayoría de los padres no sólo no están capacitados para educar niños, ni tienen por qué estarlo, sino ni siquiera para elegir colegios. Los padres jóvenes, y suelen serlo todos los padres de niños en edad de formación, tienen muchas cosas que hacer —entre ellas, una de las más importantes, prioritaria, divertirse, gozar de la vida— y es natural que, a poco que su economía se lo permita, procuren liberarse durante bastantes horas de la absorbente y a veces insoportable compañía de los niños y los entreguen al cuidado de las criadas. Sé de bastantes personas, por trato directo o por lecturas, que han tenido en sus primeros años un mentor que les ha dejado una huella imborrable y ha enriquecido su mundo interior, su espíritu. Fue un profesor que los tomó por alumno predilecto, un intelectual de mayor edad que les «formó la cabeza», unos padres que les imbuyeron el gusto por el arte o la filosofía, un vecino pianista a cuya casa se fueron acostumbrando a ir por las tardes, o, simplemente, una familia de la alta burguesía, en cuya gran biblioteca se pasaron muchas horas de la infancia y la adolescencia. Yo no tuve mentor. A la salida del colegio, cuando dejaba de jugar en la calle con los otros chicos, bien porque se iban las últimas luces del ocaso y el farolero con su pértiga encendía uno a uno los faroles de gas, o porque hacía mal tiempo, jugaba en casa. Pero, al ser hijo único, jugaba solo, aunque a lo mismo que los otros: pintaba, hacía construcciones, jugaba a las guerras. Este último juego tenía para mí la ventaja de que, al estar solo, me servía para hacer ejercicio, pues debía trasladarme a gatas, constantemente, sobre el suelo de baldosas, de un ejército a otro; y otra ventaja, ésta no física, sino psicológica: que al ser jefe de los dos bandos, era siempre el triunfador, no diré como los hábiles políticos, pero sí como los hábiles financieros. Y también aprendí a ser el perdedor.

Aparte de estos juegos, o durante algunos de ellos, charlaba con mi abuela o con la criada de turno. Mientras pintaba o hacía construcciones de madera o de cartulina —de éstas, la más bonita y que más trabajo me costó fue un barco pirata— mi abuela me leía lo que consideraba más interesante del *Heraldo de Madrid*. No lo que podía estar destinado a los chicos, porque, pasada la primera infancia, siempre me trató como a una persona mayor, y le parecía que mi obsesión por leer tebeos era una lastimosa pérdida de tiempo. Me leía los comentarios sobre política, los sucesos, y unos artículos entre sensibleros y revolucionarios que escribía un sacerdote llamado Juan García Morales, y que a ella le gustaban mucho. Y le impresionaba que tras de la firma añadiese: «presbítero». No sabía que esa palabra significaba simplemente «cura».

Las conversaciones con las criadas solía tenerlas en la cocina, en lo que fregaban o preparaban algo de cena. Aquellas criadas, chicas pobres que venían de los pueblos, estaban en casa algún tiempo, se marchaban, volvían, no sé por qué razones. La más antigua que recuerdo —aunque en este caso más bien es un recuerdo de recuerdos— es Aurelia, llamada en el barrio «la Pirula», porque a mí me llamaban Pirulo. Debía de ser una chica con bastante atractivo, pues en nuestra calle se hizo muy popular, y los verbeneros que llegaban en julio, por la Virgen del Carmen, en seguida se amistaban con ella y la dejaban entrar gratis en las barracas. Un año o dos después, mi abuela y yo volvimos a vivir a la misma calle, a la habitación con derecho a cocina de la que ya he hablado, en el número 16, en cuya planta baja estaba la vaquería y despacho de leche de La Primitiva, que así se llamaba su dueña. Desde la calle se veía el establo con ocho o diez vacas. La fachada era de azulejos, que a mí me parecían muy bonitos. Hoy han desaparecido, y en vez de vacas hay automóviles.

Cuando llegó la verbena, antes de que me mandara al número 10, a vivir con mi madre, le pregunté a mi abuela por qué no entrábamos en «El tubo de la risa», que era tan divertido, y me contestó que porque no teníamos dinero para esas cosas. Le recordé que un año o dos antes yo sí entraba. Ella me explicó que yo entraba gratis porque iba con «la Pirula» y la invitaban los verbeneros.

Esta Aurelia «la Pirula» debió de estar con nosotros sólo para atenderme a mí cuando tenía tres o cuatro años y mi madre vivía en el número 4 o 6 de la misma calle, en un pisito que tenía a medias con una mujer muy guapa, separada de un guardia civil o algo por el estilo. Recuerdo de aquella época que una niña con la que solía jugar en la escalera que bajaba al sótano, la hija de la portera, me gustaba muchísimo. Años después la evocaba con el nombre de Lucía. Siempre vestida de negro y con los ojos muy oscuros, pero sospecho que todo esto era una invención. En nuestros juegos colaboraba un chico mayor que nosotros, Jesús Vargas, que, andando el tiempo, llegó a ser el famoso modista de la firma Vargas Ochagavia. Fue mi primer amigo.

Estamos los tres sentados en la escalera, en el sótano, donde termina. Allí Jesús hace una construcción de maderas de colorines. Sólo falta por colocar una pieza y resulta difícil. Es una pieza pequeña, negra. Jesús la tiene entre sus dedos. Consulta con el modelo, no acierta. Por fin, la coloca en el sitio adecuado. La construcción está rematada y Jesús exclama, satisfecho:

—¡Equilicuá!

No he olvidado la palabra ni el momento.

La palabra, *equilicuá*, la dije durante algún tiempo; después casi nunca volví a decirla; ni tampoco la he oído.

En aquella misma casa, número 4 o 6 de Álvarez de Castro, dibujé con un lápiz un cuadro abstracto bastante grande en la pared del pasillo. Aurelia, «la Pirula», cuando lo vio quiso borrarlo con agua y un estropajo, y la pared se desgració. Los dos nos ganamos una buena bronca de aquellas dos mujeres, Aurora, la del guardia civil, y mi madre. Quizás yo me ganara también una buena azotaina, pero no lo recuerdo. De las pocas veces que me pegaron para educarme sólo recuerdo con nitidez la hostia que me sacudió un hermano marista, que viene más adelante.

Otra criada de la que me acuerdo bastante bien, aunque nunca llegase a sentir por ella el cariño que por María, ni llegáramos a tener amistad, fue Florentina. Una hermana suya, Iluminada, «la Lumi», fue también alternativamente criada nuestra, hasta que se casó, y ésa sí que era una buena criada, según el parecer de mi abuela, porque «tiraba mucho de la cuerda» —que ahorraba, que regateaba en la compra—, pero su hermana Florentina era una presumida y nada más. A mi madre Florentina sí le gustaba, porque era muy guapa a sus diecisiete años, y tenía muy bonita figura. Mi madre, la Fernán Gómez, actriz de la compañía Loreto-Chicote, estaba en el esplendor de su juventud y su belleza y no temía a la competencia y, en cambio, le gustaba que vieran que tenía una criada monísima.

Esa especie de ramplonería que puede observarse en mucho de lo que escribo y también en mi modo de dirigir las películas y las obras de teatro, y que a mí ha acabado por resultarme un defecto entrañable, sincero, con el que me identifico y en el que me encuentro, creo yo que puede provenir de haber aprendido la vida en las charlas con las criadas analfabetas —sobre todo con María, la aficionada a la poesía— y con mi abuela, que nunca llegó a saber ninguna de las cuatro reglas, y cuyas únicas pasiones eran, a la edad en que yo la conocí, la lectura y el amor por su nieto.

Espronceda, Bécquer, Campoamor, Gabriel y Galán

En aquellos tiempos aún se suponía que podían decírseles versos a las chicas para enamorarlas. Pero la mayoría de los muchachos considerábamos el procedimiento bastante ridículo y de muy malos resultados. Yo mismo jamás me habría atrevido a utilizar ese recurso. Quizás contribuyera a esta adversa opinión la circunstancia de que en las películas —nuestra escuela de los domingos— nunca se decían versos. Sin embargo, una de las criadas a las que he mencionado más arriba, una de las llamadas María, pensaba lo contrario: sabía leer, aunque muy torpemente, y se había aprendido de memoria la rima de Bécquer *Volverán las oscuras golondrinas*. Era una chica recién llegada de su pueblo y nos pasábamos muchos ratos leyendo poesías. Teníamos un pequeño volumen con las obras completas de Espronceda, que alguien, al conocer mi afición, le había dado a mi madre para que me lo regalase, un cancionero de muy variada procedencia recopilado y mecanografiado por mi madre cuando tenía menos de veinte años, y dos gruesos tomos de las obras completas de Campoamor encuadernados en la imprenta de la Diputación Provincial, cuando mi abuelo era regente de ella.

No podía imaginarme en aquellos días que llegaría un momento en el que cómo recitar los versos podía ser para mí un problema; y no sólo para mí, sino para la profesión teatral en España. En la época de mis tardes poéticas con María, ya era yo niño recitador en dos colegios, el de San José, de hermanos maristas, y el de Santa Teresa, en Álvarez de Castro, 16, dirigido por don Alejandro Domínguez. Pero si alguien me hubiera preguntado cómo se decían los versos no habría sabido qué responderle. Afortunadamente, nadie me lo preguntó.

Estando en el colegio de San José —los maristas de la calle de Fuencarral— el hermano nos encargó a los alumnos que nos aprendiéramos de memoria la poesía de Vital Aza *Un valiente*. En la clase había dos niños que recitaban muy bien, y a mí me dio mucha envidia no saber recitar como ellos, aunque cuando llegó mi turno el hermano me dijo que no estaba mal, que después de ellos dos, Santiago y Ventura, era el que mejor lo había hecho. A partir de entonces, me aficioné a estudiar y recitar poesías. En el colegio de Santa Teresa, gracias a *Un valiente*, de Vital Aza, y a *La reina Isabel*, de Antonio de Trueba, conseguí ser el niño recitador de la clase y asombrar a todos cuando el maestro, don Secundino, nos mandó aprendernos *El dos de mayo*, de López García.

Pero una cosa son las poesías de los libros de lectura para niños y los recitales en la clase *elemental*, y otras el escenario, los críticos y el conceptismo y la poesía barroca.

En las biografías de actores extranjeros que he leído nunca surge este problema, porque por ahí fuera, por lo menos en Francia, en Inglaterra y en Italia, sí se sabe cómo deben decirse los versos. Otra cosa es que se acierte o no se acierte a decirlos bien. En la autobiografía de Laurence Olivier no se menciona esta posible dificultad. Para Ingrid Bergman, Shirley McLaine, Lauren Bacall, la diferencia entre la prosa y el verso no ha existido nunca.

En España los actores comentamos con frecuencia que se ha perdido la tradición, y los críticos suelen afirmarlo. Para la poesía lírica hay algunos recursos que son válidos. Si se utilizan como entretenimiento social o para dichos por la radio en recuerdo de un poeta, basta con decirlos despacito y en voz no muy alta para que se perciba su belleza y tengan alguna utilidad, aunque no lleguen a entenderse del todo. Pero esto, como digo, sirve para la poesía lírica, no para la dramática. Los versos de la poesía dramática no están escritos para ser leídos por un chico y su criada ni por dos novios en un banco del Retiro, sino para ser declamados en el escenario, alternativamente con otros actores. Y de ahí viene el problema, los múltiples problemas que plantea la recitación de nuestro teatro clásico, ya que a aquel los curas que tenían por *hobby* escribir funciones y alternar con las cómicas les dio por escribir en verso en vez de hacerlo en la prosa natural de los primeros tiempos. Reconozco que esta cuestión es exclusivamente profesional. A la gente de la calle no le preocupa ni poco ni mucho cómo deben decirse los versos en un escenario o ante un micrófono o en el ambiente familiar. Si alguien no sabe cómo deben decirse, con no decirlos está al cabo de la calle. Pero el caso es que, según los poderes públicos y también según buena parte de los poderes intelectuales, es necesario conservar vivo nuestro teatro clásico, y los actores que no sepan decir los versos se verán privados de muchas oportunidades.

La primera persona que a mí me enseñó a decir versos fue un hermano marista. Nos explicó a todos los párvulos que para decir versos había que detenerse un poquito después de cada renglón, y ese era el único secreto. La segunda persona que me enseñó fue mi madre: me explicó que el secreto consistía en no detenerse un poquito después de cada renglón, pues eso era un vicio feísimo que se llamaba «renglonear». A mi madre le habían enseñado el oficio de actriz dos personas. La primera, la eximia María Guerrero, que aprovechaba el viaje en barco a América para dar clases a diario a los jóvenes de su compañía. Ella le enseñó a recitar de una manera enfática, con la voz muy aguda y entonada. La segunda fue el gran actor y director Manuel González, que se esforzó en enseñarle a prescindir de todo énfasis, a hablar de una manera natural, como en la vida cotidiana, y con la voz más grave que pudiera, «voz de pecho». Mi madre, cuando años después me enseñó a recitar *La pedrada*, de Gabriel y Galán, me recomendó un camino intermedio. Debía recitar con mucho sentimiento, comprendiendo lo que decía y compartiendo la emoción del poeta, sin renglonear, pero procurando que quedase bonito.

González Marín

Con el procedimiento de decir el verso como si fuese prosa llevado a sus extremos, a rajatabla, montó el director al que antes me he referido, Manuel González, *Fuenteovejuna*, en el Teatro Español, durante la Guerra Civil, y el resultado, a los que entonces éramos jóvenes, a la crítica y a los espectadores del Madrid cercado, nos pareció espléndido.

En mi aprendizaje y mis comienzos profesionales, que tuvieron lugar durante aquellos años, ya me había enterado de que, según los poetas, los actores decían muy mal los versos porque o se entregaban a exhibicionismos inútiles o ridículos o atendían sólo a los conceptos y el verso perdía toda la musicalidad y se convertía en prosa.

También me enteré de que según mi profesora de declamación, doña Carmen Seco, los que peor decían los versos eran los propios poetas, porque los recitaban siempre como si estuvieran presumiendo de lo bien que habían sabido poner los acentos.

En 1936, cuando contaba catorce años y estaba en sexto de bachillerato en el colegio de los maristas, mi madre me compró un abono para tres recitales de González Marín en el Teatro Español. A mí, a mis catorce años —el espectador más joven que había en el teatro— me producía un enorme entusiasmo aquel recitador que actuaba en solitario, en el escenario vacío, sin fondo musical ni juegos de luces, durante dos horas. En el primero y en el último acto de los tres en que dividía su espectáculo salía vestido de andaluz y en el de en medio de castellano, de madrileño o de cubano, según el ambiente de las poesías que recitaba. Me entusiasmaba a mí y a la totalidad del distinguidísimo público que abarrotaba todos los días el local. Recitaba poemas de Gabriel y Galán, de Rubén Darío, de García Lorca, de Rafael Alberti, de Nicolás Guillén y de otros que podrían clasificarse como más fáciles, más populares, pero muy efectistas, como José Carlos de Luna o Manuel de Góngora, entre constantes ovaciones. El público le pedía más y más. Algunas de las poesías, entre ellas *La casada infiel*, tenía que repetirlas. Todavía después de acabada la Guerra Civil, en los años 39 y 40 se llenó el Teatro Español durante una serie de recitales de González Marín; y también en el Teatro de la Zarzuela, en donde actuó en colaboración con la genial bailaora Pastora Imperio, que bailaba mientras él recitaba, el público se mostró rendido y fervoroso como años atrás. Y entre ese público nos encontrábamos Manuel Alexandre y yo, que nos considerábamos dos jóvenes actores que sabían recitar muy bien y lo hacíamos con frecuencia en festivales y funciones de aficionados. Nos conmovía, nos exaltaba el recitador malagueño; nos rompíamos las manos aplaudiendo con frenesí.

Muchos años antes —debió de ser en 1918 o 1919— mi abuela acompañó a mi madre, en calidad de mamá de la actriz, cuando ésta fue a Sevilla a actuar con la compañía Guerrero-Díaz de Mendoza. En esa compañía iba el que luego llegaría a ser famosísimo recitador. Después de las representaciones normales, González Marín interpretaba unas «poesías escenificadas». Mi abuela le escuchaba embelesada, y una vez, durante un ensayo, oyó exclamar a María Guerrero:

—¡Qué bien recita el verso este hombre!

Veamos ahora lo que nos cuenta de este artista del verso el escenógrafo Santiago Ontañón en su libro *Unos pocos amigos verdaderos*:

«Una tarde, encontrándome yo en la casa de Federico, apareció un hombre delgado, feo con avaricia, esmirriado y con cierto gracejo andaluz en la conversación. Entonces era todavía modesto. Estoy refiriéndome al recitador González Marín. En aquella época, este monstruo de la recitación no se había soltado el pelo. Venía a pedir autorización para decir unos poemas de Federico. Éste se la concedió y, entonces, el renombrado González se lanzó por el cursilísimo sendero de la recitación con gesto, butaca renacimiento español para agonizar y capa parda para decir los poemas castellanos. Crecido en la suerte, el recitador consiguió hacerse escuchar hasta que cayó la tarde, seguramente muerta de cansancio. Cuando sonaban las pisadas del asaltante por la escalera, Federico se agarró la cabeza con las manos, se sentó en el diván y repetía dramáticamente:
—¡Qué horror, qué horror! ¡Pobrecito, tan delgado que está! ¿Cómo lo puede hacer tan mal?»

El inconveniente fundamental con que tropieza el actor que se enfrenta al problema de tener que decir los versos de una obra de nuestro Siglo de Oro es el de tener que hacer una cosa que no se sabe cómo se hace. Cuando dice versos líricos en una reunión, o a su presunta novia o a su criada, se coloca en la situación de un señor que dice versos. Pero en la obra teatral el que dice versos es un militar enfadado, o un mercader temeroso, o una niña boba, o un criado zafio o pícaro, o un bandolero disfrazado de fraile. No puede casi nunca comportarse como un recitador. Otro inconveniente es la gran diferencia de calidad que existe entre la poesía dramática del Siglo de Oro y la poesía lírica castellana. Llena de bellezas la segunda y ramplona casi siempre la primera. Si se exceptúan las tiradas en las que el personaje se olvida de su psicología para asumir la del poeta y se pasa de la dramática a la lírica, el resto es versificación muy frecuentemente prosaica, pero casi nunca poesía. Cómo conseguir que eso parezca poesía sin serlo o, por lo menos, que parezca verso, sin que se pierda la claridad del concepto, es una labor que se acerca a lo imposible; y no por culpa de los actores, sino de la prisa y el desprecio con que aquellos gloriosos poetas escribieron la mayor parte de los renglones.

Los críticos sí saben cómo deben decirse los versos en el escenario, y por eso llevan muchos años advirtiendo que cuando se representa teatro clásico español, el teatro del Barroco, los actores solemos decirlos bastante mal. Pero, desdichadamente, los críticos, que sí saben cómo deben decirse los versos y por ello perciben cuándo se dicen mal, no están capacitados —ni es su obligación— para enseñarnos a los actores a decirlos bien.

No es necesario aclarar que a la sala Trouville —bajos del cine Bilbao—, donde celebraba sus fiestas la academia Bilbao, heredera del colegio Santa Teresa, academia Domínguez, no asistían los críticos; ni tampoco al salón María Cristina, donde tenían lugar las veladas del colegio de los maristas. Ni, por descontado, al cuarto de estar de mi casa, donde yo le recitaba a la sensible María, entre otras composiciones, la *Marcha triunfal,* de Rubén Darío, o *El gaitero de Gijón,* de Campoamor. En aquellos tres locales el niño recitador podía explayarse a sus anchas. Su condición de tímido le impulsaba a exhibir sus habilidades ante un nutrido grupo de personas constituidas en público espectador, o ante su amiga la criada María, pero le impedía hacerlo ante sus amadas imposibles, Emilia, Charito, María Luisa Jiménez, Isabel Adrados, la Coque... Así, en la recámara de su experiencia, iba tomando forma el convencimiento de que decir versos, mal o bien, con admoniciones de la crítica o sin ellas, iba a serle de muy poca utilidad.

El juicio de una joven espectadora

En un festival de la academia Bilbao —aunque en aquel año estudiaba en los maristas— recité *El embargo,* de José María Gabriel y Galán. Vestido de cheviot, con chaqueta cruzada y pantalones bombachos —como un adolescente normal de entonces—, al «señor jues» que pretendía llevarse la cama en la que yo había dormido con mi difunta esposa, le gritaba colérico; apretaba, rabioso, los puños y llegaban a saltárseme las lágrimas.

Al público le pareció muy bien mi interpretación y aplaudió con entusiasmo, sobre todo las personas mayores. Al salir a la calle, la chica que me gustaba —trece años, uno menos que yo, si no me fallan los cálculos—, y que era de otro colegio pero había aceptado mi invitación para presenciar el espectáculo, me dijo:

—No lo has hecho nada mal, sabes recitar; pero te lo has tomado demasiado en serio.

Sentí que en el fondo de su alma había empezado a nacer el desprecio, y allí terminaron nuestras relaciones. Pero, a pesar de este fracaso, que atribuyo exclusivamente a los versos, desde entonces, muchas veces, en mi trabajo profesional de actor de cine o de teatro, cuando he estado a punto de «tomármelo demasiado en serio», me ha sido de bastante utilidad recordar la opinión de aquella muchacha.

08
Prólogo para una tragedia

El problema escolar

Mi abuela era partidaria de que estudiara en el colegio de Santa Teresa, no por estar puesto bajo la advocación de la santa de Ávila, sino porque era un colegio seglar y muy barato; y mi madre prefería que fuera alumno de los maristas porque le parecía más elegante y desde luego lo era. Pero poco después de marcharse a Laredo mis primos, cuando mi madre se hallaba de turné por esas ciudades de España o quizás de nuevo por América con Rambal, pues estuvo dos veces, ocurrió un accidente que obró en apoyo de la tesis de mi abuela. Fue el tal accidente que un hermano marista, cuando estaba yo enfrascado en agradable conversación con mi compañero de pupitre —mi émulo se decía en aquel colegio, porque no se trataba de exaltar el compañerismo, sino todo lo contrario— se acercó hacia mí con alevosía y sigilo y al grito de:

—¡He dicho que en clase no se habla!

... me descargó una hostia tremenda en la oreja derecha. Me puse a llorar al tiempo que de mi oreja caían gotitas de sangre que, por consejo del feroz marista, me enjugué con mi mocoso pañuelo. Cuando la criada me recogió a la salida se quedó horrorizada. Fuimos corriendo hacia casa. Allí mi abuela, al ver el estado de mi oreja, al tiempo que exclamaba:

—¡Bendito sea Dios!

... se cagaba en sus ministros. Llamó al médico, el amable, joven y apuesto don Federico Larrarte, del que guardo muy buen recuerdo, que comprobó que tenía el lóbulo desprendido. Me recetó una pomada que mi abuela me daría durante bastantes días amorosamente con una pluma y dijo que a mi edad aquello no tenía importancia, porque lo despegado pronto volvería a pegarse. Es posible que no la tuviera, pero por este oído que, casualmente, es el mismo en cuyo conducto me introduje años atrás un buen trozo de papel de periódico, siempre he oído peor que por el otro.

El resultado del accidente fue que mi abuela se personó en el colegio de San José, insultó a los hermanos y, sin molestarse en consultar por carta a mi madre, me volvió a llevar al colegio de don Alejandro Domínguez, al Santa Teresa, donde, poco después, en el mes de abril, me pilló la proclamación de la República, como ya he referido.

Bonzo

Bonzo es un perrillo que aparece con frecuencia en las ilustraciones de las revistas americanas. Por lo menos aparecía por aquellos años. En España nunca fue popular, pero los que viajaron por el otro continente trajeron noticias de él. Durante algunos años conservé un *Bonzo* de trapo que me regaló mi madre. Y ella conservó uno de celuloide. Los dos fueron destrozados por mis hijos hace ya mucho tiempo. En dibujos y estampas teníamos varios. Hacia finales de los cuarenta encontré una breve colección de tarjetas postales inspiradas en peripecias de este exótico chucho y se la llevé a mi madre pensando que le haría ilusión tenerla. Supongo que acerté.

Pero yo llegué a tener un *Bonzo* de verdad, un *Bonzo* de carne y hueso. En un viaje de vuelta de América a mi madre le regalaron un perrillo, o lo compró ella, no lo sé bien, y como fue en aquellos años en los que estaba de moda el tal *Bonzo*, *Bonzo* le pusieron de nombre. A mí no me gustó, creo que no llegó a gustarme nada aquel perro. Quizás fuera un perro simpático, pero no me cayó bien. No era feo; al contrario, recién bañado presentaba muy buen aspecto. Tenía unas lanas blancas, rizadas, que mi madre le peinaba con arte y cariño. Los días de fiesta, cuando no había colegio, corría a mi cargo sacar al perrito por la mañana. Pero no debió de resultarme muy agradable la misión. Sólo recuerdo haberlo hecho dos o tres veces. El primer día que lo bajé, los chicos del barrio quisieron jugar con él.

—¿Es tuyo?
—Sí, es mío.
—¿Sabe hacer algo?
—No, no sabe hacer nada.
—¿No salta?
—Me parece que no.
—¿Y se tiene de pie?
—Tampoco.

Los chicos hicieron varias pruebas con mi perro, y mi perro no supo hacer nada.

—Es que tienes que enseñarle tú mismo. Si no le enseñas...
Aquella tarde le puse un palo delante, a muy poca altura, y le grité animándole a saltar. Se acercó al palo, lo olió y se alejó por el pasillo. Fui tras él, lo cogí por las patas delanteras y le hice dar dos pasos. Me tiró un mordisco, se soltó y se marchó a la cocina, a jugar con la criada.
Por la mañana, para despertarme, me echaban el perro en mi cuarto. En dos saltos, se plantaba encima de la cama, revolvía las sábanas, mordía la colcha, me lamía la cara. Quizás fuera muy cariñoso *Bonzo* y yo no supe comprenderlo. La verdad es que todas las mañanas me daba un susto, me cortaba la respiración y me producía una desagradable sensación con la lengua. Prefería los antiguos despertares de mi abuela, que entraba despacito, entreabría las contraventanas y achuchándome cariñosamente, me canturreaba:

Arriba, limón,
montañitas de León...

... rarísima letra que nunca aprendí.
Mi madre se marchó de turné. Puso al perro un lazo rojo. Me dio muchos besos, dio muchos besos a la abuela, dio muchos besos al perro y se fue. Con esta marcha, *Bonzo* quedaba más mío. Mi abuela era seca con los animales, y este perro, con sus rizadas lanas blancas y su escaso tamaño, no parecía hacerle mucha gracia a la criada. Era yo su verdadero amo. Recordé aquella historia de un niño que daba la vuelta a España acompañado siempre de *Nelo*, su perro. Mi abuela me la leía y ella y yo llorábamos conmovidos. El niño vivía entre personas buenas y personas malas, entre quienes le protegían y quienes le traicionaban, pero nunca le faltaba *Nelo*, su perro, su mejor amigo. En la última ilustración del libro se veía al niño, ya crecido, hecho un obrero, llorando ante la tumba de *Nelo*... Quizás fuera al contrario: *Nelo* llorando ante la tumba del niño. No sé...
Bonzo y yo podríamos quizás haber sido una pareja parecida, pero *Bonzo* no estaba nunca de acuerdo conmigo. Cuando quería que corriese, él daba la vuelta y se alejaba lentamente en dirección contraria, moviendo estúpidamente el rabo. Mordía los zapatos, las patas de las sillas, pero no jugaba conmigo. No entendía yo a aquel perro. Quizás fuera un perro especial para los camerinos de los teatros. No debían de gustarle más que ese perfume espeso que siempre había en los camerinos y las mujeres de ojos pintados de azul y los hombres brillantes con mejillas de crema. No era un perro para irse con un chico a correr aventuras.
Solía decir mi abuela que las criadas eran enemigos pagados. Cuando ella fue costurera de casa grande siempre se había portado

muy bien con sus señores, y por eso ahora le enfadaba tanto que sus criadas se portasen mal con ella. Estaba un tanto obsesionada con esa idea. Creía a veces que le robaban. Otras, daba en preocuparse excesivamente por sus problemas amorosos y las espiaba. No sé cuál fue la causa exacta de aquel disgusto. De pronto, mi abuela y Florentina estaban discutiendo agriamente. Florentina venía a recoger algo que era suyo. No sé qué razones aducía mi abuela para no devolvérselo. Algo así les sucedía. El caso es que, de pronto, mi abuela soltó un bofetón a la criada y esta se marchó llorando escaleras abajo. Mi abuela entró en la casa con durísima expresión. Veo aquella frialdad de sus ojos y el temblor de sus labios. *Bonzo* zascandileaba por el pasillo y se oía el ruido de sus patas al arañar alguna puerta. Mi abuela se fue hacia la cocina. Poco después volvió la criada con un guardia y se llevaron a mi abuela. Alguien, un vecino, una vecina, me consoló. Mi abuela volvería en seguida. Yo era ya muy mayor y no lloraba. Las habitaciones que daban al patio estaban negras, las que daban a la calle tenían una oscuridad violeta y, entre ellas, el pasillo iluminado con una luz amarilla. Y allí estaba yo, mirando aún la puerta cerrada por la que se habían marchado mi abuela, el guardia y la criada. Estaba solo. La casa absolutamente en silencio. Era un chico que estudiaba primero de bachillerato, un chico muy valiente. Iba a diario al colegio; y al día siguiente, quizás no. Y después no podría decir el motivo, la causa inconfesable. Venían de la calle los gritos de mis amigos, que jugaban al «rescatado», a la pelota. Unas niñas saltaban a la comba y lanzaban de vez en cuando chillidos penetrantes. Iban ya siendo negras de oscuridad todas las habitaciones. Cantaba alguna criada de otra casa y su voz llegaba por el patio. En aquellos tiempos, como no había radio ni televisión, las criadas cantaban. Mi madre, alguna tarde, cuando se arreglaba para salir, también cantaba. Incluso mi abuela, cuando zurcía calcetines, cantaba fragmentos de *La Gran Vía*. No me imagino a ninguna de las mujeres que ahora conozco cantando mientras se visten, se maquillan o mientras friegan los platos. Sonaba la vajilla de alguna casa en la que estaban poniendo la mesa. No quería moverme, porque todo el aire de la casa estaba impregnado de soledad.

—¡No escribas a tu madre! —me había dicho mi abuela al salir. No, no escribiría. No haría nada. Es sorprendente la escasa cantidad de fuerzas con que uno cuenta cuando las acciones han de tener más importancia que la imaginación. Otros chicos tal vez fueran distintos. Era yo de los que no se atrevían a nada. Ya me dolía la angustia en la garganta, sentía un nudo frío en el estómago. Era un chico algo solitario, y aquella era una de las veces en que más me dolía la soledad. Mucho más que cuando veía pasar a la chica que a mí me gustaba, cogida del brazo por otro más guapo, y yo estaba solo, con mi soledad envolviéndome como el frío. Aquella vez estaba más solo aún, y la casa absolutamente en silencio. Pero *Bonzo* zascandileaba de un lado a otro, arañaba el entarimado con las patas. Lo llamé. Era mi único amigo. Como en todos los momentos graves que luego me han ido llegando en la vida, me afluyó a la superficie un poso de lecturas. Comprendí que el perro es el mejor amigo. El amigo que no habla, no pregunta. El amigo que se dejaría abrazar y daría calor a mi cuerpo y al palpitar creería yo llenos de vida mis propios brazos y mi propio pecho. Y lo llamé.

—*¡Bonzo...! ¡Bonzo...!*

Y Bonzo no vino. Entonces me moví para buscarlo. Lo llevé bien agarrado hasta mi cuarto, porque él se resistía. Mi cuarto estaba negro de oscuridad, pero no quise encender la luz. Siempre que me tumbaba de bruces sobre la cama para paladear bien alguna desgracia dejaba la luz apagada. *Bonzo* quería marcharse. ¿Por qué quería marcharse, si un perro no tiene nunca nada importante que hacer? ¿Qué mejor cosa podría hacer en aquel momento que romper la soledad que me angustiaba? Creo que le hablé, le hablé de que estaba solo y él era mi amigo. Y le pedí perdón por no haber sabido comprenderle. Por no haber sabido prever que en algún momento me iba a ser tan necesario. Pero, con aquellos movimientos tan bruscos que sabía hacer, consiguió soltarse. Yo no tenía fuerzas para oponerme a nada. *Bonzo*, tan contento, tan tranquilo, sin dejar de mover el rabo, se marchó por el pasillo, siguió zascandileando, arañando el entarimado, que por lo visto era lo que más le importaba. Me tumbé en la cama, aún con la garganta atenazada por la angustia, pero sin resolverla en llanto. Creo que no estaba triste; estaba atónito, estupefacto, o algo así, de ver lo poco que tenía que hacer en aquel momento.

Algo después de la hora de la cena me parece recordar que volvió mi abuela. No le habían hecho nada, no la habían detenido. Masculllaba que las criadas eran unas tales y unas cuales. Es muy posible que aquel día no cenásemos. Vivimos una temporada sin criada, porque las criadas eran enemigos pagados. Muchos días subía yo de la carnicería de abajo la carne para el cocido, aunque me daba vergüenza decir:

—Casiano, dos reales de sobras.

También ayudaba haciendo algunos otros recados. *Bonzo* en casa no era más que una molestia, había que darle un alimento especial: arroz en media cabeza de cordero; mordisqueaba las patas de las sillas, arañaba las puertas, y mi abuela se lo regaló a un cómico muy fino, amigo de mi madre, que iba siempre muy bien arreglado, y que lo recibió entre gritos de alegría. Quizás a él *Bonzo* le quisiera mucho.

—Cuando tu madre sepa que he regalado a su perro va a poner el grito en el cielo.

Le pedí a mi abuela que no lo regalase, le dije que era muy amigo mío. Pero creo que le mentí. Aquel perro me había dado un desengaño muy grande. Claro, que el desengaño me lo llevé por aflorarme de pronto todos aquellos sedimentos de lecturas. Si me hubiera limitado a juzgar por mí mismo, no me habría dejado engañar, porque la verdad es que desde el primer momento no me gustó nada aquel perro.

Bachillerato

Recuerdo los estudios de bachillerato como una tortura espantosa. Muchas de aquellas materias consiguieron despertar mi curiosidad y mi atención años después; pero en aquel tiempo no había nada que me interesase menos que el estudio, los libros de texto. Casi siempre fui de los últimos de la clase, y muchos exámenes los aprobé por extrañas casualidades. Todo estaba dominado por el signo de la política. En Historia de España cada uno de los dos o tres últimos de la clase nos sabíamos de memoria una sola lección; nos lo había recomendado, y casi obligado a ello, el profesor, por si acaso al catedrático se le ocurría decirnos:

—Diga usted lo que sepa.

A mí, efectivamente, me lo dijo. Yo me arranqué:

—Carlos III. La expulsión de los jesuitas.

Resultó que aquel catedrático, conocido entre la grey estudiantil por «el Chupitos», por su extrema delgadez, era de izquierdas, y aunque no consiguió que le contestase ninguna otra cosa más de toda la asignatura me aprobó mientras suspendía a varios de los que iban delante de mí en la lista de la clase. El hombre me preguntó sobre los primeros habitantes de la península, sobre Amílcar Barca y yo no supe contestar. Murmuró:

—Qué cosa más rara: se sabe usted las lecciones difíciles y no se sabe las fáciles.

En asignaturas como Ética y Derecho, de sexto curso, la cosa era más complicada, puesto que son susceptibles de diversas interpretaciones. En el tema denominado «La guerra», el libro de texto oficial explicaba entre otras cosas que «elevaba la moral de los pueblos». En cambio, mi libro, del mismo autor, pero comprado de segunda mano y, por tanto, editado dos años antes, opinaba que era «el último resto de salvajismo de la civilización». En el examen de esta asignatura se veía claramente que el catedrático, por diferencias ideológicas con aquellos tímidos alumnos de los maristas, se los estaba cargando a todos. Cuando llegó mi turno, el examinador me preguntó sobre el divorcio. Entonces yo, en vez de contestarle lo que malamente había medio aprendido en el libro, le contesté lo que había oído comentar a mi abuela y que ella, a su vez, había sacado de su dura experiencia y de la lectura de *El Socialista* y el *Heraldo*. Ni que decir tiene que el profesor me aprobó y hasta me parece que cuando me referí a la incompatibilidad de caracteres como causa de divorcio lanzó un pequeño grito de entusiasmo.

Estas oscilaciones políticas influían menos en las matemáticas. Por eso Álgebra y Química son mis dos únicos suspensos. Pero, en realidad, a mí los estudios me interesaron poquísimo. Lo que me apasionaba entonces era jugar con mis amigos en la calle Álvarez de Castro, el cine, las funciones teatrales de aficionados, en las que empecé a tomar parte, y mis compañeras de clase, a las que escribía unos versos espantosos que, afortunadamente, luego no les entregaba.

Para los juegos de la calle nunca fui muy apto. Saltaba muy mal a «pídola» —*dola* se llamaba en nuestro lenguaje—, era muy torpe en el juego de las bolas y, aunque lo que se me daba un poco mejor era correr, en el fútbol casi no me dejaban jugar de mal que lo hacía. Esta torpeza mía para el fútbol quizás tuvo su origen en algo que me sucedió en el colegio de los maristas, a los siete años. Nos pusieron a todos los de la clase en fila, en el patio, para que chutásemos cada uno una vez a otro que hacía de portero. Cuando me correspondió chutar a mí estuve un poco indeciso, no sabía bien cómo hacerlo, para dónde apuntar, pero tenía unos enormes deseos de meter gol. Entonces el hermano marista le hizo una seña a un tal Martín, que era el fenómeno de la clase. Martín chutó por mí y metió gol. Todos los niños y el hermano se rieron de mí con grandes carcajadas, sin saber que con aquella broma daban origen a mi complejo antifutbolístico.

Para no quedarme aislado del fútbol callejero, me hice directivo. Fundé un equipo en nuestra calle, rival del que ya existía, y en el que se pagaba una cuota semanal más elevada: en vez de diez céntimos, quince. Como nuestros jugadores eran peores que los otros nos vimos obligados a realizar algunos fichajes. Pero eso ya entraba en mis cálculos, de ahí lo elevado de la cuota. Contratamos a un tal Pichichi, que era pobre, y al cual no sólo le libramos de pagar los quince céntimos de la cuota, sino que le abonábamos una perra gorda por semana. Creo que también hicimos lo mismo con el Moragas. Nuestro equipo rico y elegante fracasó, a pesar de mis gestiones, y al disolverse creo que me quedé con los cuartos, pues por uno de esos azares de la vida, me había correspondido el cargo de tesorero.

Me divertía hacer periódicos infantiles manuscritos, pintar una especie de cromos como los del álbum Nestlé, que luego vendía a los otros chicos a cambio de güitos o de chapas. En este negocio, como al final yo me comprometía a dar unas novelas de la colección *El Sheriff* a los que presentasen la colección de cromos completa, acabé perdiendo dinero.

No sé cómo son los niños de ahora, porque el mundo de los niños siempre es hermético para los mayores, pero en aquel tiempo, cuando teníamos alrededor de diez años, nuestras preocupaciones fundamentales eran las mujeres y la política. Hablábamos del comunismo, de Acción Popular, de Hitler... Y de nuestras compañeras de clase y del barrio, Josefina, Charito, Emilia, la Conchi, la Coque... Estas dos últimas eran de otro colegio más elegante que el nuestro —el Instituto Escuela—, pero los chicos de mi barrio íbamos al lugar que llamábamos el Ojo del Lagarto —quizás fuera la Colina de los Chopos de Juan Ramón— para verlas salir.

El amor en aquella época era para mí puro despecho. Había un chico en mi clase, Emilio Cardenal, que era guapísimo y tenía el pelo rizado. A la más guapa de la clase no le gustaba más que Emilio, y a mí, durante toda mi vida, siempre me ha gustado la más guapa de la clase, porque soy un hombre de gustos vulgares. Me tenía que conformar con ver cómo Emilio acompañaba a Emilia —se daba aquí la misma coincidencia de nombres que en los tíos de mis primos—, mientras yo me escondía a lo lejos, por las esquinas.

Teatro de aficionados

Lo que más me apasionaba eran las funciones teatrales de aficionados. Era ya el niño recitador de los dos colegios a los que asistí alternativamente. Como, además, era hijo de una artista, cuando los mayores de la academia Bilbao fundaron un cuadro artístico, me llevaron para que trabajase con ellos. Mi primer papel fue de camarero en la obra de Vital Aza *El padrón municipal*. Tenía yo entonces doce años, y los demás, todos de dieciséis para arriba. Eran ya unos hombres. Creo que toda mi actuación consistía en la enumeración de un menú. Mi madre, que asistió a la representación, me dijo después que yo había sido el más natural. Esto me dio una gran alegría; pero en cambio se le ocurrió mandarme una caja de bombones, que a mí me hizo pasar una gran vergüenza, porque me parecía que acusaba mi infantilidad en medio de aquellos hombres y mujeres ya tan mayores.

Casi todos los chicos de mi barrio se habían apuntado en un centro de Juventud de Acción Católica, porque allí se podía jugar al ping-pong y hasta daban botas, camisetas y balón de reglamento para el fútbol. Yo me apunté también, y en seguida comencé a tomar parte en las veladas teatrales. Representábamos unas horribles comedias adaptadas sólo para hombres. Allí nació mi amistad con Cayetano Torregrosa, que era nuestro director de escena, gran aficionado al teatro, amistad que perduró hasta su muerte en los años sesenta.

Entre los ensayos, el estudio de los papeles, lo que intentaba escribir en casa, la lectura de tebeos y novelas, tenía absolutamente abandonados los estudios. En secreto, ya había decidido ser actor. Lo guardaba en secreto, porque veía claramente que mi madre prefería que me dedicase a cualquier otra profesión menos insegura y más prestigiosa: médico, abogado... Mi abuela, en cambio, opinaba que aquello eran zarandajas, que mi madre no ganaba dinero suficiente para darme una carrera, sobre todo por la frecuencia de las paradas, en las que había que empeñar los mantones de Manila y las escasas y modestas joyas, y que yo debía elegir un oficio limpio: cajista de imprenta, ebanista...

Pero mi intención no era ser actor de teatro, sino de cine. Había despertado mi vocación el niño actor Jackie Cooper, en aquellas películas que interpretó con Wallace Beery, *Champ*, de King Vidor; *La isla del tesoro*... Y también, todo hay que decirlo, me atraía el cine como cálculo para un porvenir, la libertad de las escenas de amor que se usaban en el cine de entonces. El ideal para mí en aquellos tiempos era pasarme las tardes y las noches con Marlene Dietrich... Durante muchos años conservé mi ilusión por una mujer a lo Marlene —sin saber que no era así ni la propia Marlene—, que recibiera en un cuarto con tules, rasos, almohadones y pieles por el suelo.

A pesar de mi predilección por el cine, mis primeras armas como actor las hice en el teatro. La guerra cortaría mis estudios, cuando me quedaba para acabar el bachillerato una asignatura del sexto curso: la Química.

De nuevo San José contra Santa Teresa

Ninguno de los profesores de la academia Bilbao —antiguo colegio de Santa Teresa— me dio un trato tan cruel como el del hermano marista, que, pobrecillo, no tenía culpa de nada; años después lo comprendí. Era un muchacho de poco más de catorce años, disfrazado con aquella sotana y el babero. Pero no era ni hombre, ni maestro, ni religioso; era un campesino sin luces, hecho a tratar con bestias, que tuvo conmigo el trato a que estaba acostumbrado. De haber culpables, eran los hombres también disfrazados que le habían colocado en aquel puesto.

En fin, a lo que iba era a que años después ningún profesor de la academia Bilbao me golpeó a mí, pero yo sí le propiné a uno de ellos, no sé por qué causa, una serie de patadas, y en casa se enteraron. Busqué traicioneramente el apoyo de mi madre, que prefería tener un hijo educado en el que a ella le parecía un colegio de lujo. También yo quería ser alumno de los maristas de Fuencarral. Me parecía que les gustaban más a las chicas del barrio que los de los otros colegios y despertaba mi envidia mi amigo Arturo Fernández, que ya se había pasado a San José, porque su padre el carpintero ebanista había prosperado muchísimo en aquellos años y la familia había ascendido de clase social. Mi abuela no tuvo más remedio que resignarse.

—Me han quitado a mi nieto —decía lastimeramente desde dos años antes a sus amigos del barrio.

Y hasta cierto punto era verdad. Mi madre pasaba más temporadas en Madrid. Actuó en la compañía Heredia-Asquerino y con la de José Romeu en el Teatro Beatriz y con la de Meliá-Cebrián en el Chueca y en el Español. Estaba más tiempo en casa y yo me fui inclinando a su partido y despreciando a mi abuela, que era vieja, anticuada, torpe.

La pobre a veces me abrazaba y me besaba en la cabeza, gimoteando:

—Ya no me preguntas nunca como antes: abuelita, ¿me quieres?

Me lo decía a mí, que era un hombre de doce, trece o catorce años.

Mi madre elegía mis trajes de pantalón bombacho contra el gusto de mi abuela. Me hacía creer sus fantasías, que dentro de un año o dos tendría compañía propia y un automóvil, como tenía la Heredia. Y que a mis diecisiete años, que estaban al caer, yo conduciría el automóvil, cuando fuera estudiante de Derecho o de Medicina o de Arquitectura.

Y fui de nuevo alumno de los maristas, como yo quería. Pero no asistía nunca a la misa de los domingos, en la capilla, cuando iban los alumnos más piadosos con sus familias. Y una de las primeras cosas que hice, en silencio, durante la clase, fue clasificar a aquellos condiscípulos, como años después hice con Giambattista Vico, Torres Villarroel, Fouché, John Stuart Mill, Chesterton, Chaplin, Pola Negri, Ingrid Bergman, John Huston, Laurence Olivier, Shirley McLaine, Lauren Bacall, Alec Guinness, en pobres y ricos. Quizás uno o dos, Beltrán, Avelino, Del Pozo, fueran más pobres que yo. Los demás, cerca de veinte, eran todos más ricos. No se lo diría a mi madre, pero aquello era un engaño.

Novelas y realidad

Cuando salíamos del colegio de los maristas, en la calle de Fuencarral, donde hoy están los minicines, unos cuantos tirábamos hacia la glorieta de Quevedo y el grupo iba desgranándose poco a poco. Los últimos que quedábamos éramos Ángel García del Barrio, el hijo del comandante de carabineros, y yo. Hablábamos de películas, de cosas del colegio y también de política. Nuestras tendencias eran imprecisas. Casi todos los chicos tenían, o creían tener, las ideas de sus padres; aunque en los que eran un poco mayores que nosotros, los que en vez de quince años, como Ángel, tenían ya diecisiete o dieciocho, empezaban a apuntar las divergencias que se convertirían en trágicas. Éramos muchachos de la clase media, más bien de la baja clase media aunque muchos de ellos se creyeran otra cosa, y esa clase media en aquellos años no sabía para dónde tirar. De ella salieron los fascistas y también los intelectuales antifascistas. Ángel García del Barrio, de los más inteligentes del curso —en todas las asignaturas iba el segundo, porque al primero, Bernardo Rodríguez de Toribio, algo mayor que los demás alumnos, no había quien le superase—, sabía que su padre era monárquico, y poco más, y con eso tenía suficiente. Pero la derecha, toda la derecha, incluso la derecha liberal, en el año 36, después del triunfo del Frente Popular en las elecciones del 16 de febrero, daba la impresión de sentirse fascista, de ver en el fascismo su única tabla de salvación, de defensa de sus privilegios —ridículos privilegios los de la clase media, pero que a ellos les parecían grandes y respetabilísimos al compararse con los miserables obreros de entonces—. Por ello no es ilógico ni capcioso que socialistas, comunistas, anarquistas llamasen fascistas a todos los que estaban enfrentados con la revolución obrera, aunque fuera desde otros ángulos. En aquellos tiempos, Gil Robles, líder de la democracia cristiana —que entonces no se llamaba así— no sólo parecía fascista, sino que lo era; como Calvo Sotelo, como Salazar Alonso. José Antonio Primo de Rivera lo confesaba; los otros no. Pero todos parecían estar deseando ocupar su puesto en una futura España nacional-sindicalista, autoritaria, corporativa, católica, imperial. Los programas políticos de la extrema izquierda parecían demagógicos y la actitud de los partidos obreristas y de los sindicatos a partir de febrero del 36 quizás demostraba un enloquecido resentimiento y una falta de eficaz sabiduría política.

De estas cosas, y, como he dicho, de películas, de chicas, de los profesores del colegio, cada uno con su mote, «el Rabias», «el Gameto»..., hablábamos Ángel García del Barrio, el hijo del comandante de carabineros, y Arturo Fernández, el hijo del próspero ebanista, y yo, mientras íbamos, calle de Fuencarral arriba, y luego

Eloy Gonzalo, hacia nuestras casas, vistiendo pantalones bombachos y con los libros bajo el brazo.

Pero definirse no era fácil. Estudiábamos en aquel sexto curso del bachillerato Ética y Derecho; en el Centro Mariano-Alfonsiano de Juventud de Acción Católica nos enseñaban Apologética; el hermano Daniel y los jóvenes falangistas nos enseñaban corporativismo y la teoría del golpe de Estado; en casa se leía el *Heraldo*, diario demagógico y divertido de izquierdas. Si eras un muchacho de derechas, un muchacho fascista, las chicas que estaban bien te miraban con mejores ojos. Pero había leído yo a Eugenio Sue y a otros folletinistas, como Michel Zevaco. Y mi abuela, en la mesa camilla, me había leído artículos subversivos de *El Socialista* y el *Heraldo*. Y los obreros parados se desmayaban a veces en la calle. El hambre se veía, se olía a nuestro alrededor, aunque nadie fuera capaz entonces de imaginar a qué niveles podían elevarla —para los demás, no para ellos— el general Franco y sus secuaces durante casi veinte años.

Era yo en aquel año de 1936 un alumno de los maristas, hijo de una cómica, aspirante de la Juventud de Acción Católica, amigo y compañero de juegos de los hijos de los obreros de mi barrio, y también amigo de los hijos del comandante, del nieto del registrador de la propiedad. Mi madre era monárquica y, quizás por deformación profesional, le gustaba ir siempre bien vestida. Mi abuela era liberal (*libérala*, decía ella) y socialista —sin advertir la incongruencia entre tales términos, como parecen no advertirla los gobernantes de hoy— y no sé cuántas cosas más; odiaba a los curas y adoraba a san Antonio porque la ayudaba a encontrar el dedal, las gafas, el huevo de zurcir...

Por lo que a mí respecta, en cuanto a política, era liberal, anarquista, católico —éste era un concepto político— y un poco de derechas por parte de madre, aunque nunca conseguí ser monárquico como ella. Mi madre era monárquica porque en los tiempos en que empezó en el Teatro de la Princesa, Alfonso XIII solía ir a un palco a ver las representaciones. En cambio, mi abuela se consideraba liberal y republicana porque su marido tenía el mismo oficio que Pablo Iglesias y le había conocido. Aparte de estos motivos circunstanciales, a mí las razones de mi abuela para protestar siempre me parecieron más válidas que las de mi madre para estar conforme. El caso es que cada una tiraba para su lado y yo, a veces, me veía obligado a comportarme con cierta hipocresía. En algún aspecto tenía más claro el problema. Cuando andaba por los trece o catorce años, mi abuela insistía en su tendencia a vestirme de pobre y mi madre era partidaria de disfrazarme de muchacho rico. En eso, yo estaba con mi madre.

Lección de política

En la academia Bilbao, don Remigio era el profesor de Psicología. A mí entonces me parecía un viejo, pero ahora comprendo que era un muchacho joven, como mis otros profesores, aunque se llamasen don Juan y don Isidro. Eran muchachos jóvenes que trataban de abrirse camino en la vida y por eso daban clases de bachillerato mientras concluían sus carreras o se presentaban a oposiciones a la policía, como aquel don Secundino de la clase *superior*. Don Remigio había estado en un seminario, por lo cual entre nosotros, los alumnos, tenía un gran prestigio como latinista —también impartía clases de esta asignatura—. Era el mejor profesor del colegio, comentábamos, el que más sabía; pero también el más antipático. Cuando se acercaba la hora de su clase entraban unas enormes ganas de no asistir. Especialmente a mí, que no me sabía las conjugaciones ni las declinaciones y que le tenía un miedo horrible. Cuando me decidí a faltar un día me fumé la clase muchos más. Porque era bueno —trataba de convencerme a mí mismo de que también para la salud— no pasar ese mal rato a la hora de la digestión, y pasear en cambio por calles desconocidas, tan nuevas y tan lejanas como las selvas de África, o quedarse en la puerta del colegio a echar una parrafada con el mendigo cojo que era socio del Athletic, y viendo pasar a la hija del fontanero, con las ojeras sombreadas por la adolescencia.

Mas a pesar de su talento y de su saber, no pudo don Remigio —o no quiso— responder a la pregunta que un día le formuló uno de sus alumnos:

—Don Remigio, ¿para qué vale la psicología?

No respondió, sino que se limitó a emplear varias evasivas. Pero uno de los escasos días en los que por lo visto estaba de buen humor, nos dijo que por medio de la psicología se le podían quitar a un señor los calcetines sin necesidad de quitarle los zapatos. Y que cuando estuviéramos más adelantados en la materia nos haría una exhibición demostrativa.

No sé si nos lo creímos o no; me parece que a los primeros de la clase les fue imposible creérselo, porque sus conocimientos del texto se lo impedían, pero yo no tuve inconveniente en aceptarlo, pues el estilo del catedrático don Eloy Luis André y la pálida impresión del texto en las grisáceas hojas del abominable volumen de Rudimentos de Psicología (o algo así) fueron razones lo bastante poderosas para tenerme alejado de los estudios psicológicos durante lo que me quedaba de edad escolar.

Por aquel tiempo mi madre fue advertida por una nota de puño y letra de don Remigio de que el alumno Fernando Fernández, cercano ya el final del curso, no tenía ni la más leve idea de lo que era conjugar y declinar en latín.

—Eso de aprender latín es una puñetería y una pérdida de tiempo —dijo mi abuela—; es un idioma que sólo lo hablan los curas, y no sirve para ganarse la vida como intérprete.

—Pero si el chico no aprende latín —replicó mi madre— se perderán las cuarenta pesetas mensuales que cuesta el colegio.

En esto las dos estuvieron de acuerdo, y mi abuela celebró una entrevista con don Remigio, le explicó que yo resumía las últimas esperanzas de una vida jalonada de fracasos.

—Todos dicen que mi Fernando promete mucho —lloriqueaba mi abuela—; pero usted, don Remigio, con esta carta que nos ha enviado ha roto las pocas esperanzas que me quedaban.

Don Remigio regresó a la clase con los ojos húmedos. Refirió la entrevista delante de los demás alumnos —y, lo que fue peor para mí, de las alumnas— para avergonzarme y obligarme a cambiar de comportamiento, y yo también lloré aunque no estaba decidido a cambiar nada, porque la verdad era que no me quedaba tiempo para estudiar las conjugaciones y las declinaciones. Tenía que jugar a las chapas, a los güitos, a las «cajas», a las bolas; tenía que ir al cine, tenía que aprenderme poesías para recitar en los festivales, tenía que recorrer con los amigos Madrid de punta a punta para pulsar cómo andaba la propaganda electoral y para ver a las putas de detrás de Sepu, tenía que enamorarme de mis condiscípulas, de Isabel, de Charito, de Emilia, de María Luisa, de la Coque, las novias de mis amigos, tenía que leer *El Sheriff*, y a Salgari y el montón de cuadernos de una colección llamada *Folletines*, que me había regalado el hermano de una amiga de mi madre, tenía que hablar de política con mi abuela, de cine y de novios y novias con la criada.

Pero lloré, lloré de vergüenza y de rabia, sentado en el mismo banco que Isabel Adrados, la primera de la clase, que estaba a mi lado para ver si me podía enseñar las declinaciones por lo menos. Lloré mientras el maestro explicaba a los demás cuánto me quería mi abuela y cómo ella y mi madre se sacrificaban por mí.

Fue entonces cuando, para rebajar la tensión, se puso a hablar de otra cosa. Nos recordó su promesa de demostrarnos que por medio de la psicología se le podían quitar a un hombre los calcetines sin quitarle antes los zapatos, y añadió que no nos iba a hacer esa demostración, sino otra mucho más interesante y más adecuada a las fechas en que nos encontrábamos, muy cercanas a las elecciones. Dijo que por un rato nos olvidáramos de la lección del día y nos brindó su experimento psicológico. Nosotros le diríamos, uno por uno, la profesión de nuestros padres y él iría contestando a qué candidatos votarían. Aquello nos pareció maravilloso a todos. A

unos, por lo que tenía de formativo y a otros por permitirnos no dar clase.
—Señor Aguilera, ¿en qué trabaja su padre?
—Es camarero en un bar de Cuatro Caminos.
—Votará al Partido Socialista.
—Sí, señor.
—Señor Suárez, ¿qué es su padre?
—Comandante de infantería.
—Votará a Gil Robles.
—Sí, señor.
—Señor Cardenal...
—Empleado de telégrafos.
—Votará a Lerroux.
—Sí, señor.
—Señor García.
—Electricista.
—¿Tiene taller propio?
—No, señor.
—Partido Socialista.
—Sí, señor.
—Señor Fernández, Arturo.
—Carpintero ebanista.
—¿Tiene taller?
—Sí, señor.
—Votará a Lerroux.
—Sí, señor.
—Señorita Cifuentes.
—No tengo padre.
—¿Votará su madre?
—Sí, señor.
—¿Qué era su padre?
—Director de banco.
—Votará a Gil Robles.
Tanto acertaba el psicólogo, que alguien dijo:
—Entonces ¿para qué hay elecciones? Basta con la cédula personal. (Era lo que equivalía al actual carné de identidad.)
Y me llegó el turno.
—...
—No tengo padre.
—...
—Mi madre estará de viaje.
—Es verdad —recordó don Remigio—. Ya sé. Usted estará solo con su abuela.
Reflexionó un instante, un instante brevísimo. Y resolvió:

—Su abuela no votará. No tiene ideas políticas. Gracias a Dios, a esas edades se está al margen de estas preocupaciones.

Me levanté, serio, contundente.

—Sí, señor; mi abuela vota siempre por el Partido Socialista.

—¿Qué dice usted, Fernández? —exclamó, asombrado y escandalizado, el ex seminarista.

—«Es» socialista.

Todos se rieron, porque se imaginaban a mi abuela de huelguista, con una bandera roja; pero me quedé muy contento porque había demostrado a mis compañeros que aunque no quisiera a mi abuela tanto como para estudiar latín, la entendía mejor y sabía más cosas de ella que el psicólogo aquel.

Yo no era más que un chico. Un chico pelirrojo, feo y con acné.

Novelas policiacas, novelas de aventuras, Edgar Wallace, Dumas, Wilkie Collins, Sabatini, Michel Zevaco, Paul Feval, Simenon... *Los tres mosqueteros, Sandokan, Tarzán de los monos, El coche número 13, La cabeza de un hombre...* (*Sin novedad en el frente* y *Cuatro de infantería* ya no eran para mí novelas de aventuras.) Todo aquello, aquel mundo imaginario, las aventuras, asesinatos, intrigas, persecuciones, misterios, secuestros, espionajes, iba a convertirse de repente en una tremenda, canallesca, sanguinaria realidad.

09
Una loca fiesta trágica

Absurdo veraneo

Dos muchachos de clase media, Manolo Suárez, uno de los cuatro huérfanos del comandante, y el hijo de la cómica, jugábamos al billar en el centro de la Juventud Mariano-Alfonsiano de Acción Católica la tarde del 13 de julio de 1936, cuatro días antes de la insurrección militar que daría origen a la Guerra Civil. Debía yo veranear aquel año en Colmenar Viejo, a treinta kilómetros de Madrid, porque mi madre y mi abuela —mejor informadas que el gobierno— sabían desde meses atrás, al igual que la inmensa mayoría de los españoles, que se preparaba una militarada, y no consideraban prudente que el niño se desplazase a Gijón, a Torrelavega, a San Sebastián, como en años anteriores, ya que, según les daban a entender sus conocimientos de táctica y estrategia, las comunicaciones podían quedar interceptadas.

Así, aconsejadas por la familia de Josefina Castellote, la condiscípula de la academia Bilbao que me había prestado sus hojas de caligrafía y sus dibujos para que me pudiera examinar, aquella cuya familia tenía una pensión en la que mi abuela sirvió de costurera cuando mis primos vivieron con nosotros, decidieron que Colmenar Viejo, a mitad de camino entre Madrid y la sierra de Guadarrama, era el lugar apropiado para que pasase quince o veinte días. Un lejano parentesco unía a los amos de la posada de Colmenar Viejo con la familia Castellote. A aquellos posaderos se los llamaba en Colmenar «los Rojos», sin que el apodo tuviera ninguna connotación política.

Estaba un tanto avergonzado de aquel absurdo veraneo, en un lugar tan próximo a Madrid, sin playa ni montaña ni nada que justificase el desplazamiento. Si el padre Ibarrola, el consiliario de nuestro centro, al enterarse el año anterior de que mi veraneo había consistido en quince días en Gijón, lanzó una tremenda carcajada despectiva, ¿cuál podría ser su reacción al saber que Fernando Fernández había descendido de Gijón y San Sebastián a Colmenar Viejo? Pero, por otro lado, no dejaba de comprender muy bien las razones de mi madre y de mi abuela. Era necesario que el chico, que seguía criándose flacucho, saliese durante unos días del ambiente viciado de la ciudad y respirase aire puro; pero las circunstancias no aconsejaban un largo desplazamiento.

A pesar de sus previsiones, las cosas no resultaron con arreglo a sus cálculos, pues las comunicaciones con el cercanísimo Colmenar Viejo también quedaron interrumpidas.

El día fijado para nuestra marcha —mi abuela me acompañaría como en los otros veraneos, excepto el de San Sebastián, que me acompañó mi madre— era el 14 de julio de 1936. Como la verbena del Carmen comenzaba el 15, supongo que intentaron también apartarme de sus peligrosas distracciones; ya no era el niño al que se le podían dar vueltas en el tiovivo y, como me habían suspendido en Química, necesitaba estudiar para presentarme de nuevo en septiembre. Ya no quedaba más que mes y medio.

El lunes 13 estuve, como casi todos los días, en el *centro*. Había muy pocos chicos. Algunos se habían ido ya de veraneo. Pero la ausencia de los más estaba justificada por la terrible noticia del día: el asesinato de Calvo Sotelo. Jugué un rato al billar con mi amigo y vecino de calle, Manolo Suárez, al que llamábamos «Wanagú, Casco de Oro» —un personaje de las novelas de Dick Norton— por su pelo rubio y ondulado, y nos marchamos antes que los demás días, porque ya no quedaba nadie. Volvimos a casa por la calle de Trafalgar, peligrosa para nosotros, pues había en ella muchos hijos de obreros; en el recorrido hasta nuestras casas comentábamos, como debían de estar haciendo a la misma hora todos los españoles, que el alzamiento militar era ya inminente.

A pesar de la cortísima distancia que separa Colmenar Viejo de Madrid y la necesidad de que respirase aire puro, resulta sorprendente ahora, vistos los acontecimientos al cabo del tiempo, que mi madre y mi abuela no decidieran suspender mi veraneo. Pero hay que tener en cuenta que si bien todo el mundo pensaba que iba a ocurrir *algo* —había ocurrido en pocos años el pronunciamiento de Primo de Rivera, la sublevación del general Sanjurjo y la revolución de Asturias—, nadie se imaginaba que aquel *algo* iba a resultar lo que resultó. Es bastante lógico que las personas normales, no los gobernantes ni los militares ni los traficantes de armas, pensaran que se sublevaría el ejército, ganaría o perdería la sublevación, y a la semana siguiente habría otro gobierno o el mismo, y la gente se iría de veraneo o seguiría trabajando o en el paro, según sus posibilidades. Prueba de que este era el pensamiento más común es que cuando, efectivamente, tuvo lugar la insurrección, los más prevenidos acapararon víveres para cuatro o cinco días.

Y así, ocurrió que las previsiones de las mujeres a cuyo cargo estaba, aunque más acertadas que las del confiado gobierno, no resultaron exactas, pues mi abuela y yo, en Colmenar Viejo, quedamos aislados de Madrid. Una cosa es la geografía y otras la política, la guerra y los gobiernos. Dadas las imprevistas circunstancias, para desplazarse de un lugar a otro, por corta que fuera la distancia, era imprescindible un salvoconducto expedido por la policía o por los revolucionarios. Y digo «los revolucionarios» porque, aunque se mencione menos que lo del alzamiento o lo de la Guerra Civil, si en España se produjo el 17 de julio una insurrección militar como las decimonónicas y las suramericanas, también es cierto que días después estalló la revolución obrera y campesina, con todo su afán de justicia, todo su resentimiento y toda su ferocidad sanguinaria y vengativa.

Diversos testimonios

La objetividad es una condición imprescindible en los historiadores; no obstante, si para saber algo de un mismo suceso recurrimos a varios de ellos, comprobaremos que algunos prescinden de dicha condición con facilidad, pues si no, no podrían darnos versiones tan distintas de un mismo hecho.

Para algunos, la insurrección militar estalló con motivo del asesinato de Calvo Sotelo —motivado a su vez, según otros, por el del teniente Castillo—; para otros, ya desde meses atrás se venía gestando; otros saben que la conspiración se inició casi recién implantada la República, en 1932. Por una vez —me ciño a hechos relacionados con la Guerra Civil Española— parece que todos están de acuerdo en algo: el teniente Castillo fue asesinado por un grupo de falangistas a las 9 de la noche del 12 de julio de 1936, cuando salía de su casa para dirigirse al trabajo.

Pero no, existe una voz discordante, la del historiador Pérez de Olaguer, que escribe: «El día 12 se producían en Madrid nuevos motines y en uno de ellos moría el teniente Castillo...» O bien quienes informaron a los primeros estaban sordos y ciegos, o bien Pérez de Olaguer, al mencionar aquellos motines madrileños, demostraba estar más dotado para la historia-fantasía que para la verdadera historia.

En otro historiador, éste de gran prestigio, Seco Serrano, se lee: «Huelga decir que esa clase media que nutrió con su sangre y su entusiasmo las filas nacionales no se lanzaba a las trincheras para defender privilegios de ningún género.»

Leer esto no en el discurso de un gobernante, sino en el trabajo de un eminente historiador, me produce un gran desconcierto. A pesar de mis dudas en materia política, siempre he tenido claro algo: he sabido, lo mismo cuando mis ojos y mis oídos infantiles empezaron a percibir la situación, que ahora, cincuenta años después, que pertenecer a la clase media es un privilegio heredado. Aunque menor, indudablemente, que pertenecer a la clase alta. Cuando mi abuela, costurera, incitaba a su marido, regente de imprenta, a que pusieran un pequeño comercio, lo hacía para ascender a la clase media y que sus hijos, al comenzar a vivir, se encontraran ya insertos en ella, no fueran obreros, no pertenecieran a la clase baja. Ella sentía como una obligación dejarles esa herencia, ese privilegio. Acabar con ese privilegio, y con otros, fue una de las causas de la revolución española; y defenderlo, la causa principal del movimiento fascista europeo; y en España, la causa de la insurrección militar y del apoyo que recibió por parte de las juventudes falangistas, monárquicas y católicas.

Juan Ramón Jiménez dijo al llegar a América en aquel funesto verano de 1936, cuando iniciaba, aunque lo ignorase, el larguísimo, inacabable exilio que le impediría gozar nunca más de la luz de Moguer, su pueblo:

«... he compartido en Madrid el primer mes de esta terrible Guerra Civil nuestra, y traigo todo mi ser conmovido por el hermoso ejemplo (único, creo, en la historia conocida de las guerras más o menos civiles del mundo) que ha dado el gran pueblo español. En un solo día de visión rápida, de absoluto recobro, de entera incorporación, nuestro pueblo tomó su puesto en todos los frentes contra la traición militar preparada año tras año en medio de su noble confianza. Y ¡con qué frenético entusiasmo! El contrario engaño armaba su conciencia. Madrid ha sido, durante este primer mes de guerra, yo lo he visto, una loca fiesta trágica. La alegría, la extraña alegría, de una fe ensangrentada rebosaba por todas partes; alegría de convencimiento, alegría de voluntad, alegría de destino favorable o adverso. Y este frenesí entusiasta, esta violenta unión con la verdad habrían decidido desde el primer momento el triunfo justo del pueblo si la rebelión militar no hubiese sido amparada por codiciosos poderes extraños.»

Cuando leo estos párrafos del poeta, más que la clara constatación de que el alzamiento militar no fue provocado por el asesinato de Calvo Sotelo, sino que había sido preparado año tras año, más que el considerar hermoso el ejemplo del pueblo español, único en la historia de las guerras civiles, llama mi atención la insistencia en reiterar la palabra *alegría*. Cinco veces aparece en tres renglones. Yo no viví en Madrid aquel primer mes de traición, revolución y guerra del que habla Juan Ramón Jiménez al público americano, pero al leer sus conmovidas palabras vuelve a mi memoria el 14 de abril de 1931, cuando las calles de Madrid se transformaron espontáneamente en desbordados ríos de alegría. Por suerte, el compromiso que me he trazado no me obliga a la precisión y la objetividad exigibles a los historiadores, labor, además, para la que no estoy capacitado. Mi propósito, por el momento, es evocar algunas fugaces, ya muy desvanecidas, imágenes de aquellos años de muerte y disparate.

La posada

El color de la posada de «los Rojos» oscilaba entre el blanco sucio y el gris. Mi conocimiento de las posadas o de las casas campestres era sólo el de los decorados teatrales. Aquella posada, en la distribución de su zaguán, sí se parecía a lo que había visto, pero no en el color. El teatro de aquella época era burdo, ramplón, pero muy colorista por las decoraciones pintadas, casi nunca corpóreas, y por el refuerzo de las luces de las diablas y las baterías. Tenía entonces el rectángulo del escenario una alegría, una magia luminosa que no tenían el cine en blanco y negro ni la vida real, aunque ingenuamente pensasen autores, directores y actores que su teatro era realista.

El zaguán de la posada de Colmenar Viejo algo recordaba la casa de labor de *Un alto en el camino*, el melodrama en verso del Pastor Poeta que yo había visto en el Teatro Chueca dos años antes, en el que mi madre hacía el papel de «la mala». Una puerta llevaba a la cocina, otra a una amplia estancia en la que había amontonados sacos de grano y aperos de labranza. Al fondo, según se entraba de la calle, había otra puerta que llevaba al patio. A la derecha quedaba el comedor. Una escalera llevaba a la planta alta, donde estaban las habitaciones de los huéspedes. En el patio estaba el corral, el granero, con su escalera de mano apoyada en la pared, y una puerta amplia, de doble hoja, para la entrada de los carros, que daba al campo, como en todos los dramas rurales. Pero todo, incluso el patio, con su pozo y sus gallinas, era de un blanco sucio, de un gris discreto; faltaban el falso amarillo, los falsos verdes, los caprichosos rojos, el azul cobalto de los platos pintados sobre las paredes de papel, la magia de las antiguas luces planas de los escenarios.

Había un perro. Sí, me ha venido la imagen de un perro desvalido, miserable. Era un perro pequeño, negruzco, que andaba siempre por el patio. Un perro feo y cariñoso.

Cuando yo era un chico de pantalón bombacho que estudiaba en los maristas y no se codeaba con los chicos de la calle, unos nuevos chicos de nueve, diez, once años que acababan de surgir no se sabía de dónde; cuando llevaba un reloj con cadenita en el bolsillo superior de la americana; cuando dentro de muy pocos años, al cumplir diecisiete, mi madre compraría un automóvil y yo lo conduciría, justo en ese momento, en vez de veranear modestamente en Gijón o en el lujoso San Sebastián, me veía reducido a esta lóbrega posada, que ni siquiera era como las de papel de los teatros. Estoy seguro de que a los demás no les parecía disparatado que yo estuviera allí. Todo lo más podría parecerles algo raro aquel veraneo de la vieja y el muchacho, los dos solos, en un lugar en el que no veraneaba nadie. Pero a mí me daba vergüenza, una vergüenza que no podía disimular, y que me impulsaba a no mirar a las personas o a tratar de explicarles con mi mirada que yo no debía estar allí, que aquel no era mi sitio, que todo era a causa de un malentendido.

En el comedor de la posada —entre el blanco sucio y el gris— había varias mesas cuadradas, con manteles. Desayunaban dos o tres carreteros, una señora con su hija y un hombre alto, de porte distinguido, con algo misterioso en su rostro, como de cerca de cincuenta años, o quizás menos. Me resultaba difícil apartar la mirada de él, que me sonrió con amabilidad.

Desayunamos café con leche y pan. El pan lo migábamos en el café. Mi abuela hizo elogios de aquel pan. Pronto supe que aquel hombre alto era un militar forzosamente retirado. Estaba loco, y vivía allí solo, en la posada. Era el único huésped fijo. No sé si no tenía familia o su familia le había dejado allí, en la posada de «los Rojos». Los posaderos le admitieron porque era un loco pacífico y estaban muy contentos de él. La causa de su locura fue un tiro que recibió en la guerra de África. Una bala le había entrado por una sien y le había salido por la otra. Se advertían claramente las cicatrices. Él mismo me lo explicó al día siguiente de llegar. También era cariñoso, como el perro feo y negruzco o, por lo menos, lo fue conmigo en los escasísimos días que tuvimos trato. El 19 o el 20 de julio el militar loco me subió a lo alto de la casa y desde un ventanuco me mostró a lo lejos el perfil de Madrid. Ascendían al cielo, aquí y allá, columnas de humo. El loco me fue diciendo cuáles eran los edificios incendiados por las turbas revolucionarias, casi todos iglesias. Muy pocos días después el loco ya no estaba. Los rojos habían llegado de noche, le habían sacado de la casa y le habían matado. Pero no habían sido los rojos de Colmenar Viejo, se nos explicó, que le apreciaban y sabían que no hacía mal a nadie, sino los de otro pueblo cercano. Le asesinaron porque era militar.

Llegó a ser una costumbre entre esos pueblos de la provincia de Madrid que trepan hacia la sierra, que los de un pueblo se acercaran a matar a los del otro.

Vieja beata y espía

La obtención del salvoconducto en muchos casos no resultaba fácil. Uno de esos casos iba a ser el nuestro. A mi abuela, como ya he dicho, socialista de toda la vida, se le ocurrió, en cuanto nos acomodamos en la posada, irse a la iglesia.

—Allí se debe de estar muy fresquito —dijo.

Y en la iglesia se pasó la mañana; razón por la cual días después las nuevas autoridades revolucionarias, en uso de su derecho, y en defensa de los intereses de la República, nos negaban el salvoconducto. Cuando mi abuela fue a pedirlo, el socialista que se encontró enfrente, tras su nueva mesa de funcionario, no sólo no se lo dio sino que la llamó «vieja beata» y «espía». Era mucha coincidencia que aquella vieja y el señorito hubieran llegado al pueblo, a un pueblo por el que pasaron buena parte de los insurrectos fugitivos de Madrid, precisamente dos días antes de la sublevación. Estaba claro que podían haber ido a tomar «puntos de mira».

Regresó mi abuela al patio de la posada y allí se cagó en todo lo cagable.

A Franco le fue mejor que a mi abuela, y el 6 de agosto, cuando ya alrededor de veinte mil hombres del ejército africano y cargamentos de municiones, cañones y aviones de transporte y de caza alemanes, con sus correspondientes pilotos, habían puesto pie y pertrechos y bombas y metralla en Andalucía, cuando ya el golpe militar no era un golpe, se decidió a cruzar el estrecho y a fijar su cuartel general en Sevilla.

Pasaba yo los días de aquel absurdo veraneo leyendo mis novelas y charlando con dos muchachos mayores que yo, hijos o sobrinos de los posaderos. Uno de ellos parecía cohibido y el otro presumía de listillo y muy vivido, y quizás lo fuera.

Con esos parientes jóvenes de los posaderos me ocurre algo muy especial: no sé si eran dos o era sólo uno. Los veo sentados en el poyete de piedra, en una de las sillas de enea, sobre los sacos de grano. Uno vestido más de ciudad, más de campo o de pueblo el otro. Pero, ya digo, no sé si eran dos o uno que alternaba ambos modos de vestir. Si eran dos, uno de ellos hablaba conmigo, el muchacho madrileño desconocido, de comunismo, de los grandes adelantos de la Rusia soviética; me mostró alguna publicación con fotos. El otro, en cambio, era fascista y las mejoras que elogiaba eran las del régimen de Mussolini. Pero a veces pienso que eran uno mismo que admiraba los dos sistemas sin saber por cuál inclinarse y que de lo único que estaba seguro era de que aborrecía la vieja organización derechista y burguesa. Si suponemos que eran dos, como sus nombres se han borrado, podemos llamar a uno Alfredo y al otro Mariano. Alfredo sería el fascista y Mariano el comunista; Alfredo el vestido de ciudad y Mariano el de campo o de pueblo. Tendrían otras características que los diferenciarían: Alfredo presumía, a su corta edad, de mujeriego y el otro era más bien retraído, corto de palabras. ¿O sólo era uno que se comportaba según le soplase el viento?

A la caída de la tarde, cuando se retiraba el sol abrasador, escuchábamos la radio desde el patio de la posada. Eran los primeros días de la insurrección militar y de la revolución y todavía estaba con nosotros el militar loco, tan afable, tan apacible. Casi todas las noticias oficiales tenían como sustancia definitiva que el gobierno «dominaba la situación». A veces se escuchaban arengas, discursos de diputados izquierdistas. Vociferaba con trágico sentido del humor el diputado federalista Barriobero y Herrán:

—¡Si me hubieran hecho caso a mí...! ¡Yo propuse en las Cortes Constituyentes, cuando se discutía el artículo veintiocho, sobre la cuestión religiosa, que su texto fuera este: «Prohibido ser fraile»!

También había allí una señora con una hija de mi edad, cuya imagen yo utilizaba para mis fantasías eróticas nocturnas.

Una o dos veces Mariano o Alfredo me acompañaron a dar una vuelta por el pueblo, me llevaron a las afueras, hacia el otro lado de la posada, el lado que daba a la sierra, y me explicaron por dónde y a qué distancia debían de estar los militares sublevados. Pero se consideraba que esto no era prudente, puesto que las nuevas autoridades nos habían negado el salvoconducto. Era mejor que ni mi abuela ni yo nos moviéramos de la posada. Los ánimos estaban excitadísimos y podía ocurrir cualquier cosa irremediable.

Lo cierto es que durante unos días, tanto mi abuela como yo, como la familia de los posaderos, pensábamos que los revolucionarios del pueblo quizás nos mataran. Quince días antes, el asesinato sin fundamento de una anciana de setenta y seis años y su nieto de catorce habría parecido inverosímil; pero en aquellos pocos días se había producido un gran cambio según el cual morir seguía siendo tan terrible como siempre, pero matar carecía de importancia.

La radio daba noticias del desarrollo de los acontecimientos que hoy ya son Historia, de sobra conocida, pero los carreteros que de vez en cuando paraban en la posada traían noticias de la gente que iba muriendo, sin entrar en combate, en Buitrago, en San Agustín, en Guadalix de la Sierra.

Aquellas noticias de asesinatos contribuían a que mi indeciso ideario político se inclinase hacia la derecha. Pero el ambiente callejero en que me había criado, la influencia de mi abuela y de algunas de mis lecturas me impedían compartir los ideales de los ricos, de los conservadores, carcas, cavernícolas. Ya sabía entonces

lo que era el corporativismo y los beneficios que podía reportar al país, y también que debía ponerse freno, aunque fuera violentamente, a las pretensiones de los marxistas, porque todo esto nos lo había explicado en clase el hermano Daniel; pero lo que más me inclinaba a aquella tendencia en mis reflexiones del patio de la posada era la actitud de los revolucionarios en aquellos primeros meses, el terror que empezaban a infundirme y el que mi abuela, a pesar de su pobreza, de su anticlericalismo y de sus frustrados deseos de ascender de clase, como si fuera discípula de Ortega y Gasset, repitiera, al enterarse de cada nuevo horror, algo así como:
—No es eso, no es eso.

Mariano y Alfredo o Alfredo-Mariano, cuando había gente en el patio hablaban de noticias concretas, de lo que sucedía, no de opiniones políticas. Pero a mí, cuando me cogían aparte, cada uno me hacía propaganda de sus ideas. Me enteré en unos ratos de las ventajas del estajanovismo y de los logros del plan quinquenal y de que Rusia, país hasta entonces sumido en la miseria, se iba a poner a la cabeza del mundo; en otros ratos conocí el orden y la prosperidad que se disfrutaban en Italia y los grandes beneficios que el proletariado había obtenido con el fascismo de Mussolini. Como he dicho, me sentía más inclinado a aceptar los razonamientos de Alfredo que los de Mariano, y creo que la causa principal era la creencia que tenía entonces de que poniéndome al lado del comunismo soviético podría llegar a ser un obrero en un país de obreros, pero si me ponía al lado del fascismo sería un señorito en un país de señoritos. Y las experiencias vividas en mi barrio me llevaban a creer que a las chicas les gustaban más los señoritos que los obreros. Nunca he comprendido cómo, en aquellas peligrosísimas circunstancias, Alfredo no ocultaba sus ideas y se las comunicaba a un desconocido como yo, ni tampoco que yo me atreviera a veces a apoyarlas en voz alta en el patio de la posada, y llegara a intentar inculcárselas a mi abuela, que, como es natural, aunque en su juventud hubiera alcanzado a entender los principios del socialismo y el liberalismo, ahora era incapaz de comprender lo que había yo logrado captar de lo que acababan de enseñarme el hermano Daniel y Luis Muriel, Isidoro Sánchez y Feito, jóvenes falangistas, algo mayores que yo, compañeros de estudios, unos del colegio de los maristas y otros de la academia Bilbao. Eran éstos auténticos camisas viejas, de los que pertenecían al partido de José Antonio Primo de Rivera ya en el año 35, cuando apenas contaban diecisiete años. De Feito, que unos cuantos días fue compañero de pupitre en los maristas, y de Isidoro Sánchez, que me instruía en fascismo cuando dejábamos de asistir a clase para pasear por la glorieta, nunca volví a saber nada. A Luis Muriel, también compañero en aquellos paseos fraudulentos, guapo, elegante, espigado, rubio, con aire británico indudablemente heredado a juzgar por su apellido, nieto de un famoso escenógrafo teatral que dio nombre a una calle de Madrid, me lo encontré mucho tiempo después, en los años cincuenta o sesenta, en la sala de fiestas Casablanca. El brote de la nostalgia nos hizo aislarnos del ambiente, de la música y de las bellas mujeres y recordamos los viejísimos tiempos. Acabada la guerra, asqueado por todo lo que había visto, Muriel se desentendió de Falange y de la política. No sabía casi nada de nuestros condiscípulos de la academia Bilbao. No es sorprendente, pues en aquel quinto curso de bachillerato éramos sólo cinco o seis. Sí sabía que el más inteligente de todos nosotros y mejor estudiante, Ángel García, hijo de obreros, había llegado a ocupar un alto cargo en la Seat. Yo nunca más le vi, ni volví a ver a Muriel.

Alfredo me prestó —¿o quizás fuera Mariano?—, recomendándome con mucho interés que la leyera con atención, *Sin novedad en el frente*, de Remarque, en un ejemplar en papel prensa de la colección Novelas y Cuentos. Yo había visto la película durante un veraneo en el que mi abuela prefirió que fuera a diario al cine en vez de pasarme las tardes en la verbena. Me pareció una película de acción como otra cualquiera, sin que me llegara lo que años después llamaríamos «el mensaje». Pero la lectura de la novela, rabiosamente antimilitarista, cuando ya la rebelión se había convertido en guerra y llamaba amenazadoramente a las puertas de todos nosotros, aumentó mi perplejidad.

La separación

Mi madre y la criada estaban en Madrid. Inmensa distancia separaba Madrid de Colmenar Viejo, donde estaban la abuela y el hijo. La distancia de un salvoconducto. Hablaba mi madre por teléfono a la posada cuando podía, que no era siempre, porque la guerra desata su ferocidad contra el individuo. Grandes hombres, en esos trances, trabajan para la historia, la ¡Historia!, la ¡HISTORIA! Los otros, sencillamente, tratan de defender su existencia cotidiana. Tratan de vivir. Les es difícil. Los fabricantes de historia se oponen.

Años después, a finales de los cuarenta, con motivo del rodaje de una película, conocería a un tal Hans Bernhardt, un alemán. Le conocería como productor de cine y arrendatario, o algo así, de los viejos estudios Cineart, que todavía existen. El tema de la película era la aviación militar, pero entonces, a mis catorce años, de ninguna manera podía saber que este tal Bernhardt era el encargado de sembrar en el suelo de España las bombas experimentales con que las huestes de Franco contendrían, gloriosamente, el avance de la revolución.

Mi madre, que nunca se había llevado bien con mi tío Carlos, el golfo, desaprensivo, vividor —escribo deprisa, perdóneme en el purgatorio las calificaciones—, porque sus pecados eran distintos, recurrió a él al encontrarse sola en aquel trágico verano. Mi tío también recurrió a ella por la misma razón. Nunca llegó a vivir —si por vivir entendemos dormir, pernoctar— en «la casa de los santos», pero sí a comer y a cenar y a pasarse allí las tardes y a hacer de nuestro barrio su barrio. Cuando mi madre, por el problema del salvoconducto, no sabía qué hacer para reunirse con su madre y con su hijo, recurrió a él. Porque ¿a quién recurrir una mujer sola en una circunstancia tan histórica? A un hombre. Mi madre era amante entonces de un joven ingeniero, pero debía de ser un ingeniero algo importante o de buena familia, porque por aquellos días ya estaba refugiado en una embajada. Efectivamente, tal como supuso mi madre, el golfo, el desaprensivo, el vividor se había bandeado bien en aquellos primeros días horribles y él, apolítico, indiferente, frío, ecléctico y todo lo peor que pueda decirse, nos consiguió a mi abuela y a mí los salvoconductos para que pudiéramos regresar de Colmenar Viejo a Madrid, para que pudiéramos salvar esos treinta kilómetros.

Fernando Fernán-Gómez
con S. M. el rey don Juan Carlos.

Vista de la casa número 11 de la calle Álvarez de Castro.
Fotografía realizada desde el número 16 de la misma calle.

Doña Carola Fernán-Gómez, madre de Fernando, representando la obra *Son mis amores reales*.

28 de octubre de 1921, con dos meses de edad.

Fernando Fernán-Gómez con once meses.

Fernando en su primer aniversario.

Carola Fernán-Gómez y Paco Melgar en la representación de la obra
El hombre que todo lo enreda con la compañía
de Loreto Prado y Enrique Chicote, 1927.

Fernando
a la edad de dos años.

Fernando disfrazado de gato
en los carnavales de 1925.

Fernando en Madrid,
a los cuatro y cinco años.

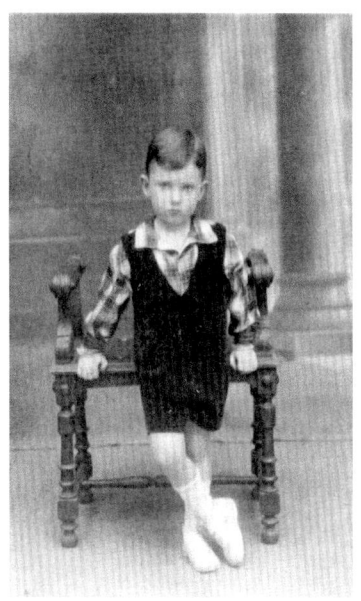

Fotografía dedicada
a su madre, 1929.

1927,
con seis años.

Primera Comunión,
1931.

Doña Carola
con Pilar Lebrón, 1934.

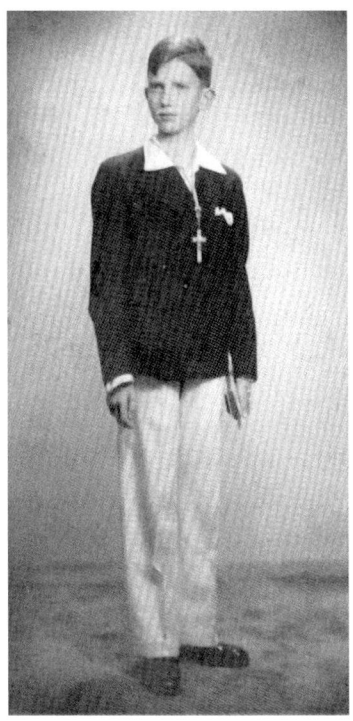

Fernando con su madre
en agosto de 1934.

Jugando en la playa de La Concha en San Sebastián, 1934.

Carola Fernán-Gómez en la playa de La Concha, San Sebastián, 1934.

En el Monte Igueldo, San Sebastián, 1934.

Con su madre en San Sebastián, 1934.

En Gijón,
en 1935.

Fernando
con su abuela, 1934.

Fernando
en Madrid, 1936.

Carlos y Manolín,
primos de Fernando,
y Ricardo, primo de los anteriores.
Gijón, 1935.

Carola Fernán-Gómez
en el Monte Igueldo, San Sebastián.

Fotografía realizada
en Colmenar, donde
Fernando pasó unas
vacaciones de verano
durante la guerra.

Con su madre y una amiga en Biarritz.

Fernando y su abuela en la casa de la calle Álvarez de Castro de Madrid. Septiembre de 1934.

Fotografías de Fernando realizadas en Madrid en 1932 y 1933.

Fernando Fernán-Gómez
durante los años de la guerra civil española.

Fotograma de la película *Cristina Guzmán, profesora de idiomas*, dirigida en 1942 por Gonzalo Delgrás.

Fotograma de la película *Mi enemigo y yo*, dirigida por Ramón Quadreny en 1943. En la fotografía, Fernando Fernán-Gómez con Josita Hernán y Leonor Fábregas.

Con José Altabella paseando por la Gran Vía madrileña.

Rosas de otoño, dirigida por Juan de Orduña en 1943.

Con Mary Alba en una escena de la película *Viviendo al revés*, dirigida por Ignacio F. Iquino en 1943.

Con Mary Santpere y Mary Alba
en la película *Viviendo al revés*, 1943.

Fernando Fernán-Gómez
con su gran amigo Manuel Alexandre.

Fernando en *La chica del gato*,
dirigida por Ramón Quadreny en 1943.

10
La comedia inhumana

Cuando esto acabe

Estábamos ya en los primeros días de agosto del 36. Cuando redacto estas páginas de confusos recuerdos, hace ya medio siglo. Acorazados alemanes llegaban a los puertos dominados por los facciosos. No puede el ejército leal bombardear Algeciras porque hay buques ingleses en Gibraltar. El constructor de aviones alemán Messerschmidt se entrevista con Franco. Buques de transporte, bombarderos pesados llegan desde Alemania y desde Italia en ayuda de los militares monárquicos españoles.

Me he acostumbrado desde entonces a decir que en el año 1936 veraneé en Colmenar Viejo, pero no es cierto: veraneé en aquella posada de «los Rojos», ya que, por miedo a que me ocurriera algo, no me dejaron salir de ella más que dos o tres veces.

Uno de los dos parientes jóvenes de los posaderos, el fascista, me dio a leer novelas verdes, porque las policiacas y de aventuras que yo había llevado le parecían cosa de niños. Una de las novelas verdes que me prestó Alfredo ocurría en el carnaval de Niza; la otra en La Habana. Eran las dos de Joaquín Belda, y me prometían una vida maravillosa para dentro de nada, cuando la guerra terminase y yo también fuera un hombre. Pero a la guerra no se la llamaba *la guerra,* aunque ya lo era. No se la llamaba de ningún modo, nadie quería saber lo que estaba sucediendo. Se la llamaba *esto,* simplemente.

—Cuando esto acabe...
—Cuando empezó esto...

Así se decía. Pensaba yo en mis largas siestas del caluroso verano excitadas por el novelista galante: «Cuando esto acabe, aprobaré la Química (la última asignatura que me quedaba del bachillerato), empezaré Derecho, y cuando sea abogado podré ir un año al carnaval de Niza y otro a conocer a las mulatas de La Habana...»

En los primeros días de agosto, cuando la intervención de alemanes y de italianos en el conflicto español era indudable, se llevó a cabo por las potencias el acuerdo de *no intervención.* El secretario de Estado norteamericano recomendó a los ciudadanos de su país la no interferencia en los asuntos españoles. El gobierno francés prohibió por completo la venta de armas al gobierno legítimo de España. Estas noticias, más o menos nítidas, llegaban por la radio a la posada, y Alfredo-Mariano se esforzaba como podía en desentrañarlas para explicárselas a los demás.

En la región extremeña, el avance de los sublevados hacia Madrid resultó incontenible: doscientos kilómetros en una semana. Las radios facciosas lo decían. Pero las fuerzas gubernamentales contuvieron al ejército insurrecto del norte, al mando de Mola, en la sierra de Guadarrama y allí se estabilizó el frente.

Recibimos el salvoconducto que nos envió el tío Carlos desde Madrid, y pudimos regresar. En el autobús de línea que nos devolvía a Madrid viajaban muchas mujeres. Aunque mi abuela y yo habíamos exhibido los salvoconductos que nos había agenciado mi tío (*agenciar* fue un verbo muy utilizado durante la guerra), aquellas mujeres lanzaban pullas contra nosotros. Mi abuela era para ellas la vieja beata que había ido a la iglesia nada más llegar y yo no era hijo de un obrero. Mi abuela y yo pasamos miedo en aquel viaje.

El ejército republicano consiguió recuperar la mitad del territorio aragonés, y la columna del anarquista Durruti llegó casi a las puertas de Zaragoza; por el sur, Badajoz era tomada al asalto por las fuerzas de Yagüe, el general falangista.

De nuevo en Madrid, fin del pintoresco veraneo. Muy pocas veces salí a la calle en aquel mes de agosto. Algunos amigos del barrio y del colegio venían a mi casa y nos reuníamos en el comedor. Charlábamos y jugábamos a las cartas. Cuando salía, porque el chico no podía estar siempre encerrado, me acompañaba mi tío, que acababa de fundar con un amigo una especie de compañía de seguros para arreglar aparatos de radio. La radio era entonces media vida para los que esperaban noticias de los desaparecidos, para los que no se creían nada de lo que contaba la prensa leal, para los que estaban deseando enterarse de que se había terminado *esto*.

Un cobarde

En Madrid empezaban a escasear los víveres y el dinero. Se pagaba a veces con unos vales sellados por los sindicatos, los partidos políticos, los ateneos libertarios. Las colas empezaron a ser espectáculo frecuente.

Y llegó la fecha más trascendental de la guerra de España: el 27 de agosto de 1936. Al día siguiente cumpliría yo quince años. Estábamos en el comedor mi madre, mi abuela, mi tío y yo. Se bromeaba sobre que la celebración de mi cumpleaños no sería muy lucida. Mi abuela había comprado un montón de latas de mermelada podridas, ante la escandalizada protesta de mi madre, y quizás nos atreviéramos a abrir alguna. Tembló ligeramente el suelo. O a nosotros nos lo pareció.

Nos quedamos en silencio. Se oyó a lo lejos algo así como un trueno brevísimo, un sonido que no habíamos escuchado nunca. Momentos antes llegaba hasta nuestro comedor el ruido de los niños que jugaban en la calle. Y de repente, también desde la calle llegó el silencio. Mi tío, el hombre de la casa, dijo:

—Ha sido una bomba, una bomba de aviación.

Los libros lo dicen: el primer bombardeo aéreo de Madrid se llevó a cabo el 27 de agosto de 1936 por una escuadrilla de *junkers*, los *junkers* que vendió aquel hombre al que yo conocería años después como productor cinematográfico.

Es imposible recordar —ha pasado medio siglo— lo que mi tío, mi madre, mi abuela, la criada, que llegó espantada desde la cocina, y yo dijimos después. Pero es imposible olvidar que a los pocos minutos tuve que ir al retrete.

—No te dé vergüenza, hombre; es natural —dijo mi tío, sonriendo.

Pero a mí, en el retrete, sentado en la taza, sí me daba vergüenza. Tarzán de los monos, D'Artagnan, Sherlock Holmes, Sexton Blake no eran como yo. Yo era un cobarde.

Los ahuecados

A cualquier hora del día o de la noche se oyen desde las casas y las calles de Madrid los cañonazos. El gobierno aconseja evacuar Madrid. Pide a la población civil que cada uno se traslade a donde pueda, donde tenga parientes capaces de acogerlos. Sentados a la mesa del comedor, mi madre, mi abuela, mi tío y yo cambiamos impresiones. Los escasos parientes que tenemos viven aún más cerca de los frentes de batalla que nosotros, hacia Guadalajara y algo más allá. Siguen llegando a Madrid interminables caravanas de evacuados, cuando ya nos piden a los madrileños que nos marchemos nosotros. Nos piden también colchones para estos evacuados —*ahuecados* los llama ya el humor castizo, y con ese título se estrenó un sainete—; nos piden prendas de abrigo para los milicianos que combaten en la sierra, porque allí el otoño es invernal y los ha pillado a todos con la camiseta y el mono que pasarían a la historia. Por un decreto se crea el Ejército Popular: los milicianos se convertirán en soldados; por otro, los comisarios políticos.

A mi tío le conviene, a pesar de todo, quedarse en Madrid, pues se ha afiliado a la CNT y con otros compañeros de anteriores trabajos ha fundado el Sindicato de Empleados de Seguros, o algo por el estilo.

Hacia la anormalidad normal

Cada tres o cuatro días los cañonazos se oyen más próximos. La criada que tenemos estos días —cambiamos rápidamente, por diversas causas—, solterona, bajita, rechoncha, no muy agraciada, ya ha soñado varias veces que los moros la violan. No puede soportar esa tensión y se marcha lejos de Madrid, a un pueblo donde tiene familia.

A mi madre y a mí nos da mucha risa el sueño de la criada. A veces mi madre se asoma al mirador. Aún es joven, nació con el siglo, y los mecánicos del garaje de al lado, sin importarles que yo esté con ella, le dicen piropos soeces. Mi madre se retira del mirador murmurando que son unos impertinentes y unos groseros y sin poder evitar una sonrisa. La nueva criada, jovencísima, va por el pasillo de un lado a otro. Yo a veces escucho con la oreja pegada a la puerta de la casa por si oigo los pasos de alguna de las dos hijas de los caseros, y si los oigo, salto a la escalera para cruzarme con ellas, como si fuera a hacer algo muy urgente. Mi tío trae con frecuencia a su novia para ir estableciendo un trato familiar. En la parte izquierda de Álvarez de Castro, calle ancha, tan adecuada para los juegos, los chicos juegan a la guerra con botes de conserva vacíos y arman una tremenda escandalera. En la de la derecha juegan las niñas, al diábolo, a la comba, a *únela* (hoy, por Cortázar, *rayuela*) entre chillidos. Conforme avanza el otoño, dura menos el tiempo del juego, son más escasos los gritos. Yo ya soy mayor, y desde el mirador de mi casa veo jugar a los chicos desconocidos que se han apoderado de mi calle.

Los asesores soviéticos se hospedan en el hotel Gaylord's.

—Es el más *chic* —informa mi tío, no sin mala intención, pues a cada momento se siente más CNT.

A veces, desde nuestros balcones se ven rusos que vienen al garaje de al lado. Yo no los distingo. La nueva criada y mi tío, sí. Les basta una mirada para afirmar:

—Aquél es ruso, y el de allí también.

Llegan rumores de que Valencia es un paraíso. Ante la amenaza de que los facciosos corten la carretera, los políticos, los jefes y los funcionarios emprenden el éxodo hacia el Levante feliz; desde allí podrán servir más eficazmente a la República. Los habitantes de Madrid sabíamos que Mola había dicho que no sólo contaba con cuatro columnas para tomar Madrid, sino con una *quinta*, que estaba dentro. Nos mirábamos unos a otros, pensando: «¿Éste será de la *quinta columna*?», lo cual podía significar la gloria para el día de mañana o la muerte para el día de hoy.

Yo también, como nuestra criada solterona, bajita, rechoncha y no muy agraciada, soñé con los moros. Llegaron por la calle de Viriato, desde la Moncloa, hasta la de Álvarez de Castro. Eran sólo cuatro o cinco —mis moros eran los de *El león de Damasco*, de Salgari—. Doblaron la esquina del número 17, la de la casa de ladrillo visto, donde aún está la fontanería. Mi calle estaba defendida por tres o cuatro osos grandes, no pardos sino casi negros. Eran osos de esos que hasta hacía poco llevaban los húngaros y los hacían bailar al son de un pandero. Yo vi la escena desde el balcón de mi cuarto. Era una mañana brumosa, de otoño. Los moros iban armados con enormes alfanges. Los osos estaban desarmados y además eran lentos y pacíficos, poco aptos para la defensa. Los moros se abalanzaron contra ellos y de un solo tajo vertical, de arriba abajo, los seccionaron en dos partes, y los osos quedaron convertidos en sardinas. En sardinas abiertas, fritas, rebozadas, quiero decir. Y mi madre, mi abuela, mi tío y yo, sentados a la mesa, nos disponíamos a comérnoslas, alborozadamente.

El terror, el hambre y el disparate se unían en el sueño, como en la vida y como en la guerra.

Ya casi nadie habla de los paseos. O han dejado de darse o se han convertido en algo cotidiano. Ya no van los chicos a los solares, a los desmontes, a ver los cadáveres. Parece ser que también se han retirado los ladrones de muelas de oro. Todo hombre útil tiene que ir, de grado o por fuerza, a las afueras de Madrid, a abrir zanjas, a levantar parapetos. Se apresta la ciudad a una defensa enconada, heroica. El gobierno prepara una gran ofensiva para contrarrestar el ataque de las tropas fascistas. Los políticos, diligentes, siguen trasladándose hacia climas más templados. Los anarquistas les ponen toda clase de impedimentos en las carreteras, con lo cual, según la mayor parte de los historiadores, sólo consiguen retrasar la marcha de las operaciones. Los anarquistas, esos niños locos, están empecinados en defender una sola cosa: la revolución.

En noviembre ya hace frío en Madrid. Los chicos ya no juegan en la calle. Balas perdidas rompen de pronto los cristales de las casas. La nuestra está de cara al frente de batalla, no lejos de él. Mi madre debe salir a la calle todas las tardes para ir en metro al centro de Madrid, a un café de cómicos, porque se van abriendo los teatros y no hay que perder contactos. Ella y mi tío, que ahora tiene un cargo sindical importante, llegan por la noche, a la hora de la cena, con noticias recientes, que no se parecen a las que vienen en los periódicos. Sobre las calles estallan balas de obuses, bombas de aviación. Cuando el bombardeo es continuo nos refugiamos en el sótano de la casa. Suelo bajar el libro de Química para seguir estudiando, porque esto tiene trazas de acabarse pronto y habrá exámenes en enero. Otras veces me bajo una novela. En el sótano están las hijas de los caseros y también María, nuestra criada —que no es aquella María con la que leía versos en la mesa camilla de la otra casa—, y la mujer de un vecino, guapa y mal envuelta en una bata. Hay otros refugiados, pero menciono únicamente a las mujeres que más llamaban mi atención. Mi abuela no baja al refugio; dice que le da igual morirse de un bombazo que asfixiada bajo tierra. Nosotros, mi madre y mi tío, también nos hemos hecho a la idea de que es lo mismo que muera de una forma o de otra. Tiene que morirse porque es vieja. Pero mi tío, mi madre, la criada y yo no debemos morir; sería injusto. Y en cuanto hacen explosión las primeras balas de obuses corremos escaleras abajo, hacia el sótano. Todos tenemos miedo y hambre.

Ya hace días que, tras el fracaso de una contraofensiva para rechazar a los facciosos, el presidente de la República, Manuel Azaña, huyó de Madrid. El paso del tiempo ha modificado mucho, y a su favor, la imagen de este político. Pero en aquel otoño del 36 era un hombre que, admirado por el pueblo poco tiempo atrás, ya no le caía bien a nadie. Era un burgués traidor a la burguesía, un izquierdista enemigo de la revolución, un escritor impotente y resentido.

Los fascistas están a las puertas de Madrid y por primera vez en la historia se pide que los anarquistas formen parte de un gobierno, y también por primera y única vez ellos aceptan. Pero el nuevo gobierno se traslada a Valencia apresuradamente, pues Madrid va a caer de un momento a otro.

Cenas en la cocina

Solemos desde hace tiempo cenar en la cocina porque el comedor, con su mirador de amplias cristaleras, se ha convertido en un lugar peligroso. Ya ha recibido algún disparo de los rebeldes y de los milicianos que persiguen a los *pacos*. No obstante, a pesar de que dos balas perdidas han entrado en esa habitación y pueden entrar en cualquiera de las otras cuatro exteriores que tiene la casa seguimos haciendo vida en ellas. Al cabo de los años me sorprende algo que no me sorprendía entonces: lo acomodaticio que es el ser humano. ¿Por qué seguía yo pasando las tardes en aquel comedor? ¿Por qué dormíamos en aquellas habitaciones, en las que una bala podía atravesarnos el cuerpo en cualquier momento? Podíamos haber colocado unos colchones en el pasillo, que estaba a resguardo, y dormir allí. Pero, de tomar esa decisión, ¿por qué salir a la calle en una ciudad constantemente bombardeada, ametrallada? Queremos seguir viviendo siempre la que imaginamos que es nuestra vida y si ocurre alguna desgracia, qué se le va a hacer. Por eso a todos, excepto a los profesionales, nos atemoriza el presidio, porque allí sí que no hay manera de seguir viviendo la vida que creemos la nuestra; allí sí que es imposible estar rodeado de nuestras cosas y elegir, aunque dentro de un estrecho margen, nuestras costumbres.

Los cuadros del Museo del Prado han salido de Madrid hacia el extranjero. Y también el oro del Banco de España. Nos lo cuenta el tío Carlos mientras cenamos. Mis amigos del barrio y del colegio, Ángel García del Barrio, Emilio el sordo, Vicente Cardenal, Arturo Fernández, siguen viniendo a casa, aunque hay peligro. Al padre de Ángel, comandante de carabineros, acaban de asesinarle en Paracuellos del Jarama, pero él y su hermano mayor tardarán años en saberlo, cuando termine la guerra. Mientras tanto, vivirán pendientes de la radio de Burgos, por si escuchan algún mensaje, de las noticias de la Cruz Roja. Quieren creer que su padre, que fue detenido en los primeros meses de la revolución, está oculto en algún lado, y que si no llegan noticias es por no poner en peligro al resto de la familia. Mi amigo Emilio Cardenal —el hermano de Vicente, que viene a casa todas las tardes y nos intercambiamos lecturas y opiniones—, a sus dieciséis años, y sin haber manifestado antes ninguna tendencia política, se ha ido voluntario; qué locura. Vicente se queda en casa solo, con la criada, porque sus padres están en el norte separados por la guerra. Se combate en la Casa de Campo, donde yo iba los domingos con Antonio, el nieto del registrador, y con sus padres —mi abuela me preparaba la tortilla—; en la Universitaria, donde paseaba con Arturo, el hijo del ebanista. Empiezan a llegar las Brigadas Internacionales, llegan los anarquistas de Durruti. Nos enteramos después de que el mundo entero estuvo pendiente de aquella batalla. Su sonido es inolvidable para mí: el tableteo de las ametralladoras, muy corto, como asmático, distinto a lo que yo me imaginaba por las novelas, las historietas y las películas; los disparos aislados de los fusiles, encadenados de pronto unos a otros, como si un grupo de hombres hubiera enloquecido; el sordo estallido de las bombas, de las balas de los obuses. Aumentaba esta sinfonía por las noches, cuando me acostaba con hambre y frío pero sin miedo, porque los combates en el cercano frente estaban asumidos por los habitantes de Madrid y eran para nosotros —hablo de los que no éramos ni héroes ni mártires— algo así como la lluvia. Pero muchísimos años después llegaría a saber que para mí no fue aquello una breve tormenta de verano. Muchísimos años después, más de treinta, cuando fui a México con Antonio Ferrandis para intervenir en el rodaje de una película, una amable y bella señora mexicana se interesó por el tema de mi obra teatral *Las bicicletas son para el verano*, de la que habían llegado referencias desde España.

—Trata de la vida cotidiana en Madrid durante la Guerra Civil —resumí.

—He observado —dijo con un matiz de sorpresa y curiosidad— que muchos de ustedes, los españoles, al cabo de los años siguen viviendo obsesionados por aquella guerra.

11
Una relativa estabilidad

La batalla de Madrid

En aquella época había traidores y leales; lo mismo ocurre ahora con los recuerdos, lo sé. ¿Cuáles son fieles? ¿Cuáles me hacen traición? ¿Es o no es cierto que un tanque de los facciosos perdió el rumbo y llegó hasta la calle de Bravo Murillo, a doscientos metros de nuestra casa? Tendría que haber atravesado la Ciudad Universitaria, el Caño Gordo y el Campo de las Calaveras, donde íbamos a jugar los chicos del barrio meses atrás. ¿Lo soñé? ¿Sucedió realmente? ¿O es también una traición de la memoria?

Los bombardeos de Madrid cada vez son más intensos, más frecuentes. Estamos refugiados en el sótano de la casa. Hay allí picos y palas, por si una bomba derriba la escalera, obstruye la puerta. También hay imágenes de santos en escayola, aún sin policromar, porque el casero, escultor religioso, utiliza el sótano como almacén. Cuando más cercano es el sonido de las explosiones, alguien dice algo así como:

—¡Cuándo acabará esto!

O también:

—A esto no se le ve el fin.

La casera, la mujer del escultor religioso, afirma convencida:

—Esto está prácticamente terminado. Los militares van a ganar la guerra de un momento a otro.

Al oír aquello se me paralizó la mirada sobre el libro que estaba leyendo. Me sorprendió la seguridad con que a los sublevados, a los nacionales, a los monárquicos, a los de derechas, a los fascistas, a los facciosos, la casera los llamaba *los militares*. Aquella podía ser una guerra de monárquicos contra republicanos, de fascistas contra comunistas, de ricos contra pobres, de ateos contra creyentes... Pero si se afirmaba que la iban a ganar los militares, ¿significaba esto la aceptación de que era una guerra de los militares contra los civiles? Los militares eran unos hombres como los demás, que habían elegido determinada profesión. Y en un momento histórico, los miembros de una profesión encuentran razones suficientes para hacer la guerra a los de las demás profesiones. A los de las profesiones inermes, podríamos decir. ¿Pensé esto entonces, cuando se detuvo mi mirada sobre el libro al oír a la casera? ¿Lo pensé años después o lo estoy pensando ahora?

Han matado a Durruti. Cincuenta años después nadie sabe cómo ocurrió. Se dijo entonces que murió en el frente; luego, que le mató una bala perdida; también, que le mataron los comunistas. Nos dicen ahora, después del medio siglo, que lo más probable, la versión más aceptada, es que se mató él mismo sin querer.

Al día siguiente fusilaron a José Antonio Primo de Rivera en la cárcel de Alicante.

Seguían los combates en la Casa de Campo, en la Ciudad Universitaria, en la carretera de La Coruña. Aquello sería, con el paso del tiempo, la batalla de Madrid, aunque nosotros no lo supiéramos entonces.

Mi madre esperaba trabajar pronto, porque comenzaban a abrirse los teatros y ella no había dejado de relacionarse con los demás cómicos y cómicas que había en el Madrid asediado. Mi abuela se lamentaba de que la vejez era muy larga y seguía sin entender lo que estaba sucediendo. Mi tío tenía cargos cada vez más importantes. Yo no me atrevía a decirles nada a las hijas de la casera, ni siquiera les dirigía la palabra más que para saludarlas; el rubor era el único medio de manifestar mis deseos. La criada no quería abrirme la puerta de su cuarto cuando llamaba por las noches. El frío y el hambre aumentaban. Los víveres ya estaban racionados. No nos enterábamos de que la victoria inútil del pueblo en armas sobre los militares a las puertas de Madrid era uno de los acontecimientos más señalados de la historia de la libertad del hombre en este siglo, como la ejecución de Sacco y Vanzetti, la Revolución de Octubre o Mayo del 68.

Mientras tanto

Cuando escribo, hace medio siglo. En las casas del Madrid abandonado, cercado, asediado, también se intentaba celebrar la Navidad. Una Navidad con un aire más festivo, familiar, que religioso, quizás como una Navidad de siempre, pero una Navidad sin pavo, sin besugo, sin mazapán, sin turrón.

Mientras tanto...

Un letrero con estas dos palabras aparecía frecuentemente en las viejas películas mudas. Indicaba que la acción de la escena que íbamos a ver a continuación había tenido lugar al mismo tiempo que la escena que concluía en ese momento, que ambas acciones eran simultáneas. El bueno y la chica, en el jardín, se miraban a los ojos con ternura y enlazaban sus manos; *mientras tanto*... el malo, en el despacho del palacio, lanzaba una insidiosa calumnia. O los malos habían secuestrado a la chica y la encerraban en una cueva; *mientras tanto* los buenos trabajaban en el rancho, ignorantes de todo.

Desde hace muchos años, desde el invento del cine sonoro, ya no suelen utilizarse letreros en el cine, en vista de lo cual guionistas y directores han decidido prescindir de las escenas simultáneas. Sin embargo, en la vida real siempre hay escenas que, dentro de un mismo argumento, son simultáneas.

Los inviernos de la guerra fueron muy fríos en Madrid. Además, escaseaba el carbón para la calefacción central, para los braseros. Si alguien, como aquel chico que era yo entonces, quería pasarse casi todo el día sentado a la mesa del comedor intentando escribir novelas de Emilio Salgari, de Zane Grey o de Georges Simenon tenía que hacerlo con los guantes puestos.

Mi tío era ya un anarcosindicalista muy enterado y convencido. Llevaba folletos y algún libro a casa. A la hora de la comida no podía evitar hacer algo de propaganda. Mi madre —monárquica nostálgica y, además, dueña de la casa— imponía su autoridad y le hacía callarse. No debía meterle al chico —a mí— esas ideas en la cabeza.

Mientras tanto, seguían los encarnizados combates en la Casa de Campo, la Ciudad Universitaria, la carretera de La Coruña; y las Cortes se reunían en Valencia, en el Levante feliz.

Estados Unidos, que iba saliendo a trancas y barrancas de la crisis, acentuaba su aislamiento en política internacional, y Roosevelt era reelegido presidente.

Dos parlamentarios ingleses, uno conservador y otro laborista, visitaban el Madrid asediado y manifestaban públicamente que habían visto cosas terribles y que ambos estaban de acuerdo en que los bombardeos del casco de Madrid, como de los barrios extremos, de densa población obrera, eran crueles y no tenían justificación. En este sentido enviaron una carta al general Franco.

En Moscú se hallaba reunido el Congreso de los Sóviets, en el que Stalin presentaba la nueva Constitución de la URSS. Litvinov, ministro de Asuntos Exteriores, en uno de sus discursos aseguraba que Rusia no tenía intención de establecer el régimen comunista en España. La nueva Constitución institucionalizaba las reformas antirrevolucionarias de Stalin: diciembre del 36 estaba lejos de octubre del 17. Los campesinos podían ser propietarios de sus tierras; el estajanovismo acababa con la jornada de ocho horas; volvía a haber jueces y abogados; disminuía la propaganda antirreligiosa; se instauraba de nuevo el beneficio personal; se aumentaban las retribuciones a los funcionarios, que darían nacimiento a una nueva clase; se restablecía la disciplina en el ejército, y las distinciones jerárquicas; se castigaba el aborto; se investigaba la paternidad; se perseguía el amor libre; la familia recuperaba su prestigio.

Mientras tanto, gracias a sus cotidianas lecturas de *El Socialista*, mi abuela se convencía de que los leales estaban a punto de ganar la guerra, lo que sacaba de quicio a mi madre. Mi tío, el golfo, el desaprensivo, era un funcionario importante. Y mi abuela comía a diario, si aquello era comer, con sus dos hijos y con su nieto, lo que no le había ocurrido desde hacía años.

—Parecemos una familia —dijo un día en lo que nos iba sirviendo el arroz con chirlas.

Los bombardeos de Madrid —las *pavas* desde el aire, los obuses desde Garabitas— eran cada vez más feroces, más imperdonables.

Mientras tanto, en Rusia se festejaba con grandes concentraciones populares la clausura del Congreso de los Sóviets. En Moscú desfilaron un millón de obreros por la Plaza Roja ante el monumento a Lenin y ante la tribuna en la que se encontraban el gobierno, el presidente del Congreso y demás elementos dirigentes del partido. Los manifestantes vitorearon con gran entusiasmo a Stalin, creador de la nueva Constitución.

Mientras tanto, en casa esperábamos la Nochebuena. Cuando llegó nos reunimos en la cocina mi abuela, mi madre, mi tío, María la criada y yo. Mi tío se había agenciado media libra de chocolate suizo y una lata de anchoas.

La guerra y el teatro

Mi tío ha adquirido la costumbre de invitarnos un día a la semana al teatro. Vamos al Infanta Beatriz, que ahora lleva el nombre del escultor anarquista Barral. En él actúa la compañía de Gaspar Campos, un extraordinario actor cómico maestro de la sencillez y la naturalidad, por el que yo sentía una gran admiración desde que un año o dos antes le había visto interpretar unos fabulosos, enternecedores personajes en las funciones populares del Teatro Chueca, cuando durante el verano fue allí a actuar, a precios económicos, la gran compañía titular del Teatro Lara. Mi tío se podía permitir el lujo de invitarnos a un palco. Íbamos Piedad, una novia que acababa de echarse y con la que acabó casándose durante la guerra, la hermana de ésta, mi tío, mi madre y yo. No puedo precisar si íbamos los domingos, pero sí que el teatro estaba absolutamente lleno y que en el público no abundaban los milicianos ni gente de aspecto populachero o con apariencia de revolucionarios. Se había formado de la noche a la mañana —o, para no exagerar, de un mes a otro— una nueva y modesta burguesía, pero burguesía al fin y al cabo. La compañía de Gaspar Campos, en la que figuraban artistas populares como Juan de Orduña —ya galán cinematográfico y luego famosísimo director de cine—, otros que lo serían poco después, como Mary Delgado, gran actriz y estrella de cine de la posguerra, o el que llegaría a ser excelente comediógrafo, Carlos Llopis, renovaba el cartel con frecuencia. El repertorio no tenía ninguna implicación política, sino que era el habitual antes de la insurrección militar: los hermanos Quintero, Arniches, Fernández del Villar, Paso y Abati... Yo esperaba con impaciencia que llegara el día de ir al teatro, pues eran para mí un gozo aquellas representaciones, sobre todo por el trabajo de Gaspar Campos y del *galán cómico* Nicolás Rodríguez, que tenía fama de ser el mejor de su especialidad y respondía a ella. Por razones políticas, faltaba del repertorio Muñoz Seca, al que los obreros politizados, o que habían tomado conciencia de clase, consideraban como un enemigo implacable. Pronto se supo que por aquellas fechas le habían asesinado. Caso curioso el de este autor teatral, muerto a manos de los que debían haber constituido, y de hecho lo constituían, su público más adecuado. Pues su zafio sentido de la comicidad, no del humor, y la elemental cursilería de su sentimentalismo en el relleno amoroso de sus tramas únicamente podían ser adecuados para un público que no hubiera tenido acceso sino a una educación muy superficial. Cuando mi madre estuvo en la compañía de Casimiro Ortas, yo, a mis diez años, disfrutaba lo indecible con las obras de Muñoz Seca *La tela, El sonámbulo, Usted es Ortiz*. Y, efectivamente, mi educación era de lo más superficial. El éxito de Muñoz Seca cuando se le representaba en provincias y en los pueblos estaba casi siempre asegurado. También en el Teatro de la Comedia de Madrid, cuyo empresario tuvo cuidado de mantener siempre unos precios algo más reducidos que los de los otros teatros. Todo esto resulta comprensible. Pero que el público *distinguido* del Teatro Infanta Isabel, durante los años veinte y durante la República, eligiese a este autor como su predilecto, y que por esa razón llegase a encontrar la muerte violenta a manos de obreros vengativos es algo difícil de comprender. Y que, de ser comprendido, dice muy poco en favor de la clase social que le asesinó y muy poco también en favor de la clase que le señaló con su predilección.

La decisión

Una noche de guerra como otra cualquiera tomamos la decisión. En aquellos meses ya no dábamos importancia al tableteo de las ametralladoras o al ruido de los disparos sueltos que llegaban desde la Ciudad Universitaria. Alguno de nosotros decía simplemente: «Hay combate.» Y seguía la conversación, o el juego en la mesa del comedor. Pero no esperábamos nada de aquel combate, ni de su resultado. Sin percatarnos de ello, habíamos convertido aquellos combates que para los contendientes serían algo dramático, algo vivo y decisorio, en una simple cosa, un accidente, como la llovizna, como un apagón de luz, como el trapero de las mañanas, que puede pasar o no pasar pero no influirá en el sentido de la vida de nadie.

Pocos años atrás se oía en la calle el pregón:

—¡Gaaanchooos... para la rooopa!

—Ahí está el de las perchas —decía mi abuela, sentada en el balcón, arropada en el sol de mayo—, ¡qué bien vocea ese hombre!

Igual decía ahora mi abuela:

—Hay combate. Con ese ruido no se puede dormir.

Pero ella se tumbaba del oído que le quedaba sano ¡y tan ricamente! Todo tiene sus ventajas.

Si cuando pasaba el de los ganchos no pensábamos en sus hijos, ni en su mujer, ni en su casa, ni en el hambre, tampoco ahora, al oír el estallido de las granadas, el chasquido de los disparos, el tableteo de las ametralladoras, teníamos motivo para pensar en los soldados, en las heridas, en la sangre, en la muerte. Y no pensábamos; esa es la verdad.

Mi madre era una mujer que a sus treinta y ocho años veía que la vida se le hacía cada vez más pequeña, y aquel hijo —de una manera entre milagrosa y monstruosa— cada vez más grande.

Mi abuela, con el hambre, la dureza y la hostilidad humana de aquellos años había cobrado plena conciencia de su ancianidad. Se trataba, como un domador mutilado, de luchar dentro de la jaula, desesperadamente, contra la fiera del tiempo. Y estaba aquella hija; y aquel nieto, adolescente, indefenso, acechado por tantos peligros.

Pero no eran estos peligros la movilización, la guerra, la muerte; sino los peligros cotidianos: la alimentación deficiente, el despertar del sexo, las malas compañías. Los mismos que habrían existido si no hubiese guerra. Porque, en realidad, para nosotros no había guerra o la había de una manera muy especial, quizás excesivamente subjetiva.

No sé si se daba este fenómeno por deficiente conciencia de los hechos, por miedo a la realidad o por inconsciente obediencia a ciertas consignas. Lo último me parece hoy lo menos probable.

Ni siquiera un kilómetro nos separaba del frente, y ya nuestra calle no era una calle de soldados. En aquel portal movilizaban a un muchacho. Allá vivían dos milicianos. Pero la vida era una vida cotidiana de ciudad y ni mi madre con sus treinta ni mi abuela con sus setenta ni yo camino de mis veinte sentíamos en toda su fuerza la trascendencia de ese acontecimiento bestial y odioso, sórdido y lleno de dolor, implacable y ferozmente sarcástico que habría de marcar nuestras vidas para siempre.

Para ellas dos el nudo del drama no estaba en aquel frente tan cercano, en tal operación que oían describir falsamente por una u otra radio, la republicana o la fascista, la nacional o la roja, la leal o la rebelde, en la intervención o no intervención de las potencias extranjeras, sino en el cuerpo de este adolescente hambriento que crecía día a día con desmesura, que crecía y se desarrollaba por encima de sus fuerzas. Y también en la conservación de sus propios cuerpos en el angustioso y movedizo espacio que el tiempo deja a la vida.

A veces, por las noches, cuando mi madre volvía del trabajo, hablaban ellas dos a solas, sentada mi madre en el borde de la cama de mi abuela. Y yo pensaba que hablaban de mí, aunque desde mi cuarto no conseguía escuchar con precisión sus palabras. Pero creía entender que hablaban de mí. De mi porvenir inmediato, inmediatísimo. Que se acercaba como un caballo sin freno. Que no era un porvenir ya, sino un viniendo, un estando aquí, día a día. Una de ellas era una mujer madura que durante unos pocos años seguiría siendo lo mismo; la otra una anciana, que seguiría siendo lo mismo hasta su muerte; pero yo acababa de dejar de ser un niño y era un adolescente casi ridículo, que de repente, dentro de dos años, o el año próximo, sería un hombre: algo totalmente distinto. No es lo mismo vivir con un gusano que con una mariposa. Es especialmente trágico que a dos mujeres solas, aisladas, en una circunstancia como la guerra, que acentúa más el aislamiento y anula muchas esperanzas de comunicación, les crezca un hombre. Un enemigo con tendencias de tirano. Un ser que día a día, en esa edad de tránsito, deja de ser hijo y nieto, y va siendo exclusivamente eso, un «ser» que reclama sus derechos, unos derechos que él se inventa, pero que al mismo tiempo existen, están ahí. Y la guerra que llamábamos «esto» era la culpable de que esos derechos no pudieran satisfacerse. Era la culpable, y era también la coartada.

Pero estos pensamientos no eran —como serían en la obra de un dramaturgo— lo que componía nuestro ambiente. Estos pensamientos surgían de pronto y se volvían a esconder como niños juguetones, tras el embozo de una cama, o, todo lo más, acompañaban los minutos de antes del sueño, escasos minutos después de cerrar el libro.

Mi abuela, antes de dormirse, como ella decía, viajaba, viajaba, viajaba mucho... Por sus recuerdos, sus nostalgias o amarguras, por los futuros dorados que soñaba para mí y que quería haber podido construir con sus propias manos. Pero más importante era la realidad práctica, las llamadas de lo inmediato. El hambre siempre es pragmática. En aquel tremendo acontecimiento histórico, dos cosas preocupaban fundamentalmente a todo ser pensante y no encargado del gobierno de los demás: comer y librarse de las bombas. Para librarse de las bombas, uno podía pasarse todo el día en el sótano de la casa. Pero la voluntad no era ésa. La voluntad era estar vivos ya, no guardar la vida para el día de mañana. La voluntad era dejarse moler como siempre, como en la paz, en la rueda del día y en la rueda de las estaciones, dejarse triturar la carne por los calendarios, viviendo mañanas, tardes y noches; primaveras, veranos, otoños, inviernos; casas, escaleras, calles, metro, teatros... Si una vieja, en plena guerra, quiere ver volar a los gorriones, y andar pegada a las fachadas, desafiando a los obuses, para charlar con la verdulera... Si una mujer quiere ir en el metro, vestirse con una moda que no existe, sentarse a la mesa de un café en el que no se sirve nada, trabajar en un teatro para un público de masticadores de pipas de girasol... Vivir... Al adolescente la vida y la primavera y el futuro y el amor y la lujuria y los proyectos le revientan por toda la piel en granos y en leche que se le sale de madre. Y hay que darle por lo menos calles, y metro, y chicas que pasan, y un sitio donde trabajar, y otros adolescentes amenazados por la vida y por la guerra con los que comulgar en ignorancia.

Y se tomó la decisión. Yo debería ponerme a trabajar. En realidad, las circunstancias ayudaron a tomarla. También a mi tío se le pidió su parecer. Pero no había mucho que pensar y la vieja polémica entre mi madre y mi abuela sobre el oficio limpio o la posibilidad de darme carrera —médico, abogado...— no tenía lugar. El trabajo en la zona republicana era obligatorio a partir de los dieciséis años, incluso para los extranjeros como yo, que llevaba mi banderita argentina en la solapa. Por otro lado, el dinero que podría aportar era imprescindible. Como no podían discutir sobre el presente, discutieron sobre el porvenir. En cuanto esto acabara, yo me examinaría de Química para ingresar en la universidad y empezar una carrera. Lo del oficio limpio que aconsejaba mi abuela, para mi madre era inaceptable. Significaba volver a caer en la clase baja.

La solución más lógica, la única viable, era que empezase a trabajar como actor; como comparsa, que era como se empezaba entonces. Sería actor, pero sólo provisionalmente.

12
Puño en alto

Fernando Fernández

Cuando mi carrera profesional, de frecuentes altibajos, se hallaba en las zonas altas, pensaba que Fernando Fernán Gómez era un buen nombre artístico. Cuando se hallaba en las zonas bajas, me inclinaba a pensar que aquel nombre, largo y enrevesado, me perjudicaba. Si me llamase de otra manera tendría más ofertas de trabajo y mejor pagadas, porque mi popularidad sería mayor. Nombres como Jorge Mistral, Sara Montiel, estaban muy bien; y prueba de ello era que los dos, varón y hembra, se encontraban a la cabeza del escalafón.

Cuando en casa, entre combate y combate, y en la sobremesa del arroz con chirlas o las lentejas sin nada, se decidió mi porvenir, mi madre y yo estudiamos también detenidamente cuál debía ser mi nombre artístico. Lo de Fernando Fernández estaba rechazado de antemano. Aquella reiteración resultaba cómica. Ningún actor que aspirase a llevar una carrera brillante, a ser cabecera de cartel, podría llamarse Ramiro Ramírez, ni Gonzalo González ni Fernando Fernández. Recordaba que ya en el colegio lo de Fernando Fernández era a veces objeto de burla para algunos condiscípulos, que me llamaban Fernando Fernández de la Fernandera.

El que mi madre utilizase como nombre artístico Carola Fernán Gómez no fue ocurrencia de ella, sino de la gran doña María Guerrero, partidaria de que las chicas de su compañía se llamasen María Fernanda Ladrón de Guevara, Irene López Heredia y cosas así. Con el Fernández y el Gómez de mi madre compuso el Fernán Gómez en recuerdo del odioso comendador de *Fuenteovejuna*.

A mi madre su nombre artístico le parecía muy bien, se había acostumbrado a él y lo encontraba sonoro, como evidentemente lo era. Además, en la profesión, y para buena parte del público aficionado, la Fernán Gómez era una actriz conocida. Al insinuarme en nuestra conversación que quizás podría elegir yo otro apellido entendí que daba por supuesto que no me agradaría llevar el apellido materno, pues eso sería proclamar mi origen turbio. Aunque esto no aflorase en nuestra conversación, estaba sin duda en el ánimo de los dos. Eran muchos los actores y actrices que usaban nombres artísticos. Me puso mi madre algunos ejemplos: un actor que se llamaba Orejas había suprimido una letra de su apellido, dejándolo en Orjas; otro, cuyo apellido era Egea, que no le parecía eufónico ni fácil de recordar, adoptó el de su lugar de nacimiento y se convirtió en Fernando de Granada. Para mí todo lo que se nos ocurría me parecía ridículo, tanto Fernando Madrid, como Fernando del Plata, como Fernando Fernán, y al fin le dije a mi madre que puesto que era el hijo de la Fernán Gómez, debía llamarme Fernando Fernán Gómez. Creo que mi decisión le pareció muy bien, y que era lo que ella esperaba.

Más adelante, cuando ya era un actor conocido en los medios profesionales y mi nombre comenzaba a aparecer en los carteles, y en los primeros lugares cuando se trataba de películas, me arrepentí muchas veces de aquella decisión. No sólo, como he dicho más arriba, cuando las cosas me iban mal, sino cuando me iban bien. Pienso ahora que habría sido más sencillo llamarme desde el primer momento Fernando Fernández, más corto, más fácil de recordar por la fuerza de la reiteración y que, al fin y al cabo, era mi nombre oficial. No sólo habría facilitado la labor de los diseñadores de carteles, sino que me habría evitado problemas, pues el uso de dos nombres entorpece algunos trámites burocráticos, resulta dificultoso para los documentos, las fichas de los hoteles y cosas por el estilo. Lo único que sigue pareciéndome acertado de aquella decisión es lo que puede tener de modesto homenaje a mi madre.

Esta cuestión del apellido no me planteaba problemas para inscribirme en la escuela de actores o para solicitar mi carné profesional en la CNT, pues en ambos sitios les tenía sin cuidado cómo te llamaras y quisieras llamarte; pero no era tan sencilla frente a las autoridades, como había comprobado meses atrás, cuando debí poner en regla mi documentación. Apareció un suelto en los diarios por el que se ordenaba a los extranjeros residentes en Madrid que nos presentáramos, a tales efectos, en una oficina de la policía. Debió de ser el año 1937, ya en plena Guerra Civil.

La filiación

Ya era mayor y debía presentarme solo en la oficina de la policía, aunque me muriera de vergüenza; pero más vergüenza me habría dado que me acompañaran mi madre o mi abuela. Esperé hasta el último día que se daba de plazo en la convocatoria, pero ineludiblemente el día llegó. Acudí a aquella oficina de la «zona protegida» —el barrio de Salamanca, donde los rebeldes habían prometido que no llegarían las bombas de su aviación ni las balas de los obuses de Garabitas— con toda la inseguridad de un muchacho de quince años, excesivamente tímido. Disponía ya de la cédula consular argentina, que renovaba anualmente, y fue el documento que mostré para acreditar mi condición de extranjero. Mi esperanza era que se limitaran a leerla y a extender un nuevo documento o a inscribirme donde quisieran. Pero no fue así; estábamos en la policía y el interrogatorio era de rigor.

Un joven policía me preguntó, al tiempo que leía distraídamente la cédula:

—¿Lugar de nacimiento?

Pude contestar sin turbarme demasiado, aunque mientras contestaba empezó a invadirme un temor para el que no me faltaban motivos.

—Buenos Aires.

Me constaba que era falso. Nací en Lima, pero oficialmente mi lugar de nacimiento era Buenos Aires, y lo que importa es lo oficial, no lo natural.

El policía hizo una nueva pregunta obvia, pues en la cédula estaba leyendo la respuesta:

—¿Fecha de nacimiento?

También conseguí que en esta segunda contestación me saliera la voz sin demasiados titubeos.

—Veintiocho de agosto de 1921.

Y tras mi respuesta llegó, no podía ser de otra manera, la pregunta temida:

—¿Nombre del padre?

Formuló la pregunta con absoluta indiferencia, como si la cuestión careciese de importancia, pero yo me ruboricé hasta las orejas, reacción muy frecuente contra la que no encontraba manera de luchar, y respondí, esta vez con voz muy escasa:

—No tengo padre.

—Pero, aunque su padre haya fallecido, tendría algún nombre —dijo uno de los policías en un tono que a mí se me antojó algo despectivo, como si hablara a alguien más torpe que él.

Veo aquella habitación como un amplio despacho muy lujoso. Paredes tapizadas, muebles de calidad. Sin duda, se trataba de un palacio incautado, nada parecido a las oficinas de policía que pude ver después de acabada la guerra, cuando una vez y otra tuve que presentarme para poner en regla mi documentación, que casi nunca conseguí tener completamente a punto según las exigencias de los funcionarios. En el suntuoso despacho sólo estaban dos jóvenes policías. Uno, sentado. El otro, de pie, tenía en las manos mi cédula consular, en la que no constaba la filiación.

La cara me ardía. Debía de estar rojo como un tomate. Respondí:

—Es que... yo... nunca he tenido padre.

Yo mismo sentí que mis palabras sonaban de una manera anormal. Ante lo que parecía una inverosimilitud, los jóvenes policías cambiaron una rápida mirada.

—¿Cómo ha dicho usted? —me preguntó, incrédulo, uno de ellos.

—Que... soy hijo natural.

Y a pesar del rubor, que iba en aumento, de un ligero tartamudeo y de la afonía lo dije con cierto orgullo, como si aquella respuesta demostrara que mi conocimiento de la vida era superior al de los jóvenes policías. Entonces me miraron los dos con miradas inexpresivas, que ya conocía yo de otras circunstancias similares. Son unas miradas que intentan aparentar indiferencia, naturalidad, pero en las que el observado advierte una curiosidad inevitable.

—¿Nombre de la madre? —preguntó el que estaba de pie.

—Carolina —respondí; y el otro lo escribió.

Procuré disimular que respiraba profundamente, porque había pasado el escollo.

La confirmación

He dicho que no me faltaban motivos para que me entrara temor al responder a las preguntas de los policías, y esto era debido a experiencias anteriores. Siempre que se me preguntaba mi filiación yo creía responder con naturalidad, pero los demás no se comportaban de la misma manera, sino que acusaban la singularidad de mi situación. El año antes, cuando estudiaba en los maristas sexto año de bachillerato, nos anunciaron un día que iría al colegio el obispo para administrar el sacramento de la confirmación.

Sabía poco de aquel sacramento, sólo que podía utilizarse para cambiar de nombre, que era lo que más nos divertía a los chicos, aunque llegado el caso no se hiciera uso de esa posibilidad. Un día antes de la llegada del obispo se nos entregó a cada alumno un impreso. Todos teníamos que rellenarlo y entregárselo al hermano Daniel «el Rabias» que, además de profesor de Ética y Derecho, era el encargado del curso. Aún no había pasado yo la mirada por el impreso cuando vi que un alumno se levantaba para preguntar:

—Hermano Daniel, después de donde dice «Hijo...», ¿qué hay que poner?

—Hay que poner «legítimo» —respondió el hermano Daniel.

Llevé rápidamente la mirada al impreso y enrojecí. Efectivamente, allí se leía: «Hijo... de... y de...» No sabía qué hacer. Había quedado claro que para el hermano Daniel todos los hijos eran legítimos, al menos en aquella clase de sexto de bachillerato. ¿Ignoraba el hermano Daniel mi condición, o la sabía y con aquella respuesta dada al otro alumno me indicaba a mí que escribiera «legítimo» aunque no lo fuera? No creí posible que un hermano marista recomendara aquella falsedad en un acto como el de la confirmación, sobre cuya trascendencia él mismo nos había dado unas lecciones. Dudé, miré de reojo a mi compañero de pupitre, que aquellos días era Rafael Gómez, alumno inteligente y muy aplicado, del que guardo gratísimo recuerdo, aunque nunca he vuelto a verle. Le habían colocado junto a mí en un intento de ayudarme, pero el director del curso ignoraba que Rafael Gómez, como Ángel García del Barrio, era de esos alumnos que necesitaban estudiar muy poco para aprender mucho, y a los pocos días de estar junto a mí ya fabricábamos dados con trozos de tizas y durante la clase de Química, absolutamente descuidada por el señor Espona, que no era marista sino profesor de un instituto, hacíamos emocionantes carreras sobre la pista pintada en el pupitre. Traté de convencerle también de que escribiéramos una comedia durante las horas de estudio, pero no lo logré.

Cuando le lancé mi mirada de reojo no advirtió la mirada ni mi turbación; rellenaba cuidadosamente el impreso. Procurando que no me viera, casi tapando con una mano lo que escribía, como los niños sabiondos cuando no quieren que les copien, escribí tras la palabra «Hijo...», la palabra «natural». Dejé en blanco el renglón en que debía ponerse el nombre del padre.

Pasé unos instantes de auténtico terror, pues me asaltó la sospecha de que quizás hubiera que leer los impresos en voz alta, una vez rellenados. No fue así, sino que se nos dijo que nos fuéramos acercando a la mesa del hermano Daniel para entregárselos. Después él los fue leyendo en silencio, para sí mismo. Mientras tanto, unos le miraban indiferentes, otros charlaban en voz baja.

No pude evitar estar pendiente de él. Y en un momento, al leer uno de los impresos, alzó la vista y la fijó en mí. No me atreví a mirar hacia otra parte. El hermano Daniel me observó con la misma mirada con que al año siguiente me mirarían los policías: una mirada indiferente, fría, tras la que yo creía advertir una inevitable curiosidad.

¿Me observaba de aquel modo «el Rabias» porque acababa de enterarse de que el alumno Fernando Fernández era hijo natural? ¿O porque quería averiguar cuáles eran los sentimientos de un chico de catorce años al escribir en un papel que era hijo natural y que ignoraba el nombre de su padre? No sé lo que sentía el hermano marista vestido de paisano —porque durante la República se les prohibió llevar la sotana y el babero—; lo que sentía yo era angustia.

Mi tío, la guerra y el vecino

En aquellos tiempos duros, los empleados de abastos cuidaban de abastecerse a sí mismos en primer lugar. Como mi tío Carlos ocupaba un puesto directivo en la organización de abastecimientos llevaba con frecuencia víveres a casa, donde comía y casi siempre cenaba. Pero este hábito benéfico desapareció, o se atenuó, cuando tomó la decisión de casarse con su novia, Piedad, y poner casa en la calle Donoso Cortés, no lejos de la nuestra. Desde entonces se limitó a enviarnos, creo que mensualmente, unos vales para un suministro. Era yo el encargado de ir a recogerlo a Pacífico, en el otro extremo de Madrid, y tenía que volver a casa en el metro, con un saco de víveres, aguantando las pullas que solían lanzarme los otros viajeros hambrientos.

Cuando la guerra estaba próxima a su final, que para todos era evidente, viajar en metro por Madrid se convirtió en una batalla. El hambre y los padecimientos habían agriado el carácter de los madrileños y, sin miedo ya a las autoridades, que veíamos próximas a la derrota, nos empujábamos, nos insultábamos, nos agredíamos para conseguir entrar en el vagón, para alcanzar un asiento si el viaje era largo. Esta situación se prolongó durante la posguerra, pero ya sin tan malos modos.

Mi tío, después de su boda, vivía con su mujer y una hermana de ésta. Durante el último año de la guerra, cuando la situación del Madrid cercado se estabilizó y entre la población civil comenzaron a aparecer síntomas de aburguesamiento —la revolución había sido abortada y desde el gobierno se trataba de presentar una imagen de república de orden—, sacó tanto provecho a su empleo de abastos, que cuando iba por la calle con su mujer y su cuñada, los vecinos del barrio los llamaban «los tres cerditos».

Como consecuencia de mi afición al cine y a las novelas me atraía la guerra. La guerra como espectáculo, quiero decir. Nunca se me pasó por la imaginación el deseo de estar realmente en el frente de batalla. Nada más lejos de mis propósitos que renunciar a la nacionalidad argentina, solicitar la española y presentarme voluntario. Lo que había hecho mi compañero de clase y de barrio Emilio Cardenal, el guapo que les gustaba a las chicas del colegio, marcharse voluntario a los dieciséis años sin tener ideas políticas, sólo por afán de aventuras, por curiosidad, o porque lo hicieron otros, me parecía un absoluto disparate. Pero por otro lado —no sé por qué lado— me desazonaba tener la guerra tan cerca y no poder vivirla. Mi ideal habría sido ir a la guerra y estar en ella algún tiempo, si alguien —¿Dios?— me aseguraba de antemano que saldría indemne. Fácilmente se advierte que esto no pasaba de ser una fantasía. ¿Cómo habían de gustarle aquellos peligros, aquellos trabajos a un chico que no se atrevía a nadar ni a montar en bicicleta? Mi mundo de aventuras estaba en el papel y en la pantalla. Pero me desazonaba mi curiosidad insatisfecha.

Hasta entonces para mí la guerra no pertenecía a la realidad, sino a la literatura, al cine y al teatro. Y digo al teatro porque había visto *Sin novedad en el frente* en la versión de Enrique Rambal. Tuve que convencer a uno de los amigos del barrio y el colegio que se negaba a ir al teatro un domingo a la función de las cuatro. Quedó deslumbrado y yo también, con las batallas, los bombardeos, los hospitales de sangre, las ciudades destruidas. Mi amigo quería ir muchas más veces al teatro y tuve que disuadirle explicándole que el teatro casi nunca era así. Pero él y yo veíamos aquello como un espectáculo de aventuras, aunque nos llegaba el mensaje pacifista de la obra, pues ante nuestros propios ojos, por un truco de luz y telones transparentes, cientos de jóvenes se transformaron en soldados y después en calaveras. A pesar de que en esta representación y en la película de Lewis Milestone sobre la misma novela de Remarque se expusiera de manera explícita la injusticia de la guerra y se la presentase como un azote de la humanidad y no como una plataforma del heroísmo, para mí no era esto lo importante, lo que prendía mi atención y me causaba placer, sino la acción, las peripecias, las aventuras.

Precisamente en los comienzos de la guerra de España leí *Los miserables,* de Víctor Hugo, y la fascinante descripción de la batalla de Waterloo me incitó aún más a considerar la guerra como un hecho literario, como algo que se producía para que pudiese ser narrado después.

En la primavera de 1936 mi amigo y condiscípulo Arturo Fernández, que tenía gran influencia sobre mí y orientaba mis gustos —por él tuvo mi madre que comprarme un mecano y otro año un abrigo con trabilla— me convenció de que debíamos pasear por la Ciudad Universitaria, que estaba en construcción, los domingos por la mañana. Acababa yo de leer una novela de guerra que se llamaba *El tanque número 13,* y nos entretuvimos imaginando cómo sería una batalla allí, en el lugar en que nos encontrábamos. Dónde estarían las trincheras; desde dónde dispararía la artillería; por dónde atacarían los tanques... Pero sabíamos que aquello era imposible. Si en España hubiera una guerra, las batallas tendrían lugar cerca de la frontera francesa o de la portuguesa; o en el sur de Andalucía, si se cambiaban las tornas y eran los moros los que llegaban a España en vez de ser los españoles los que llegaban a Marruecos. Pero antes de que cualquiera de los ejércitos invasores se acercara a las afueras de Madrid la guerra habría terminado. La Ciudad Universitaria era un campo de batalla inverosímil.

Esto era en la primavera de 1936; en la de 1937 mi vecino Manolo combatía allí.

Doña Luisa, nuestra vecina, no tenía radio y pasaba a casa por las noches para escuchar, con las luces apagadas y a muy bajo volumen, las emisiones de Radio Burgos. La acompañaban sus dos hijos. El mayor se libró del servicio por hijo de viuda, el pequeño estaba en edad militar y le movilizaron. Parecía más espabilado que el otro, y cuando volvió con permiso, después de haber entrado en fuego y permanecido unos meses en el frente, le miraba con envidia, no por las hazañas que pudiera haber llevado a cabo, sino por lo que había visto, por lo que sabía y que yo ignoraría siempre.

—¿Cómo es la guerra, Manolo? —le pregunté—. ¿Qué se siente en el frente? ¿Cómo es una batalla?

Me resulta imposible reproducir su respuesta, no por los cincuenta años transcurridos, pues tan imposible me hubiera resultado reproducirla a la mañana siguiente.

Intentaré dar una idea aproximada.

—Uuuu... La guerra... —dijo mientras sacudía una mano en ademán ponderativo—. La guerra... Allí... en la trinchera... Uuuu... La cabeza abajo... Y los cañonazos... bum, bum... Tres meses... Uuuu...

Cuando doña Luisa y sus hijos se marcharon aquella noche, mi madre y yo nos moríamos de risa comentando la torpeza de Manolo, el más despejado de los dos hermanos, al contar la guerra. Éramos muy dados mi madre y yo en aquellos tiempos a reírnos de los demás. A mí me faltaban algunos años para comprobar que en dos obras maestras, *La cartuja de Parma* y *Guerra y paz*, dos testigos de batallas trascendentales para la marcha de la historia las habían visto de forma muy parecida a la de mi vecino Manolo.

Comparsa

Primero los sindicatos y después la recién creada Junta de Espectáculos se habían ido incautando de los teatros y los habían puesto en funcionamiento. Mi madre trabajaba en el Alcázar, en el que era primera actriz Társila Criado, y primer actor el que luego llegaría a ser muy popular en el cine de la posguerra, principalmente en las películas históricas, Jesús Tordesillas.

Era un hombre muy simpático y de amabilísimo trato, muy amigo de mi madre durante la guerra, aunque menos después, cuando se dedicó más intensamente al cine que al teatro. Fue uno de los escasísimos actores que entendieron la teoría política fascista, o que se interesaron por ella y la aceptaron. A consecuencia de esto, durante la guerra, en el Madrid republicano, se vio obligado a disimular, a camuflarse —aunque creo que sus ideas a nadie le importaban, pues no las transformó en acción—, y en la posguerra fue bastante protegido. Las pocas veces en que le oí hablar de esas cuestiones políticas me pareció un hombre ingenuo, superficial y sincero.

Mi madre estaba contenta con su trabajo, más de lo que daba a entender, pues fue un trabajo más estable que el de otras ocasiones, pero seguía considerándose enemiga del sistema, de la Junta de Espectáculos y de los sindicatos, incluso de la CNT, que la había amparado y proporcionado el puesto de trabajo.

Al desechar mi madre para mí lo del oficio limpio que propugnaba mi abuela, la carrera más asequible nos parecía Derecho. De las otras, lo único que sabían aquellas mujeres era que resultaban costosísimas; aunque mi abuela torcía el morro, pues daba por supuesto que ni la de Derecho podría financiar mi madre con sus dudosos sueldos.

A mí me atraía el modo de actuar de los abogados defensores en las películas americanas —quizás por lo que tenía de teatral, aunque entonces no me diese cuenta— y no encontraba ningún motivo para oponerme a esa elección. Pero, por el momento, se había decidido que en cuanto cumpliera los dieciséis años y mientras acababa «esto», sacase el carné de actor, que, al fin y al cabo, era para lo que había nacido.

Hasta que llegase ese momento iría, por consejos de mi madre, a estudiar declamación con Carmen Seco en una escuela de arte dramático que acababa de organizar la CNT. Todavía andamos por los escenarios y los platos algunos actores de los que en ella aprendimos. A pesar del hambre, del frío y del miedo, lo pasábamos bien dando clases de declamación, ensayando funciones, charlando chicos y chicas, todos unidos por una misma afición; aunque también había los que acudían sólo por entretenimiento.

Mi profesora de declamación fue la gran actriz Carmen Seco, primera actriz de Ricardo Calvo durante varios años, y a ella debo mi paso de niño recitador y de aficionado a actor profesional. También dirigían las comedias que representábamos María Boixader y Luis Pérez de León. Muchos de los que allí estudiaban luego abandonaron este oficio. Algunos ni siquiera pensaban seguirlo. Había chicas —Milagros, Amparo Atarés, Juanita Marcos...— que acudían allí por llenar el tiempo libre, que en el Madrid cercado de la guerra era larguísimo. De una de aquellas chicas se murmuraba que era hermana de uno de los asesinos del teniente Castillo. A Juanita Marcos seguí viéndola después de concluida la guerra. Fue la primera mujer que me dio su teléfono. Han pasado cincuenta años, pero aún lo recuerdo: 14931. Un alumno alto, de buena planta, guapo, pero torpísimo para la declamación, resultó ser policía y, si no me equivoco, le mataron los nacionales cuando ganaron la guerra.

Entre los que siguieron, recuerdo a Trini Montero, de cuya corporal belleza estuve silenciosamente enamorado, años después protagonista de *El escándalo*. Su hermana Cristina era la primera actriz en todas las representaciones, pero nunca pasó al campo profesional; con ella hice mi primer pequeño papel, el marqués de Villena en *La leona de Castilla,* que dirigió Luis Pérez de León. Nela Conjiú era una actriz espléndida, temperamental y llena de encanto, cuyo talento a todos nos asombraba. Recuerdo también a Ricardo Acero, a Milagros Pérez de León, que años después, en 1952, fue la primera actriz de mi compañía cuando estrené *La vida en un bloc,* de Carlos Llopis; a Rafael Alonso y a mi amigo de toda la vida, Manuel Alexandre (entonces Alejandre), al que conocí vestido de soldado del ejército de la República. Y a Zori, Santos y Codeso, que actuaban en el cuadro infantil.

En agosto de 1937 cumplí dieciséis años y tenía ya, por consiguiente, el derecho y la obligación de trabajar, pese a mi condición de extranjero. En el sindicato de actores de la CNT, su secretario, Fernando Collado, que después de muchos avatares llegaría a ser mi amigo, empresario, socio y durante unos años eminencia gris del panorama teatral español, firmó mi primer carné sindical. Durante la época roja estaba prohibido trabajar gratis en el teatro —en el teatro y en cualquier otra parte—. Es decir, que no existía el meritoriaje, y que en los talleres, los aprendices debían cobrar. Como los actores jóvenes estaban todos en el frente era fácil encontrar puestos en los teatros y no tardé demasiado en entrar como comparsa, con un duro de sueldo, en el Pavón, teatro especializado entonces en melodramas de propaganda política dirigidos por Horacio Socías.

Supongo que a otros muchachos con vocación de actores, en sus comienzos, les habrá invadido el temor de quedarse siempre en ese último escalón. No fue mi caso. Es cierto que en aquellos años me asediaban otros temores, otras inseguridades, pero no dudaba de que aquella situación mía de comparsa era transitoria. Ignoraba en aquellos años en qué podía consistir mi triunfo, pero no dudaba de que lo alcanzaría, y muy pronto.

La primera obra en la que intervine se titulaba *Consejo de guerra*. Los demás comparsas y yo, hasta un número de seis u ocho, estábamos sentados en el patio de butacas, vestidos con nuestras cazadoras, la prenda de moda en aquel Madrid, y figurábamos el jurado de un tribunal popular. En realidad, el público debía figurar el jurado, pero nosotros figurábamos el público, porque a aquel teatro —como a los otros en que se representaban espectáculos políticos— casi nunca iba nadie, y a los que iban, cuando, como jurado, se les pedía su opinión, no la manifestaban. Ahí interveníamos nosotros, los comparsas. Desde el escenario se preguntaba a los espectadores si el acusado era culpable o inocente, y nuestra misión consistía en levantarnos y alzar el puño. Esa fue mi primera actuación como profesional del teatro.

13
Grandes esperanzas y desesperanzas

El porvenir imaginario

Habría preferido empezar en el cine, para llegar a ser algo parecido a mi ídolo, Jackie Cooper; y si mi avanzada edad me lo impedía, parecido a su compañero en *Champ, El arrabal, La isla del tesoro,* el fabuloso, prodigioso actor, mi admiradísimo Wallace Beery, cuyo rostro revelaba de manera explícita el mundo interior del personaje, como uno desearía que en la vida real lo revelasen las personas. Y ya que aquello era imposible, pues Hollywood, para un joven madrileño, pertenecía al mundo de la literatura fantástica o los cuentos de hadas, porque aún no había aparecido la ciencia-ficción, en el cine por lo menos podría llegar a ser un segundo Miguel Ligero, el popularísimo cómico de *Nobleza baturra, Rumbo al Cairo, Morena clara...* Pero aquellos eran momentos en los que no se podía elegir.

Está prescrito, por ley o por costumbre, que los actores deben percibir su sueldo a diario, y cuando cobran, como ahora y como antes de la guerra, por semanas vencidas, se considera que su dinero lo tiene la empresa en depósito durante los siete días. En la época roja cobrábamos a diario. Mi primer día de trabajo, el gerente del teatro me dio un billete de cinco pesetas. Cuando llegué a casa, mi madre, mi abuela y yo decidimos que aquel billete debía conservarlo toda la vida, como sabíamos que habían hecho determinadas personas con el primer dinero recibido a cambio de su trabajo. Pero no sé lo que ocurrió que a los pocos días no sabíamos cuál era el primer billete. A lo largo de mi vida, muchas decisiones de índole romántica como aquélla se han desvanecido también en la nada.

En la obra siguiente, *Retaguardia,* de Álvaro de Orriols, estrenada el 13 de junio de 1938, hice, como comparsa, sin hablar una palabra —pero cantando a coro *La santa espina*— de miliciano rojo, de soldado de Regulares, de ciudadano en la cola del pan... Este trabajo como comparsa duró poco tiempo. Recibí un comunicado del sindicato en el que me decían que al día siguiente, a la hora de los ensayos, me presentase en el Teatro Eslava para incorporarme a la compañía en calidad de actor. Sustituía a otro al que acababan de movilizar. Así pasé a la compañía de vodeviles en la que era primera actriz la célebre *vedette* de revista Laura Pinillos y primer actor y director José Balaguer, al que ya conocía, porque había sido compañero de mi madre en la compañía de Casimiro Ortas, y fue de los que en mayo del 33, cuando hice tardíamente mi primera comunión, quedaron incluidos en nuestra brevísima lista de visitas y se vieron obligados a darme un duro.

Mi madre y mi abuela celebraron aquella noche la noticia de mi ascenso, pero sin grandes muestras de alegría, pues a ninguna de las dos le gustaba que me fuera afianzando en el oficio de actor; a una porque, con un punto de megalomanía, culpaba a la guerra de que su hijo no pudiera ser un estudiante universitario y muy pronto un flamante abogado, y a la otra porque había deseado para su nieto un porvenir menos incierto que el de los cómicos. Lo único que les alegraba a las dos por igual era el ascenso económico. Casi nada había para comprar en el Madrid cercado; puede, por tanto, pensarse que el dinero era innecesario, pero todo era poco para adquirir víveres de estraperlo. Aumentar en quinientas pesetas el ingreso mensual no era despreciable.

Por mi parte, más que alegre estaba inquieto. Dentro de unas horas amanecería un día señaladísimo para mí: el día en el que iba a pisar un escenario como actor profesional por primera vez. ¿Cómo me recibirían el director y los compañeros? ¿Cuántos días tendría para ensayar? ¿Cómo sería mi papel? ¿Se ajustaría a mi personalidad y a mi modo de actuar? ¿Me serviría mi personaje para lucirme y que me dieran trabajo más importante en las comedias siguientes?

Una profesión difícil

Ensayé solamente la tarde del día de mi primera actuación, dos horas antes de salir a escena. Cuando entré en el escenario sin decorados terminaba el ensayo del próximo estreno, y el regidor se acercó y me dio una cuartilla con mi texto.

—Este es tu papel, camarada.

Pensé, mientras lo recogía, un tanto orgulloso, que ya era un actor profesional. Después me explicaron por dónde entraba y salía y dónde me quedaba quieto. Ensayé mis tres únicas frases, que eran algo así como:

«—¿Qué van a tomar los señores?»

«—¿Los desean con hielo?»

«—¿Les traigo además agua de Seltz?»

Entre paño y bola me contestó el actor que compartía conmigo la escena, un veterano, Domingo Rivas, con el que luego habría de coincidir más veces en los cafés y en los platós. Después me dijeron cuál era mi camerino, que compartía con un viejo actor, y que allí tenía el traje de camarero. En lo que llegaba el momento de salir a escena experimenté dos sentimientos opuestos: por un lado, alegría por dejar de ser comparsa y pasar a la categoría de actor profesional, y por otro, la decepción ante lo exiguo de mi nuevo cometido: tres frases anodinas, a las que no había manera de sacar lucimiento. Mi esperanza del día anterior, al saber que ingresaba en una compañía de vodeviles, era la posibilidad de demostrar mis extraordinarias cualidades en un papel gracioso, pues yo sabía que estaba capacitado lo mismo para lo cómico que para lo dramático, para hablar en prosa que en verso. Pero, en fin, puesto que de alguna manera había que empezar, bien estaba aquel brevísimo papel en la compañía de Laura Pinillos.

Para un muchacho de dieciséis años aquel era un mundo inusitado, al mismo tiempo un regalo de la Providencia y algo sobrecogedor. Frivolidad a todo pasto. Milicianos que volvían del frente, sentados en las butacas, riendo con las procacidades, tirando pitillos a los pobres cómicos; mujeres en camisa, en bragas y sostén, por el escenario, por los pasillos, chistes verdes a todo pasto...

Llegó el momento de mi salida a escena. Era mi debut como profesional. Había pasado de cobrar un duro a cobrar dieciocho pesetas, el salario mínimo de los cómicos en el Madrid cercado. Era un actor. El regidor me dio la orden con la primera frase de mi papel, según era costumbre:

—¿Qué van a tomar los señores?

Yo abrí la puerta, entré. Allí estaban Domingo Rivas y una actriz. Frente a mí la inmensa y amenazadora boca oscura del escenario. Sin saber por qué, permanecí un instante en silencio, quizás para tomar aliento. Oí la voz de Domingo Rivas que decía:

—¿Viene usted a preguntarnos qué deseamos tomar?

Como eso no era lo previsto, me quedé en silencio otro instante pensando si debía responder afirmativamente o improvisar otra respuesta. Ya Domingo Rivas había dicho:

—Tráiganos dos whiskys. Pero con hielo.

Yo, otro instante más, dudé si marcharme ya o quedarme para decir mi última frase que, de momento, no recordaba si era la primera, la segunda o la tercera. Por suerte, a Domingo Rivas se le ocurrió decir:

—Y también con agua de Seltz.

Y con un afable empujoncito me echó del escenario y cerró la puerta.

Ni el regidor, ni el director, ni el propio Domingo Rivas dieron la menor importancia a aquel terrible suceso. Yo, Fernando Fernán Gómez, no había conseguido decir ni una de las tres únicas frases de mi cortísimo papel. Mientras volvía a mi camerino me preguntaba: ¿alguna vez conseguiré ser actor profesional?

Una persona mayor

Salí del teatro sin despedirme de nadie. Afortunadamente, no era necesario. Cuando me marché, después de mi breve y frustrada intervención, los demás actores estaban en sus camerinos o continuaban la representación en el escenario. No era costumbre que los actores que desempeñaban pequeños papeles y concluían antes se quedasen hasta el final para saludar al público.

Las noches de aquel Madrid en guerra eran totalmente oscuras. No había alumbrado público y en las casas era obligatorio tener las persianas echadas o apagada la luz. Los que andábamos por las calles, casi todos nos alumbrábamos con linternas de bolsillo. Tal circunstancia era para mí, aquella noche, una ventura, pues ninguno de los escasísimos transeúntes con los que me cruzaba podía ver que aquel muchacho zanquilargo y de andar desgarbado tenía los ojos húmedos.

Si quería, podía detenerme, apoyarme en la pared y suspirar profundamente. También podía mover los labios, susurrándome no sé qué. Tomé el metro en Sol. Media hora después, a la salida de los teatros, iría lleno, pero a aquella hora casi nadie viajaba en él. Me senté, saqué la novela y simulé abismarme en la lectura, pero no hacía sino pensar en mi primera intervención como actor profesional, recordarla, intentar revivirla de nuevo detalle por detalle, mas era imposible. Sólo recordaba el gran cambio de luz que sentí al pasar de entre bastidores al escenario, que la sala era una enorme boca oscura y que el actor Domingo Rivas, tranquilo, indiferente, decía mis frases y yo no abría la boca.

Con la mirada fija en las páginas de la novela, una y otra vez veía aquel momento; sobre todo, el instante de mi entrada, como un fogonazo. Como si yo no hubiera pensado que pisar la zona iluminada del escenario era pasar de un mundo a otro y no estuviera preparado para una experiencia tan singular, tan insólita. De nada me habían servido mis actuaciones como comparsa en el Teatro Pavón. Allí, en la primera obra, *Consejo de guerra*, ni siquiera pisábamos el escenario y en la segunda, cuando interveníamos, de milicianos de la República, de civiles en la cola, de soldados de Regulares, lo hacíamos en escenas de conjunto, con cerca de treinta personas en el escenario, nos amparábamos, nos solapábamos unos en otros y nunca tuve esa sensación de soledad, de vacío, de precipicio que tan inesperadamente me asaltó al traspasar la raya de la escena en el Teatro Eslava. Salí del metro en Quevedo y, de nuevo alumbrándome con la linterna, fui hacia Álvarez de Castro. Creo recordar que por Feijoo o Cardenal Cisneros se pasaba alguna barricada de adoquines aún sin utilizar. A veces dos soldados surgían de entre las sombras y pedían la documentación. Los civiles debíamos mostrar la carta de trabajo (quizás no se llamara así; éste era el documento que debíamos tener los extranjeros después de la guerra), los militares debían responder al santo y seña. Cuando llegué a casa, a mi abuela le dije que todo había ido muy bien. Y lo mismo a mi madre cuando llegó media hora después, terminado su trabajo en el Teatro Alcázar. Pero en la cama volvió a deslumbrarme el fogonazo de la luz, escuché las frases en la boca de Domingo Rivas y escuché también mi silencio cobarde. Al día siguiente tendría que volver. No había manera de evitarlo. Repetía una y otra vez mis tres estúpidas frases, aunque era consciente de que no se trataba de un problema de memoria; me sabía todas aquellas palabras desde que a las cinco de la tarde las leí por primavera vez. Al día siguiente, después de estar un rato con los amigos y condiscípulos en la sala Ariel, debía echar a andar calle de Alcalá abajo, atravesar Sol y entrar de nuevo en el Teatro Eslava y vestirme de camarero y abrir aquella puerta de papel envarillado. No podía hacer «pellas» —novillos— como cuando otro terror muy parecido me impulsaba a huir del feroz profesor don Horacio, o como cuando mi condiscípulo Luis Muriel me convencía fácilmente de que sumarse al ambiente ciudadano, alegre y agitado de la glorieta de Bilbao o pasear por el frondoso parque del Oeste era más placentero que asistir a la lección de Física en un aula de la academia Bilbao. Y no podía, porque ahora mis responsabilidades eran ciertas, ineludibles. Ya no era un chico al que se le imbuye la idea de que debe comportarse como una persona mayor, sino una persona mayor de verdad. Una persona mayor que vestía como los hombres, que llevaba su carta de trabajo en el bolsillo y que cobraba un sueldo.

Serás hombre

Aquella misma tarde, antes de salir del teatro, y aunque no hubiera cumplido mi obligación, me habían abonado las dieciocho pesetas del salario mínimo. Pocos años antes —pero que en aquel momento se me antojaban siglos—, cuando contaba trece, hubo momentos en los que no quería ser una persona mayor. No porque no desease ser un hombre, que lo quería de una manera total, como todos mis amigos, y me disfrazaba de hombre, y le di un disgusto a mi madre por mi urgente necesidad de llevar pantalón largo, cuando ella, a sus treinta y cuatro años, quería seguir siendo la madre de un chiquillo. En esta amarga batalla mi abuela se puso de mi parte. Ella deseaba dos cosas, aunque no las sacase en la discusión: que en la casa hubiera un hombre y que mi madre se transformase cuanto antes en una señora mayor, libre de veleidades. Cada una tiraba del tiempo en dirección opuesta. Mi madre se esforzaba en retenerlo; mi abuela en que avanzase. Ansiaba yo ser un hombre, con todas las prerrogativas que, según mi imaginación, correspondían a ese estado. Pero a veces me invadía no un terror, sino una pena de que ese momento llegase. Porque me dolía perder la infancia. Y a los trece años veía que eso era inexorable, inmediato. Amaba mi mundo y sabía que dentro de nada ese mundo no existiría, se desvanecería como una pompa de jabón, sería imposible volver a encontrarlo nunca más, a todo lo largo de mi existencia, por más que me esforzase en recomponerlo, como un juguete del que se rompen las piezas, como un castillo de arena al que barre el viento.

A cambio de ser un hombre, ya no podría jugar en soledad andando a gatas por el suelo para disparar las balas de los dos ejércitos enemigos, no podría esperar ilusionado la llegada semanal de los tebeos, ni jugar con los otros chicos de la calle enloquecidamente durante horas y horas, ni cantar a coro sentado en el poyete del garaje, a voz en cuello, berreando desgañitado, la canción de moda, *Mi caballo murió* (con una letra que decía: «Fermín Galán murió, García Hernández se fue...») o *La cucaracha* o *Rocío*; ya no podría encender fogatas, ni arrancar astillas de cualquier lado para cambiarlas en la chocolatería por puntas de churros, ni tumbarme con otros dos o tres chicos en unos desmontes encima de Pepita, una chica que «se dejaba». Ya no podría aporrear los portales en la anochecida para asustar a los porteros y salir huyendo. Nunca más gritaría: «¡Queo!» al ver doblar la esquina a una pareja de guardias. Ni correría en bandada hacia los jardines del Canal o al Campo de las Calaveras al grito de:

—¡Marica el último!

En los desmontes a medio urbanizar del antiguo cementerio de San Martín se jugaba al fútbol con camiseta, pantalón, botas y balón de reglamento, en el campo de Moneda y Timbre; y en otros solares de alrededor se jugaba de cualquier manera. También unos buscavidas montaban sus tinglados de los juegos de «el siete lo pago doble», «los colores», «las tres cartas», «la lotería». Obreros de los barrios de Tetuán, Cuatro Caminos, Vallehermoso y Chamberí y campesinos recién llegados a la metrópoli se jugaban allí las pestañas, y los chicos apostábamos también nuestras perras gordas. De pronto, alguien gritaba:

—¡La pica, la pica!

Desde Bravo Murillo llegaba a los desmontes una pareja de guardias a caballo; y todos, cajeros y jugadores, nos dábamos el piro, pues aquellos eran juegos prohibidos. Sólo quedaban, atentos a lo suyo, los futbolistas, porque su juego era saludable, decente y autorizado. Todo aquello se perdería para siempre, no volvería nunca. Había durado poquísimos años de mi vida. Ahora, quizás para mucho más tiempo, me esperaba otro mundo, peor o mejor, pero en el que no encontraría nada de aquello. Faltaban más de diez años para que me enterase de la angustia que a Kierkegaard le producía la imposibilidad de *la repetición* y de que esa imposibilidad le hacía dudar de que Dios fuera infinitamente poderoso; pero algo muy parecido a la angustia debió de atenazarme el cuello cuando un día, al anochecer, poco antes de cumplir los catorce años, vestido ya con pantalón bombacho y americana cruzada y corbata, entré en casa, fui directamente a mi cuarto, sin ver a nadie, y me dejé caer sobre la cama, llorando.

Tal como me temía, todo ese mundo dejó de existir, volvió a la nada, se convirtió en nebulosos recuerdos. Y entré con paso indeciso en el mundo de los mayores, en el que, entre otras cosas, iba a encontrarme con lo que llamaban *responsabilidad*. Esa responsabilidad que me obligaba a acudir al día siguiente al Teatro Eslava y a pronunciar en el segundo acto, aproximadamente a las siete de la tarde, aquellas tres malditas frases. Debería atreverme a abrir la boca, porque ya era un hombre.

La libertad de los malos y los torpes

A partir del día siguiente sí pude hablar. Pero mi vocación de actor teatral se debilitó mucho en los días sucesivos. El ambiente del teatro me pareció sórdido, lóbrego mi camerino, estúpida la comedia, ajeno el público, distantes de mí los otros actores, mucho mayores que yo. Estaba deseando terminar mi intervención para correr a la escuela y encontrarme de nuevo con mis compañeros, con mis amigos, y charlar de teatro y de libros y recitar versos. Algo había chocado contra mí en aquel teatro, algo que me hacía ver que aquello era casi lo opuesto a mi vocación, que por aquel camino no llegaría a ser Jackie Cooper, ni Wallace Beery, ni Spencer Tracy, ni Leslie Howard, ni nada que se le pareciera.

A veces caían balas de obuses a la puerta de los teatros, causaban desperfectos y se suspendía la representación. En el Teatro Eslava había otra esperanza: los ataques histéricos que podían darle a la primera actriz, de los que los cómicos hablaban, pero que en mi tiempo de trabajo no se produjeron, y que también habrían sido motivo de suspensión si ocurrían antes de las seis de la tarde. Me despertaba todos los días con el pensamiento en esas dos posibilidades. A pesar de los buenos ratos que me ha proporcionado después mi trabajo de actor, este deseo constante, diario, de que la representación se suspenda y conseguir con eso un trocito de inesperada libertad no he podido apartarlo nunca de mi cabeza.

Quizás esta apetencia mía de libertad, entendida como escapatoria del trabajo, como elusión de lo obligatorio, surgió en mi ánimo la primera vez que me decidí a no asistir a clase, durante un verano, por temor al feroz y sarcástico don Horacio, mi profesor entonces de Geografía de España. La tarde antes había sido felicísimo jugando en la calle hasta la hora de la cena. Luego había ido con mi abuela al cine de verano. Al despertar, mientras me vestía, había leído una novela de Salgari al mismo tiempo que me metía los calcetines y las alpargatas veraniegas. Luego había jugado otro poco en la calle con dos o tres chicos hasta las diez o las once, que era la hora de la clase. Un día, al caer en la cuenta de que no sabía absolutamente nada de la lección, los afluentes de algún río o algo sobre las cordilleras, en vez de dirigirme hacia el portal de la vaquería La Primitiva, en cuyo edificio se encontraba el colegio Santa Teresa, academia Domínguez, me fui alejando poco a poco, impulsado no por un deseo de placer, sino por el terror, por la necesidad de huir de don Horacio. No podía quedarme en la calle, porque mi abuela, al ir a la compra, me habría visto. Debía alejarme, aunque fuera hacia lugares desconocidos. Y así lo hice, doblando la esquina de Feijoo hacia Eloy Gonzalo para cruzar la glorieta de Quevedo y perderme por Magallanes hacia lo desconocido. Sentía el placer de la pura libertad. No me eran necesarias la belleza de las calles que recorría ni el interés humano de la gente con la que me cruzaba. Ni que el calor del verano no fuera excesivamente cruel, o que fuera acogedora la sombra de los árboles en los bulevares. Sin duda era espléndido el cielo de Madrid en aquel estío, pero no necesitaba yo su azul para sentir mi plenitud; era la libertad de doblar hacia la derecha o hacia la izquierda; de seguir a paso lento o lanzarme a la carrera; de volver sobre mis pasos o perderme hacia adelante por el tortuoso barrio de Noviciado, recordando siempre que la numeración de las calles de Madrid arranca de la Puerta del Sol y que ésta es la manera de no perderse. No gozaba yo en aquella mi primera excursión fraudulenta de la presencia de las gentes, de la novedad de calles desconocidas, de la belleza del cielo, sino de la libertad.

Y no había salido en busca de ella; no era el afán de libertad lo que me había movido a no asistir a clase, a alejarme de mi calle; sino la necesidad imperiosa de no soportar a don Horacio, de no tener que sufrir una agobiante vergüenza por ignorar los nombres de afluentes, pueblos y cordilleras.

Varios días más durante aquel verano cometí el mismo delito, sin que ni a don Horacio ni al director del colegio Santa Teresa, academia Domínguez, pareciesen importarles nada mis ausencias. Pero siempre tuve la sensación de huir, no la de buscar algo que pudiera resultarme placentero, aunque luego lo hallase. Pocos años después, cuando tenía yo trece, mi compañero Luis Muriel, algo mayor que yo, me convenció de que no asistir a clase era algo que podía producir placer sin necesidad de que uno lo hiciese impulsado por el terror. Los alumnos de aquel quinto curso de bachillerato —muy pocos, seis o siete— eran todos mayores que yo. El elegante Luis Muriel me explicó que a los profesores no les importaba nada que asistiéramos a clase o que dejáramos de asistir. Había clases que resultaban agradables y otras desagradables; estas últimas era mucho mejor fumárselas. Pasé placenteras mañanas soleadas paseando con Luis Muriel por la glorieta de Bilbao; alejándonos en lentos, apacibles paseos hasta el parque del Oeste. Y aprendí también a hacer largas excursiones yo solo.

He tenido muchas ocasiones, a lo largo de mi vida, de comprobar que este deseo de evitar el trabajo, de burlarlo, es común a muchísimos hombres y mujeres. Son pocos los que en el trabajo encuentran placer y muchísimos los que obtienen placer del simple hecho de no hacer nada cuando deben estar haciéndolo. Aunque digo que esto lo he comprobado a lo largo de mi vida, ya entonces, cuando ésta comenzaba, había tenido pruebas de ello. Estaba en primero de bachillerato cuando una tarde, Pilar, una compañera de clase, se acercó y me dijo al oído:

—¿Por qué no haces algo para quedarte castigado? Como durante la hora de castigo no se queda ningún profesor, lo pasamos muy bien contando cuentos verdes.

Esto fue al comenzar el bachillerato, pero al terminar, ya en sexto curso y en el otro colegio, en el de los maristas, al hermano Daniel, «el Rabias», se le ocurrió imponer un singular castigo a los que éramos los cinco últimos de la clase, el pelotón de los torpes. Nos prohibió asistir a unas lecciones de Apologética que él decidió impartir, aunque, lógicamente, tal asignatura no estaba en aquel plan de bachillerato de la República. En lo que los demás alumnos, los buenos y los listos, gozaban de aquella lección, nosotros, los malos y los torpes, debíamos recluirnos en el comedor. También sin vigilancia alguna. Al tercer día ya habíamos convertido las largas mesas de mármol en mesas de ping-pong y teníamos red, raquetas, pelotas y hasta un trofeo: una especie de pequeña copa de oro que era, en realidad, uno de los remates de la cama de hierro de mi abuela.

El encanto de Ariel

Es posible que el placer que en aquellas escapatorias me produjo el hallazgo de mi libertad, o de lo que tomaba por tal, originara en mí este deseo, que tan prestamente se manifestó, a los pocos días de haberme iniciado como actor profesional, de faltar al trabajo, de que el trabajo se suspenda, o de que sea irregular, que no tenga horario fijo, para poder echarme a andar en busca de nuevas calles, o del café de siempre, de la barra del bar en la que encontrarme a un amigo inesperado, a una mujer propicia, o del cabaré nocturno en el que tantas aventuras se ofrecen a la imaginación.

Además, había tomado tal cariño a la escuela de actores, a su ambiente, a los amigos que allí había hecho, que me resultaba insoportable el tiempo de actuación a horas fijas, repetidas, monótonas, tarde tras tarde en el Teatro Eslava.

Al incorporarse el escritor sindicalista Valentín de Pedro a la dirección de la escuela, ésta se convirtió en un auténtico centro de enseñanza del arte teatral. Todo el edificio incautado, excepto el Teatro Alcázar, se dedicó a aulas y una pequeña parte a la oficina. Se impartían clases de declamación, historia del traje, teoría teatral, canto, baile clásico, español y de fantasía. En un pequeño teatrito que estaba en la parte de atrás aprendían los menores de dieciséis años, adiestrados por el famoso fotógrafo, actor y director de cuadros infantiles Luis Pérez de León, y representaban zarzuelas los domingos. También los domingos actuábamos para el público, con taquilla abierta, los mayores, en un lujoso cabaré que había en los sótanos y al que Valentín de Pedro hizo las transformaciones necesarias para convertirlo en teatro. Yo pude intervenir muy pocas veces, por mi obligación profesional en el Teatro Eslava. Recuerdo haber actuado, interpretando un personaje breve, en la obra de Soya *El diablo mete la pata* y en un recital poético. Pero no pude hacerlo, después de haber comenzado los ensayos, en *Miguel Bakunin*, de Dimitri Merejkowski.

El mundo de la escuela de la CNT, de la sala Ariel —nombre que se puso al nuevo teatro, el de los mayores— y el de la compañía de vodeviles del Teatro Eslava no sólo me parecían distintos, sino antagónicos. En uno se recitaba a Lorca, a Juan Ramón Jiménez, a Antonio Machado, a Rubén Darío, a Vicente Medina, a los clásicos; se ensayaban y representaban obras de Romain Rolland, de Dimitri Merejkowski, del humorista sueco Soya, que fue para mí una revelación. En el Teatro Eslava, con la justificación —sin duda, cierta— de que los milicianos que volvían del frente y la atormentada población civil necesitaban divertirse, se cultivaba el género más ramplón y se utilizaban los recursos más zafios para provocar la risa. Estos son los títulos de las obras que se representaron desde que me incorporé a la compañía hasta que terminó la guerra: *Yo quiero ser vedette* —primera ocasión en la que hablé como profesional en un escenario—; *Me estoy sacrificando, La casa de los líos o el sostén de la Milagros, ¡Ay, mi Niño!* (este fue el título definitivo de la obra, después de haber prohibido la censura los dos propuestos anteriormente: *Vuelan mis calzones* y *La boda de Gil y Puerta*) y *Noche de amor en un mesón.* Cuando concluyó la guerra se representaba *¡Ay, mi chato!*, en la que no actuaba. Del repertorio y del ambiente no estaba satisfecho, pero sí de mi trabajo. Representé un personaje de paleto que tenía una sola escena, muy breve. Iba a dar un recado y varios personajes le hacían preguntas al mismo tiempo. Según el parecer del director y de los compañeros, salí muy airoso, y me confiaron un papel más largo y muy gracioso en la obra siguiente. Otro paleto. Éste con la particularidad de que veía a través de las paredes y cuando lo que presenciaba era una supuesta escena escabrosa le entraban temblores y tartamudeaba. Como la acción se desarrollaba en «la casa de los líos» me pasaba todas mis escenas temblando y tartamudeando y el público se partía de risa, me aplaudía en los mutis y me echaba pitillos, costumbre de aquellos años de guerra, que recogía con presteza José Balaguer, porque yo no fumaba. Mis compañeros, aquellos actores y actrices veteranos, opinaban que tenía un excelente porvenir.

Pero en la obra siguiente me correspondió un papel anodino, ridículo y molestísimo, de monstruo de Frankenstein, y en la otra, la última que se representó, no había personaje para mí. No lo lamenté demasiado, porque con el sistema de compañías completas, entonces en vigor —aún no había llegado a España la costumbre actual de formar las compañías para una sola obra— se percibía el sueldo aunque no se actuase. Esto no me obligaba sino a presentarme en el teatro poco antes de empezar la función, y podía volver a la sala Ariel, con los amigos. A pesar del tiempo transcurrido no he podido vencer la aversión a representar a diario la misma obra, con un horario estricto, sin un margen para la huida, para lo inesperado.

14
Honradamente hambriento

Cómo leíamos el casero y yo

El sindicato del espectáculo de la CNT tenía sus oficinas en uno de los palacios incautados, uno que había en la calle Miguel Ángel y que no sé si aún se conserva, pues no recuerdo cómo era su entrada. El tal palacio no había sido desmantelado, no se observaban en él muestras de vandalismo. La gran biblioteca se hallaba en perfecto estado y a disposición de los afiliados al sindicato. No sólo se podía leer allí, sino llevarse los libros a casa, tras mostrar el carné y rellenar una ficha. Había leído en aquel tiempo un opúsculo sobre historia de la literatura —creo que de Gili y Gaya— en el que encontré un consejo muy útil para los que sentían curiosidad por leer a los clásicos pero hallaban ardua esa lectura, dificultosa: empezar leyendo las obras más importantes, a juicio de la crítica, de la época actual y del género que más interesase al lector, y seguir luego en la dirección cronológica inversa. Primero, literatura del siglo xx; después del xix, del xviii, del xvii... De cada autor consagrado debían leerse dos o tres obras.

En aquella aristocrática biblioteca de la revolucionaria CNT mostré mi carné rojo y negro y me llevé a casa, como primer libro de mi experimental carrera hacia atrás, *Zalacaín, el aventurero*, de Pío Baroja. Por su título, me pareció que debía de acomodarse algo a mis gustos de entonces, que, remontado Salgari, andaban por las novelas policiacas, los folletinistas franceses, las novelas de aventuras... Ya había leído por aquellas fechas cuatro dramas de Shakespeare que había comprado en la Feria del Libro y la *Ilíada*, la *Odisea*, *El buscón*, *Los sueños*... en una edición de obras maestras, con grabados, que aún conservo, y que mi madre había comprado, a plazos, con la intención de que me sirvieran a mí, a uno de esos vendedores que suelen ir por los teatros. Pero algunas de aquellas obras las había leído con gran dificultad, otras no había conseguido terminarlas; me había resultado mucho más fácil y gratificante la lectura de Edgar Wallace, cuyas novelas devoré en la edición popular que durante la guerra sacó la editorial Aguilar. No seguí al pie de la letra el consejo de Gili y Gaya, pero aquel opúsculo y aquella biblioteca me sirvieron para ampliar mis gustos y para familiarizarme hasta cierto punto con escritores de otros siglos.

Con la misma intención de poner los libros al alcance del pueblo había también en aquel doloroso Madrid unos cuantos quioscos callejeros, uno de ellos en Recoletos cerca de la Cibeles, en los que simplemente con mostrar el carné sindical podía uno llevarse cualquier libro. Al devolverlo, tenía derecho a elegir otro. Aquellos libros posiblemente habían sido incautados en librerías cuyos dueños eran gente de derechas. Recuerdo que el primero que leí por este procedimiento fue *Psicopatología de la vida cotidiana*, de Freud, porque me pareció que debía de ser útil para mi doble vocación de actor y de escritor. Lo he olvidado totalmente y no he vuelto a leerlo; sólo recuerdo que me divirtió muchísimo.

Estos métodos no fueron muy útiles para que los rojos ganaran la guerra. Quizás contribuyeron a que la perdieran. Pero en aquellos tiempos y en aquella zona se pensaba que la cultura era un bien y un arma que no debía ser privilegio de la clase burguesa. Gracias a ese sistema, el obligado estudiante de Química que era yo, durante aquella larga pausa, en una casa en la que escaseaban los libros y el dinero para comprarlos, pudo leer bastantes.

Otros pocos los leí rebuscando en un baúl que teníamos en la buhardilla. Cada piso del 22 de Álvarez de Castro tenía derecho a una pequeña buhardilla. Utilizábamos la nuestra para guardar los baúles de cómica de mi madre, pero en uno de ellos había unos pocos libros de la Biblioteca Sopeña que ella y mi abuela llevaron consigo cuando se declararon independientes, y algunos de la llamada «novela galante».

Con autorización de mi madre, *El 93* y *Los miserables,* de Víctor Hugo, *El collar de la reina, El conde de Montecristo, José Bálsamo, memorias de un médico* y *El caballero de Casa Roja,* de Alejandro Dumas, *El hijo de la parroquia,* de Dickens y *La tournée de Dios,* de Jardiel Poncela, fueron bajando de la buhardilla a mi cuarto. Pero con sorpresa advertí que las novelas que yo creí haber visto en el baúl los primeros días desaparecían. De aquellas de Pedro Mata, Zamacois, El Caballero Audaz, Alberto Insúa, faltaban algunas. Mi madre no podía creerlo y llegó a sospechar de mí, puesto que a la buhardilla sólo subía yo, y registraba el baúl alumbrándome con una vela, porque en aquel camaranchón no había luz eléctrica. El misterio no se aclararía hasta terminada la guerra. El propietario de la finca, el escultor religioso que tenía su taller en la planta baja, por lo que al edificio se le llamaba en el barrio «la casa de los santos», y que había desaparecido a los pocos días de estallar la contienda, y al que todos los vecinos dimos por muerto o por fugado a la zona nacional, había pasado aquellos tres años oculto en las buhardillas, adonde alguno de sus familiares le subía la comida. Él era quien se las había ingeniado para abrir nuestra buhardilla y entretenía sus ocios con aquella inocente lectura.

Aparición de los hombres célebres

Aunque por un montón de novelas que me regaló un amigo me había aficionado a los folletinistas franceses, y *Los tres mosqueteros* era la lectura que más me había apasionado (además de contarse entre mis preferidos Rafael Sabatini —cuyas novelas íbamos algunos chicos del barrio a leer a la Biblioteca Nacional—), las otras novelas de Alejandro Dumas me aburrieron y no conseguí leer ninguna entera. *El hijo de la parroquia* me descubrió a Dickens y más que gustarme, creo que me enterneció. (Años después, el *Pickwick* acrecentaría mi admiración por Dickens.) Pero la obra que realmente me deslumbró —y que ha vuelto a hacerlo cuando de nuevo la he leído hace tres años— fue *Los miserables*.

De los libros que he leído no tienen por qué gustarme uno más que los otros, de manera destacadísima. Y en el supuesto de que esto fuese así, no creo que pudiera interesar mucho a nadie. Pero la pregunta de cuál es su libro preferido es tan obligada en las interviús que muchas veces me he sorprendido a mí mismo tratando de averiguarlo aun sabiendo de antemano que no prefería ninguno en particular. Por esa razón puedo haber contestado de manera distinta a una pregunta que desde hace unos cuantos años debía haber tenido siempre la misma respuesta. Algunas veces he dicho que mi lectura preferida era el *Quijote,* otras *La Celestina,* otras *Pickwick,* otras los cuentos de Saroyan, otras el conjunto de la obra de Simenon o de Panait Istrati, otras *22 de agosto,* de Nathan Asch, narración casi desconocida que me impresionó profundamente allá por mis veintitantos años. Pero siempre he olvidado mencionar un libro que si de ninguna manera puedo señalar como el que más placer me ha producido, sí es muy posiblemente uno de los que más han contribuido a perfilar algunos aspectos de mi conducta. Me refiero al libro infantil *Vidas de hombres célebres,* de la editorial Sopeña, que leí en aquella curiosa biblioteca escolar formada por don Alejandro Domínguez, en la que se encontraban las novelas de Salgari y la serie completa de las truculentas aventuras de *Rocambole,* que mi abuela y yo leímos al alimón en la mesa camilla, a la caída de las tardes. Bastantes años después de haberlo leído sospeché que aquellas *Vidas de hombres célebres* me habían impresionado tanto que quedé convencido de que debía ser *hombre célebre*. No veía otro destino adecuado para mí, y cualquier otra posibilidad se me habría antojado una frustración. Aníbal, el Cid, Mozart, Edison y unos cuántos más desfilaban por las páginas del libro, aureolados por éxitos constantes, coronados por la fama, y dejaban en un pobre y tristísimo lugar a las personas normales. Leído por un niño de nueve años, el libro se convertía en una luminosa revelación, y los seres cuyas singularísimas vidas se narraban en él no se aparecían a mi imaginación infantil como los componentes de otro grupo, de un grupo distinto al mío, sino como mis compañeros, mis iguales. Esta impresión y el propósito de integrarme en aquel grupo —pensaba yo que el lograrlo dependía de una simple elección— no se los comuniqué a nadie, pues aunque en mi interior y hablando conmigo mismo no sintiese ningún rubor por haber decidido ser célebre, ya tenía bastante desarrollado el sentido del ridículo. Lo que más me sedujo del libro fue enterarme de que hubo quienes llegaron a ser hombres célebres antes de cumplir los doce años; por ejemplo, Mozart. No tenía yo ningún padre músico que me hubiera inculcado el sentido de la armonía desde mis más tiernos años, y bien que le eché de menos; pero podía sustituir la música por las novelas o por el trabajo de actor. Rápidamente me puse a escribir la novela de aventuras *Tesoro escondido,* que llegó a tener, manuscritas, unas doce páginas en octavo, y desde uno o dos años después mi ejemplo y el objetivo de mi envidia fue el niño actor Jackie Cooper. Tuve desde entonces la convicción, confirmada por las penurias de la posguerra, de que todo el tiempo que no se dedicase a intentar ser *hombre célebre* era tiempo perdido. Lo cual no quiere decir que a lo largo de mi vida no haya perdido el tiempo, pues he perdido muchísimo de muy gustosa manera y no me arrepiento de ello.

Tuvieron que pasar bastantes años hasta que en los cincuenta, cuando vivía en el apartamentucho de la calle del Tutor, del que más adelante se hablará, leí *El sentido de la vida,* de Alfred Adler, libro amenísimo que creí entender casi perfectamente y que me enseñó que desear ser a toda costa *hombre célebre* era algo enfermizo, y que las personas de mente saludable aspiraban con sencillez y serenidad a ser *personas normales,* a no separarse de la bandada, metáfora reiterada en el libro. Comprendí que a mis treinta y tantos años era un poco tarde para dar marcha atrás y, en aquella etapa de mi vida, cuando ya era un poco famoso, dedicar mis energías a reintegrarme a la bandada y convertirme en persona normal. Pero como las ideas y los consejos del psicólogo alemán me habían parecido muy acertados, desde entonces me he sentido presa de encontrados sentimientos, pues por un lado he deseado conservar y aumentar mi fama, mi popularidad —aun sabiendo ya que la fama era la gloria en perras chicas— y por otro no he podido olvidar lo que de neurosis tiene encontrarse fuera de la bandada —o sea, perderse— y he deseado ser una persona como las demás y no sentirme amargado cuando un fracaso, o una serie de ellos, me alejaba de los primeros puestos.

El golfo poético y unas investigaciones secretas

A pesar de los consejos de las autoridades no encontramos lugar al que marcharnos, como tantos otros madrileños, y en la ciudad sitiada pasé toda la guerra. A las noticias de los «paseos» y los registros domiciliarios de los primeros meses en busca de fascistas escondidos o de colchones para los evacuados sustituyeron los bombardeos y el hambre: esas son las imágenes que con más intensidad conservo de aquella época. Durante los últimos cinco meses del año 36 y buena parte del 37 no hacía nada. Estaba casi siempre encerrado en casa, leyendo o escribiendo, tratando de inventar juegos sobre la guerra o el fútbol utilizando el hule a cuadros que protegía la mesa del comedor. Mi madre y mi abuela tenían un miedo exagerado por mí; miedo que desapareció poco a poco, no porque yo creciera, sino porque la guerra se fue convirtiendo en costumbre.

En los primeros meses de aquel encierro escribí en casa, en colaboración con mi amigo y compañero de estudios Ángel García del Barrio, unas comedias feísimas, imitación del peor teatro al uso. Encontré en el baúl de la buhardilla más de cuarenta ejemplares de la colección La Farsa, en la que se publicó lo mejor y lo peor del teatro español y extranjero de los años veinte y treinta, otros tantos me prestó Piedad, la novia de mi tío, y más de un centenar de obras teatrales de otras colecciones compré a precios baratísimos. Todo aquello lo leí para aprender a escribir comedias.

Guardo un gratísimo recuerdo de aquella novia de mi tío Carlos —poco después, su mujer—. Aparte de ser bella y tener mucho encanto personal, era más culta, más refinada que él. Ella me dio a leer por primera vez el *Romancero gitano*, de García Lorca, del que no conocía yo sino *La casada infiel* y *Prendimiento y muerte de Antoñito el Camborio en el camino de Sevilla*, por habérselos oído recitar a González Marín. Una tarde mi tío se dirigió a mí con una timidez inusitada en aquel aventurero sin escrúpulos: quería preguntarme algo y titubeaba al hacerlo.

—Tú tienes libros de poesías, ¿verdad, Fernando?
—Algunos, pero no muchos.

—Es que... a Piedad le gustan mucho las poesías. Y yo quiero alguna que pudiera leerle cuando voy a verla.

Me sorprendió que un hombre de cuarenta años, al que de muchacho habían echado de casa, que luego se había vendido a la Legión, que había participado en una estafa, que había sido condenado a seis años de cárcel y cumplido tres en dos presidios y que era sindicalista de la CNT, se mostrase tan cohibido y dudoso ante un muchacho de quince años y que estuviese claramente asustado porque a su novia le gustaban las poesías. Parecía conocer bien los gustos de Piedad, pues me dijo que Campoamor y Espronceda le parecían anticuados. Entonces busqué un libro de Antonio Machado, firmado por él mismo, y que aún conservo, *Nuevas canciones*. Mi tío lo hojeó y movió negativamente la cabeza. No era tampoco lo que él quería.

—Me parece que no es esto... Necesito algo que sea de amor y romántico... Que se pueda leer en voz alta... Pero sin ser ridículo...

Quizás al pronunciar esta palabra notó que se estaba poniendo en ridículo frente a mí, pues no insistió. Dio por terminada la búsqueda de poesías y se marchó, algo cariacontecido. Muy posiblemente era la primera vez que leía versos. No tardaría mucho en comprobar que, para lo que él buscaba, y en aquellas circunstancias, eran más útiles los suministros de víveres.

Otro de mis entretenimientos, cuando me encontraba solo en casa, era registrar el baúl de mi abuela y el armario de mi madre. Quería descubrir secretos de un tiempo pasado. El baúl de mi abuela, aún lo recuerdo con ternura irremediable, no contenía ningún secreto. Un vestido negro, lujoso, un mantoncillo, dos cajas de membrillo en cuyo interior había fotografías amarillentas, pañitos bordados, carretes de hilo sin empezar, alguna estampa de santos, recordatorios. Un álbum de cromos Nestlé que un día, cuando volví yo del colegio, ella me dio la sorpresa de que lo había llenado todo con unas estampas de parejas bailando tangos de salón, que a ella le parecían preciosas y con las que había, a mi parecer, destrozado el álbum, y provocó en mí un ataque de ira, estaba allí, amorosamente guardado. Había también un collar y unos pendientes de azabache, una mantilla, unos guantes... No había cosas de mi madre, ni siquiera cuando era niña, y ni un solo recuerdo del abuelo Álvaro. En el armario de mi madre, que registré de arriba abajo con la pretensión de encontrar claves del mundo misterioso de las mujeres y también alguna otra cosa, encontré los originales de dos caricaturas grandes, en color, enmarcadas, que habían estado en una exposición. Una era la de mi madre; la otra la del actor del que mi abuela, cuando cumplí los nueve años, me había dicho que era mi padre, con gran disgusto por parte de mi madre, que, según decía, no habría querido que al chico le hablaran de eso, sino que le dejaran en la creencia de que su padre había muerto. Pero mi abuela adquirió la costumbre de enviarle una fotografía mía cada año, con una escueta dedicatoria, que quizás a él le pareciera una acusación. También encontré una foto suya, grande, dedicada amorosamente a mi madre, y otra en la que se le veía en una actuación teatral. En la infancia y en la adolescencia se tiene una idea muy singular del paso del tiempo, quizás más exacta que la que tenemos después. Y yo, ante aquellas fotografías, pensé solamente que eran muy antiguas, y aquel padre mío también muy antiguo. Las fotos debían de tener los mismos años que yo, quince, pero a mí se me antojaban como de otro siglo. Y encontraba a aquel hombre, en sus poses ante las cámaras fotográficas, tanto en la de actor como en la personal, muy afectado, un tanto presuntuoso y solemne. No experimenté ningún otro sentimiento. Me preocupó únicamente el temor de si el hecho de que aquellas fotos y aquella caricatura estuviesen guardadas en el armario significaba que mi madre aún quería a aquel hombre. Muchos años después intenté buscarlas de nuevo y no las encontré. Tras la muerte de mi madre volví a buscarlas, registré su casa de arriba abajo, con el mismo resultado negativo. Puede que ella, pasada su madurez, las rompiese para tirarlas a la basura o las quemase. No puede pensarse que lo hiciera como quien al fin se desprende de una esperanza largamente alimentada, pues el hombre de la caricatura y de las fotos había muerto muchos años atrás, en 1942.

La maleta del fugitivo

Mi amigo y compañero de juegos Tono organizó en su casa una velada teatral infantil y para ella escribí un cuadro, directamente imitado de los que publicaba *Gente menuda,* el suplemento infantil de la revista *Blanco y negro.* No vi la representación, que tuvo lugar en el comedor de su casa, porque ya era muy mayor y me daba vergüenza haber contribuido a aquel espectáculo para niños.

El otro amigo que acudía a casa a remediar mis soledades era Vicente Cardenal, hermano de Emilio, el que gustaba tanto a las chicas. Aquel año no habían ido de veraneo con sus padres, porque les habían suspendido en algunas asignaturas, y al estallar la insurrección militar se quedaron separados, los padres en una zona, los hijos menores en otra. Vicente y yo en casa leíamos versos, recitábamos, y Vicente le cogió tanta afición a esto que también se inscribió en la escuela de arte dramático, a la que acudía en los ratos libres que le dejaba su empleo de repartidor de telegramas. La guerra nos sacudió a todos, nos revolvió, nos lanzó a cada uno para un lado; después, la victoria y la posguerra hicieron otro tanto. Mi entrañable Manuel Suárez, «Wanagú, Casco de Oro», murió tuberculoso en Alcazarquivir; también murió antes de cumplir los veinte años Emilio Cardenal, de un ataque al corazón; Vicente Cardenal desapareció de Madrid y de mi vida y al cabo de los años ha llegado a ser un entendido en cañones, según él mismo me escribe; Tono es fiscal en una ciudad del sur y ha conservado las ideas de su madre, no las de su padre; Ángel García del Barrio, abogado, huérfano de guerra de un comandante de carabineros, que durante el cerco de Madrid cambiaba con mi tío el de abastos cigarros puros por judías o bacalao, se fue a Córdoba y de Córdoba volvió a Madrid, donde, según me cuentan, ha muerto hace poco tiempo en el mismo piso de la misma calle de Álvarez de Castro; Rafael Ventura, hijo de un dependiente de comercio, alumno aventajado de los maristas, al que admiraba y envidiaba por su inteligencia, por lo bien que recitaba y porque durante los recreos era capitán de una banda, se convirtió en revolucionario exaltado y murió defendiendo la causa de la República. Dos condiscípulos de sexto de bachillerato, cuyos nombres he olvidado, uno de ellos hijo de un camarero, y que no ocultaban sus ideas izquierdistas, ayudaron a convertir el edificio del colegio en Ateneo Libertario. Como a tantos, nunca volví a verlos.

Un día sonó el timbre de la puerta de casa. Cuando la criada abrió apareció un hombre joven, con el rostro demudado, sudoroso. Llevaba una maleta. Le vi en seguida porque mi cuarto estaba junto al recibidor. Le conocía de algo, pero no le recordaba.

—¿Casa de Carola Fernán Gómez? —preguntó apresurado y en voz baja, como precavido.

—Sí, aquí es —respondió la criada.

—Por favor, dígale que quiero verla cuanto antes. Es muy urgente.

Cuando dio su nombre a la criada recordé que era un actor que había sido compañero de mi madre. Nos saludamos. Mi madre salió a recibirle inmediatamente y se fueron al saloncito. Estuvieron muy poco tiempo. Él se marchó antes de diez minutos y después mi madre me explicó que aquel joven actor era fascista y estaba seguro de que le perseguían. Tenía ya preparada su huida, su desaparición, pero debía preservar en sitio seguro lo único que poseía, su única riqueza: su vestuario de actor. Por eso al marcharse dejó en casa la maleta. Mi madre me dijo que aquel joven, aunque actor modesto, de los que desempeñaban papeles de escasa importancia, tenía fama de vestir muy bien y por eso encontraba contratos con facilidad. Habían decidido que guardaríamos su ropa en casa en lo que duraba «esto». No debíamos guardarla en la maleta, sino colgarla en mi armario, pues de esa manera, si había algún registro —eran frecuentes para buscar fascistas, emboscados o colchones para los evacuados que constantemente llegaban de los pueblos—, podríamos decir que aquellos trajes eran míos.

Uno de los trajes no recuerdo cómo era, no debió de gustarme demasiado. Pero de los otros me acuerdo muy bien: uno era marrón y el otro, el que me parecía más elegante, blanco. Estos tres trajes eran los que le habían dado fama de vestir bien al joven actor. Como la guerra se prolongó más de lo que se pensaba, tuve tiempo de hacerme a la idea de que aquellos trajes, que veía todos los días al abrir el armario, eran realmente míos. En seguida caía en la cuenta de que no lo eran. Pero si el joven actor era encontrado por sus perseguidores y le mataban, o si desaparecía para siempre porque huía al extranjero, yo podría quedarme con los trajes. Un día llegué a probármelos. Comprobé con desconsuelo que me estaban un poco anchos y, lo que era peor, bastante cortos de mangas y de perneras. Meses después, mi madre me preguntó:

—¿Te has probado los trajes del armario?

Me quedé horrorizado. ¿Cómo podía haberlo descubierto? Contesté automáticamente:

—No, mamá. ¿Por qué me los iba a probar?

Me puse rojo como la grana, pero mi madre no lo advirtió porque no me miraba, estaba tomando un té.

—Pues debes probártelos —dijo—, porque si el muchacho no vuelve, no tendremos más remedio que quedarnos con ellos.

Aquella misma tarde, después de comer, antes de que mi madre se fuera al ensayo, me probé los trajes.

—No te están mal. Un poco cortos, porque el otro tiene peor figura que tú. Y un poco anchos. Pero cuando esto acabe, si no ha aparecido, se los llevaremos a Francisco Ávila, el sastre, y a lo mejor puede arreglártelos.

En cuanto acabó la guerra, una de las primeras visitas que tuvimos en casa fue la de aquel joven actor fugitivo, que había estado escondido en no sé qué pueblo y del que nadie se había ocupado para nada. Se llevó los trajes y nos dio las gracias.

Rosalía, María, Francisca, María

Debimos de tener durante la guerra cuatro criadas, sucesivamente. La primera, sólo asistenta, iba unas horas. Era una antigua amiga o conocida de mi abuela y se llamaba Rosalía. Tenía algún dinero, ganado con su trabajo. Era una señora mayor, viuda sin hijos, y por no estar sola había decidido casarse. Vestía siempre de negro y tenía el pelo grisáceo. El hombre con el que se había casado, panadero de profesión, le daba unas palizas tremendas; ese fue el remedio que encontró a su soledad. Rosalía no cobraba por los trabajos que realizaba en casa; a cambio de ellos, mi abuela le enseñaba a leer y a escribir. A nosotros el desdichado matrimonio de Rosalía nos reportó una ventaja: como su cruel marido era panadero, todos los días nos llevaba una gran barra de pan, que era una joya en aquellos primeros meses de escasez. Otra criada se llamaba María, también mayor y muy bajita. Mi madre y mi abuela se empeñaban en que saliera a la calle con ella, a hacer recados, a ponernos en una cola, al cine para que yo no saliera solo. Me daba una vergüenza enorme; a mis quince años recién cumplidos creía estúpidamente que todo el mundo en la calle de la ciudad en guerra estaba pendiente de mí y que se iban a reír de que fuera con una mujer mayor, gorda y bajita. Aprovechando el tamaño de mis piernas daba largos pasos para adelantarla y que pareciera que no íbamos juntos. Otra se llamaba Francisca. Nos la recomendaron, según era costumbre, en la tienda. A mi madre le cayó muy bien y a mi abuela no tanto, a las dos por la misma razón: porque era muy religiosa. Pidió permiso para, desde el primer día, retirarse todas las tardes a su cuarto a rezar el rosario. No era mayor, pero tampoco joven ni muy agraciada, aunque algo más presentable que la anterior. Vestía descuidadamente, sin ninguna coquetería. Los nombres de Dios y la Virgen no se le caían de los labios y a veces a la hora en que debía estar limpiando la casa o cuidando la lumbre mi abuela se la encontraba encerrada en su cuarto, rezando, lo que la sacaba de quicio. En cambio, a mi madre le parecía muy bien tener en casa, en aquellos tiempos peligrosos, a una persona de confianza. Estuvo muy poco tiempo, no llegó a dos meses. Porque un mal día nos dijo que se despedía y que había que pagarle por el despido dos o tres meses, según ordenaba no sé qué ley, y como argumento definitivo nos presentó a su novio, que era miliciano. Si no se le pagaba aquella cantidad, nos denunciaría. Diría que mi madre era monárquica, mi abuela una vieja carca y yo un señorito fascista, y que por las noches nos reuníamos con la vecina y sus hijos a escuchar Radio Burgos.

Era indudable que a Francisca había que pagarle aquel dinero y pedir a Dios que desapareciera de nuestra vista cuanto antes. A mi abuela se la llevaban todos los demonios. La bronca que tuvieron aquella mañana ella y mi madre fue indescriptible. Pero no sorprendente. Estas broncas tenían lugar a diario. Justo después de levantarse mi madre. Yo permanecía en el comedor, avergonzado y sobrecogido, mientras ellas recorrían el pasillo lanzándose imprecaciones a gritos, sacando a relucir trapos sucios de su vida pasada. Según vociferaban las dos, yo era la única persona sensata de la casa. Me atrevía a decir de vez en cuando, con voz que resultaba inaudible ante su griterío:

—Callarse, por favor; os oyen los vecinos.
 Pero a aquellas dos furias ni les importaban los vecinos, ni yo, ni la criada de turno, ni san José o san Antonio que se les hubiesen aparecido de repente. Nunca he podido reconstruir en mi memoria el esquema de cualquiera de aquellas horribles broncas. No sé lo que las originaba. Alguna vez algo tan trivial como que el agua del baño no estaba muy caliente... Pero no podía ser ésa la razón de la bronca cotidiana. Mi abuela a veces rompía a llorar y se metía en su cuarto, se lanzaba sobre la cama y se golpeaba la cabeza contra la pared.
 —¡Usted sí que es una buena actriz, madre, y no doña María Guerrero! —le gritaba la otra.
 Durante uno de aquellos enfrentamientos, mi abuela salió de la cocina empuñando una plancha y se lanzó contra mi madre, que, desafiadora, lívida, tensa, desgreñada, con la bata desarreglada, se erguía y gritaba con voz enronquecida:
 —¡Máteme, ande, máteme!
 Pero mi abuela bajó el brazo y volvió sobre sus pasos. Poco después estábamos sentados a la mesa mi madre, mi abuela, mi tío y yo y comíamos tranquilamente. Y si a veces surgía alguna discusión entre las dos mujeres, el tono era moderado y cariñoso, y la causa, que cada una quería ceder a la otra algo de su comida.
 De todas las criadas que tuvimos durante los tres años, la que nos duró hasta el final de la guerra se llamaba también María. Tenía dieciséis años, no era fea y su cuerpo estaba muy bien formado. Pero nunca me abrió por la noche la puerta de su cuarto.
 Algún tiempo debimos de estar sin criada, porque recuerdo que en el reparto de trabajos a mí me correspondió, por unos meses, poner la mesa y hacer las camas.
 Durante la guerra, los dos platos más comunes entre la población civil madrileña fueron el arroz con chirlas y las lentejas sin nada. Pero en casa, quizás por la ayuda de mi tío, comimos más frecuentemente un plato que se llamaba garbanzos guisados, cuya receta no he encontrado en los libros de cocina que ahora tengo en casa, pero que viene a ser una especie de cocido sin patata, sin carne, sin jamón, sin tocino, sin embutidos, sin verdura, al que con un poquito de ajo y otro poquito de pimentón se intenta dar algo de sabor y con una cucharada de harina un poco de consistencia. He olvidado lo que desayunaba, no sé si había churros. Lo que sí sé es que a partir de media mañana, a mí, que siempre había padecido inapetencia, el hambre me atormentaba con ferocidad; y adquirí la costumbre de entrar furtivamente en la cocina, cuando no había nadie, y comerme una cucharada de aquellos garbanzos a medio hacer. A veces reiteré las cucharadas y en el momento de llevar los garbanzos guisados a la mesa resultó que casi no había nada en el puchero.

15
Un grano de alegría, un mar de olvido

Evolución de las costumbres

El Madrid de 1938 en casi nada se parecía al de 1936. Duraba ya dos años la Guerra Civil Española y nadie sabía el tiempo que faltaba para que terminase, aunque el pensamiento más extendido era que el final estaba cercano porque el ejército de la República llegaba al límite de su resistencia. En Madrid la habituación era total. La gente acudía a su trabajo, tiendas casi vacías, talleres en los que se podía hacer muy poco, acudía a los cines y a los teatros. Se recogía muy temprano porque no había vida nocturna y en casa jugaba a las cartas, al ajedrez, las damas o el parchís hasta la hora de acostarse. La gente de derechas, que en mi impresión eran mayoría —y mucho más definida conforme la contienda se acercaba al previsible desenlace— celebraba misas, bautizos y comuniones en domicilios particulares. Casi no se veían soldados —los milicianos habían desaparecido— por las calles. Los jóvenes paseábamos a la caída de la tarde por la calle de Alcalá, desde Sevilla hasta Cibeles. Todos vestíamos traje completo con corbata, porque al mismo tiempo que se había puesto de moda aquel paseo se había pasado la cazadora. En el teatro del Círculo de Bellas Artes, que caía a mitad del recorrido, comenzó a funcionar el cineclub del Socorro Rojo Internacional. Era muy *chic* acudir a sus sesiones. Como el paseo tenía lugar a la atardecida, la luz del sol se retiraba y la oscuridad nos iba envolviendo, no se encendía el alumbrado público, ni había luz en los escaparates ni en los balcones. Pero a la mayoría de nosotros no nos sorprendía pasear a oscuras, porque acabábamos de asomarnos a la vida, no la conocíamos de otra forma. No era algo, como para los mayores, que se hubiera interrumpido bruscamente para cambiar de aspecto. Nosotros la aceptábamos tal como iba llegando, aunque la sabíamos provisional y ansiábamos que la guerra acabase cuanto antes para que nos llegara la vida auténtica.

    Esta zona de paseo se mantuvo en boga hasta pocos meses después de concluida la guerra, y con muchos más paseantes. En aquellos meses el ir y venir del paseo se prolongaba hasta Recoletos. Pero entre el elemento juvenil se puso definitivamente de moda pasear por el primer tramo de la Gran Vía, por la acera de los pares, la del bar Chicote.

A finales de este año, el 38, nunca surgían en la conversación los «paseos», ni las checas, ni el antes temido SIM —Servicio de Información Militar—, y en cambio a cada momento se oía hablar más de la Falange clandestina. Se hablaba de ella sin ningún rebozo, y a comienzos del año 39 parecía que toda la población de Madrid se había inscrito en la Falange clandestina.

Era el tiempo en que se llamó a filas a la quinta del chupete y a la del biberón. Todos mis amigos estaban en filas y sólo los de la última quinta se libraron de entrar en combate. Entre aquellos soldados del sangriento epílogo ya no había voluntarios, idealistas; casi todos habían muerto dos años antes.

En la escuela de actores de la CNT, exceptuado el director, Valentín de Pedro, y su mujer, María Boixader, directora de las obras que se representaban en la sala Ariel, los profesores que impartían las clases se consideraban a sí mismos como gente de derechas camuflada. La CNT era una organización apolítica y no indagaba las tendencias de los trabajadores que solicitaban ingresar. Esta fidelidad a sus principios fue causa de que se la utilizase como refugio por elementos de significación derechista, lo que fue muy censurado, especialmente por los comunistas.

Durante las clases nunca se mencionaba el tema político, no sé si por un acuerdo tácito o por disposiciones superiores. Valentín de Pedro, que tenía a su cargo la clase teórica, se limitaba a dar charlas sobre la interpretación. A él le escuché por primera vez las explicaciones —que años después habría de escuchar y leer hasta la saciedad— sobre lo que era el naturalismo teatral, sobre el estilo interpretativo difundido a comienzos de siglo en París por Antoine y que pronto seguiría Stanislavski en Moscú.

Mi madre proseguía su carrera de actriz viviéndola con la misma intensidad. Lo mismo que antes de la guerra se lamentaba siempre de las empresas y se reunía con otros actores para criticarlas, ahora criticaba al sindicato y a la Junta de Espectáculos. Aunque no hubiera café, los cómicos se reunían alrededor del mármol de las mesas para desahogarse y calmar sus frustraciones.

Mi abuela ya no era una anciana erguida y dominante. Desde 1936 a 1939 envejeció diez años. Se le cayeron más dientes, perdió mucha vista —y yo, que no estaba casi nunca en casa, no le enhebraba, como antes, las agujas—, oía mal y se le curvó la espalda.

—Este pasillo me mata —decía con voz fatigada cuando lo recorría.

Nuestra casa no tenía ascensor, y para llegar al tercer piso, en el que vivíamos, casi se arrastraba agarrándose a los balaustres de la barandilla. Su desmedido amor por mí se había convertido en lamentoso.

Yo seguí leyendo más que con insistencia con frenesí. Mis lecturas eran muy heterogéneas, pues aunque gozaba con la literatura trascendente y me forzaba en leer lo que consideraba necesario para mi formación, no conseguía —ni lo deseaba— apartarme de mi afición a las novelas policiacas. Mi reciente amigo Manuel Alexandre me introdujo, a través de *Así hablaba Zaratustra*, en la lectura de Nietzsche. Leía en la cama, al despertarme. Y en el metro, al ir a la escuela de actores o al teatro, y al volver, y andando por la calle, y en el retrete, y mientras comía —lo que desesperaba a mi abuela, porque ni en esos instantes hablaba con ella—, y de nuevo en la cama, mientras me llegaba el sueño. A veces, con frecuencia, apagaba la luz como si fuera a dormirme, pero me levantaba sigilosamente y si comprobaba que en la casa había silencio y sólo se escuchaban los ronquidos de mi abuela, algún disparo suelto y un aislado tableteo de ametralladora, salía de mi cuarto y de puntillas llegaba hasta el cuarto de la criada —para ello tenía que pasar ante el de mi abuela, que siempre dejaba la puerta abierta—. Llamaba muy flojo a la puerta, le pedía que abriera, empleaba argumentos estúpidos, suplicaba.

—Sólo quiero verte, verte nada más...

Pero María nunca abrió la puerta de su cuarto, y en cuanto terminó la guerra se marchó a su pueblo.

La piedad

En 1935 me había inscrito como aspirante en el Centro Mariano-Alfonsiano de la Juventud de Acción Católica, y una vez allí, lo que más me molestaba eran los llamados actos de piedad. Como muchos otros chicos de mi barrio, me había inscrito porque los elegantes padres redentoristas ponían a nuestra disposición un local en el que refugiarnos por la tarde, a la salida de los colegios o de los institutos —cuando ya nuestra avanzada edad empezaba a impedirnos jugar en la calle—, en el que se celebraban veladas teatrales, había equipo de fútbol, se podía jugar a las damas, al ajedrez, al parchís, al ping-pong (poco más adelante, al billar) y en donde se convocaban certámenes literarios y de dibujo. A pesar de mis agobiantes dudas sobre el libre albedrío, la Santísima Trinidad y otros fundamentos del catolicismo, me consideraba creyente, pero antes de ingresar, aunque en calidad de aspirante, en Acción Católica, tenía un concepto erróneo de lo que eran la piedad y las personas piadosas. Creía yo que la piedad era, poco más o menos, algo así como una propensión a condolerse de las desgracias del prójimo, una tendencia a ayudar o acompañar a los demás cuando sufren. En aquel centro había cuatro secciones —no debe de ser «sección» la palabra idónea, pero vale para entendernos—: deportes, juegos, arte y piedad. Lo de *deportes* está claro; los *juegos* eran los que se podían practicar en el salón; en *arte* entraban los concursos de dibujo y los literarios, la rondalla y las veladas teatrales; y en *piedad*, suponía yo, todo aquello de la compasión por el prójimo, el socorro al desvalido, etcétera. Y todo aquello me pareció bien. Pero no; eso era según lo suponía yo, no según se entendía en Acción Católica. En Acción Católica se entendía que la *piedad* consistía en ir a misa a diario, comulgar todos los domingos, asistir a las novenas, echar óvolos en el cepillo o en la bandeja, llevar escapularios, murmurar de vez en cuando jaculatorias, ayudar a misa, no faltar a la sabatina en la que se rezaban rosarios interminables... Y a mí todo aquello me molestaba, y como me molestaba, lo eludía; como muchísimos otros de los trescientos socios del centro, pues verdaderamente *piadosos* en ese sentido sólo debía de haber veinte o treinta. Yo pertenecía a los doscientos y pico escasos de piedad y a los que el padre Ibarrola, nuestro consiliario, miraba con malos ojos, o simulaba hacerlo.

Durante los meses anteriores a la guerra y los inmediatamente posteriores llegué a ser un socio bastante activo de aquel centro. Acudía todas las tardes, jugaba a las damas, al ajedrez, al parchís, al ping-pong, al billar, fui bibliotecario, repartía avisos por los domicilios de otros socios, intervine en las veladas teatrales y dirigí alguna, obtuve el premio en dos concursos literarios, pero nunca conseguí que me entrara en la cabeza, ni por tanto en mis costumbres, aquella *piedad*.

No he olvidado durante todos los años transcurridos desde entonces la diferencia que había entre lo que entendía yo por piedad y persona piadosa y lo que entendían la Acción Católica y el padre Ibarrola. Ni tampoco he olvidado que en la sección *piedad* de aquel centro no existían para nada la condolencia, la compasión, la tendencia a la ayuda, el dolor por el sufrimiento ajeno. Llegué a comprender que ese concepto de *piedad* era el aceptado por Acción Católica, por el padre Ibarrola y por la Iglesia. Pero ¿de dónde había sacado yo lo otro? ¿Por qué podían existir esos dos significados tan distintos de un mismo significante? Desligado hace muchos años de la religión, el asunto dejó de preocuparme, pero vuelve a aparecer al redactar estas memorias. Como a veces se me ha acusado en mi trabajo, también afectuosamente por algún partidario, de falta

de rigor, ahora pretendo ser un poco más riguroso, y recurro con frecuencia a documentos, diccionarios, gramáticas... En este caso me produce una alegría mi consulta al María Moliner.
«Piedad. Inclinación afectiva, con pena o sentimiento, hacia una persona desgraciada o que padece.»
Tenía yo razón, y los curas, un tanto falsarios, arrimaban el ascua a su sardina. Pero sigo leyendo y encuentro otra acepción.
«Devoción. Amor y respeto consagrados a alguien; por ejemplo, a los padres o a las cosas sagradas: Piedad filial.»
Y queda otra acepción, ésta más definitiva:
«Particularmente, celo en el cumplimiento de los deberes religiosos.»
¡Tenían razón la Acción Católica y los curas, aunque en una tercera acepción! Pero ¿qué dirá el Diccionario de la Academia? Helo aquí:
«Piedad. Virtud que inspira por el amor a Dios tierna devoción a las cosas santas; y por el amor al prójimo, actos de abnegación y compasión.»
Se advierte claramente que esta acepción contiene dos acepciones. Puede sorprender que en 1984 la Academia haya dado preferencia al concepto que a mí me molestaba en los años treinta, pero creo que se adivina al leer esta doble acepción el cambio de impresiones entre el estamento eclesiástico y el laico y cómo el representante del estamento laico, educadísimo caballero académico, le dijo al eclesiástico:
—Usted primero, no faltaba más.
Mi *piedad* quedó reducida a asistir a misa los domingos, y no todos.
Mi religiosidad no sólo era escasa, sino muy confusa. Me hacía sentirme religioso en los momentos en que éste me parecía un sentimiento elevado; pero esto era pocas veces, porque entre los católicos practicantes que veía a mi alrededor, la mayoría me parecían gente de pocas luces y de no muchas preocupaciones. Abundaban, en primer lugar, las beatas que confundían religión con superstición. Tampoco yo me libraba de ello, pues en algunas ocasiones lo que me atraía de la religión eran sus posibilidades utilitarias. En el recorrido desde casa hasta el colegio de los maristas aprovechaba el tiempo para rezar algunos padrenuestros que me sirvieran para saberme de repente las lecciones que no había estudiado. El que cuando ya dejaba de ser un niño, a los catorce años, repitiera varias veces este inútil y estúpido procedimiento demuestra que no me faltaba la fe.
Traigo a colación todo esto en este lugar, y no en el que cronológicamente le correspondería, porque varias veces pensé, desde que pasé a pertenecer al sindicato de actores de la CNT, que mi

costumbre de las mañanas dominicales había cambiado poco. Hasta julio de 1936 solía ir a misa los domingos por la mañana, casi siempre con mi amigo Tono. A partir de esa fecha, en vez de a misa, y poco más o menos a la misma hora, iba a la asamblea de la CNT. Se celebraban estas asambleas en los teatros, semanalmente, y eran generales, no representativas. Se elegían los cargos, se discutían cuestiones profesionales. No recuerdo haber oído en ellas nunca nada referente a la política, el gobierno o la marcha de la guerra. Eran aburridas y un tanto sórdidas. Se planteaban problemas casi siempre personales, desde el punto de vista de un egoísmo descarado y reiterativo. Curiosamente, aquellos libertarios circunstanciales recurrían con frecuencia a los prejuicios morales para descalificar a los demás, a sus oponentes o rivales en el trabajo; de manera destacada, a prejuicios de moral sexual. Algunas actrices sacaban a relucir los trapos sucios de sus compañeras cuando protestaban porque no se les había encomendado determinado personaje o se les había negado un puesto en un teatro. Aquel comportamiento no tenía mucho que ver con el ideal anarquista. Y tampoco servía para que las asambleas resultasen divertidas o apasionantes; eran tan aburridas como las misas de los domingos.

Meditaciones del metro

El metro fue durante muchos años uno de mis lugares de lectura y de meditación. El recorrido desde mi barrio hasta el centro de Madrid no era demasiado largo, unos veinte minutos desde Quevedo o desde Iglesia hasta Sol o hasta Sevilla, pero multiplicados por cuatro viajes diarios, si se aprovechaban bien, daba para mucho. Al mediodía, cuando volvía a casa para comer, viajaba mucha gente y también al regresar al centro a las tres, para ir al cine, a la escuela de actores o al ensayo. Pero cuando, terminada la segunda función, regresaba definitivamente, los vagones iban casi vacíos. Era en ese último viaje cuando más me entretenía observando a los viajeros. Apartaba con frecuencia mis ojos del libro y me detenía en la contemplación de mis compañeros de viaje. ¿Podría componerse con todos ellos una compañía de teatro? Era éste un juego que me apasionaba.

En aquel tiempo aún imperaba en el teatro el sistema de «compañías». En una compañía teatral de entonces cada actor tenía su puesto fijo. No se formaban los elencos, como ahora, para una función determinada. Los autores —los autores de teatro doméstico, para andar por casa, no los autores experimentales de otros países, que se habían liberado de esta traba— escribían las obras con arreglo a esta plantilla, a este reparto. Tanto en una compañía titular de un teatro como en la encabezada por una pareja de actores, o por un trío, que también las hubo, o por un cuarteto, como la muy célebre de Los Cuatro Ases, el esquema era el mismo. Había un primer actor y una primera actriz. El primer actor podía ser un hombre maduro, pero de buena prestancia. Tras él, los demás actores masculinos eran: el actor de carácter (que representaba los papeles de padre, o aquellos que podían ser de más edad que el primer actor), el segundo (que se encargaba del personaje rival del primer actor), el actor cómico, el galán, el galán joven, el galán cómico, el genérico (de mediana edad y que debía servir tanto para un roto como para un descosido) y dos o tres racionistas (mejor que algunos fueran jóvenes llenos de ilusiones y otros viejos fracasados). En las mujeres, el esquema era muy parecido: primera actriz (algo más joven que el primer actor, guapa, de buena planta y con mucho oficio en los diversos géneros), la segunda (debía representar permanentemente treinta años, ser atractiva pero sin demasiada simpatía; era siempre la rival fracasada de la primera actriz), la dama de carácter (madre), la actriz cómica (edad indefinida, pero sin excesiva belleza), la dama joven (primera actriz en ciernes), la característica (madre también, posible pareja del genérico, con menos empaque que la dama de carácter, pero con posibilidad de hacer gracia) y tres o cuatro racionistas, de características semejantes a los masculinos.

Entre estos hombres y mujeres que viajaban conmigo en el metro a última hora también habría galanes, actores cómicos, actores de carácter, segundas, primeros actores...

La vida es para todos igual de larga, pero en los personajes de teatro no es así. Los personajes de teatro, cuando terminan su cometido, desaparecen; los actores retornan a su camerino y el personaje se desintegra al salir el actor del escenario. Pero en la vida real, ese joven que no ha sido más que partiquino en aquella peripecia brillante de la que aquel otro ha sido primer actor no abandona nunca el escenario, el suelo que pisa; aunque él se traslade de un lado a otro es siempre suelo de escenario. Aquel hombre que viajaba en el metro, en el mismo vagón que yo, de unos cuarenta y tantos años y no muy mal aspecto, podía muy bien ser un primer actor, padre del muchacho que iba a su lado, quien, por su miopía, sería un estupendo galán cómico. Una mujer mayor, adormilada, pobremente vestida, sería una buena característica, y la putilla en retirada, con mejores ropas, valdría como segunda; para partiquinos servían todos los demás. La más difícil de encontrar era siempre la primera actriz. Una mujer de buena presencia, atractiva, con cierta dignidad, ni jovencita ni jamona, que viajase en el metro a última hora, en el Madrid de la posguerra, no era imaginable.

El juego no me servía sólo para el metro. También lo utilizaba en casa. Mi abuela no podía ser la actriz de carácter porque era demasiado vieja, pero con su sordera, su amor a los refranes y las palabrotas y chuscadas que lanzaba a cada momento podía ser la actriz cómica. Mi madre era la primera actriz. María, la criada de bonito cuerpo, arrancada de su pueblo y trasplantada a la ciudad, era la dama joven; yo, desde luego, era el galán joven; y mi tío el actor de carácter; su mujer, Piedad, muy guapa y con mucho encanto, era la segunda, la oponente; doña Luisa, la vecina, siempre desconsolada y gimiente, era la característica; uno de sus hijos, el menos espabilado, el galán cómico; el otro, el que fue a la guerra y no sabía contarla, podía ser un partiquino. Las dos hijas de la casera —de las dos estaba enamorado— eran dos partiquinas, aunque la menor iba para dama joven; el vecino, otro vecino, de cuarenta años, alto, delgado, no mal parecido, casado con una mujer guapísima, que se volvió loco durante la guerra y salió a la calle hablando mal de Negrín y vendiendo taruguitos de madera, podía ser el primer actor si la función era de Andreiev o de un dramaturgo catalán de principios de siglo.

Pero el juego tenía también su vertiente psicológica. ¿Cómo aceptarían todas aquellas personas convertidas en personajes su reducción a actores de cuadro? Sin duda, mi madre, a la que le correspondía el papel de primera actriz, estaría satisfecha; también el viajero del metro y el vecino loco a los que les había correspondido ser primeros actores. Pero el resto de aquellas personas ¿aceptarían que no eran protagonistas, sino personajes de acompañamiento? ¿Aceptarían que en cuanto abandonaran el escenario su personaje desaparecería, dejaría de interesar a todo el mundo? ¿Sabía aquel joven miope al que yo le había repartido el papel de galán cómico que no llegaría nunca a tener una aventura sentimental que le resultase favorable y que sus acciones siempre despertarían la risa? ¿Sabían que siendo personajes de ficción no tenían esperanza y que sus intervenciones en la peripecia del protagonista eran funcionales, y que estaban sujetas en su duración al sueldo que como actores percibían?

En la vida real, lejos ya del mundo del escenario, también este señor es protagonista de un drama, y aquél, actor de carácter, y este tabernero tan simpático y siempre con un chiste viejo en los labios es actor cómico, y aquella mujer guapísima, alta, desgarrada en su lenguaje, es una segunda a la que la suerte no la ha favorecido demasiado. Pero todos son protagonistas de sus propias vidas, incluso de las vidas de los demás, de su vida alrededor. Cuando este pobrecillo muchacho de trece años, vendedor de periódicos, presencia el triunfo del general Franco y la entrada victoriosa de sus tropas en Madrid, tras el fracaso de Azaña y la muerte de víctimas del ideal como Durruti, el protagonista de lo que está sucediendo es él, el pequeño vendedor de periódicos.

Y cuando yo entraba en la vida dispuesto a ser un hombre célebre costase lo que costase y mi madre veía declinar dramáticamente su belleza y mi abuela acercaba su lenta agonía golpeándose la cabeza con las paredes, la protagonista era también María, nuestra jovencísima criada, la chica de pueblo perdida en la guerra y en la gran ciudad.

En la vida también hay galanes, actores cómicos, actores de carácter, damitas jóvenes, segundos. Esos papeles se los han repartido quizás ellos mismos o quizás las circunstancias. Pero en cuanto a la actitud frente a los avatares cotidianos, la de los hombres de la realidad se diferencia de la de los personajes teatrales en que los hombres de la realidad siempre son protagonistas, todos son protagonistas, aun cuando al mismo tiempo sean personajes secundarios en las peripecias ajenas. Y en que los puestos —heredados de los viejos *emplois* de la Comédie Française— no están tan bien repartidos como en las compañías. Puede haber a veces tres galanes, dos primeros actores, infinidad de damas y de galanes jóvenes, ningún actor cómico.

Rara y admirable cualidad la que tienen algunas personas de saber cuándo deben comportarse como secundarios. Y cualidad imperdonable la que tienen otros de erigirse obstinadamente en protagonistas aun en los momentos más inadecuados.

—¿Qué crees tú —le pregunté una tarde a mi amigo Ángel García del Barrio, el que no sabía aún si a su padre le habían asesinado en Paracuellos o si había conseguido escapar, en lo que le despedía a la puerta de mi casa, unos portales antes de llegar a la suya—, que eres el protagonista de tu vida, o un simple comparsa de la mía?

Se quedó un momento pensativo y me dijo con un repunte de ironía:

—Con la de problemas que hay ahora, tú me planteas uno más gordo.

Y siguió el camino de su casa.

Los nacionales en Madrid

Un día de primavera, el 28 de marzo del 39, al despertarme, a media mañana, me sorprendió el ruido que venía de la calle. Me asomé al balcón y vi un gran alboroto. La gente del barrio formaba corrillos, entraba y salía de los portales, se apiñaba en los balcones, en algunos estaban poniendo colgaduras. Creí comprender lo que sucedía.

Aquel alboroto era mucho mayor que el de días antes, cuando la aviación de Franco «bombardeó» las calles de Madrid con panecillos. Corrí por la casa de un lado a otro. Mi madre también acababa de levantarse. La criada subía de la calle y nos decía a gritos que la guerra se había terminado. La abuela daba gracias al cielo. Me vestí todo lo deprisa que pude y me lancé a la calle. Pasó una camioneta abarrotada de jóvenes que gritaban «¡Arriba España!» y «¡Viva Franco!». Pronto supe lo que sucedía. La guerra no había terminado, como nos anunció María, pero Madrid había abierto sus puertas al ejército nacional. Los soldados de la República, por orden de sus jefes, abandonaron las trincheras.

Eché a andar hacia el centro de Madrid. Cada vez eran más numerosos los vehículos atestados de jóvenes, unos de uniforme y otros de paisano, que alzaban el brazo al modo fascista y lanzaban vítores. La gente que iba por la calle los coreaba. Yo alzaba el brazo y correspondía al saludo: «¡Arriba!» Salía tantísima gente de los portales que se tenía la impresión de que la población de Madrid estaba creciendo por momentos. Muchísimos habitantes de la ciudad debieron de permanecer encerrados durante los larguísimos tres años de cerco. Pero lo más probable era que la población no creciese, porque otros tantos debían de estar escondiéndose o huyendo ahora. Los que iban por la calle —supongo que muchos como yo, sin saber bien adónde— a veces cruzaban de acera para abrazar alborozados a otro. Se veía también a algún soldado del ejército de la República que, desarmado, volvía a su casa. También a él se le abrazaba y también él gritaba «Viva Franco» y «Arriba España».

El gentío había invadido la Puerta del Sol. De un lado a otro cruzaban camiones blindados del ejército franquista. Algún tanque. Los soldados victoriosos iban encaramados en lo alto, resplandecientes, lustrosos. Era aquella una victoria alegre, sin rencor. En las calles no había derrotados, sino partidarios de los vencedores, con la sonrisa y los brazos abiertos a la esperanza. De algún altavoz llegaban los acordes de *La Revoltosa* y *La Verbena*. Se alternaban con las marchas que poco después oiríamos hasta la saciedad, el *Cara al sol*, el *Himno de la Legión*, el *Oriamendi*.

Me vi ocho años atrás, aquel 15 de abril, en el mismo lugar, con el gorro frigio de papel y la banderita republicana, a mis nueve años, cogido de la mano de mi abuela, para no perdernos entre la multitud. No era tan abundante el gentío este 28 de marzo ni la alegría tan desbordada, pero me pregunté cuántos, como yo, de los que vitorearon entonces, vitoreaban también ahora. Y cuántos vecinos de Madrid se encerraban en sus casas cuando los otros salían a celebrar las victorias.

Fui al edificio del Teatro Alcázar, a la escuela de actores, pero no recuerdo si encontré a alguien. Seguí andando por las calles, con una única idea: salir de Madrid. Anduve entre la gente, ya más observando que participando; llegué a los barrios extremos, a Carabanchel. No sentía cansancio. No sólo había estado cercado Madrid durante aquellos tres años, también había estado cercado yo. Y ahora, en aquella mañana de cálida y soleada primavera, podía andar, andar, sin que la ciudad tuviera límites, sin que nadie me pidiera la documentación, porque, aunque fuera sólo por aquel día, nadie tenía autoridad.

Nunca había estado en aquellos dos pueblos, Carabanchel Alto y Carabanchel Bajo, los conocía sólo de nombre. Pero estaban tan ligados a Madrid que no tenía la sensación de haber salido de la ciudad. Y yo quería salir de ella, llegar a otra parte, a cualquier parte. Sólo el llegar a otro sitio haría patente mi libertad. Me había hecho hombre al llegar a la pubertad, otra vez al ponerme mi primer pantalón largo, de nuevo me hice hombre al cobrar mi primer sueldo; ahora me hacía hombre porque podía ir de un lado a otro, adonde yo quisiera, o al azar, sin tener que rendir cuentas a nadie. Ya no era un hombre falso, preso, sino un hombre como los demás, y para mí empezaba la verdadera vida. Andaba, andaba, y ya estaba en una carretera o sobre una vía de tren, ya no había casas ni a derecha ni a izquierda, sino campo. ¿Cuánto tiempo hacía que no estaba en el campo? Desde aquel lejanísimo veraneo en Colmenar Viejo, en 1936, tres años atrás, cuando era un niño; y casi no me dejaron pisarlo, ni verlo. Ahora estaba en el campo, andaba por él, y porque yo quería. Ya no estaba en Madrid. Sólo me crucé con cuatro o cinco personas que me saludaron indiferentes. Me acercaba a otro pueblo. Debía de estar ya en la zona nacional. El haber pasado así de una zona a la otra pregonaba definitivamente que, al menos en aquel sector, había terminado la guerra. El pueblo era Leganés. Pocos grupos de civiles y de soldados festejaban el acontecimiento, sin el alborozo de la población madrileña. Encontré una tienda de comestibles abierta y en aquella tienda había de todo. Y yo había llegado hasta la tienda y podía entrar y comprar. Otra señal de que las cosas habían cambiado. Llevaba algún dinero. ¿Qué podía comprar para llevar a casa como testimonio de que habían empezado los buenos tiempos? Vi una botella de coñac Tres Ceros. Antes de la guerra sólo había tomado coñac con leche muy caliente, para curarme los catarros. Durante la guerra, nunca. Ignoraba si a mi madre o a mi abuela les gustaba. Pero le gustaría a mi tío —no sabía entonces que él lo tomaba a diario, mientras se fumaba los puros de mi amigo Ángel—, y en cualquier caso, era un lujo, algo que no habíamos visto desde hacía tres años. Como si aquél fuera el objetivo de mi largo viaje, compré la botella y me volví hacia Madrid, también andando, porque no había otro medio. Fui hacia el barrio de Embajadores, donde estaba, y aún está, el Teatro Pavón. Eran las cuatro de la tarde, y mi madre me había dicho que acudiría al ensayo, como en un día normal. Efectivamente, aunque no ensayaban, la compañía estaba reunida. Conté de dónde venía, la excursión que había hecho. Al fin y al cabo, llegaba de zona nacional, un lugar que hasta el día antes estaba en la otra parte del globo. Celebraron mi aventura y no osaron descorchar la botella de coñac, pues era algo muy preciado y debía llegar intacta a casa. Pero advertí en todos ellos un aire un tanto contrito. Después comprendí, al hablar con mi madre en el comedor de casa, aunque ella se mostraba alegre por la llegada de la paz y el triunfo de los que imaginaba los suyos, que aquellos cómicos veían en el final de la guerra también el final del trabajo. Muchos de ellos habían criticado la organización teatral de los rojos, no estaban de acuerdo con el sistema socialista —libertario o estatal—, pero ahora veían que durante casi tres años habían tenido trabajo continuado en la capital de España —aunque fuera una capital desmedrada— sin competencia de otros cómicos, pues ninguno de los que andaban por provincias, en cualquiera de las dos zonas, se había acercado por allí. Desde el día siguiente, ¿qué porvenir les aguardaría? ¿Podrían seguir trabajando en los mismos teatros o, devueltos éstos a sus antiguos propietarios, irían ellos a los cafés del paro?

Esa era también mi situación.

La guerra ha terminado

«En el día de hoy, cautivo y desarmado el Ejército Rojo, han alcanzado las tropas nacionales sus últimos objetivos militares. La guerra ha terminado.»

Un cómico al que conocía de antes, apuesto y bien parecido, con apellido de abolengo, al que, unos en broma y otros en serio, llamaban en la profesión «el galán de galanes» y al que una tarde había encontrado en la terraza del bar de la esquina de mi calle tomando un cafetito con mi madre, Fernando Fernández de Córdoba, que después sería repetidas veces mi compañero de trabajo, había leído por la radio el histórico parte.

¡Qué espléndida fue en Madrid la primavera! La primavera del 39. Un suave vientecillo del Guadarrama mecía las copas de las acacias frente a nuestra casa, que ya podía llamarse de nuevo «la casa de los santos». Ondeaban como banderas de la Victoria. Un sol tibio doraba las aceras en las que las sombras eran transparentes pinceladas de acuarela. Los tristes ocultaban su tristeza, la alegría parecía contagiarse de un semblante a otro. Qué dulces eran las mañanas de los domingos, a la salida de misa, con las hijas de los vencedores bien vestidas, bien peinadas, proclamando su triunfo y su belleza del brazo de alféreces, tenientes, capitanes. Invadían el aire los sones de las típicas zarzuelas. También se escuchaba *Volverá a reír la primavera...* Y era cierto: la primavera reía. ¿Lo había hecho durante los tres años de guerra en el Madrid asediado? ¿Se poblaron de hojas los árboles? Nunca hubo una primavera como la del 39. ¿Habían estado escondidas todas esas chicas tras los cristales protegidos con tiras de papel engomadas? ¿Acababan de traerlas de Burgos, de Salamanca, de San Sebastián, de Sevilla? Aquel incitante estallido de belleza era el fruto de la Victoria. La Victoria de los señoritos y las señoritas. Y entrañaba la promesa de que con buena voluntad y esfuerzo común todos podríamos llegar a ser señoritos. En el fondo, yo quería serlo. Quería tener derecho a unas cuantas de aquellas señoritas.

Asistí, con otros alumnos, al juicio contra el director de la escuela de la CNT, Valentín de Pedro. Nos parecía una prueba de obligada solidaridad, al margen de las tendencias políticas. Vimos algunos juicios más, de gente que nos interesaba, porque habíamos oído hablar de ellos. Nos quedamos atónitos. Los denuestos, los desprecios, las humillaciones, se me iban grabando uno a uno. No era Valentín de Pedro una persona con quien hubiera hecho particular amistad. Para mí, allí, en el banquillo, era simplemente un hombre. Junto a él estaba el anciano escritor Diego San José, especializado en reconstrucciones históricas, y un joven gacetillero de *El Sindicalista,* cuyo nombre nunca supe. A veces se juzgaba a los procesados de diez en diez, de veinte en veinte; todos con la misma acusación, con la misma defensa. En lo que escuchábamos el informe del fiscal crecían nuestra perplejidad y nuestro asombro. El fiscal era un joven capitán; parecía recitar una lección con tono frío y ritmo monocorde que desentonaban de los duros dicterios: asaltantes desalmados, horda inhumana, violadores de la propiedad, chacales, siervos del marxismo internacional... Lo que más le gustaba repetir, casi con repugnante obscenidad, era: «la baba marxista».

Había absoluto silencio en el pueblo que abarrotaba la sala. Un silencio que duraría años.

El fiscal pidió para los tres procesados la pena de muerte, por el delito de incitar a la rebelión. Llegado el turno de responder a la pregunta: «¿Tiene el procesado algo que manifestar?». Valentín de Pedro respondió: «Nada».

Diego San José recordó al tribunal que Franco había prometido no tomar represalias contra los que no tuvieran las manos manchadas de sangre y que él se había limitado a escribir, tanto en la guerra como durante toda su vida. El joven aprendiz de periodista dijo que el fiscal les había designado a los tres como cimas de la literatura, escritores gloriosos, maestros del periodismo, que habían utilizado su prestigio para corromper al pueblo, y que él era un desconocido que se había limitado a redactar gacetillas y telegramas y a barrer la redacción. Los tres fueron condenados a muerte.

Del aprendiz de periodista no sé lo que fue. A Valentín de Pedro, como era súbdito argentino, su Embajada consiguió repatriarle. El anciano Diego San José, después de esperar tres o cuatro años el momento de su ejecución, fue indultado.

Durante dos o tres días asistí a aquellos juicios. No se parecían en nada a los juicios cinematográficos —tan teatrales— que había visto en las películas americanas. La actitud de los militares que hacían de abogados defensores, con su aceptación de aquella farsa trágica, era casi más repugnante que la de los que jugaban a hacer de fiscales como niños sanguinarios.

Un propósito se iba forjando en mi interior: no debía estudiar la carrera de Derecho si había de conducirme a algo parecido a aquello.

16
Posguerra

Actor parado

En una película americana, creo recordar que adaptada de una comedia francesa, cuando uno de los personajes explicaba que era actor pero que, de momento, estaba parado, su interlocutor le replicaba que esos dos términos, «actor» y «parado», eran sinónimos. Me recordó la aflicción de mi abuela cuando comentaba con las vecinas o con las amigas que lo más terrible del oficio de su hija, el de actriz, eran las paradas. No eran accidentales, como podían ser en cualquier otro oficio eventual, sino constantes.

Al día siguiente de firmar Franco el conocido parte que ponía final a la Guerra Civil se cerraron los teatros —incautados, como he dicho ya, y que se devolverían a sus dueños— y me convertí en un actor parado. Aquello fue, aunque no lo sintiese así entonces, como un espaldarazo. Ya era un actor normal. Un verdadero miembro de esta profesión, que empecé otra vez, ésta como meritorio sin sueldo, pues se autorizó de nuevo el trabajo gratuito de los meritorios en las compañías, como el de los aprendices en los talleres. El sueldo mínimo de los actores se rebajó de dieciocho pesetas, que había sido durante la guerra en Madrid, a diez, el que regía en 1936, antes de la insurrección. Así actué durante quince días en el Teatro Español, en la compañía de Ana Adamuz-José Romeu, en la que también trabajaba mi madre.

Pero he cometido un pequeño error que me dispongo a subsanar, ya que si no lo hago resulta incomprensible por qué volví a comenzar como meritorio sin sueldo. Sin proponérmelo, he mentido al decir que por convertirme en parado ya era un actor normal. Así habría sido si con el triunfo de los «nacionales» no se hubieran anulado los carnés profesionales extendidos durante los años de la guerra en la zona leal. Aquel carné de la CNT que me había proporcionado el secretario de la sección de actores, Fernando Collado, ya no era nada. Ni el carné era un carné ni yo era un actor. Es más, en el terror a lo desconocido, a lo que podía suceder, de los primeros días de la liberación, mi madre quemó nuestros dos carnés, el suyo y el mío, y unos cuantos libros y folletos —entre ellos los que había llevado mi tío— que a ella se le antojaban peligrosos. Por consiguiente, empecé de nuevo, de meritorio, según ya he dicho, en el Teatro Español. Durante unos días salí vestido de soldado de los tercios y sosteniendo una lanza; luego me eligieron —por ser hijo de la Fernán Gómez y por haber actuado ya durante la guerra— para sustituir de repente a un actor que se marchó. Consistía mi nuevo trabajo en adelantarme hacia el proscenio y leer un pregón bastante largo. Ensayé a las tres de la tarde y debía actuar a las seis y media. Me sabía una canción de guerra que recitaba en la obra la primera actriz, algunas tiradas de versos del personaje que incorporaba el primer actor, José Romeu, pero, como es natural, no se me había ocurrido aprender aquel pregón leído por el último de la compañía. En el pergamino, el texto no estaba escrito, sino simulado con unos garabatos. Carecía de práctica en escuchar al apuntador —no he conseguido adquirir esa habilidad al cabo de los años— y pensé que, puesto que el pregón no tenía que recitarlo de memoria, sino leerlo, lo mejor era escribirlo entre los garabatos. Así lo hice después del ensayo, y durante la representación de la tarde salí a escena. Llegado el momento de mi intervención, di dos pasos para adelantarme al proscenio y desenrollé el pergamino. Y se produjo una desagradable sorpresa. Las luces de la batería dieron en la parte de atrás del pergamino, que, como corresponde, era transparente, y todas las letras del pregón que había escrito desaparecieron. Fui capaz de articular el comienzo:

> *Por España y la muy noble*
> *Católica Majestad*
> *del Rey Felipe, yo, Alberto,*
> *su Archiduque y su leal...*

Esto lo recordaba de haberlo escuchado los cuatro o cinco días anteriores, pero a partir de ahí sólo sabía el argumento, el contenido del pregón, pero no las palabras ni muchísimo menos los versos uno por uno con su rima asonantada en *a*. No tuve más remedio que sintetizar el contenido, imitar en lo posible el lenguaje arcaizante de Marquina y enhebrar, dudosamente pero sin llegar al tartamudeo, una palabra tras otra ante el asombro aterrorizado de Ana Adamuz y José Romeu. Para ayudarme, el apuntador, en esforzado cumplimiento de su misión, se desgañitaba cuanto podía, mas era inútil: yo no sabía escucharle. Pero llegué al final del prosaico pregón —a fin de cuentas, en el siglo XVII los pregones eran en prosa— y la escena pudo continuar.

Fui muy felicitado porque, por lo visto, lo que había hecho era una proeza. Decir el pregón sin saberme el texto y con un solo ensayo. A todos les divirtió mucho que las luces de la batería hubieran borrado mi escritura y que por eso me quedase en blanco. Para la representación de la noche ya había conseguido aprendérmelo de memoria y no hubo problemas.

Preceptiva literaria

El mini éxito de mi actuación como pregonero en *En Flandes se ha puesto el sol* sirvió para comentarlo en casa y con mi amigo y compañero Manuel Alexandre y poco más. Si acaso, para traerme a la memoria una ocasión parecida, en la que también me vi obligado a improvisar palabras una tras otra sin haberme aprendido el texto. No fue en mi oficio de actor, sino en mis tiempos de mal estudiante de bachillerato. Mi abuela, en su afán de que acabase aquellos estudios cuanto antes para ahorrarle dinero a mi madre, decidió, tras pedir consejo al director de la academia Bilbao, don Alejandro, que aprovechase el tiempo del verano, menos quince o veinte días que pasaría con los primos en Gijón, para estudiar y examinarme de una o dos asignaturas. Una de ellas era Preceptiva literaria y composición. En junio se habían celebrado los exámenes del curso anterior, en julio debió de ser mi veraneo en Gijón, en septiembre tenían lugar los nuevos exámenes; luego para aprenderme el libro de unas cuarenta lecciones y trescientas páginas me quedaba un poquito de julio y el mes de agosto. Los alumnos éramos poquísimos, cinco o seis —uno de ellos, la benemérita Josefina Castellote, que tanto me había ayudado, y me seguiría ayudando, en otras ocasiones—, y todos me aventajaban por mi ausencia durante el mes de julio.

Decidí, supongo que sin pensarlo demasiado, que lo mejor era no preocuparme por aquel evento, y que el día de mañana, mes y pico después, Dios diría.

Compré el libro de texto obligado, de segunda mano, y como traía algunas poesías, me entretuve en estudiarlas para recitarlas por los pasillos de casa y ante la entrañable criada María. Una era una anacreóntica de Rey de Artieda:

> *Unos pasan, amigo,*
> *estas noches de enero*
> *junto al balcón de Cloris,*
> *con frío, nieve y hielo.*
> *Otros, la pica al hombro...*

Otra se titulaba «Blasón»; y no sabía yo si *blasón* era el nombre de una composición poética, como *soneto* o *romance*, y me quedé sin saberlo. A algunas de las clases, que debían de ser a las once o las doce de la mañana del espléndido verano, no asistía. Jugaba con alguien en la calle o paseaba sin rumbo fijo, descubriendo nuevos barrios, midiendo distancias, relacionando los pasos con los metros y con el paso del tiempo en el reloj de bolsillo que me había regalado mi madre. A veces estas calles desconocidas las recorría a paso de paseo, como un señor, o echaba a correr desenfrenadamente, porque un chico que corre por una calle nunca llama la atención.

Comprendo, y quizás comprendía entonces, que con estas prácticas robaba a aquellas dos mujeres las cuarenta pesetas, quizás menos por ser sólo dos asignaturas y no un curso completo —de la otra asignatura ni me acuerdo, pero quizás fuera tercero de Francés o algo por el estilo— y lo que hubiera costado la Preceptiva de segunda mano, pero era imposible comportarse de otra manera.

Llegó el momento del examen. Por el sistema de listas que se usaba, aunque la cantidad de alumnos fuera muy exigua, yo iba el quinto de los cinco, pues mi ignorancia de la asignatura era total. Me sabía de cabo a rabo y al pie de la letra una sola lección, la 30, cuyo tema era *La tragedia*, porque el profesor, el amabilísimo, bien parecido y seductor donjuán del Palacio, me había dicho que, por lo menos, me aprendiera una sola lección, y yo, cuatro o cinco días antes del examen, y guiándome por el texto cuyo sonsonete me había resultado más agradable al oído, me había aprendido la 30: «El nombre tragedia proviene del griego *tragos*, macho cabrío, y *ode*, canto...»

Ocurrió que mi abuela, también para ahorrar dinero a mi madre, frente a la oposición de ésta que se consideraba una mujer rica, había conseguido que yo tuviese «matrícula gratuita», para lo cual, recurriendo a no sé que amistades, había conseguido demostrar y documentar que mi madre era mecanógrafa en vez de actriz, pues con la primera profesión podía obtener dicha matrícula gratuita para su hijo sin padre, y con la de actriz no. Y ocurrió también que no sé por qué razón nos examinamos por separado los alumnos de matrícula normal y los de matrícula gratuita. Y así, yo me encontré un día, en el aterrador Instituto del Cardenal Cisneros, sin compañeros, sin profesor, sin nadie, único alumno de 4.° curso de la academia Bilbao, en aquella condición, en un aula improvisada, frente a un tribunal compuesto por una mujer y dos hombres, estrujando el programa entre las manos sudorosas, aguardando a que sonase mi nombre: Fernando Fernández, y se me contrajesen las tripas con aquella horripilante sensación que se me antojaba parecida a la que debía de producir la cercanía de la muerte. Irremediablemente sonó el nombre, avancé y me senté frente a la mujer.

No era en aquel momento el último alumno de una clase de cinco, pero no tenía conciencia de ello; ni de que aquella mujer examinadora lo ignoraba. Era un chico suelto, de matrícula gratuita, flaco, pelirrojo, orejudo, empavorecido. Y la mujer no dijo indiferente y despectiva:
—Diga la lección que sepa.
No lo dijo, porque yo no era el último. Sino que dijo un número, la tres, la cinco... Uno cualquiera. Descendí la mirada sobre el programa y me aterré. No había estudiado ni poco ni mucho aquella lección. Supongamos ahora que se llamaba: *La obra literaria.* Con pánico, empecé a decirle a aquella mujer lo que creía que era una obra literaria. La segunda pregunta de la lección puede que fuera: *Diversos géneros literarios.* Hablé de que había prosa, poesías, novelas, artículos de periódicos, cartas... Cuando intentaba pasar a la tercera pregunta, la mujer me interrumpió y dijo, caprichosamente, otro número de lección. Supongamos, la 9. *Ordenación de la obra.* Hablé de que la obra se debía ordenar antes de ponerse a escribirla; dije lo de presentación, nudo y desenlace porque me sonaba mucho... Volvió a interrumpirme y a decir otro número: 14. Me encontré con que había que hablar del *argumento.* Empecé a hablar y vi que aquella mujer con unos golpecitos en los brazos llamaba la atención de los dos hombres que tenía a ambos lados, que se pusieron a escucharme con atención, mientras yo explicaba lo que a mí me parecía que era un *argumento.* Mi terror y mi tartamudeo y las gotitas de frío sudor que resbalaban por mi frente debían de ser tan perceptibles que aquella mujer se adelantó un poco hacia mí y me dijo:
—No se asuste; le estoy preguntando tantas lecciones porque trato de ver si puedo darle «nota».

Sorprendente resultado del examen

Comprendí perfectamente el significado de lo que me decía y expliqué lo mejor que pude la diferencia que había entre la poesía y la prosa y afloraron a mi memoria las reuniones con María, la criada, en la mesa camilla. Y la mujer examinadora preguntó:
—¿Sabe usted recitar alguna poesía?
—«Blasón», de Rubén Darío:

> *El olímpico cisne de nieve,*
> *con el ágata rosa del pico*
> *lustra el ala eucarística y leve*
> *que abre al sol como un casto abanico...*

La mujer adelantó una mano hacia mí para interrumpirme:
—Es suficiente, es suficiente.
Y me preguntó otra lección, la que tenía el número que aquella mañana era mágico, el 30. Yo comencé, de carrerilla:
—El nombre tragedia proviene del griego *tragos,* macho cabrío, y *ode,* canto...
Volvió a interrumpirme la examinadora, y me dijo, con una expresión en su rostro que no dejaba traslucir ningún sentimiento:
—Puede retirarse.
Así lo hice, y me dispuse a esperar por los pasillos y los alrededores del instituto hasta que poco más o menos una hora después nos entregaran las papeletas con el resultado del examen. Por un lado, pensaba que aquella señorita examinadora, por poco inteligente que fuera, se habría dado perfecta cuenta de que yo no sabía una palabra de la asignatura, salvo aquello del macho cabrío; pero, por otro, aquella frase: «... le estoy preguntando tantas lecciones porque trato de ver si puedo darle nota», me inclinaba a pensar que el *aprobado* lo tenía seguro. Por todo ello mi sorpresa fue enorme y mi alegría desbordada cuando leí en la papeleta: *sobresaliente.*
Eché a correr por la empinada cuesta de la calle de San Bernardo hacia la academia Bilbao. Quería ver si en el caserón de Sandoval esquina a Fuencarral encontraba a alguien a quien dar la insólita noticia. Y encontré, precisamente, al profesor, al joven, agraciado y amable don Juan del Palacio.
—¿Cómo has salido del examen? —me preguntó con aire de circunstancias.
—Bien, bien —respondí.
—¿Has aprobado?
—Sí; y me han dado nota.
La sorpresa de don Juan se transformó en estupor:
—¿Nota?
—Sí, sobresaliente.
En seguida le mostré la papeleta de examen, porque sabía que si no, era imposible que lo creyese. Él, mejor que cualquier otra persona, sabía que yo ignoraba todo lo referente a la asignatura de Preceptiva literaria y composición.
A toda velocidad seguí mi carrera por Fuencarral, glorieta de Quevedo y Eloy Gonzalo para llegar cuanto antes a casa.
—¡Abuela, abuela! ¡Sobresaliente!
A mi abuela se le saltaron las lágrimas, pero su sorpresa fue menor que la de don Juan del Palacio, pues ella ya sabía que su nieto era inteligentísimo, pero corrió a divulgar la noticia del sobresaliente por todo el barrio; la primera en saberlo fue la portera, después lo supo la frutera, la madre de mi amigo Vicente, Casiano el

carnicero, Cosme el de los comestibles, su hermano el panadero, y el zapatero de la calle Feijoo, el simpático vejete amigo de mi abuela, que solía decirle:

—Doña Carola, lleva usted el bachillerato a medias con su nieto.

Que hubiera no sólo aprobado sino obtenido *sobresaliente* estudiando nada más que mes y medio, cuando lo habitual eran más de ocho, para ella era una hazaña digna de figurar en la Historia.

Comprendí que a aquel sorprendente resultado habían colaborado dos factores: uno de ellos, el examinarme solo en vez de en grupo, con el resto de la clase. Si me hubiera presentado con los demás, como último alumno de una clase de cinco, jamás me hubieran dado sobresaliente.

La costumbre era dar una *matrícula de honor* al primero de la clase, algunos sobresalientes a los inmediatos, repartir notables y aprobados entre la zona central y suspender a los últimos. Las preguntas que se hacían durante el examen eran un puro trámite.

Pero si un alumno se presentaba solo, aquel dudoso baremo resultaba inútil.

Otro de los factores que influyeron fue que todo aquello que me preguntaba la señorita examinadora yo lo sabía sin necesidad de haberlo estudiado en el libro: qué era una narración, qué un cuento, una novela, el argumento, el desenlace, la prosa, el verso... Lo había debatido durante tardes y más tardes en la mesa camilla con la criada María, mi amiga. Y algo le había escuchado también a mi abuela.

Sin duda la examinadora advirtió que contestaba más o menos acertadamente sin decir ni una sola palabra de las que venían en el libro de texto. Debió de considerarlo un mérito. Pero si me hubiera presentado al examen como el último de la clase, quizás el desprecio con que me tratara desde el principio le habría impedido advertirlo.

Desde entonces conservo una tendencia a no presentarme en grupo a cualquiera de los muchos exámenes a que me he sometido en mi vida, y también la creencia de que es muy ventajoso que los jueces, los examinadores, los jurados no tengan demasiadas noticias del pretendiente.

Quizás me he excedido en el espacio dedicado a esta trivial anécdota estudiantil, pero lo he hecho porque a mí me pareció entonces muy especial y estimuladora, y hoy, al cabo de los años, sigo considerando aquel examen como un suceso importante para mí.

Actos heroicos

Al terminar la guerra, en mi familia, diseminada por algunos pueblos de las provincias de Madrid y Guadalajara, sólo había habido un muerto, un primo mío, bastante mayor que yo, de firmes creencias religiosas, casado y con hijos, carpintero, al que habían asesinado sus vecinos, obreros como él, porque en su buhardilla había escondido una casulla.

En estos meses inmediatos al final de la guerra fui capaz de realizar los dos únicos actos heroicos de mi vida.

Tras aprobar el ingreso en la universidad decidí inscribirme en el SEU. En parte porque tenía entendido que era necesario para seguir los estudios y en parte porque, frente al catolicismo —considerado como tendencia política— y a la monarquía, me sentía más partidario de los difusos programas de Falange. Cuando me encontraba en el interior del edificio en el que me habría correspondido inscribirme, en la calle Nicasio Gallego, muy cerca ya de la hora de ir a comer a casa, y cuando acababa de dar a alguien mis datos personales, sonó una trompeta. Los jóvenes comenzaron a desplazarse de un sitio a otro, a abrir y cerrar las puertas, a subir y bajar las escaleras. Sonaron voces que decían algo así como:

—¡Concentración, concentración! ¡Nadie puede salir del edificio!

El miedo se apoderó de mí. ¿Qué me ocurriría si no salía de allí, si no iba a casa? ¿Qué temores les asaltarían a mi madre y a mi abuela? Pero ¿qué me ocurriría en el caso contrario, si intentaba salir? Acababa de dar mi hombre y mis apellidos, mi dirección. ¿Era ya un miembro del SEU y, por tanto, sujeto a su disciplina? ¿Tenía que acatar la imperiosa orden que daba aquella trompeta? Si no remataba mi inscripción, ¿podría seguir los estudios?

El miedo que sentía podía haberme impulsado en cualquier dirección. Me impulsó en la de la puerta, en la de huir. Aprovechando el tumulto que se formó salí del edificio sin que nadie se opusiera a ello y a paso ligero llegué a casa, que no estaba lejos, a la hora de comer.

Poco después, al matricularme en la Facultad de Filosofía y Letras, empecé a explicar al hombre de la ventanilla:

—Verá usted... Aunque ya sé que pertenecer al SEU es obligatorio, yo no pertenezco por mi condición de extranjero...

El hombre de la ventanilla me interrumpió con hosquedad:

—¿Quién le ha dicho a usted que pertenecer al SEU es obligatorio?

Y me extendió la matrícula.

Mi otro acto heroico tuvo lugar en la Dirección General de Seguridad, el caserón de la Puerta del Sol. Había aparecido un suelto conminatorio en los periódicos ordenándonos a los extranjeros residentes en Madrid que nos presentáramos para poner en orden nuestra documentación. Algo semejante a lo que ocurrió en 1936, inmediatamente después de la insurrección militar.

Días antes mi madre y yo habíamos acudido a un notario de la calle Mayor para formalizar un acto necesario para que yo conservase la nacionalidad argentina: ella me emancipó, y yo, tras la emancipación, renuncié a la nacionalidad española.

En uno de los lóbregos pasillos del siniestro edificio había formadas dos colas: una, más bien corta, para los italianos y alemanes; otra, mucho más larga, para los ciudadanos extranjeros del resto del mundo. En esta segunda cola el ciudadano Fernando Fernández pidió la vez.

Según la legislación argentina son ciudadanos argentinos todos los hijos de argentinos nacidos en el extranjero y también todos los hijos de extranjeros nacidos en el territorio argentino. Y además la nacionalidad argentina es irrenunciable. Pero, al menos en aquellas fechas, eran ciudadanos españoles todos los hijos de españoles nacidos en el extranjero.

Esto dio lugar a que al presentarme yo en el despacho del comisario, en el que al mismo tiempo había ocho o diez personas más que trataban de aclarar su situación hablando con otros funcionarios, el comisario, tras echar una superficial ojeada a mi documento consular, me dijera con aire autoritario y desabrido:

—Usted es español y está en edad militar; preséntese en la caja de reclutas que le corresponda.

Colocó un pisapapeles sobre mi cédula consular y se volvió para atender a otro. Por un instante el terror se apoderó de mí. El servicio militar en Argentina, donde no conocía absolutamente a nadie, consistía en seis meses de prácticas en unos campos de tiro. En España era de tres años y podía ser en África. Todos mis amigos luchaban desesperadamente por suavizar aquella desastrosa situación. Ángel García del Barrio, que estaba en la caja de reclutas, no daba abasto haciendo favores.

Levanté con serenidad, pero también con rapidez, el pisapapeles, cogí mi cédula consular y, simulando una serenidad que estaba muy lejos de sentir, me dirigí hacia la puerta del despacho y salí por ella en lo que los funcionarios atendían a los demás.

Una vez en el pasillo —seguían a un lado y a otro las dos colas, la corta de italianos y alemanes, la larga del resto de los extranjeros— fui acelerando el paso, como había visto que hacían en las películas Tomasín, Pamplinas y Charlot, para salir a la Puerta del Sol ya en una veloz carrera.

Al día siguiente mi madre y yo nos personábamos ante el notario de la calle Mayor para poner definitivamente en regla mi

231

documentación —definitivamente en regla no llegó a estarlo nunca—. Tras escuchar mi relación de la aventura del día anterior, el notario me dijo:

—No se preocupe usted, la policía no se distingue por su conocimiento de las leyes.

De nuevo, actor con sueldo

Abandoné la compañía de Ana Adamuz-José Romeu y mi papel de pregonero en *En Flandes se ha puesto el sol* porque me salió otra oportunidad mejor. José Balaguer, el actor a cuyas órdenes había trabajado en Eslava durante la guerra, formó una compañía de género cómico con el gran actor Juan Bonafé, quizás el mejor de su generación, o por lo menos el mejor entre los que yo alcancé a ver. Balaguer, muy amigo de mi madre y que había quedado satisfecho de mi trabajo, me ofreció un puesto de racionista. De nuevo pasaba a la categoría de actor profesional. Cobrando diez pesetas en vez de las dieciocho que cobraba durante la guerra, porque los nacionales habían vuelto a bajar los salarios mínimos.

En sólo quince días que estuve en aquella compañía —no se pudo continuar por ausencia de público— me influyó muchísimo el modo de actuar de Juan Bonafé, al que consideré durante unos cuantos años mi maestro.

Intervine en las dos únicas obras que se representaron en la brevísima temporada: *El orgullo de Albacete* y *La educación de los padres*, dos comedias del repertorio de Bonafé. Allí fue donde una tarde, durante un ensayo, don Juan Bonafé, que tenía un aspecto parecido al mío, me llevó aparte y me aconsejó:

—No es usted mal actor, pero con su estatura (se refería a que con un metro ochenta era demasiado alto) y con ese color de pelo, le será a usted muy difícil abrirse camino en el teatro. Ahora que está usted en edad, le conviene pensar en dedicarse a otra cosa.

No estaba yo muy en desacuerdo con la opinión de mi admirado maestro, pero ¿cuál podría ser esa «otra cosa»? En septiembre me examinaría de Química y concluiría el bachillerato. En junio también hubo exámenes, pero sólo para los que habían pasado la guerra en la zona nacional o los que estando en la zona roja eran huérfanos de militares insurrectos o habían prestado algún servicio a la causa de Franco. Si en los exámenes de enero del año siguiente (1940) aprobaba el ingreso en la universidad, en octubre podría empezar a estudiar una carrera y cinco años después, hacia el 45 o 46, ejercerla. No parecía que ésta pudiera ser la «otra cosa» con la que, de momento, pagar las treinta pesetas mensuales del teléfono —mi aportación a los gastos de la casa desde que comencé a trabajar— y reservarme algo para mi ropa y para tomar café.

En vez de pensar en «otra cosa» volví a ser actor parado en espera de un próximo contrato. Y volvió a estallar una guerra.

Permiso para vivir

Cuando escribo (1989) hace cincuenta años que comenzó la Segunda Guerra Mundial. Ya son muchas las personas que tienen situado este acontecimiento en los libros de Historia y no en los acaeceres de su vida cotidiana. Muy pocos somos los vivos que tuvimos noticia de ello hallándonos en Madrid aquel septiembre de 1939. Aún no habían llegado a la capital todos los vencedores de provincias que harían que la población pasase de los 250.000 habitantes de los tres años que duró el cerco al millón de 1940. La mayoría de los que hoy están vivos se enteraron del acontecimiento en otras ciudades y a otras edades. Mis amigos y yo nos enteramos en Madrid, a los cuatro meses de concluida la Guerra Civil. Durante tres años habíamos estado esperando un día tras otro que llegase la paz. Teníamos mis amigos y yo entre diecisiete y veinte años. Estaban unos en edad militar, otros a punto de llegar a ella. Algunos habían sido desmovilizados días atrás. Acabábamos de pasar tres años de miedo a unos y a otros en la edad en que nosotros todavía no habíamos hecho nada. Habíamos experimentado la inmensa alegría de que en el mes de abril, al concluir la guerra, coincidiendo con la llegada de la primavera, se nos abrieran las puertas de la vida, se nos autorizara —por los políticos, los curas y los militares— a entrar en ella.

Sería falso decir que nos sorprendió la declaración de la nueva guerra. Durante aquel año ya había tenido lugar la alianza de Alemania con Italia y la anexión de Checoslovaquia y de Austria. Y el 23 de agosto se había producido la gran sorpresa que demostraba la inutilidad de los servicios secretos de información: Mólotov y Von Ribbentrop habían firmado en Moscú el pacto de no-agresión germano-soviético. Parecía desprenderse que Hitler apoyaba a Stalin en cuanto a los derechos de la URSS sobre Polonia oriental y que la URSS permanecería neutral si Alemania invadía Polonia.

Mi amigo Ángel, el huérfano de un comandante de carabineros asesinado por los rojos en Paracuellos, estaba desconcertado. Su padre había sido monárquico, él se sentía partidario de las doctrinas de José Antonio Primo de Rivera. Hitler era uno de sus dioses,

Stalin uno de sus demonios. Ángel, en su primera juventud —aún no había cumplido los veinte años— bebía mucho y supongo que eso le ahorraba pensamientos. Mi amigo Cayetano, hombre paradójico, hijo de un guardia civil, había sido presidente de un centro de juventudes de Acción Católica y después de la guerra era profundamente anticlerical. No se sentía fascista, pero admiraba a Franco. Y para él, que se había visto obligado a pasar la guerra en el ejército republicano, había dos enemigos de la sociedad: los curas y los comunistas; estos últimos eran todos unos cabrones. En esto se resumía el ideario político de uno de los hombres de más cálido corazón, más entrañables que he conocido. Al pobre Cayetano, actor aficionado, lector fervoroso de Muñoz Seca, que Hitler y Stalin se hubieran hecho amigos le rompía los esquemas.

Los otros, los neutrales, los que en el Madrid republicano nos sentíamos más bien de derechas por la actitud de los revolucionarios, y que en la iniciada posguerra la actitud de los vencedores iba transformando en izquierdistas, nos agarrábamos a la esperanza. Queríamos permiso para vivir.

Ya durante nuestra Guerra Civil eran muchos los que la consideraban como una preparación de la futura, y de ello quedó constancia en artículos de periódico, en discursos y en viñetas humorísticas. Para nadie fue un secreto que los españoles éramos conejos de Indias y que nuestra guerra era el ensayo general de la siguiente. Pero durante aquellos meses de verano, los que acabábamos de salir de la adolescencia no queríamos creernos de ninguna manera que los demás, los mayores, pudieran ser tan crueles, tan tenaces en su odio envidioso a la juventud, tan vendidos a su propia avaricia, a su prepotencia y a su egoísmo. Leíamos lo de los viajes de Chamberlain, tan lleno de buena voluntad; lo de Múnich; lo de los Sudetes, lo de la cantidad de armamento y de petróleo que tenían unos y otros. Y para nosotros todo aquello eran datos confusos, de escasa importancia. José Luis, Manolo y yo queríamos ser actores; Ángel pensaba ser abogado y le gustaba beber y bailar con chicas bien en las *boîtes*, que empezaban a ponerse de moda; Cayetano quería prosperar en su oficina y, como actor aficionado, interpretar muchas obras de Muñoz Seca; este otro soñaba con ser médico, aquél con gozar de muchas mujeres, el de más allá pensaba entrar en la Escuela de Bellas Artes... ¿Cómo habría de importarnos si era generoso o no el Tratado de Versalles? ¿Si era justo o injusto, desde el punto de vista histórico y económico, que existiese el pasillo de Dánzig? ¿Si era falso o verdadero que los judíos, según los protocolos de los sabios de Sión, tenían como uno de sus prioritarios objetivos oponerse a la grandeza de Alemania? Nosotros, mis amigos y yo, los chicos que salíamos a pasear por la calle en aquel verano, porque era un entretenimiento barato, y a mirar a las chicas que también paseaban, los que pensábamos en qué carrera podíamos empezar, o si seríamos músicos, actores, futbolistas o toreros, lo único que queríamos, lo único que les pedíamos a los mayores, era que la guerra no empezase. O por lo menos que no empezase tan pronto. Que la paz durase algo más que un verano. Cuatro meses habían sido muy poco.

El primero de septiembre el ejército nazi invadió Polonia. Pero mis amigos y yo aún podíamos tener esperanzas. Cuando el *Anschluss* y cuando lo de los Sudetes no había estallado la guerra; Gran Bretaña y Francia habían soportado las chulerías de Hitler con gran prudencia política. Pero poco duraron nuestras ingenuas esperanzas. El 3 de septiembre declararon la guerra a Alemania. Entonces no ignorábamos —luego, cuando llegaron los estudiosos, fue más difícil saberlo— que Franco era fascista. Y veíamos con claridad el peligro que nos amenazaba. Uno de nosotros, al saber que la civilización occidental estaba en peligro y que rusos, polacos, alemanes, ingleses, franceses se disponían a defenderla con la fuerza de las armas, se cagó en todos los padres de todos los políticos y generales del mundo; otro se vistió muy deprisa y se fue al bar de la esquina a beber coñac; otro se encerró en su cuarto para entregarse a los placeres solitarios... Es posible que algunos de mis amigos y yo fuéramos gente de desecho.

17
Primeros tiempos

Ingreso en una gran compañía

Los cafés de los cómicos —a los que alguna vez me había llevado mi madre— eran el Lion d'Or y La Maison Dorée, ambos en la calle de Alcalá, junto a la de Sevilla. El primero desapareció y se transformó en el café Lepanto; al otro, no recuerdo qué nombre —que no fuera francés— le pusieron. En éste tenía su tertulia Cernadas, el agente que enviaba los cómicos a las compañías, y que nunca tuvo oficina. A él me dirigí para comunicarle mi situación de paro y, de parte de mi madre, regalarle un cigarro puro.

Paseos arriba y abajo por la calle de Sevilla, que era una de las maneras de sentirse cómico profesional. Enfrente, en la calle de Alcalá esquina a Peligros, estaban los toreros. En aquella temporada todo era nuevo, o a los de mi edad nos los parecía. Para nosotros todo empezaba. Para los de más edad se reanudaba lo que ya conocían, lo que ya habían vivido. Había que estar pendiente durante el verano de las nuevas compañías que iban a formarse; de en cuáles de las ya formadas quedaban huecos. Algunos de los mejores teatros de Madrid, como el Alcázar, por la presión de las productoras y distribuidoras de Estados Unidos, se habían convertido en cines. Algunas compañías acreditadas, como la Heredia-Asquerino y la Aurora Redondo-Valeriano León, estaban en Argentina. La compañía más «taquillera» de los años treinta, la de Carmen Díaz, se había disuelto al retirarse su titular. Josefina Díaz y Manuel Collado, que estrenaron en 1936 con extraordinario éxito *Nuestra Natacha*, de Alejandro Casona, no pudieron —o no quisieron— volver a la España de Franco. Creo que Manuel Collado no volvió nunca. La Guerra Civil pilló a Tina Gaseó y a Fernando de Granada, una joven y atrayente pareja, en zona nacional. Formaron compañía y recorriendo las ciudades de la zona durante los tres años de guerra ganaron dinerales. Debutarían en uno de los teatros más comerciales de Madrid, el Reina Victoria. Otros actores, éstos excelentes, María Bassó y Nicolás Navarro, también

237

habían hecho una pequeña fortuna actuando durante la guerra en la España franquista. Antes, habían tenido una compañía muy acreditada en las giras por las provincias; ahora tenían su ocasión de inaugurar en Madrid la gran temporada, en un teatro de primera categoría, el Eslava, y con una obra de un autor muy prestigioso, Serrano Anguita, que había alcanzado grandes éxitos en los años treinta.

Casi todos los actores que habían ocupado las cabeceras de cartel en el Madrid rojo se vieron desplazados de sus puestos al iniciarse la temporada 39-40. Algunos tardaron un tiempo en recuperarlo y otros no lo recuperarían nunca. Los autores surgidos al socaire de la guerra en el campo republicano fueron una fauna especialísima que desapareció para siempre. Creo que en el campo franquista no se produjo este fenómeno.

A pesar de mis paseos por la calle de Sevilla, de mis cafés con leche en La Maison Dorée (o como se llamase) y de los puros regalados a Cernadas, no fue este agente quien resolvió mi parada, sino Guillermo Marín, al que mi madre pidió que me recomendase a Nicolás Navarro, en cuya compañía acababa de contratarse el joven actor, ya en la línea ascendente de una carrera que le conduciría a los más altos puestos de nuestra escena.

El hijo de la Fernán Gómez, con tan valiosa recomendación, fue aceptado inmediatamente. En vista de aquel éxito, y tras rabiosa lucha con mi timidez, me atreví a solicitar una plaza de meritorio sin sueldo para mi compañero y amigo Manuel Alexandre. En esas condiciones, también fue aceptado sin problemas.

Ya en aquellos lejanos tiempos, Manuel Alexandre daba pruebas de su acendrada, y a veces desmesurada, vocación de actor, que aún conserva. Pasados ya los setenta años (escribo en 1989) me dijo, como quien hace una delicada confidencia:

—A mí ya lo único que me interesa es trabajar.

Quizás podría haber dicho «siempre» en vez de «ya», porque aunque jugador, admirador de la belleza femenina y de los placeres que proporciona, lector habitual y selectivo, curioso de lo que le rodea y permanente tertulio, nada ha habido que le preocupe, le apasione y le atormente más que su trabajo de actor y las posibilidades de perderlo o de no encontrarlo, aunque su acusado sentido de la responsabilidad, su miedo injustificado, le haya llevado a veces a rechazar ofertas que le habrían proporcionado grandes satisfacciones, y aunque el azar no le haya favorecido con las grandes cantidades de suerte que son necesarias no ya para triunfar, sino simplemente para pasarlo bien en este oficio. No parecen abundar hoy cómicos con tan profundo y exaltado amor a este raro trabajo, a esta divertida y marginal ocupación o entretenimiento, pero antes, entonces, en aquellos tiempos, el temperamento de hombres como Manuel Alexandre era casi imprescindible para profesar este arte.

Hijo de un artesano que poseía un pequeño taller de hojalatería y fontanería, especializado en garrafas para horchata, compaginaba en los años de la posguerra el trabajo en el taller —al que su padre le obligaba por haberse negado a proseguir los estudios de Derecho— con su trabajo de meritorio en el teatro y con el servicio militar, que en su caso duró seis años. La descripción y las explicaciones de cómo el soldado hojalatero actor consiguió cumplir sus múltiples deberes podrían suministrar materiales tanto a textos sobre el heroísmo vocacional como a sabrosas páginas de la inacabable picaresca española; principalmente a la picaresca militar al estilo de *Estebanillo González*.

Meses de aprendizaje

Fue aquella, la de Bassó-Navarro, una compañía de magníficos actores, con una plantilla como la que hoy no puede ni siquiera imaginarse, pues abundan mucho más los espontáneos inspirados que los cómicos de oficio. Pero ninguna de las obras que se estrenaron tuvo éxito y antes de las Navidades —el debut fue a primeros de octubre— el negocio se había ido al garete. Tuve otra experiencia que me confirmaba también como actor profesional, y fue la de quedarme sin cobrar los últimos sueldos, porque María Bassó y Nicolás Navarro perdieron en aquellos dos meses y medio lo que habían ganado en los tres años de guerra y que a ellos, en su ingenuidad de cómicos alejados de la realidad y de las finanzas, les parecía una fortuna.

Trabajar y quedarse sin percibir algunos sueldos, o muchos, era costumbre muy extendida en el teatro de aquellos tiempos. Los cómicos a los que les sucedía estaban habituados a ello y no lo tomaban a mal. Esta fue también mi actitud respecto a María Bassó y Nicolás Navarro. El gerente me informó una semana de que debía esperar a la siguiente para cobrar; esta siguiente semana fue la última, porque se suspendió la temporada y me quedé sin las ciento cuarenta pesetas que me correspondían. Digo que me quedé sin ellas porque también era costumbre no considerar estas cantidades como deudas que podrían saldarse en otro momento, sino como dinero inexistente. Había cierta solidaridad entre los cómicos contratados y las empresas y se entendía que cuando la empresa no pagaba no era culpa de ella, sino del odiado y veleidoso público, que no había acudido a las taquillas. Esta solidaridad se producía por la circunstancia de ser casi todos los empresarios al mismo tiempo los actores titulares de la compañía, que trabajaban a diario, tarde y noche, y más esforzadamente que el resto de la compañía. Algunos de los contratados habían sido en otro tiempo actores empresarios y otros esperaban serlo y todos comprendían que podían hallarse en la misma situación. En casa había aprendido que frente al fantasma del paro se alzaba también el de las compañías fracasadas. Muchos cómicos se quedaron perdidos por América al no tener dinero ni ellos ni su empresa para pagar el pasaje de vuelta, hasta que se hizo obligatorio el dejar depositado en España su importe. En una de las dos giras que hizo mi madre por aquellos países con la compañía Rambal sólo percibió el dinero justo para pagar los alojamientos. Pero mi madre siempre habló bien de Rambal porque a pesar de haberse arruinado por pagar los pasajes de vuelta había comprado unos regalos para mí. Llegaba el momento, entre llantos de mi abuela, de empeñar los mantones de Manila y las escasas joyas.

La primera obra que estrenó en Madrid la flamante compañía Bassó-Navarro fue *Las hijas de Lot,* de Serrano Anguita; la segunda, *Medio minuto de amor,* de Aldo de Benedetti, que divertía muchísimo al escasísimo público; después la obra quedó de repertorio durante años, está traducida a varios idiomas y se adaptó al cine. Las otras comedias siguientes, estrenos y reposiciones, ensayadas a matacaballo, tampoco consiguieron despertar el interés del público. Éste había decidido que sus ídolos eran Tina Gaseó y Fernando de Granada, en el Teatro Reina Victoria, y también Isabel Garcés, en el Infanta Isabel.

Ahora parece imposible comprender que desde octubre hasta días antes de la Navidad aquella compañía pudiera poner en escena *Las hijas de Lot, Medio minuto de amor, Agua pasada, Tito Miqui, Don Juan Tenorio, La pimpinela escarlata* y *Un americano en Madrid.* Cuatro de ellas, estrenos, para los que hubo que aprenderse el texto, montar la obra, ensayarla y pintar y construir los decorados.

Aquel sistema de trabajo no provoca mi nostalgia. Al contrario: creo que mucho ha mejorado nuestro teatro desde entonces hasta ahora, aunque en algunos aspectos haya perdido. Pero no puedo añorar trances como algunos de aquellos en los que me encontré durante la temporada del Teatro Eslava con la compañía Bassó-Navarro, y que eran frecuentes en aquella época.

En *La pimpinela escarlata* desempeñaba varios papeles brevísimos, casi comparsas. Uno de ellos era el de un polizonte, o algo por el estilo, vestido con un macferlán que me cubría desde el cuello hasta las botas, y otro el de un lord vestido de verde lechuga que asistía a una fiesta; el otro no recuerdo de qué.

Cuando, tras mi actuación como polizonte cubierto con el macferlán, hice mutis, vi con sorpresa que Nicolás Navarro, el primer actor, en su papel de Pimpinela, salía del escenario detrás de mí y entre bastidores empezaba a quitarme el macferlán. Yo, espantado, murmuraba:

—¡No, don Nicolás, no!

Y me agarraba al macferlán para que él no pudiera quitármelo. Desconcertado, sin comprender mi actitud, don Nicolás forcejeaba conmigo y susurraba, indignado y autoritario:

—¡Démelo, démelo, me lo tengo que poner yo!

El tiempo pasaba; esos segundos que en el teatro se convierten en siglos; los otros actores, en el escenario, se habían entregado a la improvisación.

—¡No puede ser! —respondía yo, apretando la ropa junto a mi cuerpo.

—¡Démelo, démelo, tengo que salir a escena! —insistía don Nicolás, mientras intentaba arrebatarme la ropa a tirones y me lanzaba rayos con la mirada, sin comprender mi obstinada actitud.

Porque lo que ignoraba don Nicolás-Pimpinela era que yo, debajo del macferlán, estaba desnudo. Por la precipitación de los ensayos no me había enterado de que Pimpinela debía disfrazarse con el macferlán del polizonte. Cuando conseguí comprender lo que sucedía y que el primer actor y director Nicolás Navarro no se había vuelto loco, recordé que el espectáculo debe continuar y, aunque no de muy buen grado, cedí en mi resistencia.

Don Nicolás se puso rápidamente el macferlán y salió a escena y yo me quedé desnudo entre bastidores, mientras el regidor, Morató, al verme en calzoncillos, hacía esfuerzos por contener la risa.

Rojo como un pimiento recorrí de un extremo a otro el pasillo de los camerinos hasta llegar al mío. La principal causa de mi terror era que pudiera verme de aquella guisa Fina, la joven actriz de la compañía de la que acababa de enamorarme perdidamente y que tenía el camerino frente al mío. Pero he olvidado si alguien me vio y apresuré el paso, o si procuré aparentar indiferencia y naturalidad en el recorrido.

Una vez concluida, antes de lo previsto, la desastrosa temporada, Nicolás Navarro y María Bassó decidieron, para recuperar algo de dinero, hacer unos bolos en Toledo. Como yo intervenía muy poco en una de las comedias que llevaban, y en la otra algo menos, me pidieron que desempeñara también la función de regidor. Mis años de práctica como actor profesional y las representaciones de aficionados en que había intervenido —y dirigido algunas— me llevaron a aceptar la oferta sin saber en lo que me metía.

Ni uno de los actores salió a escena a su debido tiempo; los que tenían que llevar algo en las manos, o no lo tenían o llevaban algo disparatado; uno de los actores, cuando vio que en vez de un conejo yo le entregaba, en el momento de salir, un jamón pintado en un papel y recortado, lo tiró al suelo y salió a escena sin nada. Dijo que el conejo lo había dejado en el recibidor. Desde entonces tengo un gran respeto al oficio de regidor teatral, que se llamaba también segundo apunte y traspunte, y en otros países director de escena. Se llame como se llame, de él depende la marcha del espectáculo y es un oficio dificilísimo, al menos para mí.

El periodista Tintín

Soy un gran admirador de Tintín y de su creador, el genial dibujante belga Hergé. Como a Guillermo Brown, no le conocí en mi infancia, sino algo más tarde. De Guillermo había leído únicamente una aventura que se publicó, como anticipo editorial, en 1936 en la revista infantil *Mickey*, de la editorial Molino, ilustrada por el gran dibujante Bocquet, que, a pesar de su maestría, no consiguió igualar el acierto de Thomas Henry, quizás por haber intentado actualizar el personaje. Aunque ya era demasiado mayorcito, me compré un libro de Guillermo para que me acompañara durante mi primera turné teatral. Desde entonces, en diversas ocasiones, y contrapuestas, he recurrido a esta lectura: cuando por alguna razón o sin ninguna me hallaba muy alegre y cuando, con sobra de razones, me hallaba triste. En ambos casos me ha sido útil, y por ello Richmall Crompton cuenta no sólo con mi rotunda admiración, sino con mi gratitud.

Algo parecido podría decir de los álbumes de Tintín, pero lo que aquí quiero consignar es algo respecto a lo que, en un primer golpe de vista, me pareció inverosímil. Guillermo es un chico, un hijo de una familia media inglesa, y como tal se comporta. Pero Hergé pretende que nos creamos que Tintín es un periodista. En eso notaba yo una inverosimilitud menos aceptable que la del comportamiento de su perro Milú. Pero cuando mi juicio crítico se exacerbaba y me inducía a tachar de inverosímil el personaje del periodista adolescente, tanto en su primera época de pantalón bombacho como en su segunda de vaqueros, me llegaba el recuerdo de mi inolvidable amigo José Altabella.

Antes que a Tintín, al que conocí muy tardíamente, había conocido al periodista José Altabella. Era un joven espigado, más alto que yo, que un día llegó a la escuela de arte dramático de la CNT a hacer un reportaje y nos fue preguntando a unos y a otros. No puedo recordar —quizás tampoco lo supe entonces— por qué nos hicimos inmediatamente amigos, pero así fue. A partir de aquel día, Altabella frecuentó asiduamente la escuela y la sala Ariel, me visitaba en el Teatro Eslava y paseábamos juntos a la anochecida por las calles oscuras de la guerra. Teníamos la misma edad. Pero yo me iniciaba en el oficio de cómico y él ya llevaba años en el periodismo. ¿Cómo era eso posible? Antes de la guerra, cuando sólo tenía catorce años, ya había hecho varias entrevistas que se habían difundido en la prensa. Una de ellas, a don Antonio Machado. Esa era la que le abría las puertas de las demás publicaciones. ¿Cómo no publicar una interviú de alguien que había entrevistado a don Antonio? No era como Tintín, sino más que Tintín, porque no creo que el jovencísimo periodista francés entrevistase nunca a un poeta tan excelso.

Con sus dieciséis años recién cumplidos, me deslumbraba la veteranía de Altabella. A los catorce años había yo escrito un cuento infantil, muy torpemente copiado de los de Elena Fortún, que, una vez corregido por mi tío, envié a un concurso de *Gente menuda,* el suplemento infantil de *Blanco y negro.* Me concedieron como premio una suscripción trimestral a la revista, pero el cuento no se publicó nunca, y siempre pensé, aunque nunca lo comenté con ella, que mi madre había mediado en el asunto moviendo a sus amistades teatrales. ¡Y a esa misma edad, Altabella entrevistaba nada menos que a Machado, que para mí, como Rubén Darío, estaba en el mismo lugar que Lope de Vega o san Juan de la Cruz! ¡Y le habían publicado la interviú y varias más!

Altabella conocía los nombres de todos los periodistas famosos y de los directores de periódicos y hablaba de ellos con definitiva autoridad. Parecía haber convivido con ellos durante años en las redacciones y en los cafés. Exprimía yo sus saberes para que me los transmitiese. Cómo se ordenaba un artículo, qué diferenciaba el artículo de la crónica, en qué orden se debía dar la información al lector de periódicos, cómo se podía evitar la reiteración de los gerundios y de los relativos, cuándo convenía que el periodista fuera personal o impersonal. Conocía los entresijos de su profesión y de los profesionales, los tiquismiquis, las habladurías, los aspectos que nunca llegaría a conocer el hombre de la calle. Mi cortedad, mi frialdad exterior hicieron que nunca manifestase a Altabella mi asombro, sino que me esforzara en aparentar ante él que me parecía una persona como otra cualquiera, cuando bien sabía yo que en el mundo que me rodeaba no había otro caso como el suyo, y cuánto me sentía humillado al comprobar lo enorme que era mi ignorancia.

Se libró del servicio militar por hijo de viuda, pero al concluir la guerra con la victoria de Franco pasó algunos meses en un campo de concentración por haber colaborado en la prensa del Madrid republicano, especialmente en *Blanco y negro,* donde publicó una serie de interviús con científicos. A la salida del campo de concentración reanudamos nuestra asidua amistad. Muchas veces estuve en su casa de la Plaza de la Morería, donde le vi escribir varias cuartillas de *La gitanilla* de Cervantes, en su versión de película novelada. Por él supe cómo se elaboraba ese curioso género, pues le acompañé a la proyección en la que una taquígrafa tomaba al oído los diálogos, y posteriormente él rellenaba todas las partes que correspondían a la acción y los ambientes. Era yo un perfecto desconocido cuando Altabella ya había colocado dos interviús conmigo, una de ellas en la popular revista *Dígame*. Si en cualquier artista uno de sus principales méritos consiste en saber difundir su obra, en el periodista quizás es el más imprescindible. Los periodistas no tienen gloria póstuma. Mientras charlaba conmigo y me enseñaba lo que sabía, no dejaba Altabella de hacer dos cosas: hablar por teléfono y escribir. No tenía teléfono en su casa; la mía, en el otro extremo de Madrid y en un barrio que allá al comienzo de los cuarenta mucha gente consideraba extrarradio, no le era útil; no había teléfonos públicos. Teníamos que trasladarnos por las desoladas calles de la posguerra, de bares a tabernas, no consumir nada o pedir agua, que era gratis, y encima usar el teléfono. Altabella lo conseguía. La temperatura habitualmente gélida de nuestras casas no era la más adecuada para escribir. Altabella utilizaba, como muchos otros escritores, también bares, tabernas, cafés. Pero es el único al que he visto escribir a máquina en la mesa de un café.

Amaba tanto el oficio de periodista que poco a poco fue dejando de ejercerlo para estudiarlo.

—Soy un periodista ágrafo —decía hace ya tiempo.

Y ahora, catedrático jubilado de Historia del Periodismo, tiene dentro de sí toda esa Historia, y a su alrededor los miles y miles de fichas acumuladas a lo largo del tiempo que le han ayudado a inventarla.

18
La sombra del padre

Otra vez meritorio

Recuerdo el tremendo frío que pasaba estudiando en mi cuarto, sin calefacción en la casa, porque no teníamos carbón y el sistema de calefacción no era central, sino individual. Encendía un hornillo eléctrico, colocaba en él un puchero con agua, esperaba a que hirviese y trataba de calentarme al vapor.

Aquel mes de enero, en los exámenes de ingreso en la universidad, fui víctima de un error por exceso de información. Me había enterado desde meses antes de que los tribunales estaban formados por dos profesores de letras y uno de ciencias. En la imposibilidad de prepararme bien para todas las asignaturas decidí prescindir de algunas de las de ciencias, con la idea de que a ese profesor podría contestarle bien en las otras. Las asignaturas de las que prescindí fueron Ciencias naturales y Fisiología e Higiene. Con que respondiese medio bien en Física, Química y Matemáticas este profesor no podría ponerme mala nota.

Pero el tribunal que me examinó a mí fue el único que se compuso de la manera contraria: un solo profesor de letras, que fue Joaquín de Entrambasaguas, y dos de ciencias. Así ocurrió que a uno de los examinadores de ciencias, al que le correspondía examinar exclusivamente de las asignaturas de las que había prescindido, Ciencias naturales y Fisiología, tras responder con dos disparates a sus dos primeras preguntas me vi obligado a confesarle que de sus asignaturas, después de tres años de acabado el bachillerato, no sabía nada.

En el ejercicio escrito nos propusieron como temas de composición *Valor cultural del teatro*, *El deporte preferido* y, para los que se consideraran incapaces de desarrollar ninguno de los dos, una carta a un amigo. Escribí una carta a un amigo hablándole del valor cultural del teatro —me centré en una representación de *La cena del rey*

Baltasar que Luis Escobar acababa de montar en el paseo de las Estatuas del Retiro— y de que mi deporte preferido era el de la nieve porque unos días antes —aquel invierno fue gélido— había visto patinar a un grupo de chicos y chicas por el paseo de la Castellana. En el examen oral de letras, Joaquín de Entrambasaguas, quizás por ver la banderita argentina que lucía yo en la solapa, me preguntó sobre el descubrimiento de América y sobre un poeta hispanoamericano que había influido mucho en las letras españolas. En los dos temas, el segundo era Rubén Darío, iba preparadísimo, muy por encima de los textos oficiales, y así lo demostré. En el problema de Matemáticas, que trataba de los beneficios que podían obtenerse con la compraventa de un barril de unos cincuenta litros de aceite, me equivoqué en un millón de pesetas, pero como planteé bien todas las operaciones, a la examinadora no le pareció mal. También me defendí en el oral de Física y Química. Me aprobaron. Me enteré de que Entrambasaguas me había propuesto para premio extraordinario —la examinadora de Matemáticas, Física y Química lo había aceptado— pero también de que el otro profesor de ciencias, con toda justicia, me había puesto un cero. Aquel azar de ser el único tribunal compuesto por dos profesores de ciencias y uno de letras quizás cambió mi destino.

Empecé por tercera vez, de nuevo como meritorio, el oficio de cómico, con la intención de compaginarlo con los estudios de Filosofía y Letras. Podía asistir a la Facultad por las mañanas y al teatro por las tardes y las noches. Y los papeles que podían encomendarme nunca serían tan extensos que me privaran de tiempo para estudiar.

En esta ocasión tuve la suerte de ingresar en el Teatro de la Comedia, donde «el autor de la casa», como se decía entonces, era Enrique Jardiel Poncela, el hombre que más hizo por mí en mis comienzos. A mi edad, aún sin cumplir los diecinueve años, si hubiera tenido los pies en la tierra, nunca podía haber soñado en personajes como los que él me confió; pero de una parte mi vocación, mi absoluta decisión de pasarme la vida viviendo las vidas de otros, dejándome traspasar por sentimientos sin causa, y de otra, mi necesidad irreprimible, urgente de «colocarme», de triunfar, de ser alguien, me elevaban muy por encima de la realidad y me impedían comprender por qué algunos de los actores de la compañía se indignaban, protestaban y conspiraban para quitarme aquellos papeles.

Yo —un Yo con mayúscula— estaba contento, orgulloso dentro de «el Pelirrojo» de *Los ladrones somos gente honrada*, y consideraba lógica la elección de Jardiel Poncela, ya que Yo era el mejor actor que Yo conocía, y si no lo había demostrado aún era porque no me habían dado la oportunidad.

Un vodevil con ladrones

Me había presentado, por consejo de mi madre —quizás en el café El Gato Negro— a Nicolás Navarro, que, tras el fracaso de su aventura en el Teatro Eslava, se había contratado como primer actor y director en el Teatro de la Comedia. Mi madre era partidaria de que hubiera ido a pedir trabajo a la compañía López Heredia-Asquerino, en la que ella había trabajado varias veces. Era la compañía más «elegante», especializada en el género denominado entonces «alta comedia», cuyo autor abanderado era Jacinto Benavente. Mi madre, como es natural, opinaba que su hijo, con su elevada estatura y su delgadez famélica, era un figurín y que donde tenía más porvenir era entre los marqueses y los príncipes del repertorio benaventino. Repertorio del que, paradójicamente, sólo se han salvado *La malquerida*, drama campesino, y *Los intereses creados*, farsa de guiñol.

Pero yo opinaba lo contrario. Mi aspecto me parecía más cómico que de *alta comedia*, y también consideraba más fácil demostrar mis habilidades de actor en breves personajes del género cómico —como me había ocurrido durante la guerra— que en los criados o los invitados a fiestas que me habrían correspondido en la compañía López Heredia-Asquerino. Mi madre, no muy convencida, me dio la razón y obtuve el puesto de meritorio en la compañía titular del Teatro de la Comedia.

Este sistema de compañía titular ya ha desaparecido de los escenarios españoles. Consistía en que el mismo empresario del local —*empresario de paredes*, se le llamaba— era empresario de la compañía, que él mismo formaba, eligiendo a los actores de acuerdo con algunos de los autores de moda. Los teatros que tuvieron *compañía titular* en los años anteriores y posteriores a la Guerra Civil fueron el Infanta Isabel y el Teatro de la Comedia. El Teatro Lara tuvo *compañía titular* hasta la guerra, y algunos años después se hizo cargo del local, y restableció el mismo sistema, el empresario y poeta burgalés Conrado Blanco.

La obra que se ensayaba cuando me incorporé a la compañía titular del Teatro de la Comedia era *Eloísa está debajo de un almendro*, de Enrique Jardiel Poncela. En el prólogo de dicha obra, que se desarrollaba en las últimas filas de un cine de barrio, intervienen, además de los protagonistas, varios espectadores que dicen unas cuantas frases sueltas. Uno de aquellos papeles de espectadores, de los más breves, me tocó en suerte a mí. Mi trabajo gustó al autor y al director, según pude comprobar algo después.

Cuando empezamos los ensayos, uno de los actores veteranos de la compañía, Antonio Riquelme, me llamó aparte y me preguntó con curiosidad:

—¿No es usted hijo de la Fernán Gómez?
—Sí, sí, señor.
—Entonces ¿por qué está trabajando aquí y no en la compañía de su padre?
No supe qué responder. No recuerdo ahora cómo salí del aprieto. Estoy seguro de que enrojecí hasta el límite de mis orejas. Efectivamente, la compañía en la que era primer actor el hombre del que se decía que era mi padre estaba actuando en Madrid, en otro teatro. Pero yo no podía explicarle allí, durante un ensayo, susurrando, a aquel actor, que entre mi padre y yo no existía ninguna relación.

La comedia se estrenó el 24 de mayo de 1940, con gran éxito, y esto es lo que Jardiel Poncela escribió sobre mí en 1943:

«Los ensayos siguieron —ya de la obra completa y con mi presencia diaria—, y en uno de ellos, entre el grupo de meritorios, descubrí a un chico pelirrojo, llamado Fernangómez, en el que creí ver condiciones de actor, y al que me prometí coger por mi cuenta y dar "trabajo" en el futuro.

Para un autor con entusiasmo por el Teatro siempre es una satisfacción encontrar gente nueva, y muy singularmente para mí, ya que la juventud me atrae y me subyuga; pero esa fue la única satisfacción que me proporcionaron aquellos ensayos totales de *Eloísa*...»

Desde entonces hasta el otoño de 1942 Jardiel Poncela cumplió con creces la promesa que se había hecho a sí mismo.

La obra tuvo un gran éxito, y pronto tomó el empresario, don Tirso Escudero, la decisión de que tras el descanso del verano, a finales de septiembre o comienzos de octubre, se abriría la temporada con *Eloísa está debajo de un almendro*. Los ingresos eran muy altos, y también debían de serlo los de Jardiel Poncela, pero...

Acostumbraba pasar todas las noches por el teatro, después de cenar o de ir a un cine. Y se reunía a charlar con los cómicos en el saloncillo. Aquel mes yo acudí muy pocas veces, por falta de confianza y porque mi intervención era exclusivamente en el prólogo, que duraba poco más de veinte minutos.

Una noche nos enteramos de que Jardiel había llegado compungidísimo. Después de recoger la liquidación trimestral de la Sociedad de Autores, en el recorrido hasta su casa, la había perdido o se la habían robado. Su disgusto era enorme y Carmencita, su mujer, no disimulaba su indignación.

La consecuencia de este suceso fue que, aprovechando la circunstancia de que la compañía descansaría durante todo el verano, Jardiel organizó una turné, de la que él sería empresario, para explotar en algunas plazas de Castilla y del norte el éxito de *Eloísa está debajo de un almendro*. En aquella época era imposible hacer giras con una sola comedia, era necesario llevar varias para poder cambiar el cartel casi a diario y así estar por lo menos tres o cuatro días en cada plaza. Jardiel llevó también otras tres obras suyas, *Un marido de ida y vuelta, Cuatro corazones con freno y marcha atrás* y *Una noche de primavera sin sueño*. Me ofreció contratarme, ya no como meritorio, sino como actor profesional y me repartió pequeños papeles en dos de las otras comedias. Con eso comprobé que mi trabajo le había gustado y esperé que en las dos obras que debía estrenar durante la siguiente temporada me confiaría personajes aún más importantes.

Muy pronto nos llegó a los elementos jóvenes de la compañía, los que nos vestíamos en el último piso, el rumor de que aquello del robo había sido una especie de vodevil mezclado con novela de aventuras urdido por Jardiel, que precisaba, para su vida amorosa secreta, evadir algunas cantidades del control de Carmencita.

Mi primera turné

Para su proyecto, Jardiel Poncela utilizó a muchos actores y actrices de los que habíamos estrenado en el Teatro de la Comedia, de Madrid, su última obra, *Eloísa está debajo de un almendro*, que había obtenido un rotundo éxito y sería el plato fuerte del negocio. Para suplir a los actores que no podían o no querían tomar parte en la turné se incorporaron otros. Uno de éstos era un joven afín a La Barraca o a las Milicias Universitarias, Antonio Ayora, con el que durante la excursión trabé gran amistad. Nos unió nuestra afición a la literatura, muy poco extendida entre los cómicos de entonces. También me acompañó a visitar los monumentos del pasado por Valladolid, Palencia, Burgos, Salamanca y me orientó en ellos. Antonio Ayora era de familia modesta, pero un vecino suyo, pianista, había refinado sus gustos despertando en él la afición por las artes. Influyó mucho en mis lecturas y me descubrió nombres de autores para mí desconocidos. Tenía yo diecinueve años y él treinta, y había conocido a García Lorca. Esas circunstancias le daban ante mí un enorme prestigio. Entre sus escritores preferidos hablaba de uno con particular entusiasmo, un rumano que se llamaba Panait Istrati, del que yo aún no había oído hablar. Quizás a la vuelta a Madrid me prestara alguna de sus obras, aunque hoy no lo recuerdo, pero la verdadera revelación de este autor me llegaría unos años más tarde.

Durante los viajes me prestó los *Diálogos* de Platón, que despertaron en seguida mi interés por las disquisiciones filosóficas. Hasta entonces había considerado la filosofía —salvo dos o tres libros de Nietzsche que me parecieron más bien poéticos— una materia abstrusa impenetrable —en parte, y por desgracia, sigue siéndolo para mí—, pero los *Diálogos* me asombraron por su claridad y sencillez, por la facilidad con que en ellos se trataban las cuestiones más profundas y las más elevadas. Me creía yo mismo elevado al comprobar que podía entender algo de aquello.

En los tres años de guerra se había despertado en mí una gran curiosidad por el saber; quería saber todo lo que durante los años anteriores me había negado a estudiar, todas aquellas materias que durante el abominado bachillerato había desdeñado y perdí de repente el horror a los libros de texto. Lamenté haber vendido casi todos en el momento de aprobar, como si fuera un preso que así se sintiese más liberado. Intenté aprender el francés yo solo con los dos libros que aún conservo, y algunas revistas francesas que compraba en los puestos de viejo y cuadernillos de lecturas bilingües; y *Agricultura* y *Técnica Industrial* y, sobre todo, *Psicología* y *Lógica*. Pero aquellos dos libros de Eloy Luis André sí que eran abstrusos, incomprensibles, farragosos, a pesar de estar acotadísimos por los profesores. La letra era menuda, la impresión pálida, el papel oscuro. La dimensión de las lecciones se hacía interminable. Comencé a hacer en primer lugar una adaptación de aquellos textos a un lenguaje más comprensible y conciso, para luego estudiar estos nuevos textos, claros y resumidos. Pero la labor me resultó tan dificultosa que la abandoné. Comprendí que en particular respecto a la *Lógica*, como causas de mi fracaso debía unir a la impenetrabilidad del lenguaje del autor, mi incapacidad para comprender la filosofía, y no me reconcilié con ella hasta que en aquellos viajes leí los *Diálogos*.

Ayora no me ocultó sus tendencias izquierdistas, muy próximas al socialismo. Se sentía, en primer lugar, partidario de la redención de los obreros, aunque no tenía muy buena opinión de ellos. Por eso, precisamente, pensaba que era necesario redimirlos, sacarlos del pozo de incultura en que estaban sumidos, lavarles la capa de zafiedad, vulgaridad y grosería.

—Yo por los obreros estoy dispuesto a hacer cualquier cosa —me dijo un día—, menos tratar con ellos.

Mi amistad con Antonio Ayora y nuestras conversaciones sobre literatura influyeron en mi decisión de abandonar el proyecto de estudiar Derecho tanto como los juicios de los tribunales militares, y cuando llegué a Madrid me matriculé en Filosofía y Letras, pero con el propósito de no abandonar mi puesto en el Teatro de la Comedia.

Al año siguiente, el 41, también tomamos parte durante el verano en una turné; esta vez no en la compañía de Jardiel Poncela, sino en la titular del Teatro de la Comedia.

En julio coincidí con mi madre en Barcelona. Se le había llenado el cuerpo y la cara de furúnculos. El médico había dicho que era del hambre, de la pasada durante la guerra y de la que seguían pasando en la posguerra muchísimos de los que no eran ricos. Por la avitaminosis, los tejidos se quedaron sin defensas. Un joven homosexual que trabajaba en la misma compañía que ella se había convertido en su compañero inseparable y acabó siendo su enfermero.

Pocos meses antes de acabar la guerra nadie podía suponer que con la victoria se prolongarían los años de hambre, que faltaría hasta el pan, ni que los boniatos, las castañas pilongas, las cáscaras de patata salvarían a España de la inanición. Aquellos primeros años de posguerra fueron los del tifus exantemático, lo que la gente llamaba «el piojo verde», pero que muy pocos sabían que en los libros de medicina tenía nombres más hermosos y dramáticos: tifus de la guerra y tifus del hambre.

Al llegar a Bilbao, Ayora hizo una excursión al monte Archanda, a la que prefirió que no le acompañase, para visitar a un rojo que andaba escondido y al que llevaba noticias de un familiar. Este rojo le dio una carta para su madre, que residía en Madrid. Al concluir la turné, cuando llegué al teatro para la «presentación de compañía», estaba esperándome don Tirso Escudero y me hizo pasar a su despacho.

—¿Usted, Fernán Gómez, es amigo de Antonio Ayora?
—Sí, señor; somos muy buenos amigos.
—¿Sabe usted si es masón?

La pregunta me pilló de improviso, y aunque no pude adivinar a qué venía, me desconcerté y empecé a sentir temor. Masón y comunista eran palabras que en aquel tiempo de despiadada represión sólo se pronunciaban en voz baja; o en voz muy alta, para insultar, para amedrentar. Si Antonio Ayora era masón, a mí me lo había ocultado. Y así se lo dije a don Tirso.

—No, don Tirso; yo no lo sé.
—Ustedes, durante la turné, casi siempre iban juntos. Alguna vez le habrá hecho confidencias.

Efectivamente, me había hecho confidencias, pero de otra índole, sobre sus predilecciones sexuales, tema que no venía a cuento y que no saqué a relucir.

—Le han detenido —me dijo don Tirso, quizás para hacerme comprender que el asunto era grave y que si sabía algo debía decirlo.

Debió de comprender el empresario que yo era sincero al manifestar mi ignorancia y me dejó marchar sin más preguntas. Al día siguiente ya se sabía en todo el teatro que Ayora, al llegar a Madrid, lo primero que hizo fue acudir a la dirección que el rojo escondido en el monte Archanda le había indicado y entregar la carta a una anciana, a la que le comunicó que su hijo se encontraba bien y, aparentemente, fuera de peligro. Al día siguiente la policía se presentó en el domicilio de Ayora y le detuvo. Fue acusado de complicidad en un complot contra el régimen en el que habían tomado parte algunos cientos de personas. Estuvo en la cárcel tres o cuatro años y al salir reunió en su casa a un grupo de amigos para celebrar su libertad. Regresó de la cárcel muy lustroso y bien alimentado, lo que nos sorprendió a todos. Él lo atribuyó a que allí se tenía la vida resuelta y eso daba mucha tranquilidad. No lo había pasado del todo mal, porque le dejaron formar un cuadro artístico que representaba de vez en cuando comedias en el patio de la cárcel. Él las adaptaba para que pudieran ser interpretadas sólo por hombres, como las de la Galería Salesiana. Esto le dio un gran prestigio entre sus compañeros y contribuyó a que se realizara más que con los breves papeles que representaba en el Teatro de la Comedia. Algunos de aquellos presos, de delitos comunes, se aficionaron al teatro y le propusieron formar compañía cuando cumplieran sus condenas. Por el dinero necesario para arrancar o para enjugar las pérdidas no debía preocuparse, ellos lo encontrarían.

Cuando Antonio Ayora salió del presidio abandonó el oficio de actor. Tenía cerca de treinta y cinco años y no era buena edad para empezar de nuevo. Esa es la razón de que dejara de verle con asiduidad. Cuando volví a encontrarle, en los años cincuenta, era profesor del Instituto San Isidro. También allí había formado un cuadro artístico con sus discípulos —en esta ocasión, machos y hembras— y les había transmitido su apasionado amor por el teatro. Hace muy poco tiempo, después de su muerte, he tenido oportunidad de saber que era uno de los profesores más queridos por los alumnos.

Un recado misterioso

En 1940 Manuel Alexandre se había colocado en la compañía en que actuaba el hombre del que me habían dicho que era mi padre. Yo fui dos o tres días a ver a mi amigo Manolo. Se sigue conservando la costumbre de que los actores vayan a pasar la tarde al teatro en que trabajan sus amigos. En una de estas visitas tuve oportunidad de ver un instante, de cerca —actuando en el escenario ya le había visto en dos ocasiones, una porque me llevó mi abuela teniendo yo unos doce años, y otra recién terminada la guerra, desde una localidad lejana— a mi supuesto padre. Reconozco que me impulsaba a verle una curiosidad muy poderosa. También muchos años antes, no por encontrarme con él, sino por estar en sus ambientes, que podían haber sido los míos, fui a pasear algunas veces por el barrio señorial en que me habían dicho que vivía. Esto lo repetí acabada la guerra, cuando regresó a Madrid con su mujer y sus hijos. Digo que le vi de cerca, al fondo de un pasillo, durante unos instantes muy escasos. No fue conmovedor el trance. Me chocó que fuera más bajo de lo que parecía en el escenario y de lo que yo esperaba. También que tuviera tripita y una calvicie bastante pronunciada. No se correspondía aquella presencia con la que yo habría elegido para un padre, y para un padre misterioso. En el juego del reparto de papeles al que a veces me entregaba a aquel hombre no le habría correspondido un personaje protagonista, y mucho menos el de mi padre.

A los pocos días sonó el teléfono de casa y un señor preguntó por mí. La criada, con una extraña expresión que a mí me pareció de terror, me dijo:

—De parte de su padre.

También yo me aterroricé cuando cogí el auricular. No era mi padre, afortunadamente, sino el gerente de su compañía.

—¿Hablo con Fernando Fernán Gómez?

—Sí, sí, señor.

—Fernando, te hablo de parte de tu padre. Necesito que nos veamos para hablar de un asunto privado. ¿Podrías estar esta tarde en El Gato Negro antes de la función?

—Sí, sí, señor.

—¿A las cinco te parece bien? Aunque sales en el prólogo, hasta las seis y media tienes tiempo.

—Sí, sí, señor.

—Hasta las cinco, entonces.

No parecía haber ningún secreto en la cita, ninguna pretendida discreción, pues el café del Gato Negro, no muy grande y en el que todos nos veíamos unos a otros nada más entrar, era el del Teatro de la Comedia y además estaba muy cerca del teatro en que actuaba el hombre misterioso. Todos los cómicos que tenían allí sus tertulias verían que yo estaba hablando con su gerente.

Cuando le dije a mi madre con quién acababa de hablar por teléfono dijo:

—Sí, es el alcahuete de tu padre.

Mi madre, mi abuela y yo no cambiamos muchos comentarios al respecto, pero estoy seguro de que los tres pensábamos lo mismo. Años antes, con la llegada de la República, cambiaron algo, no sé en qué sentido, las leyes respecto al reconocimiento de la paternidad. Mi madre no se había ocupado nunca de esta cuestión —aunque a veces mi abuela le instaba a hacerlo— porque sabía que no la amparaba ningún derecho. Pero un abogado al que conoció en el teatro le dijo que había ciertas posibilidades, y fui yo el encargado de ir a la estafeta de correos a certificar una carta en la que mi madre hablaba a mi supuesto padre de aquella cuestión. No conocí los términos de la carta, pero entendí que al encargarme la misión de mensajero mi madre me hacía partícipe en el asunto. Aquella carta nunca tuvo respuesta. Sin duda mi supuesto padre también pidió consejo a un abogado.

Tras la llamada telefónica y la cita con el gerente, los tres pensábamos que aquel hombre me iba a hablar del reconocimiento de la paternidad, aunque fuera para decirme que abandonara tal esperanza. A los doce años, cuando derramaba lágrimas leyendo al alimón con mi abuela *Jack,* de Alfonso Daudet, novela en la que se narraba un caso que se me antojaba similar al mío, albergaba ocultamente esa esperanza y la relacionaba con mis lecturas no sólo de *Jack,* sino de las novelas folletinescas y con la película *Champ.* Pero ahora, a los diecisiete años, ya un hombre que trabajaba, lo único que sentía ante la mera posibilidad de tener que hablar de aquello formalmente con un desconocido era una tremenda vergüenza. Habría dado algo por no acudir a la cita, pero ni siquiera insinué esta posibilidad. A mi madre y a mi abuela les habría parecido un disparate.

La cita en El Gato Negro

En El Gato Negro había bastante gente, pero no estaban ocupadas todas las mesas. Al entrar yo, de una tertulia se levantó un señor, me hizo una seña y tomó asiento en otra mesa desocupada. Me saludó, se presentó, me invitó muy amablemente a café y pasó a exponerme el motivo de nuestra cita.

—A tu padre, Fernando, le han dicho que se te ha visto varias veces por el teatro. Incluso él mismo, aunque no te conozca, te ha visto fugazmente una vez y le han explicado quién eres. Esto, dada vuestra situación, resulta muy violento para él y más aún para su mujer. Como también le resulta violento verse contigo para plantearte este problema, me ha pedido a mí que haga de intermediario y te pida que, por favor, dejes de ir al teatro...

La ira de los tímidos empezó a apoderarse de mí.

—Pueden ustedes decirle al portero que me prohíba la entrada. Yo voy porque allí tengo un amigo, Manuel Alexandre, no por otro motivo.

—Sí, pero la gente puede interpretarlo de otra manera.

Entonces pasó a explicarme que mi padre no tenía ningún inconveniente en que yo viviera con él; con él y con su familia, con su mujer y con sus dos o tres hijos, en su chalé, en vez de vivir con mi madre y con mi abuela. Y de ahí pasó a hacerme un retrato de estas dos mujeres, que según él eran dos monstruos.

Recordé que mi abuela me había dicho alguna vez, no sólo a mí, sino también a alguna amiga suya:

—La única vez que hablé con tu padre, en Buenos Aires, me dijo: «Señora, su hija es muy guapa, y yo la quiero mucho, pero es muy bestia.»

No sé qué pruebas de bestialismo pudo haber dado, pero esto mismo es lo que venía a decirme aquel gerente. Respecto a mi abuela, era la que lo había estropeado todo. Desde que llegó a Buenos Aires a recogerme quiso transformar el amor de mi madre y mi padre, y mi venida al mundo, en un negocio. Mi abuela era una mujer rapaz, una avarienta sin escrúpulos, que no dejó tranquilo a mi padre ni a mis abuelos paternos. Les escribía, los perseguía, intentaba a toda costa que la recibieran, recurrió hasta a mandar anónimos amenazadores. Era una auténtica bruja miserable escapada de las páginas de aquellos folletines que a mí me entusiasmaban. Debía yo comprender que mi padre, su mujer, sus hijos, no podían tratarse con estas mujeres. Me ofrecían su casa y que compartiese sus vidas, siempre que dejara de estar con ellas.

Pensé muy deprisa, como si el futuro y todos los pequeños futuros que contiene se me revelasen de pronto en un solo presente. Tenía la ocasión de pasar a ser otro.

De dejar de ser el hijo de la Fernán Gómez, el nieto de doña Carola, el muchacho que había crecido en la calle de Álvarez de Castro, el que ahora estaba de meritorio en el Teatro de la Comedia obteniendo un gran éxito con sus cinco frases de Espectador 1º, el que llevaba siempre un montoncito de castañas pilongas en el bolsillo de la gabardina como sobrealimentación. Vi muy claro que era imposible lo que se me pedía: pasar de repente a ser otro. Para mí era muy fácil comprender aquella imposibilidad, aunque no fuera tan fácil explicárselo a aquel gerente, que, como no se había caído de un guindo, ni mi supuesto padre tampoco, ya sabría cuál iba a ser mi respuesta.

Total, que le dije que aquello me resultaría muy desagradable, que de momento me parecía inconcebible, y que si a mi padre le resultaba violento verme en su teatro, al fondo de un pasillo, mucho más violento me había de resultar a mí verle a él a diario, y a su mujer, y a aquella especie de hermanos míos. El gerente me dijo que lo pensase.

—Puedes pensártelo durante más tiempo.

—No me hace falta.
—Creo que te comprendo; pero, ya te digo, puedes tomarte tiempo, no es puñalada de pícaro. Respecto a lo de ir por el teatro...
—No se preocupe, no volveré más.

No tomé esta decisión por algo parecido a la dignidad, sino porque me resultaba lo más cómodo. A Manuel Alexandre podría verle en otro lado. Y tenía más teatros adonde ir.

Pero no terminó aquí la entrevista. El gerente puso encima de la mesa un paquete alargado, enrollado en un papel.
—Toma, es para ti; de parte de tu padre.

Me quedé sorprendidísimo; ¿qué podría ser aquello? ¿Documentos?
—¿Qué es esto? —pregunté.

El gerente empezó a desenvolver el paquete.
—Mira, es un corte de tela blanca para que te hagas una americana.

No dije: dígale usted que se la meta en el culo. Ni nada por el estilo, sino que pensé que casi no tenía ropa y que muchos jóvenes iban por Madrid con pantalón azul marino y americana blanca; estaba muy de moda.

Mi madre no podía contener la risa, las carcajadas se le salían por la boca, por los ojos, por todo el cuerpo.
—¡Ni siquiera un corte para un traje; sólo la americana!
—Es que es blanca —justificaba yo.
—¡Dios bendito! —exclamaba mi abuela.

Allí, sobre la mesa del comedor, estaba extendida la prueba del delito.
—¡Al cabo de diecisiete años! —intentaba decir mi madre, entre las carcajadas.
—Parece de seda, Carola —dijo mi abuela—; sí, es de seda cruda.
—¡Menos mal, mamá! ¡Pero ni aunque fuera de hilillo de oro! ¡En diecisiete años, mamá!

A mi madre se le saltaron las lágrimas, pero eran lágrimas de risa. Advertía perfectamente lo grotesco de la situación y sin duda le afloraban recuerdos de aquel perdido amor. Mi abuela repetía:
—¡Dios bendito, Dios bendito!

Me cogió la cabeza y se puso a darme besos, besos húmedos, y entre los besos dijo:
—Tendrás que llevársela a Paco el sastre; para este verano te vendrá bien.

Nunca volví a ver a aquel hombre del que me habían dicho que era mi padre. Muy poco después su mujer se puso en amores con otro actor y él, cuando se separaron, murió en accidente.

19
La guerra de la posguerra

La División Azul

En 1940 Hitler declaró la guerra a la URSS. Serrano Suñer, el ministro falangista, lanzó el célebre anatema:
—¡Rusia es culpable!
Y Franco, sin que España perdiera por ello su neutralidad, envió un cuerpo de voluntarios a combatir junto a las tropas alemanas.
Muchos de mis amigos de la calle, de los colegios, del Centro Mariano-Alfonsiano de Acción Católica, se fueron a la División Azul. Algunos, impulsados por sus ideales; otros, por espíritu de aventura; otros, por no perder puestos en el escalafón de sus empleos; otros, para lavar la mancha de haber estado en la zona roja...
Uniformes del ejército, uniformes de Falange... Las chicas sólo querían ir con los de uniforme. La competencia era durísima. ¿No sería la División Azul una oportunidad de acompañar a Hitler en su paseo militar por la URSS y volver de uniforme? Mi amigo José Luis, guapo, atractivo, gran seductor, que no precisaba uniforme para encandilar a las mujeres, lo pensaba seriamente. A mí sólo con fugacidad me asaltaron esos pensamientos, que pronto consideraba disparatados.
—Me voy a apuntar en la División Azul —me dijo mi amigo, casi hermano, Cayetano Torregrosa.
Me quedé desolado. Cayetano había pasado los tres años de guerra de España en el ejército, en el de la República, en contra de sus ideas, y ahora pensaba marcharse a otra guerra. Era una insensatez.
—Te lo parece porque tú piensas de otra manera, Fernando.
Me resultaba difícil convencerle. Busqué mentalmente cuál de nuestros amigos podía ser el más sensato, el más equilibrado: Rafael Tarín. Era un joven inteligente, de buena presencia, hijo de un comerciante. Actuaba en el cuadro artístico del Centro y le caían casi siempre los papeles de galán que interpretaba muy bien, sabía cantar, tocaba un instrumento en la rondalla, jugaba muy bien al

fútbol, ganaba los campeonatos de ajedrez. Pero, sobre todo, ya digo, era un hombre equilibrado.

—¿Por qué no hablas antes —le dije a Cayetano— con Rafael Tarín?

—Rafael ya se ha apuntado —me contestó.

De todos mis amigos divisionarios, cerca de quince, sólo regresaron dos. Uno de ellos, mi entrañable Cayetano, al que vi desfilar casualmente, marcial y orgulloso, por la carrera de San Jerónimo. El otro, algunas noches se despertaba absolutamente ciego, se arrojaba de la cama, conseguía bajar a tientas la escalera, salía a la calle y corría de un lado a otro golpeando las paredes de las casas, los troncos de los árboles, sin dejar de gritar:

—¡Bombardeo, bombardeo!

Seguían viéndose por las calles las señoritas de prieta cintura, amplias faldas y largas piernas, que dibujaban Serny y Picó en *La Codorniz;* pero no estaban a mi alcance.

El paso por la Facultad

Al concluir la turné en la que Jardiel Poncela se inició como empresario se reanudaron en el Teatro de la Comedia las representaciones de *Eloísa está debajo de un almendro*. Al mismo tiempo se ensayaba la primera obra que Benavente escribió después de la guerra, *Lo increíble*, en la que no me repartieron ningún personaje porque en realidad no había ninguno para el que yo fuera idóneo. Como aún no pertenecía a la compañía dejé de percibir las diez pesetas en que había consistido mi sueldo durante la turné, incluso las cinco que, en concepto de gratificación, abonaba don Tirso a los meritorios.

Al mismo tiempo que se inició la temporada comencé a asistir a las clases de Filosofía y Letras que se impartían por la tarde en la Facultad de Derecho de la calle de San Bernardo, al haber quedado muy deteriorado por la guerra el moderno edificio de la Ciudad Universitaria. No contaba yo con esta circunstancia, pues pensaba que podría hacer compatible el estudio y el trabajo, ya que todas las clases se daban por las mañanas. Pero Filosofía y Letras fue una excepción.

Encontré agradable, atractivo, el ambiente de la Facultad, la convivencia con los alumnos y las alumnas, pero comprobé que todas las clases de idiomas me iban a resultar dificultosas, pues en todas ellas, latín, griego, francés, inglés, se partía de unos conocimientos muy superiores a los míos, y a los de la mayoría de los estudiantes. Las otras asignaturas, Historia de España, Historia del Arte, Filosofía, Historia de la Literatura Española, se me daban muy bien y me gustaban mucho. Al no tener por las mañanas clases en la Facultad, las aprovechaba para estudiar en la Biblioteca Nacional o en el Centro de Estudios Históricos.

Mi ejercicio sobre *La prudencia en la mujer*, de Tirso de Molina, llamó la atención de los alumnos que lo conocieron y del profesor. El ser un estudiante que trabajaba como actor me daba cierto prestigio pintoresco entre mis condiscípulos y el ser estudiante de Filosofía me lo daba en el teatro y en el centro de Acción Católica, al que en 1940 aún pertenecía. Llanos, otro socio del centro, me encargó un estudio sobre Luis Vives que necesitaba no sé para qué, y mi amigo el periodista Altabella un guion cinematográfico sobre el Cid Campeador, para un concurso. No terminé ninguno de estos dos encargos, pero lo pasé muy bien trabajando en ellos y me sirvieron para aprender algo de materias que me interesaban. La técnica que utilicé para el guion cinematográfico la aprendí del de *Don Quintín el amargao*, que se había publicado en la revista *Cinegramas* como folletín encuadernable.

A finales de noviembre comenzaron los ensayos de la nueva obra de Jardiel Poncela, que debía sustituir en el cartel a la de Benavente y en la que el autor, de acuerdo con el nuevo director de la compañía, Manuel González, me repartió tres personajes breves, pero uno de ellos de responsabilidad y muy difícil para mí, pues era el de un productor de cine americano, de más de cuarenta años, enérgico y autoritario, lo que para un muchacho que aún no había cumplido los veinte no era fácil cometido. Y, la verdad sea dicha, el resultado no fue muy bueno. Ninguna de aquellas intervenciones podía proporcionarme el éxito que tan apremiantemente necesitaba para llegar a ser un actor conocido, ganar dinero, librarme del hambre y ayudar a mi madre y a mi abuela. Pero podrían servirme para aprender, ejercitarme y para aumentar la confianza que en mí habían depositado el autor y el director. Desde que empezaron los ensayos, como eran a las tres de la tarde, tuve que dejar de asistir a las clases de Filosofía, Literatura, Griego y Francés, que eran alternas. Y apenas si llegaba a tiempo a las otras cuatro. Cuando a primeros de enero se estrenó, con un rotundo fracaso, la obra, en la que Jardiel había puesto grandes ilusiones, se cambiaron las tornas, y durante las tres semanas, poco más o menos, que duraron las representaciones, no pude asistir a las clases que se daban de las cinco en adelante. Y así seguí hasta el verano: cuando ensayaba, faltaba a unas; cuando actuaba, faltaba a otras. Y cuando me liaba la manta a la cabeza, no asistía a ninguna. Mi primer curso de Filosofía y Letras, por estas razones y también por mi dispersión y mi pereza, y, aunque me resista a reconocerlo, por mi falta de talento, que me impedían ser un alumno heroico, como dos o tres a los que entonces conocí, fue decepcionante y me sirvió de muy poco. Y el segundo curso, aún para menos, pues abandoné los estudios antes de terminarlo. Si acaso, para crearme un poso de nostalgia de ciertos saberes de los que aún carezco y para que uno de mis sueños recurrentes sea el de los estudios interrumpidos y otro el del alumno que, muy mayor, se ve obligado a asistir a una clase de párvulos.

El pelirrojo y el chino

Jardiel Poncela había establecido un compromiso con don Tirso Escudero según el cual el autor debía entregar al empresario dos comedias por temporada en las tres comprendidas en las fechas de 40-41, 41-42 y 42-43. Pero, según dice el propio Jardiel en uno de sus prólogos, «el principio del ciclo, con *El amor sólo dura 2.000 metros*, no podía decirse que fuera demasiado afortunado». El fracaso de la obra movió a Jardiel a proponer a don Tirso la rescisión del compromiso.

Me temía yo algo así y que el hombre que me había descubierto dejara de ser «el autor de la casa» y que yo tuviera que aguardar un nuevo descubrimiento. Dos años después escribiría Jardiel Poncela en el prólogo a *El amor sólo dura 2.000 metros*: «... tuve la satisfacción de comprobar que no me había equivocado tiempo atrás, cuando advertí condiciones de actor en el muchacho pelirrojo llamado Fernangómez, pues ya en *El amor sólo dura 2.000 metros* se repartieron "cosas" de responsabilidad, y con la guía de González prometía cumplir a la perfección.» Entonces todavía no lo había escrito, pero se advertía que esa era su opinión y yo no veía más posibilidades de prosperar en mi trabajo que los papeles que él pudiera confiarme en las próximas obras que entregara al Teatro de la Comedia. Por suerte, don Tirso Escudero rechazó la oferta de deshacer el compromiso y le conminó a que cuanto antes se pusiera a trabajar.

La nueva comedia fue *Los ladrones somos gente honrada*. Tenía un prólogo y dos actos. Jardiel no había escrito el segundo cuando comenzaron los ensayos. El papel que se me encomendó no aparecía hasta el final del primer acto. Tenía sólo cinco frases y era un personaje serio, de policía, sin ninguna posibilidad de lucimiento. Jardiel debió de advertir mi desolación, porque me dijo aparte, cuando los demás no le oían:

—No te preocupes, chato. Tu papel está creciendo en el segundo acto.

Y, efectivamente, creció. Creció tanto que me lo quitaron. Como Jardiel no solía trabajar con un plan previo al que se ajustara el desarrollo de la obra, se encontraba con sorpresas de este género, y el policía Menéndez, mi personaje, se apoderó de la segunda mitad del segundo acto, la del final de la obra, y se convirtió en un personaje de primera fila, a cuyo cargo estaban los momentos de máxima responsabilidad. Como es natural, mi alegría fue enorme. Comenté entusiasmado con mi amigo Alexandre el cambio que había dado el papel y me puse a estudiar con aplicación y entusiasmo. Contaba para ayudarme con la dirección de Manuel González, el mejor director y maestro de actores que había entonces y que no ha vuelto a tener igual. Desde el primer momento sentí que apreciaba mis dotes de actor, que me tomaba cariño y me acogía como discípulo predilecto. Pocos días después, cuando se había ensayado sólo tres o cuatro veces el segundo acto, tuvo lugar una reunión de la que entonces no me enteré, pero que cuenta Jardiel Poncela. El personaje de Menéndez era de demasiada responsabilidad para un actor bisoño como yo. Sobre él pesaba el final de la obra. Hay que tener en cuenta que, salvo el director y el autor, el resto de los actores, incluso los que tenían papeles de gran lucimiento, pensaba que la obra no gustaría y que en particular el segundo acto era peligrosísimo. Jardiel y González tomaron la decisión de quitarme el papel y confiárselo al primer actor de la compañía, José Rivero, que hasta el momento había ensayado el papel de un mayordomo apodado «el Chino». A mis oídos llegaban rumores que me aterrorizaban. En los ensayos no había dado la talla del personaje, se temía que en el estreno estuviera inseguro. Yo me quedaba sin papel o haría uno de los que eran poco menos que comparsas. Del papel del mayordomo llamado «el Chino» quizás se hiciera cargo Monsell, un actor al que se le había repartido un papel largo pero sin ningún relieve ni posibilidad de lucimiento. Pero González y Jardiel se impusieron a la opinión de don Tirso y de otros actores de la compañía y decidieron que si el primer actor, Rivero, pasaba a hacer mi papel, yo debería hacer el que según el autor y el director más se ajustaba a mis posibilidades, el que hasta entonces había ensayado el primer actor, el mayordomo apodado «el Chino», al que se le cambió el nombre y pasó a llamarse «el Pelirrojo». Mi alegría fue mayúscula. Había pasado de una situación de fracaso a una situación de éxito, pues me habían cambiado el papel nada menos que con el del primer actor.

Durante los ocho o diez días que faltaban para el estreno —entonces dedicar un mes para montar una obra era algo insólito— ensayé a solas con Manuel González media hora diaria, antes de que comenzasen los ensayos con toda la compañía. Fue para mí un verdadero maestro, como el que me hubiera gustado tener en otros órdenes de la vida. Procuré asimilar sus lecciones, pero tenía un problema que no podía confesarle. El me estaba «montando» el personaje tal como él lo habría hecho, y yo, para «el Pelirrojo», veía más adecuado el modo de actuar de Juan Bonafé, al que deseaba imitar. Pero no me atrevía a hacerlo en presencia de González. En aquella media hora me sometía a su dirección. Lo mismo hacía cuando ensayaba con los demás actores. Pero en casa me estudiaba el papel de otra manera, bajo la influencia de Juan Bonafé y de algunos actores de los que veía en las películas, como Heinz Rühmann. Concluido el ensayo general, en lo que regresaba a casa, paseando como tantas otras noches, con mi amigo Alexandre, le hice una confidencia:

—No estoy contento de mi trabajo. Mañana me voy a atrever a hacerlo de otra manera.

Y lo hice así. No fue una improvisación, porque había ensayado esa posibilidad tanto como la que «marcaba» Manuel González. El estreno alcanzó un éxito extraordinario. Las carcajadas se sucedieron constantemente y la sala fue invadida por una alegría contagiosa. Ni uno de los momentos de mi personaje que debían ser refrendados por risas del público se perdió. Esa diferencia de matiz en mi interpretación, que a mí me había preocupado tanto, no debió de ser perceptible para nadie, pues nadie la comentó; puede que alguno de los que estaban pendientes de todo —Jardiel, González— pensara que me había crecido en el estreno. Yo estaba satisfechísimo y envanecido, pues sentía que había alcanzado un éxito personal.

Esto es lo que Jardiel Poncela escribió dos años después en el prólogo a *Los ladrones somos gente honrada*:

«¡Claro! Con una compañía así... —decían por los pasillos los que no quieren reconocer ni las verdades patentes—. Con actores de la talla de ese rubio que hace el mayordomo...

El "rubio" en cuestión, el actor de "talla", había sido meritorio hasta el año anterior y en aquel momento cobraba tres duros.»

A mí me quedaba esperar el momento de recoger los frutos de aquel éxito.

Cuando mi tío salió de presidio

—¡Me han quitado a mi nieto! ¡Me han quitado a mi nieto!

Ya hacía tiempo, unos cuantos años, que mi abuela había lanzado no este grito, pero este lamento por el barrio. También en casa, sentada a la mesa del comedor, cuando le visitaba alguna amiga, repetía lo mismo, aunque estuviera yo delante y me muriera de vergüenza:

—¡Me han quitado a mi nieto! ¡Me lo han quitado!

Y me estrujaba y me besuqueaba la cabeza. Era cuando yo tenía ya doce años, trece. Cuando era un hombre y ella era una vieja. Una vieja a la que no le faltaba razón en lo que decía. En aquel «me han», ella pluralizaba a mi madre, para que la acusación fuera más difusa.

Mi madre empezó a cuidarse más de mí, a convivir más conmigo, a partir de que cumplí los once años y ella se impuso a mi abuela para que, contra su voluntad, hiciese yo tan tardíamente la primera comunión. A partir de entonces, por influencia del azar, mi madre estuvo más tiempo en Madrid, bien trabajando o bien en el paro, que en provincias o en América, y me fui inclinando más hacia ella que hacia mi abuela. Ya no era el niño al que se sacaba a jugar a la Plaza de Santa Ana o al que se bañaba en un barreño. Era un hombrecito mucho más ingenuo que se creía las fábulas sobre el futuro que le contaba su madre: que ella, muy pronto, tendría compañía propia y ganaría mucho más dinero, como la Heredia o la Ladrón de Guevara, y podría comprar un coche; que él empezaría a estudiar Derecho, o Arquitectura o Medicina si le gustaba más, que dentro de muy pocos años, tres o cuatro, sacaría el carné para poder conducir aquel coche, que siempre sería más seguro que tener chófer... Aquel mundo futuro, y el presente de comidas de primera comunión en Los Burgaleses con los cómicos, de excursiones hasta Casa Camorra, del veraneo en San Sebastián, cuando la abuela —no sé por qué— se negó a veranear conmigo, me gustaban más que la vida con mi abuela. Cuando estuvimos en San Sebastián una actriz guapísima amiga de mi madre y un señor que la acompañaba nos habían llevado al extranjero, a Biarritz, a tomar chocolate. En San Sebastián sentí que vivía un ambiente aristocrático, algo más exquisito de lo que había conocido hasta entonces —aunque no tenga nada que ver, precisamente allí leí *La cabeza de un hombre*, de Simenon—, pero advertí que Biarritz era mucho más, era lo que yo creí mundo imaginario —por ser tan distinto al mío— al leerlo en algunas novelas. Aquella vida ideal, no real, de mi madre, prendió mi ánimo. Me hizo sentir despreciable a mi abuela y ella lo percibió claramente. La capacidad de amor de un muchacho de doce a catorce años es ínfima. Tiene muy despierta su posibilidad de percepción, acoge como simientes pequeños detalles que acabarán fructificando, pero carece de la comprensión necesaria para distinguir lo que merece ser amado. Era yo esquivo con mi abuela. Aunque para mí era evidente que mi abuela era una abuela como las de los demás, incluso parecida no a las abuelas sino a las madres de muchos de mis compañeros, mientras que mi madre era una madre como no había otra, una madre singularísima en mi barrio, en mis colegios, más guapa, más joven, más elegante que las madres gordas y prematuramente envejecidas de los demás chicos, y que era un poco incómodo tener una madre así, a la que los

hombres miraban con hambriento descaro cuando daba cuatro pasos por la calle en busca de un taxi, como si fuera una mujer, una señorita, pero no una persona maternal, a pesar de todo esto, digo, yo aspiraba al mundo ilusorio de mi madre y rehuía el mundo real de mi abuela, me avergonzaba de él. Por eso ella, que tantas veces me había dicho:
—Tú serás el báculo de mi vejez...
cuando creía que yo no era sino un regalo que le había hecho la Providencia, repetía entonces enjugándose una lágrima:
—¡Me han quitado a mi nieto! ¡Me lo han quitado!
Desde que me incliné hacia mi madre dejé de hablar con mi abuela. Mi madre me enseñó a jugar al ajedrez, a descifrar charadas y jeroglíficos. También, a petición de mi abuela, que sin darse cuenta laboraba en contra suya, me enseñó a recitar algunas poesías. Luego, cuando al acabar la guerra ella se contrató en la compañía Adamuz-Romeu y tuvo que interpretar una comedia en verso —*Viento de proa,* del poeta Méndez Herrera— me pidió que le enseñase yo a decir los versos. Pero después de oírme, dijo:
—Esa manera de declamar es muy bonita, pero no sirve para el teatro.
Creo que tenía razón.
Todo esto nos unió, aparte de confidencias sobre sus amigas y sobre ella misma que aún hoy siguen pareciéndome escabrosas y de las que nunca se privó, y me fue alejando del trato con mi abuela. La relación con mi madre era, desde mis once o doce años, un trato de hombre y mujer y la relación con mi abuela había sido el trato de una mujer y un niño. Después de que se afirmase la relación con mi madre y con mis amigos de la calle y con mis compañeros y compañeras del colegio o de la escuela de actores o del teatro yo no tenía nada de que hablar con mi abuela. Y no hablaba con ella. Se pasaba las tardes con la oreja pegada a la radio, en la soledad de la casa. A veces, perdida su entereza de años antes, lloriqueaba:
—Estoy muy sola, muy sola.
Otras veces se lamentaba:
—Qué larga es la vejez.
Y también solía decir, como si fuera una bendición que hubiera llegado de pronto, inimaginable en sus buenos tiempos:
—Cuánto acompaña la radio.
Su deterioro físico se acentuó de manera muy visible con el hambre de la guerra, pero el deterioro sentimental había empezado años antes, paradójicamente al proclamarse la República y tras el indulto por el que recobró la libertad su hijo, mi tío Carlos. Cayó como un parásito feroz y voraz sobre ella. Se presentaba en casa cuando menos se le esperaba y lloraba pidiendo dinero, parte del

escasísimo dinero que mi madre enviaba para mantenernos cuando trabajaba en provincias.

—¡Si me gustan los chulos me los buscaré yo —gritaba mi madre recorriendo a zancadas el pasillo, cuando volvía de las turnés—; pero no quiero estar enchulada con mi hermano!

Mi abuela, presa de su enloquecido amor de madre, no sabía cómo librarse de él. Había estafado a su amigo Francisco Ávila, el sastre, con no sé qué sucio asunto de unas escopetas; tuvimos en casa la Enciclopedia Espasa completa que había comprado a plazos con el aval de no sé quién para venderla al contado a mitad de precio y dejar como responsable al avalista. (Hojeé algunos tomos de la enciclopedia, me enamoré de ella y decidí que alguna vez la tendría. Tardé cincuenta y tres años en conseguirlo, pero no lo considero un fracaso.) También se metió en un turbio asunto de jamones con la mujer del dueño de una cadena de tiendas de comestibles. Le oí decir un día que él no era el único culpable del delito por el que había estado en la cárcel, y que al salir se había encerrado en el cuarto de un hotel con los dos o tres capitostes que le habían enredado y les había hablado amenazadoramente, les dijo que estaba dispuesto a tirar de la manta. Pero aquello se quedó en nada. Quizás aquellos cómplices inductores fueron quienes le buscaron el puesto de agente de seguros con el que se mal defendió hasta la guerra, pero nunca medró. Mi tío Carlos era jugador; y, como supe años después, a pesar de los elogios que mi abuela entre llantos dedicaba a su talento, mal jugador.

El sueño ligero

En los años de la posguerra yo paraba en casa lo menos posible. Y cuando estaba en ella me quedaba en mi cuarto escribiendo o leyendo. Al terminar el trabajo paseaba hasta las tantas. Mi amigo Alexandre me acompañaba a mi portal y luego yo le acompañaba a él, hasta el otro extremo de Madrid. Cuando entraba en casa procuraba no hacer ruido; pero mi abuela solía despertarse.

—Duermo como las perdices —decía—. Con un ojo abierto y el otro cerrado. Cosas de los años... De joven, dormía a pierna suelta.

Era verdad que tenía el sueño ligero. Para ir de mi cuarto a la cocina o al retrete tenía que pasar por delante de su cuarto. No le gustaba encerrarse.

—Deja entornado... —le decía al último que saliese.

Esto era sólo para dormir. De día le gustaba que todos cerrásemos la puerta. Cuando alguien la dejaba abierta refunfuñaba:

—¡Si os dejaseis tan abierto el culo...!

265

Pero de noche no se encerraba y había que andar de puntillas para no despertarla. Era muy difícil, porque crujían las viejas maderas del entarimado. Y a ella le despertaban hasta los chasquidos de los conmutadores. O el leve resplandor de una luz lejana. No era lo malo que a ella le molestase ser despertada, sino que le llamaba a uno:
—Fernando... —decía con su voz machacona y profunda.
—¿Qué, abuela?
—¿Adónde vas?
—A la cocina, por un poco de leche.
—Te la he dejado en el comedor.
—Ah, bueno.
—¿Qué hora es?
—Las dos y media.
—¿Vienes ahora?
—Sí.
—Acuéstate pronto, no te quedes leyendo; puedes coger frío.
—No, abuela; me acuesto ahora mismo.
Entraba, me inclinaba sobre ella y le daba un beso en la frente. Y esto, o parecido, todas las veces que pasaba junto a su puerta. Era muy molesto. A veces ella aprovechaba ese rato para reconvenirme por cualquier cosa y entonces era más molesto todavía.
—Escúchame, Fernando, y no te enfades conmigo...
Era ya en los últimos años de su vida y estaba acobardada, tenía miedo a los enfados de sus hijos y sus nietos. Cuando empezaba hablando así se preparaba un discurso largo. Mala cosa. Siempre tenía yo algo más urgente que hacer: comer, leer, dormir, escribir, imaginar. Pero no me quedaba otra salida que sentarme junto a ella en su cama y escuchar.

Otras noches no se oía en la casa ni el más pequeño rumor. Las corrientes de aire no movían las puertas. De la calle no subía ningún ruido. Pero sonaba la llave en la cerradura. Crujían las maderas del suelo. Chascaba el conmutador. Y, sin embargo, mi abuela no decía nada. Miraba yo hacia su cuarto. La puerta estaba entornada. La luz de la luna iluminaba el duro perfil de la vieja sobre la almohada. Estaba absolutamente quieta y tenía abierta la boca. El mismo presentimiento me asaltó veces y veces. Me dirigía hacia su cuarto pisando fuerte para que la madera crujiese más. Hacía ruido al abrir la puerta. Tosía. Quería espantar a la muerte para que se marchase volando como una mariposa negra. Pero mi abuela no despertaba. Me acercaba mucho a ella. Y sólo entonces la oía respirar.

Me retiraba despacio, muy despacio, para que no me oyese y empezase con sus monsergas. Ya que no me había librado del susto, librarme por lo menos de la charla. Hiciera lo que hiciera, resultaba molesta. Si despertaba como si no despertaba.

20
La destrucción o el amor

Por decir versos

Mi amigo Francisco Loredo me llevó a la tertulia del Gran Café de Gijón, la de la autodenominada «Juventud creadora», que capitaneaba José García Nieto y editaba la revista *Garcilaso*. También, antes de que se asentase definitivamente en el Gijón, estuve alguna vez con ellos en el café Lepanto, junto al Teatro Alcázar. Me sorprendió que en la tertulia convivieran los de izquierdas y los de derechas; había falangistas, católicos, comunistas, algunos que acababan de salir de la cárcel, otros con camisa azul, y a veces se hablaba de política con un descaro y una agresividad que me parecían asombrosos, incomprensibles en aquella época de represión, de terror.

Esta tertulia y este café ocuparon lugares importantes en mi vida y habrá ocasión de volver sobre ellos.

Debió de ser en el año 1941 o en el 42; estaba ya en la compañía del Teatro de la Comedia, cuando la emisora Unión Radio, en colaboración con la productora y distribuidora cinematográfica Filmófono, organizó un curioso concurso —más bien un campeonato— de tangos, poesías y canción aflamencada (de que existiera o no este último apartado no estoy muy seguro).

Se trataba de dar al campeonato poético-musical la misma emoción que despiertan las competiciones deportivas, y gracias a la enorme audiencia de Unión Radio y a la habilidad del popularísimo locutor Bobby Deglané se consiguió.

Recuerdo, como detalle de época, que en la reunión previa con los poetas concursantes Deglané advirtió:

—Quedan prohibidos los temas políticos y religiosos. O sea: santa Teresa, Calvo Sotelo y la camisa azul.

Los premios se disputaban por el sistema de eliminatorias y contaban los votos del público, que abarrotaba las dos mil localidades del Monumental Cinema. Semana tras semana se iban eliminando los poetas unos a otros, los cantores de tangos por su lado y los flamencos por el suyo.

Los poetas, si lo preferían, tenían derecho a utilizar a un recitador para que dijese los versos. El gran poeta José García Nieto, entonces en su brillante juventud creadora, derrotaba sucesivamente a todos los rivales y se acercaba a la semifinal. Pero a los cuartos de final llegó también mi amigo el poeta y otorrinolaringólogo Francisco Loredo y solicitó mi ayuda como recitador. Ni él ni yo hemos podido olvidar nunca aquella noche.

Estaba deseoso de mostrar ante un público multitudinario mi maestría como rapsoda. Él confiaba en llegar, si no al primer puesto, para el que se perfilaba como indiscutible García Nieto, por lo menos al segundo. Dominaba yo perfectamente aquel *Romance de la espera*, después de numerosos ensayos por los pasillos de casa y frente al espejo del baño. Era condición indispensable presentarse en el escenario vestido de esmoquin. En mi austero guardarropa de cómico principiante no había tal prenda, pero sí un frac que me había visto obligado a comprar de segunda mano para la obra de Jardiel Poncela *El amor sólo dura 2.000 metros* y que arregló el sastre Ávila, aquel al que protegió mi tío Carlos en sus tiempos de vacas gordas. Consideramos Loredo y yo que aquel atuendo era mucho mejor.

Enfundado en mi frac aguardaba entre bastidores. Observé que Bobby Deglané me miraba con cierta sorpresa. En lo que aguardaba yo mi salida a escena actuaba uno de los cantores de tangos que iba en los primeros lugares del campeonato, el predilecto de la mayoría del público.

Cuando terminó su actuación sonó una estruendosa salva de aplausos; se oían bravos y gritos de: ¡otra, otra! Las bases del concurso prohibían la repetición de las actuaciones, pero los espectadores querían dejar patente que aquél era su predilecto y que no les vinieran con tongos de última hora y colocaran a otro fanguero. El cantor saludaba insistentemente sin abandonar el escenario. Bobby Deglané le ordenó imperiosamente que saliera: el concurso debía proseguir y el horario de radio era implacable. Cuando el triunfante cantor inició el mutis, las ovaciones, las aclamaciones frenéticas empezaron a trocarse en protestas. En ese momento, Deglané me dio un ligero empujón y me lanzó a escena. Instantáneamente, se hizo un silencio sobrecogedor. Sin duda lo causó la solemnidad del frac. Pero duró pocos segundos. Los que tardé en decir con mi voz profunda y bien timbrada:

—*Romance de la espera*.

En ese momento se desencadenó un atronador pateo. Inicié el recitado, y las protestas aumentaron. En medio del abucheo se oían voces sueltas:

—¡Tangos, queremos tangos!

—¡Que se vaya ese camarero!
—¡Mozo, uno con leche!
También se oían carcajadas; carcajadas primero sueltas y luego incontenibles y contagiosas.

Sin interrumpir el bello romance sentimental —mi amigo el poeta Loredo me perdonará si no recuerdo el argumento—, eché una mirada hacia el lateral del escenario y vi a Bobby Deglané muerto de risa. El ruido que producían los dos mil espectadores arreciaba, pero seguí más o menos imperturbable y presa de encontrados sentimientos. Uno de ellos, que lo de decir versos era algo muy duro y que, si mi aspecto provocaba tantas carcajadas, no estaba equivocado al querer dedicarme al género cómico; otro, que si yo, en medio de aquella barahúnda, conseguía llegar al final del poema, como efectivamente estaba llegando, tenía condiciones para permanecer en un escenario. Y llegué al final.

El esqueleto enamorado

Después de *Los ladrones somos gente honrada* Jardiel Poncela estrenó en el Teatro de la Comedia *Madre (el drama padre)* y *Es peligroso asomarse al exterior*, las dos con gran éxito, aunque la primera tuvo ridículos problemas con la censura. En ambas me repartió personajes divertidos y brillantes, pero con los que no era posible superar lo que yo consideraba «éxito» de mi interpretación en el mayordomo apodado «el Pelirrojo».

Además, al inicio de la temporada 42-43, en su nueva comedia, *Los habitantes de la casa deshabitada*, a mi protector se le ocurrió darme un papel corto, feo y, encima, de esqueleto. Acababa de enamorarme de una chica de la compañía. ¿Cómo iba a pasarme tres o cuatro meses por los camerinos, por los pasillos, ante ella, hablando con ella, enamorándola, vestido de esqueleto, yo que, por si fuera poco, tenía un físico tan adecuado para dicho personaje; yo, que si me atrevía a cortejarla, era porque pensaba que podríamos hacer el amor a oscuras? Si no hubiera perdido mis creencias religiosas, me habría pasado aquellos días rezando para que ocurriese un milagro. No podía despedirme de la compañía, en primer lugar porque me quedaría parado y en segundo porque adeudaba al empresario, don Tirso Escudero, trescientas pesetas que le había pedido en San Sebastián para comprar jamón cuando al mirarme al espejo de la pensión vi ante mí una calavera con unas manchas sonrosadas en los pómulos. Aunque no tuviera ya creencias religiosas, Dios existía aún y sentía una rara predilección por mí. Una mañana me llamaron de Cifesa. ¡Cifesa! Aquello era como decir Hollywood, para nosotros, los actorcitos españolitos que estábamos viniendo al mundo de la posguerra. Gonzalo Delgrás, uno de los directores más prestigiosos del momento, deseaba contratarme para interpretar un personaje cómico de joven extranjero en *Cristina Guztnán*. Me preguntaron cuánto quería cobrar por aquellos tres meses de trabajo y dije que más de las trescientas pesetas que adeudaba. Me dieron bastantes pesetas más (4.500), un abrigo, un esmoquin y un traje gris a rayas; devolví a don Tirso las trescientas, comencé mi trabajo de actor cinematográfico y la chica de la que me había enamorado no me vio vestido de esqueleto.

A partir de entonces, casi toda mi vida profesional ha estado trabada con mi vida con las mujeres, con lo que algunos llaman la vida sentimental. En todos los casos en que he podido elegir he dado preferencia a esta última. Cuando alguna vez no lo he hecho ha sido por error, por no haber caído a tiempo en la cuenta, y después me he arrepentido de ello, porque para mí los logros más importantes que se pueden alcanzar, los que pueden ser más auténticamente satisfactorios, están siempre en la vida íntima.

Se ha insistido bastante en que el amor es una enfermedad; para mí la enfermedad es el desamor, y eso que llamamos amor es el remedio, la medicina buscada, y para muchos inexistente, que nos cure del desamor, del presentimiento de soledad inminente con que el hombre se ve a cada momento amenazado. «Amé cuanto ellas pueden tener de hospitalario», dijo don Antonio, y nunca mejor expresado lo que algunos buscamos por medio del amor, en la pareja, aunque al final acaben dándonos con la puerta del hospital en las narices.

En este conseguirlas y ser abandonado, en este múltiple intento de lograr la pareja, una pareja en la que haya algo más que compañía, recuerdos y proyectos, ese algo más que llamamos amor y que roza las zonas del espíritu, sin que sepamos lo que son ninguna de las dos cosas, en ese intento, digo, se le van a uno los años, trabando, intentando trabar —contra el consejo de muchos— el amor con el trabajo, para que el trabajo no esté falto de amor.

Lo malo es que en ciertos casos, como el mío, cuando uno quiere lograr la pareja a fuerza de insistir se encuentra con otras que quieren lograrla a fuerza de variar. Ese recelo, esa desconfianza, que se transforma poco a poco en tremenda agresividad de muchas mujeres, capaces de originar de un día para otro los mayores desastres, lo atribuyo a su supuesta indefensión, a su sensación de inferioridad, que las lleva a defenderse violentamente, como a ciertos maníacos, de enemigos que no son tales. Y qué terrible facilidad la suya para abandonar la temerosa trinchera y lanzarse a la ofensiva sin cuartel.

Así, de destrozo en destrozo, de derrota en derrota, ha ido transcurriendo mi vida sentimental. Así me he visto abandonado por otro más guapo, o más viejo, o más alto, o por un guardiamarina, un portugués, un torero, un marqués, un homosexual, un señorito, un negro con ladillas, un francés, un venezolano, un italiano, un pintor... Quizás, en mi caso, esto ha ocurrido también porque en nuestro ambiente abundan las mujeres que cuando oyen hablar del amor libre toman el rábano por las hojas.
Desde muy pequeño he estado enamorado de Marlene Dietrich. Me creí el mito de la mujer cuyo atractivo era tan inconmensurable que destruía la vida de los hombres. Varias veces he comentado entre amigos que los años que me había tocado vivir eran decepcionantes en este sentido, porque ya no existían las mujeres de entreguerras de las que nos hablaban la literatura, los periódicos, el cine. Hacia la mitad del camino de la vida, una mujer bellísima y muy inteligente, con la que había tenido escasos días de gozosa intimidad, estando sentados en un aguaducho de la Castellana, en un momento en el que se creó entre los dos un silencio y dejé vagar mi mirada por las hojas de los árboles, por los coches que transitaban por la calzada, apoyó su mano en la mía y me dijo, mirándome con su mirada inolvidable:
—A ti no se te puede destruir, Fernando. Tú ya estás destruido.

El amor de los demás

¿Qué más decir sobre el amor? ¿O sobre el sexo? ¿O sobre mis amores y mis prácticas sexuales?
«Tenía unas ganas de casarme que me moría, para poder disfrutar del sexo con la bendición de Dios, pues ese asunto era algo que estaba empezando a obsesionarme sin remedio. [...] Sin matrimonio previo no podía haber aventuras románticas —por supuesto que no podía haberlas— que no fueran pecado mortal, y yo tenía unas ideas profundamente religiosas. [...] Con ese molesto compromiso, me mantuve fiel a mis creencias y prácticas religiosas hasta la edad de veintitrés años... En realidad, hasta el día en que me casé.»
Esta reflexión de Laurence Olivier me parece insólita. Ese complicado enlace entre lo sexual y lo religioso en un cómico de alrededor de veinte años no se producía en el ambiente en que yo crecí. Nunca sentí en aquellos tiempos que la religión fuera un freno a mis apetencias sexuales, a pesar de las imágenes espantosas con las que los confesores trataban de atemorizarme; los frenos eran otros. No

sé si la España de la primera mitad del siglo XX era más avanzada o más retrasada que la Inglaterra de la misma época, pero desde luego en el mundo de los cómicos españoles un personaje tal como se describe a sí mismo Laurence Olivier habría parecido excéntrico, incongruente.

Más adelante nos dice sobre su noche de bodas:

«Después de algunos intentos vacilantes de hacer lo que esperábamos podría pasar como preámbulo —yo sabía que mis propios esfuerzos no iban a resultar aceptables en el cuarto trasero de un piso de Lisie Street, y que mi novia sólo podría recordar todo aquello como una prueba de resistencia—, decidimos por fin apartarnos el uno del otro. Recuerdo haberme dormido malhumorado pensando con absoluto egoísmo que "mi mujer no me satisface".»

Doy un salto en el tiempo y en el espacio y recurro a otro de mis modelos: *Memorias*, de María Asquerino.

«De entrada, la noche de bodas ya fue un suplicio. Un bárbaro y ensangrentado sacrificio. ¡Qué horror! Era, ciertamente, un tipo con mucho temperamento, con un carácter tremendo y como muy viril. Fue a mí con mucho ímpetu, como si tuviera muchas ganas. El caso es que no le encuentro mucha explicación. Había tenido amantes a porrillo. Dos mil señoras, de todo tipo, antes de casarse, más bien señoras hechas, tipo amante y tal. La primera niña que se encontró fui yo y no supo tratarme, no sabía lo que tenía que hacer. Lo hizo todo mal desde el primer día.»

Me gusta mucho encontrar estas confidencias en los libros de los demás, no tengo nada contra ellas, y las busco con afán y a veces paso las páginas con rapidez para llegar a otras semejantes.

En otro capítulo de *Confesiones de un actor* escribe Laurence Olivier:

«—Ya no te quiero. [...] No es que haya otro ni nada por el estilo; quiero decir que todavía te quiero, pero de otra manera. No sé, como si fuera un hermano...

[...]

El título que me habían concedido antes de marchar a Australia era sagrado para mí; no podía desilusionar a la gente de una forma tan burda. Lo único que podía hacer era guardármelo y, como me había propuesto Vivien, continuar como si nada hubiera pasado. Hermano y hermana.

Con no poca sorpresa por mi parte, algunas veces no había oposición a ciertos actos incestuosos.»

Confidencias públicas hechas treinta años después de los sucesos. Confidencias sobre hechos que a cualquiera nos podrían haber sucedido, pero que yo no me habría atrevido nunca a confesar a los demás tan públicamente, por falta de valor y de espontaneidad. Sí he estado preparado desde hace mucho tiempo para hacer pública confesión de mis defectos, de mis vicios, pero no para divulgar mis desgracias, y en especial mis desgracias causadas por otras personas, por las mujeres, en el juego del amor. Envidio y admiro esa disposición, esa facilidad para descubrirse y descubrir a otros, que yo no poseo.

Además, y con referencia a la última cita de Laurence Olivier, ¿qué título tan respetable se puede conceder en España a un actor que le impida gobernar su vida privada con arreglo a su propia conveniencia? ¿Y qué gente es, entre nosotros, aquella a la que no se puede desilusionar de una forma más o menos burda? ¿Qué gente está ilusionada con nosotros?

Cuando medité sobre la manera de tratar estos temas en el presente libro advertí que un riesgo acechaba a los que se explayan en la descripción de su vida amorosa. El de que esta vida y sus peripecias no sean narradas sólo por ellos, sino también por la parte contraria, como le sucedió a madame Simenon. Y también, de un modo menos espectacular, a Charles Chaplin y Pola Negri.

Muchos años después de los sucesos, el genial payaso llama «singular relación» a la que en los años veinte mantuvo con Pola Negri, recién llegada a Hollywood. En una fiesta, la bellísima actriz polaca concentró en Chaplin toda su atención. Durante varias semanas se los vio juntos en público y dieron lugar a muchísimos comentarios. Aparecieron titulares de prensa: «Pola, prometida de Charlie.» Ella le exigió que lo desmintiera; él dijo que debía hacerlo ella. El gerente de los estudios le dijo a Chaplin que les estaba causando muchas preocupaciones, y que si realmente estaba enamorado de Pola Negri, debía casarse.

«La conversación que siguió terminó con una seca y sarcástica observación al decirle yo que como no tenía acciones en la Paramount Company no veía por qué debía casarme con ella. Tan repentinamente como empezaron mis relaciones con Pola, así terminaron. No volvió nunca a llamarme.»

Por su parte, la actriz, en *Memorias de una estrella*, narra las escenas que él insinúa en su libro, pero completamente al revés. Según Chaplin, Pola casi le perseguía; según ella, el perseguidor era él. En *Memorias de una estrella* Chaplin, durante el capítulo que Pola Negri le dedica, a pesar de ser un genio, es un personaje ridículo, sin sentido del humor en su vida privada y un amante fracasado.

Ella, a pesar de enfrentarse a un genio, creyó que era la protagonista y Chaplin el *partenaire*. Por su parte, Chaplin pensaba lo contrario, que en la vida como en las películas el protagonista absoluto era él y cualquier mujer que se le acercase la *partenaire*. Pero, por todos los indicios, parece que en esta ocasión al genio, a pesar de su inmenso talento, le tocó representar en la vida el mismo personaje que representaba en las películas, el de actor cómico.

Coto vedado

No quisiera yo provocar a nadie para que me desmintiera en público como la seductora Pola Negri al genial Chaplin. Pero, aparte de esta prevención, de este irreprimible temor al ridículo, hay en mí una carencia del valor necesario para hacer confesiones como las que consigno a continuación y que pertenecen también a Laurence Olivier:

«Había renunciado con pena, como si fuera un derroche, a mi casi apasionada relación con el único hombre con quien la idea de tener un escarceo sexual no me resultaba odiosa.»

Al comentar su dificultad para contener la risa en escena escribe:

«Esta debilidad me producía un miedo muy parecido al de la eyaculación precoz.»

Hay otra referencia a esto mucho más adelante:

«Mi destreza en ese aspecto, que muchas veces fallaba por culpa de los nervios o de la eyaculación precoz...»

Esta sinceridad, a la que yo estoy incapacitado para llegar, produce mi admiración. Pero me resulta difícil comprender que al referirse al inicio de su amor por Vivien Leigh, cuando aún vivía con su primera esposa, escriba:

«Sospecho que este pasaje puede no resultar agradable de leer. Si he de ser sincero, produce cierto asco escribirlo.»

¿Por qué lo escribió? Digo que me resulta difícil comprender la clase de compromiso que Laurence Olivier había adquirido consigo mismo o con los lectores, que le obligaba a vencer el asco que le producía ser tan explícito al tratar esa materia, en un libro que quizás no parece tan rigurosamente sincero cuando en él se reflejan aspectos de la vida profesional.

Chaplin cuenta que una novelista muy conocida, al enterarse de que estaba escribiendo su autobiografía, comentó:

—Espero que tendrá el valor de decir la verdad.

Y se refería a su vida sexual.

«... mi vida sexual se desenvolvía por ciclos. A veces me hallaba en pleno vigor, otras veces resultaba decepcionante. [...] en este libro no tengo el propósito de hacer una descripción detallada de un combate sexual; lo encuentro poco artístico, clínico y escasamente poético.»

Con lo de «poco artístico», «clínico» y «escasamente poético» no llego a estar de acuerdo; creo que depende de que el que lo cuente sea un artista, un médico, un poeta o un mal narrador. Pero me acojo, como modelo, a la decisión de Chaplin de no hacer descripciones detalladas, pues no me considero capacitado, por cobarde, por poco sincero, por torpeza de pluma, a plantearme la posibilidad de escribir párrafos como este de Juan Goytisolo en *Coto vedado*:

«Una noche, cuando la casa entera estaba a oscuras, recibí una visita. El abuelo, con su largo camisón blanco, se acercó a la cabecera de la cama y se acomodó al borde del lecho. Con una voz que era casi un susurro, dijo que iba a contarme un cuento, pero empezó en seguida a besuquearme y hacerme cosquillas. Yo estaba sorprendido con esa aparición insólita y, sobre todo, del carácter furtivo de la misma. Vamos a jugar, decía el abuelo y, tras apagar la lamparilla con la que a veces leía antes de dormirme, alumbrada por mí al percibir sus pasos, se tendió a mi lado en el catre y deslizó suavemente la mano bajo mi pijama hasta tocarme el sexo. Su contacto me resultaba desagradable, pero el temor y la confusión me paralizaban. Sentía al abuelo inclinado sobre mi regazo, sus dedos primero y luego sus labios, el roce viscoso de su saliva.»

A evitar descripciones como ésta me ayuda también la opinión de otro de mis modelos, el italiano D'Azeglio:

«... parecía llegado el momento de empezar a contar mis pasiones amorosas, y hacer luego una relación de ellas a medida que se presentan. Mas no pienso hacerlo por las siguientes razones: ante todo, en este género, cambiados los nombres, se repiten siempre las mismas historias. En segundo lugar, al leer las vidas autógrafas de los demás, y al ver escritas sus conquistas, siempre se me han antojado un poco ridículos los autores. [...] Quedamos, pues, en que el contar triunfos es ridículo, conque el contar fiascos... [...] No se dicen los nombres, ya lo sé. Pero el que fue conocido de muchos, ¿puede velar los hechos, los diversos períodos de su vida, hasta el punto de que no se adivinen fácilmente los nombres? [...] Como es muy raro el caso de un hombre, que, por escasos que sean sus atractivos, no haya encontrado en su vida amor, de una u otra estofa, la regla mejor para todos es no hablar de ello, y sobre todo no escribir.»

Charles Chaplin y Massimo d'Azeglio, con su autoridad, me proporcionaron motivos, o coartadas, para no explayarme sobre el tema de las relaciones sexuales, de las relaciones táctiles, o para eludirlas. Pero debo aclarar que mis razones para esquivar la escabrosa cuestión no son las mismas que esgrimen ellos. Ya he dicho que el tema no me parece necesariamente poco artístico, ni clínico, ni escasamente poético. En mi primera juventud una de mis lecturas fue Aretino y ya pude advertir cómo elevaba a las alturas poéticas los actos sexuales considerados más obscenos. Varios pintores han tratado de manera sublime la cópula de Leda con el cisne. Y bastantes autores nos han elevado el ánima hablándonos de los placeres del tacto sin evocarnos de ninguna manera los casos clínicos. En cuanto a las objeciones del aristócrata, escritor, pintor y político italiano, no estoy de acuerdo con lo de que cambiados los nombres se repitan siempre las mismas historias; sin duda D'Azeglio se murió sin conocer algunas que le habrían parecido inverosímiles; a mí los autores que han narrado sus conquistas no me parecen ridículos, poniendo en primer lugar a Casanova y alargándonos hasta Henry Miller y Georges Simenon, cuyos nombres creo que debían figurar, además de en el Parnaso, en el Guinness. A lo que sí me acojo, por propia conveniencia, aunque por otras razones, es a lo de que «la regla mejor es no hablar de ello, y sobre todo no escribir».

Pero mis motivos para no querer hacerlo, o para ser incapaz, son la cobardía, los límites de mi sinceridad, y el pudor, un pudor desmedido, incontrolable por mí mismo, y que algunos de mis íntimos amigos conocen de sobra. Si este extraño y riguroso pudor —extraño por lo riguroso— me ha impedido contarles a ellos en su momento las peripecias de mi vida sexual, ¿cómo voy a tener ahora el descaro, el valor, la descarnada sinceridad suficiente para airear aquellas mismas peripecias a los cuatro vientos?

Uno de estos amigos dilectos me dijo una vez, con aire lamentoso:

—No me cuentas nada, Fernando. Y luego yo hago el ridículo. Porque cosas que los demás saben me las preguntan a mí en el café y yo no puedo contestar. Digo: Fernando no me ha contado nada. Y no se lo creen; creen que soy un hipócrita o un idiota.

Si mi debilidad de ánimo, mi cobardía, mi miedo a desenmascararme, me llevaban a poner en ridículo a un amigo, ¿cómo voy a ponerle ahora, al cabo de los años, en mayor ridículo contando mis asuntos de cama en la plaza pública?

Pero el argumento definitivo no sería este respeto cristianísimo a la fama de mi prójimo, sino a la falta de espontaneidad, de la sinceridad suficiente para considerar a los demás partícipes de mi intimidad. ¿De dónde puede provenir este desmesurado pudor? No lo sé. Quizás de haberme criado sólo entre mujeres y en circunstancias especiales. Alguna vez he pensado que podía deberse a eso, pero he advertido que a otros hombres que se hallaban en similares circunstancias no les sucedía lo mismo. Casi podría afirmar que todo lo contrario.

21
Actor de cine

4.500 pesetas y la ropa

Para el cine me había descubierto, como se decía entonces, ahora el término está algo en desuso, Gonzalo Delgrás. No sé por qué circunstancia me acompañó a las oficinas de Cifesa mi amigo Francisco Loredo, con el que intentaba por aquellas fechas escribir comedias humorísticas. Yo me creía un humorista y él lo era, porque le publicaban artículos en *La Codorniz* mientras no conseguía yo redactar ni dos renglones seguidos de aquel humor *non sense*. Tenía también Loredo, y lo conserva, un agudo entendimiento y un fino oído para la poesía, de los que carecía yo, o no me los habían afinado suficientemente bien mis diálogos con la criada María. Él me inició en los poetas de la que ahora llamamos *generación del 21* y que entonces eran, así, con absoluta confianza, los de la antología de Gerardo. También fue él quien me introdujo en la tertulia poética de José García Nieto, que aún no se había asentado en el Gran Café de Gijón.

Pues bien, aquella mañana me acompañó a mi cita en las oficinas de Cifesa, que estaban en el edificio Capitol, hasta muy poco antes llamado edificio Carrión, y me esperó a la salida para conocer el resultado de aquella gestión. El día antes habíamos visto juntos un espectáculo de Rambal en el Teatro Coliseum y le había confiado mi angustia por tener que pasarme, si seguía en el Teatro de la Comedia, unos cuantos meses vestido de esqueleto, y, lo que era peor, pelando la pava, de aquella guisa, con la chica de la que estaba enamorado. Como una de las características del temperamento de Loredo ha sido siempre el sentido del humor, aquella desventura mía le divertía muchísimo y, como yo no quería irle a la zaga, me esforcé también en encontrarle al suceso sus ángulos más graciosos. Pero aseguré a Loredo que aceptaría la oferta de Cifesa, por mala que fuera, con tal de que mi amada no me viera durante días en mi desmedrada realidad, puesto que para mí el de esqueleto no era un disfraz.

Hube de discutir las condiciones de mi contrato con el que después llegaría a ser popular director de cine, Luis Lucia, entonces en funciones de jefe de producción, que había llegado en plena juventud a ocupar ese cargo en parte por sus estudios y merecimientos y en parte por ser hijo de un ministro de la República que se había pasado la guerra en la cárcel de los rojos y estaba pasando la paz en la de los nacionales. La discusión fue muy corta. Le dije a Lucia que mis condiciones consistían en que me pagasen más de las trescientas que adeudaba a Tirso Escudero.

—Si no es indiscreción, ¿cuánto cobra usted en el Teatro de la Comedia? —me preguntó.

—De momento, no estoy contratado para la próxima temporada. Por eso puedo elegir entre seguir allí o aceptar el contrato que usted me ofrece. Pero mi sueldo la temporada pasada era de veinte pesetas.

El jefe de producción no pudo ocultar su sorpresa, aunque advertí que se esforzaba en hacerlo.

—Yo supuse que era algo más... —dijo—. Bastante más.

El hombre calculaba mentalmente lo que eran veinte pesetas diarias durante los dos meses de contrato que él me ofrecía, y al comprobar que eran mil doscientas pesetas se quedó estupefacto. Me ofreció algo más, unas seis mil pesetas. Como necesitaba para el personaje unas cuantas prendas de vestir elegantes, en buen uso, llegamos al acuerdo de que las confeccionaría mi sastre, Francisco Ávila, y que las abonaría yo de mi sueldo. Por esa razón siempre he dicho que por mi primer trabajo cinematográfico cobré cuatro mil quinientas pesetas, un traje gris a rayas, un esmoquin y un abrigo de sport.

Quedé muy contento del resultado de la discusión, firmé el contrato y salí a darle la buena noticia al amigo Loredo, que me esperaba en un bar de enfrente.

Por la tarde me personé en el Teatro de la Comedia para decirle al gerente que renunciaba al papel que Jardiel Poncela me había adjudicado en *Los habitantes de la casa deshabitada* y, por tanto, a pertenecer a la compañía titular. Se presentó en el teatro don Tirso Escudero en persona para decirme que mi decisión quizás era precipitada.

—No le sentará bien a Jardiel, que tanto ha hecho por usted. Además, se va usted de la compañía precisamente cuando habíamos decidido aumentarle el sueldo en cinco pesetas diarias.

—Algo había oído, don Tirso, respecto a eso. Y es una de las razones por las que me marcho. Si me aumentan el sueldo, es porque mi trabajo les parece bien. Y si pareciéndoles bien me aumentan cinco pesetas, tardaría muchos años en igualar la cifra que me dan los del cine.

Cuando me despedí de Jardiel Poncela y le di mis explicaciones me dijo que lo entendía perfectamente, que le parecía muy bien y que esperaba que volviéramos a trabajar juntos.
—Que tengas mucha suerte, chatito.
No había ninguna alusión; solía llamar chatito a casi todo el mundo.

Un cuello de pajarita y una cena

Estudié el papel de Bob en *Cristina Guzmán* con muchísimo cuidado, con gran atención, durante horas y horas de soledad, aunque el personaje no intervenía en muchas escenas y su texto no era demasiado extenso. Hasta entonces no había trabajado más que en el teatro, y mi gran ilusión era actuar en el cine.

Todo lo estudiado se vino al suelo en el momento de rodar la primera escena. Gonzalo Delgrás, el director de la película, mi descubridor, me dijo:
—Pero usted tiene que hablar con acento americano.
Me quedé perplejo.
—No me lo he estudiado así... Yo no sé imitar el acento americano...
Los demás actores, los técnicos, los obreros, todo el personal del plató estaba en suspenso, pendientes de nuestra conversación.
—¿No sabe usted imitar el acento americano? —preguntó sorprendido Delgrás.
—No, no, señor —respondí, avergonzadísimo.
—Bueno, pues hágalo con acento extranjero; extranjero en general. Lo arreglaremos en el doblaje.

Argumenté que otros personajes de la película también eran extranjeros y hablaban con acento castellano. El director me explicó que aquellos otros personajes eran dramáticos y el mío cómico. Los personajes dramáticos nunca hablaban con acento. No me pareció muy sólida la razón, pero comprendí que el papel podía resultar más gracioso. Como la película había que doblarla dos meses después, me pasé aquel tiempo viendo películas de Laurel y Hardy. A esos actores se les doblaba siempre con acento americano. Cuando la película se estrenó, la dueña de la pensión en que vivía en Barcelona fue a verla y me felicitó por lo bien que imitaba el acento francés. Y lo sabía de buena tinta porque había tenido muchos huéspedes franceses.

El día en que me convocaron para mi primera intervención, además del problema del acento americano, había tenido otro.

Debió de llegarme esta convocatoria un poco antes de lo que esperaba, pues no tenía aún el cuello de pajarita necesario para llevar con el esmoquin, ni dinero para comprarlo. Costaba, poco más o menos, cinco pesetas. Mi madre estaba de turné y en casa se esperaba el giro y no había nada de dinero. Como la cantidad era tan escasa, no le di demasiada importancia y me eché a la calle para pedir el dinero a un amigo. Ninguno de los tres que pude encontrar tenía un duro. La situación no era insólita. El escaso dinero que había en España estaba en muy pocas manos. No debe olvidarse que recién terminada la guerra Franco anuló el valor de la mayor parte del dinero que estuvo en circulación en la zona republicana, con lo cual infinidad de españoles se encontraron con que el dinero que habían reservado para hacer frente a la nueva situación se había transformado en cromos repetidos de una colección imaginaria. Aún hay por ahí gente, quizás mal informada, que considera aquello como un robo con alevosía que el Estado hizo a los individuos.

Se acercaba la hora de presentarme en el estudio para mi primera actuación. Tenía el esmoquin y los cabos, calcetines, zapatos, camisa, gemelos, corbata de lazo, botonadura, pero me faltaba el cuello. De pronto tuve una idea luminosa: la persona más interesada en que yo cumpliese mi obligación de trabajo era Francisco Ávila, el sastre, que aún no había cobrado el esmoquin ni el traje a rayas ni el abrigo de sport. A su casa me dirigí y él pidió a su mujer el duro que me libró de hacer el ridículo el día de mi bautismo de celuloide.

Mas la penuria seguía acechándome. Las sesiones de trabajo eran de dos de la tarde a nueve. Almorzaba en casa a las doce y media y en un tranvía que tardaba media hora en llegar y que siempre iba atestado de figurantes llegaba al estudio con el tiempo necesario para maquillarme. A media tarde comía un bocadillo de morcilla que me preparaba mi abuela, porque si no, no habría resistido hasta cerca de las diez, que volvería a entrar en casa. Pero uno de los días, en lo que hacía tiempo en el jardín de la CEA entre un plano y otro, se acercó a mí el ayudante de dirección y me dijo que en vez de a las nueve de la noche acabaríamos a la una, porque era necesario terminar el trabajo en aquel decorado. A las nueve se podía cenar en el restaurante del estudio. Me quedé helado, sin saber qué decir. El ayudante se fue a dar el mismo recado a otros actores. Pero yo ¿cómo iba a cenar en el restaurante del estudio si llevaba en el bolsillo justamente la calderilla necesaria para pagar el tranvía de regreso? Pensé que podría pasarme sin cenar, no iba a morirme por eso. Pero me echarían de menos, insistirían en que fuera con los demás. Me oculté por entre los setos del jardín y vi cómo todos iban entrando en el restorán. Unos minutos después me pareció observar a través de los ventanales que ya habían comenzado a servir la cena. Era un día en el que intervenían bastantes actores y figurantes y, afortunadamente, no habían reparado en mi falta.

Pero en esto salió del restorán, corriendo, uno de los ayudantes, llamando a voces:

—¡Fernán Gómez, Fernán Gómez!

Hice un intento de huida, pero mi propia precipitación me descubrió y vino hacia mí autoritario.

—¡Vamos, vamos, Fernán Gómez, venga a cenar! ¡Se le va hacer tarde! ¡Tenemos el tiempo justo!

Me habían dejado un puesto libre en una mesa de cuatro. Me dieron la carta para que eligiera. No miré la columna de la izquierda, la de los platos, sino la de la derecha, la de los precios. No era la primera vez que elegía mi comida con aquel sistema. Mi menú consistió en un caldo como primer plato y un huevo duro como segundo. Hasta que no me sirvieron el plátano que remató aquella cena inolvidable no me enteré, por la conversación de mis compañeros de mesa, de que aquella cena corría por cuenta de la casa productora. Pero ya no era tiempo de elegir las judías con chorizo y el filete con patatas.

Me quedé tristísimo, como es natural; pero por otro lado me sentía feliz de haber llegado a aquel mundo, al mundo del cine, que se me antojaba, comparado con el del teatro y con el de mi casa, como de un lujo babilónico.

La prisa

Tenía prisa. Muchísima. Muchísima prisa. No sé si el tiempo iba entonces tan despacio como a mí me parecía. O si la Historia había dejado de progresar. ¿Todo estaba paralizado? Era necesario empujarlo. Empujar todo. Estaba destinado a ser un actor importante. Sí, lo sabía, me lo habían dicho. Pero ¿cuándo iba a enterarse el público? ¿Y los periodistas? A los dieciocho años me habían cambiado el papel de *Los ladrones somos gente honrada* con el del primer actor; la obra había sido un gran éxito; mi actuación mereció muchos comentarios. Pero en las críticas que aparecieron al día siguiente del estreno no había ni una mención destacada para mí. Les parecía natural que un chico de dieciocho años hubiese hecho aquello. Más adelante sí tuve una mención elogiosa en una crítica, porque Jardiel Poncela le pidió al crítico Alfredo Marqueríe el favor de que me mencionara. A mí todas aquellas lentitudes me molestaban, pero no tanto como ahora; ahora tenía prisa. Mi director y maestro don Manuel González había dicho que era una pena que abandonase el teatro para dedicarme al cine, porque si hubiera seguido en el Teatro de la Comedia, al cabo de cinco años sería el mejor actor de España. ¡Cinco años! ¡Qué horror! ¿Había espacio en el cerebro humano para calcular la inmensidad de ese tiempo? Me parecía muy bien que actores como Rivelles, Antonio Vico, Rafael Somoza, Valeriano León ocupasen las cabeceras de los carteles, los mejores meses de los teatros, pero junto a Ricardo Calvo, ya con más de sesenta años, junto al guapo Carlos Lemos y el elegante y casi anciano Mariano Asquerino, ¿no podía haber un puesto en la cabecera de algún cartel para un joven de veinte años, impetuoso, aunque pelirrojo y feo, perfectamente dotado para este oficio, con saber y entusiasmo? Tenía prisa. Me había enamorado. De aquella chica rubia que apareció por el teatro como meritoria o comparsa cuando me repartieron el papel de esqueleto. Me había enamorado y era necesario que el tiempo corriese. Que corriese a su velocidad normal. No con la lentitud con que lo estaba haciendo. Porque yo necesitaba ser alguien. Para que no fuese un disparate llevarme a la chica. Necesitaba ser alguien porque sin ser alguien era imposible existir en aquel tiempo. Aquel tiempo que a mí, a los de mi edad, que no habíamos conocido otro, nos parecía el tiempo normal, el tiempo natural, el tiempo que Dios había creado. No sabíamos aún que igual que a nuestras familias les habían robado el dinero, a nuestra juventud podían robarle el tiempo. Yo no veía culpables. Ni tenía interés en verlos. Lo que quería eran éxitos, fama, no por los éxitos y la fama en sí, sino para que me proporcionasen dinero y me librasen de ser un pobre ridículo. ¿Cómo iba un pobre ridículo a llevarse a la chica rubia? Mi futura suegra intentó hacérmelo comprender un día que me citó en un bar que hoy en mis recuerdos se me aparece como lóbrego, nauseabundo, y lo sería por la pobreza, la miseria, la precariedad de aquellos años. No se atrevió mi futura suegra a echarme en cara mis defectos para que renunciase a la chica y exhibió los defectos de ella, para que yo huyese espantado. Entre otras cosas, la pobre padecía estreñimiento.

En esas cosas, como en otras así de nimias, encuentro el verdadero fondo trágico de la vida. En comportamientos como ése, que seguramente tienen buen fin, pero que pueden inducirle a uno a odiar a la humanidad. Yo sabía, lo sabía de una manera muy clara, que si yo hubiera tenido dinero, mucho dinero, o bastante dinero, si hubiera tenido una seguridad, un futuro, o un inmediato, no habría recibido de boca de mi futura suegra la información de que la chica rubia padecía estreñimiento. Dinero. Dinero. Necesitaba dinero. Como durante toda su vida, ya de ochenta años, lo necesitó mi abuela, que padeció la mayor de las desgracias: ser avarienta y pobre. Y para tener dinero tenía que hacerme famoso en mi oficio, porque no conocía otro medio, y para hacerme famoso en mi oficio necesitaba que muy deprisa, muy deprisa, muy deprisa me ofreciesen contratos. Contratos con papeles muy largos y muy divertidos. Para que la gente dijese que yo era más gracioso que Miguel Ligero, que era el Mickey Rooney español, que era mejor que James Stewart, y así me pagasen más, más, cada vez más, para comprar un piso de los poquísimos que entonces había. Y muebles, alfombras, cortinas, vajilla, batería de cocina, lámparas. Y como no podía dedicar todos mis ingresos a poner casa y a mantenerme a mí y a la chica rubia, y abandonar a mi madre y a mi abuela, necesitaba más dinero, un poco más de dinero para ellas. Pero conseguir todas esas cantidades de dinero no era imposible, no era muy difícil; era muy sencillo. Yo me hallaba situado en el buen camino después de los personajes que había interpretado en *Los ladrones somos gente honrada, Madre (el drama padre)* y *Es peligroso asomarse al exterior* y después de haber iniciado mi carrera de actor de cine en *Cristina Guzmán*. Los demás actorcitos o actorcetes de mi edad tenían el porvenir muy oscuro. Pero yo tenía todo lo que deseaba al alcance de la mano. Bastaba para conseguirlo que tuviera un éxito; mejor dicho, otro éxito; uno o dos éxitos más. Pero tardaban, tardaban las ofertas para el cine de personajes con los que pudiera colocarme. Y yo necesitaba alcanzar esos éxitos muy pronto. Porque tenía prisa. Mucha prisa.

Cartas a Barcelona

Después de *Cristina Guzmán* me surgieron bastantes contratos, unos detrás de otros, unos antes del estreno de esa primera película y otros después. Casi todas aquellas eran películas muy modestas —por esa razón en una de ellas, *La chica del gato*, me encomendaron el personaje protagonista, lo cual en mi primer año de cine y antes de cumplir los veintidós, me parecía también un éxito—, y todas se rodaron en Barcelona; por ello durante un año, salvo pequeñas escapadas, viví en aquella ciudad, cuyo encanto, a pesar de la penuria de los tiempos, se apoderó de mí.

Guardo algunas cartas que recibí durante aquellos meses y sin permiso de nadie, porque ya no hay a quien pedírselo, me permito publicar algunas:

Querido nieto: hoy día 21 recibo un giro de 350 pesetas. Muchas gracias; supongo habrás recibido el chaleco y tal vez una comunicación de otra empresa, la cual tiene interés en ponerse al habla contigo. Como decías que te cambiabas de hotel, no te lo he podido comunicar pues esto ha sido el día 12. La casa se llama Cinematográfica Española y tiene el despacho en la Rambla de Cataluña, 12, sucursal. Puedes preguntar si has tenido algún aviso. Tu madre, disgustadísima por la turné y por lo poco simpática que es la estancia, pues todos van por pareja, menos ella. Ahí va el itinerario de ahora, si no sufre cambio. Que todo te corra bien es lo que desea tu abuela que te quiere más que nadie. Ha venido Cardenal. Ha ganado las oposiciones, pero no he podido darle señas tuyas.

Carolina Gómez

21 de marzo 1943

A tu madre puedes escribirla a Badajoz que está desde el 21 al 31, poniendo Cía. Titular del teatro de Lara de Madrid. Teatro. Badajoz.

Querido nieto: recibida tu carta a las siete de la tarde, al otro día del giro, te contesto hoy a ella, y te aconsejo que hagas cuanto antes las fotografías, pues ya recordarás las muchísimas veces que tu madre lo ha tenido que hacer, solo que tú eres más refractario. Pero ¡eres artista o no lo eres! Porque ya vas viendo que las precisas. Yo te aconsejo veas si el mismo fotógrafo que hace las de las portadas de los cines las hace también individuales, y hacértelas como las que tienes de escenas de Los ladrones somos gente honrada, o sea, sin cartulina y en varias expresiones. Y pensando, como si sufrieras los exámenes, la cara que pondrías al recibir suspenso, aprobado, notable y sobresaliente, y, para que salgas sonriente, acuérdate de la tortilla que te presenté para el viaje. Pero hazte dos o tres de cada expresión y de las que salgan mejor, aumentas. Si no tienes bastante dinero yo te giro 100 pesetas pero hazlo cuanto antes, y dime si es también en Barcelona lo de la nueva empresa; entérate bien porque es empresa nueva, no te vaya a pasar lo que le pasó a María Dolores con lo de Manzanares. Yo sigo sin poder hacer nada, y menos mal que la chica es un potro sin desbravar, pero me sirve. No tengo más que decirte, sino que te cuides lo mejor posible y que no acumules muchos libros y papeles, pues no olvides que pagaste 40 pesetas por exceso de peso en el baúl. Supongo habrás guardado la cuerda, y cuidarás de lo que des a lavar y si te sobra algo y tienes ocasión haces un paquetito y alguien que venga que te haga el favor de traerlo, pero no lo certifiques, porque el chaleco no llegaba al medio kilo y han cobrado 4,25, de modo que mira por tus intereses lo mejor posible, para bien de todos. Sabes lo mucho que te quiere, y que no te olvida, tu abuela. Los sellos han llegado sin tachar;

Balarrasa, 1950, dirigida por J. A. Nieves Conde En la fotografía con Eduardo Fajardo y Dina Sten. Abajo en *Botón de ancla*, 1947, dirigida por Ramón Torrado, junto a Jorge Mistral y Antonio Casal.

María Dolores Pradera y Fernando Fernán-Gómez el día de su boda.

María Dolores con su hijo Fernando.

Fernando y Helena Fernán-Gómez.

Fernando y María Dolores con su hijo Fernando.

Fernando con sus hijos en la casa de Álvarez de Castro.

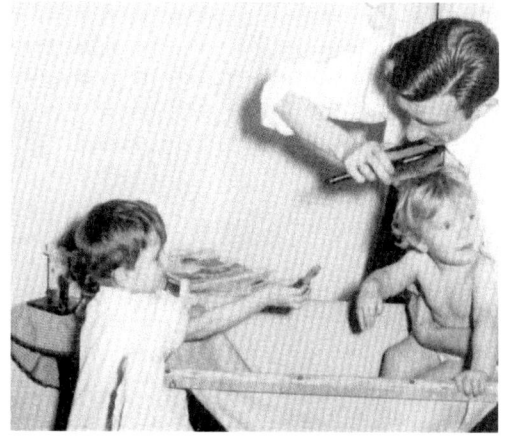

Escenas familiares de Fernando con sus hijos.

Con Carlos Muñoz en la película *Alas de juventud*, dirigida en 1949 por Antonio del Amo.

Con Manolo Caracol en *Embrujo*, 1947, dirigida por Carlos Serrano de Osma.

Fernando Fernán-Gómez y Lola Flores.

Fin del rodaje de *Eres un caso*, dirigida en 1945 por R. Quadreny.

Con Luis Peña en *Bambú*, película dirigida en 1945 por José Luis Sáenz de Heredia.

Arriba, posando con Virginia Kelly y un grupo de críticos tras finalizar el rodaje de *Me quiero casar contigo*, dirigida en 1931 por Jerónimo Mihura. Abajo, en el Festival de Cine de México con Fernando Rey y María Rosa Salgado.

Con Sara Montiel en *Se le fue el novio*, 1945, dirigida por Julio Salvador.

Curiosa escena del rodaje de *Vida en sombras*, dirigida en 1948 por Lorenzo Llobet Gracia.

En casa de Dolores del Río durante el Festival de Cine de México de 1951. Con Fernando Soler, María Rosa Salgado y Fernando Rey.

Con Bobby Deglané en Radio Madrid.

Con María Dolores Pradera en *Vida en sombras*.

Una escena de *Hoy no pasamos lista*, de Raúl Alfonso, 1948.

La mies es mucha, intrepretada en 1948 bajo la dirrecció de José Luis Sáenz de Heredia.

Con José Orjas y Conchita Fernández en la representción de la obra *Los ladrones somos gente honrada*, 1949.

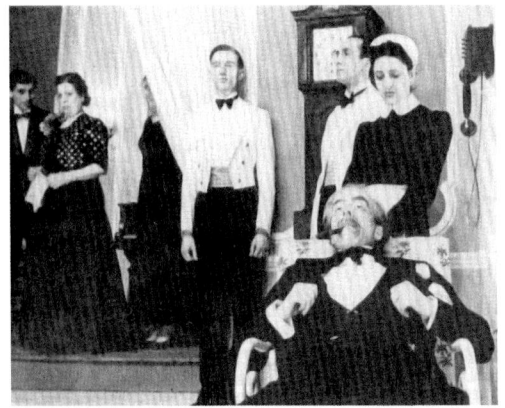

Fernando Aguirre, Conchita Montes y Fernando Fernán-Gómez en *El último caballo*, dirigida en 1950 por Edgar Neville.

Con la cantante Ana María González.

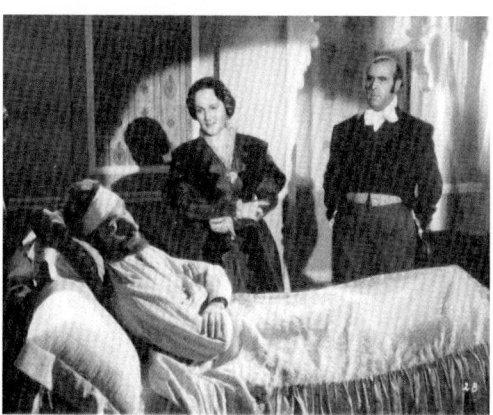

Fotograma de *El capitán Veneno*, dirigida en 1950 por Luis Marquina. Junto a Fernando, Mary Santamaría y Manolo Morán.

Con José García Nieto, María Asquerino y Camilo José Cela durante el rodaje de *Manicomio*, 1952.

Aurora Bautista, Boliche, Angel de Andrés, José Luis Ozores, Antonio Casal y Fernando entre otros. Abajo, Primer Premio del Café Gijón. En la fotografía: Emilio Ortiz Ramírez, ganador del primer premio, Eduardo Haro Tecglen, José García Nieto, Fernando Fernán-Gómez, Manuel Pilares, César González-Ruano y Eusebio García Luengo.

Manuel Pilares recibe por teléfono en el Café Gijón las deliberaciones del jurado. 1951.

El seductor, de Diego Fabbri, representada en el Instituto de Cultura Italiana. Con Elvira Quintallá.

Durante la representación en el Instituto de Cultura Italiana de *La torre sobre el gallinero*, con Luis Castillo y Eugenio Domingo.

Con Broderick Crawford en un tablao flamenco.

María Luisa Ponte en la representación de la obra *El yermo de las almas*, de Valle-Inclán, en el Instituto de Cultura Italiana.

Con Jorge Mistral y Antonio Casal en *La trinca del aire*, dirigida en 1951 por Ramón Torrado.
Abajo, con José Isbert y Elena Espejo en *Ale quiero casar contigo*, de Jerónimo Mihura.

Fernando Fernán-Gómez y Elvira Quintilla en *Esa pareja feliz*, película dirigida en 1951 por Luis G. Berlanga y J. A. Bardem.

En Roma, 1952, durante el rodaje de *Los ojos dejan huellas*, con Enzo Angelucci, Sáenz de Heredia, Emma Penella, Félix Dafauce y Julio Peña.

Declamando cerca del Coliseo romano,
Caprichos de Gyenes.

Con Julián Ugarte, María Asquerino, Maruchi Fresno, María Dolores Pradera y dos de los componentes del Trío Calaveras.
Abajo, durante una visita de Carmen Sevilla en el rodaje de *Morena Clara,* con Lola Flores y el realizador Luis Lucia.

Con María Rivas, Susana Canales, María Asquerino, Antonio Vico, José María Lado, Julio Peña y Carlos Díaz de Mendoza.
Abajo, con Elisa Montés, en una escena de *El mensaje*, la primera película dirigida en solitario por Fernando Fernán-Gómez, 1953.

El guardián del paraíso, con Emma Penella, película de 1955 dirigida por Arturo Ruiz-Castillo. Abajo, con Elisa Montés y Cesáreo González, en el Festival de Cine de Cannes.

Con Fernando Rey en *Un marido de ida y vuelta,* 1957, dirigida por Luis Lucia.

Fernando Fernán-Gómez, Tony Leblanc,
José Luis Ozores, Manolo Morán y José Isbert e
Los ángeles del volante, dirigida en 1957
por Ignacio F. Iquino.

En Italia, durante el rodaje de *Soledad*, 1958.

Faustina, 1957, dirigida por José Luis Sáenz de Heredia. En la fotografía, con Juan de Landa.

Actividad teatral de Fernando Fernán-Gómez. Arriba, con Lola Cardona en la representación de la obra *La sonata a Kreutzer*, de Tolstói. Abajo, con Víctor Ruiz Iriarte en el estreno de *La fierecilla domada*.

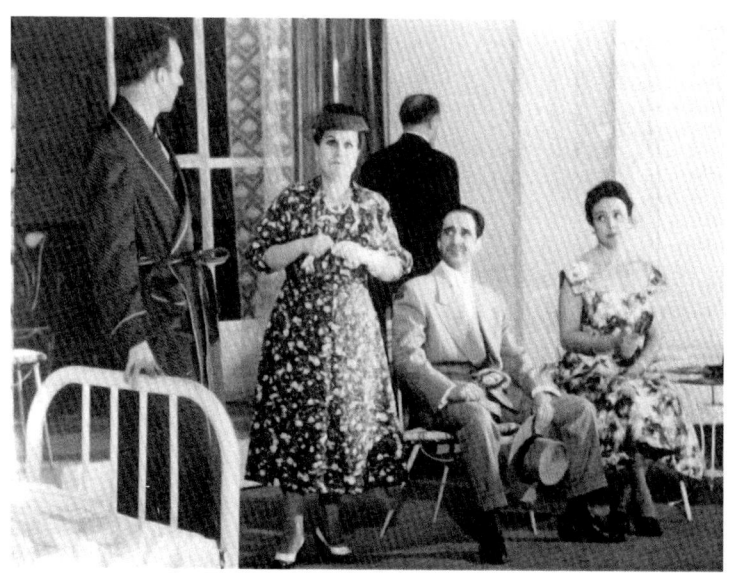

Arriba, con Mercedes Muñoz Sampedro,
Olvido Rodríguez y Manuel Alexandre en
El señor vestido de violeta.
Abajo, en su camerino.

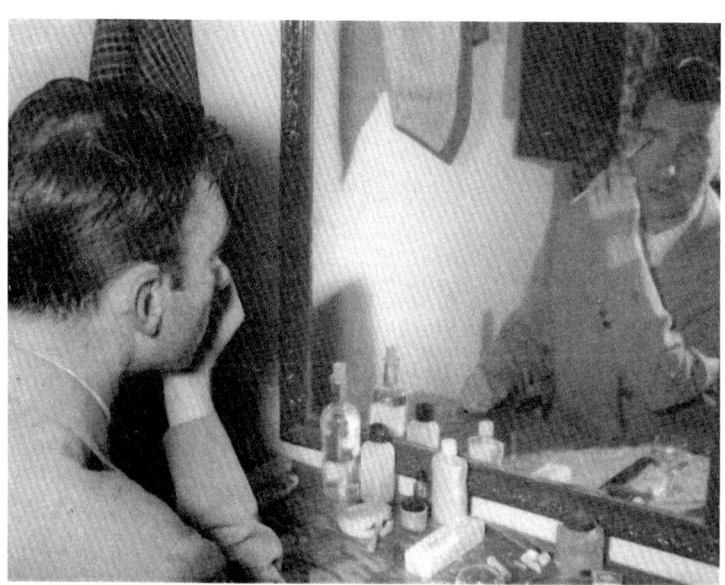

Fernando en su actividad como director.
Abajo, dirigiendo a Analía Gadé en *La vida alrededor*, 1959.
Junto a ellos, el director de fotografía Alfredo Fraile.

Dirigiendo a Rafaela Aparicio en
El extraño viaje, 1964.

Junto a Analía Gadé en dos películas dirigidas por Fernando en 1958 y 1959, *La vida por delante* y *La vida alrededor*.

humedécelos por el revés con agua, los untas la goma de ese papel y los pegas en seguida sobre el sobre.

Carolina Gómez

23 marzo 1943

Mi querido nieto: hoy recibo carta de tu madre, de Santander, en la cual me dice que ha visto las fotos para el estreno de Cristina *y que estás muy bien, que, si puede, que irá a verla. Y hoy 15 también me han pedido tus señas de Barcelona. No sé quién será pero me figuro será cosa de películas, pues yo quisiera que te hicieras popular lo antes posible. Estudia bien la mímica y no abandones tu porte de buena figura. Arturo recibió tu carta; Ángel la espera. Tu madre ha mandado de Gijón un poco de mantequilla, ¡no sabes lo que siento el que tú no las comas también! Cuídate lo mejor que puedas, y a vivir y hacerse célebre. Cuida la ropa, que cuesta muy cara. Recibe el cariño de tu abuela que es el más verdadero. Yo voy estando algo mejor; pero tengo dentro de mí un cuerpo extraño que me preocupa: sobre todo por las noches, me quita el sueño. Te quiere.*

Carolina Gómez

16 abril 1943

Mi querido nieto: hemos recibido tu carta esperada con ganas. Doy gracias a Jesús bendito porque te conserve salud y suerte. Yo encantada de ver a tu madre que puede tomarse un descanso, que bien ganado lo tiene al cabo de veintidós años. Sale muy poco, para no gastar, y las noches las pasamos jugando a las cartas hasta las doce que yo ya me voy a la cama y ella se queda a leer. Está muy bien y muy contenta con tus adelantos en el cine. Yo te doy mi enhorabuena y las gracias por haber escrito; no lo puedo remediar, pero quisiera saber de ti por todos los medios. No tengo a quien querer más que a vosotros y como estoy muy agotada los días que Dios me conceda son sólo para vosotros. Te mando los cupones del pan de la semana 14 que es la presente. Cuando termine ésta te mandaré la 15 que es la última de las cartillas en curso y luego ya tengo las nuevas. Que sigas subiendo y administrándote bien para bien de todos. Sabes que tu abuela es la que más te quiere.

Carolina Gómez

21 sepbre. 1943

A ver si el sábado tengo carta tuya. Cómprate la gabardina. ¡Qué pesada es la abuela!

Mi querido nieto: te deseo todo género de prosperidades y que vayan en aumento con la ayuda de Jesús Bendito; y procura que las mariposas que anden queriendo libar en tu persona no te metan en el melonar y caigas en lo vulgar. Procura por eso hacer lo del perro, oler y correr y ahí queda eso. Eres muy solicitado para el trabajo y tu abuela que es muy mal pensada y te quiere más que nadie te manda un abrazo y las gracias por las fotos. Ya me contarás más cosas de tus éxitos. La que más te quiere, tu abuela.

Carolina Gómez

24 septiembre 1943

22
Madrid, ciudad ocupada

Curas y militares

La vida en el Madrid de aquellos años fue muy distinta a la de antes de la guerra; y de ninguna manera fue la vida real, la vida normal que los jóvenes esperábamos para lanzarnos a ella y gozarla. Con luto en infinidad de hogares, con familiares presos o exiliados en otros tantos, con cartillas de racionamiento, con restricciones de luz y de agua, sin nombres extranjeros en los establecimientos, salvo los italianos y alemanes, con militares exhibiendo sus uniformes por todas partes, con muchas cervecerías —había una de cuatro pisos, en la Plaza de Santa Ana, que se llamaba Cóndor, como la célebre legión alemana—, Madrid era una ciudad ocupada. Durante muchos años en ella convivieron, muy diferenciadamente, los vencedores y los vencidos.

Meses después de acabada la guerra, al ver que mi madre estaba fumando un cigarrillo le recordé la promesa que había hecho a san José de estar unos meses sin fumar.

—Yo le prometí a san José —me respondió— que estaría tres meses sin fumar cuando «esto» terminase. Pero ¿tú crees que «esto» ha terminado?

Para ella no terminaría nunca. La guerra había coincidido con los años en que perdió su juventud, y al cerrarse el paréntesis no volvería para ella el tiempo pasado; desde entonces viviría siempre con la absurda ilusión de que un día terminase «esto».

Después del desembarco de Normandía, conforme las tropas aliadas iban penetrando en el continente, las nuevas cervecerías fueron desapareciendo y empezaron a aparecer boleras y cafeterías. Una gran parte de los madrileños —y del resto de los españoles—, dócilmente germanófilos, tomaban las primeras lecciones de americanismo.

Yo era ya actor cinematográfico. Pero actor cinematográfico español, que significaba y significa algo bastante distinto a ser uno de los actores cinematográficos americanos de la época dorada que tomábamos como ejemplo.

Bastantes años después, cuando ya andaba por los treinta y los cuarenta, creía que en mi oficio había triunfado muy pronto. Hacía ya tanto tiempo de *Balarrasa*, de *Botón de ancla*, era entonces tan jovencito... Pero un día me di cuenta de que desde que pisé el escenario del Teatro Eslava y no pude decir ninguna de las dos o tres frases hasta que la gente empezó a conocerme por la calle, aunque sin saber mi nombre, habían pasado once años. Once años de personajes estúpidos, de películas casi siempre anodinas, de sueldos miserables, de hambre, de largas épocas de paro, de momentos —larguísimos momentos, momentos que no deben llamarse así— de desaliento, de desesperanza. Tenía suerte en mi trabajo, sobre todo si me comparaba con otros, pero a veces no las inmensas cantidades de suerte que en este oficio hacen falta para ser alguien. Igual que me ayudó Jardiel Poncela en mis primeros pasos teatrales, me ayudó José Luis Sáenz de Heredia en el cine. Con este último llegaría a hacer cuatro películas en muy pocos años. Era el director más importante de aquella época, como en teatro Jardiel Poncela era el autor más solicitado. Ésa fue mi suerte, porque si me hubieran admirado, intentado ayudarme, otras personas menos situadas mi carrera hubiera sido bien distinta.

Hace algunos años, a finales del régimen franquista, cuando la mayoría de los españoles eran de izquierdas, quiero decir poco antes de descubrirse que la mayoría eran monárquicos de derechas, algunos periodistas me preguntaban agresivamente, dadas mis tendencias, cuál era mi opinión sobre aquel tiempo en que me había especializado en películas de cura y de militar. Pues bien, pasé algunos años bastante deprimido por no tener aire castrense o aspecto clerical. Los mejores papeles que se repartían solían ser de esa índole. Tenía la idea de que para alcanzar el éxito lo mejor era que le confiasen a uno un personaje cómico con ribetes de drama, que en una escena se emborrachase y en otra se muriera. Si el personaje era cura o militar, miel sobre hojuelas, ya que la película ofrecía más garantías de éxito. Pero tal mezcolanza parecía imposible. Y me ofrecieron un papel de guardiamarina en *Botón de ancla,* un personaje cómico que al final se moría. Llegó la popularidad. Y poco después, cosa de magia, me ofrecieron el personaje de un militar juerguista y borracho, alegre, divertido, que se metía a cura y al final también se moría: *Balarrasa.* Fue la consagración, dentro de lo que cabe.

Siempre he estado muy satisfecho, muy orgulloso de haber interpretado aquellos papeles de curas y militares.

Hasta que el destino llamó a la puerta

Aquellas películas de curas y militares tardaron en llegar. La primera apareció en 1947. Desde el 43 hasta entonces tuve más trabajo en Barcelona que en Madrid. La industria española de cine atravesó una crisis muy acusada durante aquellos años. Se decía que algunas productoras y distribuidoras estuvieron en la lista negra de los aliados por haber negociado con los países del Eje. No sé hasta qué punto puede ser cierto, pues en un estudio documentadísimo sobre la historia de Cifesa publicado hace pocos años no se menciona este dato. El relativo aislamiento a que se condenó a España hizo que escaseara el celuloide virgen. El gobernador de Cataluña solicitó permiso a más altas instancias para hacer la vista gorda y, aprovechando la cercanía de los Pirineos, determinadas cosas escasearon menos que en Madrid. Entre ellas, el celuloide. Aunque tampoco abundara; pero permitía hacer las películas serie B o C en las que se especializaron las casas productoras catalanas. Tuve yo suerte al caer entonces por Barcelona, pues a pesar de lo restringido de mis sueldos y de los retrasos en los pagos, posiblemente en Madrid me hubiera ido peor. Todos sabemos que el valor de la moneda ha cambiado mucho desde entonces hasta ahora —han pasado más de cuarenta años—. Hoy una entrada de teatro cuesta mil pesetas y en aquellos años costaba veinte. Cincuenta veces menos. Hoy una película española estándar cuesta ciento cincuenta millones de pesetas. Si entonces hubiera costado cincuenta veces menos, habría salido por tres millones de pesetas. Las películas a que me refiero de aquella época barcelonesa costaban medio. Se salvan de esta precariedad *Rosas de otoño*, de Orduña, y *Noche fantástica*, de Marquina, ambas producidas o distribuidas por Cifesa. Las demás, *Viviendo al revés*, de Iquino; *La chica del gato*, *Una chica de opereta*, *Mi enemigo y yo*, *Eres un caso*, las cuatro de Quadreny; *Los habitantes de la casa deshabitada*, de Gonzalo Delgrás —que por las extrañas fluctuaciones del mercado del prestigio en nuestro país había pasado en tres años de ser el número uno a estar en el paro y verse obligado a aceptar lo que fuera—; *Se le fue el novio*, de Julio Salvador, si no costaron medio millón fue porque costaron menos.

Eran aquellos los tiempos en que Bofarull, el propietario del acreditadísimo restorán Los Caracoles, no nos cobraba en relación con lo que comíamos, sino en relación con nuestras posibilidades económicas y a nuestro grado de amistad y a su afición al cine, al teatro, a la ópera, a la bohemia. Nunca he olvidado aquel rasgo, aunque quizás durante muchos años olvidé reiterarle mi gratitud. Cenaban muchas veces en Los Caracoles chicas solas y era frecuente que un señor les pidiera permiso para compartir la mesa.

Cuando el camarero presentaba la cuenta al gran Bofarull para que revisase la suma preguntaba siempre:

—¿Quién paga?

No se preocupaba de lo que hubieran comido. El *pollo al ast*, la zarzuela, el lenguado casi no tenían importancia. Lo verdaderamente importante era saber si iba a pagar la chica o el caballero. Si pagaba el caballero, la cuenta estaría acorde a la primerísima categoría del local; si pagaba la chica solitaria, acorde a la generosidad del hostelero.

Un señor muy rico de Madrid, amigo de mi mujer —nos habíamos casado muy poco antes, en 1945, durante el rodaje de *Es peligroso asomarse al exterior*—, que se hallaba en viaje de negocios en Barcelona, ciudad que no conocía, nos invitó a cenar a María Dolores y a mí. Quiso que fuéramos a uno de los mejores sitios y le llevé a Los Caracoles. No creí engañarle y además me pareció una manera de corresponder al trato de Bofarull. Pero a la hora de pagar, el camarero se equivocó en el informe que pasó a su jefe.

—Creo que paga Fernán Gómez —le dijo.

Bofarull simuló que echaba la cuenta y cuando el señor rico leyó la cifra, la decepción se pintó en su semblante. Pagó de mala gana aquella miserable cantidad.

—Como no regreso a Madrid hasta mañana por la noche —nos dijo—, me gustaría invitaros a almorzar otra vez. A ver si mañana vamos a un buen restorán.

A partir de 1947 trabajé mucho en Madrid y nada en Barcelona. Las cosas habían empezado a marcharme mejor tras el estreno de *Botón de ancla* y pasé a ser algo popular y bastante solicitado por las casas productoras. Cuando en 1950 volví a Barcelona para intervenir en *Me quiero casar contigo*, de Jerónimo Mihura, el primer o el segundo día de mi estancia me presenté a cenar en Los Caracoles. Mi sorpresa al traerme la cuenta no fue pequeña. Si la última vez había pagado, es un suponer, treinta pesetas, aquella noche, habiendo comido lo mismo, pretendían cobrarme sesenta. Se lo dije al amigo Bofarull, por si había algún error.

—¿De qué te quejas, hombre? —me dijo el hostelero—. Te he puesto lo mismo que a Amadeo Nazzari.

Comprendí que tenía razón. Nazzari era el actor más famoso, internacionalmente famoso, que comía en Los Caracoles. Bofarull me había ascendido a su categoría, y yo debía considerarlo un honor. En una mesa cercana, una chica solitaria comía lo mismo que yo y pagaría la mitad.

La razón de que las cosas hubieran empezado a pintarme mejor podía estar en que un día cualquiera de aquellos años de penuria, el destino llamó a mi puerta. Me refiero a *El destino se disculpa*, la película de Sáenz de Heredia.

Un consejo muy útil

Pero la llamada del destino fue doble, pues al mismo tiempo que comencé mis conversaciones sobre el contrato de *El destino se disculpa* se me presentó otra posibilidad, la de hacer una comedia ligera dirigida por un director italiano y titulada *Empezó en boda*. Estaba muy satisfecho con la oferta de *El destino se disculpa*, un segundo papel detrás de Rafael Durán, dirigido por Sáenz de Heredia y con un texto de Wenceslao Fernández Flórez. Aquello sí que podía significar el éxito, la consagración, la seguridad para el día de mañana, el poder pasar a «ser alguien», y a la vuelta de un año comprar un piso y los muebles para rellenarlo. Todo Madrid, toda España estaba rebosante aquellos años de matrimonios en ciernes a los que sólo les faltaba el piso. Incluso hubo varones que prolongaron durante años y años la situación transitoria de noviazgo con la disculpa de que no encontraban piso. Con una o dos oportunidades como aquella de *El destino se disculpa* yo podría dejar de ser uno de los desdichados individuos del montón.

Y se me presentaban dos oportunidades al mismo tiempo. La segunda, la de *Empezó en boda*, de protagonista, situación que para mí no era nueva: en varias de mis películas barcelonesas ya había ocupado ese puesto. Discutí mis condiciones económicas antes para *Empezó en boda* que para *El destino se disculpa* y cuando pretendí en ésta, de rodaje más largo, cobrar lo mismo que en la otra, me contestó el jefe de producción:

—Si hay locos que le pagan a usted diecisiete mil quinientas pesetas por hacer un protagonista, yo no tengo la culpa.

El jefe de producción que así me contestó llegó a ser amigo mío. Los dos y la inmensa mayoría de los españoles estábamos envueltos en la miseria de aquellos tiempos.

Mi trabajo en *Empezó en boda* no me resultó sencillo, sino bastante duro. El director, Raffaello Matarazzo, había visto el trabajo de varios actores españoles y me había elegido a mí; yo, por tanto, estaba convencido de que aquel italiano se había dado cuenta de que yo era uno de los mejores actores del mundo y de que para interpretar aquella comedieta ligera estaba sobrado de facultades. Y, sin embargo, a cada momento me rectificaba, quería que me moviese de otra manera, que no pronunciase las frases como a mí me parecía bien. Llegué a sentir cada día en el momento de comenzar el rodaje el mismo temor que cuando era niño estudiante de bachillerato y se aproximaba la hora de la clase con don Horacio; pero con el inconveniente de que ahora, desde que era hombre, no podía marcharme por ahí, alejarme más y más del estudio, buscando ambientes desconocidos donde no hubiera que saberse la lección, donde no hubiera que hacer nada.

Sin saberlo, luchaba contra mi ignorancia, contra mi falta de oficio, que la desmesurada vanidad de mi juventud me impedía ver; y el director luchaba también contra otro inconveniente: el idioma. Un día, no hablando de ninguna escena en concreto, de ningún momento de mi personaje, sino del trabajo en general, aquel hombre sí consiguió hacerse entender. Me dijo algo así:

—Usted es un buen actor. Muy buen actor, en relación con su edad. Veintitrés años para un oficio tan difícil como el suyo no son nada. Pero tiene usted un defecto: ha visto muchas películas americanas. Se esfuerza usted en imitar a los actores americanos. Se le nota el esfuerzo. Y además, no consigue usted parecer uno de los españoles que yo veo por la calle en estos meses que llevo aquí. Sus dotes de observación debe aplicarlas a la realidad española y no a las películas americanas.

Quizás nunca he recibido un consejo mejor.

Aún no había llegado el momento del neorrealismo italiano, ni el director Matarazzo fue uno de sus hombres, pero esta clase magistral demuestra que todo aquello ya se estaba gestando. Aquella lección y la impresión que me causó la carnal belleza de Sara Montiel, a sus quince años sin cumplir, son los mejores recuerdos que guardo de *Empezó en boda*.

Dos versiones de un estreno

Estaba convencido de que mi trabajo en *El destino se disculpa* era bueno. Lo que había visto durante el doblaje me había confirmado esa impresión. Había entendido perfectamente todas las indicaciones del director Sáenz de Heredia, hombre conocedor del mundo de los actores, de su psicología, de su temperamento, simpático, delicado, encantador en su trato y con unas misteriosas dotes para imponer su autoridad sin necesidad de recurrir a amenazas ni a histéricas salidas de tono. Siempre he envidiado esa condición que yo no poseo.

Tenía también la impresión de que mi modo de actuar se ajustaba mucho a lo que Sáenz de Heredia esperaba de mí. Creo que no le decepcioné, como en alguna medida y en algunos momentos sí había decepcionado a Matarazzo, pero lo atribuyo en parte a la lección del italiano.

Desde la primera lectura me había gustado el guión sobre el cuento de Fernández Flórez. Sin duda era aquel mi trabajo más importante de las diez películas en las que había intervenido desde que tres años antes Delgrás me contrató para *Cristina Guzmán*. Casi todas las otras habían sido películas muy modestas, no sólo en su presupuesto económico, sino en sus pretensiones artísticas. Y fueron de las muchísimas que sirvieron sólo para demostrar que salvo unas películas patrióticas o patrioteras realizadas un año o dos después de concluida la Guerra Civil, y algunas comedias ligeras dirigidas por Gonzalo Delgrás o Rafael Gil, el público daba la espalda al cine español.

Pero *El destino se disculpa* era otra cosa. Sáenz de Heredia había dirigido una película de humor de gran éxito, *A mí no me mire usted*, y las dos superproducciones más grandes, más triunfantes del cine español, *Raza* y *El escándalo*. Sus intérpretes principales, Alfredo Mayo, Ana Mariscal, Blanca de Silos, Armando Calvo, Mercedes Vecino, Guillermo Marín, Manuel Luna, se convirtieron automáticamente en estrellas. Contaba *El destino se disculpa* —en la que Sáenz de Heredia volvía a intentar el género de humor— con la aportación de Rafael Durán, el actor más popular del momento, en el papel del protagonista. Y mi personaje, divertido y tierno a la vez, era casi tan importante como el suyo. Si las otras diez películas no me habían servido más que para ser conocido en los ambientes profesionales, aquella podía ser mi ocasión definitiva.

El estreno solemne, al que acudía la crítica, los invitados y la gente de cine, era por la noche, pero mi novia y yo fuimos por la tarde a una localidad de las últimas filas para ver la película con espectadores y observar sus reacciones.

La sala estaba llena, atraído quizás el público por el prestigio de Fernández Flórez, Sáenz de Heredia y la popularidad de Rafael Durán. Las reacciones del público que yo quería observar no existieron. La proyección fue acogida con una gran indiferencia, con una frialdad de hielo; los efectos humorísticos, las frases ingeniosas no tenían eco y ni la trama ni el trabajo de los actores parecían despertar el mínimo interés. Recuerdo haber escuchado cuando estaba yo en pantalla este comentario en una localidad cercana a la mía:

—¡Uy, qué hombre tan feo!

Pero no recuerdo si este comentario lo escuché durante la proyección de *El destino se disculpa* o de la de *Empezó en boda*, pues ambos estrenos, en su función de tarde, corrieron de la misma manera, igual frigidez y desprecio por parte del público, y fueron para mí tan decepcionantes y descorazonadores el uno como el otro.

He olvidado si asistí al estreno nocturno de *El destino se disculpa* o si me limité a estar en un bar de enfrente hasta el final de la proyección, pero sí recuerdo que allí acudieron diez o doce amigos y compañeros entusiasmados. Entre ellos, el prestigioso director portugués Leitao de Barros. Me abrazaron, me felicitaron. El estreno había sido un éxito. Sáenz de Heredia había trasladado a la pantalla el humor ácido de Fernández Flórez, cuyos alardes de ingenio habían sido perfectamente captados por el público, que no había perdido ni un instante el interés. En cuanto a mi trabajo, era, indudablemente, mi consagración.

23
El que se muere en *Botón de ancla*

De nuevo en Barcelona

Mi querido nieto: celebro infinito tu feliz viaje, deseando tengas ya habitación estable y hayas podido leer los recortes de periódico, que los puso tu madre dentro del libro. Te echo mucho de menos, pero tengo que irme acostumbrando.

Ya he visto que has dejado las camisas, las mías, pero como te suponen las dos 200 pesetas, para el invierno las gastarás. No eches en olvido lo que tu abuela te recomienda, es por bien de tu bolsillo, yo nada quiero, sino que tengas mucha salud y mucha suerte. La que más te quiere, tu abuela,

Carolina Gómez

22 junio 1945

Quizás como resultado del éxito personal que obtuve en *El destino se disculpa* intervine en dos películas en Madrid, de más envergadura que las de Barcelona, *Bambú*, también de Sáenz de Heredia, y *Domingo de carnaval*, de Edgar Neville. Pero la resonancia de aquel éxito duró muy poco. La película no interesó al público en la misma medida que las anteriores del mismo director y a los que trabajamos en ella no nos sirvió para mejorar nuestra cotización. A los pocos meses volvía a encontrarme en Barcelona ocupado en películas poco más o menos de la misma categoría que las que había interpretado en años anteriores. El extraordinario éxito personal ya se había gastado.

Por entonces María Asquerino, que todavía se llamaba Maruja, era una jovencísima mujer de espléndida belleza y supongo que carente de experiencia; pero algunos años más tarde, en 1987, después de haber vivido lo suyo, escribió estos párrafos que demuestran la lucidez de su inteligencia y que vienen muy a cuento aquí:

«De vuelta a Madrid estoy un año sin trabajar. Yo no entendía nada. Mi última película había sido un gran éxito, yo misma había estado bien; pero a mí no me llamaba nadie. Y eso que a partir de *Surcos* me empezaron a tomar un poco más en serio. Porque antes también había tenido algunos éxitos, había obtenido premios, y nada, todo era de una dureza enorme. ¿Qué pasa con el triunfo de este país?, me preguntaba yo muchas veces. ¿Es que esto va a seguir siempre así? ¿Es que no se perdona ningún éxito, por modesto que sea? A mí se me caía el alma a los pies. Y luego empecé a indignarme, cosas de la juventud: "¿Qué es lo que hay que hacer en este país para que el triunfo dure un poco?" Aquél era un mundo no ya mezquino, sino siniestro. Aquí, quitando cuatro o cinco actrices que han triunfado por sí mismas, las demás han tenido muchas ayudas, ayudas de estilo variado.

Es verdad que la vida del actor es una vida dura, una vida en la que hay que luchar siempre, sin desmayo, constantemente. Y además un poco rara, difícil. Yo no digo que eso no ocurra en otros sitios, con toda seguridad ocurre. Pero con la intensidad y, aún diría, con la virulencia de aquí, de ninguna manera. Sobre todo en aquellos tiempos. Todo era de una ferocidad salvaje.»

Bueno, pues a pesar de todo creí que aquellos sueldos exiguos, sumados unos con otros —en tres años hice dieciséis películas, siete de ellas como protagonista— podían darme cierta seguridad y me atreví a fijar la fecha de mi boda. Cuatro años de noviazgo ya eran demasiados. María Dolores Pradera, entonces mi novia, cumple años el 29 de agosto y yo 28 del mismo mes. Elegimos para la boda el 28 porque en ese día yo le llevaba cuatro años en vez de tres y nos parecía bien que en la pareja el hombre fuera mayor que la mujer. Para que pudiéramos casarnos en esa fecha la productora de la película en la que, en Barcelona, trabajábamos los dos —*Es peligroso asomarse al exterior*, de Alejandro Ulloa— tuvo la gentileza de arreglar el plan de trabajo de forma que dispusiéramos de tres o cuatro días libres.

Mi abuela se puso enferma a mediados de julio, cuando las barracas, los tiovivos, los carruseles de la verbena del Carmen, que tanta magia había proporcionado a mi infancia, llenaban nuestra calle, cuando los gritos de las chicas que se asustaban en las barcas, la noria y el güitoma, y las músicas y los disparos de los tiros al blanco llegaban durante toda la noche hasta su cama. Mi madre en una de sus cartas me lo decía, pero me ocultó lo grave de la enfermedad. Como también me ocultó un mes después que estaba agonizando, para que no me desplazase a Madrid. No quería que la viese morir. No se separó de ella durante sus últimos días. Mi tío Carlos, cuando se enteró, se presentó en casa y le regaló a su madre lo que más podía gustarle: una cesta llena de naranjas. No debió de serle muy difícil conseguirlas, pues a medias con un familiar de un alto cargo de «prisiones» se dedicaba al estraperlo de frutas, que vendían a los presos.

Mi abuela murió tres días antes de mi boda. Cuando salimos de la iglesia, María Dolores y yo fuimos al cementerio y dejamos sobre su tumba el ramo de azahar.

Eran los tiempos en que, contagiado por los tertulios del Gran Café de Gijón, me atrevía a creerme poeta, y dediqué a mi abuela este poema:

> Eres grande como las seis habitaciones de la casa.
> Estás en todos los recovecos de la escalera.
> Se te mide por el tamaño de mi recuerdo.
> Los pintores te han matado de nuevo
> y han exorcizado con sus escobillas encaladas las paredes.
> Pero hablas con voz gangosa desde el fondo del entarimado.
> Con cepillos de carpintero te rebanarán la laringe.
> Con ceras y anilinas te taparemos todos los respiraderos.
> Pero ¿quién tapará los innumerables agujeros del aire?
> Los asientos, los colchones, las almohadas
> están rellenos con la extraña sustancia de tu vientre.
> Y cuelgan tus brazos hechos vidrio dando luz desde los techos.
> El aire de la calle es ágil y transparente;
> el de mi casa es espeso y nubarroso.
> Eres tú eso que traspasamos al traspasar las puertas.
> El llavín te horada la cintura.
> El carbón te abrasa las entrañas.
> Tu última vida anda errante por los cables de la luz eléctrica.
> Al pasar las comidas por tu cocina,
> ¿no son rebanadas de tu carne lo que comemos?
> ¿No hemos rebozado tus dedos sarmentosos?
> ¿No han bailado tus tabas entre los garbanzos?
> Yo sé que es difícil atravesar este pasillo
> de espeso que pone el aire tu presencia.
> Las goteras lloran tu llanto.
> los relojes cuentan tu latido,
> los perros dicen tu muerte.
>
> Todos están amarillos de tus velas, y la casa tiene ya más aire
>   de convento.
>
> Las hojas de calendario no te duelen ya en la carne.
> Arrancándolas no podemos, como antes, alejarte de nosotros.
> El rasgar de sus puntos suspensivos
> no te siega, como antes, el cuello.

Cada fiesta no te hunde, como antes, en la tierra.

Tus hijos, tus nietos, toda tu carne,
golpeábamos tu cabeza con nuestras mazas
celebrando fiestas y aniversarios
y te hundías poco a poco en las arenas movedizas.

Ya eres arena tú misma, arena firme y segura,
suelo que pisamos
—norte, sur, este y oeste—.
Ya eres aire, fuego, luz, muerte absoluta.
La muerte es un no morirse nunca.
Eres grande, como las seis habitaciones de la casa,
como los treinta años de mi vida,
como las eternidades de mi recuerdo.
Eres el ave incazable que anida en todas partes y en ninguna.
Monstruo y ángel de mil cabezas.
Incógnita muda, indescifrable.
Alma pasiva y expectante.
Martirio y goce de mi ignorancia.
Esperanza de mis angustias
y angustia de mi alegría.
Pánico mío y almohadón de mi destino.

Pero nunca mi duda asesinará tu presencia.
Ya te matamos al robarte nuestra vida.
Nadie te robará la inevitable realidad de tu muerte.

Mi casa es este monumento de bronce negro y musgoso
que representa una gran anciana sentada en su mecedora.

Mi vida eres tú, separadas tus rodillas, ensanchando tus laderas
    pizarrosas,
balanceándote como el péndulo de un reloj en tu mecedora.

Vivirás para siempre en la materia.
La muerte es una vida irremediable.

Venganza de actor

Durante mucho tiempo he creído que era muy difícil para los empresarios gastar jugarretas a los actores, pues éstos en última instancia tenían siempre las riendas en su mano. Quiero decir que una vez levantado el telón podían incluso adelantarse al proscenio y decir a los espectadores, por ejemplo:
—El empresario de este teatro es un cerdo.
Pero en el caso de que tal proceder estuviese penado, lo que sí podía el actor era actuar mal. Y sería siempre muy difícil demostrar que lo hacía de manera deliberada. Durante el rodaje de una de aquellas películas que hoy llamaríamos «casposas» —entonces no estaba tan en uso el término— decidí recurrir a tal arbitrio. Pocas veces lo he contado, y si lo hago ahora es porque una información que me ha llegado posteriormente hace que el suceso resulte más curioso.

Una de las razones que utilizó el productor de la película *Mi enemigo y yo* para convencerme de que aceptase interpretar por muy poco dinero un personaje muy corto y que a mí me parecía soso, sin ninguna posibilidad, fue que para uno de los papeles femeninos de la película contrataría a mi novia, y así podríamos estar juntos durante un mes en Barcelona. Mordí el cebo y firmé el contrato. Al día siguiente la productora encomendó aquel papel femenino a una actriz de Barcelona, muy mona por cierto, pero que no era mi novia. Decidí hacer lo que tantas veces había planeado para ocasiones semejantes: ensayar mis intervenciones lo mejor que pudiera, y en el momento de rodar no hacer nada, no interpretar, limitarme a decir el texto, como si no supiera que mi personaje era el de un joven simpatiquísimo y alocado. Me limité a enunciar. Como es natural, el director, Ramón Quadreny, interrumpió la toma. Me preguntó qué me pasaba, que si no me había dado cuenta de que se estaba rodando. Le dije que sí. Volvió a intentar hacer otra toma. La interpreté de la misma manera; o sea, sin interpretar. El director cuchicheó con su ayudante. No se atrevían a hablarme. Los demás actores y los técnicos me miraban en absoluto silencio. El director se dispuso a rodar otro plano en el que yo no intervenía. Al enterarse de que el productor había llegado al estudio fue a hablar con él y le pidió que presenciara mi actuación. Me comporté de igual forma y los dos se fueron a hablar al despacho. A los cinco minutos el director estaba de vuelta y rodó el plano tal como se había ensayado: los demás actores interpretaban sus personajes y yo, simplemente, decía mis frases de manera plana y con absoluta inexpresividad. Luego supe que el productor había dicho que comprendía cuál era la causa de mi actitud y que

299

no cabía más que resignarse, que me dejaran que hiciera el papel así. Así lo hice durante todo el tiempo que duró el rodaje de *Mi enemigo y yo*. La película era poco importante, mi personaje también, y también yo; quizás esta fue la razón de que por mi trabajo no recibiera la más mínima censura de la crítica, sino alguna frase de aliento como las que solían dedicarme en aquellos tiempos.

Pero he dicho que me había llegado una información que hacía que el suceso resultara más curioso. Es la siguiente.

Al famosísimo actor Robert Montgomery, uno de los más prestigiosos de la época dorada de Hollywood, la casa que le tenía contratado le encomendó un papel que a él no le gustó absolutamente nada. Era largo, era el protagonista y, por tanto, con arreglo a su contrato no podía rechazarlo. Pidió una y otra vez que no le obligaran a interpretarlo y no consiguió que le hicieran caso. La casa productora, alguno de sus mandamases, se obstinó y a Robert Montgomery no le valieron ni exigencias ni súplicas. Y entonces tomó la misma decisión que había tomado yo en aquel personaje secundario de la pobre película española *Mi enemigo y yo*. No interpretó, se limitó a decir el texto. La reacción del gran director americano fue la misma que la del modesto director catalán: ir a quejarse al productor. Y también aquel productor se comportó como el español.

—Ruede usted así. Si Montgomery quiere desprestigiarse, que lo haga.

Contra la voluntad del director, así se rodó la película. Robert Montgomery se limitó durante todos los planos de aquel protagonista absoluto a «poner la cara». Y obtuvo el éxito más grande de toda su carrera. Hasta entonces había sido un galán más bien frívolo, y en aquella película, a juicio de la crítica, había dado la talla de gran actor dramático.

Errores de cálculo

Cuando cometí la osadía de casarme no había echado bien las cuentas y me encontré al año siguiente con que el dinero que ganaba un protagonista de películas españolas no era suficiente para mantener a mujer y a un hijo, que nos llegó excepcionalmente sin un pan debajo del brazo. Y eso que la mujer, al ser de mi oficio, no tenía problema respecto al trabajo femenino, pues desde que hace tres siglos las autoridades lo autorizaron, siempre ha ido al cincuenta por ciento con el masculino. Ella aportaba lo suyo, mas a pesar de esa comunidad de esfuerzos, en el hotel, en alimentos y en el pediatra se nos iba todo, y aún nos faltaba. El ya lejano éxito de *El destino se disculpa* por lo visto no había sido tal éxito, pues no me permitía alimentar a mi nueva familia —lo que aumentaba mi sentimiento de inferioridad— y mucho menos empezar a compensar a mi madre parte de los sacrificios que había hecho por mí.

Uno de mis amigos de aquella época, también maestro en mis aficiones literarias, fue Rafael Santos Torroella, al que había conocido en Madrid, en la tertulia del Gran Café de Gijón. Entre muchas cosas, él me enseñó que en el Horno del Cisne de la calle Pelayo se podían comprar cucuruchos de migajas de las que, después de elaborar los exquisitos *croissants, brioches,* suizos, ensaimadas, quedaban en las bandejas del horno. Eran una delicadísima sobrealimentación que consumíamos paseando por las Ramblas mientras cambiábamos impresiones sobre literatura, pintura y poesía.

Para ayudar a cubrir el presupuesto, no por vocación, hice varios doblajes de películas extranjeras. Llegué a doblar nada menos que a John Wayne. Encontraba entretenida aquella ocupación, y admiraba a los actores que habían conseguido gran habilidad en ella; pero yo lo hacía únicamente porque necesitaba el dinero de aquellos salarios de limosna que pagaba la Metro-Goldwyn-Mayer.

Por si fuera poco, María Dolores se sintió enferma. Respiraba mal, le dolía el pecho. Aterrados, fuimos al médico. Nos dijo que era necesario verla por rayos X, pues tenía en el cuello unos ganglios muy perceptibles. El radiólogo me invitó cortésmente a que mirase en la pantalla. Vi el esqueleto de mi mujer y me desmayé. Recobré el conocimiento en un sofá del despacho. El médico, para no herir mi orgullo masculino, me dijo que aquello solía ocurrir. Me preguntó si me desmayaba con frecuencia. Le dije la verdad: sólo me había desmayado una vez, tres años antes, en los estudios cinematográficos de Aranjuez.

Fue cuando rodé mi segunda película. Después de *Cristina Guzmán,* en lo que esperaba trasladarme a Barcelona para intervenir en *Noche fantástica,* me ofrecieron un breve contrato, de una sola sesión, en la película *Se vende un palacio,* dirigida por el húngaro Ladislao Vajda. Era ya un actor de cine con experiencia y cuando antes de iniciar el rodaje dijeron que debíamos ir a comer al restorán del estudio, lo hice sin ningún problema y pedí los platos que me parecieron más abundantes.

De la mesa fui conducido directamente al plató y allí me situaron en escorzo, bastante cerca de la cámara. El director de fotografía me pidió que me quedase absolutamente quieto. Así lo hice.

En aquellos años se tardaba demasiado en iluminar las escenas. Se hacía minuciosamente, se rectificaba mucho y los fotógrafos necesitaban que los actores permaneciesen quietos para mirar a cada

momento dónde caía la sombra de la nariz, qué luces les daban en los ojos, qué ocurría si se movían algo a derecha o a izquierda. Era necesario que los actores posaran durante mucho tiempo. De ahí vino la costumbre de que los protagonistas tuvieran «dobles de luces», porque si no, llegaban extenuados al momento de interpretar la escena. Si yo me apoyaba en una pierna o en la otra oía al director de fotografía o al ayudante:
—Por favor, estese quieto.
Me encontraba incomodísimo. Quería moverme, cambiar algo la postura y no me atrevía. Sentí que un sudor frío me corría por la frente. Y aquella desagradable sensación se transformó bruscamente en placentera. No quería seguir padeciendo, quería abandonar y podía hacerlo, unas nubes me acogieron. Oí un rumor de voces. Me había desmayado. Me recogieron del suelo, me dieron cachetitos y un vaso de agua. Alguien dijo:
—Bicarbonato, dadle bicarbonato. Eso debe de ser por la digestión.
Me dieron bicarbonato, me pusieron de pie en el mismo sitio y en cuanto cada uno se fue a lo suyo me volví a caer cuan largo era. Entonces me cogieron entre dos o tres y me llevaron al camerino. Una voz como muy lejana decía:
—Es de hambre. Este chico estaba muerto de hambre. Lo noté cuando comíamos.
Me dejaron reposar un rato en el sofá del camerino y al cabo de media hora me había recuperado y pude interpretar la escena.
Hace poco (escribo en 1989), los críticos especializados han publicado una lista de las que, en su opinión, son las diez mejores películas españolas. Entre ellas se menciona *Vida en sombras*, una obra modestísima y casi experimental que en 1947 escribió, dirigió y produjo a sus expensas el director *amateur* Lorenzo Llobet Gracia. Ni él ni sus socios y asesores debieron de echar bien las cuentas porque llegó un momento, en el mes de enero, en que yo debía ya dos meses de hotel, por lo cual me llamaron correctamente la atención. En la noche del 5 de enero suelen llegar a España los Reyes Magos; aunque antes de cumplir los dos años no era fácil que mi hijo Fernando echase de menos sus regalos, me pareció un buen motivo para suplicar a Llobet Gracia que nos diese a María Dolores y a mí algo del dinero que nos adeudaba. Y añadí otra razón que no era falsa y también consideré válida: mi mujer y yo nos encontrábamos ligeramente enfermos. Llobet Gracia consiguió reunir veinticinco pesetas y en un sobre de tarjeta de visita nos las envió al hotel.
Como nuestras enfermedades eran leves no nos faltaron energías para divertirnos con el lado cómico de la situación.

También por divertirme, y no por enriquecerme, colaboraba entonces en la radio y en la revista *Cinema*. Pero llegado este patético mes de enero tuve que recurrir a los escasos duros que me proporcionaba mi trabajo de escritor.

Guardo un buen recuerdo de aquellos días: el trato con Carlos Serrano de Osma y con Pedro Lazaga, de los que procuré ir aprendiendo la técnica cinematográfica con un papel y un lápiz sobre las mesas de los restoranes y los cafés, con la gran ventaja de poder después contrastar la teoría con el trabajo del plató.

Si me preguntan de dónde sacaba el dinero para comprar libros en el mercadillo de Atarazanas, no tengo respuesta. Pero allí un día cualquiera, un librero, al ver los que despertaban mi curiosidad, sacó del interior de la caseta una pila de libros de Arnold Zweig, Glaeser, Tcheng Chen, Heinrich Mann, Ann Shegers, Nathan Asch y ¡Panait Istrati!, aquel escritor casi desconocido del que tanto me había hablado mi compañero Antonio Ayora en mi primera turné teatral. Todos eran entonces libros prohibidos y supongo que por esa razón, por dificultad de deshacerse de ellos, el librero me los dio a muy bajo precio y puede que a pagos diferidos. Aquella dolorosa literatura había de proporcionarme muchas horas de amargo placer. Y, en particular, Panait Istrati fue una revelación cuyo deslumbramiento no he olvidado.

Hacia la popularidad callejera

El motivo de que se rodara *Botón de ancla* fue un tanto casual. No entraba en los planes de la productora ni partió de ella el proyecto. José Luis de Azcárraga, entonces joven capitán auditor de la Armada, había obtenido el premio Virgen del Carmen por una novelita —una novela corta— medio rosa, medio de humor. A un alto mando de la Marina, o al ministro, no recuerdo, le gustó la novelita y le dio al capitán auditor una carta de presentación para Cesáreo González, que era un productor muy bien tratado por la Administración. Incluso se decía —no puedo garantizar que fuera verdad— que entraba fácilmente en El Pardo. Cesáreo, en justa correspondencia a las atenciones recibidas, se creyó obligado a convertir en película la novela, y sin interesarse mucho más en el proyecto se marchó a uno de sus frecuentes viajes por Latinoamérica. En un principio lo que más interesó al director, Ramón Torrado, y a sus colaboradores fue que el rodaje debía realizarse en Galicia y en verano. Pero lo cierto es que más adelante todos se fueron encariñando con la película, que años después, cuando pasó a formar parte de la historia del cine español, quedó incluida por la crítica en la corriente de propaganda militarista que se cultivó en la inmediata posguerra: *Escuadrilla, Raza, Harka, ¡A mí la Legión!, Alhucemas...* Esa intención de propaganda quizás la tuviera el almirante o el ministro que envió la recomendación, pero no creo que estuviese muy presente en el trabajo del director ni de los guionistas. Más bien creo que lo que pretendían era una película al estilo de las comedias ligeras americanas de ambiente naval. Incluso algunas de las películas bélicas que he mencionado antes, aunque indudablemente tuvieran carga propagandística, puede que nacieran del deseo de unos cinematografistas de hacer películas parecidas a las americanas. Los cinematografistas de Estados Unidos han utilizado siempre en las películas su historia inmediata. Y nuestros directores y guionistas, entonces tan miméticos, encontraron en la Guerra Civil —considerada superficialmente y desde el punto de vista de los vencedores— un pretexto para ensayar lo que como espectadores habían aprendido.

Cuando me ofrecieron la oportunidad de *Botón de ancla*, que resultó ser la mejor de las que hasta entonces se me habían presentado, había actuado en teatro de aficionados, profesional, en la radio, en el cine y en el doblaje. También había escrito comedietas radiofónicas y publicado algunos articulillos en la prensa. No faltaban quienes opinaban que había tenido suerte y me había colocado muy pronto. Pero yo no me encontraba nada colocado y aquellos diez años se me antojaban una eternidad. Y no habían sido una eternidad, pero sí un purgatorio. Hambre, escasez, inseguridad —inseguridad profesional, quiero decir, inseguridad en el futuro.

Cuando me ofrecieron *Botón de ancla*, en plena crisis del cine español, una de las muchas por las que ha pasado, estaba en Barcelona interviniendo en películas supereconómicas, en algunas de las cuales lo más difícil no era aprenderse el papel ni interpretarlo, sino conseguir cobrar.

Coincidieron conmigo, en las películas y en el restorán Los Caracoles, cuyas ventajas ya he ponderado, Carlos Serrano de Osma —que el mismo año del rodaje de *Botón de ancla* fundó con el ingeniero Victoriano López García el Instituto de Investigaciones y Experiencias Cinematográficas, del que surgiría la Escuela de Cine— y Pedro Lazaga, obstinados en hacer con cuatro perras gordas un cine lleno de preocupaciones intelectuales y estéticas.

Con ellos trabajé en *Embrujo*, una singular película vanguardista, la primera en que intervinieron Lola Flores y Manolo Caracol. Y en *La sirena negra*, un drama inspirado en un relato de Emilia Pardo Bazán.

Lo que se me ofrecía con *Botón de ancla* era todo lo contrario: una película frívola, desenfadada y un personaje divertido. Aunque yo entonces era partidario del cine trascendente, la oferta me pareció muy bien, porque veía más fácil colocarme, alcanzar el éxito y salir de las estrecheces por el camino de lo cómico que por el del drama intelectual y esteticista. Cuando apareció *Botón de ancla* aún no se había entrado de lleno en la etapa del cine histórico. Lo que más abundaba eran las comedias ligeras, muy imitadas del cine americano y algunas, pocas, de gran éxito y los dramas derivados de la novelística del siglo XIX; y ya se estaba lejos del cine de propaganda militar.

Quizás una de las razones de la aceptación popular de *Botón de ancla* fue la reaparición de los uniformes, esta vez en una comedia frívola, ligera y en la que, como novedad, el ambiente era más juvenil que en las comedias anteriores.

El rodaje de la película se desarrolló en su mayor parte en Marín, en la Escuela Naval. Fue un rodaje nada conflictivo; todos nos llevamos muy bien y nos divertimos durante aquellos dos meses. Y nos pareció después que esta convivencia amistosa, esta alegría, se reflejaba en la película. También fueron buenas las relaciones con los marinos de la Escuela. Aunque un día los alumnos se negaron a colaborar porque ellos eran caballeros guardiamarinas y no extras de cine. Pero todo se arregló por el camino de la amistad y no por el de la disciplina.

Cuando la película estuvo terminada, a algunos elementos de la casa productora les entró un gran miedo: ¿no estaba tratado el tema y sobre todo el ambiente de la Escuela, las personas de algunos mandos, con excesivo desenfado? La autocensura de estas personas les hacía ver aquella película rosa y superficial como demasiado fuerte en algunos momentos. Y ya habían elaborado una lista de los planos que habría que cortar. Se estimó que antes de presentarla a la censura sería mejor someterla a la opinión de los mandos de la Marina.

A dichos mandos la película les divirtió mucho y las ingenuidades las vieron como lo que realmente eran. *Botón de ancla* se exhibió en su versión íntegra y fue bien recibida por la crítica, por el público y, lo que entonces era más importante, por las autoridades.

Después de aquellos primeros aciertos en los breves personajes cómicos que representé en el Teatro Eslava durante la Guerra Civil, y del éxito personal obtenido, con la ayuda de Jardiel Poncela y del director Manuel González, en *Los ladrones somos gente honrada,* y de haber pasado en sólo seis o siete meses de actor secundario de cine a protagonista, y de haber dicho el mismo González que yo podía haber sido el mejor actor teatral de España, y del estreno de *El destino se disculpa,* cuando, en aquel bar de enfrente del cine, creí que aquella era la noche de mi consagración definitiva, al estrenarse *Botón de ancla* tuve la sensación de que hasta entonces no había triunfado. Comparado con aquel éxito, lo anterior había sido una serie de fracasos. Todo aquello que a mí me había parecido buena acogida, admiración y elogios no era más que indiferencia. Por primera vez, en 1948, desde que en 1938, diez años antes, me dediqué a este oficio, había logrado un éxito popular. Cuando hacíamos presentaciones en los cines de reestreno, las ovaciones eran estruendosas, los saludos, los abrazos, rebosaban admiración, simpatía, cariño.

La gente me reconocía por la calle. No se habían aprendido todavía mi nombre, pero me señalaban y decían:

—¡Mira, mira: el que se muere en *Botón de ancla*!

24
Un año olvidado

La sorpresa de los documentos

Para redactar estas deshilvanadas memorias, tan llenas de olvidos, no me he atrevido a confiarme a mis recuerdos. He recurrido a la ayuda de una documentalista, Teresa Pellicer, cuyos servicios ya había utilizado para obtener los datos necesarios sobre el 68 —cuando escribí para la televisión la serie *El mar y el tiempo*, con la que después hice una especie de novela y más tarde una película— y también cuando compuse un librito sobre la picaresca. Al iniciar estas memorias, en 1986, no contaba con su ayuda, pues para la parte correspondiente a mi infancia debía confiar más en mis recuerdos y en los recuerdos de otros. Se incorporó algo después al trabajo y empecé a recibir sus, digamos, listas de acaeceres, que me llevaron de sorpresa en sorpresa. Porque a lo largo de esas listas no fui descubriendo un hombre distinto al que soy, afirmar eso sería una exageración, pero sí que a ese mismo hombre le habían sucedido unas cosas, a veces nada trascendentes, que estaban absolutamente olvidadas, como si no hubieran sucedido nunca, como si fueran sucesos inventados posteriormente por un novelista, un dramaturgo, un guionista de cine. Y no quiero decir con eso que sean acontecimientos insólitos, o dramáticos, o divertidísimos, sino simplemente cotidianos, pero a los que el olvido había convertido en inexistentes.

La serie de acontecimientos de este género que más ha llamado mi atención hasta ahora ha sido la correspondiente al año 1949. ¿Es posible que yo hiciera tantas cosas ese año? ¿Que tomara parte en tantos actos? ¿Cómo he podido olvidarlo todo, o casi todo, hasta el punto de no recordar que 1949 fue para mí un año distinto a otros? Los recovecos de la memoria y de la desmemoria son inescrutables y todo lo que no recordamos es como si no hubiera sucedido. Quizás deberían todas las personas tener en determinado momento de su vida una necesidad tan acuciante de rememorarla como ésta que tengo yo ahora, para que la vida no se fuera pareciendo momento a momento a una muerte.

En 1947 rodé *Botón de ancla*, que se estrenó en 1948. Por ahí andaban al mismo tiempo, estrenándose en Madrid y en otras ciudades, *Noche sin cielo, La sirena negra, Los habitantes de la casa deshabitada, Embrujo, La próxima vez que vivamos...* En octubre asistieron al inicio del rodaje de *La mies es mucha*, de Sáenz de Heredia —en la que Sara Montiel volvía a compartir conmigo la cabecera del cartel, tras el súbito despido de Lupe Sino a los dos días de rodaje, por razones muy confusas—, altas jerarquías eclesiásticas.

Y llegó 1949, que se inicia con elogiosísimas críticas de *La mies es mucha*. El director Raúl Alfonso proyecta dirigir *Bandera neutral*, con un guión que había escrito yo. (Sobre la misma idea, realizó una película con el título de *Neutralidad* César Fernández Ardavín.) Alfonso y yo cambiamos el título de nuestro guión por el de *Ruta de paz*, pero el proyecto no prosperó. No se perdió nada, pues tan estúpida como *Neutralidad* habría sido mi *Ruta de paz*. Ambas partían de una idea circunstancial, oficialista, con vistas al *interés nacional*. Estoy satisfecho de que Fernández Ardavín se las ingeniase para que ese tema en vez de en mi filmografía figure en la suya.

En un ciclo de la Juventud Ateneísta intervine en la lectura de *Tarde veraniega con mariposas*, de José Luis Castillo, uno de los tertulios del Gran Café de Gijón. Miguel Martín y Francisco Tomás Comes me complicaron para crear el Teatro de Ensayo del Instituto Italiano de Cultura. Miguel Martín abandonaría en seguida. Francisco Tomás Comes compartiría conmigo las tareas de dirección durante unos años y ello constituyó el principio de una amistad que, aunque el tiempo la haya devorado, para mí aún existe. Nuestro primer trabajo, auspiciado por el profesor Mario Penna, entonces director del Instituto, fue *Cada cual a su juego*, de Pirandello. La estrenamos el primero de junio. El 16 del mismo mes el Círculo de Bellas Artes me concedió la medalla de mejor actor de cine del año. En julio participé en el Circo de Price en el fin de fiesta de homenaje a Rambeau. Y tres días después asistí a la fiesta que tuvo lugar en Getafe para celebrar el comienzo del rodaje de *Alas de juventud*, de Antonio del Amo. El 14 entregué en el Círculo de Bellas Artes los premios fin de curso. Entregué también a la compañía de Antonio Garza del Teatro de la Comedia una comedia de humor que sería pronto estrenada. (De esto, aunque esté perfectamente documentado en la prensa, no tengo la menor idea. Lo he olvidado, o nunca sucedió.) *Tú y yo somos tres*, según la obra de Jardiel Poncela, dirigida por Sáenz de Heredia, y *Telón de odio*, de Lazaga, fueron proyectos que no se realizaron. Se estrenó *Se le fue el novio*, de Julio Salvador, con Sara Montiel, realizada cuatro años antes. A partir de agosto rodé en Madrid, La Coruña y Santiago de Compostela *Tiempos felices*, de Enrique Gómez, con Margarita Andrey, adaptada por Wenceslao Fernández Flórez de una novelita de Palacio Valdés. En septiembre comencé el rodaje de *Facultad de Letras*, de Pío Ballesteros, en la que intervenía Camilo José Cela, como actor y guionista. En este mismo mes resulté elegido actor favorito de los lectores de *Triunfo*, con 20.000 votos; el favorito extranjero fue Ronald Colman con 15.000. (Hoy —1989— estas cifras, aunque manipuladas, nos habrían puesto a Colman y a mí en ridículo.) En octubre —tras haber simultaneado unos días el rodaje de *Tiempos felices* con el de *Facultad de Letras*— comencé *La trinca del aire*, de Ramón Torrado. En noviembre se estrenó en Madrid *Alas de juventud*, de Antonio del Amo. Y quince días después se fundó la Asociación Española de Filmología, cuyo presidente era el profesor José Germain y vocales Julián Marías, Carlos Serrano de Osma, Mariano Yela, José López Rubio y yo. La asociación tenía dos socios: Juan Antonio Bardem y Luis García Berlanga. En el Teatro de Ensayo del Instituto Italiano de Cultura dirigí —con Francisco Tomás Comes—, y también interpreté, *La mandrágora*, de Maquiavelo, con Mayrara O'Wisiedo, Manuel Alexandre, José Vivó, Cayetano Torregrosa. Entre los espectadores, Eugenio d'Ors, Dámaso Alonso, Luis Felipe Vivanco, Cayetano Luca de Tena, José López Rubio, Carmen Laforet... Cinco días después, en el Instituto Británico, tomé parte en la lectura de *La escalada del F.6.* de W. H. Auden. El 2 de diciembre se proyectó *La mies es mucha* en el Vaticano. El papa Pío XII concedió audiencia especial a monseñor Sagarmínaga, director nacional de las Obras Misionales Pontificias, y a José Luis Sáenz de Heredia. El 22 de diciembre inició sus actividades la Cooperativa Cinematográfica de Madrid, de cuyo consejo directivo fui nombrado vocal.

El Instituto Italiano de Cultura

En el Gran Café de Gijón apareció una tertulia distinta de la nuestra, aunque también literaria. García Nieto advirtió un día que aquellos que se sentaban no cerca del rincón en que lo hacíamos nosotros, sino cerca de la barra, eran los jóvenes. Y no hacía nada de tiempo que la revista poética fundada por él, *Garcilaso*, se subtitulaba *Juventud Creadora*. Algunos de los que nos sentábamos por las tardes a aquellas mesas del rincón aún no habíamos cumplido los treinta años, y los de mayor edad —salvo visitantes distinguidos, como don Eugenio Montes y Gerardo Diego— acababan de pasar la frontera. Pero aquellos recién llegados, que no querían nada con nosotros, o todo lo más saludos a distancia, tenían diez años menos. Eran, efectivamente, y con todo derecho, «los jóvenes» y nosotros habíamos dejado de serlo.

Los de la tertulia de García Nieto supimos pronto que aquellos que se sentaban cerca de la barra no sólo eran jóvenes, sino existencialistas, mientras que entre nosotros solamente los muy bien informados, que no faltaban, sabían algo sobre Kierkegaard, Heidegger y Sartre. Pero una cosa era saber algo sobre el existencialismo, como sobre el tomismo o el idealismo, y otra «ser existencialista», para lo cual era necesario haber estado en París y vivir de una cierta manera. Y aquellos jóvenes escritores, unos apuntados a la narrativa y otros a la literatura dramática, vistos desde nuestro rincón, «eran existencialistas». Entre ellos estaban Ignacio Aldecoa, Jesús Fernández Santos, Alfonso Sastre, Alfonso Paso, José María de Quinto... y también Miguel Martín y Francisco Tomás Comes.

Estos dos últimos se dirigieron a mí con la propuesta de que me uniese a ellos para organizar unas representaciones teatrales en el Instituto Italiano de Cultura. Solicitaban mi colaboración gratuita como actor y director. Era como dar marcha atrás en el tiempo y volver al teatro de aficionados. Desde el primer momento me sedujo la idea.

La aversión que sentí por el teatro al iniciarme como profesional no era hacia el teatro en sí, sino al ambiente, a la representación cotidiana de la misma situación y el mismo personaje, a la frialdad y la ignorancia del público de diario. Pero había una gran diferencia de calidad y de intención entre los textos teatrales, que no había dejado de leer, y los de las películas insulsas en las que actuaba. Tuve ocasión de satisfacer lo que aún me quedaba de vocación escénica dirigiendo durante esos años con mi amigo Comes —ahogado después en los mares de la burocracia— aquellas representaciones del Instituto Italiano de Cultura, que disponía de un pequeño escenario en un salón con capacidad para unas cien o ciento cincuenta personas.

—Invitaremos sólo a personalidades del mundo de la cultura, autores, académicos, críticos, y a técnicos teatrales —nos dijo el director, Mario Penna, persona inteligente y amable, de ingenio agudo, con un repunte de picardía en la mirada.

Pudimos disponer del salón durante todo el tiempo de ensayos y de un mínimo presupuesto para añadir algún pequeño detalle a las cortinas que decoraban el escenario y alquilar algunos trajes. La obra que Miguel Martín y Francisco Tomás Comes, de acuerdo con Mario Penna, habían elegido para la presentación era *Cada cual a su juego*. No dudé en aceptarla. Compusimos el reparto con actores profesionales y un solo aficionado, mi amigo Cayetano Torregrosa, el que fue mi primer director teatral en los tiempos del Centro Mariano-Alfonsiano, el inveterado admirador de Muñoz Seca. Ocupaba ya un alto cargo en el Instituto de Moneda Extranjera, pero no me costó trabajo convencerle de que volviera a una de sus antiguas aficiones —la otra era el fútbol; estuvo a punto de profesionalizarse como portero— y de que evolucionase de la tosquedad de Muñoz Seca a las sutilezas de Pirandello.

A partir de entonces, y durante tres o cuatro años, pusimos en escena obras teatrales italianas y españolas. *La mandrágora*, de Maquiavelo, *El yermo de las almas*, de Valle-Inclán, *Farsa del cornudo apaleado*, de Bocaccio-Casona, *La morsa*, de Pirandello, *El seductor*, de Diego Fabbri, *La torre sobre el gallinero*, de Vittorio Calvino, *Legítima defensa*, de Paolo Levi, *La larga noche de Medea*, de Corrado Álvaro, *Corrupción en el palacio de justicia*, de Ugo Betti. Para todas contamos con la colaboración de actores y actrices profesionales: Diana Salcedo, Asunción Sancho, María Luisa Ponte, María Dolores Pradera, Mayrata O'Wisiedo, Elvira Quintillá, María Asquerino (entonces Maruja), Ena Sedeño, Julia Lorente, Félix Dafauce, José Vivó, Manuel Alexandre, José Manuel Martín, Eugenio Domingo, Manuel Collado, Luis Varela, José María Gavilán... En el estreno de *El yermo de las almas*, el director cinematográfico Luis María Delgado nos hizo el impagable favor de sustituir a un actor indispuesto, y Juan Antonio Bardem y Luis García Berlanga desempeñaron en algunas ocasiones, sólo por colaborar, cometidos de escasa importancia.

A todos les pareció bien dedicar uno o dos meses a los ensayos, aprenderse absolutamente de memoria sus textos, porque las características de la sala no permitían la ayuda del apuntador, para dar una única representación, ante un público de lo más selecto y exigente, y recibiendo en compensación una cena. Y creo que les pareció bien por lo mismo que a mí, porque amaban el teatro y porque aborrecían la rutina; porque unos sentían nostalgia de la lejana juventud y otros empezábamos a sentirla de la juventud cercana pero que ya empezaba a desvanecerse; y por la belleza de las obras elegidas, tan al margen de las exigencias del teatro comercial; y sobre todo, por la alegre y apasionada comunicación que existía entre nosotros, por la desinteresada convivencia. Y también por saber que en aquellos penosísimos años trabajábamos en libertad, aunque para un público muy restringido, pues al gozar de extraterritorialidad el Instituto Italiano de Cultura no estábamos sometidos al arbitrio de la estúpida censura franquista.

El profesor Mario Penna valoraba el éxito de cada noche antes de que se descorriesen las cortinas del escenario. Lo valoraba según

la concurrencia; no con un criterio de cantidad, sino de calidad. Entraba en los cuartos donde nos vestíamos y nos decía con su mejor sonrisa pícara, como si estuviera a punto de alcanzar los secretos fines que se había propuesto:
—Catorce académicos; esta noche han venido catorce académicos. Una primera fila impresionante.

Casi todas las obras que estrenamos obtuvieron una calurosa acogida por parte de los espectadores, y críticas elogiosísimas. Durante mucho tiempo consideré aquellos ensayos como lo más gozoso que me había proporcionado mi oficio y las representaciones lo más importante de mi carrera, y aún hoy, al cabo de tantísimos años, aquellos recreos y trabajos están entre mis mejores recuerdos.

También organizamos allí, en el Instituto, acogiéndonos al mismo recurso de la extraterritorialidad, la primera exhibición de películas del neorrealismo italiano, que tanta influencia había de tener sobre el cine español de aquellos tiempos, sobre todo a través de Bardem y Berlanga.

Frente al coro de elogios, que a todos nos hacía creer que obteníamos éxitos con nuestra labor, no podían faltar voces discordantes. Un redactor del diario *Ya,* teniendo en cuenta sin duda la fama de disolutos de los cómicos y la belleza de las mujeres que trabajaban con nosotros, al comentar no una obra en concreto, sino la actividad del Teatro de Ensayo del Instituto Italiano de Cultura, dijo que allí no nos reuníamos a ensayar, sino a lo otro. No puedo decir si el ácido cronista acertó en el resultado final de su afirmación, pero desde luego sí en lo que se refería a mis propósitos. Ignoro las ocultas intenciones de mis compañeros; las mías, no hay por qué ocultarlo, se dirigían también a «lo otro». «Lo otro», que la modestia cristiana le impedía al redactor de *Ya* enunciar más claramente, ha sido siempre el principal motor de mi trabajo, incluso de mis actividades recreativas.

La guerra olvidada

Había centrado mi vida de tal modo en el Gran Café de Gijón, que permanecer alejado de Madrid por algún tiempo, aunque fuera por imperiosos motivos de trabajo, se me antojaba imposible. El personaje de *Alas de juventud* lo acepté de mala gana. La película era una sosa imitación de *Botón de ancla,* con la que se intentaba pisar la posibilidad de hacer una segunda parte de aquélla. Mi personaje era aún más soso que la película y además muy corto y sin ninguna característica acusada. Si no me opuse a hacerlo fue por mi decisión de considerarme únicamente un profesional y no rechazar ninguna oferta mientras tuviera tiempo libre y no hubiera alcanzado la riqueza. Las escenas exteriores de la película se rodaron en San Javier, provincia de Murcia. Puse en el contrato un tope de tres semanas para mi permanencia en aquel lugar. El trabajo fue más lento de lo previsto y me pidieron que estuviese unos días más. Concedí el favor. Me volvieron a suplicar que me quedase más días y entonces me negué enérgica y desabridamente. El que aparecía como productor, hombre muy amable pero totalmente ajeno a la industria de la cinematografía, me dijo que me lo pedía como un favor entre amigos.

—¿Usted sabe dónde vivo? —le pregunté.
—No, no lo sé —respondió.
—¿He estado alguna vez en su casa?
—No... No...
—¿Hemos comido juntos en algún restorán?
—No, tampoco.
—Pues, ¿por qué dice usted que somos amigos?
El hombre torció el gesto y pasó a increparme:
—Sé que no tiene usted ningún contrato a la vista. Puede quedarse aquí unos días más. ¿Qué tiene que hacer en Madrid?
—Ir al Café Gijón. Yo voy mucho al Café Gijón. Trabajo para ir a ese café, que es donde están mis amigos. Si el trabajo me impide ir al Café Gijón, no quiero hacer el trabajo.

Con esto no pretendo demostrar que yo fuese entonces un hombre muy equilibrado.

Los productores ejecutivos de aquella película no ganaban para sustos. Una tarde, cuando todos nos hallábamos dispuestos en los estudios Cinearte para que nos llevaran a la base aérea de Getafe, donde debían rodarse unas escenas, llegó la noticia de que los cadetes de aviación se negaban a trabajar en la película; ellos no eran extras de cine. Recordé en aquel 1949 que lo mismo había oído en 1947 en Marín, en boca de un cadete de Marina. Pero esta vez la situación parecía más enconada. El productor de la película, Bernhardt, del que ya he hablado en los capítulos referentes a nuestra Guerra Civil como el hombre que vendió al ejército de Franco los aviones alemanes, se presentó en el estudio. Él solucionaría el problema. Pidió comunicación con la base de Getafe. Que se pusiera al teléfono un representante de los cadetes que se negaban a colaborar en la película.

—¿Habla usted en representación de los cadetes? [...] Yo soy Johann Bernhardt, productor de la película *Alas de juventud*, que pretende rendir un homenaje a la aviación militar española. Pero hace años, en 1936, fui el hombre que vendió al ejército español los aviones con los que se ganó la Guerra Civil.

Esta vez el silencio fue un poco más largo. Después, Bernhardt colgó el auricular y, sin ninguna expresión en su semblante, nos dijo a los cuatro o cinco que nos hallábamos en el despacho aguardando la solución del problema:

—Ha dicho que de eso hace mucho tiempo. Que ninguno de los cadetes tomaron parte en aquella guerra. Que lo que saben de ella lo han estudiado en los libros de Historia.

Se suspendió el trabajo. Al día siguiente rodamos la escena con un centenar de extras vestidos como cadetes.

Rodamos también en el chalé de Pozuelo en que vivía Bernhardt. Detrás de cada cortina había escondido un joven alto y rubio.

Poco tiempo después el productor Bernhardt desapareció y volvió a aparecer en Buenos Aires. Y luego desapareció para siempre.

Un juego

Voy a dedicar unas cuantas páginas a un juego. Un juego en el que el ganador o el perdedor siempre seré yo mismo, como cuando sobre el suelo del cuarto de estar de mi infancia, a la amarillenta luz de la bombilla, era el jefe de los dos ejércitos. Ahora se trata, según fue uno de mis propósitos al plantear este libro, de ver cómo les fue a otros autobiografiados en el momento al que he llegado. Ya he dicho que tras el estreno de *Botón de ancla* tuve la sensación de que anteriormente no había tenido ningún éxito. Aquel era en realidad mi primer triunfo, el que me ponía en el camino de la fama y de la riqueza y que disiparía las inseguridades respecto a mi capacidad y a mi porvenir. Buscaré ahora cómo fue el primer triunfo de algunos de mis modelos. Aquello ocurrió a mis veinticinco años de edad. Buscaré también lo que les ocurrió a alguno de mis modelos a sus veinticinco años. Y tuvo lugar en 1947. También lo buscaré. No es trabajo difícil, porque aquí están todos sus libros, previamente acotados. Ya digo, no es más que un juego. Y como en todo juego, hay que dar su parte al azar. Por ello el orden en que aparecerán unos y otros es puramente caprichoso. Tal como han quedado al colocarlos sobre mi mesa. Empecemos.

Apartado primero: el momento del triunfo.

¿Cómo fue el momento del triunfo de Ingrid Bergman? (Es el libro que está más cercano.) Trescientas cincuenta y nueve páginas, y en la 90 ya ha interpretado *Casablanca*. Esa sí puede considerarse la vida de una triunfadora, digna de ser narrada. Pero voy a buscar el momento de su primer triunfo. Recuerdo que lo subrayé. En la página 45, arriba, se lee: «Yo triunfaba en mis actividades.» Tenía veintiún años y su triunfo no había sido súbito, sino paulatino, a lo largo de cinco o seis películas. Desde que la crítica dijo cosas como: «Ingrid Bergman no causa gran impresión» o «fornida y segura de sí misma» o «una muchacha bella y estatuaria» hasta que al cabo de año y medio ya decía: «La gran revelación de Ingrid Bergman», «Belleza espléndida, actúa con intuición vigorosa», «Manifiesta todos los matices de la perfección», «Hay que rendirse a su hermosura y talento». Las películas que daban motivo a estas críticas estaban realizadas en Suecia, pero la revista profesional *Variety* de Estados Unidos indicaba: «Sobresale del reparto Ingrid Bergman, bonita y con facultades para aspirar a un puesto en Hollywood.» Recién casada, la vida matrimonial, la casa, el círculo de amistades atraen su atención, y su triunfo no se le aparece como algo insólito, que hasta hace poco fuera inasequible, sino como un accidente más de su vida cotidiana. Ella sabe que existe Hollywood, que el gran cine sueco no es más que un sucedáneo, y que en el hecho de que las puertas de la Meca se hayan abierto para ella no ha intervenido la magia ni ningún espectacular golpe de suerte, sino que es un episodio que no tiene nada de sorprendente.

Momento del triunfo de Alec Guinness. Otro país, otras circunstancias. No estamos frente a una mujer escultural y bellísima, de juventud resplandeciente, sino frente a un hombre del que, considerado en su aspecto físico, no en cuanto a su genialidad de actor, podríamos decir que es como muchos de los demás. Trescientas siete páginas tienen sus *Memorias* en la edición que manejo. Buscaré el momento del primer triunfo. No recuerdo que en mi desganada lectura de este libro lo haya subrayado, aunque encuentro unas cuantas páginas dobladas por una esquina. Pero no aparece el momento en que Alec Guinness triunfó. No sé si este hombre, premiado con el Óscar, «sir» por sus méritos y no por herencia, no triunfó nunca, en ningún momento concreto, o si su vida fue una carrera triunfal desde que pisó por primera vez la escena. ¿Allá en su país, que un director como Tony Guthrie (actor, director y productor teatral, cuyos montajes de *Ricardo III* y *Hamlet* produjeron verdadero entusiasmo en los países donde fueron presentados, y al que la reina Isabel II armó caballero) elija a un determinado actor para incorporar al personaje de *Hamlet* puede significar que este actor ya ha triunfado? «Me gustaste en *El mercader* —dijo—. ¿Qué te parece si vienes aquí la próxima temporada y haces *Hamlet*? Creo que ya estás preparado para hacerlo.» Podemos entender que en *El mercader de Venecia* había alcanzado su primer triunfo. Pero no debió de ser así, porque entonces, ¿cómo habría llegado a interpretar *El mercader de Venecia* en Londres, nada menos que bajo la dirección de John Gielgud? El triunfo, el primer triunfo, debió de alcanzarlo antes. De ese *Hamlet* con Guthrie nos dice: «Las críticas no habían sido buenas.» Luego tampoco fue ése el triunfo. Respecto a la interpretación de *El mercader de Venecia*, con la que llamó la atención del director Guthrie, nada más dice en el libro.

Me ha resultado imposible concretar en un «momento» el triunfo de Alec Guinness. Fue normal que le hiciera David Lean una prueba para el papel de Herbert Pocket en *Cadenas rotas* y también que saliera airoso de la prueba. Agradece mucho al mismo director que le permitiera interpretar el personaje de Fagin en *Oliver Twist*, pero no hay referencia alguna al resultado de este trabajo, ni al éxito que pudo depararle. Cuando se refiere a *El hombre del traje blanco*, *El quinteto de la muerte*, *El puente sobre el río Kwai* o tantas otras películas ya no es sólo un actor consagradísimo, sino una estrella del cine. El «momento» del triunfo no lo he encontrado.

Veamos ahora los veinticinco años de Pola Negri y los de María Asquerino.

Tras el estreno de *Madame du Barry* en Nueva York la crítica, unánimemente, se volcó en elogios de la película y de su protagonista. Pola Negri se vio convertida en una gran estrella de América. Comenzaron a llegarle de Hollywood ofertas de contratos fabulosos. Se trasladó a París, que la fascinó desde el primer momento. Se hospedó en el Claridge, en los Champs Elysées. Teatro todas las noches, el Follies, la Comedie Française. Cenas en Maxim's y en el Ritz. Las casas de modas, Molyneux, Poiret, Chanel, Lanvin. Un día fue a Versalles y anduvo por donde la Du Barry lo había hecho, y estuvo horas en sus habitaciones. «Todo me pareció tan familiar como si hubiera estado antes.»

A Maruja Asquerino, a sus veinticinco años, la veían muy joven para un papel tan importante y de tanta responsabilidad como la protagonista de *Madrugada*, el drama de Buero Vallejo. Intervino el gran conocedor de actores Manolo Alexandre y convenció al director, Cayetano Luca de Tena.

«Fue un éxito rotundo [...]. Corrían por el pasillo del Teatro Alcázar, iban hasta la batería diciendo: ¡Bravo! ¡Bravo! ¡Bravo! ¡Qué estreno tan maravilloso! Había estrenado mi función importante [...] Tuvimos un gran éxito, todos, en realidad, todos, porque era una obra que salió perfecta, con una gran interpretación y un gran montaje de Cayetano Luca de Tena [...]. La revista *Triunfo* concedió unos premios de teatro. A mí me lo dieron por *Madrugada*. En aquel momento, con el éxito, los premios, uno se cree que ha llegado todo, y que todo es maravilloso. Y resulta que no es así, que siempre la vida del actor es como volver a empezar. Yo tengo que volver a empezar cada vez.»

¿Cómo les iba en el año 47 a Lauren Bacall y a Charles Chaplin? ¿Qué hacía Chaplin cuando obtuve yo aquel triunfo de *Botón de ancla*, a mis veinticinco años? Rodaba *Monsieur Verdoux*. A propósito: consigno aquí que me enteré de que *Monsieur Verdoux* había sido un fracaso, y de que era una película frustrada que no hacía reír a nadie y que a nadie conmovía, no cuando la vi, a raíz de su estreno en España, sino casi veinte años después, al leer por primera vez la autobiografía de Chaplin.

Mary Pickford le había escrito alarmada, porque los bancos se habían negado a conceder más créditos a United Artists, de la que eran propietarios ella y Chaplin, y que tenía un millón de dólares de deudas. A Chaplin esto no le preocupaba demasiado, porque en situaciones semejantes una película de éxito los había sacado del apuro. Terminada la película, tras forcejeos con la censura, él y el personal de la United Artists confiaban en un gran éxito de taquilla. Su representante pronosticó unos beneficios de más de doce millones de dólares. Al concluir la proyección privada, sus amigos Thomas Mann, Lion Feuchtwanger y otros cuantos se pusieron en pie y aplaudieron durante más de un minuto. Pero la noche del estreno, desde que empezó la película, hubo unos aplausos nerviosos mezclados con silbidos. Chaplin confiesa que aquellos silbidos le hirieron más que la hostilidad de la prensa. Sonaban risas, pero divididas. Eran risas que desafiaban a los silbidos. Chaplin, con el corazón acelerado, no pudo permanecer en su butaca y subió a los pisos altos. La actitud del público era la misma. A la salida del cine le dijo su representante:

—No nos va a producir doce millones, ni mucho menos.

Hubo alguna opinión favorable, pero a pesar del champán aquella fue una noche deprimente.

Según esto, y aunque hoy yo cambiaría gustoso el éxito de *Botón de ancla* por el fracaso de *Monsieur Verdoux,* a mí en aquel año 1947, a mis veinticinco años, casado y con dos hijos, me fue mejor que a Charles Chaplin a sus cincuenta y ocho, y en la cumbre de su gloria y de su fortuna.

Para Lauren Bacall fue un gran año. Se casó con Humphrey Bogart, un hombre al que amó intensamente y con el que fue muy feliz, y perduraba aún el eco del extraordinario éxito alcanzado con la primera película en la que intervino, en 1944, *Tener y no tener,* de Howard Hawks, sobre la novela de Hemingway. «Me sacó de la nada y me transformó en una combinación de Garbo, Dietrich, Mae West y Katharine Hepburn. La prensa proclamaba que era uno de los más grandes descubrimientos, todo lo que Howard Hawks había querido siempre.» Su nombre estaría en los labios de todo el país. En 1947, en la plenitud de sus veinte años, volvió a rodar junto a Bogart en *El sueño eterno*, y después, acompañada por el gran Charles Boyer, hizo *Confidential Agent*, que, según ella cuenta, fue un desastre. Para los críticos era un error. A Lauren Bacall debían devolverla al lugar de donde había salido, porque ya no era Garbo, Dietrich y Mae West, sino simplemente ella. Para los que la habían calificado meses atrás como brillante, gloriosa y emocionante ahora no era más que una mera aficionada, aburrida y sencillamente mala. Fue la última vez que su productor, Warner, eligió una película para ella. Si no se hubiera hallado tan absorta en su amor por Humphrey Bogart no habría podido sobreponerse al violento tropiezo ante el público de toda la nación. Entonces no lo advirtió, pero después de *Confidential Agent* tardó años en demostrar que podía hacer algo válido. Mas nunca alcanzaría las alturas de *Tener y no tener*, su película de los diecisiete años.

Como se ve, la fugacidad del éxito no es privilegio exclusivo de nuestro país, o de países parecidos al nuestro, como opinaban mi representante, José María Gavilán, y María Asquerino, y también yo mismo, sino que en los mismísimos Estados Unidos pueden darse casos tan patéticos como el de esa muchacha, triunfadora a los diecisiete años y públicamente fracasada a los veinte. Y con un fracaso de tal índole que tardaría cerca de veinte años en remontarlo. Pero es un caso excepcional. La marcha descendente, con grandes depresiones, de la carrera de Lauren Bacall no es característica de aquel país. Como tampoco lo es del nuestro esa clase de fracasos. No recuerdo que los críticos españoles hayan lanzado ni unánime ni parcialmente improperios contra ninguna estrella recién encendida como los que Lauren Bacall nos cuenta que le lanzaron a ella. No podemos saber, por tanto, si habrían tenido efecto perjudicial sobre la carrera de alguien. Algunas triunfadoras absolutas, como pueden ser Aurora Bautista y Sara Montiel, sí han tenido que soportar ironías más o menos burdas de parte de los comentaristas —no especialmente de los críticos— que no les habrían lanzado de no hallarse en pleno triunfo. Pero no creo que esos sarcasmos o chistes satíricos hayan perjudicado su carrera, sino que han sido más bien una especie de certificado de su mérito. No se producen entre nosotros éxitos tan rotundos y tan duraderos como los de otros países, pero tampoco fracasos tan estentóreos; quizás porque aquí una especie de melancólica indiferencia nos envuelve a todos, suaviza la cuchillada y sirve de vendaje para las heridas. Y la desconfianza. Lo mismo que ante el triunfador pensamos que su triunfo no debe de ser muy legítimo, que de algunas malas artes se habrá valido, pensamos ante la crítica agresiva que puede tener su origen no en el sano juicio, sino en algún oscuro motivo. Este aspecto de nuestro panorama profesional puede diferenciarlo del de otros lugares; pero no me sorprendería, si persisto en bucear en vidas ajenas, encontrar un actor de Irlanda, del Japón, de Argentina o de Canadá que haya dicho lo mismo hablando de su tierra. Cuando a William Saroyan, en su viaje por España, le preguntó un periodista qué le había parecido la gente de Madrid, respondió que a los que iban por las calles, entraban en las tiendas, despachaban en las cafeterías, los había visto ya en California.

Estas son superficiales reflexiones de ahora, de 1989. Entonces, en 1947, no me cabe la menor duda de que, con mi *Botón de ancla* recién estrenada, con mi mujer y mis dos hijos pequeñísimos, con la gente que me pedía autógrafos y la correspondencia de niñas y adolescentes pidiendo fotografías dedicadas, con las críticas unánimemente favorables, con artículos de prensa en los que se decía que era el prototipo del guardiamarina, con lo que todo eso representaba respecto a mi inmediato porvenir, al aumento de mis ingresos, a la posibilidad de tener un piso —hasta entonces vivíamos en el de mi madre—, y de viajar a algún lado sin que fuera para trabajar, era más feliz, más triunfador —según acababan de demostrar mis investigaciones— que Lauren Bacall y que el mismísimo Charles Chaplin. «El que se muere en *Botón de ancla*» no sólo no se había muerto de verdad, sino que estaba empezando a nacer.

25
El ascendente camino del éxito

El legionario juerguista

Después de *Botón de ancla* intervine en muchas películas, entre ellas, *Tiempos felices*, de Enrique Gómez, *Facultad de Letras*, de Pío Ballesteros, *El capitán Veneno*, de Marquina, *La mies es mucha*, de Sáenz de Heredia, pero ninguna conseguiría la aceptación popular de aquélla. Habría que esperar a *Balarrasa*, una película —como muchos, los de más edad, aún recuerdan— de curas. De curas y de guerra.

Se rodó en Sevilla Films, unos modernísimos estudios cinematográficos, de los mejores de Europa, en el año 1950. Respondiendo a su nombre y al capital que financió la construcción, la entrada a Sevilla Films reproducía una especie de cortijo andaluz.

A los cinematografistas de hoy, acostumbrados a rodar donde buena o malamente pueden, unas veces por afán de realismo y otras porque no hay más remedio dada la absoluta carencia de platós bien acondicionados, las instalaciones de que hace cuarenta años disponía Sevilla Films les harían morir de envidia. Bares, restoranes, camerinos, almacenes, talleres, salas de montaje, de proyección, de sonorización, seis platós, despachos, jardines, solar para decorados en exterior... Desde 1943 en Sevilla Films rodaba Cifesa —que, asociada con Aspa Films, produjo *Balarrasa*— casi todas sus películas.

En 1950 ya no estaba la gran marca valenciana en su mejor momento, pero de todos modos entre los profesionales conservaba buena parte de su prestigio.

No está muy claro si a una cinematografía pobre como la española —cinematografía pobre de un país pobre— le convienen más los francotiradores, los llamados a veces «productores piratas», o los que se dedican a una producción continuada y planificada con cierta seriedad. Cifesa eligió el segundo camino —siguiendo el ejemplo del cine americano de la época dorada—, el de la continuidad y la planificación, y acabó yéndole mal, aunque no exclusivamente por esa razón.

La continuidad en la producción permitió a Cifesa dedicar a la promoción de sus productos, a la de sus actores y directores más atención que cualquier otra empresa de la competencia. Y el esfuerzo dedicado a dar lustre sobre todo al nombre de la empresa dio sus frutos. En aquellos tiempos el nombre de Cifesa era más conocido en España, en todos los ambientes, que puede serlo hoy el de cualquier marca de detergente multinacional.

Ahora, al cabo de los años, y vistos los resultados, es fácil decir que el modelo de Hollywood no era el único válido, que en Europa se organizaba la producción de distinta manera, que sin salir de España había métodos más acordes con nuestras posibilidades. Es cierto que nos venían grandes, incluso ridículos, los solemnes y lujosos estrenos, los esmóquines y las *soirées*, pero también lo es que a muchos entonces les parecía que Cifesa era la productora más seria, más importante y mejor organizada.

Sin necesidad de ser actor contratado por la casa —Cifesa llegó a establecer con sus actores contratos incluso de tres años de duración, cuando siete era la norma americana y dos meses la costumbre nacional—, a poco que despuntaras, la poderosa empresa te invitaba a toda clase de actos y festejos promocionados por ella o en los que colaboraba.

Poco después de hacer *El destino se disculpa* y *Empezó en boda*, antes de *Botón de ancla*, quiero decir cuando no me conocía prácticamente nadie, Cifesa me invitó a las Fallas. La verdad es que a última hora me enteré de que a cambio de la invitación tenía que participar como subalterno del actor José Nieto en la lidia de un becerro. Me armé de valor, y me negué en redondo. Pero mi nombre estaba en los carteles, no podía defraudar a *mi público*, no podía dejar mal el nombre de Cifesa. Quedamos en que me limitaría a hacer el paseíllo. Y me limité, desde luego. Mi miedo al ridículo y al toro me convencieron sin ningún esfuerzo de no abandonar el callejón. Visto desde el burladero, el becerro me parecía enorme, gigantesco, y José Nieto, ligando las verónicas, se me antojaba un ser mitológico. Junto a mí estuvo, aquella mi primera y última tarde, Perico Chicote, otro de los banderilleros, pero ése sí se animó a dar unos capotazos.

Entre el esplendor de los estrenos y las fiestas, entre los altos presupuestos de las películas históricas, *Locura de amor, Alba de América, La leona de Castilla,* Cifesa, discretamente, con sigilo, sin que los demás llegásemos a enterarnos, caminaba hacia la quiebra. Aún se discute si fue por haber sido incluida en la «lista negra» de los americanos al concluir la Segunda Guerra Mundial o por una gestión equivocada, pero a nosotros, actores y técnicos, no nos llegaban esos funestos presagios, y el ser llamados para una película de Cifesa era por lo menos la garantía de una gran promoción.

La razón de que se me encomendase el papel de *Balarrasa* está en una película anterior, *La mies es mucha*, de José Luis Sáenz de Heredia, en la que también hacía de cura. Estábamos en plena etapa de cine de propaganda religiosa, que se había iniciado con *Misión blanca*. Frecuentemente se recurre al cine o al teatro para hacer propaganda de esto o de aquello, pero no estoy seguro de que el sistema dé buenos resultados. No creo que nadie se haya hecho sacerdote por ver alguna de esas películas. Algo parecido ocurre con las comedias moralizantes sobre conflictos matrimoniales. Si su propósito es distraer o conmover al público, puede que algunas lo logren. Pero no me imagino a ningún marido infiel rompiendo con su amante por haber visto la tierna escena final de la reconciliación entre los esposos. Casi todas las películas de delincuentes son contra los delincuentes, y, sin embargo, sigue habiéndolos. A lo mejor es que los delincuentes no van al cine, pero se me hace muy cuesta arriba creerlo.

El caso es que como *La mies es mucha* tuvo bastante aceptación, su guionista, Vicente Escrivá, pensó en mí para su inmediata película, *Balarrasa*.

Unas cuantas escenas se rodaron en Salamanca, en el seminario. El resto, como he dicho, se rodó en decorados, en Sevilla Films; en el rodaje se dio una circunstancia que pocas veces se ha repetido en la historia del cine: casi toda la película, o una gran parte, se rodó dos veces. Al principio, *Balarrasa* era una producción Aspa Films que habría de distribuir Cifesa, pero antes de concluirse el rodaje pasó a ser íntegramente una producción Cifesa. Al llegarse a este acuerdo, los altos mandos de Cifesa visionaron todo el material rodado y acordaron que, excepto lo rodado en el seminario, lo demás había que repetirlo porque los ambientes eran poco lujosos. Aquí tropezamos con la influencia del cine americano. Los decorados de aquella primera visión eran excelentes, ajustados a la realidad —según las corrientes que se estaban imponiendo en Europa, por influencia del neorrealismo italiano—. Pero aquellos interiores señoriales del barrio de Salamanca, aquellas «salas de fiesta», a Cifesa le parecían pobres para su prestigio y para el gusto del público. El director José Antonio Nieves Conde trató de defender al decorador, pero prevaleció la opinión de la casa productora, el decorador se marchó y trajeron a otro muy habituado a los gustos de Cifesa. Y ya, rodeados del imprescindible lujo, repetimos casi todo lo hecho. Hubo que sustituir a algunos actores, que tenían otros compromisos. Uno de los que no pudieron concluir su trabajo fue Alfredo Mayo, al que sustituyó Eduardo Fajardo.

Desde la primera lectura de *Balarrasa* me pareció que se trataba de un guión convencional, muy adecuadamente escrito, muy bien estructurado, en el que alternaban hábilmente la comedia y el melodrama y que contaba con todos los elementos necesarios para interesar a un amplio sector del público de entonces. Algunos de sus personajes —como los de José María Rodero, Manolo Morán, los dos alcanzaron grandes éxitos personales en esta película— y el mío estaban diseñados con gran acierto para despertar la atención y la simpatía de los espectadores.

Partiendo de este guión se trataba sobre todo de conseguir una obra bien hecha, atendiendo primordialmente a la perfección formal. Supongo que ésta fue la razón por la que se eligió como director a Nieves Conde que, a pesar de lo escasa de su obra anterior, tenía fama de ser nuestro mejor técnico, el que mejor había asimilado las lecciones de Hitchcock, William Wyler, Siodmak, Otto Preminger, los maestros de entonces. En fin, él sabrá mejor que yo quiénes fueron sus maestros.

Este Nieves Conde, que siempre se llevó muy bien conmigo, tenía también fama —creo que merecida— de hombre adusto, seco, duro, muy exigente en el trabajo, cosa que aquí nunca cae bien. Por eso me sorprendió y admiró la actitud de María Rosa Salgado en su primer día de rodaje.

María Rosa es una de las mujeres a las que más he admirado en mi vida. No sólo por su belleza un tanto misteriosa y turbadora para los hombres, aunque algo incomprensible para las mujeres, sino por su carácter, por la firmeza de su carácter. Por la seguridad que aparentaba tener en sus convicciones, y por la claridad con que las expresaba. El primer día que rodó estábamos sentados a la mesa del comedor, y el director Nieves Conde se acercó para hacerle una indicación:

—En este plano sonríe más, con una sonrisa más expresiva, más abierta.

María Rosa miró fija, profundamente, a los ojos del director y le contestó:

—No quiero.

Me quedé pasmado. Creo recordar que cambié una mirada con Rodero y su pasmo era igual al mío.

Toda la dureza, la exigencia, la superioridad de Nieves Conde se vinieron al suelo. Yo diría que durante una fracción de segundo miró a María Rosa con terror. Luego se encogió de hombros, dio media vuelta como quien dice: allá ella, y se dedicó a otras cosas.

Sin estar de acuerdo con la actitud de María Rosa, desde mi modestia y mi disciplina de actor dirigido, que he procurado conservar siempre, creció mi admiración por aquella chica. Y tuve envidia de su valor y de su sentido de la independencia.

Otra lección —no sé si más válida— recibí en esta película. Se refiere a las reacciones, al comportamiento del público. Fue con ocasión de su estreno. No recuerdo si asistí al estreno en Madrid, pero sí al que tuvo lugar en Sabadell, que fue el estreno en España. Allí nos trasladamos unos cuantos de los que habíamos intervenido en el rodaje. Al terminar la película salimos todos a saludar y fuimos acogidos con grandes aplausos. Dijimos unas palabras para agradecerlos. Pero al concluir, Manolo Morán se apoderó del micrófono y se desbordó en elogios hacia mí, hacia mi trabajo, me comparó con los grandes actores extranjeros, ídolos del público, pero para dejarlos peor a ellos. Dijo que el que no lo viera así, era por esa ceguera que les hace creer a los españoles que lo suyo es lo peor. Habló de España, de la patria, de las raíces, de la sangre, de la raza... Abandonó el micrófono, se fue adonde estaba yo, me agarró de la mano y me sacó de nuevo al escenario. Y entonces la ovación fue clamorosa, delirante, larga, inacabable... Después Manolo Morán me diría que para él aquello no era nada nuevo, que ya antes de la guerra había ido por algunas ciudades de España haciendo propaganda electoral y se sabía muy bien la papeleta.

A *Balarrasa*, a pesar de su extraordinario éxito, que superó con mucho el de *Botón de ancla*, se la tachó de ingenua. Estaba yo de acuerdo con los que ponían ese reparo. Las maldades, los delitos, los pecados que cometía la familia eran que un señor jugaba a las cartas, una chica fumaba —tabaco—, otra salía de noche y el peor se dedicaba al tráfico de divisas. Si la película se hubiera rodado en el extranjero, estos temas habrían sido la homosexualidad, las drogas, los atracos.

Pero ahora ha pasado el tiempo; en realidad —en realidad histórica— poquísimo. Y visto desde hoy, ¿qué es más grave, más malo, más pecaminoso? ¿La coca, el tabaco, que las niñas salgan de noche, que salgan por la tarde, jugar a las cartas, jugar a la ruleta, atracar, llevarse el dinero a Suiza, la homosexualidad...?

París

He triunfado. La riqueza se avecina. El porvenir aparece despejado. Tenía yo razón: este es un oficio en el que uno puede enriquecerse. De niño, oía comentar a los cómicos compañeros de mi madre que el gran actor Ernesto Vilches se había arruinado tres veces por culpa del juego y de las mujeres. Para arruinarse tres veces debió enriquecerse otras tantas. Cuando se estrenó *Balarrasa* en el cine Rialto María Dolores y los niños no debían de estar en Madrid, porque yo vivía en el hotel Emperador, desde cuyos ventanales —no los de mi pequeña habitación interior, sino los del salón del primer piso— se veía en la acera de enfrente la fachada del cine, con el título de la película, *Balarrasa*, y mi nombre y mi rostro en grandes proporciones.

Aquellos días, y durante cerca de dos años, la radio repetía el eslogan: «*Balarrasa* divierte, *Balarrasa* subyuga, *Balarrasa* emociona.» Por la calle ya no sólo me llamaban «el que se muere en *Botón de ancla*», sino Balarrasa; y a veces, las menos, oía decir:

—Mira, ése es Fernán Gómez.

Comencé a acudir al club Riscal, local que hasta entonces tenía por vedado, que desconocía pero imaginaba. Una tarde le oí decir a Camilo José Cela, en la tertulia del Gran Café de Gijón, que había estado allí con Sánchez Mazas. En la tertulia se hacía un silencio religioso y todos escuchábamos. Se rumoreaba que iba algunas noches un ministro de Franco con su amante; y se dejaban ver. Mi amigo Cayetano Torregrosa o Manuel Alexandre o José María Gavilán me acompañarían una de aquellas primeras noches —luego Riscal acabó siendo para mí una segunda casa, como el Gijón—, cuando un señor como de cincuenta y tantos años, enjuto, muy elegante, se levantó de su mesa y vino hacia la mía para abrazarme y decirme, sin ocultar que estaba conmovido:

—Es usted el actor de cine; le he visto en *Botón de ancla*, en *Balarrasa*, y sobre todo en ésta, en *Balarrasa*, es usted mi hijo, ¡mi hijo! Déjeme que le abrace, Balarrasa.

Todo esto no sólo es un hecho en sí, un suceso favorabilísimo del que puedo gozar al instante, sino un venturoso augurio. Me hospedo en el hotel Emperador, uno de los tres mejores de Madrid y que a mí me parece lujosísimo, porque no me atrevo a llegar al Palace y no hay ni que soñar en el Ritz, donde a los actores les está prohibido hospedarse. Y me atrevo a salir al extranjero, nada menos que a París. Pagándome yo el viaje y la estancia —lo cual consideraba un logro; hoy considero un logro que me lo paguen— en un hotel de súper lujo.

La aventura se había iniciado en Valladolid, en el estreno de alguna película o en algún acto benéfico, que, a pesar de la abundante documentación, no consigo precisar, cuando Cesáreo González nos dijo que pensaba pasar el fin de año en París, él solo, como ya lo había hecho otras veces. Se dio la casualidad de que también Aurora Bautista tenía el mismo proyecto, y me uní a aquel carro de triunfadores para ratificarme a mí mismo que lo era, para salir de España, para pasar Nochevieja en París...

Iríamos cada uno por nuestro lado —ni siquiera viajaríamos juntos— sin que nos unieran más lazos que los de la buena amistad. Cesáreo González se encargó de reservar las habitaciones en el hotel Georges V. Al inscribirme en el *comptoir* entrego el pasaporte y me lo devuelven en el acto diciendo que no lo precisan. Me sorprendo, porque esta indiferencia es lo contrario del odioso rigor persecutorio que se usa en España. Pero cuando realmente siento que he llegado a Francia es al ver cómo han distribuido nuestras habitaciones. El hotel había recibido el encargo de reservar tres habitaciones, dos a nombre de unos señores y otra a nombre de una señorita, sin más aclaraciones. Nos dan tres habitaciones que están seguidas y comunicadas, y la de en medio es la de la señorita, la de Aurora Bautista. Se ve claramente que la misión del hotel era facilitar la vida. Comprendí que estaba en Francia, en la dulce Francia.

Pasé la noche de San Silvestre en un pequeño cabaré muy elegante y de moda aquel año, regentado por unos vascos. El grupo lo componíamos la actriz argentina Delia Garcés, su marido, el director Zavalía, el también director argentino Saslavsky, Cesáreo González, Aurora Bautista y yo. Aunque todos eran agradables, inteligentes, simpáticos y de mi mismo oficio, ahora, cerca de cuarenta años después, no acierto a comprender qué hacía en aquel grupo.

Bardem y Berlanga

En oposición a las películas de la etapa religiosa, o de la etapa histórica, o de la bélica, con *Esa pareja feliz* no se pretendía hacer una película aleccionadora, sino, simplemente, divertir al público mostrándole una parcela de la realidad. El propósito de Bardem y Berlanga era hacer una película que se apoyara en la realidad inmediata, en el entorno. O en una serie de pequeñas realidades. Seguían en esto la línea del neorrealismo italiano, que ya había tenido en España sus secuaces, como Edgar Neville, en *El último caballo*; Antonio del Amo, en *Día tras día*; Nieves Conde, en *Surcos*... La película arranca con una especie de sátira del cine histórico, que viene a ser por parte de los directores una declaración de principios.

En el neorrealismo italiano —aparte de la escasez de medios de que tanto se habló entonces, y que no era tan cierta— se dieron varias corrientes. Hubo cine novelesco, policiaco, dramático, psicológico, de «época» —como *Senso*, de Visconti—, cine francamente cómico... Pero lo más característico era el intento de buscar la fuente de inspiración en la vida cotidiana. A ese cotidianismo se apuntaba *Esa pareja feliz*.

En el caso del neorrealismo, aunque se recibieran aires de Italia, no se trataba de una simple imitación, como en el caso del americanismo, ya que una de las condiciones de esa tendencia era llevar la mirada cerca, al entorno, a la vida real, a la que uno por sí mismo ha comprobado como real. Un ejemplo de esto puede ser la pelea callejera en *Surcos*, de Nieves Conde. Allí dos hombres se pegan. Pero no se pegan como gángsters de Chicago o como vaqueros del Oeste: se pegan como dos ciudadanos de Madrid. Los que tenían tendencia a imitar el cine americano, por creer que únicamente aquello era lo cinematográfico, llegaron a pretender que era mejor que las películas españolas fuesen dobladas por los actores que doblaban a los actores americanos, porque así al público, al oír en las bocas de los españoles las voces de Gary Cooper o de Rita Hayworth, la película les parecería más americana; en fin, más película.

Ahora se trataba de lo contrario: de que los ambientes, los comportamientos, las personas, pudieran parecer verdaderos, y, sobre todo, cercanos, identificables.

Han pasado ya muchos años desde que Bardem y Berlanga con *Esa pareja feliz. Bienvenido, Mister Marshall, Calle Mayor* y *Calabuch* renovaron el cine español. Y lo renovaron no sólo con la influencia del neorrealismo italiano, sino recurriendo a una fuente muy española: el sainete, uno de los géneros más castizos del humor teatral nacional. Bardem incluso recurrió a Arniches, aunque tiraría pronto por otros derroteros, pero Berlanga insistiría en esta línea. Y renovaron no sólo el cine español, sino también el concepto de sainete como género dramático. Podría decirse que en su versión cinematográfica el género se hacía algo más culto, más irónico, con un propósito no de servicio a la supuesta moral convencional del público, sino a la moral de los autores. Y lo que el género perdía en popularidad lo ganaba en sinceridad, en riqueza de intenciones.

Bardem y Berlanga, a pesar de ser amigos míos, respetaban mucho mi condición de consagrado, y yo también respetaba mucho la suya de directores jóvenes, noveles, que se habían formado no aprendiendo de oídas, sino estudiando en la Escuela de Cine, a cuya primera promoción pertenecían. Este mutuo respeto dio lugar a un curioso suceso. Representaba yo en la película el personaje de un obrero de unos estudios de cine. El primer día de rodaje, al entrar en mi camerino, me encontré con que allí había unos pantalones, una camisa, una correa, no sé si un chaquetón, una bufanda, un jersey y una boina. Comprendí que aquel era el vestuario elegido para mi personaje por los nuevos directores y me lo puse todo. Me miré al espejo y el conjunto me pareció horrible. Pero no iba a empezar mi trabajo poniendo pegas, haciendo dudar a aquellos jóvenes de sus ideas. Bajé al plató y le pasé el modelo a Berlanga.

—¿Qué te parece?

Berlanga me miró de arriba abajo.

—Bien, muy bien —dijo.

Y se fue a un rincón a buscar a Bardem. Desde allí me señalaron, comentaron, luego se acercaron a mí. Bardem también dijo:
—Bien, lo encuentro bien.

Tardamos mucho tiempo, ya concluida y quizás exhibida la película, en enterarnos de que a los tres nos parecía inadecuado el vestuario. Nuestro mutuo respeto nos había hecho caer en la trampa. Creía yo que aquel vestuario era el que habían elegido ellos, y ellos creyeron que era el vestuario que había elegido yo para, como decíamos los actores, «componer el tipo», cuando en realidad no eran más que un montón de prendas dejadas en el camerino por el encargado de sastrería por si alguna podía ser útil en cualquier escena de la película.

¿Actor exportable?

Cuando Bardem, Muñoz Suay y Berlanga me pidieron que hablase con Fernández Flórez para recomendarle la película, me pusieron en un compromiso. Era la primera vez en mi vida que hacía una gestión de esa índole. Mi timidez se exacerbó ante tal demanda. Por otro lado, creía que el pedir recomendaciones, el darlas, el participar en grupos, el intrigar un poco, el pertenecer a sociedades de bombos mutuos, eran signos de madurez. Y también de normalidad, de equilibrio. Estaba mal no hacer por los amigos lo que uno podía hacer. Sabía que Fernández Flórez sentía por mí cierta admiración. Le había conocido durante el rodaje de *El destino se disculpa,* de Sáenz de Heredia, y en entrevistas que nos hicieron en la radio para el lanzamiento de la película. Me gustaba mucho su obra y le dije que uno de mis deseos como actor sería interpretar una película basada en su novela *Ha entrado un ladrón.*

Me sorprendió ver que su mesa de despacho estaba llena de montones de libros. Yo entreveía el rostro afilado de don Wenceslao entre esas pilas de libros. El despacho era una habitación pequeña, interior, pero comunicada con otra con balcones que daban al espacioso bulevar de Alberto Aguilera, en la que había un tresillo y una mesita de centro. También en ese gabinete charlé con don Wenceslao. Allí se lamentaba de que el de escritor era un oficio precario. Pero miento al decir «se lamentaba», pues lo que hizo fue limitarse a consignarlo. Hablando como miembro de la junta clasificadora de películas dijo que lo malo del cine español era que olía a cocido. Me sorprendió que dijera aquello, ya que a mí me parecía que ése debía ser el olor natural de nuestro cine, como también era el olor de algunas de sus novelas, que yo admiraba.

Visité al autor de *El bosque animado* en dos ocasiones. Una para comprarle los derechos de adaptación al cine de su novela *El malvado Carabel*, de la cual había realizado otra versión en los años treinta Edgar Neville. Y la segunda, a la que me estoy refiriendo, para rogarle que viera con benevolencia, desde su puesto en la junta de clasificación de películas, la primera obra de Bardem y Berlanga. Opinaba don Wenceslao que, por causas desconocidas, España no era un país adecuado para producir películas.

—Y no lo digo solamente por la baja calidad del cine español, sino por el comportamiento de los cinematografistas extranjeros cuando llegan a nuestro país.

Me mostré sorprendido por esta observación, y el escritor dijo que le había causado una fuerte impresión lo sucedido con un prohombre de la industria cinematográfica norteamericana. Le enviaron los productores y distribuidores de su país a España para defender los intereses de aquella industria por medio de acuerdos, presiones a todos los niveles, en fin, por cualquier procedimiento. Habían elegido, naturalmente, a una persona capacitadísima para tal misión.

—Pero a los seis meses de permanecer aquí —me decía Fernández Flórez—, el consumo de manzanilla y las mujeres españolas, en particular una mujer española, le habían convertido en un español corriente, incapacitado, por tanto, para cualquier labor organizativa, en particular para las del ámbito cinematográfico. Los productores norteamericanos que le habían enviado al poco tiempo le hicieron regresar a California.

En cuanto a la compra de los derechos de *El malvado Carabel* se mostró muy transigente, no discutió la escasísima cifra que le ofrecí, pero sí reiteró que ya sabía él que el oficio de escritor en España era un oficio precario.

Lo de que criticase que el cine español olía a cocido me dejó un tanto desarmado, pues la película que yo recomendaba, *Esa pareja feliz*, desde luego era de las que olían a cocido. Cuando me preguntó cuáles eran el tema y el ambiente de la película me esforcé en eludir la cuestión; no le vi muy dispuesto a apoyar películas de aquel estilo.

Creo que el papel del protagonista de *Esa pareja feliz* se me ofreció porque en aquel momento era un actor de moda. Pero se equivocaron, pues la mecánica actor-público en nuestro cine es muy distinta a la de otros países, sin que nadie haya sabido explicar por qué. El que *Esa pareja feliz* estuviera protagonizada por Balarrasa, por «el que se muere en *Botón de ancla*», no sirvió de nada. Costó trabajo encontrar una distribuidora que se interesase por la película, costó trabajo estrenarla, y la verdad es que cuando se estrenó pasó sin pena ni gloria, aunque hoy ocupe un puesto de honor en la historia del cine español.

Surgieron entonces dos ofertas que, según se mirasen, podían confirmar que me hallaba en el ascendente camino del éxito o que este camino había empezado a descender. Esto segundo podía pensarse porque en vez de protagonistas, como venía haciendo habitualmente desde siete años atrás, en las dos películas se me ofrecían papeles secundarios; y lo primero, lo de que el camino seguía ascendiendo, porque las dos ofertas eran para intervenir en películas internacionales, en coproducciones. Una con Italia y otra con Italia y Francia. El cine que hacíamos en España casi siempre pecaba de excesivamente familiar. Era un poco un cine para andar por casa. La aspiración de la mayor parte de nosotros era —y sigue siendo— conseguir unas películas que se proyectasen habitualmente en el extranjero, pero parece poco menos que imposible. Sirve de consuelo que le llamen a uno para trabajar fuera. Y más aún cuando se trata de películas de la categoría de aquellas que me ofrecían entonces. Una, *Los ojos dejan huellas,* de Sáenz de Heredia, protagonizada por Raf Vallone, y la otra, *La voce del silenzio* (se llamó en España *La conciencia acusa*), dirigida nada menos que por uno de los genios del cine, G. W. Pabst; y se me aseguraba que aunque el papel más largo lo desempeñaba Aldo Fabrizi, mi personaje era tan importante como los de los demás actores franceses o italianos.

26

Roma

La crisis

Estaba un poco nervioso ante mi presentación a Pabst. No sabía hablar italiano ni francés y temía encontrarme muy solo durante el trabajo en la película. Habría preferido que me acompañase otro actor español o que me hubieran puesto en contacto con algún representante de Cifesa. Poco después de comenzar las notas para el *Diario* que me había comprometido a redactar para la *Revista Internacional de Cine,* dirigida por mi amigo y contertulio del Gran Café de Gijón Manuel Suárez-Caso, en la soledad del triste y provinciano Albergo Esperia, no podía evitar imaginarme cómo sería la entrevista y hasta cómo serían algunas escenas de mi papel, que desconocía absolutamente.

Sin proponérmelo, llegué tarde a la cita, cuando la oficina estaba cerrada. Me sentí muy avergonzado. Por la tarde, Julio Peña, que trabajaba en *Los ojos dejan huellas,* me dijo que había hecho bien, que debía darme importancia desde el principio. Volví al otro día, poco antes de las doce; o sea, con veinticuatro horas de retraso. Como solía ocurrirme siempre por aquellos tiempos, el que me recibió peor fue el portero. En cambio, el jefe de producción, D'Amico, me recibió muy bien, afable, cordial y colmándome de elogios. Hasta aseguró que yo sabía hablar italiano. Mi miedo a tener que presentarme diciendo: «Soy Fulano, que viene de tal sitio, para tal cosa...», desapareció. Convinimos una cita para el día siguiente, con objeto de presentarme a Pabst. Pedí el guión, pero me dijeron que no estaba copiado. De nuevo llegué tarde a la cita con Pabst. Esto de llegar siempre con retraso debía de ser una de las manifestaciones de mi timidez.

D'Amico me explicó que Pabst no estaba en la oficina porque no esperaba nunca. Tenía una puntualidad tudesca. Aquella mañana, porque el coche que debía recogerle en la oficina a las nueve había llegado a las nueve y cinco, se enfadó y suspendió el trabajo, diciendo que habían estropeado sus planes. Quedamos en que me avisarían para la prueba de la sotana y me enviarían el guión.

Cuando lo leí, conté los párrafos que teníamos cada uno. Fabrizi tenía el doble que cualquier otro, y los demás eran casi todos iguales. Pero el papel de Fabrizi era más pesado. El mío tenía una escena de presentación muy vistosa, con la lectura, en el refectorio, de la vida de santa Rosa y un mareo para terminar, y, además, la escena final de la película, bastante buena.

Saqué la conclusión de que mi papel era quizás el más interesante. Aunque también estaba muy bien el del escritor. No sabía quién iba a hacerlo. Había oído que intervendría en la película Jean Marais. Debía de ser él.

Mi personaje era un joven sacerdote que atravesaba no una crisis de fe, sino de confianza en sí mismo. Pensaba que no servía para su misión, que su sacrificio era inútil y proyectaba abandonar el convento.

El guión me gustó, pero como estuve un buen rato frente al espejo poniendo cara de cura me entró sueño y no lo leí entero.

Durante aquellos días, cuando llegaba por las noches al *albergo* no tenía gana de tomar notas para el *Diario*, porque pensaba en mi personaje. ¿Crisis de confianza...? ¿Desaliento, quizás...? ¿O hastío...? El joven jesuita pasea por los corredores sin saber por qué... Por los corredores... Pero quiere dejar de ser lo que es. ¿Porque no tiene confianza? ¿O para ser otra cosa? ¿O, simplemente, para dejar de ser lo que es?

Me levanté y paseé por la habitación. Me miré al espejo. Tenía las cejas fruncidas. Estaba pensando. Sonaron pasos en el pasillo. Miré por el ojo de la cerradura y no vi nada. No quería tomar las notas y tampoco pensar en aquel padre jesuita.

Me llevaron a un palacio del Trastevere, donde se rodaban interiores naturales, y Paolinelli, el ayudante de dirección, me presentó a Pabst. El director vienes tenía alrededor de cincuenta y seis años. Era grueso, con nariz inclinada, ojos penetrantes, uno más guiñado que otro, y llevaba anteojos pequeños. Se mostró cordialísimo, podría decir simpático. No hablaba italiano, pero nos entendimos algo en francés. Aquella presentación fue para mí en extremo grata. Pabst me elogió, creo que cordialmente, y elogió también con insistencia la película *Balarrasa*. Dijo que era la primera vez que contrataba a un actor sin conocerlo en persona. Siempre he admirado el mérito de esta gente de buen trato, que envidio desde mi áspera cobardía.

Ya iba viendo, poco a poco, en qué consistía el estado de ánimo del joven jesuita. Como siempre, le sucedía lo mismo que a mí. Como le sucedía al seductor inventado por Diego Fabbri y al misógino capitán Veneno. El joven jesuita quería abandonar el convento, pero no estaba muy seguro de quererlo. ¿No pensaba yo

lo mismo hacía más de un año respecto a mi oficio, y cada vez más intensamente, desde que empecé a sospechar que mi éxito no era éxito, y que si lo era no resultaba satisfactorio? El joven jesuita no comprendía claramente para qué servía, sospechaba que no servía para nada. ¿Acaso no sospechaba yo lo mismo al reflexionar sobre la estupidez de mi trabajo y la insulsez de mi vida cotidiana? ¿No había estado tentado en los últimos meses a abandonarlo todo, incluso mi trabajo y a mi familia? El jesuita se sentía incapacitado para el servicio que de él se esperaba, exactamente como me sentía incapacitado yo. Pero pensaba si eso no sería una disculpa que le presentara el demonio para incitarle a satisfacer su ansia de mundo. Confundía el deseo con la disculpa. La disculpa con el deseo. Entendía yo muy bien lo que era eso. Uno, en esa crisis, está en el centro del miedo, y es miedo lo que se siente al aceptar un nuevo contrato que le liga a la estupidez por dos interminables meses y es miedo lo que se siente cuando se rechaza el contrato. Y miedo cuando uno se cruza con la mirada familiar o cuando pasa por delante de un crucifijo o de la celda del padre superior. El joven sacerdote preguntaba al superior, que le exhortaba a cumplir su misión:
—¿Es una orden?
¿Y no iba preguntando yo eso a todas mis cosas, a toda mi familia y a todos mis recuerdos?
Me levanté y fui de uno a otro de los dos turbios espejos: el del armario y el del lavabo. El jesuita joven, al atravesar su crisis, tendría así las cejas, angustiosamente caídas, y las vigilias le habrían sumido los ojos en las cuencas, como a mí, y tendría la mandíbula débil y afilada.
Toda aquella reflexión nocturna me puso muy contento. Escribí muy deprisa las notas para el *Diario* y cuando me vi en uno de los espejos advertí que estaba sonriendo casi con picardía, con la picardía de quien ha descubierto el truco que estaba buscando. Me acosté convencido de que iba a dormir de un tirón.

Mis propias dudas

Mi primer día de trabajo hicimos la escena en la que el joven jesuita, todavía antes de que su crisis espiritual sea evidente, entra en la celda del fabricante de velas (Fabrizi) para preguntarle si necesita algo. Rodamos también la secuencia en la que yo, ya en plena crisis, me asomo a la celda del mismo Fabrizi, y al verle ante el reclinatorio, comparando el resultado de las dos velas de distinta fabricación, creo que está orando lleno de fe y me retiro atormentado por mis dudas y mi envidia. A dar la sensación de angustia que requería la situación creo que me ayudó algo cierta angustia verdadera que sentía al encontrarme entre tanta gente importante, desconocida para mí y dueña del terreno. La única persona un poco conocida que encontré fue el bombero, que era el mismo que teníamos en *Los ojos dejan huellas*. Estuvo muy simpático conmigo al reconocerme y su presencia y su saludo me consolaron.

De Pabst me llamaron la atención la seguridad y la confianza en sí mismo. Aldo Fabrizi, del que me habían hablado muy mal (respecto a su carácter, quiero decir), me recibió de una manera sencilla y agradable. Recordaba aún algo del español aprendido cuando interpretó y dirigió en Buenos Aires la película *Emigrantes*.

En el momento de comenzar mi trabajo pedí la traducción española de los diálogos, pero aún no existía. Como aquel primer día debía hablar muy poco, me pidieron por favor que dijera mis frases en italiano. Así lo hice.

Pero al llegar a casa, y después de la partida de mus con los de *Los ojos dejan huellas,* me quedé un buen rato estudiando los párrafos de la vida de santa Rosa, pues pensaba que lo de tener que hablar el italiano podía volverse a repetir.

Pabst quería que en la versión italiana quedase mi propia voz, justificando el acento con la nacionalidad española del personaje. Yo lo prefería porque me facilitaba el aprendizaje del italiano y quizás el trabajar allí en otras películas. Respecto a que pudiera quedar peor la interpretación, lo confiaba a mi destino.

Cuando el año anterior había estado en Nueva York de paso para México y me encontré encerrado en mi habitación del hotel, sin permiso de las autoridades de Estados Unidos para pasear por las calles y ver los escaparates, pensé que para lo único que aquella ocasión podía ser buena era para escribir una bella carta a los amigos literatos del Gran Café de Gijón. Tenía ante mí seis horas largas de encierro y soledad. Por mi ventana se veía solamente un alto patio, geométrico y carbonizado, que me recordaba mucho los grabados socialistas que hay en una enciclopedia que tenemos en casa. No podía hacer nada, pero traté de hacer un poco de todo: me bañé en Nueva York, me afeité en Nueva York, me duché en Nueva York, cagué en Nueva York y lloré un poco frente al espejo en Nueva York. Luego comencé a escribir la bella carta: «Señor don José García Nieto. Gran Café de Gijón. Paseo de Calvo Sotelo. Madrid. Querido amigo:» Y no se me ocurrió nada más. Aquello que creía angustia no era más que pena, o menos: fastidio. O una simple insatisfacción privada. No sé. La verdad es que Nueva York, la soledad, la clausura, no se me transformaban en palabras y me afirmé más en mi sospecha de que lo de escribir no era en mí más que una manía.

Lo mismo me pasaba en Roma. Estar en Roma y que no se le ocurra a uno nada que contar no podía ser mejor prueba de falta de aptitudes.

Después de dedicar bastante tiempo al estudio de los párrafos de la vida de santa Rosa me dijeron que la habían sustituido por la de un santo, no sé cuál, que fue a la guerra contra los infieles y luego se arrepintió porque había matado a mucha gente. Por lo visto, a Pabst la vida de santa Rosa le parecía incolora. El caso era que no me sirvió nada de lo que había estudiado, que no sabía aún qué vida tendría que leer y que aún no había traducción de los diálogos al castellano.

Me trasladé a un lujoso hotel de apartamentos, Residence Palace, en el que esperaba que mi soledad, ahora que se había marchado de Roma el equipo de *Los ojos dejan huellas*, sería más llevadera.

¿Actor trilingüe?

Cuando se rodó la escena de la puerta de la casa de ejercicios aún no habían decidido si al abandonar el convento debía hacerlo vestido de sacerdote o de seglar y se rodaron dos versiones de cada plano. A mí me parecía mejor hacerlo en traje de seglar, porque era más fácil marcar la diferencia de las situaciones. Además, procuré dar la sensación del cura no habituado a llevar chaqueta. No rodamos sólo el momento en que abandonaba la casa, sino también el regreso, después del accidente callejero, que era el final de la película. Tuve la impresión de que me había quedado bien.

Me dijeron que en las escenas con los actores franceses debía decir mi papel en francés, aunque en mi contrato constase lo contrario, porque al oírme hablar español, ellos podían desorientarse. A mí me daba igual.

Uno de aquellos días recibí un aviso de que estuviera prevenido hasta las dos sin salir del hotel. Debía de ser porque empezábamos a rodar en la planta del convento. A las dos no había llegado nadie a buscarme. Como a las siete estaba invitado, también en Cinecittà, a un cóctel que ofrecían la Paramount y la dirección del estudio en homenaje a Gregory Peck, que había llegado para rodar *Vacaciones en Roma*, fui por mi cuenta a Cinecittà. En el lugar de trabajo encontré únicamente a la encargada de los camerinos. Los demás se habían ido ya.

—Sin empezar a trabajar —me dijo la encargada.

Pensé que habría ocurrido algún contratiempo con el decorado. Después de merodear un buen rato encontré el sitio en que se celebraba la fiesta. Era un bonito jardín con fuentes y estatuas, al que se subía por una escalinata. Había también una terraza-restorán, otro restorán interior y un bar americano. Era muy pronto y sólo vi a cuatro o cinco invitados. Sin conocer a nadie y sin que nadie me conociese me encontré algo violento. Me fui hacia un lugar apartado. Y allí, detrás de un seto, como en las novelas, o mejor, como en los cuentos, surgió el bombero. Me dio unos cuantos minutos de compañía y de conversación, pero luego me dijo paternalmente que no debía pasarme el tiempo charlando con él, que debía ir donde estaba la gente, que ya iba llegando, porque a mí eso me convenía mucho.

El director de Cinecittá me atendió también un ratito cuando me descubrió tomando un martini en una apartada mesa de la terraza, desde la que iba viendo subir a los invitados, entre los que seguía sin conocer a nadie. Me explicó que aquel lugar era el antiguo comedor de las primeras figuras, que fue destruido por los bombardeos. Pensaban inaugurarlo pronto y aquella era la primera vez que se utilizaba desde la guerra.

Cuando llegó Gregory Peck las muchachas le rodearon para pedirle autógrafos. Se le veía en el centro de la pista. Alto, muy alto, más aún que en las películas. Audrey Hepburn era muy bonita, pero un poco sofisticada y demasiado aséptica, con aire de prefabricada. Por fin, llegaron los de mi película: Pabst, D'Amico y los otros. Paolinelli me contó cosas del guión y del reparto. Intervendría también el actor francés Daniel Gélin. Según Paolinelli, el argumento de Zavattini se refería únicamente al episodio del ladrón callejero que huyendo con un maletín robado se embosca en la casa de ejercicios. En principio el guión, que tenía como título *Tres días son poco*, reflejaba el escepticismo ante los ejercicios espirituales del comunista Zavattini, pero al ser propiedad de la productora estatal y haber subido al poder la Democracia Cristiana lo habían reformado para suavizar su intención. El encargado de la reforma fue un escritor anarquista alemán, recomendado por Pabst. Paolinelli, anarquista también, no confiaba mucho en el resultado.

Los de la productora me llevaron a casa. Pasé por aquella fiesta de una manera estúpida. Y de lo que me queda al cabo de los años mejor recuerdo es de mi conversación con el bombero.

Roma, Madrid, Roma, con escala en Argel

No encontré ningún entretenimiento especial en Roma; no hice amistades; no había teatro; y en aquellas fechas de verano los programas de cine no eran muy atractivos. Entre pasear y dormir iba llenando mi tiempo. Fui a Cinecittá a preguntar si tenía unos días libres para hacer un corto viaje a España. Prometieron contestarme pronto.

Tras las obligadas visitas artísticas y culturales —mi sensibilidad no estaba tan cultivada como para ver a diario la Capilla Sixtina—, y a pesar de las bellezas de la ciudad, que recorrí a pie veces y veces, mi aburrimiento en Roma llegaba a extremos que lo hacían insoportable. Había momentos en los que me encontraba tan nervioso que llegaba a preocuparme un poco. Por eso crecían a cada momento mis deseos del viaje a Madrid. Por fin me dijeron que podía hacerlo, no trabajaría durante cuatro o cinco días. Como había un domingo por medio, podría viajar a Madrid y hasta ir a los toros. Compré unos *fazoletti* para las actrices que actuaron conmigo en *El seductor* —puesta en escena la primavera última— y un corte de vestido para mi madre.

En el viaje de regreso iba la mujer de un exiliado español. Era una pobre mujeruca con pañuelo a la cabeza y una cesta con comida. Nadie hablaba español, y por eso la mujer acabó pidiendo mi ayuda. Al desembarcar en Argel resultó que su visado no servía para Argel, sino para Marruecos. El policía le explicaba esto en francés, yo hacía de intérprete entre los dos, sin entender el francés del policía y sin que la pobre mujer entendiese del todo mi castellano. Cuando menos comprendía yo al policía, decía la mujer del exiliado:

—¡Qué gusto, poder entenderse con todo el mundo!

Al preguntarle cuánto tiempo tendría que esperar en Argel para reunirse con su marido, que, por lo visto, vivía en un poblado, ella contestó que, por la comida que llevaba en la cesta, podía esperar tres o cuatro días. Por buenas componendas, el policía la autorizó a que se marchase sola a la ciudad, a buscar una pensión española.

Ella decía:

—Me han dicho que hay muchos españoles en África.

Pero a la mañana siguiente tendría que presentarse a la policía del aeropuerto para ver si era posible arreglar su situación, o si la devolvían a España. Había hecho el viaje con el dinero ahorrado en su aldea desde 1939. Yo seguí vuelo, después de despedirme de ella, pensando si la conocería su marido cuando la encontrase en Argel, si la encontraba, al cabo de tanto tiempo.

Trabajé con un actor nuevo para mí: Daniel Gélin. Me pareció un hombre simpático y natural. Es curioso cómo se puede llegar a hacer una amistad, aunque no sea más que superficial, con una gente cuyo lenguaje no se comprende más que por aproximación, y del que se le escapan a uno, desde luego, todos los matices. Y cómo se establecen diferencias y se puede llegar a decir éste me va y éste no. Es una cuestión de miradas, y también de estimación profesional, por supuesto. Gélin me pareció un gran actor. Hablaba muy bajo, despacio —por lo menos, en este papel—; casi no movía ni un músculo y cambiaba profundamente de personalidad en el momento del trabajo.

Don Vicente Casanova (Cifesa) —que estuvo unos días de paso en Roma, visitó los estudios, le mostraron proyección de la película y cambió impresiones con Pabst y con D'Amico— me dijo:

—Pabst está entusiasmado con usted.

Y me pareció advertir en su voz y en su semblante un ligero matiz de sorpresa, muy frecuente en España cuando se elogia a alguien.

Rodamos una escena en la terraza de la casa de ejercicios, desde la que se divisaba una de las más bellas vistas de Roma. Conocí al padre Pellegrino, asesor de la película, que llevaba una sotana mucho más ligera y elegante que la mía. Y además iba sin tonsurar, y a mí me habían rapado la coronilla y nunca me volvió a crecer allí el pelo.

Casi no se hizo nada de trabajo y suspendimos a las doce para irnos todos a comer a una típica *trattoria* del Trastevere. Todos estaban muy alegres, muy cordiales y muy simpáticos. Pabst era un hombre de excelente apetito, y Gélin reía a carcajadas cuando el director, después de dar buena cuenta de un gran plato de pilaf, pidió de postre pilaf.

Gélin cantó *La Lirio*. Dijo que sabía muchas canciones flamencas porque la niñera de sus hijos era española y se pasaba la vida cantándolas.

Al día siguiente se intentó hacer la mitad de la escena en la que el padre asistente cree que el ex prisionero intenta suicidarse. Me molesta trabajar en el exterior —por la luz, el viento, los ruidos— y no lo hice a gusto. Estuvimos sin hacer nada cerca de tres horas, porque había entre Pabst y la productora una diferencia de puntos de vista acerca del significado de las frases de Gélin. Fue necesario hacer venir a uno de los guionistas, que corrigió la escena. A causa de lo cual tuvimos que volver al día siguiente a la terraza de los jesuitas.

Creo que Gélin era el mejor actor de la película. Profundo y sincero. Como actor, completamente distinto de lo que aparentaba personalmente. Parecía un hombre frívolo, superficial, un juerguista. Bebía y reía mucho.

Historia de dos ciudades

El recuerdo más intenso que conservo de aquellos meses en Roma es el de mi capacidad para soportar el aburrimiento, para vivir lentamente dentro de las horas, alargadas hasta el infinito por la soledad. Paseé más que nunca. De noche, de mañana, por la tarde, de madrugada... Paseé por las afueras, por el centro, por los parques...

Y no con la curiosidad de un turista o con la plenitud de un poeta, no; paseé como lo haría un ser absolutamente vacío. Porque ni siquiera paseaba intencionadamente, sino porque, aunque comenzase a andar con otra intención, siempre el recorrido se transformaba, contra mi voluntad, en un paseo inacabable.

Paolo Panelli, que interpretaba el papel del ladronzuelo, era un personaje verdaderamente simpático. Me hizo observar que en el cine italiano los divos se preocupaban de aparentar siempre un gran cansancio. Como él aún no era de esa categoría procuraba acudir al trabajo en cuanto le llamaban.

Jean Marais parecía un hombre sencillo, muy disciplinado y le molestaban las faltas de puntualidad de Daniel Gélin. Todos llegaban siempre al plató con su papel aprendido de memoria, hábito no muy extendido en España. A Jean Marais le sorprendió que yo no me negase a actuar el día en que me dieron, en el momento de rodar, la traducción de dos páginas de diálogo.

Daniel Gélin era un apasionado del teatro y tenía una gran curiosidad por las cosas de España. Era también un buen aficionado a la música. Componía de oído. Me preguntó por Andrés Segovia. Le dije que estaba en el extranjero. Conocía algunas obras de Lorca, Valle-Inclán, Casona, Grau. Deseaba ir cuanto antes a España para ver representar a Valle-Inclán.

—*Divinas palabras* —me dijo—, que vi mal interpretada en un teatrito de París, debe de resultar un espectáculo maravilloso representada con la pasión y el calor de los actores españoles.

—Los actores españoles —le expliqué— quizás tengamos ese brío y esa pasión, pero desde luego, por unas u otras razones, nunca representamos a Lorca, a Valle-Inclán, a Unamuno.

(Estábamos en 1952.)

Intercambiamos entusiasmos. Intenté describirle el de mi primer viaje a París. La maravilla de ver surgir entre la niebla el arco de L'Étoile al doblar la esquina de los Champs Elysées. La elegancia natural de aquella avenida y de la gente que en ella se veía, caminando sin apresuramiento, o sentada en las encristaladas terrazas de los cafés. La enorme oferta de espectáculos. En mi corta estancia pude ver *El libro de Cristóbal Colón*, de Paul Claudel, dirigida por Jean-Louis Barrault. Nunca había visto representación teatral tan prodigiosa. Se enlazaban en ella la poética belleza del texto con el admirado Rambal de mi infancia, pero un Rambal depuradísimo y elevado, producto de otro nivel cultural. Se fundían el teatro verbal y el de acción en un puro juego escénico que le llevaban a uno de asombro en asombro. En España, Cayetano Luca de Tena en el Teatro Español y Luis Escobar en el María Guerrero habían logrado montajes muy bellos y se esforzaban por elevar nuestro teatro a la altura del extranjero, pero aquella altura de *El libro de Cristóbal Colón* no la alcanzaríamos nunca.

Muchos años después, cerca de treinta, se demostraría que mi pesimismo era algo exagerado, pues el teatro español, especialmente en lo que se refiere a la escenografía, dio un gran avance. Aquella escuela de directores fructificó, surgieron otros, y algunos, como Adolfo Marsillach con *Marat-Sade* y *Tartufo,* superaron los respectivos modelos parisienses.

Un empleado del Banco de España en París, al que me había recomendado Cayetano Torregrosa, me ofreció un recorrido por las *caves* existencialistas. Él decía que el existencialismo estaba en decadencia y que aquellos ambientes ya no eran lo que fueron, pero a mí me parecieron absolutamente vivos, insólitos para un habitante de España. No pude mencionarle a Daniel Gélin ni una de las cuatro o cinco *caves* en las que estuve que él no conociera. Pero mi mayor sorpresa en París me la proporcionó el público. No me refiero ahora al público de las *caves,* que desde luego en España era inimaginable, sino al de los teatros. Su elegancia, su elevación, su amable aburguesamiento, su solidaridad con el espectáculo, su talento para ayudar a establecer la relación actor-público, a un cómico español le parecieron de otro planeta. El entusiasmo del público estudiantil por los clásicos —una representación inolvidable de *Fedra*, con Vera Koréne— aquel invierno de 1951, se empieza a conseguir ahora en España (escribo en 1989). París no era una ciudad mejor que Madrid, era algo totalmente distinto. Si París era una ciudad, Madrid no lo era. Lo único que podía consolarme era que París no fuera una ciudad, sino algo único en el mundo. Había terminado la Segunda Guerra Mundial hacía siete años y ni una herida estaba sin cicatrizar, y las cicatrices no se veían. Trece años atrás había terminado nuestra Guerra Civil y España era aún no una inmensa cicatriz, sino miles de heridas abiertas. Las huellas de la contienda fratricida estaban aún a la vista, por todas partes. Para un habitante de París posiblemente no era fácil comprender lo que experimentaba un habitante de la España de Franco al pasear por los bulevares, hojear la prensa, asomarse a las librerías y respirar no sólo el aire de Francia, sino el aire de la libertad.

Mi entusiasmo parisiense provocó la risa de Gélin, que remató la conversación:

—Pues estoy deseando ir a Madrid.

Noches de Via Veneto

Goffredo Alessandrini, el director de *Los que vivimos,* había inventado una sombrilla. Decían por Via Veneto que abandonaba el cine para dedicarse de lleno a la explotación de su invento. En la prensa aparecían grandes anuncios de la fiesta que se celebraría para la proclamación de «Miss Sombrilla». No pude asistir porque tenía una conferencia telefónica con Madrid. En esa conferencia hablamos de una película que había en preparación, y en la que yo intentaba que interviniesen algunos actores italianos, porque creía —entonces como ahora— que a nuestro cine había que darle todas las posibilidades de salida al exterior que estuvieran a nuestro alcance. Reconozco que injertar artistas extranjeros no es un sistema nacionalmente puro; sería preferible injertarnos talento a nosotros mismos. Pero a ver quién inventa la fórmula.

Saro Urzi era un actor italiano muy expresivo, tanto en el trabajo como en el café. Debía de ser en Italia un tipo bastante castizo, como nuestro Manolo Morán, aunque estaba especializado en traidores. Pero también a Manolo le vimos en unos extraordinarios comisarios rojos, en una época en que estos comisarios eran obligadamente malos. Estuve charlando con él y con Adriano Rimoldi. Era curioso observar cómo cambiaba la perspectiva del cine italiano desde dentro. Se lamentaba Saro Urzi de que una de sus mejores interpretaciones, la de *El camino de la esperanza,* casi no le había servido para nada, porque la película no había dado juego. La diferencia en Italia entre cine comercial —que era el que gustaba dentro— y artístico —que era el que ganaba prestigio para Italia fuera— era abismal. En España la diferencia en aquellos tiempos era más sutil. Nuestro cine solía ser anticomercial visto desde dentro, y vergonzoso visto desde fuera.

Ya nos estábamos acostumbrando a cerrar Via Veneto de tres a cuatro de la madrugada, cuando allí no quedaba ni un alma y comenzaba a clarearse el cielo sobre Villa Borghese.

Fui al Turismo Español, donde debían presentarme a un periodista cinematográfico. Un pobre hombre quería visitar España, pero hasta los precios reducidísimos que se hacen en los viajes colectivos le parecían caros. Y es que los españoles, cuando salían fuera —y quizás algunos lo sigan haciendo ahora— exageran demasiado sobre lo barata que está la vida en su tierra.

Estuve hojeando las revistas que acababan de llegar de España, y vi que aquel año, en el concurso de *Triunfo,* en el que el pasado y los anteriores aparecía en uno de los primeros puestos, no figuraba en los cinco primeros. Y, sin embargo, a mí, mi interpretación de aquel año —*El capitán Veneno*— me parecía entonces la más afortunada entre las mías. Volví a tener la impresión —que empecé a tener al comenzar aquel año— de que mi carrera en España como actor cinematográfico había terminado.

Pabst me dijo que quería hacer una película conmigo y me preguntó si tenía alguna idea que pudiera servir. Le hablé de mi antiguo proyecto sobre una especie de resumen cinematográfico de la novela picaresca. Traté de explicarle lo que representa el «pícaro» en la cultura y en la vida españolas. Pabst no conocía nada que se refiriera a esto y me encargó que le proporcionase algunas traducciones. Habló después de una idea que tenía hacía veinte años sobre el regreso de Cristo a la tierra en la época actual. Y dijo que le gustaría hacer esa película conmigo.

Volvió de Madrid Sáenz de Heredia a cuidar la versión italiana de *Los ojos dejan huellas*. Llegaba como siempre, riendo, derrochando alegría y espontaneidad. Allí, en Roma, iba siempre con un traje absolutamente blanco, como si al fin no hubiese podido remediar vestirse de ese color, como si la risa le hubiese llenado ya todo el cuerpo. Siempre daba gusto encontrarse con aquel hombre, y cuando se marchaba, uno se quedaba envidiándole un poco. Y pensando egoístamente, para tranquilizarse: «A lo mejor la procesión va por dentro.»

Días después comenzamos la escena grande entre Jean Marais y yo, que, según decían, la había dialogado Cocteau. Era una conversación entre Sanna —un militar político— y el padre asistente. Sanna quiere hacerse sacerdote. El jesuita intenta disuadirle de su idea, ya que él mismo, en la crisis que atraviesa, sabe que profesando puede no encontrarse precisamente la calma. Pero Sanna se va de la celda dispuesto a insistir en su idea. El padre asistente, que, antes de la llegada del militar, oraba angustiado, vuelve a su actitud, buscando una ocasión para recuperar su confianza. En la escena, la nota más sobresaliente estaba, como en casi todo mi personaje, en cómo el asistente se habla a sí mismo, cuando parece hablar a los demás. Tardé en entrar en situación, cosa que en aquella película no me ocurría nunca, y lo atribuyo a que ya iba tomando confianza con todos y estaba, por consiguiente, menos encerrado en mí mismo.

El parásito y la veleidosa fortuna

Mi soledad encontró un remedio que llegó a ser obsesivo. En una de mis pacíficas horas de la terraza de Rossatti cayó sobre mí el parásito más despiadado que he conocido en mi vida. Era joven, de agradable aspecto, no mal trajeado. Paseaba reposadamente por la acera de Via Veneto cuando me descubrió y como un halcón emprendió el vuelo y cayó sobre mí. Me conocía. Yo era Fernán Gómez, el actor de cine. Él me admiraba, me admiraba muchísimo. Él era español. ¿Podía sentarse? Sí, ¿cómo no? ¿Qué hacía yo en Roma? Había hecho una película de Sáenz de Heredia y ahora hacía una de Pabst. Él era de buena familia, del barrio de Salamanca. Precisamente en su casa, uno de los vecinos era de la familia Sáenz de Heredia. Él se había independizado. Ahora trabajaba en Roma. Pronto se iba a casar con una chica riquísima de la que estaba muy enamorado. Se ganaba la vida como decorador de interiores, pero en realidad era escultor. ¿Podía invitarle a una cerveza? No llevaba encima dinero italiano. Aprendí este eufemismo de la germanía para decir «estoy sin una perra»: en Francia se dice «no tengo francos», en Italia «no tengo liras», en Argentina «no tengo pesos». Mi admirador no tenía liras porque hasta el día siguiente no le llegaba una fortísima cantidad por medio de American Express. Quedamos citados para el día siguiente por la mañana, allí, en Rossatti. Yo le acompañaría a American Express, a recibir la fortísima cantidad, y él me invitaría a comer en el Piccolo Mondo, un restorán simpatiquísimo del que yo era cliente habitual. En American Express no había llegado aún la fortísima cantidad, cosa que le dejó perplejo, ¿cómo podía ocurrir aquello?, y fui yo quien le invitó al Piccolo Mondo. Echaba pestes del mal funcionamiento de American Express y de la empresa brasileña que debía enviarle el dinero. Le acompañé a poner dos telegramas: uno feroz, insultante contra la empresa brasileña; otro suplicante, a su madre, pidiendo que le enviase algo. A los pocos días, cuando fui a comer solo al Piccolo Mondo, tuve que pagar la cuenta que mi amigo había firmado la noche anterior. Pocos días después durmió en un sofá de mi apartamento de la Residence Palace. Otro día llevó allí su ropa a lavar. Acabé portándome con él con una ruindad de la que nunca me habría creído capaz. Le mentí. Mentí a un amigo. Tuve el cinismo de pedirle dinero prestado. Calumnié a la Cines. Le expliqué que mi sueldo me lo pagaba Cifesa en España, y que en Roma vivía de las dietas, que me las abonaba la Cines. Pero se habían retrasado dos semanas en el pago. No se negó a prestarme el dinero, dijo que entre amigos y estando en el extranjero, aquello era una obligación. Inmediatamente fuimos los dos a American Express pero, incomprensiblemente, la remesa de dinero no había llegado. En mi bellaquería, llegué a quedarme sin cenar para convencerle de que no tenía dinero. Sólo unas liras que no servían absolutamente para nada. Él me demostró que sí tenían alguna utilidad y cenamos unos trozos de pan y un vaso de leche. Llegué a pasar hambre por su culpa aquellos días. Le huía, pero el halcón me cazaba. Tuve que renunciar a ir por Via Veneto, que era mi única diversión y donde había hecho amistades, pero me cazaba en el hotel, se presentó un día en Cinecittá y se ofreció para reclamar a la Cines los atrasos en calidad de apoderado mío. Enérgicamente, me negué; esa gestión, si acaso, la tendría que realizar Cifesa. Como yo carecía de dinero él me explicó que debía comer en la Residence Palace, que tenía una excelente cocina. Y allí comimos unas cuantas veces. Como por culpa de American Express o de la empresa brasileña él no tenía ni un cuarto pensó que lo mejor que podía hacer era despedirse de la pensión en la que se hospedaba y dormir conmigo. Llegué en mi comportamiento a extremos vergonzosos, cometí una auténtica felonía. Pedí en el hotel que le dijeran que no podía pernoctar en mi cuarto, que estaba prohibido. Me dijeron que era imposible, que yo tenía un apartamento triple y hasta dos personas más podían pasar la noche en él si yo lo deseaba. Supliqué y les induje a cometer aquella falsedad. A sus feroces enemigos, la empresa brasileña y American Express, mi amigo español añadió la Residence Palace. Me aconsejó que me mudara inmediatamente. Para poder comer algo, tomar un café, ir la cine, simulé que la Cines me iba dando pequeñas sumas de los atrasos. Así iban mis relaciones con aquel remedio de mi soledad, cuando llegó a Roma Sáenz de Heredia para cuidar la versión italiana de *Los ojos dejan huellas*. Inmediatamente le previne, aunque me vi obligado a presentarlos. Mi parásito resultó amigo de aquel vecino que también se llamaba Sáenz de Heredia. José Luis, con su consabida amabilidad, se interesó por mi pertinaz acompañante. ¿Cuánto tiempo llevaba en Roma? ¿Cuál era su trabajo?

—Llevo aquí tres o cuatro meses. Soy decorador de interiores.

—¿Y qué está decorando ahora?

—Un edificio de apartamentos en Brasil.

—¿Y realiza su trabajo desde aquí?

—Sí, porque ahora no puedo desplazarme; soy escultor y estoy haciendo el busto de (aquí el nombre de un gran escritor italiano que he olvidado). Recibo de Río de Janeiro planos de los apartamentos y yo envío bocetos iluminados.

—Ya. Decora por correspondencia.

—Algo así.

A los dos días Sáenz de Heredia me confió que mi amigo le había dado un sablazo para pagar los atrasos de la pensión. Pero él le entregó un sobre con una cantidad equivalente a cincuenta pesetas y una breve carta en la que le decía que no le prestaba, sino que le regalaba esa modestísima suma y le daba un consejo que valía mucho más que aquel dinero: que no lo gastase, sino que lo entregase a la dueña de la pensión como adelanto de la deuda, porque así ella tendría pruebas de su buena voluntad y seguiría fiándole. Cuando leyó la carta, mi amigo se desató en improperios contra Sáenz de Heredia, era un avariento, un canalla, un explotador, el hombre que no ayuda a un compatriota cuando le encuentra desvalido en un país extranjero no era un hombre.

Para mí esta reacción fue bastante útil, pues al andar aquellos días con Sáenz de Heredia el parásito no se atrevía a acercarse a nosotros. Unas señoritas españolas muy distinguidas que se hospedaban en la Residence Palace me presentaron a un muchacho de la buena sociedad, español también, que estaba en Roma en viaje de estudios. A los pocos días los vi en Rossatti tomando unas copas y acompañados de mi parásito. Me las ingenié para hablar a solas con el muchacho de la buena sociedad y prevenirle respecto a mi amigo, que tuvieran mucho cuidado con él, que no se dejaran enredar.

Aquella cristianísima obra fue uno de los ridículos más grandes que he hecho en mi vida. Aquel muchacho de la buena sociedad al que prevenía de las rapacidades del otro se encontraba en Roma fugitivo de España donde había cometido un atraco a mano armada.

Uno de aquellos días, en las mesas de la terraza de Rossatti o en Cinecittá, se dirigió a mí un señor que se presentó como ayudante de dirección. Dijo que llevaba unos días tratando de localizarme para proponerme interpretar un papel en una película italiana que se comenzaría próximamente. No era coproducción, pero al director le habían llegado muy buenas referencias mías, había visto parte de mi trabajo en *La voce del silenzio* y me consideraba adecuado para un personaje muy interesante.

No traté de hacerme valer ni de simular que ofertas como aquella me llegaban todos los días, sino que exterioricé mi alegría y le dije que le agradecía la oferta, pues deseaba volver a actuar en el cine italiano. La película comenzaría a rodarse a primeros de octubre y dentro de dos o tres días el departamento de producción se pondría en contacto conmigo.

No supe nada de aquel ayudante de dirección ni en dos o tres días ni en los quince siguientes, pero después me lo encontré en Via Veneto. No me rehuyó, sino que vino hacia mí y, a modo de saludo, me dijo desolado:

—¡No hemos encontrado el dinero!

—¿Cómo?

—Lo teníamos casi todo listo. Pero a última hora nos ha fallado la parte principal. No es sorprendente, porque el director es casi nuevo. Sólo ha hecho una película, *El jeque blanco*: ésta, *I vitelloni*, será la segunda. Como guionista, Federico Fellini está muy acreditado, pero como director todavía no, y encontrar el dinero no es fácil.

Pocos días más tarde el ayudante de dirección volvió a informarme.

—Todo se ha solucionado, Gómez. La película se hace. No podemos empezar en octubre, como habíamos previsto, por los compromisos de Alberto Sordi, pero empezaremos a finales de enero.

Se me cayó el alma a los pies. Aunque el director fuera poco importante y la película muy modesta, me ilusionaba quedarme a trabajar en Roma en aquel espléndido momento del neorrealismo. Cuando andaban por allí no sólo G. W. Pabst, Jean Marais y Daniel Gélin, sino Gregory Peck, Audrey Hepburn, William Wyler, Linda Darnell, con la que podía uno cruzarse en el bar del Excelsior, y Anna Magnani y Orson Welles, que estaban hasta altas horas de la noche en la terraza del Strega, y cuando al entrar en la oficina de una productora salía, acompañada de su madre, una chica de inconcebible belleza que se llamaba Sophia Loren. Pero no podía quedarme, no podía aceptar aquella oferta porque tenía un contrato firmado para el mes de enero y que duraba hasta el mes de abril. Un contrato con el Teatro de la Comedia, de Madrid, para estrenar una obra de Carlos Llopis.

La gran coproducción ítalo-franco-española no significó nada en mi carrera, no me sirvió para nada. Señaló el declive final del genio cinematográfico de G. W. Pabst. No interesó ni a la crítica, ni a los aficionados, ni al gran público, ni en Italia, ni en Francia, ni en España. Tuvo muchos títulos: primero, como he dicho, *Tres días son poco*; después *La voz del silencio*; en España, *La conciencia acusa*; en Francia, *La casa del silencio*. Un crítico francés dijo que en vez de *La casa del silencio* se debía haber llamado *La casa del sueño*.

27
Hay que volver, volver a empezar

Jardiel Poncela

El proyecto teatral no partió de mí, sino de Carlos Llopis, el autor de moda en el momento. Y aquel proyecto, que suponía mi presentación en Madrid, en uno de los teatros de más prestigio, como primer actor empresario, al frente de mi propia compañía, habría sido el acontecimiento más importante de mi vida aquel año si en febrero no hubiera muerto Enrique Jardiel Poncela, uno de los escritores que más admiraba, y uno de los dos hombres —con Sáenz de Heredia— que más habían hecho por mí en los comienzos de mi carrera, y con el que llegué a tener una firme amistad, con un solo bache. No estuvimos demasiados alrededor de su tumba en la Sacramental de San Isidro. Pronunció la oración fúnebre el sacerdote José María Granada, de convicciones políticas totalmente opuestas a las del difunto —aquel cura era rojo y Jardiel Poncela rigurosamente franquista—, pero unidos por el oficio —ambos eran autores teatrales— y por su tendencia abiertamente hedonista. Aún conservaba el anciano sacerdote en su rostro las huellas de la buena vida —que también suelen llamar mala— y en su mirada y en su planta la arrogancia del jaque que fue en otros tiempos. Pronto había colgado los hábitos para lanzarse de lleno al mundo de los cómicos, donde fue acogido con el cariñoso apodo de «el Cura», afrontando sin temor el peligro de las cómicas. En los años diez y veinte obtuvo dos grandes éxitos, uno con el sainete *El niño de oro* y otro con la parodia *Si fue don Juan andaluz...*: ambas obras permanecieron en el repertorio alrededor de veinte años. Durante la Guerra Civil, con el drama *Andalucía la brava* puso su pluma al servicio de la revolución. A duras penas logró sobrevivir en la inclemente posguerra, y al ver que frente a sí se cerraban los brazos del mundo de los cómicos manifestó públicamente el arrepentimiento por su vida pasada, y desengañado de los vanos placeres del mundo llamó a las puertas de la Iglesia, que se abrieron de nuevo generosas para acoger al anciano hijo pródigo.

He dicho que mi amistad con Jardiel Poncela tuvo un bache. Fue con ocasión del estreno de *Agua, aceite y gasolina*. Asistí a él desde un palco del piso principal, en compañía de mi amigo Cayetano Torregrosa y de un futbolista llamado Pío, al que Cayetano se obstinó infructuosamente en aficionar al teatro. No eran muy buenas localidades, pero fueron las únicas que encontramos en taquilla, pues desde años atrás los estrenos de Jardiel Poncela despertaban un enorme interés. Hoy se ha extendido la costumbre de regalar casi todas las localidades las noches de estreno, pero entonces no era así y se ponían a la venta casi el noventa por ciento. No obstante, en los estrenos de Jardiel Poncela eran insuficientes.

No habían transcurrido cinco minutos de la representación cuando un sector del público inició un pateo que fue acallado por una salva de aplausos. El hecho era insólito, pues los pateos casi siempre se iniciaban —ya fueran espontáneos o preparados con mala intención— en las zonas de las obras que podían resultar aburridas; pero eso era imposible a los cinco minutos. Casi inmediatamente volvió a desencadenarse el pateo y a ser respondido con aplausos, y esta segunda vez comenzaron a oírse voces airadas y para aplacar los ánimos hubo necesidad de encender las luces de la sala. Dos veces sucedió esto en el primer acto de la comedia, que más bien tiene carácter de prólogo y dura poco más de un cuarto de hora. La segunda vez que se encendieron las luces un espectador saltaba la barandilla de un palco platea para agredir a otro.

Durante toda la representación intermitentemente se repetían los pateos y los aplausos, y acabaron prevaleciendo los primeros. Fue imposible escuchar la comedia ni enterarse de su argumento. Resultaba sorprendente que en algunas ocasiones el público pudiera reír. Por poca experiencia que se tuviera de los asuntos teatrales se advertía que el pateo estaba organizado, aunque resulta imposible precisar los motivos. En el palco vecino al nuestro un hombre de edad avanzada, alto, flaco, achulado, parecía ser uno de los que dirigían, muy atinadamente, la repulsa. De vez en cuando colocó algunas frases hostiles que fueron aplaudidas o aceptadas con rumores por un amplio sector del público. Sorprendentemente, el futbolista Pío, al que Torregrosa pretendía aficionar al teatro, se durmió al comenzar el segundo acto y los sucesivos escándalos no fueron capaces de despertarle. Ante el ruido de los campos de fútbol, aquello le debía de parecer un arrullo.

En el entreacto el ambiente de pasillos y escaleras era de lo más tenso. Y decían que en la calle algunos espectadores habían llegado a las manos.

Jardiel Poncela, en realidad, tenía dos amigos —aparte de José López Rubio, cuya amistad conservó hasta el momento de su muerte—; uno se llamaba Gil y era oficinista y otro Tapia y, si no me equivoco, era chófer. Con el primero hice alguna amistad, al segundo le vi muy pocas veces. Cuando, acabado el tumultuoso estreno, salíamos del Teatro Torregrosa, Pío y yo, vi a Gil y me dirigí a él para decirle que sabía quién era uno de los que habían dirigido el pateo. Y me respondió desabridamente:

—Yo también lo sé: tú.

Mis dos amigos y yo nos quedamos de piedra. Empecé a explicar que dos de nosotros éramos fervientes partidarios de Jardiel y que el otro era una persona totalmente ajena al teatro.

—Torregrosa y yo nos hemos roto las manos aplaudiendo; pero en el palco de al lado...

—No te disculpes, Fernando; te han visto patear y me lo han dicho.

Y se marchó.

El futbolista Pío no entendía nada. Cayetano estaba abrumado. ¿Cómo se le podía ocurrir a alguien que yo fuera capaz de patear una obra de Jardiel Poncela, aunque me hubiera parecido horrorosa? En aquella obra, además, uno de los empresarios y también director y actor principal era don Manuel González, mi maestro en *El amor sólo dura 2.000 metros* y en *Los ladrones somos gente honrada*.

Creí obligado ir a visitarles a los dos al teatro para darles una explicación. Era indudable que nos habían confundido con los del palco de al lado. Fui al teatro dos o tres días después. Estuve sólo unos instantes en el camerino de don Manuel González, donde también estaba Jardiel Poncela. Me recibieron con frialdad, pero don Manuel me dijo que me sentara. Empecé a explicarles lo sorprendente que había sido para mí la afirmación de Gil el día del estreno, y que sin duda se trataba de un error. Yo no había pateado. Era imposible pensarlo. Jardiel me interrumpió:

—Ah, llevas paraguas...

Era cierto. Llevaba paraguas.

—Ya, ya —prosiguió Jardiel—; no has pateado.

Comprendí perfectamente la alusión. En el saloncillo de la Comedia había escuchado extensas disertaciones sobre los modos de patear sin patear: toser, murmurar, rebullirse en el asiento, manipular programas, golpear el suelo con bastones o paraguas. Permanecí en el camerino unos minutos más, creo que sin decir palabra, y me marché. Jardiel Poncela era un hombre de gran talento, con enorme capacidad de trabajo, alegre, ingenioso en su trato cotidiano, de pocos amigos y de amistades arraigadas, pero estaba aquejado de una manía persecutoria aún más aguda que la mía, y quizás justificada. Por ello nuestro distanciamiento duró bastante. Cuando casi todo el mundo en el ambiente teatral y en el literario decidió ignorar a Jardiel Poncela, el grupo «existencialista» juvenil del Gran Café de Gijón —Sastre, Fernández Santos, De Quinto, Aldecoa, Paso...— le acogió, comenzó a reunirse con él en La Elipa, en Dólar. Uno de ellos, Miguel Martín, del que he hablado al referirme al Instituto Italiano de Cultura, nos acercó de nuevo y gracias a él recobré la amistad de uno de los hombres que más he querido y admirado.

Tres películas para aprender

Quizás lo único de algún valor que tiene la película *Manicomio* le llegue de no ser original, sino adaptación de obras ajenas. En el esquema del famosísimo cuento de Edgar Allan Poe «El sistema del doctor Alquitrán y el profesor Pluma» —los locos encierran a los loqueros y cambian con ellos sus papeles— se insertan otras narraciones con el mismo tema de la demencia. Francisco Tomás Comes, además de seleccionar entre muchos los cuentos, compuso conmigo el guión. Nuestra intención era presentarlo al concurso anual del Sindicato del Espectáculo y, si resultaba premiado, intentar encontrar un productor. Era el mismo proyecto que se había frustrado poco tiempo atrás con *Bandera neutral*. *Manicomio* en este primer intento también se frustró, porque el guión no obtuvo premio.

La película *Aeropuerto*, que en principio había de dirigir Luis María Delgado, se aplazó cuando ya estaban construidos algunos decorados, y decidimos rodar en ellos, dirigida por los dos, *Manicomio*, para lo cual aportaría yo mis escasos ahorros, el imprescindible Cayetano Torregrosa su crédito y unos cuantos, entre técnicos y actores, el resto por ir en cooperativa. Como el cine español acababa de salir de una crisis y ya había entrado en otra, grandes figuras estaban dispuestas a trabajar en condiciones miserables. No fue difícil, para una película hecha con tres perras gordas, conseguir un gran reparto: Antonio Vico, Vicente Parra, Julio Peña, Manuel Alexandre, Susana Canales, José María Lado, Elvira Quintillá, Carlos Díaz de Mendoza, Aurora de Alba, F. Fernán Gómez...

Una vez realizada, a pesar de la ayuda de Eduardo Haro Tecglen, que facilitó un estreno previo, auspiciado por el diario *Informaciones*, la película no interesó ni al público ni a la crítica. Estaba claro que una de las razones, no la única, de su fracaso era lo que a nosotros —a mí, al colaborador en el guión y al codirector Luis María Delgado— más nos gustaba: su raíz literaria, su exceso de literatura.

El público estaba de espaldas a un cine intelectualizado y tampoco la crítica se mostraba habitualmente a favor de un estilo que conceptuaba poco cinematográfico, defecto que solía atribuir al cine francés.

Decidí entonces hacer una película casi infantil y de aventuras, amparada en un marco histórico que muy bien podía ser la guerra de la Independencia. También me preocupé de que la película pudiera ser de muy bajo costo, pues habría de realizarla cuando hubiera vuelto a reunir unos ahorros tan escasos como los invertidos en *Manicomio*. En esta película me había equivocado en cuanto a las posibilidades de premio del guión y en cuanto a que conseguiría una mínima aceptación por parte del público y alguna consideración favorable de la crítica, pero no en cuanto a que, dado su bajísimo costo, el riesgo económico casi no existía. Efectivamente, se vendió a una distribuidora modesta y no hubo ni pérdidas ni ganancias. Me dije que, en el peor de los casos, lo mismo podía ocurrir con *El mensaje*. Pero por lo del marco histórico, las aventuras y el infantilismo —que en parte eran un homenaje a mi adorado Salgari— confiaba más en el éxito que en el caso anterior.

Intenté darle un toque de crítica social o histórica. Era una película épica, pero en el fondo pretendía ser pacifista. La primera versión del guión fue rechazada por la junta de clasificación de guiones. El rechazo fue debido a falta de calidad, no a motivos de censura. Escribí una nueva versión, esta vez en colaboración con Manuel Suárez-Caso, que mejoraba mucho la anterior, y sí fue aceptada, con leves cortes.

Dimos un pase previo en un pueblo de la sierra, con taquilla abierta, y el cine se llenó. Aquel público recibió muy bien la película, se rió donde debía y permaneció en interesado silencio cuando era su obligación. Al comentar con el dueño del cine mi sorpresa ante el hecho de que el cine estuviera lleno, me respondió:

—Aquí, en este pueblo, con anunciar su nombre de usted, el cine se llena.

Era respuesta muy parecida a la que me había dado mi amigo, el empresario del cine de Mora de Toledo, cuando organizamos la primera proyección de *Manicomio* y, por tanto, no me resultó muy estimulante. Sabía que además de que se llenasen los cines en algunos pueblos, si se quería ganar dinero con las películas tenía que ocurrir algo más. Y ese algo más no ocurrió. Cuando meses después y tras una dolorosa peregrinación por las distribuidoras se estrenó la película, no interesó a nadie, ni a los medios oficiales, ni al público ni a la crítica. Únicamente debió de gustarles a unos cuantos niños, porque recuerdo que mi hijo, años después, ya en los umbrales de la adolescencia, me preguntó:

—Padre, ¿por qué en España no se hacen más películas como *El mensaje*?

De la novela de Wenceslao Fernández Flórez *El malvado Carabel* me atraía la idea central —el hombre que nace para bueno no puede remediarlo— y el personaje protagonista, que me parecía muy adecuado para mis condiciones de actor. Llevé el guión, que había escrito en colaboración con Manuel Suárez-Caso, al productor Eduardo Manzanos y lo aceptó, aunque debería yo hacer una pequeña aportación económica aparte de mis trabajos como guionista, director y actor. Era la primera vez que un productor me aceptaba como director y esto me hacía sentirme más profesional.

La película se estrenó en un cine poco acreditado —aunque en él se habían estrenado grandes éxitos, como *El bazar de las sorpresas*, de Lubistch— y no interesó ni a la crítica, ni al público, ni a los cinematografistas, ni a los amigos. Sin embargo, años después, cuando pensé en producir *La vida por delante* con Analía Gadé en el personaje de la protagonista, al enterarme de que los informes que tenía de mí como director eran malos, la llevé a ver la película en un pase normal, con público, en un programa doble. Entramos discretamente en un palco —era en el cine Alcalá—. La sala estaba abarrotada, no por el interés que despertaba *El malvado Carabel*, sino por la película americana que servía de base al programa, y que ahora no recuerdo, ni hace al caso. El público acogía la proyección de *El malvado Carabel* entre constantes risas, y sus defectos, que evidentemente los tenía, no le importaban nada. La originalidad del tema y el encanto del desdichado personaje central les prendían desde el primer momento. Tras esta proyección, Analía Gadé aceptó encargarse de la protagonista de *La vida por delante*.

La intención con la que hacía estas películas e invertía mis ahorros en ellas era la de aprender el oficio, ya que, por mi condición de actor que vivía de su trabajo, no podía hacerlo de una forma normal: matriculándome en la Escuela o empezando como ayudante de dirección.

Ensayo general con todo: hasta con policía

El estreno de *La vida en un bloc* fue un tanto accidentado. Hicimos un ensayo general el día antes, como era costumbre en aquella época, ensayo que acabó cerca de la madrugada, y para el día siguiente convoqué otro a las tres de la tarde con objeto de pasar toda la obra seguida, sin interrupciones, hasta las cinco o las seis y después poder descansar todos hasta las diez cuarenta y cinco en que tendría lugar el estreno, pero en este ensayo de la tarde en seguida comenzó a intervenir el autor, Carlos Llopis, desde el patio de butacas. Interrumpía el ensayo para hacer indicaciones nimias, la mayoría de ellas sobre matices de interpretación de los actores que eran inadecuadas en un ensayo general. Algunas de sus observaciones las repitió veces y veces y las interrupciones cada vez eran más frecuentes. Tenía yo mucho interés en llegar cuanto antes al final de la obra, pues la última escena, una conversación telefónica, que en realidad era un monólogo de mi personaje con el que se ponía fin a la comedia, la había entregado Carlos Llopis el día antes y ni estaba perfeccionada en el texto ni había tenido yo tiempo de aprendérmela. No podría estrenar sin haberla ensayado unas cuantas veces. Pero el tiempo pasaba y el ensayo general no avanzaba nada. Después de las nueve de la noche concluimos la primera de las dos partes. Llopis estaba de acuerdo conmigo en que era necesario acabar el ensayo general antes de estrenar. Pero con una diferencia: yo opinaba que había que pasar el segundo acto sin interrupciones para no perder más tiempo, y él opinaba que había que suspender el estreno. Yo di orden de seguir el ensayo mientras él se fue a discutir con el empresario, Tirso Escudero. Tuvieron una escena violentísima. Llopis, como autor, se obstinó en prohibir la representación. El empresario le recordó que el autor tenía derecho a suspender las representaciones pero anunciándolo con veinticuatro horas de antelación. Llopis llamó en su ayuda al presidente de la Sociedad de Autores, que era entonces Luis Fernández Ardavín; Tirso Escudero, en su ayuda, llamó a la policía.

Estaba yo en el escenario ensayando el primer cuadro de la segunda parte cuando por el pasillo del patio de butacas avanzó hasta el proscenio un señor que se dio a conocer como policía.

—¿Fernando Fernán Gómez?
—Sí, yo soy.
—¿Es cierto que se niega usted a dar la representación de esta noche?
—No, no es cierto.
—¿Está usted dispuesto a actuar?
—Sí, estoy dispuesto.
—Muchas gracias.

El policía se alejó y nosotros seguimos el ensayo. A este inconveniente del espantoso terror a los estrenos que tenía Carlos Llopis y que era lo que le impulsaba a adoptar esas actitudes mientras bebía copa tras copa de coñac se añadía otro suceso que parece insólito pero que a mí me ha ocurrido dos veces. Al realizador de los decorados se le había olvidado uno. Esto era casi irreparable en aquella época, en la que no se disponía más que de un día para el montaje del decorado y el ensayo general. El día antes, al presentar los tres decorados de la obra, nos encontramos con que sólo teníamos dos. Eran los decorados el bar de un hotel de lujo, un reservado de un restorán y un saloncito de una casa de pueblo. El reservado del restorán se les había olvidado hacerlo. Eché del teatro a los decoradores y con unas piezas de tela que compramos en los cercanos almacenes Simeón y la ayuda de los tramoyistas del teatro improvisamos un decorado, pero un decorado que, como es natural, la tarde del día del estreno estaba sin rematar. La policía y el presidente de la Sociedad de Autores, que se personó en cuanto pudo, aconsejaron a Carlos Llopis que se encerrara no sé dónde, a serenarse. Los demás, a duras penas conseguimos que el ensayo avanzase, pasar una o dos veces aquel monólogo final, que acabó siendo una improvisación, y dar los últimos toques al decorado del restorán. Pero a todo esto eran ya las once de la noche y el público del estreno, que abarrotaba la sala, había empezado a patear. En medio de la protesta casi unánime se alzó el telón con media hora de retraso. Muy pronto cesaron los rumores. A los pocos minutos, tras una frase de la espléndida actriz cómica Mercedes Muñoz Sampedro sonaron las primeras risas. A partir de ahí todo fue como una seda, las carcajadas se alternaban con los aplausos y una gran ovación coronó la caída del telón al concluir la primera parte de la obra. Tras la tremenda tensión, nos abrazamos frenéticamente unos a otros. De no sé dónde surgió Carlos Llopis y sus abrazos eran los más conmovidos, los más fuertes.

Opinaba yo que aquel monólogo telefónico con que concluía la comedia hacía inútil un breve cuadro de la segunda parte que a mí nunca acabó de gustarme y consideraba no sólo innecesario sino peligroso. Ya había hablado de esto repetidas veces con Manuel Alexandre, no sólo actor del reparto, sino gerente de la compañía. Estaba de acuerdo conmigo, pero no habíamos encontrado manera de convencer a Llopis de que lo suprimiese. Entonces, en aquel momento de euforia, me atreví a proponérselo por última vez:

—Carlos, ¿suprimimos el segundo cuadro?

Tembloroso, sonrientes sus labios, sus ojos, Llopis me preguntó:

—¿Tú crees que se puede?

—¡Claro que se puede!

Por justificarse de alguna manera, echó un vistazo al reloj. Los ocho o diez minutos que duraba el cuadro los habían cubierto con creces las carcajadas del público.

—¡Suprímelo!

El regidor corrió por escaleras y pasillos a dar las órdenes oportunas, sin ocultar su alegría, pues estaba de acuerdo con Alexandre, conmigo y con el experimentadísimo don Juan Espantaleón, cuya intervención en el cuadro le tenía aterrado.

Eduardo Haro Tecglen, que había entrado a saludar a su amigo Alexandre, se vio de pronto arrollado por el regidor, que gritaba:
—¡Alexandre, no te vistas de torero!
Alexandre olvidó el saludo del crítico para correr a su camerino gritando, feliz:
—¡No me visto de torero, no me visto de torero!
Ante el estupor de Haro Tecglen, el regidor iba de camerino en camerino advirtiendo:
—¡No va el cuadro segundo! ¡No va el cuadro segundo!
La comedia fue un gran éxito. Como el autor había acudido al teatro vestido de trapillo, alguien tuvo que prestarle una americana oscura. Y salió a recibir los saludos resplandeciente de felicidad. Para mí aquella noche significaba la consagración como primer actor de teatro. ¿Ponía el pie en el camino de la riqueza? ¿Podría, de entonces en adelante, arruinarme dos o tres veces, como el gran Ernesto Vilches, comprarme un edificio de apartamentos, como Shirley McLaine, invertir toda mi fortuna en rodar una película del corte de *Enrique V*, como Laurence Olivier?

A aprender se va a Salamanca

Contra lo que pudiera parecer lógico y natural, a partir de *Balarrasa* mi carrera cinematográfica había caído en una especie de marasmo. Me convertí en un actor bien cotizado, al que se le utilizaba para ponerle en la cabecera de los repartos de películas casi siempre mediocres porque, con arreglo al sistema de protección vigente, era necesario justificar gastos.

A Franco le gustaba el cine; además, se había creído el hombre aquello de Lenin de que «el cine es el arte de nuestro tiempo». De ahí que se hicieran en aquella época tantas películas, de las que la mayoría —a causa de la indomeñable picaresca española— se hacían para cubrir el expediente. Una buena parte de los insulsos protagonistas de aquellas películas de «estopa mascada», como decía Fernández Flórez, corrieron a mi cargo. Eran personajes que oscilaban entre pretendidamente cómicos y galanes de comedieta. Llegué en aquellos años a ser como galán el más feo, y como actor cómico el menos gracioso. El desaliento que esa situación me producía fue una de las razones que me movieron a dirigir y financiar mis películas. Más adelante, como director, tuve también encargos de otras casas productoras. A pesar de que mi labor en este terreno no es nada abundante, poco más de veinte películas en más de treinta años, y de que ninguna de ellas ha alcanzado un éxito clamoroso, no estoy decepcionado de la experiencia. De algunos títulos, como *La vida por delante, El extraño viaje, El mundo sigue, Mambrú se fue a la guerra, El viaje a ninguna parte, El mar y el tiempo* me encuentro incluso satisfecho, aunque la primera tardase ocho años en amortizarse y no diera ni una peseta de beneficios y la segunda y la tercera no llegaran a estrenarse normalmente y hayan quedado como dos de los más claros exponentes del llamado «cine maldito». Pero he obtenido por ellas premios, elogios de críticos y amigos y ello es suficiente para satisfacer mi ya modesta vanidad.

Esa misma divisa de «el cine es el arte de nuestro tiempo», que convencía a Franco, también les gustaba a los promotores de las Conversaciones Cinematográficas de Salamanca —a mí en cambio no me convencía por excesivamente axiomática y así lo manifesté— que se celebraron en 1954. Aquellas «Conversaciones», con la cobertura de acercar el mundo del cine español al de los universitarios, eran en realidad una plataforma desde la que católicos y comunistas pudieran manifestar de manera más o menos velada su oposición al régimen de Franco. Esto a muchos no se nos ocultaba, lo sabíamos de antemano, pero José Luis Sáenz de Heredia, tras oír varias de las intervenciones, me dijo:

—Esto ha sido una encerrona.

No sé cómo eludí el tema, pues no me atreví a decirle que yo sí estaba informado por mis amistades, pero a él, que vivía entonces en un círculo muy limitado, no le llegaban los ecos de la realidad social del momento.

Entre católicos y comunistas se ponían de manifiesto algunas divergencias, pero se parecían a las que pueden surgir entre parejas de novios. Ni una voz se alzó en defensa del régimen de Franco o de la ideología fascista, a pesar de hallarse allí personas como Fernando Vizcaíno Casas, que algunas veces, sin abandonar su característico sentido del humor, hizo de moderador y de asesor jurídico.

Por lo que se refería a él mismo, Sáenz de Heredia tenía razón: habían sorprendido su buena fe y le habían situado en el puesto de testigo de algo que no quería presenciar. Su alegría y su cordialidad no fueron tan ostensibles como en otras ocasiones, al advertir que no todo el mundo estaba ya en los años triunfales. Sólo intervino una vez y lo hizo en contra de la censura, pues creía que su excesivo rigor estaba consiguiendo que algunas personas se enfrentaran con el régimen de Franco. Pensaba que si la censura fuera más tolerante, menos rígida, el régimen se afirmaría más. Opinaba yo lo contrario: que con una censura más generosa el régimen habría durado menos y sin censura habría dejado de existir. También creo que Sáenz de Heredia tardó muy poco en percibir que allí no se trataba de encontrar procedimientos para salvar el régimen, sino disculpas para atacarlo. No estuvo hasta el final. Casi recién iniciadas las «Conversaciones» desapareció.

En cuanto a informaciones recibidas previamente y dominio de la situación, en el extremo opuesto de Sáenz de Heredia estaba Juan Antonio Bardem: en algunos momentos parecía que aquellas «Conversaciones» se habían organizado a su mayor gloria. Aunque no necesitaba entonces aquel pedestal, pues el reciente y merecidísimo éxito de *Muerte de un ciclista* en Cannes dio a su nombre un prestigio que traspasó todas las fronteras. Pero en las Conversaciones de Salamanca puso de manifiesto no ya sus dotes de director, que con sólo una película estaban sobradamente reconocidas y pregonadas, sino sus aptitudes de hombre público. Aparte de la literatura, que abandonó muy pronto, y la creación cinematográfica, que llegó a dominar, la gran vocación de Juan Antonio Bardem es la política, para la que como organizador y como orador estaba y sigue estando dotadísimo. Si hubiera sido a tiempo disidente del comunismo —no necesariamente fingido— hoy estaría en un altísimo puesto de gobierno, y es posible que no se encontrara mal en él.

Una de Elorrieta

Estaba tan hastiado de la insulsez de muchas de las películas en las que intervenía y de la escasísima aceptación que tenían por parte del público, que decidí estar un año sin trabajar, ya que mis reservas económicas llegaban poco más o menos para doce meses. Al cabo de ese tiempo aceptaría todo lo que me propusieran, sin la menor reflexión. En el Gran Café de Gijón, en Riscal y en lo que ahora llaman «locales de diversión» me pasé todo aquel año, en el que como si los hados no quisieran turbar mi propósito, no tuve ninguna propuesta de trabajo. Al finalizar el año surgieron dos y las dos las acepté, aunque debí simultanear el trabajo algunos días.

Una de las dos fue *El fenómeno*, que se rodó en varios estudios. No sé cuál fue el motivo, pero supongo que sería económico. En aquella película y en muchas de esa época —y de muchas épocas de nuestro cine— todo estaba supeditado a la economía, a la infraeconomía, podríamos decir. Quizás la razón que ahora he olvidado de que se rodara en diferentes estudios era que se iban aprovechando decorados de otras películas. Este procedimiento no es tan insólito como pueda parecer. En muchos estudios de por ahí se dejan los decorados construidos para que los aproveche con someras transformaciones el director de la película siguiente.

En *El fenómeno* el verdadero fenómeno no era yo, ni Paulowsky —el personaje que represento—, sino José María Elorrieta, el director y en cierto modo productor. Elorrieta fue uno de los héroes de nuestro cine. En una época en que ya no gustaban las películas de nuestra guerra, ni las de curas, ni las históricas, ni las de novelas antiguas, ni las de casi nada... En una época en que estaba divulgadísima la idea de que las películas españolas eran malas, salvo escasísimas excepciones —una o dos al año—, cuando todo esto lo decía la prensa diaria, y los críticos de las revistas especializadas y la mayoría del público, cuando casi ninguna película española era rentable y muchas no llegaban ni a amortizarse, Elorrieta llegó, sin que ninguna llegase a tener verdadero éxito, a dirigir, a producir cincuenta y dos. Se pasaba la vida urdiendo combinaciones de producción, buscando socios capitalistas, créditos, aceptando y descontando letras, inventando actores que cobrasen poco, descubriendo decorados ya utilizados en los que se pudiese rodar de nuevo, interiores naturales en los que dejasen rodar gratis.

Recuerdo que un día, durante el rodaje de *El fenómeno,* pregunté:

—¿Por qué ha dado Elorrieta ese papel a ese actor? No es el más adecuado.

—Pero es el que le ha presentado al usurero —me contestaron.

Los demás no llegábamos a saber ni cuándo ni cómo se estrenaban muchas de sus películas; nos parecía que algunas no llegaban a exhibirse nunca. Y, sin embargo, él seguía encontrando el capital —existente o inexistente— para hacer una tras otra. Y así siguió hasta el momento de su prematura muerte. Si eso que se llama crear puestos de trabajo merece un premio, yo quisiera que este recuerdo valiese como modesto homenaje a la memoria de Elorrieta.

Para rodar algunos planos de la escena del partido de fútbol —que se rodó en dos campos de Madrid y uno de Murcia— hubo que recurrir a un partido que no fuera de liga ni de copa, porque habría sido poco serio. Rodamos durante un partido homenaje a Mencía. Se enfrentaba el Atlético al Newcastle, un equipo inglés o escocés, no recuerdo. Se consiguió permiso de las directivas de ambos clubs para que yo pudiera salir al principio al campo marchando con los jugadores del Atlético y vistiendo su camiseta. Poco antes de empezar el partido estaba a la puerta de los vestuarios, vestido ya de futbolista, sentado tranquilamente y fumándome un pitillo. Uno de los jugadores del Newcastle me miró espantado. Me preguntó por señas que cómo era que estaba fumando. También por señas le contesté algo así como:

—Ya ves, para pasar el rato.

Alguien de los que ya sabían de qué se trataba explicó al del Newcastle que yo era un fenómeno, un fuera de serie, y tenía permiso para todo.

Cuando salimos al campo empezó a correr un rumor por las tribunas, porque los jugadores del Atlético eran —mejor dicho, éramos— doce. Y efectivamente, doce éramos cuando nos colocamos ante los fotógrafos. Y uno de ellos totalmente desconocido para los aficionados al fútbol. Luego supe que algunos espectadores enterados habían explicado a sus compañeros de localidad que yo era un tal Rubio, un jugador que el Atlético acababa de comprar al Celta de Vigo.

Elorrieta había dado las instrucciones necesarias a los que teníamos que intervenir en la acción: al árbitro, el delantero centro del Atlético, el interior derecha del Newcastle y yo, que estaba alineado de interior izquierda. Lo que el público del Metropolitano vio fue lo siguiente.

El árbitro pitó. El delantero centro del Atlético sacó y me pasó a mí la pelota. En ese momento, cuando yo la recibí y apenas la había tocado, el interior derecha del Newcastle, como una locomotora, se vino hacia mí ferozmente. Yo le miré muerto de miedo, di media vuelta y eché a correr hacia mi portería. Inmediatamente, el árbitro volvió a pitar, yo me marché del campo y empezó el partido de verdad.

Como es natural, el público no entendió nada, aunque algunos espectadores ya me hubiesen identificado. Al día siguiente un comentarista deportivo dijo que para homenajear a Mencía no era necesario sacar al campo al cómico Fernán Gómez haciendo piruetas.

El fenómeno, al estrenarse, tuvo más éxito del que se esperaba. Pasó de un cine a otro de la Gran Vía —cosa muy desusada— porque en el primero estaba contratada sólo para quince días, y eso porque era obligatorio proyectar películas españolas. Algunos compañeros me felicitaron al creer que iba interesado en el negocio, que había hecho la película en cooperativa, o con cualquier forma de participación. Pero no era así. Los socios capitalistas de Elorrieta habían hecho un esfuerzo y me pagaban mis emolumentos en su totalidad, aunque todavía no me los habían hecho efectivos.

Y aquí me encontré con una sorpresa. Esos socios capitalistas, unas personas muy formales, muy serias, casi diría bondadosas, me llamaron y me propusieron algo insólito en unos empresarios. Estaban tan agradecidos a mi comportamiento, a mi trabajo, a lo que había colaborado en el buen resultado de la película, que les parecía mal que me limitase a cobrar mi sueldo, cuando la película —sobre todo por lo bajo de su costo, había costado la mitad que cualquier película barata de entonces— iba a dar tantos beneficios. Me proponían que no cobrara y darme un tanto por ciento de las ganancias conforme éstas fueran llegando. No me atreví a aceptar. Pero hice una cosa. A todos los que me felicitaron al creer que iba en el negocio les propuse venderles mi parte, sólo con que me dieran algo más, lo que ellos quisieran. No encontré comprador. Renuncié a mis fabulosos beneficios y me limité a cobrar en mano mi sueldo. Tuve suerte; al poco tiempo aquellos socios capitalistas habían huido al extranjero a causa de negocios anteriores.

28
Faustina, en Cannes

La llegada

Cuando llegué no había nadie de la delegación española esperándome en el aeropuerto de Niza. Dijo luego Goyanes, delegado de festivales de Uniespaña, que no habían enviado el telegrama anunciando mi llegada.

Ya en Cannes, Goyanes me dijo que mi invitación para el cóctel de Checoslovaquia la tenía Fernando Rey. Pero no le encontré y conseguí pasar gracias a los buenos oficios de Miguel Pérez Ferrero «Donald», que le hizo al portero una hiperbólica descripción de mi personalidad artística. Bardem me presentó en el cóctel a Sadoul, el gran historiador francés del cine, diciendo que él creía que era el mejor actor de España. Sadoul —que por su físico y sus ademanes daba la impresión de ser una mezcla de intelectual y modista— ni siquiera me miró y se volvió para presentar a Bardem al director del *Don Quijote* ruso. Por mediación de Bardem intenté preguntarle si podría ver mañana o pasado su película. Hablaron en inglés y no se entendieron. Le pregunté a Bardem si era que él lo decía mal o que los rusos eran muy lentos de comprensión. Pero por un lado Bardem nunca decía nada contra los rusos y por otro estaba muy seguro de su inglés.

Al fin, en el *hall* del Martínez encontré a Fernando Rey, que me dio mi invitación para la proyección de la noche. Mi invitación, según vi, estaba extendida a nombre de madame Zully Moreno.

—Es una suerte —me dijo Fernando Rey—, porque así estarás mejor colocado.

Muchos miembros de la delegación española fueron después del cine a jugar al Casino. Por las caras y por los humores parecía que perdían todos. Como a mí no me gusta el juego porque tengo miedo a ganar me fui a tomar unas copas con Elisa Montés y la mujer de Bardem. Esta última estaba preocupada, casi desconsolada, porque su marido perdía mucho en la ruleta. Tratamos de animarla recordando que aquella excursión terminaba en dos días y que su marido volvería a la normalidad del trabajo. Normalidad que gracias a su talento le rendía mucho más de lo que pudiera perder. Pero seguía desconsolada. Aún no había tenido tiempo de acostumbrarse a las grandes cifras, y en Madrid estaban esperando los dos chicos, y faltaban por pagar plazos de esa casa tan bonita y aún el tresillo de la sala estaba alquilado a ese mismo señor que alquilaba los muebles para las películas...

Amadeo Nazzari juega junto a Bardem y le pasa fichas en secreto. Poco después comentó en broma Bardem con su socio Goyanes:

—Para pagar a Amadeo tendré que hacer por lo menos tres películas con él.

—No me parecería nada mal.

En el Casino abandonaban todas sus preocupaciones. Sáenz de Heredia no pensaba en el estreno del día siguiente; ni Bardem en el difícil reparto de su próxima película; ni las señoras en las tiendas de La Croissette. No había ningún miembro de la delegación soviética.

El día del estreno

A pesar de ser el día del estreno de *Faustina* pude observar un poco más el ambiente porque me sobró tiempo. El hotel Martínez me pareció amplio y lujoso, pero bastante feo. Había por las paredes y en las vitrinas fotos grandes de actrices y actores, casi nunca populares y nunca españoles. Constantemente cruzaban el *hall* señoritas monísimas vestidas de playa con pantaloncitos cortos y luciendo siempre unas bellísimas piernas, porque, de no ser así, llevarían pantalones largos. En las señoras maduras, que abundaban por todas partes como no me lo podía imaginar, no se advertía en cambio ningún respeto a la estética. La muchacha a la que más se veía, la que más me llamó la atención, se llamaba Jacqueline Sassard; era la protagonista de *Guendalina*, la película de Lattuada, y siempre iba vestida, de los pies a la cabeza, con una ceñida malla negra, la misma que lucía en la película. Llevaba el pelo suelto, largo, hasta la cintura. Decían las señoras que por aquel extraño atuendo era por lo que llamaba más la atención.

Según el empleado del hotel, que se tenía a sí mismo por buen observador, las dos mujeres que más curiosidad habían despertado eran la representante de Israel y Elisa Montés. La representante de Israel se parecía a una amiga mía que trabajaba en el restorán Los Timbales y después en el cabaré Samba. Tenía un aire entre misterioso y sarcástico. Los ojos de Elisa eran, lógicamente, los más grandes del festival y contrastaban con el azul de la costa. Pensando en esas cosas caí en la cuenta de que estaba nada menos que en ese sitio que en las novelas prohibidas de mi adolescencia se llamaba la Costa Azul. Pero lo que veía era muy distinto de lo que contaban aquellas novelas. Si había frivolidad y desenfreno no se advertía. La nota más destacada no la daban las bellas mujeres ni los galantes aventureros de Alberto Insúa o El Caballero Audaz, sino los comerciantes del cine que tramaban en los vestíbulos, en los bares o en la playa coproducciones y más coproducciones.

Cuando más rápidamente volvían las cabezas las futuras estrellas era cuando pasaba Fellini, grande, ancho, cordial, saludando con una risa abierta a Bardem, vestido de elegante internacional. Después de Fellini, casi siempre un ratito después, solía salir del ascensor, ágil, menuda, sonriente, Giulietta Masina. Y ágil, menuda, sonriente, entre un murmullo de admiraciones, desaparecía en seguida abrazada por la puerta giratoria.

Fui por la mañana con Sáenz de Heredia a ver la primera proyección de *Faustina*. Debía haber tenido lugar por la tarde, pero la delegación española había cedido esa proyección a la delegación sueca para que pasasen su película *El séptimo sello*. En el programa decía que el cambio se había hecho por «mutua cortesía». No sé en qué consistió la mutualidad. En el Palacio del Festival estaban abiertos todos los *stands* menos el español. Bastante público, al vernos llegar a él, nos pidió material de información, sobre todo fotos de María Félix. José Luis Sáenz de Heredia y yo pensamos en descerrajar los cajones, pero no era fácil. Sobre el mostrador había seis anuncios de *La vida es maravillosa*, de Lazaga, y uno de *Recluta con niño*, de Ramírez. Encontramos a los encargados del *stand* refugiados en el gabinete de prensa, donde redactaba afanosamente su crónica cotidiana Luis Gómez Mesa. Los representantes de Uniespaña extendían las invitaciones para la proyección de *Faustina* y, asustados por la afluencia de público, se negaron a bajar al *stand*. José Luis y yo entramos a ver la película.

Aquel público matutino, compuesto en su inmensa mayoría de mujeres, era mucho más numeroso y amable de lo que esperaba. Aplaudía mucho durante la primera mitad de la película, y luego otra vez al final. A la salida nos pidieron autógrafos, como es costumbre, y José Luis decidió que la película no necesitaba ningún corte de urgencia para la proyección de la noche.

Hasta las seis de la tarde, hora del cóctel español, no tuve nada que hacer y me quedé en una butaquita del vestíbulo, mirando. Algunos se acercaron a visitar a Picasso, que estuvo muy amable y les regaló dibujitos de esos que hacía en un periquete con lápices de colores. María, la mujer de Bardem, estaba contentísima con el suyo.

El cóctel español quedó bastante bien; acudió gente importante, entre otros la delegación soviética en pleno, que nos saludó muy amablemente. El director de *Don Quijote* charló bastante rato con Alfonso Sánchez sobre la película, su sentido filosófico, histórico, etc. Les costaba trabajo entenderse, pero les ayudaron Enrique Herreros, hijo, y Fernando Rey. En aquellos cócteles la gente comía mucho porque quedaba poco tiempo para cenar y cambiarse de traje. Sin duda por eso, en el ruso, al abrir las latas de caviar se abalanzaron todos sobre las mesas, las rompieron y cayeron por el suelo los invitados al festival y las huevas de los esturiones.

Elisa Montes opinaba que al estreno debíamos llegar con media hora de retraso, que, según ella, era lo obligado. Y, en efecto, llegamos cuando en la puerta no había más público que el cronista Tocildo y los fotógrafos. Los demás estaban ya en la sala viendo el cortometraje rumano, que, a pesar de haberse llevado el primer premio, era feísimo. El otro cortometraje, uno francés, de Resnais, estaba muy bien hecho.

Me pareció que *Faustina* era acogida igual que por la mañana. Muchos aplausos interrumpiendo la primera mitad de la película. Luego, un amable interés y más aplausos al final. Pero noté a Sáenz de Heredia algo decepcionado.

Fuimos al Casino y de pronto Elisa Montés salió de la sala de juego discutiendo con María. Por lo visto habían quedado citadas por la tarde para ver tiendas y una de las dos no acudió. María volvió a entrar en la sala y Elisa se marchó sola, con sus galas de estreno, a los jardines del Casino. Me ofrecí para acompañarla y ella dijo que prefería irse sola andando hasta el hotel. Insistí, la acompañé y nos sentamos en los jardines del malecón, frente al mar, para que llorase un poquito. Debía de ser que su personaje en la película le parecía pequeño. Cuando uno se mete en estos oficios ya no suele llorar más que por cosas así. Hacía frío, llovía un poco y tomamos una copa en el bar Royalty —que estaba al lado de una peluquería en la que las señoras, por la mañana, se arreglaban a la puerta de la calle, frente a la playa— y Amadeo Nazzari, que nos vio desde la acera, entró a felicitarnos por el estreno con una cordialidad conmovedora. En el bar había un hombre que cantaba y otro que tocaba la guitarra. Al descubrir a Elisa nos dedicaron dos o tres canciones italianas.

Último día

Terminó el festival. Por la mañana, nada más levantarme, lo primero que hice fue recapitular:
Si acudía uno a aquel festival a llevarse un premio quizás conviniera que la película la pasasen los últimos días. Pero si iba a darse a conocer era mejor que la pasasen al principio, porque hasta que no se veía la película nadie sabía quién era uno y se andaba por La Croissette y por los hoteles como un fantasma.

Según lo que había oído decir a mis amigos españoles parecía que el premio se lo llevaría la película *El que debe morir*. Pero a ellos, a casi todos, la que más les gustó fue *La gran prueba*, de William Wyler. El premio de actores sería para Gary Cooper o para el ruso Tcherkasov. El de actrices nadie se lo disputaría a Giulietta Masina.

En vista de que no había ninguna foto de actores o actrices españoles por ningún lado, ni en los hoteles, ni en los comercios, ni en el Palacio del Festival, pregunté a Elisa, más experta que yo en festivales, qué había que hacer para conseguir tal exhibición. Me contestó que llevarse las fotos debajo del brazo y ponerlas donde a uno le diera la gana. Afirmaba que así lo había hecho ella el año anterior.

La tónica general fue la abundancia de gente —mayor que otros años— y el aburrimiento. La calidad de las películas presentadas no satisfizo en general. En particular, se comentaban con agrado *La gran prueba*, *Don Quijote*, *Las noches de Cabiria*, *El que debe morir*, de Dassin —según la novela *Cristo de nuevo resucitado*, del griego Kazantzakis—, y la película polaca, que transcurría toda en unas cloacas por las que trataban de evadirse unos guerrilleros de la resistencia durante la ocupación alemana de Varsovia. De esta última película se elogiaban su fuerza dramática y su casi absoluto realismo. De la americana, su humor y su ternura y la profesionalísima sencillez de la dirección. Por la mañana nos llevaron al Martínez las primeras noticias del fallo. Luego, por la noche, en el Palacio del Cinema, comprobé que no había ningún error. Excepto las menciones al actor Tcherkasov y a la actriz argentina, que al final no se hicieron.

Aquella última tarde no hubo cóctel ni fiesta y nos la pasamos viendo tiendas, que era otra de las cosas a las que iba la gente a Cannes. A última hora hubo un gran revuelo para encontrar invitaciones. Las de la proyección y el reparto de premios abundaban más. Pero las de la cena de gala estaban escasísimas. A mí me llevaron las mías. La de la cena —cosa rara— venía a nombre de monsieur Fernán Gómez. La de la proyección, simplemente a nombre de «monsieur...». Quizás por eso no me acomodaron en el lugar reservado a los artistas, sino en el del público en general. Antes de *Sissi, emperatriz*, que, fuera de concurso, cerraba el festival, se exhibió un bello documental holandés sobre Rembrandt. El final —el paso del tiempo en el rostro del pintor a través de sus autorretratos, conseguido por sencillos «fundidos encadenados»— era muy impresionante y consiguió una gran ovación. La más grande que escuché en aquellos tres días.

Se esperaba con impaciencia la salida del jurado, pues, a pesar de que ya se conocía el fallo, los ánimos estaban muy caldeados por haber presentado italianos y franceses una protesta basada en que la película premiada —*La gran prueba*— había sido exhibida fuera de su país de origen y no debía, por tanto, haber sido admitida en el certamen. La delegación española, según me dijeron, no accedió a la petición italiana de sumarse a la protesta. Pensando en Hollywood, España se sintió más pacífica que mediterránea.

Iluminado profusamente el gran escenario del Palacio del Festival desfilaron por él unos jóvenes vestidos con algo así como unos «monos» negros de entrenamiento portando cada uno la bandera de uno de los países participantes. Dieron una vuelta por el escenario entre aplausos, mientras sonaba una marcha, y se colocaron en el fondo, de lado a lado, pegados uno a otro, tras la mesa del jurado. El escenario, así, con todas las banderas, quedaba muy bien. El espectáculo estaba conseguido.

Con el entusiasmo propio de todos los locutores del mundo, un señor fue haciendo las presentaciones de los jurados. El público los recibió con mucho menos entusiasmo que el locutor, a pesar de que se trataba de André Maurois, Jean Cocteau, Dolores del Río... Algunos aplausos fríos y correctos para todos y más nutridos para Dolores, quizás porque era la única dama y había desfilado mejor, desplegando con buen arte el chal de su vestido blanco.

Leyó el fallo el propio Maurois y a él, por consiguiente, fue a quien abucheó el respetable conforme pronunciaba los nombres de cada uno de los agraciados. Estas cosas resultan siempre un poco confusas y ni tres horas después las recuerda uno bien. Y si cree recordarlas su recuerdo no coincide con el de los demás. Pero en definitiva mi impresión fue que la única que se había salvado era Giulietta Masina, recibida con una gran ovación. Giulietta tenía muy buen estilo para sonreír, satisfecha, conmovida y modesta, a las aclamaciones. Tampoco se protestó el actor premiado, John Kitzmiller, el negro de *Vivir en paz* y *Sin piedad*; pero como no asistió en persona casi no se le aplaudió. La Masina tardó muchísimo en subir al escenario. Luego unos dijeron que no quería subir y otros que se levantó en seguida pero estaba muy lejos. Conforme se nombraba cada premio sonaban los acordes de la marcha y el portaestandarte correspondiente inclinaba, destacándola de las demás, la bandera del país agraciado. Las protestas fueron decreciendo conforme decrecía la categoría de los premios. Y así, los cortometrajes casi no se protestaron.

La cena de gala con la que se cierra el festival —y que aquel año se denominó «Dígalo con flores»— tuvo algo de desorganización. El salón del Casino era bello y amplio, pero no tan amplio como para que cupieran todos los que deseaban asistir. En el plano que había junto a la puerta de entrada para indicar la distribución de las mesas faltaba mi nombre. Elisa Montés y Fernando Rey sí estaban, pero el puesto asignado a Elisa lo había ocupado ya alguien. Ella y yo nos sentamos a una mesa que José Jaspe, el actor español conquistado por el cine italiano, y Buhigas, el de la distribuidora Dipenfa, habían invadido. La mesa no era buena, pero estaba cerca de la salida, y esta incómoda e imprevista circunstancia me proporcionó mi único momento de publicidad en Cannes, pues, acabada la fiesta, casi todos los que salían me reconocían —«Ah, monsieur le Diable!»— y se veían obligados a saludarnos y felicitarnos. En vista de este agradable desfile me quedé en la mesa hasta el final.

Sin necesidad de desfilar junto a nosotros para marcharse, sino llamando nuestra atención desde su mesa nos felicitó cordial e insistentemente, con una graciosa mueca, Tcherkasov. Habló en el «morse» de los actores, del rabo, de los cuernos del diablo, de los ojos de Elisa. Su director se sumó a los elogios. Y más adelante volvieron a llamar nuestra atención para que alzásemos a un tiempo las copas de champán.

Por la mañana nos detuvo en la calle para presentarse y saludarnos el director americano George Stevens. Me hizo muchos elogios, a mí y a la película; me pidió que le transmitiera su enhorabuena al director y habló mucho de la sorpresa y de la brillantez de la película. Como ya nos habían sucedido cosas parecidas, Elisa comentó:

—Pues parece que ha gustado bastante la película.

—Yo tengo esa misma impresión. Para mí, esto de que este señor se presente espontáneamente para hablar con nosotros de nuestro trabajo vale más que cinco semanas en la Gran Vía.

—Lo malo de esto es que, como no lo ve nadie, no lo puede contar una.

—Claro. O puede ser mentira o una tremenda prueba de vanidad. Yo estas cosas nunca las cuento. Son satisfacciones puramente personales.

La fiesta del Casino no tuvo un gran interés. Unos apretados contra otros, mesas que parecían casi puestas encima de otras mesas y —eso sí— una bella ornamentación del local hecha toda con flores. Lo más bonito era la gran cesta floreada que pendía en el centro de la sala.

A una *starlette* monísima, rubia, vestida de blanco, la recibió el solitario aplauso de su novio, que tenía una extasiada dulzura en la sonrisa y un desenfrenado furor en las palmas de sus manos. Las ovaciones grandes fueron para Giulietta Masina y para Tcherkasov. Y la mayor, para el actor que cerró la presentación: Charles Boyer. Fueron llamados a saludar algunos, más de treinta, pero ninguno de nuestra delegación. Nosotros, en nuestra mesa, estuvimos primero asustadísimos esperando oír nuestro nombre y luego tristes, lánguidos, por habernos librado de aquella molestia.

El resto de la delegación española se fue pronto a jugar al Casino. Yo retuve a los de mi mesa para prolongar los saludos de los que se marchaban. Cuando ya quedaba poca gente en el salón, y después de ver bailar el *rock and roll* a la Masina, nos fuimos al Whisky A Gogo —un sitio muy acogedor— a brindar por nuestro encuentro en otro festival de cualquier ciudad del mundo.

29
La isla de la libertad

Una comedia ligera

El guión de *La vida por delante* lo escribí con mi gran amigo y gran escritor Manuel Pilares. Él llevaba entonces una sección en una publicación universitaria que era una especie de diálogos o de impresiones de una pareja de jóvenes. Su estilo directo, sencillo, ingenioso, sus dotes de observación me parecieron muy adecuados para ayudarme en lo que pretendía hacer. De los diversos sentidos o intenciones que podía tener aquella comedieta uno estaba para mí bastante claro: era una sátira de la chapuza española. Queríamos explicar que muchos obreros trabajaban chapuceramente, que casi nadie trabajaba por amor a la obra bien hecha, sino para salir del paso, para ganarse la vida, aunque su modo de mal trabajar fuese también en detrimento de los demás, y que tan chapuceros como esos obreros eran muchos estudiantes de Medicina, de Derecho, etcétera y, por tanto, muchos médicos, abogados, etcétera —y no decíamos nada de los políticos porque en aquellos tiempos prehistóricos no los había—; en fin, queríamos contar que todos éramos chapuceros y que así nos engañábamos, nos estafábamos unos a otros. Pero esta idea previa, por torpeza mía, no se trasluce bastante en la película, que parece tratar de otras cosas.

Cuando tuvimos concluido el guión se lo presenté a algunos productores, dos o tres. Como todos lo rechazaron pensé que tenía que hacer lo mismo que en ocasiones anteriores: rebañar mis ahorros y producirlo en parte a mis expensas. Esto de en parte quiere decir que adelantaría el escaso metálico que en aquellos tiempos era necesario para arrancar el rodaje, y un productor asociado aportaría los créditos públicos y privados. Encontré una productora, Estela Films, a la que el proyecto no le pareció mal y que a su vez encontró una distribuidora dispuesta a hacerse cargo de la película. Pero cuando ésta estuvo terminada, a la distribuidora no le pareció bien, se acogió a una cláusula del contrato que decía que el compromiso quedaba anulado si la película, a juicio de la propia distribuidora, no tenía la calidad suficiente, y nos dejó colgados. Este hecho no es nada insólito en el cine, pero es dramático. Supone pasarse tiempo y tiempo recorriendo oficinas con las latas de película bajo el brazo. Y sin poder olvidar la amenaza de que la película se quede para siempre en el almacén. Con lo que eso supone de dinero perdido, de trabajo inútil y de ilusiones frustradas.

A nosotros, a los de mi oficio, cuando tenemos uno de estos fracasos se nos suele aparecer un fantasma que nos anuncia que acaso ya no seamos del oficio. Cuando perdemos una jugada hemos perdido el dinero de la apuesta, pero quizás también las posibilidades de seguir sentados a la mesa de juego. Vivimos siempre pendientes de la próxima oferta pero no sabemos cuándo es el momento en que la próxima oferta no va a llegar nunca.

Por fin, al cabo de muchos meses, una distribuidora, Mercurio, se interesó por la película y tuvo un buen estreno en el cine Callao. Al público de aquel día le gustó, incluso la interrumpió en una escena para dar un gran aplauso al genial José Isbert, cosa que no es tan frecuente en el cine como en el teatro.

Yo estaba satisfechísimo, porque llegó a estar en el cine de estreno seis semanas, cuando ninguna de las anteriores dirigidas por mí había pasado de la segunda. La verdad es que por las mismas fechas, *Aquellos tiempos del cuplé*, de Lilián de Celis, llevaba ya veintisiete semanas. Pero en fin, seis semanas para una película española sin niño y sin cantante no estaba del todo mal.

A pesar de que en su tiempo fuese prohibida para menores, a pesar de que algunos izquierdistas dijeran que era la película más de oposición al régimen que se había hecho hasta entonces, a pesar de que un crítico católico protestase porque estaba hecha «como si Dios no existiera», y de que muchos abogados estuvieron a punto de publicar —un amigo generoso, José Vicente Puente, lo impidió— una carta colectiva pidiendo que se suspendieran sus proyecciones, y de que a partir de que rodamos nosotros se prohibió rodar en la Facultad de Derecho, desde hace años *La vida por delante* se ve simplemente como una comedia ligera que no pretende sino entretener.

El Gran Café de Gijón

Muchas veces he pensado que aquella primera tertulia del Café Gijón suplió con ventaja lo que habría podido aprender en la universidad de los años cuarenta —que me vi obligado a abandonar por penuria y por mi poca disposición para el estudio—, no sólo por el deterioro causado por la Guerra Civil, sino por culpa mía, que escuchaba mejor con una taza de café por medio que en el pupitre de un aula. Como casi todos los tertulios eran mayores que yo y sabían más, procuraba aprovechar sus enseñanzas. Pero no sólo sirvieron aquellos años para ilustrarme, sino para divertirme, pues entre los asistentes no faltaban los que daban abundantes pruebas de ingenio, cáustico la mayoría de las veces, como el propio José García Nieto, que a su inspiración y su exhaustivo conocimiento de la técnica poética siempre ha unido, en rara compañía, un excepcional y agudísimo sentido del humor, y Eugenio Suárez y Julián Ayesta y Manuel Pilares y Juan Pérez Creus y Camilo José Cela, cuyo prestigio, recién ganado con *La familia de Pascual Duarte*, elevaba la tertulia, y cuyas salidas procaces la vivificaban y la acercaban más a la realidad inmediata.

En 1945 se produce la rendición incondicional de Alemania. Ha terminado la Segunda Guerra Mundial. Estoy en Barcelona y lamento no poder ir a la hora de siempre al Gran Café de Gijón, donde tendrá verdadera resonancia el eco de este hecho histórico.

Desde que se estrenaron *Botón de ancla* y *Balarrasa* mis emolumentos por película se multiplicaron y llegaron a ser de los más altos, dentro de lo pobre de nuestro mercado. Y aunque nunca llegaron a igualar los de Sara Montiel, Marisol o el niño Joselito, sí eran lo suficientemente altos como para permitirme la ilusión de que era un hombre rico. Al fin me había colocado. Había conseguido ser alguien. Comía bien, me hacía trajes caros, iba a los toros —algunas veces, a barrera—, vivía en hoteles de lujo, acudía por las noches a sitios cubiertos y con música de baile, que antes de hacer esas películas lo que hacía era pasear por las calles o, todo lo más, tomar café.

Puesto que era rico, en el año 48 me ofrecí como mecenas para el premio Café Gijón de novela corta. Pagaría todos los años mil quinientas pesetas al autor premiado y sufragaría los gastos de la edición. Mi afición a las letras, mi vocación de escritor de novelas de Salgari, no me había abandonado, aunque el pobre Salgari había quedado atrás, y Rubén Darío, Azorín, Cervantes, Balzac, Dickens, Saroyan, Ramón Gómez de la Serna, los de la generación perdida, los socialistas de entreguerras y quién sabe cuántos más le habían arrebatado la señal.

A los tertulios del Gijón nos daba envidia que Barcelona tuviera el premio Nadal, con sus votaciones a lo Goncourt y sus cenas, y por ello fundamos nuestro propio premio. Pero a los pocos años García Nieto me aconsejó que lo dejara, ante las conspiraciones, los tejemanejes, los cabildeos que se montaban para presionar a los jurados. A García Nieto un concursante llegó a agredirle, y otro me recordó a mí que llevaba pistola. Pensaba yo que aquellas escasas pesetas y la edición de un libro que apenas se difundía no eran para ponerse así. Mi juventud me impedía comprender que no era yo el único al que atormentaba y sacaba de quicio la necesidad urgente de ser alguien. Dejamos aquello del premio y continué siendo, como había sido hasta entonces, más bien un miembro oyente de la tertulia.

El Gran Café de Gijón fue durante los años del franquismo, como bien lo ha definido Francisco Umbral, «una isla de libertad». Se perdían las caretas al vuelo de su puerta giratoria y únicamente las conservaban los «informadores».

Durante los años cincuenta se produjo una lenta pero constante invasión de cómicos. En los sesenta se fueron escindiendo de la vieja tertulia los novelistas, los dramaturgos, y se quedaron solos los poetas en su rincón. Allí se veía a García Nieto, Ramón de Garciasol, Pilares, Gerardo Diego, Jesús Acacio, y Azcoaga a su regreso de Argentina.

Durante unos años me había visto escindido entre cómicos y escritores. No sabía con qué carta quedarme. Por un lado me parecía mal, habiendo tantas mesas de cómicos, sentarme en la de los literatos. Por otro, al abandonar aquella tertulia, que había sido el motivo de que comenzase a acudir al Café, comprendía que mi educación quedaba sin rematar.

Desde muy pronto estuve considerado como un «actor intelectual», así me lo hizo notar Juan Tébar en el largo diálogo que mantuvimos para la colección De Palabra. Creo que esto se debió en parte, en muy buena parte, a mi asistencia cotidiana al Gran Café de Gijón. Puede ser que hubiera en este oficio actores mucho más leídos que yo, más «intelectualizados», y no se les tenía por tales porque iban a otro café.

En una cena homenaje que me ofrecieron los contertulios del Café Gijón, no recuerdo con qué motivo, o quizás sin motivo alguno, los sucesivos oradores no decían nada que se refiriese a mí. Se zaherían unos a otros, se lanzaban pullas, agresiones verbales más o menos ingeniosas y más o menos directas. Esto impulsó a don Eugenio Montes a tomar la palabra, y en un bello discurso improvisado que se remontó en su arranque al inicio de la costumbre de reunirse a tomar café entre los turcos recordó a aquellos oradores, y a los que pudieran levantarse en lo sucesivo, que el objeto de los homenajes era hablar laudatoriamente del homenajeado. Entre otros, su elogio más destacado consistió en afirmar que yo, con mi asistencia constante, desde hacía varios años, a la tertulia poética del Café Gijón había inducido a otros actores y actrices a seguir mi ejemplo hasta convertir aquel café en un ágora de escritores, actores, pintores... Por primera vez, desde hacía muchos años, los cómicos y los poetas se reunían en el mismo café.

Un criadero de amistades

En el Café tuvieron su mesa, hasta su ancianidad, las actrices hermanas Companys. Y a otras mesas se sentaban las maniquíes de Vargas-Ochavia y las de Herrera y Ollero; las actrices María Asquerino, María Luisa Ponte, Conchita Montes, Blanca de Silos, Lola Cardona...

Allí se fraguaban proyectos teatrales y cinematográficos, que algunas veces se convertían en realidad y cientos quedaban en el acogedor mundo de las fantasías.

Allí recalaban unos misioneros de una secta india a hacer prosélitos entre nosotros. Yo les escuché poco, pero los iniciados en teología y apologética les prestaron bastante atención. Se tocaban con unos turbantes de colorines y en el sobrio ambiente indumentario de los años cincuenta quedaban muy llamativos. De uno de ellos no sé lo que fue. El otro se quedó en Madrid, vendiendo perfumes en el Rastro.

En 1953 se estrenó *Esperando a Godot*, murió Stalin, España ingresó en la Unesco —prólogo al permanente apoyo que Franco recibiría de Estados Unidos—; el primer acontecimiento pasó inadvertido en el Café, muy alejado de París, pero los otros dos fueron interpretados de diversas maneras. El último era la seguridad para muchos y les cerraba a otros la puerta de la esperanza.

Si un director cinematográfico sentía la necesidad de golpear a un crítico, iba a golpearle al Gran Café de Gijón.

Y allí buscábamos amantes cuando nuestras amantes nos abandonaban.

Durante muchos años, cuando mis domicilios no eran más que mis dormitorios, el Café Gijón fue mi casa. Allí se planeó y desde allí se llevó a cabo el misterioso crimen de la Gran Vía —el de los años cincuenta, no el de los treinta—, con ramificaciones en el espionaje internacional, y en cuyo descubrimiento trabajaron afanosamente el operador cinematográfico Golberger, padre de la acusada, y el escritor, político clandestino y gran amigo José Suárez Carreño.

A pesar de que el Café no era un nido de rojos, sino un cálido albergue de monárquicos, demócratas, republicanos, católicos, comunistas, anarquistas, tecnócratas y hombres que acababan de dejar en el armario la camisa azul y la pistola, a él iban los enchutados de la violencia cuando no sabían dónde descargar sus palos de ciego.

En los años sesenta, a la caída de la tarde, se creó una tertulia, de pie, en la barra, a la que acudían, entre muchos otros, porque acabó siendo multitudinaria, Enrique Álvarez Diosdado, Conrado San

Martín, Francisco Rabal, José María Rodero —que un día se enfadó y prometió no volver—, Fernando Rey, Guillermo Marín, Pastor Serrador, Félix Dafauce, Juan José Alonso Millán...

A la misma hora, incluso antes y después —durante los años sesenta aquello no tenía horario, no era una tertulia, ni varias tertulias, sino la plaza de una ciudad de la Grecia antigua— a una mesa se sentaban Antonio Buero Vallejo, Alfonso Paso, el apuntador Burguitos y los que quisieran arrimarse. Cuando le mostré el Café a Analía Gadé, recién llegada de Buenos Aires, no pudo creer lo que veía. ¡Buero Vallejo hacía tertulia con un apuntador! Hay que tener en cuenta que llegaba de Buenos Aires, donde para asomarse a la tertulia de Borges, en calidad de entusiasta admirador, había que llevar recomendación, y ni aun así te admitían.

A otras mesas se sentaban los abogados, a otras los militares, a otras los pintores, a otras los gallegos... Manuel Luna, nuestro camarero amigo, y desde una mesa cercana a la barra don José —llamado en tiempos «Pepe el del Gijón»— los tenían bien clasificados.

A comienzos de los sesenta, hombres del Opus Dei llegaron al poder. Allí, en el Café, se sabía que esto significaba la liquidación de la Falange y que la «obra» se había fundado en los años veinte para rivalizar con las organizaciones fascistas en su labor antirrevolucionaria.

En aquellos tiempos en los que casi nadie estaba enterado de nada, en aquel café se sabía todo. A veces se sabía incluso lo que era verdad.

En aquel criadero de amistades conocí a hombres tan fuera de lo común como los inverosímiles Pedro Beltrán y Jesús Franco, o como Juan Estelrich, el director de *El anacoreta*, que con los pies más en el suelo daría un poco de lado a su más acendrada vocación, a su inteligencia y a su sensibilidad, y dejaría que su perspicacia le llevara en un vuelo hasta las montañas de Suiza. Han pasado más de treinta años desde que por primera vez le vi en la terraza del Café, en el paseo de Recoletos (entonces provisionalmente Calvo Sotelo), pero cuando en otros vuelos regresa temporalmente a España recala siempre en el Gijón.

Francisco Umbral ha escrito varios libros sobre este café. También Pedro de Lorenzo, Marino Gómez Santos y otros. Pero aún faltan. Sería un intento ridículo por mi parte, condenado al fracaso, pretender glosar en unas páginas lo que fue mi vida en él durante treinta años.

Recién terminada la Guerra Civil Española, cuando más petulantes, agresivos y peligrosos se mostraban los vencedores, cuando las calles de Madrid y las de España entera estaban empapeladas con la consigna «Hay que rehacer en los campamentos la España deshecha en los cafés», fue cuando el joven poeta lírico José García Nieto, ese hombre inofensivo, de elegancia atildada, abrió tertulia en el Gran Café de Gijón.

Intelectualidad

Por verme casi a diario en el Café, no había otra razón, los jóvenes existencialistas me encargaron una comedia en un acto. Habían organizado unas representaciones de teatro de vanguardia que tenían lugar en el Beatriz. Pero fueron tan efímeras, que cuando concluí de escribir la obra, *Pareja para la eternidad*, cuya duración no superaba la media hora, aquella campaña teatral ya se había frustrado.

También por acudir al Gijón y dejarme contagiar de los poetas, una noche romana en la que la soledad, la angustia y la nostalgia no me dejaban dormir escribí un librito de versos —aún más breve que la comedia a la que me he referido—, *A Roma por algo*. García Nieto publicó el experimento teatral en la revista *Acanto* y los versos en *Poesía española*.

Un último fruto de las cosechas del Café fue la novela de humor sobre el ambiente misérrimo del cine español *El vendedor de naranjas*, que publicó el editor Giner, también contertulio. Otro trabajo literario de aquellos tiempos, la comedia frívola *Marido y medio*, no debo atribuirla a la influencia del Café, pues aquellas tertulias eran exigentes y mi intento había sido escribir una obra de lo que se llamaba «teatro comercial». Estaba convencido de que aquello era muy fácil. Con unas cuantas confidencias sobre la carpintería teatral que le había sonsacado a Jardiel Poncela en el saloncillo del Teatro de la Comedia y lo que aprendí de algunas obras del mismo género que me sirvieron de modelos podía ser que no alcanzase un gran éxito, pero que lograba una comedia tan aceptable como las demás que se estrenaban, y que divertiría mucho al público, era seguro. Financié yo mismo el estreno. Todas las críticas fueron adversas; y en cuanto a la reacción del público es imposible saber nada, porque durante los quince días de representaciones no acudió.

Ya me había ofrecido Carlos Llopis la posibilidad de estrenar una obra suya en el Teatro de la Comedia y este proyecto, añadido a nuestra amistad, le movió a adoptar el papel de maestro, de mentor en mi nueva actividad de autor teatral. Me hizo una o dos observaciones atinadas sobre errores que tenía la obra y que se habrían podido evitar si se la hubiera dado a leer antes del estreno, y añadió:

—A ti te ha perjudicado el Café Gijón.

Quería decir que por mi asistencia a ese café, por ser uno de los que allí se reunían, con Camilo José Cela, con García Nieto, con Ruiz Iriarte, Mercedes Fórmica, Eugenia Serrano, Gerardo Diego..., la crítica y los profesionales y los estrenistas esperaban otra cosa de mí, no una simple comedieta al uso, que perseguía sólo la eficacia. Y debía de estar convencido de su opinión, porque él nunca asomó la nariz por el Café.

Aprendí que lo del «teatro comercial» no era tan fácil como me había imaginado y decidí que si no pensaba abandonar mi vocación de autor teatral debía ser más exigente conmigo mismo ya que el no serlo no me ponía en la ruta de los grandes beneficios. Lo fui tanto, que hasta veinte años después no empecé a escribir otra obra, *La coartada*.

Carta de Jardiel Poncela

En el 44 Jardiel Poncela hizo la excursión por América. Había dicho que no la haría hasta que concluyese la guerra. Algunos de sus actores predilectos, como Guadalupe Muñoz Sampedro y José Orjas, rechazaron su oferta por parecerles peligrosa la aventura. Jardiel Poncela no se lo perdonó nunca. En vez de desistir de su empeño se obstinó en llevarlo a cabo y no tuvo en cuenta que las compañías de teatro español que solían hacer esas giras hispanoamericanas las hacían principalmente para un público de españoles o de descendientes de españoles. Y, aparte de que el habla coloquial de aquellos países no es la nuestra y, por tanto, la recepción del humor verbal resulta dificultosa, había algo más grave y que el inteligentísimo Jardiel Poncela no tuvo en cuenta: entre su posible público debían de abundar, lógicamente, los exiliados de la Guerra Civil y era difícil que olvidasen las feroces diatribas que el autor de *Eloísa está debajo de un almendro* había publicado contra «el envilecido vecindario del Madrid marxista». Aquella excursión le arruinó —como muchos de los que andamos por platós y escenarios, se creía más rico de lo que era— y fue el factor desencadenante que contribuyó también a arruinar su salud. Desde el estreno en 1945 de *Tú y yo somos tres* no volvió a alcanzar ningún éxito, y vivió de anticipos de la Sociedad de Autores sobre posibles trabajos futuros y de la ayuda de algunos amigos. Estos datos son necesarios para comprender del todo la carta que me envió con motivo del estreno de *Alarido y medio*. También debe saber el curioso lector que para sustituir a mi comedia, Fernando de Granada, en funciones de empresario, pensaba montar *Angelina o el honor de un brigadier* con José Orjas como protagonista. Y que yo tenía el proyecto de realizar, con los estudios Ballesteros, una versión cinematográfica de *Tú y yo somos tres*. A continuación transcribo la carta de Jardiel Poncela.

Domingo 18

Querido Fernando:
La enhorabuena de después del parto, aunque retrasada. Pero ya te había dado aquella noche la de antes del parto, porque suponía que «vendría bien», que sería varón. Lo sé todo, como decía al final de sus comedias Enrique Lavedant: sé que los hombres no se lo sabían y que estuvieron inseguros; y que todas las mujeres estuvieron muy bien y que sí se lo sabían. Esto también lo sabía yo en 1923, mes más, mes menos, porque ya entonces en el Teatro las mujeres eran algo así como las vestales que guardaban en eternas llamas el fuego sacro de la vergüenza escénica en el altar del templo: párrafo arrancado de la escena cumbre de una tragedia de Cavestany, aquel que fue capaz de escribir todo un verso de arte mayor (sin proponérselo, claro) con palabras de una sola sílaba, salvo la última, que tenía dos: V. G.

«... eso te darán las meretrices,
yo no te lo he de dar, no me lo pidas...»

¿no quedó precioso? Pues ya ves, la obra gustó horrores, por lo bien traída (de los pelos) y finalmente sé —*volviendo al terreno situado más allá de verja del sanatorio para mentales o difíciles*— *que tu mujer estuvo bárbara, además de muy bien vestida, en pareja* a lo Worth *con la chica de la Muro. Siguen las enhorabuenas, un diputado de la mayoría se levanta y besa en la calva al Presidente. (Rumores.)*
Pero aún sé más. No olvides ni un segundo que lo sé todo. Sé que la obra sube; y sé que ahora viene aquello de: «¡y tener que irse, viniendo gente! ¡Y no tener otro teatro donde pasar!» porque también esto de que pasase que no había teatro donde pasar, pasaba en épocas pasadas, cuando pasaba lo que cuando con tu comedia está pasando. Y yo digo: ¿por qué no seguís en el Gran Vía?
¡Sí, sí! ¡ Ya sé! ¡ Ya sé lo de Angelina! *¿Pues no te dije que lo sé todo? Pero es que mira, hijo: la* Angelina *interpretada por el Orjas actual* —*de primer actor*— *va a durar menos que un rugido de león de la Metro. Su seguro fiasco a mí va a cubrirme con la coraza de la ignominia (utensilio recogido de un antiguo pasadizo secreto de la Inquisición que hay en la despensa de mi casa) y a Fernando de Granada no le va a aumentar ni en un naranjo raquítico siquiera su huerto levantino, al contrario, me temo que le cueste cinco naranjos y la copa de otro echando muy por bajo. Y si*

esos resultados siniestros son los que espera la única persona razonable que toma aspirina, que soy yo, ¿por qué no renuncia a que la pobre Angelina tenga por padre a Orjas, cuando el que lo tenga no es Mandamiento de la Santa Madre Iglesia, ni binomio de Pi, ni logaritmo de Newton, ni siquiera cocido con principio de Arquímedes? ¿Y por qué no —en fin— seguir con tu espectáculo, que sí que no ha de perjudicar ni a Granada ni a mí, ni a los Países Bajos?

Yo acabo de escribir a Granada: bueno, a Fernando —para evitar que creas que he puesto dos líneas al mirador de Lindaraja— *y le sugiero la idea, exponiéndole todo lo expuesto que es lo otro. ¿Por qué no pruebas, también, a hablarle tú? Quedas autorizado para leerle —si ello es útil— esta carta, de cabo a rabo.*

Y pas plus, mon vieux.

¡Ah, sí! ¿Qué extraños trucos de ilusionismo te proponías hacer en Ballesteros? Allí, Fernando, no cobra ni el que hace los agujeritos de los lados de la película; ¡que ya ves si le zumba al trabajo el hombre!

El refuerzo logrado para que de aquella casa no salga un dólar, que es la presencia allí de Luisito González Pardo, es pétreo e infranqueable.

Por si vuelves, ¡ojo con el refuerzo, *que usa* vendajes duros para todo! *Y si necesitas algo de mí. habla.*

Afectos a Mariloli, *y un abrazo de tu amigo y compañero*

E. Jardiel Poncela

Y fuera de bromas idiotas, me he alegrado de corazón de tu éxito y de que lo sea también económico. Para que venzas toda repugnancia: la Angelina *no me produciría nada, pues no lo cobraría, así es que ni provecho ni honra: disgustos acaso.*

Jardiel Poncela escribió esta carta en 1950. Murió en el 52.

Dudosa popularidad

Quizás también el que Carlos Llopis suponía nefasto influjo del Café —y que debió de tenerle muerto de miedo hasta el día del estreno de su obra en el Teatro de la Comedia— tuvo parte en la elección de las dos obras de mi segunda temporada en el mismo teatro, como primer actor y empresario de compañía. La primera fue *El señor vestido de violeta*, de Miguel Mihura, que aún no era el autor comercialísimo de *Maribel y la extraña familia* o de *Ninette y un señor de Murcia*, sino un humorista de vanguardia, y la segunda *La torre sobre el gallinero*, comedia de Vittorio Calvino, con la que habíamos obtenido un gran éxito en la única representación del Teatro de Ensayo del Instituto Italiano de Cultura. Ninguna de las dos interesó al público. Ni en Madrid ni en ninguna de las ocho o diez ciudades que visitamos durante la gira de verano. Era la primera vez que «el que se moría en *Botón de ancla*» y *Balarrasa* actuaba como primer actor de teatro en provincias. Pero hacía ya mucho tiempo de aquello, habían pasado cuatro o cinco años y mi nombre no tenía suficiente «gancho». En cuanto al extraordinario éxito teatral del año anterior con *La vida en un bloc,* en aquellas provincias no sabían nada. Los efectos del éxito ya se habían desvanecido. Para siempre.

30
¿En la mitad del camino?

Una revancha

Cuando hice *La venganza de don Mendo* eran muy pocas las películas «de época» —como las llamamos en la jerga teatral y cinematográfica— en las que había intervenido. *Bambú,* de Sáenz de Heredia, que ocurría en Cuba, cuando la pérdida de las colonias; *La sirena negra,* de Serrano de Osma, también de fin de siglo; *El capitán Veneno,* de Marquina; *Tiempos felices,* de Enrique Gómez; total: cuatro entre cerca de cien.

La venganza de don Mendo, la celebérrima, popularísima obra teatral de don Pedro Muñoz Seca, en su versión cinematográfica, se realizó en 1961. La idea de llevarla al cine no partió de mí, sino de los productores González y Carballo, que le encargaron el trabajo al director Fernández Ardavín, y a mí se dirigieron sólo para contratarme como actor. Pero aquel proyecto era algo muy distinto de lo que al final se hizo. Se trataba de montar una representación teatral, en un escenario, de *La venganza de don Mendo y* en dos días y en blanco y negro rodar esa representación. Se pensaba que, por lo económico del procedimiento, el negocio siempre resultaría rentable.

A última hora, no sé por qué razones, el director Fernández Ardavín se echó atrás y los productores González y Carballo me ofrecieron que además de interpretar la película la dirigiese. Les pedí tiempo para pensarlo, porque la gracia de la parodia de Muñoz Seca siempre me había parecido una gracia muy teatral, muy de escenario, que pedía la confabulación directa con el público. Por otro lado, era parodia de un género teatral, el seudorromántico, que ya no se cultivaba en España. Sin embargo, la eficacia cómica de *La venganza de don Mendo* seguía estando vigente, y sigue estándolo hoy, aunque parodie un tipo de teatro que el público desconoce. Creo que esta eficacia, este éxito de la obra ante los públicos de este siglo —han pasado ya más de ochenta años desde su estreno— tiene su origen en el odio, en el aborrecimiento que siente el público normal hacia nuestro teatro clásico. Odio que les viene a unos de no haber ido al colegio y no haberse enterado de en qué consiste y a otros de sí haber ido y sí haberse enterado. El caso es que unos y otros ven en esta obra una sátira, una parodia, una burla de lo que creen que es el teatro clásico, relacionan eso con el colegio, con la cultura, con sus mayores, y ríen doblemente con los chistes. Pero mi problema no consistía en averiguar por qué la obra divertía a la gente, sino en encontrar alguna manera de divertirme yo al trasladarla al cine. Lo de realizarla en dos días lo rechacé en el acto y no volví a pensar en ello porque carecía de la habilidad técnica necesaria. Lo de que fuera en blanco y negro en vez de en color, en un caso como éste de procedencia tan claramente teatral, me parecía empobrecer, entristecer el espectáculo, y precisamente en unos años en que había que competir con la maravilla de color que era la niña Marisol. Recogiendo la idea de los productores González y Carballo de rodar una representación teatral pensé que podía hacer una película que no reprodujese una representación, pero que se inspirase en los modos teatrales seudorrománticos en cuanto a decoración, vestuario, trucos, interpretación... Esto ya lo había hecho, con otras intenciones, Laurence Olivier en *Enrique V*, pero nosotros lo haríamos en broma, que siempre es más socorrido. Trasladar las viejas convenciones del teatro al cine era algo que me divertía. Por otro lado, estábamos en el gran momento de las superproducciones históricas, no el del cine español de la posguerra, aquel de *Reina santa, Agustina de Aragón, La leona de Castilla*, sino en el de las películas de romanos o las de Bronston, *La caída del imperio romano, Salomón y la reina de Saba. Ben-Hur, El coloso de Rodas...*

No había intervenido yo nunca en ninguna de éstas. Ni siquiera como actor secundario. Hasta entonces, en mis veintitrés años de oficio, había hecho de casi todo menos de personaje histórico. Cuando, muchos años antes, en 1947, rodábamos *Botón de ancla*, el gran actor Antonio Casal se quejaba de esto mismo. Había tenido en el cine una carrera fulgurante, rapidísima, pero a la misma velocidad que apareció y se colocó y triunfó y llegó al máximo de la popularidad, a esa misma velocidad decidieron prescindir de él. Había tenido grandes éxitos con *Polizón a bordo, El hombre que se quiso matar, Huella de luz, El fantasma y doña Juanita...* Se decía de él que representaba mejor que nadie el personaje del español medio. Pero el director que más había trabajado con él, Rafael Gil, dio un giro a su labor y se dedicó a las grandes novelas románticas y a los montajes históricos espectaculares, y a Casal empezó a faltarle trabajo o, por lo menos, un trabajo adecuado a la categoría que había conseguido. Le preguntó a Rafael Gil por qué no le llamaba para esas películas que hacía entonces. El director le llevó al plató donde estaba montado el gran decorado de un palacio y le dijo:

—Pasea por ahí.

Antonio Casal, con su aspecto —buen aspecto— de español medio paseó por el salón del palacio y Rafael Gil le dijo:

—¿Lo ves, Antonio? No tienes majestad.

Antonio Casal, que aunque no hubiera nacido para rey había conseguido ser un gran actor, se dedicó al folclore y luego a la revista musical y siguió teniendo los mismos éxitos que en el cine.

Pues bien, a mí debía de ocurrirme algo parecido: no tenía... historicidad. Ni romana, ni medieval, ni renacentista. *La venganza de don Mendo* era una oportunidad para tomarme la revancha. Como actor, podía darme el lujo de interpretar el personaje de un noble de la Edad Media. Y como director podía montar escenas de solemnes cortejos reales, manejar modestas multitudes de extras en planos de grandes batallas. Estas que llevo apuntadas me parecieron razones suficientes para aceptar la oferta de los productores González y Carballo.

Castillos de papel y falsas cooperativas

Surgió un inconveniente. A los productores les pareció que las reformas que pretendía yo incluir en el proyecto —rodar en estudio y en exteriores, hacer la película en color y tardar cuatro semanas en vez de dos días— encarecían muchísimo el presupuesto. Y estaba claro que no les faltaba razón. Para reducir gastos tenía solamente una idea: que los decorados fueran de papel, de papel pintado, como los de los viejos teatros, como los del teatrito de Seix Barral que en mi niñez me regaló Carmen Seco y cuyos decorados llenaron de magia tantas tardes de soledad. Y eso no se me había ocurrido por motivos económicos, sino para contribuir a la sensación de vieja representación que quería dar. Me gustaba que en la película se notase que las paredes eran de papel, que se movieran. Pero esta idea, que indudablemente abarataba, fue rechazada, porque había entonces una «junta de clasificación» que clasificaba las películas con arreglo a su costo, y según ese costo daba más o menos dinero de subvención. Si los decorados eran de papel, los de la junta no iban a dar nada.

—¿Y no pueden ustedes decir que yo, por la idea de que sean de papel, he cobrado muchísimo?

Por lo visto, no; aquella junta no era partidaria de pagar esas ideas.

Llegué a un acuerdo con los productores: que los decorados fueran sólidos, construidos, de madera, como siempre, pero con una apariencia falsa, teatral. En una escena sí me dejarán utilizar un cielo que se ve que es de tela pintada. La producción se hizo por el sistema de cooperativa. Falsa cooperativa, como se llamaba comúnmente. Como a otro sistema se le llamaba falsa coproducción. Consistía este sistema de falsa cooperativa en lo siguiente: el régimen corporativista, o nacional-sindicalista o fascista o como se llamase, había decidido proteger a las cooperativas de trabajo, las eximía de algunos impuestos y les concedía créditos y otras ventajas. En vista de lo cual, se organizaba todo como en una cooperativa para aprovecharse de estas ventajas, excepto el reparto de beneficios, que quedaban todos para el empresario. No creo que este sistema fuera exclusivo del cine. Pero no se procedía así por imposición de los empresarios, no; sino de los trabajadores, actores y técnicos de la película, que preferían cobrar su dinero contante y sonante y dejarse de historias, porque no se fiaban de nadie, ni de particulares ni del Estado. Y si el productor se beneficiaba con aquellas disposiciones legales, pues bueno, que se beneficiase. Lo importante era que estuviese dispuesto a producir otra película después.

Durante mucho tiempo creí que era la única vez en que había percibido el dinero de mi trabajo y ganado un poco más en concepto de beneficios; pero años más adelante me enteré de que esto no era cierto. Con un costo inferior a cinco millones de pesetas, en dieciséis años de explotación en los cines, en colegios, en cineclubs, habiéndose pasado dos veces por televisión y existiendo en el mercado versiones en súper 8 y en vídeo, aún no se habían amortizado los gastos.

Los censores, al leer el guión, que era transcripción fidelísima de la obra de Muñoz Seca, descubrieron que era una obra antimonárquica, lo que les creó un problema, pues el régimen de Franco era insólitamente una monarquía hereditaria, y Muñoz Seca un autor absolutamente monárquico. Como es sabido, murió a manos de los revolucionarios durante la Guerra Civil. Teniendo en cuenta esto, los censores decidieron que lo mejor era hacer la vista gorda.

Pero por dos cosas no pasaron. Una de ellas, el personaje del obispo. Que un obispo hablase cómicamente en el teatro podía pasar; pero en el cine era otra cosa. Tuvimos que transformar al obispo en fraile, porque según aquellos censores los frailes sí podían hablar cómicamente.

Como íbamos de pillo a pillo, rodamos todos los planos del obispo con ropa de obispo y con ropa de fraile, por si acaso. El actor, Antonio Queipo, estaba enloquecido, que me quito lo de obispo, que me pongo lo de fraile; que me quito lo de fraile, que me pongo lo de obispo. Presentamos la versión obispal —que era la de Muñoz Seca— y a los censores —los que veían la película no eran los que leían el guión— les pareció muy bien.

La otra cosa con la que no transigieron los censores fue el ombligo de Naima Cherky. Naima Cherky era de las mujeres más hermosas que había en España en aquel momento —exceptúo a las de la aristocracia, que no las veíamos—. Los caballeros pudientes de provincias se desplazaban para verla bailar la danza del vientre en el cabaré Morocco. Los pudientes madrileños de buenas costumbres íbamos a diario.

Conseguimos contratar a Naima para que bailase en *La venganza de don Mendo* en una tienda de campaña ante el rey. Mientras ella baila, el trovador recita un romance. Como todo el mundo sabe, en la danza del vientre se mueve el ombligo. Es inevitable, porque está ahí. A mí se me ocurrió que podía tener gracia que el trovador recitase al ritmo del ombligo. Que el ombligo iba lento, el trovador recitaba lento. Que el ombligo iba rápido, rápidos iban los versos. Que el ombligo se desmadraba, se desmadraba el trovador. Todo esto en un preciso montaje cinematográfico que consiguió perfectamente la montadora Rosi Salgado.

Pero resultó que uno de los censores tenía fijación umbilical y cortó casi todos los planos del ombligo de Naima, y en la película no se entiende bien por qué el trovador recita deprisa o despacio. Aquel censor de ombligos debía de ser persona de gran predicamento, porque durante muchos años consiguió que en cualquier espectáculo no se pudiesen ver sino a través de una tela más o menos tupida. Cuando venían ballets del extranjero, en los teatros y en las salas de fiesta se tenían preparados metros y metros de esa tela de tapar ombligos.

Ahora es costumbre restituir a las películas lo devastado por la estupidez —no por la maldad— de aquellos censores serviles, pero en este caso —como en tantos otros— no se pudo, porque los diminutos recortes de los planos del ombligo de Naima Cherky sabe Dios dónde habrán ido a parar; y tampoco la cosa vale la pena, porque la escena no era para tanto.

Florentina y los globos

La película *El mundo sigue* no se pudo estrenar nunca, nunca se exhibió ante el público de una manera normal. Fue rechazada por el público antes de que pudiera verla. Es la adaptación de una novela de Juan Antonio de Zunzunegui que tiene el mismo título.

La novela se publicó en 1960 y la película se realizó en 1963. La novela, como muchas otras del mismo autor, refleja el ambiente del Madrid posterior a la Guerra Civil. La película y la novela, en los años en que se rodó la una y se escribió la otra, se referían a ambientes, a temas, a circunstancias que eran actuales. Como lo eran también los personajes. En esto se diferencia de mis dos películas anteriores como director, *Sólo para hombres* y *La venganza de don Mendo,* cuya acción se desarrolla en épocas pretéritas.

En otro aspecto se diferencia no sólo de esas dos, sino de casi todas las que he dirigido: ésta no es una película cómica. Ni de humor, como puede serlo *La vida por delante,* ni paródica, como *La venganza de don Mendo.* No faltó quien me dijera que la película le había divertido porque la había encontrado cómica en el fondo, incluso en la forma. Veía en ella una sátira, algo de esperpento. Desde luego, no era ésa mi intención. Lo de sátira no lo rechazo, pero nunca sátira cómica, sino sátira triste. Y en cuanto a lo de esperpento, casi siempre asoma la oreja cuando se intenta retratar la vida española. La comicidad no la encuentro, pero acepto que la pueda añadir algún espectador, como la suelen añadir los niños cuando ven dramas para mayores. A mí, las cosas que suceden en la película —que son algunas de las que suceden en la novela— me parecen un drama. En el sentido figurado del término drama.

La escena más dramática que he presenciado en mi vida se remonta al año 29. Mis primos, Carlitos y Manolín, vivían conmigo, en el 9 de General Álvarez de Castro. También vivía con nosotros la abuelita de ellos, la frágil Valentina. Era jueves, un jueves de invierno, porque los niños, que no teníamos colegio los jueves por la tarde, estábamos encerrados en casa. La criada, la joven, guapa y coqueta Florentina, no estaba en casa, porque también las criadas libraban los jueves por la tarde. Debía de estar muy próxima la hora de la cena y Florentina se retrasaba. Mis primos y yo estábamos impacientes porque Florentina nos había dicho que a lo mejor nos traía globos de colores, de los que en algunas tiendas regalaban los jueves a los niños. Sonó el timbre de la puerta. La abuelita Valentina se levantó de su silla y cansinamente fue a abrir. Nosotros corrimos hacia la puerta. No bien se abrió la puerta sonó un grito horrísono, agudo. Era Florentina quien gritaba, en el rellano de la escalera. En una mano llevaba unos paquetes y en la otra sostenía los globos de colores. Tenía las mejillas bañadas en lágrimas. Sin dejar de gritar y de llorar se lanzó como una tromba, pasillo adelante. La abuelita Valentina, espantada, se apretó contra la pared para dejarla pasar. Luego fuimos todos tras ella que, en una carrera, dobló el recodo del pasillo y se metió en el cuarto de baño. Allí se dejó caer sobre la taza del retrete. Nos asomamos a la puerta. Florentina, espatarrada, seguía sosteniendo en una mano los globos de colores y entre llantos y gritos nos decía que su familia había recibido carta del pueblo; a su sobrinita pequeña, de cuatro años, la había aplastado un carro. Lo contaba una y otra vez, sentada en el retrete, sin soltar los globos, sin dejar de llorar y de gritar. El retrete, las piernas abiertas, los globos de colores, los gritos y las lágrimas debían de componer una estampa muy cómica, pero ni la abuelita Valentina, ni Manolín, ni Carlitos ni yo nos reíamos. Estábamos viendo un drama.

Lo dramático era la niña en el pueblo, muerta, aplastada por el carro, las lágrimas y los gritos desgarradores de su desdichada tía, la joven Florentina; lo cómico eran los globos de colores, el retrete. Si un autor cómico hubiera trabajado sobre esta situación habría suprimido la muerte de la sobrina, la habría transformado en un simple coscorrón; y los gritos desgarradores y las lágrimas de la criada habrían quedado convertidos en unos gemidos cómicamente ridículos. En cambio, habría conservado a Florentina sentada en el retrete y los globos de colores en su mano. Si hubiera trabajado sobre la misma situación un autor de dramas, la criada habría llegado a la casa sólo con los paquetes, sin los globos de colores, y no se habría dejado caer sobre el retrete, sino sobre una silla cualquiera, y allí habría gritado desgarradoramente y dado rienda suelta a las lágrimas y los párrafos.

Pero la realidad no procede así, no selecciona, suma los gritos desgarradores con la niña muerta, con los globos, con el carro, con las lágrimas, con el retrete.

Zunzunegui, el autor de la novela, tenía grandes dotes de observación y una aguda intuición para imaginar lo que no estaba en su entorno. Conseguía en su obra que los personajes pareciesen siempre seres vivos, y particularmente en aquella novela, mostraba una gran habilidad para dramatizar —ahora sí utilizo el término en su sentido literario— las situaciones, el choque de sentimientos, de conductas.

Todo esto parecía un material sugerente para hacer una película. Cuando menos, una película a mi gusto, aunque no fuera el gusto de la inmensa mayoría, y quizás tampoco el de la minoría selecta. Creo tener una especie de fijación con los temas de la pobre gente, de la gente común. Fijación que me viene quizás de que en mi infancia, cuando leía a Salgari, a Edgar Wallace, a Julio Verne, a Rafael Sabatini, una de las primeras novelas serias que leí, para mayores, fue *Los miserables,* de Víctor Hugo. Pero en mi vida profesional he tenido pocas oportunidades de trabajar sobre las pobres gentes, sobre estos ambientes, porque en los años que me ha tocado vivir las autoridades los consideraban delicados y los empresarios poco rentables.

También un amplio sector de público rechaza las películas que les hablan de las penas que tienen en casa. En cambio, yo reconozco que cuando en el cine, en el teatro, en las novelas, en la poesía, encuentro algo que me parece referirse a mis penas siento algo así como si el autor, con su comprensión, a través del tiempo y de la distancia, me echase una mano; y esta comunicación con un desconocido —más conocido a partir de ese momento que algunos amigos— me cambia el dolor en placer, y hasta me regodeo en mi tristeza.

Pero este sentimiento no debe de ser mayoritario. Una prueba de ello es que *El mundo sigue* no llegó ni a estrenarse.

Bodas de plata

Para recordar aquel año echo mano de una publicación de la época. Tengo en casa muchos números de *Gaceta Ilustrada,* por generosidad de mi amigo y antiguo colaborador Manuel Suárez-Caso, y a ellos he recurrido. Me encuentro con que fue un año señalado por ausencias muy dolorosas y significantes. Desaparecieron Jean Cocteau y Aldous Huxley, cuya inteligencia me causó asombro en mi juventud. París no sólo perdió a su gran maestro de ceremonias, Cocteau, sino a su musa, a su trovadora, a esa mujer que salió de la pobre gente y llegó a reina: Édith Piaf. Tan dolorosa, aunque mucho más silenciosa, fue la pérdida que tuvo Madrid. En 1963 el alba de Madrid perdió a su mejor novio: Ramón Gómez de la Serna. Hubo más muertes entre la gente notable —y entre la otra, no digamos—; Oswald mató a Kennedy, y luego Ruby le mató a él. También desapareció aquel papa que nos cayó bien a la mayoría, el papa del concilio, el maternal Juan XXIII.

Ocurrieron también cosas que no fueron desagradables —aunque encontrarlas en la prensa es difícil—, como el asalto al tren de Glasgow y el asunto Profumo, aquel ministro inglés obstinado en proporcionar placeres a los demás, y por ello tan perseguido.

He dedicado estas líneas a recordar sucesos de aquel año porque 1963 tenía para mí un significado muy especial: era el año de mis bodas de plata con el oficio de actor, y esa fue una de las razones de que se realizase *El mundo sigue*. Decidí celebrar mis veinticinco años de trabajo de la siguiente manera: no diciéndoselo a nadie y trabajando lo más posible. Aceptaría todas las ofertas que me hicieran, bien o mal pagadas, con personajes feos o bonitos, aunque algunos días tuviera que hacer jornada doble, y además, con mis ahorros, como en otras ocasiones, produciría *El mundo sigue,* cuyo guión había escrito el año anterior y que ya había sido rechazado por los productores.

Gracias a esta decisión, aquel año representé en el Teatro Recoletos y después en el de la Comedia *La sonata a Kreutzer,* de Tolstói, durante seis meses. En dos de esos meses rodé al mismo tiempo, por las mañanas, la película *Se vive una vez,* que dirigió Arturo González. Después interpreté en Marbella *Rififí en la ciudad,* dirigida por Jesús Franco. Al terminarla, rodé en Madrid, como actor y director, *El mundo sigue.* Empecé a continuación a ensayar *El pensamiento,* de Andreiev, que estrené en el Teatro Marquina en octubre. Mientras la representaba ensayamos *El capitán Veneno,* de Alarcón, que estrenamos a primeros de diciembre. Y con este espectáculo terminó el año.

La sonata a Kreutzer, que fue un gran éxito, me dio unas ganancias moderadas, porque el Teatro Recoletos, como su nombre indica, era muy pequeño, y porque mis empresarios y la empresa del local eran habilidosísimos para las cuentas. En el Teatro de la Comedia ya no dio ninguna ganancia porque el éxito se había terminado.

La película que hice por las mañanas, *Se vive una vez,* no me la pagaron hasta dos años después, porque el socio capitalista del productor, un alquilador de caballos, no se portó como era debido.

En la que rodé en Marbella, el productor y el director, mi amigo Jesús Franco, derrocharon tanto talento que consiguieron que cobrase sólo las dietas para mantenerme en la Costa del Sol y alternar por las noches. Después no vi ni un cuarto.

En producir *El mundo sigue* invertí mis ahorros. Si conseguía recuperarlos sería a lo largo de los años.

El pensamiento, de Andreiev-Semprún, que se estrenó en el Teatro Marquina, fue mi mayor éxito personal el día del estreno. Ahí quedó eso, que decían antes los cómicos. Pero la crítica que mandaba en la taquilla descubrió que Andreiev estaba trasnochado. Había seguido el simbolismo de Ibsen y eso estaba mal visto desde hacía unos cuantos años, desde que se inició la era chejoviana. El público teatral madrileño, tan sensible siempre a la evolución del fenómeno poético, acudió escasamente y, por tanto, los ingresos fueron igual de escasos.

De acuerdo con José María Gavilán, gerente del teatro, cuyo empresario era Alberto Closas, retiramos la obra para poner en escena la que teníamos en reserva y considerábamos infaliblemente comercial, *El capitán Veneno,* de Alarcón, en adaptación de Víctor Ruiz Iriarte, y a ésa ya no fue nadie. Si con la otra no gané dinero, con ésta perdí lo que me quedaba.

Así, con estos rodeos, quiero explicar que al final del año de mis bodas de plata con el trabajo, y a causa de la extraña manera de celebrarlo que se me ocurrió, los actores y las actrices que había contratado para trabajar en la película *El mundo sigue* y en la temporada del Teatro Marquina —María Luisa Ponte, Agustín González, Gemma Cuervo, Fernando Guillén, Francisco Pierrá, Julia Lorente, Charo Moreno...— me prestaban generosamente el dinero necesario para subsistir.

Los recibos del piso lujoso de la avenida del Generalísimo al que me había trasladado tras abandonar el lóbrego apartamento de la calle del Tutor me los pagó mi amigo y socio Cayetano Torregrosa, gran aficionado al teatro y a la amistad, muerto para mi desgracia hace mucho tiempo.

Tenía cuarenta y un años y estaba en la ruina. Aún no había conseguido enriquecerme como Ernesto Vilches, pero sí arruinarme como él.

Los recuerdos que hoy guardo de 1963 son buenos, el tiempo los ha ido haciendo buenos poco a poco. Amo a mis personajes de entonces, al terrateniente Pozdnysev, de Tolstói; al pobre Benigno de Santiago Lorén y Arturo González, al tópico sargento detective Clark de Jesús Franco, al esquizofrénico doctor Kerzencev de Andreiev-Semprún, al tosco capitán Veneno de Alarcón-Ruiz Iriarte, y amo a mis compañeros, a mis amigos, y en mis pensamientos de soledad estoy satisfecho, orgulloso de las experiencias de aquel año. Las pruebas de amistad, de amor, que recibí entonces fueron una hermosa manera de celebrar las bodas de plata.

31
Un fantasma muy antiguo

Pobres gentes

El fantasma de la pobreza rondaba por el piso de la avenida del Generalísimo. Era un viejo conocido mío. De mi abuela, casi como un hermano inseparable durante la infancia. Mi madre no le conoció personalmente porque, cuando nació, sus padres tenían ya vivienda en el gran edificio de la calle de Fuencarral, cuya espectacular portada llamaba la atención de los transeúntes, el hospicio de San Fernando; el abuelo era un funcionario acomodado. Pero sí vio de niña a la pobreza asediar a los infelices hospicianos.

—Eran unos esclavos de las monjas —contaba mi madre, y en eso estaba de acuerdo con mi abuela.

—En el hospicio —decían— vivían unas cuantas monjas, con doscientos criados. Despertaban a los niños de madrugada y les hacían romper el hielo de los pilones del patio.

—Lo que tenemos llorado tu madre y yo —decía mi abuela— al verlos, cuando vivíamos en aquella casa...

Años después, cuando discutían sobre mi porvenir, durante la Guerra Civil, y no había en casa ni dinero para el día siguiente replicaba mi madre:

—¡Por favor, mamá, no le diga usted al chico que va a ser obrero!

Recordaba yo entonces *Jack,* la novela de Daudet que nos hacía llorar a mi abuela y a mí, cuando la madre soltera de Jack gritaba histérica:

—¡Obrero no, obrero no!

En aquellos mismos tiempos, cuando iba al colegio de los maristas, después de marcharse mis primos a Laredo y antes de que el hermano marista me sacudiera la hostia en la oreja, mi abuela, cuando mi madre se marchó de turné, me quitó de mediopensionista y me puso a comer con el portero. No era yo solo, éramos cuatro o cinco. No comíamos en el comedor del colegio, con los demás. Nos llevábamos la comida en un paquetito o nos la acercaba al colegio la criada hacia la una, para que estuviera más caliente.

Comíamos allí, en la portería, y nos sobraba mucho tiempo para jugar en el patio. Pero sentíamos claramente que éramos los niños pobres del colegio. Más aún que los externos, los que se iban a comer a sus casas. Vi el rostro más amargo de la pobreza, la que envilece y alimenta el odio, en la Epifanía del año 40. Se organizó en el Centro Mariano-Alfonsiano de las Juventudes de Acción Católica un reparto de juguetes el día de Reyes entre los niños pobres del barrio. Algunos de los mayores se disfrazaron de Reyes Magos con ropas de Cornejo, unos cuantos de los más pequeños estaban vestidos de pajes. En el salón, como espectadores, nos hallábamos algunos jóvenes católicos, familiares de los niños pobres y algunas señoras de las que habían contribuido con donativos. En una mesa cubierta con un tapiz estaban los juguetes y junto a la mesa, Melchor, Gaspar y Baltasar. Se celebraba el día de Reyes por primera vez en la posguerra y algunos de aquellos niños pobres eran huérfanos recientes, otros tenían a sus padres en la cárcel, casi todos eran hijos de los vencidos. Algunos eran muy pequeños, tenían cuatro o cinco años. Pero los había hasta de diez y de once. Esperaban ellos y sus familiares que aquellos regalos prometidos sirvieran para remediar en algo su pobreza. Se iban acercando al estrado y un Rey Mago les entregaba a cada uno un juguete. A uno de ellos, un chiquillo algo mayor, el imprudente Rey Mago le regaló un juego de carpintería, de esos que son una pequeña cartulina en la que hay prendidos una sierra diminuta, un cepillo, una garlopa. Tuve yo uno que me compró mi abuela en el «Todo a 0,65» cuando san José dijo que había sido bueno. El chiquillo se quedó un instante quieto, en silencio, mirando el juguetito —quizás fuera hijo de un carpintero—; luego alzó la mirada al Rey Mago, una mirada rencorosa, y con desprecio tiró la cartulina con las diminutas herramientas sobre la mesa. Después abandonó el salón. Tras él, conforme fueron recibiendo los regalos, hicieron lo mismo unos cuantos chicos más.

Aquellas cosas en mi juventud me impresionaban mucho, me iban dejando huellas que no se borrarían nunca y que me impedirían en adelante juzgar algunos hechos con la debida objetividad o con la conveniente indiferencia.

El fantasma de la pobreza que deambulaba por mi piso no debía de ser como aquéllos. Me faltaba seguridad en mí mismo y en mis méritos y conocimientos, pero no hasta esos extremos. No sería así mi pobreza. Pero ¿cómo sería?

El Estado y el individuo

En 1963, al ministro de Información, que acababa de pedir diálogo, se le olvidó informarnos a unos cuantos de que no debíamos escribirle una carta preguntándole si era cierto que en Asturias se torturaba a los mineros que protestaban; nosotros escribimos la carta, y al día siguiente casi toda la prensa del país se volcó contra los firmantes. A partir de ese momento, yo era rojo. Mi madre, encargada de coleccionar mis recortes de prensa, estaba aterrorizada. Yo no sabía qué hacer para destruir, antes de que ella lo viese, el trabajo de tantos gacetilleros injuriosos. Como resultado de aquello en la Dirección General de Seguridad me pusieron mala nota y, durante mucho tiempo, tener en regla mi documentación, salir de España, regresar a ella, fue un verdadero martirio. En Radio Nacional y en Televisión prohibieron mi nombre durante algunos años. Como consecuencia de esto tampoco se me podía contratar, hasta que tiempo después Jaime de Armiñán consiguió que me levantaran el sambenito.

Se rumoreó que a los que habíamos firmado la carta, fuera el que fuera nuestro oficio, nos iba a resultar difícil encontrar trabajo. Recuerdo que entonces Emilio Romero, al que no conocía personalmente, me echó una mano encargándome la dirección de una comedia suya. En fin, todo esto, que aún permanece en la memoria, algún día caerá en el olvido.

Confesión de principios

Había comunistas por todas partes. Eran muchachos muy convencidos. Y con más fervor apostólico que los propagandistas de la Iglesia. Y mucho menos discretos que éstos, menos tímidos. Entre mis amigos abundaban. Y no se recataban de exhibir sus ideas, al menos en los ambientes en que yo me desenvolvía. A través de la literatura, de la poesía, del cine se hacía constante propaganda del comunismo.

También de la oposición a Franco en general, pero éste era un proyecto que podíamos llamar negativo y que al fin y al cabo llegaría a fraguar, pues aunque los síntomas indicaran todo lo contrario, era muy probable que Franco se muriese alguna vez.

Ya habían dado a entender los americanos que hasta que la vida del caudillo no se extinguiera habría que contar con él. Sus especialistas en política exterior no habían encontrado otra solución. Pero los enemigos del régimen neofascista impuesto por Franco partidarios de una república, una monarquía con rey, un socialismo pabloiglesiano, una democracia, un socialcristianismo, un sindicalismo libertario o una acracia no bullían tanto como los comunistas.

No eran pocos los ciudadanos sin definir políticamente que creían a pies juntillas que cuando Franco desapareciese, por la «muerte al tirano» justificada por santo Tomás o por natural extinción de su ciclo biológico, lo que tendríamos aquí sería un comunismo; o sea, un socialismo de Estado al estilo de la URSS con sus sóviets, su partido único y todo lo demás. Esto, como siempre, a unos les parecía bien y a otros les parecía mal.

A mí no me parecía ni bien ni mal de una manera definitiva, pero siempre mejor que soportar años y años la imagen del sangriento militar. Además, educado hasta cierta edad, por contingencias históricas, en un cristianismo bondadoso —bondadoso hasta que el hermano Daniel «el Rabias» permitió que un alumno de quince años dijera en la clase de Apologética que había que ir con el crucifijo en una mano y la pistola en la otra—, siempre me ha parecido más justa la economía socialista —aunque hoy (1990) me cuenten que estaba destinada al fracaso— que el «arréglatelas como puedas» liberal. Que el Estado sojuzgue al individuo me parece un delito; que el hombre abandone al hombre, también me lo parece.

Ha salido a relucir lo del Estado y el individuo. Eso era lo que a mí me parecía mal de lo que predicaban —me predicaban— mis amigos comunistas. Un Estado fuerte. Era necesario un Estado fuerte. Por tanto —pensaba y oponía yo—, unos ciudadanos débiles. No había conseguido apartar de mí —no lo he conseguido todavía— la idea de que el Estado es enemigo de los individuos. Y que si los gobiernos al recibir el encargo de gobernar la nave del Estado no se dedican tenazmente a domeñar a los individuos, a sojuzgarlos, a perseguirlos, no podrán llevar la nave a lo que para los intereses de los privilegiados se supone que es buen puerto. Creía yo que era necesaria una profunda reforma moral que no cimentase la educación de las personas en el egoísmo despiadado y en la familia concebida como comando de agresión; una reforma que enseñase al hombre, al niño, a prescindir de la atemorizadora obligación de colocar en el sitio privilegiado de su corazón los sanguinarios conceptos de religión y patria. Para mí todo eso, poco más o menos —no es este sitio adecuado para profundizar, ni estoy yo capacitado para ello—, era la esencia de la revolución, de la revolución necesaria. ¿Algo de eso se defendía, o se intentaba lograr en la Rusia imperial de los cincuenta y los sesenta? Por los informes de la prensa, incluso por la propaganda de los propagandistas, más bien parecía todo lo contrario.

Hay muchas posibilidades de que el estilo de vida anarquista no sea viable. Y quizás unas pocas de que sí lo sea. Pero de cualquier modo, no podemos comprobarlo. No hay país ni región ni esquina perdida de la Tierra en la que se esté llevando a cabo el experimento. Y cuando en algún perdido rincón un grupo de locos se atrevió a probar, fueron exterminados a sangre y fuego. Y la sangre y el fuego vinieron tanto de la derecha como de la izquierda.

Pero el experimento del comunismo soviético, de la dictadura del proletariado, sí estaba teniendo lugar en uno de los países más poderosos del mundo y podía uno acercarse a ver los resultados. Mi curiosidad por conocer el experimento soviético nació en tiempos de la República, durante mi infancia, cuando los chicos del barrio nos sentábamos en los alcorques de las acacias a hablar de política y mujeres. Se acrecentó durante la Guerra Civil. Y fue creciendo durante la «Guerra Fría». Pero no había tenido ocasión de satisfacerla.

—¿Tú no crees que Rusia ha traicionado la revolución?

—No lo sé. No estoy seguro de ello.

—Si no estamos seguros, ¿debemos apoyar en España la causa comunista?

Estábamos en la terraza de un café de los Champs Elysées. Mi interlocutor era Ricardo Muñoz Suay.

—No lo sé, Fernando; pero en España los comunistas son los únicos que hacen algo contra el régimen de Franco.

Le dije que tenía razón, porque así lo pensé.

Una oferta tentadora

Ricardo Muñoz Suay, que era amigo mío a partir de mi intervención en *Esa pareja feliz*, de Bardem y Berlanga, me hizo una proposición. Si yo estrenaba en Madrid la obra de Arthur Miller *Las brujas de Salem* —un alegato a favor de la libertad y en contra de la persecución de comunistas desencadenada en Estados Unidos por el senador McCarthy— me prometían repercusión internacional de mi nombre, comentarios en cerca de cincuenta periódicos a un lado y otro del «telón de acero». Convinimos una reunión con Yves Montand y Simone Signoret —intérpretes de la obra en París—, que, no sé por qué razones, no llegó a celebrarse. Y al día siguiente Ricardo Muñoz Suay y yo fuimos a ver una representación de *Las brujas de Salem*, dirigida por Raymond Rouleau.

Quizás fuera yo capaz de interpretar el personaje de Yves Montand. Era casi seguro que encontraría una actriz que no desmereciera en la comparación con Simone Signoret. Pero ¿el resto del reparto? Advertí que no tenía yo el dominio, la autoridad, el conocimiento del oficio que debía de tener Raymond Rouleau para haber conseguido aquello, uno de los más perfectos y conmovedores espectáculos que he visto en mi vida. La actriz que incorporaba el personaje de una negra que, poseída por el demonio, hablaba con voz de hombre, era una negra que hablaba con voz de hombre. Las chicas que padecen al final de uno de los actos un ataque de histeria colectiva gritaban, corrían, saltaban, se arrastraban bajo las mesas, volaban por los aires, presas, efectivamente, de un ataque de histeria colectiva. La disciplina, la entrega, el entusiasmo, el dominio del oficio de aquella compañía nunca los había visto en España. Eran algo absolutamente desconocido para mí.

Al salir de la representación, Ricardo Muñoz Suay no se atrevió a insistir en su oferta. Existía el temor de que si la obra se estrenaba en España en uno de los teatros oficiales esta circunstancia difuminara su intención política. Representada en un teatro de empresa privada, y por una compañía no oficial, la obra podría tener una carga de oposición al régimen, de defensa de la libertad, pero esa carga quedaría muy disminuida si el espectáculo se daba en un teatro oficial. Cabía la esperanza de que Arthur Miller, comunista entonces, negara su obra a un teatro gubernamental de la España de Franco.

Le expliqué a Muñoz Suay que era imposible representar esa obra en España. No estaba yo capacitado para dirigirla ni había en la profesión actores y técnicos españoles suficientemente dotados para igualar ese espectáculo. El inteligente y afinado crítico Muñoz Suay lo comprendió.

Muy poco después —quizás pasados sólo meses— Arthur Miller autorizó la representación de su obra en el Teatro Español de Madrid. La negra que hablaba con voz de hombre fue una actriz blanca con la cara pintada de negro y que hablaba con voz de mujer. El momento final del acto en que a las chicas les da el ataque de histeria colectiva se suprimió. Como se suprimieron las frases del último acto en que más exaltadamente se defendía la libertad.

La indiferencia con que el público acogía la representación era la pretendida por los estamentos oficiales. Debo manifestar, para no faltar a la verdad, que la representación de la misma obra que vi en Roma, dirigida por Luchino Visconti, fue peor todavía.

Y para que esto resulte comprensible debo dejar constancia de que de todos los espectáculos que he visto en mi vida los que ocupan los primeros lugares en mi predilección son *La locandiera*, en montaje de Visconti; *El libro de Cristóbal Colón*, dirigido por Jean-Louis Barrault, y *Las brujas de Salem*, en el montaje de Raymond Rouleau.

El misterioso gusto del público

La mayor parte de *El extraño viaje* se rodó en el pueblo de Loeches. En la película —aunque producto de la imaginación del guionista Beltrán, inspirada en un hecho real— se cuenta un crimen, pero ese crimen no sucedió en Loeches. Se eligió Loeches porque resultaba muy adecuado para las peripecias de la historia. Sobre todo, la plaza, donde vive la familia rica de la película. Desde los balcones de la casa se veía pasear a la gente por la plaza y desde el Ayuntamiento se veía la casa. Esto era muy útil para algunas secuencias. No nos equivocamos en la elección, porque el trabajo marchó como queríamos y todo el mundo nos acogió muy bien, nos perdonó las molestias y colaboró con nosotros.

Mi comentario sobre esta película podría ser continuación de las páginas que he dedicado a mis bodas de plata con el oficio. Un folletinista del siglo pasado comenzaría diciendo: «Dejamos a nuestro héroe en la más absoluta ruina...» Quitado lo de héroe, esa era mi situación a principios de 1964, el año en que se rodó *El extraño viaje*, si por ruina entendemos no tener dinero de bolsillo ni del otro, ni contratos a la vista, aunque la ruina no fuera perceptible desde el exterior gracias al grado de conservación de mis trajes y al crédito en las tiendas del barrio conseguido por el mayordomo Paco.

Mi carrera como actor de cine en aquellos años era declinante. En 1964 no tuve ni una sola oferta de trabajo como actor.

Muchas veces había hablado con mi amigo y colaborador —en unas ocasiones como ayudante de dirección y en otras como productor ejecutivo— Juan Estelrich de que siempre que le ofrecían a uno un trabajo en el cine era porque se había producido un milagro. Milagroso era que alguien se decidiese a producir una película, más milagroso que consiguiera llevar a cabo el proyecto y más aún que le necesitasen a uno como actor o como ayudante de dirección.

Pues bien, aquel año se produjeron varios milagros, aunque no todos cinematográficos. El poeta José Miguel Velloso me encargó grabar una serie de discos de poesía para la editorial Aguilar. Algo que no había hecho nunca. Conchita Montes me solicitó para que dirigiera una comedia. El empresario Justo Alonso para que dirigiese otra. La productora Estela Films, sin que importara nada que mi película anterior, *El mundo sigue*, no hubiera conseguido estrenarse, me encargó dirigir *Los palomos*, por mediación de José María Rodríguez —colaborador mío en otras ocasiones y una de las escasas personas que confiaban en mí como director—, una película de Gracita Morales y José Luis López Vázquez; y otra productora de reciente creación, Impala, que dirigiese un guión de Pedro Beltrán que se titulaba provisionalmente *El extraño viaje*. Con esta serie de sucesivos milagros se salvó, y bastante bien, el año.

Antes que el guión, leí de *El extraño viaje* una sinopsis original de Manuel Ruiz-Castillo y Pedro Beltrán, sobre una idea de Berlanga. En realidad, la idea de Berlanga no era una idea cinematográfica; quiero decir que no pensaba llevarla al cine, ni se le ocurrió que pudiera servir de base a una película. Berlanga tenía como entretenimiento especular sobre crímenes misteriosos y hallarles, más bien inventarles, una solución. Por aquellos tiempos se había cometido un doble asesinato del que se habló muchísimo y al que se denominó «El crimen de Mazarrón», porque, aunque la intriga se desarrolló en un pueblo de La Rioja, en esa playa se hallaron los cadáveres. El misterio de este doble asesinato no se aclaró nunca, o si se aclaró no se divulgó su solución. Berlanga inventó una y ese invento le pareció al guionista Beltrán muy buena materia para escribir un guión. Quiero con esto aclarar que en la película no se cuenta el crimen de Mazarrón, sino la solución que la imaginación de Berlanga le puso, y todos los pormenores, los personajes, el ambiente, las situaciones que añadió la imaginación de Beltrán y que, desde luego, no están extraídos de los archivos policiales, sino que se los sacó de su cabeza.

Apartándose, prescindiendo de lo que podía ser la verdad, consiguió una mezcla bastante insólita. Uno de los ingredientes de esta mezcla era el misterio, el terror. Otro ingrediente era el ambiente rural, de pueblo, pero no de los Balcanes, sino nuestro, de aquí cerca. Otro ingrediente, muy importante, era el erotismo, pero también un erotismo nuestro. Y el último, la guinda, podríamos decir, era un poquito de zarzuela. La mezcla no sólo era desusada, sino que podía resultar explosiva.

Habiéndose apartado tanto de la posible verdad de los hechos, estaba claro que la película no debía titularse *El crimen de Mazarrón*, ni debía mencionarse en ella dicha playa ni ningún pueblo de La Rioja. Por eso se recurrió al título provisional de *El extraño viaje*, que siempre se consideró solamente un título provisional, un título de trabajo, que a nadie nos parecía adecuado para la explotación. Alguien de la productora se obstinó en que el título definitivo fuera *El crimen de Mazarrón*, porque era muy comercial; y en contra de nuestra opinión, así se tituló la primera copia.

Pero entonces el Ministerio de Información, que se ocupaba del cine, era también Ministerio de Turismo y como en la playa de Mazarrón una urbanizadora había empezado a construir, prohibieron el título, porque si una película se llamaba *El crimen de Mazarrón*, el turismo no querría acudir.

Diez años después, y por otros motivos, estuve en Mazarrón, y a pesar de la prohibición del título, seguía sin acudir el turismo.

A efectos de censura y de clasificación hubo que volver a poner a la película el título provisional de *El extraño viaje*, hasta que se nos ocurriera otro más comercial, y como a partir de ese momento dejó de importarle a todo el mundo la película y el título, con ése se quedó para siempre.

Porque aquella película se quedó olvidada en los anaqueles de la distribuidora, que era también productora asociada, y no volvió a aparecer hasta seis años después, momento en que, sin anunciarse, se exhibió en un cine de barriada como complemento en un programa doble de una película americana del Oeste.

Pero el cine tiene unos jóvenes enamorados que se consideran obligados a conocer hasta el último rincón del objeto de su amor. Uno de ellos, el cronista y también investigador cinematográfico Jesús García de Dueñas —hoy director— se acercó al cine de barriada al enterarse de que allí se proyectaba una película española para él desconocida. Y publicó una nota en la revista *Triunfo* con un bello título que aún recuerdo, sin necesidad de recurrir a la documentación: «El extraño viaje del señor Fernán Gómez. Cuando ya no se tiene la vida por delante.»

No recuerdo, en cambio, el contenido de la nota, pero sí que era elogiosa y melancólica.

La revista *Triunfo* era entonces el oráculo de muchísimos —entre los que me incluyo—, y la crítica joven, el público de cine-clubs, los del *underground*, acudieron al cine de barriada. Aparecieron críticas de Enrique Brasó, Manuel Marinero, Miguel Marías... descubriendo valores en la película. Incluso los de otras generaciones, como Julián Marías y Alfonso Sánchez, la recomendaron desde sus columnas. El público normal no hizo ningún caso de las recomendaciones, pero como consecuencia de todo ello, la película, seis años después de realizada, obtuvo el premio del Círculo de Escritores Cinematográficos, y yo, al entablar contacto con algunos de los jóvenes críticos que la descubrieron, obtuve otro: el nacimiento de nuevas amistades. Me los presentó Marisa Paredes en Always, un *pub* regentado por Mónica Randall y Luis Morris. Enrique Brasó estaba con Julieta Serrano, y Jesús García de Dueñas con Charo López. A pesar de los veinte años que separaban nuestras edades se iniciaron aquella noche unas amistades que aún perduran y que durante aquellos años fueron de trato cotidiano. En una de nuestras reuniones Charo López me reprochó que yo hablaba con los demás pero con ella no. Charo, que había estudiado en Salamanca, debía saber que la belleza origina silencio.

El extraño viaje, en contra de lo que se ha supuesto y publicado a veces en las revistas especializadas, tuvo sólo pequeños problemas con los censores. Se limitaron a dar uno o dos cortes estúpidos para justificar su sueldo y seguir fieles a su carácter. Si no se estrenó nunca fue por decisión del distribuidor, que habiendo aceptado el guión, consideró la película improyectable. A mí no me sorprendió esta decisión, dados los criterios habituales. Siempre sospeché que a algún empleado de la casa que debía haber leído el guión le pilló en un momento de pereza o rellenando las quinielas, y sin leerlo, dijo que no estaba mal. Por otro lado, la dificultad, la imposibilidad de estrenar era bastante lógica. Ya he dicho más arriba que el hecho de que existiera cine español me parecía un milagro, o el producto de una serie de milagros. La competencia era y es durísima. El año 1964 arrancó nada menos que con una divertidísima película de Marilyn Monroe dirigida por el maestro Billy Wilder, *La tentación vive arriba.* También se estrenó *La escapada,* con Vittorio Gassman y Jean-Louis Trintignant, una de las mejores películas del último neorrealismo italiano. Y, por encima de todas ellas, acababa de abrir el año cinematográfico nada menos que *El gatopardo,* quizás la obra cumbre de Luchino Visconti, según la novela de Lampedusa.

Pero, como mera curiosidad, voy a transcribir algo que encontré hace años, al preparar unos comentarios para la televisión, revolviendo papelotes, fotografías y revistas viejas. Es un fragmento de la crítica que con ocasión de *El gatopardo* publicó Julián Marías en *Gaceta Ilustrada.* Después de considerarla desde el punto de vista crítico como «obra maestra», más en función de cronista que de crítico nos cuenta algo que yo no supe en aquel tiempo o que quizás haya olvidado, y que no sé si algunos aficionados recordarán. Es esto: «Al público de Madrid, en el local de su estreno, le está irritando profundamente: todos los días expresa su descontento y su protesta, de manera particularmente ostensible; y se trata de un grupo considerable, no de algún individuo aislado.»

Es difícil acertar con el gusto del público. Ardua labor la de productores, distribuidores y exhibidores. Por eso, por comprender lo intrincado de su labor, no guardo rencor a aquellos empleados y jefes que se olvidaron de *El extraño viaje,* sino que les estoy profundamente agradecido por el error que tuvieron al cabo de seis años al sacarla de los anaqueles y enviarla de complemento a aquel cine de barrio.

Uno de mis múltiples errores

En los larguísimos años de deficiente trabajo como actor de cine tuve la suerte de que llegaran a mis manos excelentes textos teatrales, como *Mi querido embustero*, de Bernard Shaw, *La sonata a Kreutzer*, de Tolstói, *El pensamiento*, de Andreiev, y, poco después, en un cambio radical de género —cosa que siempre me ha tentado— el humor de las comedias de Juan José Alonso Millán —jovencísimo autor que acababa de tener un rotundo éxito con *El arsénico, ¿solo o con leche?*—, *Mayores con reparos*, *Gravemente peligrosa* y *La vil seducción*. Me entregué a ambas tareas con la misma dedicación, el mismo entusiasmo, ya se tratara de interpretar la angustia del atormentado Tolstói o la frivolidad del hedonista Alonso Millán, y ambas me proporcionaron la misma alegría cuando el resultado fue bueno. Y lo fue casi siempre. Pero en las graciosas y triviales comedias de Alonso Millán, después de feroces combates con los malintencionados, vendidos y estúpidos monstruos de la censura. Combates en los que no tomé parte y cuya gloria dejé en manos de Alonso Millán y de Analía Gadé, que algunas veces salió llorando del despacho del parásito burócrata de turno, tras la infructuosa y estúpida batalla. Alrededor de treinta cortes de censura tuvo cada una de las obras de Alonso Millán, al que, en el momento de estrenarse, la alta crítica clasificaría como «conformista».

Mi afición al «cambio de género», a la que más arriba me he referido, me indujo a un error: montar entre estas obras casi vodevilescas, y después de habernos acreditado la Gadé y yo como pareja especializada en el género, un drama político-filosófico de Pedro Laín Entralgo, *Cuando se espera*. Hoy, juzgado el hecho con la frialdad que proporciona la distancia, creo que aquella decisión errónea mía nos perjudicó a nosotros, pero más a Laín. No ignoraba el autor que había compuesto un drama no destinado a un público multitudinario, y yo compartía su criterio. Hablaba él con frecuencia del teatro de Therry Maulnier, como ejemplo que había seguido. Y ya sabíamos que las obras del filósofo existencialista obtenían en París una acogida favorable, pero minoritaria. Con lo que no contábamos Laín y yo era con que su primer trabajo teatral iba a ser recibido desde el momento de levantarse el telón con una frialdad absoluta y agresiva. Los rumores, los ruidos, las toses del público estrenista eran tan insistentes que resultaba dificultoso dejarse oír. Todavía no comprendo cómo el crítico Enrique Llovet, que consideró la representación frustrada y no recomendable, pudo en cambio advertir la belleza y profundidad del texto.

403

Monté la obra porque me gustó y me sentí identificado con su tesis, y me hice cargo del personaje principal porque me pareció interesante. A pesar de estas razones válidas para cometerlo reconozco que fue un error y yo el único culpable.

Más difícil todavía

Pocos años después acometí otro experimento que no me pareció en principio tan peligroso como el anterior: realizar una breve temporada de teatro en Buenos Aires con Analía Gadé. Ella, argentina, llevaba más de diez años fuera de su país, del que se marchó cuando iniciaba muy brillantemente su carrera cinematográfica y teatral. Podía haber curiosidad en el público y en los ambientes profesionales por comprobar su evolución al cabo de aquellos años. En cuanto a mí, nunca había actuado en Buenos Aires, pero los aficionados al cine y al teatro conocían mi nombre y, de manera especial, los españoles y descendientes de españoles —los «gallegos»— sabían que era yo en España de los pocos que podían considerarse números uno. Representaríamos dos obras totalmente distintas y que habían sido en Madrid dos grandes éxitos: *La sonata a Kreutzer* y *Mayores con reparos*.

La novela de Tolstói fue de las que más fuerte impresión me produjeron en mi juventud. Pero durante muchos años ignoré que había dado pie a algunas versiones teatrales. Una, muy conocida en Argentina con el nombre de *Celos*. Cuando conocí la versión de Hanna Watt y Rodheric Lowell, que estaba muy escasamente escenificada —no era más que un recital de los dos personajes centrales, ni siquiera existía el violinista, el factor desencadenante—, me entusiasmé desde el primer momento con la idea de incorporar el personaje de Pozdnysev, que para mí no era simplemente un celoso, sino un hombre al que su exacerbado sentimiento de la moral restrictiva le llevaba a traspasar la frontera del equilibrio mental. Mi estudio del personaje fue muy cuidadoso y me atrevo a decir que en algunos momentos algo profundo. Dediqué a ello tardes y tardes de soledad, procedimiento que consideraba adecuado para una interpretación que se componía principalmente de soliloquios. La respuesta del público, de los compañeros profesionales y de la crítica de Madrid respondió a mis esfuerzos. El actor de cine puede contemplar su trabajo; al de teatro, esto —quizás para su ventura— le está negado; ha de guiarse por voces ajenas o por sus voces interiores; en aquel caso, ambas me fueron muy favorables.

Pero días antes de partir para Buenos Aires a llevar a cabo la breve temporada para la que nos habíamos contratado, llamé a mi amigo el escritor y crítico de arte Enrique Azcoaga, que había vivido allí muchos años, para comunicarle mi partida y ofrecerme por si podía serle útil en algo. Al decirle yo:
—Enrique, voy a Buenos Aires, a hacer *La sonata a Kreutzer,* y te llamo para...
Me interrumpió para decirme en tono suplicante, él, de cuyo cariño no me cabía duda:
—No vayas, Fernando, no vayas.
No conseguí que fuera más explícito. Ni entonces, ni cuando después de representar en Buenos Aires el drama de Tolstói y la comedia de Alonso Millán ante la más absoluta indiferencia por parte del público, de los profesionales y de la crítica, regresé a Madrid. En mi interior, siempre me quedó la sospecha —después de presenciar unos cuantos espectáculos en Buenos Aires— de que la calidad de los actores argentinos era muy superior a la mía.

Guardo un buen recuerdo. Allí es costumbre que algunos espectadores entren en los camerinos a hablar con los actores o actrices que han intervenido en el espectáculo. Una noche entró en el mío una distinguida señora y me dijo:
—Yo también vi esta obra en Madrid, hace pocos años, interpretada por usted. Perdone al público de Buenos Aires.
Como en bastantes circunstancias de mi vida, íntima o profesional, no supe entonces, ni lo sé ahora, con qué carta quedarme.

La buena racha

La década de los setenta fue mi mejor verano, un poco tardío, pues me llegó en pleno otoño. Un día, durante el trabajo, entre los árboles de la Casa de Campo, dentro de un coche de caballos, disfrazada de antigua, encontré a la compañera de mi vida. Era joven, hermosa, alegre, pensativa. Le gustaba leer, quería trabajar en el cine, en el teatro, dirigir películas, escribir, cambiar el mundo. Quería ser libre, ser ella, y estaba sola y no quería estar sola. A partir de entonces compartimos nuestros proyectos, confundimos nuestros recuerdos, trabajamos y esperamos juntos. Llenó la casa de risas, de bromas, de juegos, de amigos. Cuanto ella podía tener de hospitalario me lo entregó, procurando, con su gran instinto, restañar las viejas heridas y, con minuciosa delicadeza, no abrir ninguna nueva.

Como si todo hubiera de cambiar con su aparición, mi trabajo mejoró súbitamente. Me ofrecieron estrenar *Un enemigo del pueblo,* de Ibsen y, aunque es verdad que amparado en ciertas circunstancias políticas, obtuvo un gran éxito de crítica y de público. Jaime de Armiñán, Víctor Erice, Carlos Saura me solicitaron para actuar en *El amor del capitán Brando, El espíritu de la colmena, Ana y los lobos,* películas que en la intención y en el logro nada tenían que ver con las que me habían ofrecido, y había aceptado, en la etapa anterior. Es cierto que no todo salía bien en ese espléndido verano, para que pudiésemos apreciar más lo bueno: un drama isabelino, *Los lunáticos,* que preparamos con mucho amor, aunque conscientes de sus dificultades, no le gustó a casi nadie y fue un fracaso económico; nuestra casa voló por los aires a causa de una explosión de gas; intercaladas con esas películas seguí haciendo algunas de las otras; pero también obtuve un premio en Nueva Delhi, otro en Praga y el de interpretación en Berlín por *El anacoreta,* de Juan Estelrich. Sabiéndola a ella cerca, o lejos, pero en aquella casa, o sintiéndola a mi lado, o aguardando que regresase de su trabajo, pero seguro de que había de llegar, escribí un drama (iniciado años antes), *La coartada,* que obtuvo el accésit del premio Lope de Vega, y luego, una comedia, *Las bicicletas son para el verano,* que obtuvo el premio en el mismo concurso. Cuando a medianoche nos comunicaron la noticia —ella cogió el teléfono, nunca había visto tanto gozo en su mirada— descorchamos una botella de champán, recorrimos la casa paseando a grandes zancadas, muertos de risa, saludándonos al cruzarnos, enhorabuena, enhorabuena, llenos los dos de la misma alegría.

Saco a colación esto de los premios, aunque sea inmodestia —que lo es—, porque aunque todos sepamos lo que tienen de lotería, de trapicheo, lo cierto es que contribuyen a aumentar la seguridad en uno mismo, que tanta falta hace en estos menesteres, y les hace sentirse orgullosos a los amigos, que tanto interesa conservar.

32
Las argucias del tiempo

Un hombre sin importancia

Cuando, hace poco más o menos un año, me hallaba inmerso en la composición de esta autobiografía, mi amigo el director cinematográfico José Luis García Sánchez me hizo un utilísimo regalo: el libro de Tomás Álvarez Angulo *Memorias de un hombre sin importancia*. El título del libro era por sí solo válido para disipar algunas de las dudas que me asaltaron hace años al emprender este trabajo. ¿Debían publicarse las memorias de un hombre que no tuviera importancia? ¿La tenía yo o no la tenía? Si los lectores han sentido curiosidad por enterarse de la vida del señor Álvarez Angulo es algo que ignoro. Tampoco sé qué le incitó al editor Aguilar a publicarlas. Sí sé que la fama de Álvarez Angulo no tiene comparación con la de Ingrid Bergman, Laurence Olivier, John Stuart Mill o Johann Wolfgang Goethe. Por tanto, el que sobre mi mesa estén ahora estas memorias de 746 páginas resulta algo estimulante, o cuando menos consolador. ¿Quién fue Álvarez Angulo? ¿Puede tomársele como paradigma de los hombres sin importancia? ¿De los hombres «no triunfadores» cuyas autobiografías creía yo en 1986, al iniciar este trabajo, que no merecían relatarse y que no contarían con lectores? Fue un hombre de familia modestísima. Se inició como aprendiz de encuadernador y tras inciertos avatares llegó en el segundo decenio de este siglo a empresario de una compañía teatral de melodramas policiacos, precisamente la compañía Angulo-Rambal, de la que era primer actor el admirado Enrique Rambal de mi infancia, el que, con Emilio Salgari, dio pábulo a mis vocaciones. Llegó a ser propietario de un cine en Madrid, y en 1936, al sublevarse contra el gobierno los militares, era diputado del Partido Socialista. Hace pocos meses, al comentar los últimos discursos de la Pasionaria en aquellas Cortes, el tendencioso historiador Ricardo de la Cierva mencionaba en un artículo periodístico una intervención del diputado Álvarez Angulo. Durante unos años colaboró en periódicos y durante otros viajó por España y Suramérica al frente de compañías teatrales y escribió unos cuantos melodramas policiacos. Pero ni como periodista, ni como empresario, ni como autor teatral alcanzó la fama, llegó a ser lo que entendemos por un triunfador.

Por esa razón las páginas de sus memorias están llenas de sucesos, de anécdotas, de datos vividos totalmente triviales que parecen carecer de importancia y que quizás aparentaran tenerla si su protagonista o su testigo estuviera, merecida o inmerecidamente, coronado por los laureles de la celebridad.

Diez o quince años después de éxitos como *Botón de ancla*, *Balarrasa* o *La vida en un bloc*, cuando era yo un actor como otro cualquiera de mis compañeros, al que durante todo ese tiempo llamaban de vez en cuando para hacer películas sin importancia y que en aquel momento vivía pendiente de que sonara el teléfono para anunciar alguna milagrosa oferta, que alguien como el señor Álvarez Angulo hubiera publicado 747 páginas de sus memorias era un acicate para seguir redactando algunas. Podía contar en ellas cosas como que, antes de trasladarme al piso de la avenida del Generalísimo, había vivido, provisionalmente, por mi mala cabeza, durante ocho años, en la calle del Tutor, en un apartamento interior de un semisótano con dos ventanas a un lóbrego patio, que en nada se parecía a los soleados pisos de la calle General Álvarez de Castro en los que viví con mi madre y mi abuela cuando éramos pobres. También podía haber contado cómo una de mis amantes, al advertir que en aquella residencia de apartamentos no servían ni el desayuno, me compró un hornillo eléctrico y un *frigidaire*. y que otra, cuando me sorprendió, al vestirme, sacudiendo de mi zapato una cucaracha muerta, me convenció de que debía mudarme.

Y que cuando me mudé al lujoso piso de la avenida del Generalísimo, en el que, al comprobar que los muebles recién comprados se reflejaban en el barnizado parqué del amplio salón, creí que había llegado a la riqueza y donde conviví hasta su muerte con mi mayordomo Paco, a los pocos años éste tuvo que emplear su experiencia de criado de casas grandes en convencer a las tiendas del barrio de que nos vendiesen a fiado.

Y que la principal ventaja del señorial piso no es su situación en una avenida con seis hileras de árboles y el doble de ancha que la calle Álvarez de Castro de mis nostalgias infantiles, sino que en el mismo edificio vive el doctor Santiago Martínez Fornés, el primer vecino que conocí en mi nuevo barrio, y con quien he trabado una firme y cálida amistad. Médico y escritor, hombre de múltiples saberes, muchas veces me ha proporcionado ese diálogo que tanto se echa de menos; y otras ha remediado eficaz y rápidamente mis dolencias. Confío siempre en su diagnóstico cuando me asalta la enfermedad, pero también cuando la salud me ha permitido realizar un trabajo.

Tantas cosas podría contar si no debían necesariamente relacionarse con la celebridad y el triunfo... Noches gozosas en el nuevo piso, cuando Paco se las ingeniaba para que a altas horas de la madrugada siempre hubiera croquetas o algún plato de pasta calentito, por si llegaba alguien. Y también noches como ésas en el impresentable sótano de Tutor, con amigos de siempre y con amigas de una hora, noches de alcohol, discos, placeres del tacto y conversación, sobre todo mucha conversación.

Pero aparte de esta enseñanza, la de que, al modo azoriniano, se puede contar lo que pasa cuando no pasa nada o cuando lo que pasa no le importa a nadie, recibí otra de las *Memorias de un hombre sin importancia*.

—Verás que en el libro hay un bache —me hizo observar José Luis García Sánchez al regalármelo—. Un bache un tanto misterioso, como de quince años, de los que Álvarez Angulo no dice nada, no cuenta nada. Un bache que se produce justamente pasada su madurez, en el que debió de ocurrir algo que quizás no juzga prudente referir.

Es cierto, el bache oscuro existe en el libro. Pero posiblemente existió también en la vida del hombre sin importancia Álvarez Angulo, sin necesidad de que lo provocase ningún misterioso acontecimiento. Porque cuando uno comienza a espabilar su memoria, a hurgar en ella, en el tiempo pasado, comprueba que hay un momento en que el tiempo parece detenerse, o ir muchísimo más despacio, o no cambiar, quedarse como inmutable; y de pronto, uno, que estaba en la cima de su vida, en la gloria de su madurez, en su alba de oro, se encuentra en la puerta de la ancianidad sin que haya hecho nada, sin que durante aquellos años le haya ocurrido nada trascendente, sin que nada se haya modificado a su alrededor. Así como en el final de la infancia el que vestía de pantalón corto pasó a vestir de pantalón largo y el torpe alumno de párvulos se convirtió en bachiller y, casi inmediatamente, en universitario y en soldado, y a su alrededor vio caer un régimen, y otro, y estallar dos guerras y subir y bajar vertiginosamente las faldas de las mujeres y pasar del tango al fox y al *boogie-boogie* y al rock y al twist, y él y su mujer se convirtieron de desconocidos en conocidos, en novios, en esposos, en adúlteros, en amantes libertarios, de pronto todo se congeló o empezó a desarrollarse como filmado por una engañosa cámara lenta, como si el tiempo hubiera decidido caminar muy de puntillas, sigilosamente, para no alarmar al desgraciado mortal, pero con el avieso propósito de intentar asesinarle un día de un ataque al corazón mostrándole en el espejo del cuarto de baño el rostro de un anciano.

No pasa nada, y si pasa no importa

Durante todos aquellos años en los que no pasó nada importante, soldados americanos asesinaron en la aldea survietnamita de My Lay a más de cien personas civiles, en su mayoría mujeres, ancianos y niños; dejó de existir el grupo The Beatles al tirar cada uno por su lado; se implantó en Gran Bretaña el sistema decimal; los astronautas Irwin y Scott pasearon en *jeep* por la Luna y el ejército de Estados Unidos se retiró de Vietnam. En España, el delincuente apodado «el Lute» se hizo muy popular por sus reiteradas fugas, un tanto incomprensibles para los profanos; Amparo Muñoz obtuvo el título de Miss Universo; por primera vez, un escritor español, Jorge Semprún, obtuvo en París el premio Fémina de novela; otro —aunque nacionalizado mexicano—, Luis Buñuel, rodó en Toledo *Tristana*, y con *El discreto encanto de la burguesía* consiguió el Óscar de Hollywood a la mejor película extranjera. Murieron de sobredosis varios cantantes de rock antes de cumplir los treinta años; murieron también Bertrand Russell, Heidegger, Neruda, Vittorio de Sica, Luchino Visconti, Louis Armstrong, Anna Magnani...; entre los españoles, Picasso, Pau Casals, Tomás Álvarez Angulo (el hombre sin importancia de quien he hablado más arriba), Luis Mariano, Jorge Mistral, Escrivá de Balaguer..., y el 20 de noviembre de 1975, el general Francisco Franco. Desde el 22 del mismo mes Juan Carlos I es rey de España.

No hubo aquí revolución de los claveles ni explosión de alegría como en el vecino Portugal. El champán lo tomamos en privado. Tampoco hubo la «ruptura» que algunos esperaban; se produjo lo que llamaron el «cambio».

Tras los silenciosos pasos del tiempo, yo seguía siendo el mismo, pero también era ya otra persona distinta. Seguí interviniendo en películas y en obras teatrales. Si se me obligara a recordar algunas, señalaría de las primeras *La vil seducción,* de Forqué, sobre la comedia de Alonso Millán; *Los gallos de la madrugada,* de Sáenz de Heredia; *Ana y los lobos,* de Carlos Saura; *El espíritu de la colmena.* de Víctor Erice, y *El amor del capitán Brando,* de Jaime de Armiñán.

De las obras teatrales mencionaría *La pereza,* de Ricardo Talesnik; *A los hombres futuros, yo,* Bertolt Brecht y *Un enemigo del pueblo,* de Ibsen.

Hice también en esa época dos películas como director, pero ninguna de las dos me salió bien.

Yo la vi primero estaba algo mejor, no por mi aportación, sino por la de Summers y Chumy Chúmez, que escribieron el libro. ¿Qué pasaría si se viera la vida con los ojos de la pureza, pero a la edad en que a uno ya no le dejan ser puro?, se preguntaban Summers y

Chumy Chúmez en su texto. ¿Qué pasaría si con arreglo a esa visión pura se quisiera vivir la vida, la que llamamos vida real; o sea, la vida convencional?

Según me contaron ellos mismos, se lo imaginaron unas tardes en que estaban en Londres haciendo no sé qué, y lo contaron con su voz de humoristas. ¿Por qué con esa voz? Porque era la suya, y lo era por la misma razón que lo es la de casi todos los humoristas, por miedo a la llamada realidad, a la estupidez que acaba siempre siendo la madre de la tragedia.

Las personas sensatas, las que tienen el cerebro encuadernado en pasta de códigos, dicen que los humoristas y los poetas eluden la realidad; eso dicen los tigres amaestrados para llegar a ser domadores de gatos; pero no la eluden, sino que adornan, alegran esa realidad recreada por los que inventan la vida y sus leyes con pluma de amanuense para hacerla transitable.

Summers y Chumy Chúmez podían haber hecho... Mejor dicho, otros señores podían haber hecho con esta imaginación una tragedia, o por lo menos un drama: ellos prefirieron hacer una humorada.

En el Retiro jugó cuando niño el protagonista de la historia, y también Manolo Summers en su infancia, porque fue un niño de este barrio, y también jugué algunas veces yo, años antes, aunque tuviera que desplazarme desde el mío. Trepé por los árboles del parterre como el niño de la película. El parterre del Retiro es un jardín que siempre me ha parecido no sólo nostálgico, sino melancólico, como creo que acaba siendo el humor de la película.

A los que tenemos esta tendencia viciosa a volver los ojos al pasado, sobre todo al nuestro, y nos esforzamos inútilmente en hacer de los recuerdos una realidad viva, como si en aquellos tiempos nos hubiéramos dejado muchas cosas a medio hacer, nos gusta encontrar sitios como el parterre del Retiro, en los que si no existe nuestra infancia, se conserva por lo menos su escenario, y a poco que nos esforcemos, nos vemos trepar por los árboles o corretear entre los setos.

Cuando en el parterre del Retiro rodamos *Yo la vi primero*, quedaban muy atrás las épocas de gloria de Cifesa y Suevia Films. Las canciones andaluzas como base de las películas ya no eran tan sólidas. Lola Flores, Carmen Sevilla, Paquita Rico no habían tenido sucesoras. Quizás todo esto por el imperio del rock y de la música electrónica. Los niños actores que antes llenaban los cines habían crecido, y no salían niños nuevos. O el país, que estaba próximo a cumplir los cuarenta años, había entrado ya (por fin) en la adolescencia.

El cine que estaba en auge en España durante esos años era el de comedietas ligeras, alegres, despreocupadas, apoyadas en la belleza y la fotogenia de actrices a las que se descubría y se desechaba en muy pocos años, y en la gracia eficaz, directa y castiza de los actores cómicos, que resultaron de más larga duración.

Un sector del público minoritario, pero suficiente, cultivado por las revistas especializadas y por la crítica joven, permitía que fuesen realizando su obra, más esteticista, con preocupación intelectual, siempre que estuviese o pareciese estar politizada, directores como Carlos Saura o Víctor Erice con *El espíritu de la colmena*. Era la época del gran baile del productor Querejeta con los censores, que nunca se supo si era un baile de corte o un *match* de boxeo.

A mí me parece que *Yo la vi primero* se quedaba entre las dos tendencias. Entre la del público mayoritario y la del minoritario. Nadaba entre dos aguas. Esto ya le había ocurrido a Summers anteriormente con algunas películas suyas, pero él, que es hombre de talentos múltiples, reaccionó vigorosamente y, apuntándose a los gustos del público mayoritario, consiguió unas cuantas películas que abarrotaron los cines.

Quizás este nadar entre dos aguas fue una de las razones de la marcha singular que tuvo *Yo la vi primero*, porque es una película que solamente le gustó al público un día y en Nueva Delhi.

Festival de Nueva Delhi

Participó *Yo la vi primero* en un festival internacional de cine y allí fuimos invitados el productor, Summers y yo, más dos políticos que tenían como misión organizar la delegación española y difundir nuestro cine en el extranjero. Realmente, en Nueva Delhi tendría lugar el estreno mundial de la película, porque nos la llevamos allí recién hecha, y en España aún no se había exhibido. Nos encontramos con la sorpresa de que el cine, un local enorme, estaba absolutamente lleno, pero lleno de indios, no había invitados al festival. La verdad era que el festival se organizaba para que los habitantes de Nueva Delhi tuvieran ocasión de ver películas de otros países. La India es uno de los países más aficionados al cine. Casi no hay otra diversión. Los locales eran muy grandes y los precios bajísimos. Se producían unas trescientas películas al año. Y no solían exhibirse más que las nacionales y las americanas. Y las nacionales, salvo contadísimas excepciones, eran unas películas muy raras que solamente entendían ellos. Pensamos que ante este público, la proyección de nuestra película era inútil, y nos quedamos compungidísimos.

Pero antes de que pasaran diez minutos de proyección, el público empezó a sonreír. Muy poco más adelante ya reía abiertamente con todos los golpes de ingenio de Summers y Chumy. Y hasta en los momentos de silencio, por ser las escenas algo más serias, se advertía ese nosequé indefinible —pero que los del espectáculo estamos acostumbrados a captar— que indica que el público se siente identificado con lo que se cuenta. La proyección terminó entre una gran salva de aplausos.

En el vestíbulo cercaron a Summers —no sólo guionista, sino principal intérprete de la película—, le asediaron, le pedían autógrafos, le decían cosas en inglés, le estrechaban las manos. Era —nos dijo alguien— la película que más había gustado del festival.

Nosotros no entendíamos nada, porque aunque nos gustase la película nos parecía que no era para tanto.

Un español que nos acompañaba, profesor de Literatura o de Historia, que se había quedado a vivir en la India para fumar más cómodamente, nos explicó que la película tocaba un problema que afectaba muy directamente a gran parte del pueblo de la India: el de la libertad en el amor, allí inexistente. Las mujeres, casi niñas, son casadas por sus padres con el hombre que ellos eligen, en la mayoría de los casos un señor mayor; luego, si ellas se enamoran de un joven, ese amor es siempre irrealizable.

En *Yo la vi primero* no sólo se presentaba el amor de una casada con un joven, sino con un joven que al mismo tiempo era un niño. Más aún de lo que pedían las mujeres de la India.

Esta acogida tan inesperada y tan calurosa hizo pensar al productor y a los dos políticos que quizás se pudiera pescar algún premio. Los políticos tendieron sus redes, establecieron contactos, recurrieron a la conspiración y al espionaje; se pasaban todo el día hablando por los pasillos con un polaco y nos traían mensajes a Summers y a mí, con lo que conseguían ponernos nerviosísimos, porque los mensajes eran que sí que hay un premio, que no, que no hay ninguno.

Hasta que el día antes de la proclamación y entrega de los premios les llegó a los políticos la información definitiva: no había premio ninguno.

Y nos fuimos todos a ver el Taj Mahal, que eso sí que era un verdadero premio, aunque yo echase de menos a mi compañera.

En lo que los miembros de la delegación española andábamos perdidos por las carreteras, porque se nos rompió el coche y tuvimos que volver cada uno como pudimos, se celebró la proclamación y entrega de los premios en una fiesta, según nos contaron después, verdaderamente oriental. Concurrían al festival casi todos los países productores de cine —cerca de doscientas películas se presentaron—, incluidos Italia, la URSS, Francia, Estados Unidos... Hubo un solo Gran Premio, que no sé a quién le tocó, creo recordar que a una película belga y tres menciones especiales. Una de ellas fuera para *Yo la vi primero*. El informador polaco se había equivocado. Como la delegación española brillaba por su ausencia, un español que estaba allí, pero que había ido a otras cosas, el director Jaime Camino, para no dejar mal el pabellón se levantó a saludar. Fue muy aplaudido.

Nosotros, cuando nos enteramos de ese éxito nos las prometimos muy felices. Habíamos hecho una película que hacía reír hasta en la India. Pero la verdad fue que aquí, en España, la película no pareció importarle a nadie.

Homenaje en Huelva

En el año 1981 recibí una gratísima noticia. El Festival de Huelva había decidido dedicarme un homenaje. No medité mucho sobre si el homenaje era merecido o no y lo acepté. Entendí que, como cada año se homenajeaba a una determinada figura del cine, española o hispanoamericana, aquel año se me había elegido a mí como se podía haber elegido a cualquier otro. De todas formas, me sorprendió la elección y más aún cuando me recordaron a quiénes se habían dedicado los anteriores homenajes: el director hispano-mexicano Luis Alcoriza, Carlos Saura, el argentino Leopoldo Torre-Nilsson, Luis G. Berlanga, María Félix y Glauber Rocha. Dejé a un lado falsas modestias y comprendí que en mi caso el homenaje podía considerarse merecido si se tributaba por una larga vida de trabajo.

Se me indicó que eligiera unos cuantos amigos o personas del mundo cinematográfico que me acompañaran. Hice una breve lista. Había en ella amigos íntimos y personas elegidas por admiración, todos ligados a mí profesionalmente. Acudió uno, Juan Estelrich, quien me acompañó durante aquellos dos o tres días, que resultaron agradables y conmovedores. Los organizadores del festival eran gente de gran simpatía y los asistentes, por ser el homenajeado, me dedicaban un trato especial, aunque algunos, de los venidos del otro lado del mar, no tuvieran una idea muy clara de mis posibles méritos.

En una charla durante el festival, Gonzalo Vallejo, de Televisión Española, me comunicó que pensaban dedicar un ciclo a mis películas como actor y como director. Fue aquella una de las ocasiones en las que vi que, efectivamente, había alcanzado el éxito.

Como parte del homenaje publicaban cada año un libro dedicado a la obra del homenajeado. Desde muchos años atrás seguía la costumbre de no leer las críticas. No por desprecio a la labor de los críticos, sino por el gran dolor que me producen los juicios adversos, no compensado por la alegría que me proporcionan los favorables. Pero en este caso, no se trataba de críticas, sino de un libro-homenaje. Reconozco que me conmoví en el momento de recibirlo y de ver en la portada una foto mía y mi nombre como único título. En letra de menor tamaño figuraba el nombre del autor: Manuel Hidalgo. Ya de regreso en Madrid, me dispuse a leerlo de cabo a rabo. Ahora, un poco deteriorado por el tiempo, lo tengo ante mí mientras escribo. El análisis y el elogio a mi trabajo como actor se limita a una sola frase, pero no se puede pedir más: «Es el mejor.» El resto del libro son fragmentos de entrevistas mantenidas con cronistas cinematográficos y algunos juicios críticos debidos al autor del libro y algunos otros especialistas. He querido buscar el libro y tenerlo ante mí al escribir estas páginas para intentar revivir la extraña sensación que me produjo aquella noche de 1981 en la soledad de mi dormitorio. La sensación no es la misma. No consigo reproducirla, porque entonces me llevé un tremendo disgusto y ahora, enfriado el recuerdo por el paso del tiempo, la recibo con un frío humor. Entre algunos elogios, que no faltan, me enteré aquella noche y vuelvo a enterarme ahora, pero ahora queriendo, deliberadamente y entonces pillado a traición, me enteré por mi libro-homenaje de que en *La vida alrededor* —segunda parte de *La vida por delante*—, una vez exprimidos los personajes, se hizo inevitable añadir otros personajes accesorios y otras situaciones marginales que hacen que la película pierda definición y potencia. Se acentúa el sentimentalismo y aparece un elemento seudomágico —el hipnotismo— que hace que la historia pierda pie, intrincándose por un territorio fantástico —por decir así— que distorsiona sin remedio los propósitos iniciales. Se acerca a los desenfoques idealistas de la comedia *capriana*. «Es sintomático que un crítico como Fernando Méndez Leite (padre) escribiera en una *Historia del cine español* que *La vida alrededor* cumple su finalidad de alejar al espectador de sus cotidianas preocupaciones, cuando se supone, precisamente, que esas cotidianas preocupaciones son las que la película quiere reflejar.»

Me enteré también de que el contenido hipotéticamente feminista de *Sólo para hombres* quedaba rebajado por el humor del texto de Mihura.

También supe que en *El mundo sigue* —cuyos diálogos son excelentes, aunque su estructura no sea perfecta al ir de uno a otro personaje alternativamente, descuidando el seguimiento simultáneo del resto— el relato es quizás demasiado prolijo, lo que repercute en la excesiva duración de la película.

Me enteré de que *El extraño viaje* es una película digna de admiración pese a algunas torpezas, a la suciedad, a su poco brillante fotografía...

Me enteré de que entre 1964 y 1969 estaba el punto de inflexión más bajo en calidad y más prolongado en mi carrera como director. De que en *Yo la vi primero* sucumbí a la tentación de no tomarme las cosas en serio. De que el guión tiende a convertirse en una sucesión de viñetas o chistes más o menos graciosos o intencionados y que caen en la monotonía y la reiteración. Se eligió el camino de la ley del mínimo esfuerzo que conduce a la irrelevancia y a la indiferencia del espectador. Se recurrió a la caricatura de trazo grueso, al tópico, a la risotada provocada por cualquier medio.

Que *Bruja, más que bruja* fue un intento fallido. Que mis trabajos teatrales tienen un aséptico academicismo. Que en *Mi hija Hildegart* llevé mi labor hacia un terreno escasamente imaginativo. El ritmo era terriblemente moroso y cansino. Había planos totalmente gratuitos. Una secuencia grotesca. Una planificación tan vetusta como forzada. Inútiles movimientos de cámara.

Al cabo de los años, con casi todas estas censuras estoy de acuerdo, pero todavía no comprendo cómo no encontraron otro profesional más merecedor del homenaje.

33
Un plan muy ambicioso

Vuelve el pasado

No puedo saber a ciencia cierta qué efecto hace a los espectadores no profesionales ver películas viejas. Me refiero a las películas viejas españolas, porque en las extranjeras, los paisajes, el entorno son ahora para nosotros tan ajenos, tan imaginarios, podríamos decir, como eran entonces. Pero de las viejas películas españolas sólo nos separa el tiempo. Los lugares son los mismos, aunque muchos los encontremos hoy transformados. El cine español de hacía veinte, treinta años, no era muy apegado a la realidad, pero, no obstante, supongo que siempre habrá un rincón, una calle, una decoración de interior o simplemente una costumbre que despierten en los espectadores la nostalgia. Para los que estamos dentro de las películas el volver a verlas al cabo de los años es como desempolvar un álbum de recuerdos familiares. De allí surgen los perdidos compañeros de trabajo, los amigos, los proyectos frustrados, los amores que no llegaron a serlo, que se quedaron en puro juego y alegría, y, quizás también el que se realizó —y al juego y la alegría añadió todo lo demás que el amor lleva consigo.

Mas para los actores en particular —quiero decir no para los técnicos, los escritores, productores, directores...— lo más chocante es la contemplación retrospectiva de uno mismo. En 1981 —cuando la televisión dio el ciclo de películas mías— ya estaba muy extendido el cine familiar y los no cinematografistas podían ver cómo eran y cómo se movían en la playa, en el chalé o en Venecia algún tiempo atrás. Y dentro de unos años podrían ver cómo eran entonces. Pero cuando empecé yo a hacer películas casi no había en España cámaras de cine familiar. En realidad, no había cámaras de cine familiar, ni tocadiscos, ni medias para señoras, ni pan blanco ni nada. El caso es que para los actores de mi generación la contemplación de su imagen antigua en movimiento, viva, tiene algo de insólito. Es algo así como ser uno su propio fantasma, y verse. O verlo. Ver el fantasma de uno mismo, y antes de haberse muerto. ¿Es esta una experiencia positiva o negativa? No lo sé. En mí despierta siempre cierta prevención. Nosotros —y creo que no me equivoco al incluir en este *nosotros* a mis compañeros— nos contemplamos en las películas viejas con la atención puesta en dos aspectos, el de la evolución física, casi siempre hacia el deterioro, y el de nuestro trabajo profesional. En lo físico, casi todos tenemos tendencia —aunque yo no muy clara— a encontrarnos mejor en cualquier tiempo pasado, pero en el aspecto profesional a algunos las retrospecciones nos producen cierto rubor, porque creemos que cuando mejor lo hacemos es en el presente. Esto me parecía a mí en 1981. Ahora no me atrevería a afirmar otro tanto.

Lo mejor que me han deparado estos años de trabajo, aparte los ratos de descanso, de no hacer nada, es la satisfacción del propio trabajo en el momento de estar realizándolo. No lo que llamamos el éxito —que aunque con la contribución del azar y la suma de una serie de casualidades se alcance de vez en cuando, si indudablemente produce alegría, es una alegría muy corta, pasajera, que se olvida fácilmente—, sino el lado misterioso, mágico que tiene nuestro oficio, que cuando se alcanza, al sentirse invadido por otra persona que no existe produce un raro pero indudable placer. También pondría en la parte de lo bueno la estima —que de manera tan clara percibía— de mis compañeros; y las amistades, los conocimientos, los amores. Y muy especialmente quisiera señalar la inmensa fortuna de haber podido vivir estos cincuenta años de esa manera tan especial de vivir que tenemos los cómicos.

En la parte de lo malo, ya se sabe, los fracasos, las frustraciones... Pero eso ¿quién no lo ha tenido? Al ver pasar mis viejas películas recordé como lo peor de mi oficio, pensando también en el teatro, el tener que aprenderse los párrafos. Esto, sobre todo en los papeles largos, se convierte en una verdadera tortura, da una gran sensación de pérdida de tiempo, impide pensar en otra cosa. Parece como si uno no hubiera abandonado el colegio, como si siguiera con la amenaza de los exámenes de bachillerato, pero teniendo que aprendérselo todo al pie de la letra.

Otras cosas no habían sido ni buenas ni malas, ni satisfactorias ni decepcionantes. Puedo mencionar en este apartado la cuestión económica. Cuando en 1981 se dio el ciclo no me habían ido mal las cosas, y había podido permitirme desde hacía bastantes años algunos caprichos, pero no había conseguido enriquecerme, llevar una vida de lujo y esplendor, que era una de mis aspiraciones. En mis primeros tiempos, cuando empezaba este oficio, pensaba que con grandes cantidades de suerte eso no sería demasiado difícil. Había tenido suerte, permanecí muchos años en la primera línea del trabajo; pero resultó que para enriquecerse, para acceder al lujo y al esplendor, había que no alternar, no salir de noche, no invitar a las amistades, y además tener un gran talento para las inversiones. No cumplí ninguno de estos requisitos.

Un consejo

Cuando representé con tan buen resultado *Un enemigo del pueblo*, estimulado por la favorable acogida, y a pesar del inmediato fracaso de *Los lunáticos*, me tracé un plan de obras teatrales que me gustaría interpretar, con lo cual, aparte de darme esa satisfacción, cumpliría con los que tantas veces me reprochaban que no actuase con más frecuencia en el teatro.

Elegí ese repertorio atendiendo a un consejo que muchísimos años antes, a comienzos de los cincuenta, me había dado el gran actor Ricardo Calvo, un anciano glorioso en aquella época. Acababa yo de estrenar en el Teatro de la Comedia *El señor vestido de violeta*, de Miguel Mihura. Era una obra de humor, satírica —el autor satiriza la afición a la cultura de algunos toreros, pero también Molière había satirizado la misma afición por parte de las mujeres—, con golpes de ingenio, pero de una forma no muy lograda. Mihura, muy tardío como autor teatral, aún no había alcanzado la maestría que le proporcionaría aciertos como los de *Maribel y la extraña familia* o *Ninette y un señor de Murcia*. Cuando presentamos a la censura el original de *La vida en un bloc*, de Carlos Llopis, tanto el gerente de la compañía, como Fernando Collado —que había hecho de intermediario en el negocio—, como el propio autor y yo temíamos que fuera rechazada aquella obra que defendía la frivolidad y el hedonismo frente a la institución del matrimonio. Por si nuestros temores se confirmaban, contaba con otra obra que me había parecido divertidísima y sin motivo de alarma en cuanto a la censura, *Piso de soltero*, de Miguel Mihura, cuyo humor me atraía desde que era un lector juvenil de *La Ametralladora* y de *La Codorniz*. Contra nuestros presentimientos los censores no encontraron nada reprochable en la obra de Llopis. Conchita Montes se hizo cargo de la comedia de Mihura, que los censores prohibieron. Mihura, Edgar Neville —director de la compañía— y Conchita empezaron a recorrer el consabido calvario de influencias, que en esta ocasión terminó con una visita de Mihura al obispo. Se acordó que la obra era representable si se le cambiaba el inmoral título *Piso de soltero*. El autor propuso *A media luz los tres*; fue aceptado, y con él estrenó Conchita Montes la obra, que obtuvo un gran éxito. Entonces le pedí a Mihura que me escribiese otra para la siguiente temporada, y ésa fue *El señor vestido de violeta*. No constituyó un fracaso, pero tampoco un gran éxito. Pasados los primeros días, cuando dejaron de ir los «iniciados» y comenzó a acudir el gran público, desde el escenario teníamos la impresión de que los espectadores no entendían la intención de lo que decíamos. Frases que durante las primeras representaciones parecían ingeniosísimas y eran recibidas con carcajadas, a los pocos días caían en el más absoluto silencio, que a nosotros, los que estábamos en el escenario acostumbrados a la otra reacción, nos desconcertaba. Mihura no atribuía esta actitud del público a fallos de su comedia, sino al desacertado trabajo de todos los actores y actrices de la compañía. Un día me dijo:

—Fernando, creo que me he equivocado. Tú no estás bastante gracioso en este personaje.

—Estoy de acuerdo, Miguel. Yo también lo creo.

Y era verdad. Los dos lo creíamos.

Coincidí con don Ricardo Calvo en el saloncillo del Teatro Español y me llevó aparte.

—¿Por qué ha elegido usted esa obra? —me preguntó.

Tenía confianza para hacerme la pregunta, no sólo por ser los dos del mismo oficio y él un maestro, sino por haber sido durante varios años contertulios en el café Gaviria.

—Porque me gusta mucho el humor de Mihura —le respondí—, y porque, cuando me explicó el argumento, me pareció interesante, y porque otras obras de él, *Ni pobre ni rico, sino todo lo contrario* y *El caso de la mujer asesinadita*, han sido grandes éxitos.

—Mal hecho, mal hecho. Se ha equivocado usted. Usted no tiene que elegir las obras, saber si son buenas o malas, si el autor escribe de una manera o de la otra. Esa es labor de los críticos y usted no lo es. Usted debe elegir siempre el personaje; que el personaje que usted interprete sea importante, de gran lucimiento, y que usted sea adecuado para interpretarlo. Eso, sólo eso le debe preocupar.

Un actor y varios personajes

Ateniéndome a ese consejo magistral recibido a comienzos de los cincuenta, procuré elegir a comienzos de los setenta unas cuantas obras entre las que no solían representarse y cuyos personajes protagonistas me habían atraído particularmente desde muchos años atrás. Fueron *Macbeth*, de Shakespeare; *La muerte de Danton*, de Büchner; *El tío Vania*, de Chéjov, y *El alcalde de Zalamea*, de Calderón de la Barca, este último, antiguo proyecto que había diferido en espera de tener la edad adecuada. Mi idea era montar una de estas obras por año, o cada dos años si alguna de ellas era conveniente explotarla durante más de una temporada. En lo que meditaba mi proyecto y atendía alguna oferta cinematográfica, el teatro nacional María Guerrero programó el *Macbeth* de Ionesco, que si bien no era el de Shakespeare, era lo suficientemente Macbeth como para desorientar a un público tan frágil como el español de aquellos tiempos. Hablé con el poeta Méndez Herrera, que había hecho las adaptaciones de *La sonata a Kreutzer*, *Mi querido embustero* y *Un enemigo del pueblo* y le propuse que comenzara a trabajar sobre *La muerte de Danton*. Le entusiasmó el proyecto y en seguida puso manos a la obra. A los poquísimos días recibí un recado del Teatro Español. Habían programado *La muerte de Danton* y me proponían que interpretase el papel del protagonista. Yo ya estaba en mi mesa de trabajo trazando bocetos de la escenografía; quería que una guillotina fuese el decorado de toda la obra. No acepté la oferta, que suponía someterme a las órdenes de un director en vez de asumir yo esa responsabilidad, según era mi costumbre. Tenía otra razón: no resignarme al sueldo, entonces exiguo, que tenía fijado aquel teatro; prefería arriesgarme, como lo había hecho siempre, al sistema de pérdidas y ganancias. Aunque la última jugada, la de *Los lunáticos*, hubiera arrojado pérdidas demasiado cuantiosas. Y había una tercera razón: por fidelidad a mis indecisas ideas y por cálculo un tanto picaresco, pensaba con mi montaje y mi interpretación resaltar el lado político de protesta contra el franquismo que se podía obtener con aquella obra, como lo había hecho con *Un enemigo del pueblo*. Este aspecto se perdería o quedaría totalmente debilitado al representarse la obra en un teatro oficial. Ya había ocurrido lo mismo años atrás con *Las brujas de Salem*, de Arthur Miller.

Por todas estas razones rechacé la oferta del Teatro Español; pero tuve que renunciar a incluir *La muerte de Danton* en mi repertorio.

Dudé durante algún tiempo si debía montar *El tío Vania* o *El alcalde de Zalamea*, y en lo que dudaba, el TEI, Teatro Experimental Independiente, comenzó los ensayos de *El tío Vania* con el propósito de estrenarla meses después.

Estaba asombrado. Me parecía imposible que aquellos títulos del repertorio universal no hubieran sido representados en España durante tantísimos años y aparecieran todos de golpe en la cartelera madrileña. Esta circunstancia, absolutamente casual, y otra a la que me referiré más adelante, modificaron de manera definitiva mi biografía profesional. De las obras elegidas por mí restaba *El alcalde de Zalamea*, que también hacía mucho tiempo que no se representaba en Madrid, pero mi ambicioso plan quedaba destruido.

Algo después, el director del Palacio de Congresos y Exposiciones de Madrid me dijo que uno de sus propósitos —porque así se lo habían encomendado sus superiores— era obtener el máximo tiempo de ocupación del edificio y quería saber si yo consideraba posible dar representaciones teatrales en el auditorio. Me ofreció que lo visitase, como técnico, para informarle de si se precisaban algunas reformas. Me encontré con que aquel auditorio era el teatro mejor dotado de Madrid y más moderno (en aquellas fechas, hace doce años ahora) y con que las reformas necesarias para dar representaciones teatrales eran mínimas. El director del Palacio recordaba mi montaje de *La sonata a Kreutzer* de años atrás y quería saber si sería posible hacer algo así en el Palacio de Congresos y Exposiciones. Le propuse lo que desde hacía mucho tiempo era mi ideal como actor de teatro: actuar sólo dos días a la semana, en este caso los sábados y los domingos. Son los dos días en que la afluencia de público puede ser mayor. Los dos días en que al espectador interesado le resulta más fácil dedicar dos o tres horas a ver un espectáculo. Por otro lado, la interpretación diaria de un personaje protagonista siempre me ha resultado fatigosísima y me ha obligado a escurrir el bulto en algunas representaciones, aquellas en que la cantidad de espectadores era menor, cuando mi parecer es que esos espectadores que acuden cuando la mayoría del público ha decidido no hacerlo son los que merecen más respeto. A veces me he esforzado en ofrecer lo que yo consideraba mejor de mi trabajo a esas audiencias escasas, pero la mayoría de las veces me he inclinado por los intereses económicos, que indican alcanzar el máximo de brillantez cuando el público es más numeroso. He preferido siempre —quizás por la nostalgia de aquellas representaciones minoritarias en el Instituto Italiano de Cultura— el público escaso; o el profesional. Ofrecí al director del Palacio inaugurar nuestras actividades teatrales con *El alcalde de Zalamea*. Me dirigí a Justo Alonso para que se hiciera cargo de la tarea empresarial y de la organización, y no tuvo nada que oponer a la idea. Celebramos unas cuantas reuniones de «alto nivel», elegimos los actores, comenzamos los ensayos, y el día en que se nos había convocado a todos para acudir a la sastrería teatral a que nos tomaran medidas para el vestuario nos llegó la noticia: el Ministerio había cambiado de opinión, se oponía al experimento. Aquel local no era un teatro. Era un palacio de congresos y exposiciones. Y cada cosa debía dedicarse a lo suyo. Aquello era contradictorio con el encargo que había recibido el director de alcanzar el máximo de ocupación; recordé que en una de mis primeras visitas al local pregunté a un funcionario que andaba por allí haraganeando sin hacer nada si era cierto que nunca se habían utilizado las instalaciones en sábados ni domingos.

—Sí, señor, es cierto —me respondió mirándome como miraría a un gusano un enemigo de los gusanos—, y procuraremos que nunca se utilicen.

También recordé que el director del Palacio un día me insinuó que quizás sería conveniente encontrar en la obra un papel de relieve que pudiera interpretar la hija de un alto cargo del Ministerio. Era imposible, porque los dos únicos papeles femeninos de relieve estaban repartidos a las actrices adecuadas, y una de ellas era mi compañera.

Poco después me informaron difusamente de otro dato que desde entonces he hecho esfuerzos por olvidar.

Para los cómicos, tanto para los jóvenes como para los viejos, aquello no era ninguna novedad, no era la primera vez que órdenes de arriba les impedían llevar a cabo su trabajo. Cambiamos entre nosotros unas frases inútiles, y nos disolvimos tal como se nos ordenaba.

Poco después, Justo Alonso consiguió una breve temporada en el Teatro del Centro Cultural de la Villa de Madrid. Como *Las bicicletas son para el verano* había obtenido el premio Lope de Vega, pero en el Teatro Español no encontraban fecha en que estrenarla, le propuse a Justo Alonso que la estrenáramos en el Teatro del Centro en vez de *El alcalde de Zalamea*. Aunque no conocía la obra, no le pareció bien. Mi nombre, el de *El alcalde* y el de Calderón de la Barca le parecían un atractivo inmejorable. Creo que en esta ocasión el sagaz promotor Justo Alonso se equivocó.

34

Duras experiencias

Los viajes del alcalde

El estreno de *El alcalde de Zalamea* pasó sin pena ni gloria. No respondió a las esperanzas de mi empresario ni a las mías. En los ensayos, regañando a los obreros, me quedé absolutamente afónico. Recurrí a mi médico, el doctor Martínez Fornés, que inmediatamente me envió a mi otorrino, el amigo Loredo, quien se quedó espantado al ver mi laringe. Llamó a consulta a un joven colaborador. Pasé las veinticuatro horas anteriores al estreno aterrado. En los ojos de Loredo había visto, a pesar de sus esfuerzos, la amenaza del cáncer. El joven colaborador certificó el diagnóstico de su maestro: la situación de mis cuerdas vocales era gravísima. Pero añadió:

—De morirse, nada.

Inyecciones, aerosoles, prohibición absoluta de fumar y de beber licores.

Intenté aplazar el estreno unos días, pero se me hizo ver que era imposible. La temporada que nos había asignado el Centro Cultural de la Villa de Madrid era demasiado corta y si se le restaban unos días el empresario no tendría posibilidad de amortizar los gastos. Me vi obligado a hacer el estreno en pésimas condiciones, muy disminuido. Pero eso no tuvo nada que ver con la indiferente acogida que tuvo el espectáculo. Pues en dos o tres días yo estaba repuesto y los críticos no acudieron, como años atrás era costumbre, el día del estreno, sino en días sucesivos y espaciadamente. Recuerdo que el día en que asistió Adolfo Prego la representación transcurrió entre aclamaciones. Pero las críticas unas fueron favorables y otras no, y el público llenó la sala en las representaciones de sábados y domingos, fue bastante nutrido en las de tarde y acudió tan escasamente a las de noche que alguna vez pensamos suspender la representación. En el ambiente teatral nuestra breve temporada no despertó ningún eco.

Pensé que cuando, tras la extraordinaria acogida de *Un enemigo del pueblo*, tracé aquel ambicioso plan de *La muerte de Danton*,

Macbeth, El tío Vania y *El alcalde de Zalamea* había sobrevalorado mi categoría.

Mi empresario me convenció de que la única manera de compensar sus pérdidas y llegar a obtener beneficios (yo llevaba un porcentaje sobre ellos) era hacer una gira por otras ciudades.

Nunca supuse que hacer una gira teatral, una gira larga, como la que llevé a cabo entonces, pudiera ser algo tan duro, tan trabajoso, tan miserable a ratos. Cuando por la noche me quedaba solo en el cuarto del hotel me venía el recuerdo de mi madre, que tantas había tenido que hacer en su vida, y muchas de ellas en las peores condiciones. Supongo que, por un factor puramente económico, vivía yo mejor que los demás cómicos de la compañía y, sin embargo, se me hacían insoportables la suciedad, el abandono de los camerinos —cuando los había— (recordaba la definición de Jardiel Poncela: «Entrada al escenario: catacumbas malolientes»), la inevitable improvisación de los montajes, la asfixiante temperatura de los escenarios, la lucha contra la amenaza de la amnesia repentina, las casi ciento cincuenta entrevistas para la prensa y la radio, necesariamente iguales, los inacabables viajes, miles y miles de kilómetros en avión, en coche, en tren, en autocar, las interminables horas de soledad en el hotel para eludir la pertinacia de los «admiradores» —casi siempre coleccionistas de autógrafos sin álbum, sin papel, sin bolígrafo, sin colección— que acechaban y atacaban en las calles, en las cafeterías, en los cines, en los monumentos, en los camerinos, y que si en muchos casos eran agradables, correctos, educados, en otros hacían gala de su impertinencia, rayana a veces en la agresividad, llegando al insulto. Mis compañeros tuvieron varias veces que defenderme cuando los groseros y los borrachos estaban a punto de llegar a la violencia. Tras la dureza de los viajes y del trabajo, las salidas nocturnas eran mi único esparcimiento, pero las suspendí para no comprometer a mis compañeros.

Todos estos esfuerzos, estos dolores, tenían también sus compensaciones. Una de ellas, la que nunca abandona a muchos actores, el misterioso placer de incorporar el personaje, de sentirse invadido por él, en los momentos en que eso se consigue. Es éste quizás el único oficio en el que la alienación puede llegar a producir felicidad. Otra de las compensaciones era la económica. Para mí, en ese sentido, el año 1980 estaba resultando de vacas gordas. En eso pensaba antes de salir al escenario, con eso intentaba estimularme, me decía: «Ánimo, Fernando, que estás bastante bien pagado. Y tienes que cobrar unos atrasos de trabajos hechos el año pasado, y además te corresponden derechos de autor por haber adaptado la obra, y acabas de firmar una película para hacerla durante el último mes de gira, alternándola con las representaciones. Todo eso es mucho dinero, Fernando. Y faltan pocos meses para terminar la gira —pocas semanas, pocos días, pocas horas—. Y en cuanto llegues a Madrid, unos días de descanso, y luego podrás llevar a tu compañera a Venecia, ese proyecto tan excesivamente aplazado, y al volver, si tienes la suerte de que no os ofrezcan a ninguno de los dos otro trabajo, y de que las cuentas te hayan salido bien, quizás podáis dar la vuelta al mundo, que a ella le gusta mucho viajar, porque lo de irse a vivir a un chalé en el campo, por bien que haya ido el año, no es posible. Cuanto más ganas tú, más caros ponen los chalés. (Hace tiempo caí en la cuenta de que cuando me pagaban más por mi trabajo no era porque hubiese subido mi cotización, sino porque había bajado la de la peseta.) De cualquier forma, Fernando, el dinero de este año es mucho dinero. No hay por qué quejarse.» Así me motivaba para salir a escena, y no como recomienda Stanislavski, lo confieso. Otra compensación era la ovación final cuando la sentía espontánea, prolongada. Eso siempre gusta. Y otra, quizás la más compensadora, la más entrañable, las cervezas y el whisky y la charla y la cena apresurada con los compañeros de trabajo, ya fuera en los restoranes aceptables o en los tugurios malolientes que nos tocaban a veces y que no había vuelto a pisar desde los años del hambre o desde los tiempos de la golfería nocturna.

Experimento peligroso

Sin duda estimulados por el premio Lope de Vega obtenido por *Las bicicletas son para el verano* y en la creencia de que ello me podía dar algún prestigio como autor, mi ayudante de dirección en *El alcalde de Zalamea*, Alberto Alonso, y Emma Cohen se esforzaron en poner en escena *Los domingos, bacanal*, una comedia que había terminado de escribir hacía unos dos años y que concebí más bien como un ejercicio para actores que como un espectáculo para el público. Pero lo cierto es que unos actores sin público no son tales actores, y estaba deseando que la obra se representase. Alberto y Emma consiguieron una breve temporada a final de verano en el Teatro Maravillas, y tras muchos problemas para completar el reparto, porque a algunos de los elegidos no les parecía bien embarcarse en aquel proyecto, planteado en el sistema de cooperativa, empezaron los ensayos. Alonso se encargó de la dirección y Emma rechazó la posibilidad de la gira con *El alcalde de Zalamea* y asumió uno de los tres personajes femeninos de la obra.

Hubo anteriormente otro intento de representarla en el que el director cinematográfico José Luis García Sánchez sería el director,

Julieta Serrano desempeñaría uno de los papeles femeninos y Juan Diego uno de los masculinos, pero los tres abandonaron muy pronto ante las dificultades que se presentaron para montar el negocio.

La singularidad que tiene esta obra —singularidad interesante para los actores— consiste en que así como en otros espectáculos un actor interpreta dos personajes distintos —como en las obras sobre hermanos gemelos—, en ésta dos actores distintos tienen que interpretar el mismo personaje. Y los dos deben interpretarlo de la misma manera, con los mismos ademanes, tonos de voz y parecidos tics. En cuanto a la intención o sentido de la obra, quien mejor lo captó fue Haro Tecglen, no en la crítica, que no la hizo él, sino en un comentario que publicó posteriormente.

Empecé a escribir esta obra con otro título que ahora no recuerdo, once años antes que *Las bicicletas son para el verano*, y definitivamente la hice entre el 78 y el 80, no lo sé con exactitud. Cuando la comencé, años sesenta, intenté trivializar, poner al alcance del público común un género de teatro minoritario, entonces en boga, sobre los problemas de la identidad, la máscara, la personalidad. Tanto a Juan Tébar como a Haro Tecglen la obra les parecía bien, pero encontraban desacertado el final. Lo modifiqué cuando la obra se publicó, y a Haro Tecglen, que fue el encargado de escribir el prefacio, le pareció peor todavía, o más difícil de aceptar por los espectadores. Creo que los dos finales son desacertados.

Aparte del desenlace, *Los domingos, bacanal* —título homenaje a Berlanga, autor de *Los jueves, milagro*; también una de las protagonistas se llama Jesusa, como su mujer— tiene algunos errores de estructura, respecto a la relación actores-público, pero no acierto a determinar concretamente cuáles son. No son aquellos en los que el espectador se pierde, no entiende, porque intentaba utilizar la técnica del género policiaco en el que el interés se mantiene porque el espectador o el lector no entiende bien, y como no entiende, por eso sigue con la atención despierta. Pretendía que si el espectador no sabía cuál era el problema tuviera interés por averiguarlo. Pero no se me olvida, siempre lo he tenido presente, que para Aristóteles, en la poesía dramática, lo fundamental es «la ordenación de los acontecimientos». Y creo que, comparado conmigo mismo, en *Las bicicletas son para el verano* la ordenación de los acontecimientos está bastante conseguida, pero en *Los domingos, bacanal* no lo está del todo.

El estreno fue seguido con bastante atención y en algunas escenas el público rió en los momentos previstos. Al final aplaudió con amabilidad y en el momento de salir yo a recoger los aplausos, un espectador pateó con furia. Un periodista, con la disculpa de hacerme una interviú, me increpó desabridamente cuando en respuesta a sus preguntas le informé de que la obra que acababa de ver no tenía argumento. Mi amigo Manuel Pilares, cuando me dio el abrazo de rigor, me dijo entre sonrisas cómplices que muchos espectadores estaban decepcionados porque no habían encontrado la presentación, el nudo y el desenlace.

Días después, en la calle, los miembros de una familia, que salían de la representación, indignados por lo que acababan de ver, me rodearon, me denostaron, me insultaron con tal violencia que otras personas desconocidas se acercaron a defenderme.

La obra, aunque desagradable y no muy atractiva para el público, no era tan incomprensible como yo creía.

En el mes de septiembre alterné el trabajo en la película de Gutiérrez Aragón *Maravillas* con las representaciones de *El alcalde de Zalamea* en diversas ciudades.

Y, por fin, terminó la película y la gira.

A la vuelta a Madrid mi compañera me abandonó.

En ese punto terminó la breve autobiografía que con el título *El olvido y la memoria* publicó la revista *Triunfo*.

Siempre he sabido encontrar el lado bueno de mis desdichas. En algunos casos incluso antes de que sucedieran, cuando no eran sino un presagio, lo que disminuía el dolor, al no hallarme desprevenido. En este caso, aunque de momento pensé lo contrario, pues creí que el lado bueno no aparecería nunca, ocurrió lo mismo que otras veces. Los amigos me acogieron, me rodearon. Las primeras llamadas que recibí fueron las de Alfredo Matas y Amparo Soler Leal, compañeros de tantos trabajos y de tantísimas noches, ofreciendo su compañía. En seguida, José María Gavilán, Conchita Montes, María Luisa Ponte, Marisa Paredes... Nunca he sabido ser amigo de las mujeres. Quiero decir en la medida que puedo haberlo sido de algunos hombres. No he sabido tener largas conversaciones con ellas, ni salir a pasear, ni atender sus confidencias. Pero cuando las he necesitado, siempre las he hallado dispuestas a ayudarme. A Julieta Serrano, a mi secretaria de dirección Carmen Salas, a la actriz Olvido Rodríguez, a Verónica Luján y, ¿cómo no?, a la Montes y a la Ponte. Siempre me han tendido una mano cuando me he visto en situaciones delicadas y peligrosas.

En la situación a que me refería, no delicada ni peligrosa, pero sí amarga, Arturo González, Manuel Alexandre, Álvaro de Luna volvieron a llevarme al Gran Café de Gijón, que no frecuentaba desde hacía años. Mi hija Helena me acompañó por ahí y me llevó a sus mundos.

Sancho Gracia y Juan Estelrich se las ingeniaron para invitarme nada menos que a Montecarlo.

La compañía más asidua y consoladora que encontré, la más comunicativa, fue la de Enrique Brasó. Conocedor de los defectos, por exceso, de mi sensibilidad, me asistió como un enfermero, desempeñando el papel de camarada de barra de bar, de restorán o de casa hasta altas horas de la madrugada. Si todos los demás tuvieron la elegancia y la delicadeza de no hablarme de la enfermedad, Enrique tuvo la elegancia y la delicadeza de escucharme, de dejar que me desahogara. Representamos durante días no la farsa o la tragedia, sino el trozo de vida real en que un hombre abre el corazón herido a su compadre. A veces me sentía ridículo y pensaba si ese modo de afrontar estos fracasos no provenía de mi afición a los tangos, que propició mi madre, cuando tenía yo ocho años, al llevar a casa aquel gramófono de maleta y tantos discos de Spaventa, de Carlos Gardel, de Irusta, Fugazot y Demare y que incentivó la criada de turno, apoyada de codos sobre la mesa del comedor y escuchando conmigo barbaridades como ésta, tan conocida, que el gaucho honrado Alberto Arenas le dijo al sargento:

> *Las pruebas de la infamia*
> *las traigo en la maleta;*
> *las trenzas de mi china*
> *y el corazón de él.*

Algo parecido me ocurrió treinta años antes, a comienzos de los cincuenta, cuando el deterioro de mi relación con María Dolores Pradera la hizo imposible. Encontré a mis hijos, Fernando y Helena, de seis y siete años, respectivamente. Nunca los había tenido tanto como en aquellas espaciadas visitas que hacía a casa tras el momento de la separación. Nunca los había visto tanto ni había reparado en ellos de manera tan intensa. Poco más adelante iniciamos la costumbre de comer juntos los domingos. A veces, los tres; otras, con uno solo de ellos. Creí observar que a Fernando le parecía que cuando íbamos los dos solos se encontraba mejor —era una reunión de hombres, sin mujeres por medio—; las veces que comíamos los tres, ellos se trataban mal, como hermanos. Algunos domingos, después de comer íbamos al cine. Comimos en restoranes, en tabernas, en terrazas al aire libre. En verano, cuando íbamos de un lado a otro, recorriendo calles calcinadas por el sol, Madrid era el desierto que había que atravesar, con sus camellos-coches y sus autobuses-elefantes. Me devolvían al mundo de la infancia, del que nunca supe alejarme del todo. Aquellas comidas se prolongaron años y años y con Helena todavía duran. Están aquellas tardes en la mejor habitación de mi memoria. Antes, cuando convivíamos en casa o en un hotel, no los vi tanto, no los sentí como en nuestros paseos, o en los cines o en La Bola o en Wamba o en la tasca de Juan de Mena o en la terraza de Alduccio. Creo que fue en aquellas excursiones cuando se enhebró entre nosotros el hilo que todavía nos une. Decía que al regreso de la gira de *El alcalde de Zalamea* mi compañera me había abandonado. Un año después, ante mi insistencia, volvió conmigo.

Comedia para la radio

Me pidieron para Radio Nacional alguna comedia, o algo parecido, que durase aproximadamente una hora. Recurrí a una que tenía empezada. Una especie de glosa del popular romance de la niña guerrera, del que existen varias versiones en nuestro país. Cuando años antes empecé a escribirla, la abandoné porque no conseguí que la acción se ciñera a un corto número de personajes y a muy pocos decorados. Lo que me salía era más un guión de cine que una obra teatral de fácil montaje. Mas para el cine no veía adecuado el tema ni el lenguaje versificado y de largas parrafadas que pensaba utilizar. Para la radio, en cambio, nada de esto —ni el extenso reparto, ni el verso, ni la movilidad y cantidad de los decorados— eran problemas. Escribí la versión radiofónica de *Ojos de bosque*, que dirigió Concha Barral y en la que intervinieron como actores, entre otros, Emma Cohen, Emilio Gutiérrez Caba, Ángel Picazo, Francisco Algora, Luis Varela...

Encontré el resultado muy satisfactorio y, mientras escuchaba la emisión, evocaba los años 40 y 41, cuando unas veces en colaboración con José Luis Herencia y otras solo escribí más de diez comedietas para la radio. Me habría gustado cultivar más ese medio.

35
Corto viaje a la URSS

Documentos. Nueva York y Moscú

Con algún riesgo de error, pero muy escaso, puede afirmarse que nuestro mundo, el de hoy, el mundo en que vivimos, tiene tres Mecas: para los musulmanes, la que lo es por antonomasia; para nosotros —y casi me atrevería a incluir en este nosotros a los africanos y a los chinos—, Nueva York y Moscú.

¿Se es persona del siglo XX, se ha vivido en el siglo XX, si no se ha pisado Nueva York, si no se ha cruzado de una acera a la otra entre la sorprendente mugre de Times Square, en el mismísimo corazón de Broadway, si no se han contemplado los escaparates, los edificios y las hermosas mujeres de la Quinta Avenida, que provocaron el entusiasmo erótico del joven anarquista Louis-Ferdinand Céline, si no se ha efectuado el rápido recorrido en coche por Harlem? —podríamos decir «si no se ha vivido en Nueva York», pero en tal caso ni la mayoría de los norteamericanos podrían ser consideradas personas de este siglo—. ¿Cómo discutir, cargado de razón, en la oficina, en el taller, en los coloquios de la tele, en la propia casa, en la universidad o en el Congreso sobre la problemática social, económica, política, moral o religiosa de nuestro tiempo sin haber estado en las calles, en los hogares, en las fábricas, en las granjas, en los teatros de Moscú?

Hace muchos años, pasan ya de treinta, en ocasión de un viaje a París, tan corto como éste, manifesté en la tertulia española del café La Belle Ferronnière, ante un grupo de amigos, esta misma inquietud, esta insatisfacción. Pero la idea de un viaje a Rusia en aquellos tiempos, para los que salíamos de la España del caudillo, era algo muy cercano a lo imposible, lleno de riesgos y de insinuadas amenazas, casi inverosímil.

Cuando al día siguiente volví a la tertulia me aguardaba una sorpresa: un amigo comunista me dijo que como mi pasaporte no era español —en aquel tiempo no lo era—, si tenía curiosidad por conocer...

> *... el país*
> *donde no tienen dueño las flores,*
> *el país de las granjas,*
> *mineros,*
> *marineros,*
> *metalúrgicos, tipógrafos, ferroviarios...*

—en versos de Louis Aragon traducidos por Alberti— podía ir sin ningún problema. Las autoridades soviéticas me invitaban a un viaje de quince días. Acepté con entusiasmo, sin detenerme a considerar las consecuencias que podía acarrearme aquella precipitada decisión, pero por motivos de trabajo no pude realizar el deseado viaje. Mi amigo comunista y yo aplazamos el proyecto, no lo dimos por frustrado, pero lo fuimos aplazando durante demasiado tiempo. Y algunos años después, por cosas de la vida, mi amigo ya no tenía tanta influencia en el partido.

Al fin, en 1984, cuando ya no era el que fui, porque las circunstancias habían variado, y cuando el viaje al «país de los obreros» carecía de aventura tuve la suerte, buena y mala, de poder visitar durante unos días la URSS. Como hacía muchos años deseaba hacerlo sin encontrar el momento propicio, apunto en el lado de la buena suerte el simple hecho de haber viajado allí; lo de que el viaje fuera corto no sé a cargo de cuál de las dos suertes debo apuntarlo.

Desde hacía muchísimo tiempo, desde poco después de iniciado con la Revolución de Octubre el mayor experimento social de nuestra civilización, los que se quedaban aquí, o en cualquier otro país de economía capitalista, aguardando impacientes y ávidos de saber el regreso de los viajeros, no esperaban —como si el viaje hubiera sido a Venecia, a México o al Canadá— *souvenirs*, tarjetas postales, discos de folclore y fotos de grupo ante monumentos, sino opiniones, consecuencias, juicios sobre el buen o mal funcionamiento del sistema.

Es así desde los primeros y ya muy lejanos viajes de André Gide o de Ángel Pestaña, hasta nuestros tiempos post 68.

Mas, aunque sin duda resulta decepcionante para los amigos del viajero y para él mismo, debemos reconocer que viajes tan breves y rápidos como aquél, dos días en una ciudad, tres en otra, horas y horas en diversos aeropuertos, no son como para presumir de viajero que regresa de lejanas tierras con la trompa llena de noticias, ni sirven para hacerse una idea, ni siquiera aproximada, de las costumbres, el temperamento, el modo de vivir y convivir de los habitantes del país visitado.

Tan poco de fiar son los testimonios de los que, al regreso de su mini peripecia turística, nos manifiestan el refrendo de su antiguo entusiasmo por las ideas y los vaticinios de Marx y de Lenin, como el de los que, entristecidos y defraudados, nos comunican su decepción. Hay otros, los que no han sentido ninguna sorpresa porque ellos ya sabían «que aquello era así», pero a ésos no hay que tomarlos en consideración ni siquiera para iniciar una amistosa controversia.

Aquel modesto viaje no se parecía en nada, por desgracia, a los que en el pasado siglo realizaban en coche, en diligencia, a caballo, en mula, a pie, durante meses y meses Alejandro Dumas, Lord Byron, Teófilo Gautier. Y ya de aquellos viajeros dijeron siempre los aborígenes que estaban equivocados, que no habían tenido tiempo para observar.

Puede uno limitarse a narrar los hechos tal como han acaecido, pero atreverse a sacar de ellos consecuencias, conclusiones, a favor o en contra, y mucho menos profecías sobre la Historia, sería exponerse a cometer graves errores de juicio. Y creo que estarán de acuerdo mis compañeros de viaje, el director de la Filmoteca, Juan Antonio Pérez Millán, el director cinematográfico Miguel Hermoso y las actrices Elena Arnau y Emma Cohen.

Empieza el corto viaje

Si, como aconsejan la razón y la prudencia, nos atenemos a una escueta relación de los hechos, habrá que empezar por los documentos. Todos los viajes empiezan por los documentos. Para la URSS se precisaba visado. En la Dirección General de Cine, que hay que ir a la embajada. En la embajada, que hay que ir al consulado. En el consulado, que falta algo de la Dirección General. Como siempre, como en todas partes. Comprendo que debe de resultar irritante esta incorregible torpeza, esta insuficiencia de los hombres de la calle, capitalistas o socialistas, para entender a los de las ventanillas y los despachos oficiales. Comentando esto tan comentado, hace unos años, en Praga, me respondieron:

—Está usted en el país de Kafka.

El país de Kafka es inmenso, no tiene fronteras, no han llegado a él las revoluciones; he ahí uno de los mayores méritos del escritor. La portería del consulado de la Unión Soviética en Madrid, donde nos recibieron, no era amplia, no era alegre ni acogedora; pero no había en ella nada que diera miedo, como lo daban las puertas y los guardias del consulado americano.

En la zona más señorial de Madrid estaba el consulado de la Unión Soviética, muy cerca de la embajada. Un madrileño fetén podía morirse de la enfermedad de los años sin haber puesto nunca los pies en aquel barrio. Me arriesgo a afirmar que una gran mayoría ignora aún hoy (reescribo en 1990) su existencia. No está en las afueras, sino dentro de la ciudad, pero una barrera de lujoso misterio lo circunda y aísla. Nadie transita por sus calles. Acaso una madre joven vestida de Chanel, con un niño de la mano. Era fresca, con residuos de invierno, la mañana de primavera. Pero lucía el sol. Lucía pero no templaba los cuerpos. Las temperaturas estaban siendo muy bajas en toda Europa. Mal augurio para marcharse a Rusia.

En la portería del consulado, donde aguardábamos, había un silencio pesado, incómodo. Un hombre de mediana edad, que quizás fuera el portero, sentado a su mesa, no quitaba la mirada del monitor de televisión en circuito cerrado que tenía ante sí, en lo alto de la pared. En el monitor se veía la verja de entrada al edificio. Mas el portero no apartaba del monitor la mirada. No hojeaba revistas del corazón, no leía novelas del Oeste ni el periódico, no descifraba crucigramas. Tenía la mirada fija en el monitor, en la verja cerrada, en la calle solitaria.

El supuesto portero vestía un traje completo, de chaqueta y pantalón, gastaba corbata. Denotaba la tela de su traje el paso del tiempo, no era de buena calidad. El color, entre claro y oscuro, intermedio. Contrastaban con el traje completo y la corbata las playeras que calzaba. Cuatro o cinco personas aguardaban como nosotros. Algunas de ellas trataban de advertirnos con gestos, con monosílabos, que la espera podía prolongarse horas y horas. El funcionario que debía estar a las diez acostumbraba a llegar a las once y media; se encerraba en su despacho; aparecía a las dos, y de dos a dos y media atendía a las visitas y procuraba resolver sus asuntos.

Pasaba el tiempo. El silencio pesaba. No había ceniceros. Un cuadro de realismo socialista en el que Lenin hablaba a unos proletarios. Opúsculos en español: obras de Lenin sobre teoría política. Folletos de turismo... El portero no hablaba español, no hablaba nada. Miraba el monitor. La no amable ni tampoco agresiva funcionaria, la indiferente funcionaria que aparecía y desaparecía fugazmente por una puerta, creía que lo hablaba. Hacia ella extendimos inútilmente los papelitos que llevábamos en la mano.

Por lo visto, allí fallaba la teoría de que los habitantes de los países fríos son más activos que los de los países cálidos. Sorprendentemente, estos funcionarios soviéticos, en esta tierra y en la suya, tenían más bien lo que nosotros podríamos llamar *ritmo andaluz*.

Llegó cerca de la una el hombre de las diez que solía llegar a las once y media. Era joven, espigado, bien parecido. Vestía como un diplomático europeo, aunque su traje azul estaba un tanto arrugado. Hablaba un español muy comprensible.
—¿Han traído fotografías?
—No.
—Pues vayan a retratarse.
Casi no había tiempo. Uno de los que aguardaban, amable y solidario, nos indicó el sitio más cercano. Corre para aquí, corre para allá.
—¿Cuándo viajan ustedes?
—Dentro de cuatro días. ¿Cuánto tardan en dar el visado?
—Once.
Desolación.
—Pero puede arreglarse, si las autoridades españolas...
Como siempre, como en todas partes.

Poco después salió a atendernos un hombre maduro, alto, de muy buen aspecto, que hablaba correctamente español. Vestía un traje azul oscuro, de tela de gran calidad, bien cortado y mejor planchado. Ya habían pasado las dos de la tarde. Cruzó la portería una señora esbelta y distinguida —Chanel— con un niño de la mano, y se fue hacia las habitaciones interiores. Nos recibieron de pie, sin salir de la portería. Ninguno se presentó, ni por su cargo ni por su nombre, durante las conversaciones que mantuvimos sobre si aquello —la organización del viaje, la documentación, los papelitos, las fotos— estaba bien así o si había que hacerlo de otra manera. Pero la verdad es que el hecho de que no se hubieran presentado daba igual: cualquier compañero mío, director de cine o de teatro, acostumbrado a clasificar personajes —el traidor, el galán cómico, la dama joven...— y a decir cómo habían de salir vestidos a escena los actores habría adivinado al primer golpe de vista quién era el cónsul, quién el secretario y quién el portero.

El avión de Iberia despegó de Barajas con más de tres cuartos de hora de retraso. Se comentaba entre los miembros de la delegación que el tiempo de que disponíamos en el aeropuerto de Londres para hacer el trasbordo resultaba demasiado justo. Ya en vuelo, la tripulación nos dijo que si la salida era por la misma terminal de la llegada —el aeropuerto de Londres tenía tres terminales— enlazaríamos bien. Comprobaron nuestros billetes y al ver que el viaje Londres-Moscú era con la compañía Japan Air Lines dijeron que así era y que podíamos estar tranquilos. Por si acaso, enviarían unos comunicados a JAL y a Iberia de Londres advirtiendo que la delegación de la Semana del Cine Español quizás llegase con el tiempo justo y que hubiera alguien esperándonos para guiarnos por el laberinto de aquel aeropuerto.

El vuelo fue cómodo, llegamos en el tiempo previsto y aterrizamos en Londres con el mismo retraso que habíamos despegado. No había nadie esperándonos. Orientándonos dificultosamente por la intrincada selva de letreros indicadores tratamos de llegar, según se nos había aconsejado, hasta el despacho de Iberia para que allí nos pusiesen en el buen camino. No encontramos el despacho. Los cinco miembros de la delegación para la Semana del Cine Español en Moscú y Leningrado, reunidos en urgente asamblea, decidimos que lo mejor era ir directamente al despacho de Japan Air Lines. Vuelta a orientarse por los letreros. Unos tiramos para allí, otros para acá. Un amable viajero desconocido se interesó, no sé en qué idioma, por nuestro problema y nos indicó:

—Por aquí, por aquí —con su brazo extendido.

Conseguimos reunirnos los cinco miembros y seguimos la dirección de aquel brazo hasta que desapareció por una puerta, no sin antes habernos indicado:

—Por allí, por allí.

Por allí seguimos, kilómetros de pasillos, escaleras mecánicas y otras sin mecanizar, caminos rodantes. Llegamos a una barrera con policía. Documentos, billetes. Nos dejaron pasar y salimos al exterior. Allí parecía que debíamos aguardar la llegada de un autocar que debía trasladarnos de la terminal 3 a la terminal 2, o de la terminal 2 a la terminal 1, no recuerdo bien. Las agujas de reloj de uno no habían dejado de moverse ni los dígitos del de otro habían dejado de saltar. Aguardamos a la intemperie la llegada del autocar. Llovía. Nos mojamos. Llegó el autocar. Subimos. Nos echaron. No era ese autocar el que hacía el recorrido que debíamos hacer.

Volvimos a entrar al edificio del aeropuerto. A partir de aquel momento debíamos correr. Correr por las escaleras, por los infinitos pasillos. Leer al mismo tiempo los letreros. Los relojes corrían más que nosotros. Desandamos el camino, salimos al exterior por otra puerta. Allí debíamos esperar de nuevo la llegada de otro autocar. No llegaba, no llegaba. Miradas a los relojes. Rusia, «el país de los obreros», «el país donde no tienen dueño las flores», cada vez estaba más lejos. Como de todas partes, como siempre.

No quiero suscitar la emoción infantil del «continuará». Perdimos el avión.

Llegamos a Londres. Y siguen las pérdidas

Como perdimos el avión de la Japan Air Lines que había de llevarnos a Moscú no nos quedaba más remedio que hacer todo lo posible por tomar otro. Un amabilísimo empleado de Iberia, muy aficionado al teatro, por lo cual sentía hacia nosotros una firme simpatía —alternando datos sobre la cartelera londinense con referencias a las últimas funciones que había visto en Madrid y al horario de los vuelos internacionales—, nos prometió que se esforzaría en que reemprendiéramos el viaje cuanto antes. De momento nos dio muchos vales para comer y beber y nos situó en una cafetería abarrotada.

Al cabo de un rato bastante largo, en el que tuvimos tiempo más que sobrado de almorzar, incluso de tomar café y copa, retornó el amable ibérico y con sonrisa satisfecha nos informó de que saldríamos al día siguiente, con lo cual podríamos pasar la noche en Londres y asistir a una representación de *Ricardo III*.

Las opiniones de la delegación de la Semana del Cine Español en Moscú se dividieron. Hubo desde la ira al mira qué bien pasando por el qué se le va a hacer. Fui de los del mira qué bien, porque uno de mis propósitos al aceptar la invitación de aquel viaje era ver teatro. Me habían ofrecido también generosamente otros viajes a París y a Roma, y aunque el motivo de ellos fuera cinematográfico, pensaba aprovecharlos para ponerme al corriente del teatro internacional, ya que en España no solía llegarnos más que el llamado «teatro de festivales».

Unos con resignación, otros con aparente entusiasmo, acabaron aceptando todos la idea del *Ricardo III*. Al regreso, estas cosas siempre son tema de conversación. Pero antes tendríamos que ir al hotel, cercano al aeropuerto, en que nos había proporcionado alojamiento el amable empleado de Iberia. Allí debíamos dejar las maletas; luego ir a la ciudad, buscar las entradas —siempre había medios para encontrarlas, aunque se vendiesen con meses de antelación—, cenar algo y disfrutar con el verbo de Shakespeare los que supieran inglés y con el espectacular montaje del Teatro Nacional los que lo ignorasen.

Pero ocurrió que no sólo habíamos perdido el enlace con el avión de la JAL, sino que una de las actrices que viajaban con la delegación, Emma Cohen, había perdido también su maleta. Mejor dicho: se la habían perdido.

Antes de nada, había que buscarla por todo ese aeropuerto monumental, inconmensurable, laberíntico. Otro amable empleado de Iberia, alegre y andaluz por más señas, se dispuso a hacerlo. Él había visto aquella maleta, nos aseguró. El adorador de Talía y la actriz sin maleta se marcharon por un lado, el alegre andaluz por otro, y a los demás nos mandaron a otra cafetería. Por desgracia era una cafetería en la que no daban ni café ni licores, ni vino ni cerveza, sólo zumos. Tomamos zumos. Muchos, porque el tiempo pasaba inexorable y larguísimo. Al fin, regresaron con noticias. Venía optimista el teatrófilo; sombría, grisácea, llena de funestos presagios, muy en situación para ver *Ricardo III*, la actriz sin maleta. Podíamos irnos tranquilamente al hotel, porque a la mañana siguiente habría aparecido la maleta y nos la enviarían allí mucho antes de que saliera el avión de Aeroflot.

Nos fuimos al hotel y del hotel a Londres para acompañar a Emma a que se comprase unos trapos, porque si la maleta no aparecía a la mañana siguiente, ¿cómo se iba a comprar los trapos en Moscú? ¿Quién ha ido alguna vez a Moscú a comprarse trapos? La distancia del hotel a Londres resultó demasiado larga y larga también la suma que pidió el taxista. Emma, a punto ya de cerrar las tiendas, pudo comprarse unas blusas y unos nosequés. Cenamos en un pequeño, encantador y lóbrego restorán griego. Y como consecuencia de todo esto, nos quedamos sin tiempo y sin libras para ver *Ricardo III*.

Por fin, al día siguiente conseguimos llegar a Moscú; como era de prever, sin la maleta de la actriz. No había aparecido ni en Iberia, ni en Japan Air Lines, ni en Aeroflot. Pero aparecería, aparecería; quizás estaba ya en Moscú, o en Tokio. La enviarían rápidamente al hotel. El embajador de España en Moscú, José Luis Xifra de Ocerin, que con excesiva gentileza había ido a recibirnos al aeropuerto, se ocupó en hacer las necesarias diligencias para encontrarla o reclamarla, pues una vez que saliéramos del aeropuerto cualquier reclamación era imposible.

Antes de emprender el viaje, en Madrid, cada uno por nuestra cuenta habíamos hecho investigaciones oficiales, oficiosas y clandestinas para informarnos respecto a lo que en Rusia había que hacer con el dinero. ¿Cambiarlo aquí, cambiarlo allí? ¿Dólares, pesetas? ¿Mercado negro, mercado blanco, mercado rojo? Como es habitual, a cada uno nos dijeron nuestros respectivos informadores una cosa totalmente distinta.

Allí, cuando los funcionarios soviéticos dieron por concluida la operación —más minuciosa, lenta y agobiante que en cualquier frontera— de mirar, estudiar, analizar y traducir nuestros pasaportes, el amable embajador Xifra nos dijo algo que no nos habían dicho a ninguno: había que declarar por escrito todo el dinero que llevábamos, absolutamente todo, se cambiase o no, las pesetas, las libras, los dólares, todo. Si se consignaban las cantidades en el papelito se podía volver a sacar de Rusia el dinero sobrante; si no, no. Lo que con el dinero hiciéramos en la Unión Soviética ya era asunto nuestro. Nos registramos las carteras, los maletines, los bolsillos, para que no se nos olvidase cualquier pequeña cantidad, y con temor disimulado fuimos estampando nuestras firmas en los papelitos. Volví a pensar, como siempre, en lo peligrosos que son los informadores aficionados.

En Madrid alguien con experiencia viajera me había dicho que en la Unión Soviética no pondrían a nuestra disposición un intérprete, sino dos. Uno de ellos parecería un hombre abierto, simpático, siempre de parte del curioso viajero y dispuesto a satisfacer su curiosidad; y el otro, autoritario, distanciado, receloso. Tuvimos durante todo el viaje un intérprete, Sacha, y nos acompañó también Tatiana, asesora de la organización cinematográfica soviética, que hablaba perfectamente el español. Pero no podría asegurar cuál de los dos era el bueno y cuál el malo. Ambos eran agradabilísimos, serviciales, abiertos y simpáticos. Tatiana —para los amigos Tania— hablaba español casi sin acento; Sacha, con cachondo acento cubano.

Así, durante el recorrido hasta el hotel, me enteré de que Moscú tiene ocho millones de habitantes y casi la misma cantidad de médicos que toda España. Librerías no hay muchas, como no hay en general muchos comercios si se compara con cualquier ciudad de Occidente, pero hay cuatro mil bibliotecas públicas.

¿No dijo alguien en los comienzos del socialismo utópico que el capital más rentable era la cultura? No recuerdo cómo lo dijo; pero sí estoy seguro de que no aclaró si a corto plazo, a medio plazo o a plazo infinito.

Nos hospedamos en el hotel Ucrania. Conforme se iba uno acercando a él, sorprendía su impresionante mole. Es un edificio de más de treinta pisos rematado por torres puntiagudas. A un observador no profesional podía recordarle la arquitectura neoyorquina de los años treinta. Según Sacha, al estilo de aquel edificio, como al de sus otros seis hermanos rascacielos que se yerguen como enhiestos vigías —¿guardianes de un paraíso?— sobre el panorama de Moscú, lo llaman «gótico estalinista». Fueron construidos a comienzos de los años cincuenta, poco después de la victoria, quizás para demostrar que lo que hacían los capitalistas también podían hacerlo los proletarios. Y para albergar a los proletarios.

La visita obligada

Los siete rascacielos de estilo «gótico estalinista» son grandiosos, no bellos. Pero si la intención, según decían algunos, fue dotar a la ciudad de Moscú de un perfil característico, el propósito se ha logrado. Vistos desde el altozano de la Universidad, extendidos a lo ancho de la perspectiva urbana, evocan, a gran escala, las agresivas torres de las ciudades italianas renacentistas. Que no lleguen a tener nunca el mismo empleo.

Los porteros del hotel Ucrania eran grandes, fuertes, adustos, exigentes. Para que nos franqueasen la entrada debían hablar con ellos Tatiana y Sacha, y enseñarles papelitos. (A Sacha le llamábamos Alejandro; lo de Sacha fue el día de la despedida.) Al fin conseguimos pasar uno por uno, bajo el ojo vigilante del cancerbero. No recordaba aquel sistema el fluido entrar y salir del Waldorf Astoria o el del *Gran Hotel* de Vicki Baum. Pero no eran más adustos ni autoritarios aquellos porteros que los de cualquier centro oficial de Occidente; lo que les faltaba era la afabilidad de nuestros porteros de hoteles de lujo; en realidad, el hotel Ucrania, como todo en aquel país, era un centro oficial.

Conseguido el triunfo de traspasar la puerta, nos encontramos en el gran vestíbulo principal. Allí está el pueblo ruso, frente a nosotros; nos lo encontramos de golpe. Este es un hotel de turismo, más bien de turismo interior. Pero el interior de la Unión Soviética empieza en el corazón de Europa y termina en el otro extremo de Asia. Ciudadanos de las más lejanas repúblicas federadas iban a rendir el obligado viaje a la metrópoli y se hospedaban en aquel gran hotel. Cuando llegamos no parecían formar las disciplinadas colas de las que tanto se nos había hablado, sino que se amontonaban, apelotonados, frente a los mostradores y ventanillas de conserjes y recepcionistas. Teníamos la fatal impresión de que, ni aun con la ayuda de Alejandro y Tatiana, llegaríamos nunca a ocupar uno de los primeros puestos, a inscribirnos, a que nos entregaran las llaves de las habitaciones. Nos dijeron que debíamos esperar. No sería mucho. Quizás menos de una hora.

El vestíbulo era espacioso, destartalado, de una solemnidad triste, como tristes eran la luz y el color de las paredes. Tenía capacidad aproximada para unas mil personas; no llegaban a doscientas las que había. Pero los asientos no llegaban a veinte y estaban todos ocupados.

Nosotros éramos viajeros privilegiados y no debíamos formar parte de la informe cola de turistas. Debíamos, simplemente, esperar. Alejandro, Tatiana y un servicial «niño ruso» de sesenta años, que se había unido para facilitarnos cosas y recordar su Cataluña natal, iban de un lado para otro con papelitos.

A la derecha hay un lujoso salón comedor que aún no está abierto. Al fondo, un siniestro bar con mesas altas para beber de pie, que ya está cerrado. No hay nadie sentado en las escaleras y no me atrevo a hacerlo. Me apoyo un rato en la pierna derecha y otro en la izquierda.

Aquel gran vestíbulo, desapacible y ostentoso, palaciego y cuartelario, tenía algo de catedral devastada por las hordas.

Nos consiguieron una sola habitación en el primer piso donde podría esperar la delegación de la Semana de Cine Español en Moscú y Leningrado hasta que estuviera listo el resto del papeleo. La habitación era espaciosa, cómoda, bonita; el mobiliario, ya intemporal, le daba un aspecto aún más acogedor. Como no había servicio de camareros en los pisos, abrimos una botella de whisky de las que habíamos comprado en un aeropuerto y unas bolsitas de frutos secos. El alcohol y la conversación de nuestros nuevos amigos, Alejandro, Tatiana y el «niño ruso», nos repusieron las fuerzas, nos levantaron el espíritu.

A la mañana siguiente me aguardaba una sorpresa. Me habían advertido que desayunar en el Ucrania no era fácil y decidí reducir al mínimo mis exigencias. Error lamentable: allí el café con leche no se usaba. Ni la bollería. Decidí entonces comer simplemente un huevo duro. No había huevos duros, sino sólo pasados por agua, que nunca me han gustado. Tomé una especie de helado y un café solo. Las gestiones, con intermediarios, para añadir un chorrito de leche al café resultaron inútiles. Con exquisita amabilidad el «niño ruso», o Alejandro o Tatiana, el que anduviera por allí, trataba de convencer a los camareros. Por sus palabras, no sé lo que éstos responderían, pero por la expresión de sus semblantes daban ganas de pedir el libro de reclamaciones. Al día siguiente una de nuestras compañeras de expedición, para no ser gravosa, decidió beber un vaso de agua en vez de desayunar, porque se había retrasado, y tardó media hora —de reloj, que se dice— en conseguirlo, y eso después de varias enconadas disputas en la lengua de Gógol. Es curioso, el comportamiento de los camareros rusos me recordaba el de los del Madrid de la Guerra Civil. Si las revoluciones sientan tan mal a los camareros quizás vaya siendo cosa de pensar en no hacerlas.

Después del desayuno hicimos lo que los rusos llaman «una breve excursión para conocer la ciudad»; o sea, visitar el mausoleo de Lenin. Soberbia arquitectura. Impresionante ceremonial castrense. La inacabable cola recuerda a la de los indios mexicanos para ver a la virgen de Guadalupe. La que nosotros, privilegiados, debimos hacer era una especie de mini cola. Autoritarios como coroneles los soldados que ordenaban la fila, despóticos. Ya se sabe que no se puede, ni se debe, entrar con las manos en los bolsillos, ni con la chaqueta desabrochada, ni rascándose, pero a veces se distrae uno...

Fuera, en la explanada de la Plaza Roja, hacen evoluciones como de parada militar unos pioneros, obedientes, sumisos a las voces de mando. A los españoles nos llegaron recuerdos del Frente de Juventudes. Alguien del grupo, indiscreto, lo comentó en voz alta ante nuestros amigos soviéticos. Los demás nos encerramos en un lejanísimo silencio.

Se entraba por un lado, despacio, callados, se rodeaba el grupo escultórico que formaban el cadáver yacente, embalsamado de Lenin y los cuatro guardianes, jóvenes, altos, bien elegidos. Sobrecogía la hierática actitud de ataque. Después de dar la vuelta, se salía por el otro lado, como en la *Cogida y muerte de Granero* de mis verbenas infantiles.

Se lanzó hace tiempo la insidia de que eso que hay allí no es verdad, que no es un cadáver embalsamado, sino un muñeco. Pero morirse es siempre descubrir que uno es un muñeco; con un mecanismo durante unos cuantos años, sin mecanismo durante una noche. Algunos, como éste, durante muchísimo más tiempo. ¿Qué más da si es verdad o no? Lo que había allí, a setenta años de la Revolución de Octubre, no era un hombre muerto, era un símbolo. Y todos sabemos que los símbolos no son verdad, ni nadie pretende que lo sean. Aunque a veces sirvan para que se pida morir por ellos.

Frente al mausoleo, la frivolidad de los grandes almacenes. Uno de los fracasos de la revolución obrera y campesina. Precios altos en comparación con los salarios. Productos deficientes, monótonos. Escaparates sin alegría, sin arte. Había que recorrer aquellos grandes almacenes, cuya fábrica era antigua y monumental, entre la muchedumbre, recordando los grandes logros de la Unión Soviética en el sector de la industria pesada, de la industria guerrera.

Después de comprar algunos recuerdos en una tienda para extranjeros y de intentar inútilmente, quizás por falta de tiempo, andar por unas calles normales en las que hubiera gente, comimos en un lujoso hotel, antiguo y muy bien decorado, con el embajador. Desde el día en que perdimos el avión, y la maleta, el primer día de viaje, nuestras conversaciones giraban siempre alrededor de aquellos dos temas fundamentales, de manera obsesiva: la maleta perdida y cómo organizar los viajes que nos faltaban. Teníamos todavía que salir de Moscú, llegar a Leningrado, regresar a Moscú y volver de Moscú a Madrid. ¿Cómo realizar esos viajes sin correr los riesgos de pérdidas de enlaces y maletas? ¿Extraviaríamos, peligrosamente, algunos de los papelitos que íbamos reuniendo? Ninguno de nosotros era Phileas Fogg ni Miguel Strogoff. A cada momento nos sorprendíamos hablando de lo mismo, a veces discutiendo acaloradamente. La difusión del cine español en la Unión Soviética, el triunfo o el fracaso, en la práctica, de las teorías económicas de Marx y Lenin, habían pasado a segundo término.

Arriba, con Silvia Pinal en *Adiós Mimí Pompón*,
película de Luis Marquina, 1960.
Abajo, con Rosenda Monteros y Alfredo Landa
en *Ninette y un señor de Murcia*, dirigida por Fernando en 1965.

Arriba, con Conchita Montes en la representación de la obra *Mi querido embustero*, de Bernard Shaw. Abajo, recogiendo el premio del Foro Teatral por *Un enemigo del pueblo*.

Fernando Fernán-Gómez y Analía Gadé en un descanso del ensayo de *La vil seducción*, de Juan José Alonso Millán, que aparece en el centro.

Representación de *El pensamiento*, de Andreiev-Semprún, con Gemma Cuervo y Fernando Guillén. Abajo, María Luisa Ponte y Emma Cohen en *El mal anda suelto*, obra dirigida por Fernando Fernán-Gómez.

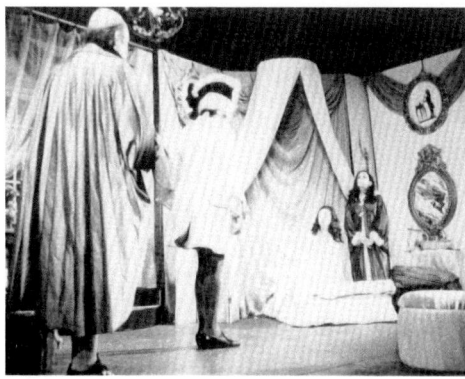

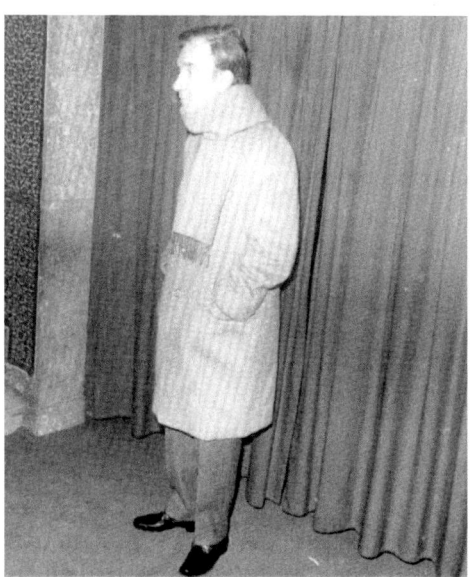

Fernando a la salida del teatro.

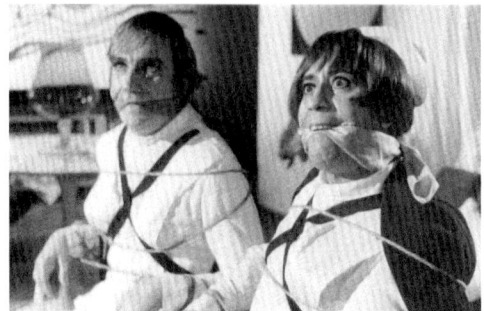

Con José Luis López Vázquez en *Crimen imperfecto*, dirigida por Fernando en 1970.

La venganza de Don Mendo, película que dirigió en 1961. En la fotografía, con Paloma Valdés.

Dos secuencias de *Ana y los lobos*, dirigida por Carlos Saura en 1972 Arriba, con Geraldine Chaplin. Abajo, con Rafaela Aparicio y José María Prada.

Con Ana Torrent e Isabel Tellería en *El espíritu de la colmena*, de Víctor Erice, 1973.

Emma Cohen y Paco Algora en *Bruja, más que bruja*, película dirigida por Fernando Fernán-Gómez en 1976.

Recibiendo de Elleri Burstyn el Oso de Plata en el Festival de Berlín por *El anacoreta*, 1976.

Dirigiendo a Amparo Soler Leal en *Mi hija Hildegart*, 1977.

Con Cristina Marcos en *Maravillas*, de Manuel Gutiérrez Aragón, 1980.

Con Agustín González en *Stico*, dirigida por Jaime de Armiñán en 1984. Abajo, Fernando Fernán-Gómez y Paco Rabal, protagonistas de *Los zancos*, de Carlos Saura, durante una entrevista.

Fernando Fernán-Gómez en dos series que dirigió e interpretó para TVE. Arriba, *Juan Soldado*; sobre estas líneas, *El pícaro*.

Con José Carlos Plaza, director de *Las bicicletas son para el verano*, obra de Fernando Fernán-Gómez por la que obtuvo el Premio Lope de Vega.

Durante la grabación de la colección de poesía *La palabra* (Aguilar).

Durante un descanso del rodaje de *Moros y cristianos*, con María Luisa Ponte y Luis García Berlanga, 1987.

Fotograma de la película *Mi general*, dirigida por Jaime de Armiñán en 1986.

Con Francisco Umbral durante la presentación de su novela *El viaje a ninguna parte*.

Dos fotogramas de su película *El viaje a ninguna parte*.

Fernando Fernán-Gómez en Buenos Aires.

Emma Cohen.

 Con Emma Cohen.

Fernando trabajando, y en un momento de descanso.

Con el entonces alcalde de Madrid, Enrique Tierno Galván.

En la sede de la Sociedad General de Autores de España.

Recibiendo el premio Sant Jordi.

Emma y Fernando con Antonio Mingote.

Saludando a Concha Velasco; en el centro, Emma Cohen.

Fernando Fernán-Gómez y Nuria Espert.

Durante un almuerzo en el Palacio de la Moncloa.

Dos instantáneas con SS. MM. los reyes durante la entrega de la medalla de oro al Mérito en las Bellas Artes.

Declamando
A los hombres futuros. Yo, Bertolt Brecht.

36
Brindis, discursos, espectáculos

Cine español y cine soviético

Uno de los propósitos de aquella Semana del Cine Español en Moscú y Leningrado era que el público soviético conociera nuestro cine más reciente. En justa reciprocidad los rusos nos mostrarían en España durante el otoño lo último de su producción cinematográfica. La intención: que ambos públicos se pusieran al día.

Era posible que en la selección soviética no hubiera mucha variedad, y quizás tampoco mucha actualidad, pues en los últimos años habían dedicado el máximo esfuerzo a realizar películas que conmemorasen el aniversario de la «guerra patriótica». En los vestíbulos de los hoteles, en los grandes almacenes, en las calles, carteles y más carteles recordaban a los ciudadanos y a los visitantes la exaltación de la «guerra patriótica», la que nosotros llamamos Segunda Guerra Mundial. Setenta años después de lo que pretendía ser la revolución internacional del proletariado puede advertirse, sin miedo a caer en excesiva subjetividad, el interés de las autoridades soviéticas por dejar definitivamente clasificado el patriotismo como virtud.

Tanto en los discursos que precedían a las proyecciones, lo mismo en Moscú que en Leningrado, como en los constantes brindis que eran allí habitual muestra de cortesía, insistía nuestro delegado oficial, Juan Antonio Pérez Millán, en que el cine español de hoy puede dar una visión de cómo son los españoles, de cuáles son sus costumbres y sus problemas, de en qué consiste su modo de ser, cosa que no podía ni soñarse bajo el antiguo régimen, en el que los creadores sufrían la opresión de la censura. Con el intercambio de películas, los hombres soviéticos podrían enterarse de cómo eran los hombres de España, y también los españoles de cómo eran los hombres de la URSS.

No parecía ser aquel matiz el más destacable para los representantes del cine soviético, pues ellos en sus brindis y discursos insistían en que las películas debían ser honestas, vehículos de moral y buenas costumbres, exaltadoras del patriotismo. La moral existía, era una, una sola, y ellos, aquellos funcionarios, sabían cuál era.

A lo largo de aquel viaje la observación de Toynbee, «El comunismo es una herejía del cristianismo», me vino con frecuencia a la memoria.

Amabilidad fría, protocolo, autoritarismo, jerarquía, eran las notas que más destacaban en el trato con los funcionarios soviéticos, por otro lado corteses, elegantes, casi galanteadores: uno de ellos hablaba francés, pero sólo con las damas.

La sombra de Cervantes amparaba todo lo que de cultura española había llegado a la URSS; el arte se cobijaba a la sombra de Picasso. Se escuchaba alguna mención a García Lorca, a Bardem, por *El puente* y *Siete días de enero*: a Berlanga, por *El verdugo*. En la rueda de prensa los periodistas soviéticos se interesaban por Saura y Buñuel. Luego, los corresponsales españoles en Moscú nos preguntaban si nosotros sabíamos por qué los periodistas soviéticos se interesaban por Saura y Buñuel.

A pesar de mi interés por ver una representación de teatro no musical, cuando en la URSS se dispone de poco tiempo parece lógico no perderse un espectáculo de ballet, y fuimos invitados al Teatro Stanislavski-Davchenko. Allí no nos acompañaron nuestros fidelísimos Sacha y Tatiana, nos dejaron en la puerta. El coche iría a recogernos al final de la representación, al cabo de dos horas y media.

El espectáculo nos resultó decepcionante —como el circo en Leningrado, tan parecido a lo que habitualmente veíamos en nuestra tierra—, quizás por ignorancia nuestra, pues todos los viajeros, todos los cronistas, todas las guías de turismo se deshacían en elogios respecto a las excelencias del ballet soviético. Los bailarines eran correctos, profesionalizados; los decorados, deplorables, arcaicos, pobres, faltos de imaginación; la coreografía, vulgar. La música de Schumann y de Strauss se escuchaba bien. El público, envidiable, lo acogía todo con aplausos: un cambio de luz, la aparición de los primeros bailarines, la presentación de cada uno de los decorados, los burdos efectos cómicos, la presencia de cuatro espectadores bien vestidos en un palco proscenio. Aplaudía el público con más insistencia que entusiasmo; nunca con el entusiasmo con que suele aplaudir en nuestra tierra las escasas veces que se entusiasma.

Cuando en 1984 estuve en la URSS aún no había leído *Confesiones de un actor* de Laurence Olivier. Lo leí en 1987, después de haber escuchado los aplausos del público ruso en espectáculos no de primera calidad. Por eso no me resultó inverosímil el relato de su representación de *Otelo* en Moscú, en 1965, con la Compañía del Teatro Nacional. Concluye así:

«Desde la publicación del libro de Stanislavski *Mi vida en el arte,* en 1920, para los hombres de mi generación Moscú ha sido durante varios años la Meca del arte teatral. Creo que nuestra primera actuación en el Teatro Kremilovski tuvo ese "algo más", y los aplausos que nos dedicaron al final continuaron sin señales de ir a parar durante treinta y cinco minutos.»

¡Treinta y cinco minutos de aplausos! Ni en los toros, ni en el fútbol, ni en un mitin político ha aplaudido nunca tanto el público madrileño. En los toros se inventó la «vuelta al ruedo» para que los espectadores pudieran ir aplaudiendo por turnos, sin cansarse, durante quince o veinte segundos los de cada tendido. En cuanto al teatro hablado, como *Otelo,* una ovación que durase tres minutos era algo insólito y casi garantizaba el éxito para toda la temporada. Ahora (1990) me dicen que el público, principalmente el público joven, ha aprendido a aplaudir con más generosidad, más prolongadamente, aunque, como los extranjeros, con más tranquilidad que frenesí.

Volvamos a donde estábamos. Moscú en 1984. Tuvimos mala suerte. No cabía duda. Tan mala, que en vez de durar dos horas y media el espectáculo, como nos habían anunciado los informadores, duró una, más media de entreacto que los espectadores aprovechaban para cenar en la «mesa sueca», cosa que nosotros no hicimos, por ignorancia de las costumbres.

Y nos encontramos en la calle y sin coche. En una calle que se quedó absolutamente desierta en cuanto terminó el espectáculo. ¿Qué hacer? ¿En dónde estábamos? Podríamos entretenernos dando vueltas a la manzana si soportábamos el frío, que no era excesivo. Quizás hubiera por allí un bar, un *pub,* un aguaducho, un café, un chiringuito, una cafetería, una taberna, un mesón. Mas para eso tendría que haber ocurrido un milagro, y Marx y Lenin acabaron con ellos. Anduvimos, anduvimos mirando por las ventanas de las plantas bajas, a ver si encontrábamos algún lugar acogedor. Nada. Una boca de metro. Propuse bajar allí, porque quizás hubiera bancos, aunque los rusos no parecían muy aficionados a sentarse; lo suyo era andar despacio. Mi propuesta fue desestimada y seguimos andando, dando la vuelta a la manzana para no alejarnos demasiado de la puerta del teatro, donde el coche vendría a buscarnos una hora después; ya sólo media hora. De pronto vimos un local con grandes ventanales a la calle, que parecía lleno de gente. Nos acercamos a mirar a través de los cristales. Era un local gigantesco, muy alto de techos, como de un falso barroco de principios de siglo, con altas columnas. Podía ser un gran café, pero los supuestos clientes estaban todos de pie; eso era raro. Nos acercamos a la puerta y vimos un letrero que, a pesar de nuestros escasos conocimientos del idioma de Tolstói, nos indicaba que el local estaba cerrado. Doblamos por una calle que seguía la dirección del teatro y encontramos otra puerta abierta que, indudablemente, tenía que conducir al mismo local. Nos atrevimos a entrar.

No recuerdo haber visto en mi vida algo tan insólito. El inmenso, lujoso, casi solemne local estaba, efectivamente, abarrotado de público. Debía de ser una especie de charcutería, tienda de comestibles, supermercado o algo así. La gente estaba apretada, codo con codo, espalda con pecho; se desplazaba lentísimamente de un mostrador a otro... Y no había ni el menor ruido, no se escuchaba ni una palabra, ni una voz... Tan absoluto era el silencio de aquellas más de mil personas, que lo único que se oía era el sonido de las pisadas, de unas pisadas que se arrastraban áspera, sordamente, como siguiendo un compás. Aquellas personas no se decían nada entre ellas, no decían nada a los vendedores, los vendedores tampoco les hablaban. Nos faltó valor para seguir avanzando, para sumarnos a aquella muchedumbre; nos limitamos a observar el espectáculo —mucho más sugerente que el ballet— desde la puerta, y nos marchamos a la solitaria calle del teatro, a esperar el coche.

Llegamos al hotel un tanto desamparados por la ausencia de Sacha y Tatiana. ¿Nos dejaría entrar el autoritario portero? Registramos nuestros bolsillos minuciosamente hasta reunir los papelitos necesarios. Pero, aunque conseguimos entrar, era tarde: en el comedor ya no se podía cenar. Ni, por tanto, en Moscú. Quizás en el salón del fondo...

El enorme salón del fondo estaba abarrotado de proletarios de las más lejanas repúblicas federadas, que bailaban con entusiasmo. Otros comían en las mesas. Ni una estaba vacía. Cuando los ciudadanos soviéticos cenaban fuera de casa entendían que la cena duraba toda la noche; esperar que algunos se levantasen era ilusorio. Pero quedaba una mesa vacía, la que estaba junto a la orquesta. No bien nos sentamos a ella comprendimos por qué estaba libre. Con los tímpanos destrozados, nos abalanzamos sobre el vodka y el caviar. A pesar de los exquisitos manjares no fuimos muy felices, pero tampoco podemos negar que los proletarios de las repúblicas federadas, en el salón de baile del gran hotel, vivían una noche gozosa.

Según nos informaron nuestros amables y protocolarios anfitriones, bastantes películas españolas, cerca de veinte, se proyectaban entonces en la Unión Soviética. Destacaba en su discurso de apertura el camarada encargado de la exhibición cinematográfica algunos títulos: *El puente* y *Siete días de enero*, de Bardem; *El verdugo*, de Berlanga; *El nido*, de Armiñán... Por encima de todos ellos, el que más recordaba el público, el que había obtenido un éxito ampliamente mayoritario, era *La reina del Chantecler,* de Rafael Gil, con nuestra gran Sara Montiel, tan admirada por los soviéticos.

Aunque la producción rusa de los últimos años se había inclinado hacia los temas bélicos —belicistas—, con motivo del cuarenta aniversario de la «guerra patriótica», el público prefería, como género, la comedia; a pesar de que las comedias soviéticas eran muy malas, según opinaban los dirigentes. El éxito más grande del año fue *Tootsie,* y su protagonista, Dustin Hoffman, había obtenido el premio de interpretación de una publicación cinematográfica.

Los rusos, para reír, iban al cine, al circo, al teatro; no reían, ni siquiera sonreían, en la calle, en los hoteles, en los almacenes, en los restoranes. Camareros, conserjes de hotel, recepcionistas, vendedores, eran imperturbables, a veces adustos, casi agresivos. El cliente ruso era impasible, indiferente como el camarada vendedor que le atendía. A veces, ante una sonrisa nuestra de cortesía, el camarero nos lanzaba una mirada de hielo con la que parecía preguntar: «¿De qué se ríe usted?» Si nos encontrábamos con un grupo alegre, bullicioso, nuestros guías nos informaban:

—Son finlandeses.

Las Semanas del Cine Español habían despertado gran interés. A nosotros nos resultaba sorprendente que para ver una película con la incomodidad de la traducción simultánea, sin propaganda alguna, sólo con los letreros puestos a la entrada del cine, con unos títulos y unos nombres de actores que allí nada significaban, sin fotos ni ninguna alharaca, ya estuvieran vendidas todas las localidades.

Concluida la proyección, formamos un corrillo en la calle con nuestros anfitriones. La película, *Stico,* de Jaime de Armiñán, había sido seguida con gran interés, entre frecuentes risas, por el público que llenaba la sala, la más amplia de Leningrado, y al final había sido premiada con una fuerte ovación.

Un niño como de dos años subía dificultosamente los escalones que llevaban a la puerta principal del cine. Su padre le llevaba de la mano.

—Aquí la afición comienza muy pronto —nos dicen.

El niño sonríe, ríe con una risa espléndida, como quien se encuentra en el mejor de los mundos. El niño nos mira y abre aún más su risa. Nosotros también reímos al verle tan ingenuamente feliz. El padre nos mira, como nos mira el niño. El niño ríe. El padre no.

Leningrado

Los coches-cama del tren Flecha Roja que debía trasladarnos de Moscú a Leningrado eran más que confortables, lujosos. Despertaban nostalgias de tiempos burgueses. Surgió un pequeño problema porque nuestro delegado oficial, Pérez Millán, prefería dormir solo y, en cambio, parecía que debía hacerlo en el mismo compartimento que un ciudadano soviético bastante grueso. Se recurrió al empleado del coche-cama para solucionar el problema. Era imposible; no nos sorprendió, el imposible era algo muy frecuente en aquella unión de repúblicas. Poco después el empleado se asomó a mi compartimento, señaló mi cajetilla de Winston; yo, atemorizado por su áspero semblante, por su ademán autoritario, entendí que estaba prohibido fumar, pero, al advertir que no dirigía su mirada al pitillo que sostenía entre los dedos, creí comprender lo que quería y, muy gustoso, le ofrecí un pitillo. El hombre lo aceptó con gesto adusto y se lo llevó sin dar las gracias. En realidad, lo que el empleado pretendía, y no podía explicar por medio de los intérpretes, era proporcionar una cama individual a nuestro delegado a cambio de unas cuantas cajetillas de tabaco americano, pero, expresándose sólo por señas, no consiguió ser entendido. Cuando caímos en la cuenta de su proposición ya era demasiado tarde, y nuestro delegado dormía con el soviético grueso, que resultó persona muy agradable y excelente compañero de viaje.

En dos días no había tiempo de extasiarse ante las bellezas de aquella histórica y monumental ciudad. Apenas podíamos entreverla desde las ventanillas del coche en un rápido paseo o cuando nos trasladábamos de un sitio a otro. Necesitábamos buena parte de nuestro escaso tiempo para seguir discutiendo cómo organizar el viaje de regreso, para hacer gestiones en busca de la maleta perdida. Debíamos además asistir a la inauguración de la Semana, que a eso habíamos ido. Y nos eran imprescindibles también unas cuantas horas, distribuidas a lo largo del día, para aguardarnos unos a otros en el gran vestíbulo del moderno y lujoso hotel, tan parecido a un aeropuerto y siempre concurridísimo. A diferencia del Ucrania de Moscú, en éste se veían finlandeses, italianos, norteamericanos, alemanes...

Si dos días son pocos para admirar Leningrado y conocer a su gente, las dos horas que conseguimos reservar para la visita al museo del Hermitage son a todas luces insuficientes, y decidimos limitarnos a la magnífica colección de impresionistas, *fauves*, cubistas, expresionistas. (El abstracto Kandinski está medio escondido en un pequeño y oscuro recibidor.) La decisión valió la pena. Mi mejor recuerdo de Leningrado es este maravilloso rincón francés.

Salvados por un catalán

A la salida del museo nuestros guías nos llevaron a comer a un hotel cercano de primera categoría porque ya era tarde para llegar al nuestro. Los dos restoranes del hotel parecían vacíos, pero según los camareros y el *maître*, estaban llenos. Para almorzar allí era necesario hacer ciertos trámites. Sacha y Tatiana, nuestros ángeles protectores, intentaron primero con amabilidad y después con energía conseguir lo imposible, pero camareros y *maître* se mostraron menos amables y más enérgicos. Afortunadamente, un catalán que pasaba por allí —como suelen pasar por todas partes—, residente en Venezuela y que estaba dando la vuelta al mundo con un amigo norteamericano, cuando ya Sacha y Tatiana, desolados, nos anunciaban que para alimentarnos tendríamos que aguardar a la hora de la cena, nos indicó dónde podíamos comer muy bien y sin salir del barrio. Allí, una vez que los tenaces Sacha y Tatiana, exhibiendo toda su autoridad, consiguieron vencer la prevista y no menos tenaz de los hoscos camareros, nos dieron de comer, y tan bien como nos había anunciado el catalán.

Por fin conseguimos, tras la comida, pasear unos minutos por una calle, la avenida Nevski, mezclados con la multitud. Se dijo hace tiempo que los rusos habían perdido la sonrisa. También la perdía el visitante al comprobar que lo que era un tópico era al mismo tiempo una verdad. Estos rusos y rusas que deambulaban por la gran avenida no sonreían, pero parecían tranquilos, serenos. Y lentos; desde luego, lentos. No se sabe si porque no tenían prisa o porque no iban a ningún lado.

Cuando hace muchos años vi por primera vez a ciudadanos soviéticos, aparte de los de nuestra Guerra Civil, en los festivales cinematográficos de Venecia, Cannes, Mar del Plata, me chocó lo anchos que llevaban los pantalones, moda de finales de los años veinte, que en Occidente estaba pasadísima. Lo atribuí a desconocimiento de las modas o al mal gusto de los sastres. Más adelante me enteré de que los soviéticos consideraban los pantalones anchos más proletarios que los estrechos, que les parecían burgueses y decadentes. Esta guerra fría del pantalón había concluido tiempo atrás y ya el ancho de los pantalones de la avenida Nevski era internacional.

No se advertía en los hombres y mujeres que transitaban por aquellas aceras más uniformidad de la que se observaba en la Gran Vía madrileña. Faltaban, eso sí, los elegantes que podían verse en los Champs Elysées, pero también en la Gran Vía faltaban. Y faltaban también en la avenida Nevski los golfos y los mendigos que en la Gran Vía abundaban.

Había puestecitos callejeros, parecidos a los de tabaco, pipas o helados de nuestras ciudades, en los que se vendían entradas para los teatros. Los había en las avenidas principales y me dijeron que en algunas barriadas. Con aquella facilidad, la consabida afición del pueblo ruso al teatro se veía estimulada.

En nuestro paseo llegamos ante el Museo de la Religión y el Ateísmo. Puede sorprender que el régimen soviético hubiera unido esas dos materias en un museo, pero comentó sonriendo Tatiana:

—Sin religión no puede haber ateísmo.

Siempre que se utilizaba en la conversación la palabra «hombre» como genérico: «los hombres trabajan en las empresas públicas», por ejemplo, o «la opinión de los hombres de nuestro tiempo», Tatiana corregía, tanto a los rusos como a nosotros:

—Los hombres y las mujeres.

Debía de ser feminista.

Cuando dábamos algún dato, o formulábamos alguna pregunta, referente a lo que alguno de nosotros creía que era el comunismo, como que la asistencia a los teatros era gratuita y no, como era en realidad, más cara que en Madrid, y que las entradas se repartían en la fábrica, en el sindicato o en algún sitio similar, o nos referíamos al amor libre o a los tribunales populares, la joven Tatiana —una dama joven que iba para primera actriz— movía la mano en un amplio ademán, señalando a un pasado remotísimo, como quien se espanta moscas históricas, y decía:

—Huy, eso era cuando la revolución.

Aquel ademán entre historificador y despectivo, aquella frase de la joven Tatiana, nacida en los años sesenta, ilustraba mejor que muchos textos la diferencia entre la revolución permanente de Trotski y el institucionalismo soviético.

Allá por los años treinta el conde de Keyserling, filósofo y viajero, decía que las dos sociedades más parecidas que había encontrado en sus viajes eran la soviética y la norteamericana. No sé por qué recordé aquello entonces; pero aunque yo, quizás por falta de datos, no pudiera compartir la opinión de Keyserling, lo recordé y lo consigné.

Vuelta a casa

Acababa de iniciarse una campaña para restringir el consumo de vodka, ya que el alcoholismo era una de las plagas que azotaban al gran experimento social, el mayor que han visto los siglos. Pero al cine Leningrado, en el que se celebraba la Semana del Cine Español, no parecía haber llegado aún la nueva norma. Los repetidos brindis seguían siendo con vodka.

A la vuelta del acto de inauguración, quizás por los brindis a la vieja usanza, llegamos tarde al hotel, tarde para cenar. Nueva desolación de Sacha y Tatiana. Pero había un comedor especial arriba, donde se estaba celebrando un banquete, y podían ponernos una mesa aparte. Salimos ganando, porque desde el ventanal que estaba junto a nuestra mesa se divisaba el Neva, y acababan de empezar las noches blancas. El tiempo se había detenido, se había quedado en blanco. La luz difusa, mágica, no llegaba de ningún lado. La romántica evocación del amor de Nastenka era enturbiada por los cuarenta comensales del banquete. En el comedor había orquesta y los cuarenta comensales al tiempo que comían, bailaban, cantaban, gritaban, saltaban. Según nuestros amigos rusos, debían de ser finlandeses; pero luego, mejor informados, nos dijeron que eran norteamericanos y alemanes. De cualquier modo, la noche no se presentaba mal, porque conseguimos cenar con caviar abundante y frente a un paisaje mítico.

El problema, que no podía dejar de existir, se presentó a la hora de pagar. Nuestra moneda, la moneda de que disponíamos —las varias monedas—, no servía. Si eran rublos, debían ser dólares o pesetas; si dólares y pesetas, debían ser rublos. No lo recuerdo bien, pero el caso era que nuestras monedas no servían o eran insuficientes. Tampoco eran útiles las tarjetas de crédito; sí para pagar la cuenta del hotel, no para pagar la cena. No había solución, no se podía pagar, era imposible. Nuestro delegado, por medio del intérprete, trató de convencer a los camareros, al *maître*. Imposible, no había solución. Sacha y Tatiana se fueron a un rincón a exhibir su autoridad ante los camareros. Otro camarero se fue a otro rincón con nuestro delegado. Parecía que le presentaba una solución. La cuenta ascendía a veintitantas mil pesetas. Él confiaba en nosotros, puesto que éramos huéspedes del hotel y estábamos en misión oficial. Su proposición era ésta: nosotros entonces no pagábamos nada; a la mañana siguiente comprábamos veintitantas mil pesetas de tabaco americano y pagábamos con eso.

Desconcierto, asombro, escándalo. Vuelta a ir de un rincón a otro. Recurriendo a no sé qué remedios, Sacha y Tatiana consiguieron por fin que el intrincado problema se resolviera sin cambiar alimentos por tabaco, como si hubiéramos entrado en la economía dineraria.

La última noche de nuestra fugaz estancia en Leningrado invitamos a unas copas en el bar del hotel a nuestros guías para agradecerles su voluntariosa ayuda. Sin ellos habríamos naufragado en aquel mar de dificultades. Nuestros brindis, como eran privados, podían ser con vodka, pero fueron también con whisky. La conversación se distendió. Ya no éramos una delegación oficial, un intérprete, una asesora cinematográfica; éramos un grupo de amigos. Nos intercambiamos las direcciones, los teléfonos, aunque todos sabíamos que lo más probable era que no volviéramos a encontrarnos nunca. Ésa podía ser la razón de que la agradable charla rozase temas que hasta entonces no se habían abordado. La revolución obrera y campesina, la revolución mundial del proletariado, cuyo timón empuñó el pueblo ruso en octubre del 17, estaba resultando demasiado lenta. Los objetivos, sobre todo el de la desaparición del Estado, se veían lejanísimos. No lo negaban nuestros nuevos amigos. Según uno de ellos, aquello se debía a que los rusos eran lentos por naturaleza. Según el otro, la revolución se había terminado hacía muchísimo tiempo.

Escaseaban los artículos textiles, las chicas no podían adornarse como quisieran. Cualquier prenda debía durar varios años y no había razón para estar cambiándolas constantemente. Era lógico que una sociedad a la defensiva diera preferencia a la industria pesada. Para hacer un regalo a su compañero, Tatiana buscaba en el mercado negro corbatas de importación. Pero había viajado por Europa, había estado algún tiempo en España y aborrecía la sociedad de consumo, no la comprendía, le parecía un despilfarro inútil.

Hasta aquella noche a Sacha le habíamos llamado Alejandro. Fue entonces cuando nos dijo que debíamos llamarle Sacha. Tatiana, en cambio, se presentó diciéndonos:

—Para los amigos, Tania.

Sacha pidió otra copa de vodka. Se levantó, y con entrañable acento cubano nos rogó que aceptáramos el brindis de un pobre judío soviético.

Hasta el último momento no tuvimos solucionado el viaje de regreso. Complicaciones y más complicaciones que sería muy árido reseñar. Ya en el asiento del avión intenté hacer un imposible balance. Protocolo, autoritarismo, respeto a la jerarquía, lentitud, adustez, falta de sonrisa, cortesía, serenidad, corrupción...; de tantas y tantas características del pueblo ruso actual, visto así, de repente, con fugacidad, con prisa, ¿cómo saber cuáles se debían a la revolución proletaria y cuáles estaban desde hacía siglos en el fondo del alma rusa?

¿Sería aquello de verdad un paraíso, y de ahí que a sus moradores no les agradasen las visitas?

Para nosotros, los hombres y mujeres de este lado, la URSS era (escrito en 1985 y trasladado al pretérito en 1990) el comunismo. Esta identificación de la URSS con el comunismo y no con cualquier otro aspecto de la vida no sabíamos si se debía a una deficiencia nuestra o a la voluntad de los rectores de aquel país. Pushkin, Gógol, Dostoievski, Turguénev, Gorki, hasta Shólojov, sin obligarnos a viajar, nos dieron a conocer a los hombres y a las mujeres de Rusia. Desde hacía más de medio siglo no sabíamos nada de ellos; sólo por los disidentes. En sus discursos, nuestro delegado oficial ofrecía al pueblo soviético, por medio de las recientes películas que llevamos, un conocimiento de los hombres y mujeres de la España de entonces. Las películas patrióticas, bélicas, belicistas, que acababan de realizar los rusos no pretendían alcanzar ese objetivo.

Para pasar en la URSS unos días alegre, contento, feliz, había un solo sistema: estar de antemano alegre, contento, feliz por el triunfo del proletariado. Y tener presente siempre, más cuando surgieran dificultades, la justicia de ese triunfo.

Al finalizar en Madrid nuestro viaje de regreso apareció la maleta perdida. No había salido de España. Como quizás no habíamos salido nosotros.

37
La noche

Al cabo de los años

A mi madre y a mí siempre nos pareció ridícula la decisión del abuelo Álvaro y la abuela Carola de separarse legalmente a los sesenta años de ella y más de setenta de él por incompatibilidad de caracteres. No podía sospechar yo entonces, cuando en mi adolescencia charlaba amistosamente con mi madre, que había de divorciarme a los sesenta y tres años. A esa edad me divorcié de María Dolores Pradera, por consejo de nuestros asesores fiscales, después de más de treinta años de separación por mutuo acuerdo.

Nuestra separación y nuestro divorcio no se han parecido nada a los que cuentan de los artistas americanos o a los que de sí mismo refiere el novelista Simenon. El trato que yo he recibido de María Dolores Pradera ha sido totalmente distinto al que han dado al creador de Maigret o a Charles Chaplin y a tantos otros sus mujeres. Después de nuestra separación, María Dolores no me molestó nunca, y creo que yo a ella tampoco. De los trámites de divorcio, gracias a la elegante y sabia gestión del abogado Luis Zarraluqui, casi ni llegué a enterarme. Una visita a su despacho y otra al juzgado, a cuál más breve. Unas simples firmas en unos papeles que no sé dónde están. Mucho más sencillo que obtener en la época de Franco el salvoconducto para viajar de Madrid a Barcelona. Incomparablemente más fácil que tener en regla los documentos cuando era yo un perseguido del ministro de Información y Turismo, que después pasó a gobernar la policía.

Por las mismas fechas, año más, año menos, solicité la recuperación de la nacionalidad española, que me fue concedida inmediatamente, por gracia de Su Majestad. Mi amigo y apoderado José María Gavilán me acompañó en algunos trámites. Uno de ellos, la obtención del documento de identidad. La empleada me preguntó:
—¿Estado civil?
Como chico con zapatos nuevos respondí:
—Divorciado.

—¿Prefiere poner «soltero»? —preguntó la señorita.
Consulté con la mirada a Gavilán, que estaba algo sorprendido.
—Pero es que yo... no soy soltero, soy divorciado —aclaré.
—El estado «divorciado» no es muy legal; si quiere, puede poner «soltero».
Los señores que había en la cola junto a mí, cerca de la ventanilla, sonreían amistosamente. Más sonriente aún que ellos, decidí:
—Ah, muy bien, muy bien; ponga «soltero».
Ingenuamente, creí que me quitaban cuarenta años de encima. Algo parecido me ocurrió en la oficina en la que me extendieron el certificado de haber recuperado la nacionalidad española. Allí había que decir la filiación.
—¿Nombre del padre? —preguntó el funcionario.
Ya habituado, sin las angustias de mi adolescencia y mi juventud, respondí automáticamente:
—No tengo padre; soy hijo de madre soltera, hijo natural. No estoy reconocido.
El funcionario, que debía de tener prisa, se limitó a repetir:
—¿Nombre del padre?
También allí cambiamos miradas de perplejidad el amigo Gavilán y yo.
—Pero es que, ya le he dicho... —empecé a explicar, asombrado ante la ignorancia de aquel funcionario.
—Puede poner el nombre que quiera.
—¿Ah, sí?
—Sí; elija uno. Ese será el nombre de su padre para siempre.
Iba de asombro en asombro, a causa, lo reconozco, de mi ignorancia de las leyes y de sus caprichosas evoluciones. José María Gavilán sí suele estar al tanto de ellas, es abogado, pero a pesar de su afición y respeto a los textos jurídicos, no siempre consigue estar a la última. Al mirarnos, pensé en un fugacísimo instante si el nombre de mi padre debía ser José María. Pero no me pareció bien echar esa carga sobre los hombros de mi amigo, y como no iba preparado para el evento, dije mi mismo nombre, que, al fin y al cabo, es costumbre muy usual.
—Fernando; ponga usted Fernando.
Y desde entonces tengo una madre que se llamó Carola y un padre que se llamó Fernando; ambos muertos hace tiempo. Lástima que mi madre no llegara a enterarse. Y lástima también que esta reforma legal la hicieran ahora y no cuando tenía yo nueve años.

En vez de la felicidad

El divorcio fue tan sencillo que no significó nada para mí. Un simple papeleo, y de los más sencillos, como he dicho. El paso a la soltería tampoco fue muy trascendente, pues llevaba ya muchísimos años viviendo como un soltero y solucionando, o complicando, mi vida amorosa en régimen de amor libre.

Mi lejana separación, allá por los años cincuenta, a los treinta de mi edad, sí significó algo más. Tuve la sensación de que alcanzaba una buena parcela de libertad y de que algunos episodios vulgares de mi vida iban a perder carga dramática a partir de entonces. Cuando tras mi enconada persecución nocturna de la hembra, la alcanzara, no sería un delincuente. Confío —y no sólo para tranquilizar mi conciencia, sino por amor— en que a María Dolores le sucediera lo mismo.

Ya me había zambullido en la frivolidad y en la vida nocturna, que me entusiasmó desde que la conocí. Si, en mis tiempos de casado, compartía la vida con mi mujer, carecía aquella vida de algo que siempre me ha importado muy poco, que nunca he considerado como un valor positivo: la malicia, el peligro, la atracción de lo prohibido; pero carecía también de algo a lo que sí tenía yo muchísima estima: la diversidad, la posibilidad de la aventura, el estar abierto a lo desconocido, la promiscuidad.

Eran los tiempos de angustia sartriana y a mí, aunque no lo había leído en ninguna parte, la frivolidad me parecía un eficaz remedio para combatir la angustia. Inventé un lema para mi uso exclusivo y que sólo ahora doy a la luz: «Sobre los mares de la angustia camina por la cuerda floja un nombre vestido de colores.» (¿Había visto esta imagen en algún *collage*?)

Respecto a la felicidad, siempre he estado de acuerdo con la respuesta de Einstein en una interviú:

—¿Es usted feliz?

—No, ni falta que me hace.

A mí tampoco me hacía falta la felicidad —ese absoluto o ese universal— porque podía gozar de la vida. O, cuando peor se daba la noche, buscar insistentemente el goce, sin cansancio, sin rendirme.

Creo ser un hombre que en su trabajo, de actor, de director o de escritor ha manifestado a veces cierta tendencia al realismo, pero no se puede decir de mí que desprecie el concepto de ideal, y mucho menos a los hombres capaces de defender sus ideales. Con la misma intensidad reconozco la dificultad de comprender el mundo en que vivimos si se ignoran los nombres de las cosas. Pero tan difícil como saber cuál es el nombre usual del retrete o de la cópula carnal es saber cómo se llaman los lugares en los que mis amigos y yo hemos pasado tantas noches en las que no se sabía si era más intenso el placer o la esperanza de alcanzarlo.

¿Cómo se llaman —o cómo debo llamar— esos lugares en los que gustosísimamente he pasado la mitad de las horas de mi vida? ¿Bailes, cabarés, *music-halls,* salas de fiestas, *boîtes,* discotecas, *night-clubs,* parrillas?

No vale aquí recurrir al Diccionario de la Academia, porque he acudido yo noches y noches con mis amigos —inolvidable Antonio Almorós, tan buen buceador de la noche, tan conocedor de ambientes, con inimitable humor castizo, tan seductor para muchas mujeres, desde mendigas a princesas, tan económicamente débil y tan convencido de que únicamente la riqueza conduce a la felicidad, tan enamorado que, ya con cincuenta años, cuando murió su madre, viejecita y empequeñecida por los años, no medía ni un metro, él prescindió de la vida porque no tenía más objeto que cuidarla a ella—, he acudido noches y noches, digo, a las «parrillas» del Rex, del Alcázar, del Castellana Hilton y nunca he visto que esos lugares fueran, como pretende el Diccionario, «comedores públicos en los que se preparan asados a la vista de la clientela», ni siquiera que, por extensión, fueran «restaurantes de cierta categoría».

Comprendo que hay que llamar a las cosas por su nombre, y estoy de acuerdo con esta consigna. No pretendo ser un creador de lenguaje, labor para la que no estoy preparado y que no entra en mis vocaciones. Quiero utilizar el lenguaje que ya está hecho, y por medio de él ser entendido. Pero, en fin, me veo obligado a disculparme ante los lectores por no hallar un término concreto para designar tantos y tantos lugares en los que pasé tantas y tantas de las mejores noches de mi vida.

En Riscal —bellas putas de lujo, algún ministro, toreros, banqueros, traficantes de divisas, marqueses, duques consortes, insignes periodistas, cómicas, cómicos, productores de cine, maniquíes, señoritas de la mejor sociedad, estafadores, soldados americanos—, una chica de las habituales se acerca a la mesa en la que, solitario, apuro el whisky de madrugada.

—Fernando —me dice con ternura mientras deja volar su mano sobre mi cabeza—, aquí no encontrarás la mujer que tú buscas.

A pesar del consejo de la sabiduría, siguieron las noches y noches, con José María Mompín, con Estelrich, con Almorós, con Jesús Franco. O en un grupo, o con desconocidos. Nochevieja. Música «latina». Serpentinas enrolladas al cuello. Confetis en el pelo, en las solapas. Esa puta de lujo, amiga mía, que tiene en su mesilla de noche la foto de un falangista de uniforme y cuya lectura predilecta es Juan Ramón Jiménez, se acerca a mí. Trae una

copa de champán en cada mano. Me ofrece una. Alza la suya para brindar. Sin alegría, evadiéndose del jolgorio del festejo, me dice:
—Fernando, que en el nuevo año encuentres la mujer que tú te mereces.

Estaba una noche en Villa Rosa, no el colmado andaluz de la Plaza de Santa Ana, sino el resplandeciente y lujoso nosequé nocturno de Ciudad Lineal, con Juan Estelrich, cuando descubrimos en una mesa un grupo en el que se encontraban, acompañados por un señor y una señora de aspecto americano, el torero Luis Miguel Dominguín, Ava Gardner, Frank Sinatra y Lola Flores. Se levantaron y Luis Miguel se acercó a nuestra mesa. Nos invitó a sumarnos a ellos y subir a un cuarto reservado en el que iban a cantar unos flamencos. Aceptamos la invitación con entusiasmo. Allí, en el cuarto, a la luz de las velas, escuchamos un poco de cante. De vez en cuando, Luis Miguel me decía por lo bajo:
—Espera y verás, espera y verás.

Alguien convenció, muy dificultosamente, a Frank Sinatra de que cantase *Stormy Weather*. Se decidió que fuéramos todos a casa de Lola Flores.

En lo que nos distribuíamos en los coches, como quien se acerca a la pila del agua bendita, me atreví a tocar delicadamente, en escasísimos segundos, con las yemas de los dedos de mi mano derecha la piel del hombro desnudo de Ava Gardner. En lo que duró la religiosa caricia sus bellísimos ojos me miraron con absoluta inexpresividad.

Cuando Juan Estelrich y yo entrábamos en nuestro taxi, Luis Miguel me murmuró al oído:
—Espera y verás.

Fuimos al piso de Lola Flores, lujosísimamente decorado. Frank Sinatra se había negado a ir, se había marchado solo, sin nadie que le acompañara, al hotel. Ava Gardner se quedó con nosotros. (Espera y verás.)

Lola Flores tenía en su piso un bar americano. Empezaron a servir bebidas. Ava se quedó un instante sola en el bar americano. Me atreví a acercarme, a estar unos instantes frente a ella, que volvió hacia mí la cara. La miré con lentitud, con delectación, gozando plenamente en la contemplación de aquella belleza inconcebible en sus colores naturales y en relieve. Me sostuvo la mirada y me habló despacio, en melodioso inglés. Ante mi silencio, preguntó si entendía aquel idioma. Con profundo rencor hacia mí mismo le respondí que no. Hizo Ava una seña y se acercó a nosotros su amigo, el de aspecto americano, a servir de intérprete. Ava volvió a mirarme y repitió la frase.

El amigo tradujo:
—Dice Ava que si tiene usted ganas de joder, ahí tiene a mi mujer, que está siempre dispuesta.

Ava dejó de mirarme y se volvió hacia su copa de ginebra. No había comprendido la complicada delicadeza de mis sentimientos y mis deseos. No obstante, yo seguí esperando para ver, según me había aconsejado Dominguín. Pero de pronto Ava lanzó un grito. Yo ya no estaba cerca de ella. Se formó un revuelo. ¿Qué había ocurrido? Como siempre, como casi siempre, Ava Gardner había perdido una joya. Todo el mundo empezó a buscar. Alguien llamó por teléfono a Villa Rosa. Otro bajó a mirar en el coche. A partir de ese momento se acabó la fiesta y la esperanza. Ya no hubo nada que esperar, nada que ver.

Otras noches

Después de otra de aquellas noches gozosas, a la mañana siguiente sonó el teléfono en el piso de mi sombrío apartamento —vivía aún en la calle del Tutor—; me levanté y fui, tambaleante, hasta el teléfono, que estaba en el estrecho pasillo, no en la tosca mesilla de noche:

—Aquí la policía.

—...

—No, no se asuste; le llamamos por lo del muerto de anoche.

Tras esta delicada manera de quitarme el susto, fui informado de que uno de los señores que me acompañaron la noche anterior en la reunión amistosa de la venta de Manolo Manzanilla se había estrellado con su automóvil, en el que viajaba además un grupo de artistas flamencos, en una de las peligrosas curvas —de sobra conocidas por los noctámbulos— de la calle López de Hoyos. Debía presentarme aquella misma mañana en la Brigada Criminal.

En el gran edificio de la Puerta del Sol, al que muchos seguíamos llamando Gobernación, por lo visto no tenía cabida la Brigada Criminal y estaba en la aledaña calle del Correo, en un piso que parecía una pensión. Me recibió un comisario muy amable.

—Le hemos llamado para una cuestión de puro trámite.

La frase no podía tranquilizar nada a un empecinado lector del género policiaco.

—Uno de los amigos que salieron anoche con usted, el hijo del banquero C..., ha muerto en accidente automovilístico. También ha muerto un artista que le acompañaba y está gravísima una bailarina. Lo único que le pedimos a usted es que nos dé nombres de las personas que había en la reunión para que, como usted, puedan servir de testigos.

—El hijo del banquero C... no era amigo mío. Le conocí anoche. A los otros que había en el cuarto los conozco de vista, no por el nombre. Sí conozco muchísimo, y es gran amigo mío, a Francisco Rabal, que estaba allí, y a «la Carrete». Yo fui a la venta con mi amigo Juan Estelrich y la actriz Diana Maggi, a la que encontramos en la Gran Vía, a la salida de un cine. Cuando llegamos a la venta, Rabal, que ya estaba allí, nos invitó al cuarto.

—Muy bien, muy bien. Le llamarán del juzgado para que vaya a declarar. Puro trámite.

El amable comisario echó mano al cajón y sacó de él una zarzuela que había escrito, por si me podía servir. Tuve que explicarle que yo no me dedicaba al género lírico.

Cuando presté declaración en el juzgado, el secretario me preguntó si conocía a los que había en la reunión. Le di los mismos nombres que había dado al comisario. Mi declaración, transcrita por el secretario, decía algo así: «Que a las dos de la madrugada, teniendo necesidad de personarse en el local denominado La Rábida, propiedad de Manolo Manzanilla, se personó. Allí, su amigo Francisco Rabal le invitó a pasar a un cuarto en el que estaba reunido con un grupo de artistas de variedades, cuyos nombres ignora...»

Me creí obligado a corregirle. Volví a repetir los nombres de Estelrich, Diana Maggi, y rectifiqué lo de artistas de variedades, en primer lugar por no saber bien lo que expresaba ese término y en segundo porque los que había allí eran los flamencos del local, dos estudiantes suramericanos y unas putas de lujo, muy amigas mías, de las que todas las noches iban a Riscal.

El secretario me preguntó si había observado yo que el hijo del banquero C... estuviera borracho en el momento de subir al coche y disponerse a conducirlo. Le respondí que estaba tan borracho que ni los estudiantes suramericanos, ni «la Carrete», ni Estelrich ni yo nos atrevimos a ir con él, y por eso se llevó a los flamencos.

El inteligente secretario no era un hombre tan superficial como yo en sus apreciaciones y —sigamos el lenguaje de la literatura policiaca— me estrechó a preguntas y con laboriosa paciencia me ayudó, generoso, a descubrir la verdad: yo, por mi carencia de conocimientos en la materia, de ninguna manera pude percibir que, en el momento de disponerse a conducir el automóvil, el hijo del banquero C... estuviese embriagado. Lo cual, sintetizado por el secretario y el mecanógrafo con la única intención de ahorrar espacio, quedó reducido a «afirma que no advirtió ningún síntoma de que estuviera embriagado».

En cuanto a Diana Maggi —actriz argentina— y Juan Estelrich —casualmente hijo del representante de España en la Unesco—, sus nombres se consideraron innecesarios en la declaración, por la misma cuestión del espacio; los demás asistentes a la juerga siguieron siendo «artistas de variedades» y sólo fuimos ligeramente «molestados» Francisco Rabal, «la Carrete» y yo.

A mis cuarenta y tantos años de andar por el mundo y tratar a gente de diversas estofas, este suceso —no me refiero al desdichado accidente, sino a mi declaración— no me causó demasiada sorpresa, aunque sí acrecentó mi admiración por el eficaz manejo que del mecanismo de la Justicia hacen sus servidores. Había tenido ya otras ocasiones de sorprenderme. Aproximadamente en 1947 mi amigo el productor cinematográfico Homedes me pidió que acudiera como testigo a un pleito que tenía con una distribuidora cinematográfica porque no había estrenado una película suya realizada dos o tres años antes. El abogado del productor Homedes me preguntó si el hecho de que aquella película, de la que éramos protagonistas Sara Montiel y yo, no se hubiera exhibido podía habernos perjudicado en nuestras respectivas carreras. Yo respondí que sí, porque los actores necesitábamos que nuestro trabajo se viera como posibilidad de obtener nuevos contratos. Después me preguntó si no creía yo que el retraso en estrenar las películas las perjudicaba, porque con el paso del tiempo podían perder interés, pasarse de moda. Respondí que tenía razón, que así era. Después me interrogó el abogado de la parte contraria, el de la casa distribuidora que tanto se retrasaba en el estreno de la película. Me dijo que ese año acababa de estrenarse la película *María Antonieta*, protagonizada por Tyrone Power y realizada en Hollywood cuatro años antes, cuando Tyrone Power no era nada famoso. ¿No creía yo que el hecho de que la fama de Tyrone Power hubiera crecido tanto en aquellos cuatro años influía mucho en el éxito comercial que la película estaba obteniendo?

—¡Es verdad! —contesté con entusiasmo ante el perfecto razonamiento del abogado—. Tiene usted razón. Hoy esa película está teniendo muchos más ingresos de los que habría tenido hace cuatro años.

Mi amigo y contertulio del café Rigat, el productor Homedes, siguió saludándome cuando me veía, pero no volvió a pedirme ningún favor. Su abogado sí se acercó a mí, airado, al concluir las declaraciones y me preguntó, insolente, si acaso no sabía yo lo que era un testigo.

Era verdad que no lo sabía, pero lo aprendí, y desde entonces he estado dispuesto a testificar en falso, si comprendía que era mi obligación moral.

En un proceso hay un protagonista —un primer actor— que puede ser el acusado, el fiscal, el defensor, el juez... Cualquiera de estos personajes puede ser el actor de carácter, el actor cómico, el traidor. Pero si yo voy como testigo, soy un comparsa; en la mayoría de los casos, un comparsa sin frase.

38
Saldo a favor

Me rodea la hierba

De pronto me di cuenta. Era rico. Por primera vez desde que empecé a trabajar tenía el dinero necesario para vivir el año siguiente, sin reducir mis gastos, con mi mismo plan de vida, y además me sobraba bastante. Había vivido en alquiler, pero el casero, con amenazas legales de quedarse el piso para una nieta que iba a contraer matrimonio, dos años antes me había obligado a comprarlo. O sea, que tenía casa propia. Esa ley de la vivienda, u otra similar, dio a mi madre uno de los disgustos más grandes de su vida.

Ya en los lejanos tiempos de *Balarrasa* y de *La vida en un bloc* se había puesto de manifiesto la incompatibilidad entre los caracteres de mi madre y mi mujer. La única solución que encontré a aquella tensa situación tan intolerable para mi temperamento y para mi aspiración no ya a una vida apacible, sino llena de placeres, fue que María Dolores y yo nos marcháramos a vivir a otro sitio. Y así lo hice en cuanto tuve el dinero suficiente, y mi madre se quedó sola. Aquella ley a la que me he referido autorizaba a los caseros a apoderarse, para algún pariente que lo precisase, de los pisos en que habitase una persona sola, aunque el contrato de arrendamiento fuera vitalicio. Mi madre estaba sola y se quedó sin el piso, sin lo que había erróneamente considerado «su casa» durante veinte años, sin lo único que tenía. Un abogado le recomendó que pleiteara, aun en la seguridad de perder, pues así podría pasar un año más en la casa. Se pasó aquel año llorando. Eran los tiempos en que yo, separado ya de María Dolores Pradera, me había ido a vivir al lóbrego apartamento de la calle del Tutor, porque no había encontrado otro alojamiento acorde con mis aspiraciones de lujo y esplendor. Pero no estaba en la miseria, me sobraba el dinero justo para comprarle a mi madre un piso. Y un piso mejor que mi apartamento, lo que tranquilizaba mi conciencia.

Pues bien, algo parecido me sucedió a mí en los años ochenta, cuando mi casero reclamó mi piso para su nieta casadera. Le entregué todos mis ahorros, pero quiso la suerte que en seguida me surgieran más contratos y no tuve problemas. Precisamente cuando acababa de echar cuentas y comprobar que me sobraba dinero para el año siguiente recibí una llamada de José María Gavilán. Me ofrecían hacer un *spot* publicitario, espléndidamente pagado y que me ocuparía sólo una sesión de trabajo. Pero no quedó ahí la cosa, porque muy pocos días después recibí otra llamada. Pedro Beltrán había encontrado productor para un guión que ya me había dado a leer años antes. Trataba de uno de aquellos «topos», aquellos hombres que habían permanecido ocultos durante los cuarenta años en los que Franco detentó el poder. Me gustó el guión de Beltrán la primera vez que lo leí y más en esta nueva versión, a la que no habían mejorado únicamente las reformas, sino el tiempo transcurrido, que había convertido lo que antes habría podido parecer una película algo retrasada en una película histórica. Se me requería, por imposición de Pedro Beltrán, como director y como protagonista. Pero unido esto al dinero que me sobraba y a lo que cobraría por el *spot*, ¿qué podría hacer con tantísimo capital? Marcharme por ahí a viajar, a dar la vuelta al mundo no era posible, puesto que tenía que trabajar, que cumplir mis compromisos. Pero sí podría realizar otro de mis proyectos acariciados durante tantísimos años: tener un chalé, una casa en el campo, pero cerca de la ciudad.

Mi compañera y yo empezamos a buscar, y encontramos una que nos gustaba a los dos. La vivienda era sobrada para nosotros y tenía un amplio jardín, incluso un pequeño trozo de huerto. Iniciamos los trámites para comprarla.

Entonces recibí una noticia un tanto descorazonante. Los clientes del *spot* publicitario, a última hora, en el momento de firmar el contrato, se habían arrepentido, habían preferido el físico de Amparo Muñoz al mío. Aun compartiendo los gustos de aquellos clientes, mi disgusto no fue pequeño.

A la semana siguiente me llegó otra noticia de parecida índole. La distribuidora que debía anticipar el dinero necesario para rodar el guión de Pedro Beltrán, *Mambrú se fue a la guerra*, se había echado atrás. No obstante, la película se podría hacer siempre que unos cuantos no percibiésemos nuestros emolumentos, sino que fuéramos en cooperativa. ¿Qué hacer? ¿Renunciar al hermoso chalé, con su jardín y su huertecito? ¿O atreverme a correr el riesgo de no poder pagar los plazos en los años sucesivos? Armado de inconsciente valor opté por esta segunda posibilidad y, por caprichos de la azarosa fortuna, aquí sigo, y aquí me dispongo a rematar ahora la composición de estas memorias, al pie de la sierra de Guadarrama.

El alba sigue siendo hermosa. Antes lo era en las calles de Madrid, al retirarme, cuando salían las churreras y los borriquillos de los traperos tiraban de sus carros y algún caballejo perdido vagaba por la avenida. Ahora lo es cuando los pájaros me despiertan y la luz lechosa empieza a filtrarse por las rendijas de las persianas. ¡Cuántas veces, para que no estropease la juerga ni frustrase la esperanza, habíamos asesinado con espesas cortinas a la luz del alba! Ahora entreabro la persiana para que su luz me acaricie más, suavemente, poco a poco. Y me traiga hasta aquí, hacia mi mesa, donde voy recordando, reviviendo. Me rodea la hierba en vez del asfalto. Las flores no están en el cestillo de la florista del cabaré, sino en los macizos. No tengo acacias ciudadanas. Pero tengo unos sauces, unos cipreses, un olivo... He comprado unos libritos y a veces, si me sobra tiempo, cuido los rosales. También, siguiendo las indicaciones del decorador de mis películas, Julio Esteban, he barnizado yo mismo la puerta del garaje.

Me acompaña Emma Cohen. Y también nuestra servidora Dolores. Como se escapó el perro *Pirulo*, tenemos uno parecido que se llama *Mister* y que aún no nos ha abandonado. Nos encontramos bien en nuestra soledad, pero mejor todavía cuando vienen amigos a acompañarnos.

El cruel exilio

Televisión Española me hizo un encargo. En realidad, aquel año, encargos de parecida índole se los hicieron a bastantes personas. Querían realizar series, más o menos largas, no filmadas, sino en vídeo, que no fueran muy costosas. Para eso era necesario que no fueran muchos los personajes ni los decorados. El tema y el género nos dejaban elegirlos a los posibles autores. No creo haber sido de los que mejor cumplieron el encargo, pues me parece que esperaban de mí algo más ligero, más divertido de lo que me salió.

Cuando recibí la oferta, rebusqué en viejas carpetas, porque sabía que, así, de repente, no se me iba a ocurrir nada nuevo. Y encontré unas cuantas escenas de una comedia teatral comenzada a principios de los años setenta, interrumpida muy pronto. En la comedia intentaba enlazar dos circunstancias distintas: una, la de los jóvenes con ideas teóricamente revolucionarias que vivían en la España franquista, y otra, la de los exiliados de esta misma España. Tropecé con un pequeño inconveniente de mecánica teatral: el modo de enlazar en el escenario las acciones que reflejaran esas dos circunstancias. Esa dificultad y la más grave de no poder desarrollar con libertad ambos temas hasta que no se muriese Franco me impulsaron a suspender el trabajo.

En el año 1952, cuando en Roma, durante el rodaje de *Los ojos dejan huellas*, visitamos el Coliseo, con Emma Penella, Julio Peña, Sáenz de Heredia y Félix Dafauce, me pareció observar que un hombre solitario nos vigilaba de lejos. Al rato se acercó a mí en un momento en que estaba yo algo distanciado de los demás. Muy rápidamente me dijo que era un exiliado español, pero que no se atrevía a acercarse a nosotros porque le había parecido que en el grupo estaba Sáenz de Heredia, el director de cine primo de José Antonio, y su presencia no sería bien recibida. Se lo dije a José Luis, que inmediatamente invitó al exiliado a sumarse a nosotros.

En mi visita a las *caves* existencialistas de París, otro exiliado me descubrió y no se separó ya de mí en toda la noche. No se atrevía a hablar de política, pero quería hablar de su barrio —Cuatro Caminos—, de fútbol, de toros.

En México fueron varios los exiliados que procuraron establecer contacto con nosotros cuando asistimos a un festival de cine. Hacía poco que había terminado la Segunda Guerra Mundial con el triunfo de las democracias y todos ellos estaban seguros de que muy pronto las potencias obligarían a Franco a marcharse y ellos volverían a sus casas. A mí ya me parecía muchísimo el tiempo que llevaban lejos. Nada menos que once años. Ni ellos ni yo podíamos imaginar que todavía a algunos les faltaban veinticinco.

En Buenos Aires vino a vernos un compañero mío de colegio, Roberto Martín, argentino, pero que había pasado buena parte de su infancia en Chamberí. No era exiliado político. Vino también otro español que sí era exiliado, Luis Lafuente, gran amigo de Sáenz de Heredia, al que había ayudado en el Madrid rojo. Nos sentamos los cuatro a jugar al mus. Al escuchar las palabrotas castizas que a Sáenz de Heredia y a mí se nos escapaban en el transcurso del juego, al exiliado Luis Lafuente se le saltaron las lágrimas.

Años después comprendí perfectamente a Pedro Laín Entralgo cuando me dijo que, a pesar de su admiración por Miguel Mihura, no pudo ocultar su repulsa ante el tono burlesco con que en *Ninette y un señor de Murcia* había tratado la situación de los exiliados. Para Laín la circunstancia de aquellos hombres era de lo más doloroso que había producido la Guerra Civil y tenía un difuso sentimiento de culpa que, según él, debía ser compartido por todos los españoles. Cuando adapté al cine aquella comedia, me esforcé al escribir el guión en suavizar las aristas de la burla, aun en detrimento de la comicidad de la película, y Mihura estuvo totalmente de acuerdo en las correcciones, aunque ninguno de los dos mencionásemos la crítica de Laín.

En los años cincuenta tomé las primeras notas para *El mar y el tiempo* sobre el tema de los exiliados, con el que no sabía si escribir una novela o una obra teatral. Al llegarme, treinta años después, la proposición de Televisión Española pensé que si escribía una serie de cuatro o cinco capítulos me sería fácil superar el inconveniente mecánico con que había tropezado al comenzar la redacción de la comedia en los años setenta y también el de la falta de libertad expresiva, puesto que Franco ya se había muerto.

Una propuesta de Armiñán

Jaime de Armiñán me citó en el Parsifal, un bar cercano a mi casa y también a la de sus padres. Me propuso algo que desde el primer momento me pareció muy bien. Que escribiera con él un guión sobre los cómicos de la legua. Pensaba Armiñán en aquellos cómicos, de los que había oído hablar cuando niño —es hijo y nieto de escritores y actrices— que iban de pueblo en pueblo, en los años veinte y treinta. Se me ocurrió que quizás se podrían narrar las peripecias de una de aquellas compañías enfrentada a los que comenzaban a llevar películas por los pueblos, también de manera itinerante. Empecé a dar vueltas a la idea de Armiñán y el vuelo de la memoria me llevó al pueblo de Miraflores, poco más de medio siglo antes. Era cuando mis primos vivían en casa, y como no había dinero suficiente para pagar el veraneo de tres niños más sus necesarios acompañantes veraneé solamente yo, al cuidado de mi abuela. Lo precisaba porque estaba débil, y lo más aconsejable era un pueblo de la sierra. A mi abuela le gustaba mucho la vida del pueblo; no la de la colonia veraniega, sino la del pueblo de verdad. Siempre fue una mujer de ciudad, pero aquello debía de suscitarle nostalgias de algunos días de infancia pasados en Valdelaguna, el pueblo del que provenía su familia. También se la sentía dichosa cuando íbamos a visitar a «los del monte», guardas de una finca de las cercanías de Madrid. En Miraflores dábamos paseos por el campo de alrededor. Ella se sentaba en una piedra y a mí me tumbaba en el suelo a su lado y me decía que mirase el cielo azul, que eso descansaba mucho. Me enseñó a mirar las nubes y averiguar lo que eran. Una era un perrito acostado, la otra un señor narizotas, la de más allá un barco velero... En el banco de piedra, a la entrada del pueblo, frente a nuestra posada, nos sentábamos bajo la enorme copa del árbol y mi abuela sacaba las agujas y la madeja de lana y hacía ganchillo. Una faja para mí. Medio siglo después, cuando al ir a tomar un vaso de whisky muevo el vaso para facilitar la mezcla y suenan los trocitos de hielo contra

el cristal, evoco el sonido de un rebaño de ovejas que todos los días pasaba por allí a la atardecida. Cuando entrábamos en la posada, o en la vaquería, o en alguna otra casa para lo que fuera, todas umbrías y llenas de moscas, mi abuela decía siempre:
—Ave María Purísima.
Y casi siempre otra voz le contestaba:
—Sin pecado concebida.
Un día nos dijeron que por la noche habría títeres en la plaza. Los que quisieran estar sentados debían llevar la silla. En la posada nos prestaron dos. La gente del pueblo había formado un corro muy grande. En el centro se colocaron los titiriteros. Estuvieron un rato haciendo equilibrios y volatines. Eran tres o cuatro, entre ellos una chica. Luego la mayor parte del espectáculo consistió en una especie de número de payasos, aunque los titiriteros actuaban con la cara sin pintar y sin vestidos de circo. Hacían algo que podía llamarse chistes escenificados, casi todos chabacanos y vulgares, y la gente del pueblo reía mucho, y también reímos mi abuela y yo. Al terminar, pasaron la gorra entre los espectadores. Mi abuela echó dos perras gordas, una por cada uno de nosotros. Cogimos nuestras sillas y nos fuimos a la posada. Los titiriteros estaban metiendo en una maleta algunos trapos que habían usado para su trabajo. Se marchaban a otro pueblo. No sé si a pie o tendrían un carro, o si esperarían a la mañana siguiente para irse en un autobús de línea. Fue la primera vez que vi trabajar a cómicos de aquella clase. De ninguna manera se me ocurrió pensar que tenían el mismo oficio que mi madre. Si lo hubiera pensado habría comprendido tiempo después por qué mi madre se consideraba una persona rica.

Cómicos sin teatro

Pasaron muchos años, alrededor de veinte, hasta que volví a ver cómicos trashumantes. Trashumantes lo somos todos, quiero decir de los que no pisan un teatro ni un plató. Lo eran también los de algunas barracas de la verbena, las que ofrecían espectáculos de variedades, a los que veía actuar todos los años en el mes de julio, pero a mí no me lo parecían, sin duda por verlos en Madrid. Las verbenas eran para mí una especie de milagro pagano que al llegar el calor se producía de repente, que volaba entre risas, músicas, disparos, humo de churros de un barrio a otro y que luego desaparecía al amarillear las hojas por el mismo arte de magia que había florecido.

En lo que los verbeneros armaban sus barracas, los chicos del barrio andábamos entre ellos. Nos gustaba verlos trabajar, porque no nos parecían personas como las otras. Por eso pudimos ver al que de pronto salió de la taberna, como huyendo, con toda la camisa ensangrentada por la espalda, de la cuchillada que otro le había dado. Mi calle era tan maravillosa que además de ser ancha y arbolada como un parque y haber tenido un cine al aire libre y verbena todos los veranos, tenía en uno de los extremos, nada más doblar la esquina, la casa de socorro y en el otro la comisaría. Ese fue el recorrido que los chicos del barrio hicimos aquella tarde tras el grupo de verbeneros que acompañaba al herido. Pero el resto de la vida de aquellos hombres no me interesaba, no existía.

Cuando por segunda vez vi de cerca a cómicos modestos, de vida miserable, de los que van de pueblo en pueblo, fue en una ciudad gallega, durante el rodaje de *Botón de ancla*, o el de *Tiempos felices* —no recuerdo ni la película ni la ciudad—, en un café cantante de los pocos que iban quedando.

Después del rodaje y de la cena entramos en ese café y vimos unos números musicales y otros humorísticos, y luego los cómicos se sentaron a tomar una copa con nosotros. Uno de ellos, el mayor, nos explicó que no eran atracciones sueltas, contratadas por separado por el dueño del local, sino que formaban una compañía de variedades, actuaban siempre juntos, y al día siguiente salían para un pueblo cercano.

—Casi nunca actuamos en teatros, muy pocas veces. Siempre en cafés o al aire libre.

Como los que conocí en Sabiote, pueblo cercano a Úbeda, cuando en 1961 rodábamos *La becerrada*, de José María Forqué. Eran un grupo familiar, de cinco o seis.

En la puerta del café se anunciaba que por la tarde representarían una obra de Muñoz Seca.

La llegada del equipo cinematográfico les estropeó el negocio, porque los del pueblo creían, muy equivocadamente, que iban a divertirse más viendo el rodaje de la película que la comedia.

Para compensar a los cómicos y porque eran más útiles que los pueblerinos se los utilizó como extras durante tres o cuatro días.

La siguiente vez que me reuní con Jaime de Armiñán para cambiar impresiones sobre el proyecto iba dispuesto a decirle que ya empezaba a ver claros los personajes, pero que no estaba muy seguro de que nos conviniese situar la acción de la película en los años veinte o treinta. Quizás fuera más útil una época más próxima a nosotros, que conociéramos mejor.

Pero Armiñán tenía un proyecto distinto. Habían dejado de interesarle los cómicos de la legua, porque se le había ocurrido algo que le atraía mucho más: un esclavo en la época actual; era *Stico*. Nos pusimos inmediatamente a trabajar sobre ese proyecto y el otro se desechó.

A punto de terminar el guión de *Stico,* por mediación de Eduardo Haro Tecglen, me propuso Fernando Delgado, director de Radio Nacional, que escribiese una especie de folletín, un serial en capítulos breves. El tema lo dejaba a mi libre elección. Como aún no había conseguido olvidar la historia de los cómicos de la legua, que ya tenía bastante perfilada, escribí *El viaje a ninguna parte,* que, en su versión para la radio, se emitió en 1984.

Malos augurios para un viaje

Recibí un recado del actor Julián Mateos, también afortunadísimo productor de *Los santos inocentes,* que deseaba verme para un asunto de trabajo. Nos citamos en Parsifal, el bar en el que acostumbraba a reunirme con Armiñán. Tenía interés en que dirigiese una película para su casa productora. Le dije la verdad: que su oferta me sorprendía. Y era cierto. Me sorprendía porque desde seis años atrás, en 1978, cuando el productor Isasi me encomendó *Cinco tenedores,* con Conchita Velasco y Saza, no había vuelto a tener proposiciones para dirigir películas. No tenía Mateos ninguna idea previa respecto a lo que quería hacer. Simplemente, me dijo, hacía tiempo que le rondaba por la cabeza la idea de producir una película que dirigiera yo. Confiaba en que se me ocurriera una idea que a él y a sus colaboradores les pareciera bien. Como Julián Mateos y yo nos conocíamos exclusivamente por nuestro trabajo y aquella era la primera conversación que manteníamos me reafirmé más en mi idea de que la propuesta era sorprendente. Sorprendente y no sólo agradable, sino de lo más estimulante para mí.

Durante unos cuantos días traté de pensar en qué podía yo a mi vez ofrecerle como proyecto de una película. Pero nunca se me ha ocurrido nada por este sistema. Las ideas, por pequeñas que fueran, capaces de transformarse en películas, en obras teatrales, en novelas, o en un personaje, una situación, un *gag,* siempre me surgen cuando no tienen un acomodo inmediato, no cuando las busco. Es una de las razones de que algunos de mis trabajos, que otro profesional hubiera despachado en un mes y quizás con mejor resultado, a mí me hayan llevado años. Cuando alguien me pide un argumento, un tema, una idea, como quiera que se llame, tengo que rebuscar entre cosas que se me han ocurrido casi siempre muchos años antes. Esta puede ser una de las razones de que mi producción nunca haya estado a la moda.

No tuve que pensar durante muchos días, pues muy pronto volvió a llamarme Julián Mateos para convenir una nueva cita. Había leído la novela *El viaje a ninguna parte* —adaptación del serial radiofónico, recién publicada— y creía que ahí estaba la película que yo debía hacer. No vi nada en contra de este proyecto, salvo que por mucho que procurase ceñir las peripecias al hacer el guión quedaría una película demasiado larga para lo que se acostumbra. A Mateos no le pareció un inconveniente de peso y me encargó que cuanto antes empezara a escribir el guión.

Nunca en tantos años de trabajo como actor de teatro y de cine he tenido tan clara conciencia de que mi oficio era algo mágico como durante los meses de trabajo en *El viaje a ninguna parte*. Absoluta dedicación a la labor cotidiana por parte de todos. Convivencia. Nacimiento constante de nuevas amistades. Admiración recíproca. Al recrear los cómicos el mundo de los cómicos, al sentir que estábamos dedicando un homenaje a los menos afortunados del mágico y sacerdotal oficio, todos nos sentimos infundidos de un hálito inefable que llegó a contagiar a los técnicos y a los obreros durante las diez semanas que duró el rodaje. Cada uno sentimos cómo nuestra libertad se ensanchaba y cómo nuestras realidades se acercaban, dentro de lo posible, a nuestra imaginación. Los dioses del amor de todas las religiones habían descendido sobre nosotros y nos acogían bajo sus alas.

Durante la primera proyección privada de la película estuve en el café de al lado, el viejo Fuyma, que también me había acogido en tardes de mi juventud. Al terminar la proyección, Eduardo Haro Tecglen y Concha Barral me felicitaron; los protagonistas de la película, José Sacristán y Laura del Sol, salían conmovidos. A los delegados de Televisión Española les hice notar que habíamos rodado la película con un encuadre muy adecuado para los televisores. Uno de ellos me contestó:

—Podía haber sido aún más adecuado.

Poco después Laura del Sol me dijo que aquellos delegados habían acogido la proyección de la película con gran frialdad.

Cuando al mes siguiente se pasó en el Festival Internacional de San Sebastián presencié únicamente los cinco minutos finales. Me quedé desolado. La reacción del público del festival, en aquellos últimos minutos, casi no existía. Parecía insensible. Nada de lo que había yo sentido al imaginar la historia, al ir conociendo a los personajes, al rodar —en aquel trance mágico— la película, había conseguido transmitirlo a los espectadores. Hubo un aplauso final, pero muchísimo menos largo y caluroso que el que había acogido años antes a *Mi hija Hildegart,* una de mis películas frustradas.

No quise ocultarle mi decepción a Julián Mateos cuando salimos del palco, aún en el Teatro Victoria Eugenia, cuando la gente se acercaba a felicitarnos.

—Tengo muy mala impresión —le dije.

—¿Por qué, hombre? —me respondió sonriente y escéptico—. Ya se sabe lo que es un festival.

En aquél se repartieron diecisiete premios. *El viaje a ninguna parte* no obtuvo ninguno. Las películas españolas presentadas, entre largometrajes y cortometrajes, fueron cinco. La nuestra fue la única que quedó sin premiar.

Cuando inmediatamente se estrenó en Madrid tuvo buena acogida por parte del público y de la crítica. Ángel Fernández Santos opinó que era «una de las mejores películas de la historia del cine español» y su juicio se utilizó como eslogan publicitario. Pero las malas impresiones anteriores suscitaban mi desconfianza. Por aquellas mismas fechas, la recién creada Academia de las Artes y las Ciencias Cinematográficas de España convocó una votación entre sus miembros para elegir la película que debía representar a España en la elección de los Óscar de Hollywood. Algunos de mis amigos dieron su voto a *Mambrú se fue a la guerra,* otra película dirigida por mí y que es una de las pocas de las que me encuentro satisfecho. José Sacristán, por su interpretación de *El viaje a ninguna parte,* no había estado ni siquiera incluido en ninguna terna de los muchísimos premios cinematográficos que se repartían. Según mi criterio, Sacristán consiguió realizar en esa película una interpretación perfecta, asombrosa, absolutamente concordante con lo que era mi intención y mi deseo. Incorporó a un hombre vulgar, anodino, carente de brillantez, sin relieve. Creo que consiguió hacerlo, aunque cuando en nuestra primera reunión de trabajo, en el restorán Lhardy, al escuchar lo que yo pretendía dijera Agustín González:

—Eso es imposible.

Creo que José Sacristán, en el momento culminante de su carrera, consiguió hacer eso tan difícil que es pasar inadvertido, apareciendo en casi todos los planos de la película que dura dos horas y cuarto, y que ninguno de los que seleccionaban actores premiables advirtió su trabajo, porque ninguno advirtió que estaba trabajando.

En fin, se veía que, por muchas razones, aquel viaje no iba a llegar a muy feliz destino.

Premios

Mediante votación secreta y ante notario, la Academia eligió las ternas de cada especialidad que optaban a los premios. Para el de la mejor película concurrían *El viaje a ninguna parte, La mitad del cielo* y *27 horas;* para el premio al mejor director la terna estaba compuesta por Emilio Martínez Lázaro, Pilar Miró y yo. Optábamos a los premios correspondientes al mejor actor y a la mejor actriz del año, por una parte, Juan Diego, Jorge Sanz y yo, y por otra, Amparo Rivelles, Victoria Abril y Ángela Molina. Como aspirantes al premio al mejor guión del año estaban en la terna los de las películas *El viaje a ninguna parte, Tata mía* (José Luis Borau) y *Mambrú se fue a la guerra* (Pedro Beltrán).

Informé a la Academia de que no pensaba asistir a la ceremonia, pues desde tiempo atrás había decidido no participar en esos actos en los que uno se sabe nominado al mismo tiempo que otros compañeros y se pasa unas horas largas sufriendo de los nervios, deseando que la suerte le acaricie a uno y que los compañeros queden postergados. Muy pocas semanas antes se habían entregado, por el mismo procedimiento, los premios de la Asociación de Directores. Resultó que yo obtuve dos, pero tampoco asistí a la competitiva ceremonia. Un grupo de directores tuvo la gentileza de acercarse a mi casa, a últimas horas de la madrugada, a entregarme el bello y sencillo trofeo y a compartir conmigo, recién sacado de la cama, unas botellas de champán.

La tensión nerviosa que padezco en esa situación de la votación por el sistema de ternas es tan dura que ni siquiera me atreví a presenciar el acto por la televisión. Cuando mi compañera, Emma Cohen, que se había quedado frente al televisor, entró en el dormitorio para decir:

—Cuatro Goyas, Fernando, cuatro Goyas; comprendí que era una broma de mejor o peor gusto. Insistió tanto, que, a pesar de mi duermevela, llegué a comprender que aquello no podía ser una broma, porque no tenía ninguna gracia. Mi primera reacción fue de espanto. ¿Cuatro Goyas y yo no estaba allí? Había dicho que si me concedían algún premio lo recogería en mi nombre mi hija, y ni siquiera le habían enviado invitación. No comprendía nada. ¿Cómo podía obtener cuatro premios, por votación de los académicos ante notario, una película tan despreciable y tan despreciada? Pero como llevaba ya cerca de cincuenta años en este oficio me dormí.

Comentarios

«Y el gran ausente fue Fernando Fernán Gómez, ganador de las cuatro distinciones más importantes —guión, interpretación, dirección y película—, cuyo plantón provocó una evidente, aunque disimulada, sorpresa en la organización.»

«Pero tampoco subieron al escenario a recoger la pesada estatuilla de Berrocal el maquillador Fernando Florido, el montador Eduardo Biurrun, el director de fotografía Teo Escamilla, ni la actriz Verónica Forqué. De los quince premios entregados, apenas la mitad llegó a manos de los destinatarios.»

«La puesta en escena fue bastante convencional; los premios, de alguna manera, se intuían y, puesto que quienes votaban eran la propia profesión cinematográfica, parece claro que quisieran galardonar a quienes en los últimos festivales no lo habían sido; esto se aplica sobre todo a *El viaje a ninguna parte*.»

«Pero el suceso de los comentarios a ese día —en la concesión de los premios— fue la ausencia de Fernando Fernán Gómez. Exactamente, lo hizo mal. Tenía que haber estado allí. Las singularidades de cada cual no impiden ciertas obligaciones sociales o profesionales.» (Emilio Romero.)

«Y en segundo lugar, es preciso censurar, con todo el respeto para su decisión, la actitud de Fernando Fernán Gómez, triunfador de la noche, que no acudió a la gala sin causa justificada, lo que constituyó un desaire para sus compañeros y una notable merma en la brillantez de un acto que, en su primera celebración, debería haber contado con el apoyo sin excepciones de todos los profesionales del cine español.» (*Diario 16*. Editorial.)

«La entrega de los Goyas fue una horterada. Pero estuvo presidida por los reyes, que a veces también tienen que conocer de primera mano y en directo lo mal que organizan las cosas por aquí. Casi todos los premiados acudieron, por deferencia a los reyes y cortesía a sus compañeros, al acto en cuestión. Todos menos Fernando Fernán Gómez, el más premiado de la noche, que, como es habitual, ni se disculpó.

Esa falsa humildad de no recoger los premios no es otra cosa que vanidad enfermiza. Me pregunto cómo se llama la figura de no acudir a recibir un premio otorgado por los compañeros de profesión y que se entrega, además, en presencia de los reyes. Vanidad, grosería, chulería o despiste. Esto último no me lo creo. Un talento como el de Fernán Gómez no debe someterse a su vulgar vanidad.

Que le manden los Goyas a casa, como castigo. Porque si hortera fue la organización del acto, no se queda atrás la figurilla diseñada por Berrocal. Que le llenen la casa de Goyas y le manden un libro de urbanidad. Por esta vez, Fernando, te mereces un cero y un abucheo largo y humillantemente sonoro.» (Alfonso Ussía.)

«Lo peor del acto de los Goyas fue, sin duda, que Fernando Fernán Gómez se llevara —injustamente— los premios más importantes. Y que este personaje, tomándose por Woody Allen, demostrara un desprecio inconmensurable por sus colegas de cine que le habían votado y prefiriera quedarse en su Olimpo a dormir.

Fernando Fernán Gómez no se mezcla con el común de los mortales. Fernando Rey, en un acto de solidaridad que le honra como la persona recta, amable y vitalista que es, presentó el acto con entusiasmo, sabiduría, educación y valentía. Para el Olimpo, Fernando Rey es un gilipollas simplemente. Lo inteligente es quedarse en casa en un acto de activo desprecio hacia la profesión cinematográfica y, por consiguiente, hacia el público.

La Academia de Cine Española no es Hollywood, desde luego. Ni *El País* es el *New York Times,* ni Juan Luis Cebrián es Norman Mailer, ni Fernán Gómez es Woody Allen. Somos lo que somos y esto es lo que hay. Y lo que hay está bastante bien, y si no nos quedamos a dormir cada vez que hay que dar la cara, cada vez será más interesante.

Que los del cine se ajunten, aunque sólo sea por una noche, y se dediquen aplausos, ya de por sí demuestra que van hacia delante y están vivos. Algo de lo que muchos, embunquerizados en el Olimpo, son incapaces.» (Carmen Rico Godoy, *Diario 16.*)

Según mi costumbre, no leí entonces estos comentarios, pero me llegó inevitablemente su eco. Ahora me los proporciona mi documentalista y su lectura emborrona la que debió ser para mí una de las páginas más agradables de mi vida profesional.

No creo que a ningún lector curioso le sirvan los comentarios que anteriormente he transcrito para hacerse una idea más o menos aproximada de mi carácter, mi temperamento, mi modo de ser o de comportarme. Tampoco he procurado hacer a lo largo de estas páginas un retrato mío que se pudiera parecer a la imprecisa realidad. Creo que en esta labor el autobiografiador, que supuestamente trabaja desde dentro, está tan abocado al fracaso como el biógrafo, que trabaja objetivamente desde fuera. Muchas páginas dedica Georges Simenon en sus *Memorias íntimas* a rechazar las imágenes que de él han trazado los que han intentado retratarle por medio de la escritura; y muchas más aún al mismo empeño dedica Pío Baroja, que encuentra absolutamente desacertado todo lo que de él se ha dicho. Dialogara yo con alguien que leyendo estas páginas hubiera creído llegar a contemplar mi efigie interior, y comprobaría cuánto de lo que él había deducido a mí me parecía erróneo, si no disparatado.

Tengo ya en casa las tres cabezas de Goya —la del premio a la mejor película les corresponde a los productores, Julián Mateos y Maribel Martín— y cuando las contemplo se unen en mí un sentimiento de autocomplacencia, de vanidad satisfecha, con otro de repugnancia. Hay ocasiones en que los propios defectos son útiles. En sus *Memorias* consigna María Asquerino como uno de mis defectos la frialdad; también lo consigna Carlos Saura en una entrevista de prensa. Y yo lo reconozco, y al mismo tiempo que lamento que esa frialdad me haya impedido muchas veces manifestar mi amor, celebro que en otras ocasiones me haya servido para no llegar a sentir odio.

Aquél debió de ser mi mayor momento de triunfo, sobre todo por lo que significaba para mí, inseguro, consciente de que para los demás era evidente mi torpeza, mi desconocimiento, mi falta de información profesional respecto a la actualidad, a la moda, y la carencia de fundamentos profundos de mi cultura, el reconocimiento de mis compañeros de trabajo. Pero sobre toda aquella gloria, el azar y sus mensajeros habían vertido cubos de ceniza.

Y había de remontarme a unos pocos años atrás, para sentirme no abandonado, sino bien acogido. Al día en que recibí la Medalla de Oro al Mérito en las Bellas Artes.

La muerte y la mano del rey

Aquel era el momento más alto de mi carrera, pero algo rebajaba mi alegría. Mi abuela había muerto a los ochenta y cuatro años, días antes de que cumpliera yo mis veinticuatro. Era una edad normal para morirse y también era normal que muriese sin ver realizado en su nieto todo lo que ella había deseado para él; además, era republicana. Pero mi madre murió antes de cumplir los setenta, en plenas facultades, sin dejar de trabajar —en Madrid o en giras por ciudades y pueblos, o en la televisión, gracias a los directores Marsillach o Armiñán— para no perder el derecho a su jubilación. A comienzos de los sesenta tuvo uno de sus escasísimos golpes de suerte, le tocó un buen pellizco a la lotería jugando una participación en un billete de su fidelísimo amigo el popular actor Doroteo Martí. Con ese dinero se compró una casita en un pueblo cercano a Madrid, donde pensaba pasar sus últimos años. Por aquellas mismas fechas le correspondía comenzar a cobrar la mísera jubilación. Mi madre y mi abuela quisieron siempre, desesperadamente, «vivir de lo suyo», o mantener esa ilusión. En aquellos años se murió. Aún no había metido ni un mueble en la casita. Ni un mes cobró la jubilación. Su enfermedad fue larga y penosísima. Pero ni un solo día faltaron en el sanatorio amigos y amigas, cómicos y cómicas. Su simpatía, su alegre locuacidad, su natural abierto y espontáneo —que no heredé—, su admiración y su amor desbordados hacia su hijo, la habían hecho acreedora al cariño de todos. En mis visitas a la clínica la fui viendo desaparecer poco a poco. Primero aumentó su quietud. Luego se fue pareciendo a uno de los muñecos que hay en los almacenes de atrezo de los teatros. Un día su piel había desaparecido, era blanca, tan blanca como la almohada. El pelo era blanco; y piel y pelo, sobre el blanco de la almohada, habían dejado de existir. Alguien había dibujado sobre el lienzo, con un carboncillo muy afilado, una línea recta donde estuvo la boca, dos puntos un poco más arriba, y debajo de donde debía estar la frente, dos redondelitos negros que casi no tenían fuerza para mirarme. Quizás ella misma, admirada como una mujer de bandera en sus buenos tiempos, deseaba oscuramente no llegar a verse convertida en una viejecita, aunque a veces se la viera luchar a brazo partido con la muerte. Una de las noches en que fui a la clínica ya muy a deshora, los amigos acababan de marcharse, la muerte la tenía abrazada. En aquellos últimos días confiaba ciegamente en el médico, le había convertido en un brujo con toda clase de poderes, poderes que tenía él y nadie más. En aquel momento, si en vez de estar yo hubiera estado el médico, la muerte habría huido espantada.

—Di a las enfermeras que venga, que le llamen... —me suplicaba, desfalleciente.

—Ya le han llamado, madre; viene ahora mismo.

Se esforzaba inútilmente por incorporarse, por sacar voz de donde ya no la había, ni engolada, como le gustaba a doña María Guerrero, ni de pecho, como la prefería don Manuel González, ni de cabeza, como la de los tenores de zarzuela.

—No me engañes, Fernando. Las enfermeras me engañan. No le han llamado. Di tú que venga el médico, Fernando, que venga, a ti te harán caso —gemía, lloraba sin lágrimas—; di que venga el médico... Te lo pido por el recuerdo de la abuela.

La angustia se apoderó de mí. ¿El último pensamiento de mi madre fue que yo había querido a la abuela más que a ella?

En el entierro hubo muchos amigos. Analía Gadé me prestó el dinero para pagar la clínica.

Tengo diez años. En el pequeño cuarto de estar de Álvarez de Castro, 11, con la mesilla cuadrada, el armario de cocina pintado de verde, la bombilla sin tulipa que esparce su luz amarillenta, vocifero en plenitud, arengo a un ejército, o doy órdenes a la caravana de negros que atraviesa la selva, o desde el centro de un escenario recito versos a grito pelado; grito y grito, cada vez grito más.

479

Hasta que en el patio se abre de golpe una ventana y pregunta la voz de una criada:

—¿¡Qué pasa!?

Otra ventana se abre y otra criada contesta.

—¡No pasa nada! ¡Es el hijo de la cómica!

Enmudecí.

Al oír mi nombre subo al estrado, a recibir la medalla. La muerte de mi madre, ocurrida años antes, fue lo que rebajó mi alegría al recibir el premio de manos de Su Majestad. Mi deseo era que en el público, entre aquellos compañeros, compañeros míos y suyos, hubiera estado la Fernán Gómez convertida en una viejecita. Aquella habría sido su fiesta. Aquel habría sido el momento más feliz de su vida, cuando habría podido ver —ella, tan monárquica— cómo el rey de España, sonriendo abiertamente, sin que su sonrisa llegara a romper el protocolo, pero con especial afecto, estrechaba la mano al hijo de Carola.

Madrid, Algete. 1986-1990

39
Ocho años después

Memorias, recuerdos, olvidos...

Ocho años después de publicados los capítulos anteriores de las pretendidas «Memorias» de este osado cómico metido en otras camisas, se cuestiona —pero con buena fe, no a mala idea— si el subtítulo «Memorias» se debe a una elección de autor o es un truco editorial. En cualquiera de los dos casos se reprocha que induce a error. El autor está en su derecho a no hacer a los demás partícipes de su intimidad, pero entonces el libro más que «Memorias» debería adjetivarse «Recuerdos», para no defraudar a quienes están interesados en saber, por ejemplo, si determinada mujer ejerció influencia en la vida del autor.

Sin hacer de ello una cuestión académica, y en vista de esta nueva edición ampliada, he procurado informarme de la diferencia que puede haber entre «Memorias» y «Recuerdos». Pues creo que no les falta razón a quienes opinan que no se pueden anunciar «Recuerdos» y vender «Memorias», o viceversa.

Según los diccionarios más usuales, «memoria» es la presencia en la mente de una cosa pasada. Una cosa recordada. La facultad psíquica con la que se recuerda. Y en plural (Moliner): «Escrito que contiene recuerdos personales junto con datos de la propia vida del que escribe.» El DRAE lo registra sólo en singular: «Libro o relación escrita en que el autor narra su propia vida o acontecimientos de ella.» El «recuerdo» es la memoria que se hace o aviso que se da de una cosa pasada o de que se habló.

Como se ve, entre «memorias» y «recuerdos» hay una especie de matrimonio de antes del divorcio.

Aparte de estas superficiales y facilonas consultas a los diccionarios, he tenido ocasión de cambiar impresiones sobre este tema con dos profesores de literatura, dos insignes escritores, una novelista, dos editores, un neurólogo y un académico. Entre constantes muestras de ingenio y de cultura y observaciones perspicaces, se echaban la pelota unos a otros. Memorias, recuerdos, autobiografía... Pasé unos ratos estupendos, de charlas elevadísimas, y al final el que se quedó con la pelota fui yo; pues yo soy quien debe redactar esta ampliación de *El tiempo amarillo*, y parece que hay acuerdo en que, en la materia de que se trata, el autor tiene derecho a subtitular como quiera.

También lo hay en que no está bien censurar lo que no existe, lo que el autor no ha escrito.

Testimonios ajenos

Uno de los libros de «memorias» que más interés me despertaron en mi juventud fue el de Fouché. Lo releí después, y lo utilicé para un trabajo sobre la historia de la picaresca. La posición de Fouché, desde la Revolución hasta el Imperio, fue privilegiada para un hombre con vocación de testigo y de historiador. Muchas zonas oscuras de aquel período parecen claras, luminosas en las memorias del turbio jefe de policía. Cuando llevé a cabo la segunda lectura ya sabía yo que aquellas «memorias» eran falsas, estaban desmentidas por los entendidos en la materia, incluso era muy posible que no estuvieran escritas por Fouché.

No obstante, pienso leerlas de nuevo, y, si se da circunstancia propicia, tal vez vuelva a utilizarlas, porque ¿quién me garantiza a mí la veracidad de los desmentidores?

Sobre esta cuestión de la veracidad o de la falsedad me viene ahora del fondo de la memoria o del recuerdo que una de las cosas que más me divirtieron de la fantástica época del Renacimiento italiano fue «las batallas sin muertos». En aquel tiempo eran muy frecuentes las guerras entre las diversas «ciudades-estado» y entre un *condotiero* y otro *condotiero*. En muchas de estas guerras los jefes de los ejércitos contendientes ordenaban a sus soldados que procurasen herir a los soldados enemigos, para dejarlos indefensos, fuera de combate, pero con cuidado de no matarlos.

La razón de esta orden es fácil de averiguar: si los herían, podían curarse y tomar parte en otras batallas. Si los mataban, como no eran muchos los soldados, y sí muchísimos los jóvenes italianos que huían de las levas, dentro de poco no habría soldados, ni, por lo tanto, batallas ni ejércitos ni jefes de los ejércitos.

Como digo, la idea me pareció divertidísima, inteligentísima. Pero años después supe que, según los enterados, los defensores de la verdad a ultranza, aquellas «batallas sin muertos» no habían existido nunca, eran producto de la fértil imaginación del gran historiador y memorialista Nicolás Maquiavelo.

Dando vueltas poco más o menos a lo mismo, a la credibilidad de la memoria o las memorias, y con un gran salto en el tiempo, me viene al recuerdo que mi amigo y compañero Manuel Alexandre, que hace sesenta años estudió conmigo en la misma escuela de arte dramático, recuerda que yo estoy equivocado en mis recuerdos de aquella escuela. Y nuestro común amigo el actor Rafael Alonso, que coincidió con nosotros en la misma escuela y el mismo tiempo, recuerda que ni Alexandre ni yo estudiábamos allí.

Parece ser que en un libro de conversaciones con Haro Tecglen publicado hace pocos meses (escribo en mayo del 98) hago referencia a una serie de pequeños hechos sin ninguna importancia que sucedieron, en mi presencia, tras la muerte de Edgar Neville. Muy amablemente, mi admirada y querida Isabel, eficacísima secretaria entonces de Neville y testigo irrefutable de aquellos hechos triviales, me corrige: nada de lo que yo refiero sucedió, ni la gente que estaba conmigo en el velatorio estuvo; ni el muchacho que asistió vistiendo una bonita americana morada de terciopelo —como se sabe, el morado es luto—, uno de los hijos del difunto, asistió vestido de morado ni de ningún otro color.

El director del Teatro Español, Gustavo Pérez Puig, en el diario *ABC*, me ha denunciado públicamente por embustero, pues algo que yo recuerdo referente a él y acaecido en mi presencia hace no más de cuatro años es falso, no ha acaecido.

Sin ir más lejos, ahora se están ventilando el caso Roldán y el caso Marey. A mis bisnietos, en honor a la verdad, ¿qué les contaré?

Por todo lo dicho, que no es más que un catálogo de botones de muestra, creo que me hallo en excelente situación para seguir redactando mis memorias, recuerdos, autobiografía o lo que salga. Tanto si son lo uno o lo otro, en este libro y supongo que en tantos otros del mismo género, no pretende afirmarse que lo narrado sea lo que sucedió, sino cómo lo tiene el autor registrado en su memoria —su frágil, traicionera memoria— o cómo lo recuerda.

Y aquí estoy, frente al ordenador y a su memoria, dispuesto a completar/ampliar no sé si una autobiografía, unas memorias, unos recuerdos o unas fantasías al estilo de Hoffmann.

Queda claro que, como autor, puedo denominar a lo escrito como me plazca —nivolas denominó Unamuno a sus novelas—. Estoy en mi derecho. Y reconozco que el lector también tiene derecho a sentirse defraudado. Y a manifestarlo.

Todo, menos dejar de escribir esta ampliación, una vez que me he comprometido a ello. Y menos, contar lo que no quiero contar.

Fe de erratas. Añadimientos

Soy viejo. Cuando releo o intento releer mis memorias a veces se me nublan los ojos. El inicio del llanto me impide seguir la lectura. Tengo que detenerme, enjugarme las lágrimas, sonarme los mocos. Me acaba de ocurrir en una de las primeras páginas, la 28, cuando evoco la calle de mi infancia.

Pero las pocas pero evidentes erratas —mías, no de la edición—, comienzan antes, antes que el libro propiamente dicho, en la frase liminar. Donde dice:

> *Pero yo sé que algún día*
> *se pondrá el tiempo amarillo*
> *sobre mi fotografía.*

debe decir:

> *... un día*
> *se pondrá el tiempo amarillo*
> *sobre mi fotografía.*

Me hizo caer en la cuenta de este error mi amigo y compañero Emilio Gutiérrez Caba, que se sabía de memoria —mejor que la mía, pues cometí el error por citar de memoria— el poema de Miguel Hernández.

Página 35. Dice: «Por eso me llevaba ahora a mí a la Puerta del Sol el 14 de abril de 1931.» Debe decir: «... 15 de abril de 1931.»

Página 41. Dice *tournée*, pero ya se puede escribir turné (DRAE, 1992). (He querido utilizar el lenguaje de aquel tiempo, aunque ahora en el mundo del teatro se utiliza «gira».)

En la página 47, mi abuela, al ponderar la ciudad de Buenos Aires, ciudad de la que se enamoró, y en particular la avenida de Mayo, le dice a una amiga o vecina: «¡Si hubiera usted visto a este crío corretear por allí!» Imposible. Tenía yo nueve meses cuando mi abuela me trajo a España, y los niños de menos de nueve meses no corretean. Trastornos de la imaginación. De la mía o de la de mi abuela.

Desde la página 77 a la 82 repaso la lista de unos cuantos libros autobiográficos que tengo en casa y reflexiono sobre si es más o menos lícito publicar las memorias de alguien que no haya sido un triunfador. Y también sobre si yo mismo, en el momento de emprender la tarea, puedo considerarme un triunfador o un fracasado. Después de publicado *El tiempo amarillo* en su primera edición, un día en el que no tenía otra cosa que hacer me puse a pensar sobre esto y llegué a la conclusión de que el éxito y el fracaso no son hechos sino sensaciones. No sé si es un pensamiento acertado, pero me he encariñado con él.

Francisco Umbral elogió *El tiempo amarillo,* y puedo afirmar que me hizo un solo reproche: ¿por qué entre mis libros-modelo no había elegido las memorias de González Ruano y las de Pío Baroja? No tengo nada en contra de recurrir a modelos, lo hago con frecuencia, pero los libros que menciono en esas cinco páginas son veinte, demasiados para utilizarlos como modelo. Los utilicé como elementos de comparación para ver si era lógico publicar mis memorias. En cuanto a la no inclusión de González Ruano y de Pío Baroja la respuesta es que me limité a los libros que en aquel momento tenía en casa, y aquellos no los tenía, aunque algunos de Baroja los había leído en mi juventud.

Página 88. «Gritó la parturienta y a sus gritos acudió un vecino, o poco patriótico o no muy ágil, que fue quien ayudó a venir al mundo a la pequeña Carolina, quien años después, ya muy mayor y con experiencia de la vida, habría de decir repetidas veces que en los vecinos se debía confiar mucho más que en la familia, y que al aposentarse en una casa nueva lo primordial era establecer buen trato con los vecinos.» Hace unos años, junto a la «casa nueva» que ahora habitamos había un solar. Hemos tenido la fortuna de que en el solar brotase una casa, con cuyos propietarios, nuestros vecinos, Rogelio y Pilar, hemos hecho muy buenas migas y nos intercambiamos pequeños favores. Siempre que vienen a nuestra casa o nosotros vamos a la suya me llega el recuerdo del consejo de mi abuela.

En la página 110 se lee que mi abuela se puso a trabajar como costurera en una pensión de la calle de Campoamor. En realidad, la calle era Campomanes. Los nombres son parecidos, de ahí el error, pero las calles están muy alejadas una de otra.

Hacia la mitad de la página 131 se dice que mi abuela para despertarme canturreaba:

Arriba, limón,
montañitas de León...

... rarísima letra que nunca aprendí.

Debe decir «que nunca comprendí».

(María Asquerino me cuenta que a Lola Salvador —la guionista que suele firmar «Salvador Maldonado»— no le gusta *Una noche en la ópera,* la célebre película de los hermanos Marx, que es una película inconexa, dice Lola, como hecha de recortes. Yo le digo a María que quizás eso se deba a que Lola, que es una mujer inteligente, muy bella, de gran atractivo, no tiene sentido del humor.

Eso no es verdad. Es lo que estaba soñando hace un rato, cuando me desperté dispuesto a enfrentarme con el ordenador. Y como no sé si esto es autobiografía, memorias, recuerdos... ¿por qué no van a ser sueños? Lo pongo y ya está.)

En la página 204 se lee que mi antiguo condiscípulo de los maristas Rafael Ventura «murió defendiendo la causa de la República». Así lo he creído, no sé por qué, durante muchísimos años. Pero no debe de ser cierto, porque hace algunos meses he encontrado en mi casa el recado de que había llamado por teléfono un señor que dijo llamarse Rafael Ventura. No ha vuelto a llamar.

Página 237. Se inicia el capítulo XVII, titulado «Primeros tiempos».

Bajo el epígrafe «Ingreso en una gran compañía» viene un párrafo que comienza «Los cafés de los cómicos —a los que alguna vez me había llevado mi madre— eran el Lion d'Or y La Maison Dorée...», y concluye «... regalarle un cigarro puro».

Pues bien, ese párrafo, de ocho renglones, dio, y ha dado hasta hace poco, lugar a reiteradas discusiones, casi todas sin final, sin desenlace, con algunos amigos, compañeros y personas allegadas que, como yo, creían recordar tiempos pasados, más o menos lejanos. ¿Era cierto que los cafés Lion d'Or y La Maison Dorée estaban cerca de la calle de Sevilla? ¿Existieron esos dos cafés? ¿No ha estado el café Lyon siempre en la calle Alcalá, pero frente al edificio de Correos, pasada la Cibeles? ¿Alguna vez el Lyon se llamó Lion d'Or?

Ahora, abocado ya a este trabajo de ampliar y remendar *El tiempo amarillo*, creo haber hallado, con la inestimable ayuda del magnífico libro *Tabernas, botillerías y cafés*, de Lorenzo Díaz, la respuesta a esas preguntas y, por lo tanto, el desenlace de la reiterada polémica. Hubo un café Lion d'Or, en Alcalá, 18, y hubo un café Lyon en la misma calle Alcalá, pero en la otra acera, frente al edificio de Correos. También hubo una Maison Dorée pegadita al Lion d'Or, en Alcalá esquina a Sevilla, café de cómicos, con mesas en la calle en las tardes de verano, cuando cerraba el banco, al que mi madre me llevó algunas veces a merendar chocolate con picatostes.

Y, respecto a esto, hay algo más, que recuerdo sólo yo. El Lion d'Or y la Maison Dorée desaparecieron al entrar en Madrid las tropas victoriosas de los militares insurrectos y prohibirse los rótulos extranjeros, y el Café Lyon pasó a llamarse Café León. Pero como esto último, ya digo, sólo lo recuerdo yo, debe de ser mentira.

¡Página 259! ¡Error gravísimo! En el noveno renglón se decía: «Llanos, otro socio del centro, hermano del que después sería famoso padre Llanos...» Esto más que error, y que proviene de una información errónea muy posterior, tiene visos de calumnia. Aquellos hermanos Llanos del Centro Mariano-Alfonsiano de Acción Católica, amigos míos en la preguerra y en la posguerra, no tenían ninguna relación familiar, ni siquiera amistosa, con el que después fue «famoso padre Llanos».

Página 310. Se me reprocha, y con razón, que al mencionar a los componentes del grupo denominado «existencialistas» omito dos nombres importantes, por su asiduidad y por sus méritos. Éstos son los nombres: Medardo Fraile y Rafael Sánchez Ferlosio. Confieso mi olvido y presento mis disculpas a los lectores.

En la página 400, al hablar sobre el origen de la película *El extraño viaje* cometo otro de mis imperdonables y habituales errores. Escribo: «En realidad, la idea de Berlanga no era una idea cinematográfica; quiero decir que no pensaba llevarla al cine, ni se le ocurrió que pudiera servir de base a una película.» Muchos años más adelante, casualmente, en una reunión privada, le oí decir a Berlanga que ya en aquella primera conversación sobre el crimen de Mazarrón él había dicho que allí había tema para una película. Pasados tantísimos años, no sé si esta rectificación servirá para algo, pero, por si acaso, aquí queda.

Página 407. Donde decía «Juan de la Cierva» dice «Ricardo de la Cierva».

En el ejemplar que utilizo para redactar estas notas la página 429 aparece doblada por una esquina. Quiere esto decir que en la lectura previa, realizada hace unos meses, encontré en esta página algún error o algo que se prestaba a comentario. Pero no apunté nada, y con el paso del tiempo lo he olvidado y aunque leo y releo la página no consigo recordar a qué podía referirme. Se me ocurre dejar así la nota por si algún curioso lector quiere entretenerse.

En la página 457, en el vigésimo noveno renglón, debe suprimirse «por gracia de Su Majestad», pues me advierte mi representante José María Gavilán que no fue esa la fórmula utilizada.

En la página 459, el párrafo que comienza en el renglón quince actual «Si, en mis tiempos de casado...» y concluye «... a lo desconocido, la promiscuidad» debe de tener algún error sintáctico que hace que no lo entienda ni yo mismo. Después de darle algunas vueltas, creo que es así:

«Si, en mis tiempos de casado, compartía la vida con mi mujer, carecía aquella vida de algo que siempre me ha importado muy poco, que nunca he considerado como un valor positivo: la malicia, el peligro, la atracción de lo prohibido; pero carecía también de algo a lo que sí tenía yo muchísima estima: la diversidad, la posibilidad de la aventura, el estar abierto a lo desconocido, la promiscuidad.»

(El coche de caballos va, a marcha muy lenta, por un camino campestre. En su interior, yo, de pie. A mi lado el intermediario. En el asiento, buscando una postura adecuada, la joven que debe hacerme una felación. El intermediario reprende a la joven por su torpeza. La joven replica: «No te impacientes, a ver si crees tú que es la primera vez que lo hago en esta postura.» Lo cierto es que la postura resulta complicadísima.
Este sueño no se presta a ninguna interpretación. Es simplemente una suma de residuos diurnos. En el guión que escribo estos días, *Marta y María*, según la novela de Palacio Valdés, el coche de caballos aparece reiteradamente, y la felación al presidente Clinton ocupa las primeras páginas de todos los periódicos.)

La amistad ausente

Por encima del amor filial, del paternal, del fraterno, sitúa Montaigne la amistad. Y de esa relación entre los hombres hace Epicuro la columna vertebral de su filosofía. Mas no puede negarse que por unos motivos o por otros, con razón o sin ella, nos están poniendo difícil la amistad. Muy difícil. Los urbanistas, los arquitectos, los especuladores del terreno, los banqueros que necesitan los cafés para sucursales y la gente del campo que invade en grandes y constantes avalanchas las ciudades obligan a ensanchar sus perímetros y a crear distancias cada vez más insalvables para el pequeño ser humano, para el hombre de la calle. Todo esto impide la cercanía que parece requerir la amistad. Si no coincide con el trabajo, será muy difícil cultivarla.

A los que no somos adictos a la amistad telefónica sólo nos queda la amistad ausente, que también existe y puede llegar a ser más honda, más delicada, menos trivial que la amistad en presencia cotidiana.

Una de mis amistades en ausencia —dolorosa ausencia, ya definitiva— fue la del poeta —y digo poeta del verso y de la amistad— Manuel Pilares, que poco antes de llegar la primavera volvió a la tierra.

Esa confusión de sentimientos que es la amistad, en la que se traban el afecto, el amor, la fidelidad, la simpatía, la mutua atracción, se daba en mí cuando abrazaba a Manolo, cuando le escuchaba, cuando le veía llegar o evocaba su recuerdo. En el principio de nuestra amistad ésta era cotidiana, en la tertulia juvenil del Gran Café de Gijón, en la que él y yo éramos de los más juveniles. Pasó a ser laboriosa cuando escribimos los guiones de *La vida por delante* y *La vida alrededor*, se convirtió en amistad ausente cuando dejé yo de acudir al café para transformarse luego, al cabo de los años, en amistad mensual.

Una vez al mes era para mí un gozo recibirle y abrir mis brazos a su sonrisa pícara pero sabia al mismo tiempo, como de pícaro que sabe que la picaresca de los pobres a los pobres no les sirve para nada; o para muy poco.

Sonaba el timbre, me precipitaba a abrir, y allí estaba Manolín Pilares, enmarcada en la puerta su fina silueta, un tanto azoriniana, aunque no de transeúnte correcta y sobriamente vestido, sino popular, con fidelidad de boina y camisa desabrochada, con aspecto como de llevar un niño sobre los hombros —cada hombre lleva un niño de la mano, dijo alguien—; el asturianín Pilares parecía llevarle sobre los hombros, llevar al niño que él seguía siendo.

Sentado después en el sofá sacaba de una bolsa los ocho o nueve libros que me había llevado a encuadernar en media piel, lujo que los dos —y Jaime de Armiñán— podíamos permitirnos una vez al mes poco más o menos. Pero el verdadero lujo para mí era tenerle allí, al cabo de muchísimos años, en el sofá, escuchar su inigualable conversación, disfrutar con los fuegos artificiales —con auténtico fuego en su interior— de su constante agudeza, de su acre sentido del humor, con el que, como de pasada, como un hombre cualquiera, glosaba la realidad cotidiana, los comentarios de los periódicos, las tremendas desgracias históricas de nuestros últimos tiempos.

Y antes de la primavera se murió —no murió, sino se murió, así reflexivamente—. Se murió a sí mismo porque, traspasado desde su infancia por una tremenda pasión, había alcanzado ya la edad serena, porque había logrado uno de sus ingenuos sueños: obtener la Hucha de Oro por uno de sus prodigiosos cuentos en los que, con transparente sencillez poética y popular, el hombre Pilares hablaba a los hombres, a cualquier hombre, y porque ya en el horizonte no existía la esperanza de que triunfasen sus ideales de justicia, los de que, en el plazo de una existencia humana, los hombres pudieran convivir sin rencor de unos ni remordimientos de otros.

Si existe una amistad que puede florecer y fructificar en la ausencia, mi amistad con Manuel Pilares no sólo existirá más allá del tiempo, sino que crecerá en el recuerdo.

40
Se hace camino al andar

Curiosa coincidencia

A continuación de *El viaje a ninguna parte*, de tan sorprendente resultado, durante los cinco años siguientes, del 87 al 92, no tuve ninguna oferta para dirigir películas, pero como actor intervine en muchas, entre ellas *Cara de acelga*, dirigida por José Sacristán; *Mi general*, de Jaime de Armiñán; *Moros y cristianos*, de Luis García Berlanga; *Mnemos* (episodio para TV), de José Luis Garci; *Esquilache*, de Josefina Molina; *Marcelino, pan y vino*, de Luigi Comencini, rodada en Italia; *Las mujeres de mi vida* (episodio para TV), dirigido por mí, hasta llegar a la más significativa, *Belle Époque*, de Fernando Trueba, rodada en Portugal.

Con esta última película y con otra en la que intervine precisamente el mismo año, *Chechu y familia*, dirigida por Álvaro Sáenz de Heredia, se dio una circunstancia muy curiosa que quizás pude advertir solamente yo. Mucho tiempo atrás había oído hablar a Rafael Azcona y a Juan Estelrich del proyecto de un guión cuyo argumento era que un abuelo y su nieto —el nieto, adolescente— pasaban el fin de semana, solos, en el chalé familiar por haberse visto obligados a ausentarse, imprevistamente, los demás miembros de la familia. Cerca del chalé se detenía, por pura casualidad, una *roulotte* en la que viajaban tres jóvenes francesas. El abuelo y el nieto las acogían de momento y acababan convirtiendo el fin de semana en una gozosísima orgía sexual. Las francesas se marchaban, seguían su viaje turístico. El resto de la familia regresaba. Y todo quedaba como antes.

Azcona me perdonará las infidelidades de mi memoria, pero creo que, poco más o menos, lo que les oí contar a él y a Estelrich hace unos veinte años era una cosa así.

Y así era el guión de *Chechu y familia*, salvo que, por opinión del productor, se sustituyeron las jóvenes turistas francesas por las criadas de la casa.

Otra oferta de trabajo que tuve ese año, para realizarse a continuación de la anterior, fue la de *Belle Époque*. Y aquí llegamos a la circunstancia curiosa: el esquema de la historia, original de Fernando Trueba y Rafael Azcona, era parecidísimo al de *Chechu y familia*. Un señor mayor vive retirado en su casa, en el campo. Allí llega un joven fugitivo y hacen en seguida muy buenas migas. Llegan inmediatamente después las cuatro hijas, jóvenes y bellísimas, del señor mayor. Llega también la mujer de éste, de la que está separado, pero con la que suele copular una vez al año. El joven fugitivo, durante unos días, se entrega con frenesí a los placeres sexuales con las cuatro jóvenes bellísimas. Al final, decide casarse con una de ellas. El desarrollo de los dos guiones era muy distinto, pero la idea de arranque muy semejante. Y lo verdaderamente curioso es que esa idea de arranque en *Belle Époque* no era de Azcona —no era, por tanto, la misma de *Chechu y familia*—, sino de Fernando Trueba.

Y para que todo resultase curioso, o por lo menos digno de referirse, en este caso, una de las dos películas, *Chechu y familia*, no tuvo buena crítica ni interesó nada al público, y la otra, *Belle Époque*, alcanzó el Óscar de Hollywood.

Ambiente placentero

Ese es el que se disfrutó durante todo el tiempo que duró el rodaje, en Portugal, de *Belle Époque*, una de las películas de que guardo mejor recuerdo no sólo por su magnífico resultado y por lo satisfecho, todo hay que decirlo, que quedé de mi interpretación, sino por ese ambiente agradable, alegre, distendido con el que la familia Trueba-Huete convirtió en un veraneo las semanas de trabajo.

Es posible que contribuyera a que me encontrase tan a gusto el que mi personaje fuese el de un hombre amable, abierto, comprensivo, pues yo, no recuerdo si lo he dicho en algunas de las páginas anteriores, intento acogerme en mis interpretaciones al método Antoine-Stanislavsky, y así, desde que me levanto procuro situarme en el mismo estado de ánimo que debe estar mi personaje: alegre, triste, asustado, iracundo... Procedo así por comodidad, me evito tener que ponerme la máscara de repente, cuando el director grita «¡acción!». Quizás algún otro actor o actriz, o un técnico, o un miembro de la encantadora y eficaz familia Trueba-Huete no guarde tan buen recuerdo de aquellas semanas, pero el mío es uno de los mejores de mis —vergüenza me da decirlo— ciento cincuenta películas.

Peligros del método

A propósito de lo anterior me viene a la memoria, al recuerdo, a la autobiografía un hecho similar y contrario. En la película *Los zancos*, de Carlos Saura, interpretaba yo el personaje de un hombre amargado, triste, que acababa de sufrir un tremendo disgusto con la muerte de su mujer y decidía recluirse en soledad y regodearse en su sufrimiento.

Según acabo de explicar más arriba, tal era mi actitud aquellos días desde que me despertaba. Y durante el rodaje procuraba aislarme, no charlar con nadie, ni siquiera en las pausas para almorzar. Huía a los que se acercaban a mí, aunque fueran personas tan atrayentes como mi compañera de reparto Laura del Sol, novia, en aquellos tiempos, del ayudante de dirección, hijo de Carlos Saura.

Creo que mi método de trabajo no dio mal resultado, pues, aunque me esté mal el decirlo, obtuve el premio de la crítica internacional a la mejor interpretación masculina en el Festival de Venecia.

Pues bien, a lo que iba: años después, creo recordar que me hallaba en Roma trabajando en *Marcelino, pan y vino,* nos encontramos con Laura del Sol, si cabe, más bella y atrayente que años atrás.

Al explicarle a su acompañante quién era yo lo hizo elogiosamente y mencionó lo bien que lo pasamos y lo bien que, como director, me comporté con todos en el rodaje de *El viaje a ninguna parte*.

Pero en cuanto a mi trato, hizo una excepción: las semanas de *Los zancos*. Según ella, y así lo habían comentado «todos», estuve desagradabilísimo, seco, sin comunicarme con los demás, áspero, esquivo. «Todos» pensaron que estaba disgustado por algo que no me atrevía a decir.

Estábamos, lo recuerdo bien, tomando unas copas a la caída de la tarde, en una terraza de Via Veneto y no era circunstancia propicia para dar una lección sobre el método Antoine-Stanislavsky, que, por supuesto, Laura conocía de sobra.

Teatro viajero

Y seguimos los cómicos andando, viajando. No a pie, como muchos de nuestros antepasados, sino en velocísimos aviones. Pero en fin, se sigue haciendo camino.

En los últimos años, desde que rematé mi anterior entrega de *El tiempo amarillo* hasta ahora (verano del 98) he estado, sin contar los desplazamientos «domésticos», en Florencia, Roma, Atenas, Montpellier, Lima, Santiago de Chile, Toulouse, París, São Paulo, Brasilia, Lisboa, Estremoz, Villafranca de Xira, Niza, Buenos Aires, Asís, Piediluco, Jerusalén, Belén, Tel Aviv, Puerto Rico. Por motivos de trabajo sólo mes y medio en Roma y Piediluco (*Marcelino, pan y vino*), otro tanto en Portugal (*Belle Époque*) y una semana en Buenos Aires (*El sueño de los héroes*). Los demás viajes se debieron a festivales de cine o televisión, conferencias, «semanas de cine» o a la generosa invitación de la Fundación Mapfre Vida.

Se ve que para bien o para mal, para trabajar o para descansar, los cómicos somos vagabundos. Y a mí no me parece mal. Ya dijo el poeta:

> *Andar y volver a andar,*
> *si se anda para cansarse,*
> *también para descansar.*

De todos esos viajes, esos lugares, le vienen a uno, a veces porque uno los provoca y a veces por caprichos de la memoria, algunos recuerdos. Hoy me viene a mí el de una representación teatral en Lima, adonde fui a dar unas conferencias en compañía de Jaime de Armiñán y Adolfo Marsillach.

Hay escritores y críticos partidarios de que las novelas no sean narradas desde un punto de vista concreto, sino que el escritor sea una suerte de novelista-Dios que esté en todas partes y en todos los tiempos, fuera y dentro de todos los personajes, de sus pensamientos, de sus conciencias. Así pensaba, por ejemplo excelente, Flaubert. «La tercera persona novelesca (la preferida por el Dios invisible y omnipresente con que Flaubert identificaba al artista) frecuentemente supone un universo estable y unívoco...» (Francisco Rico). Otros prefieren que el punto de vista sea el del personaje central, aquel con quien el lector tiende a identificarse, el llamado comúnmente «protagonista». Entre éstos, algunos eligen el camino de la narración en primera persona, desde el punto de vista de un personaje ficticio que se autobiografía, procedimiento analizado con la minuciosidad, profundidad y cúmulo de conocimientos que le distinguen por el profesor Francisco Rico en sus estudios sobre *Lazarillo de Tormes* y *Guzmán de Alfaracbe*. Narradores hay que han elegido el punto de vista de un personaje secundario o «personaje testigo» —último ejemplo señero, Arturo Pérez-Reverte—, pero son los menos.

Todo esto se refiere a la narrativa, a la poesía épica, en la que el lector suele ser un solo individuo conducido dócilmente de la mano del autor, el poeta. Pero no ocurre lo mismo en la dramática, en la que, si nos referimos al espectáculo teatral, a la obra representada, puesta en pie, y no a la literatura dramática, aparte el punto de vista del director (hoy muy en auge), cobra una gran trascendencia el punto de vista del público, que da lugar a fenómenos muy curiosos, a algunos de los cuales voy a referirme empezando por un viaje «doméstico».

Hace cerca de treinta años, en una turné de verano, coincidí en Santander con una compañía que representaba con gran éxito —el mismo que había obtenido en Madrid— *La Celestina*. En uno de mis días de descanso y como no había tenido ocasión de ver dicha obra en Madrid, decidí ir a verla; pero el director, el que había alcanzado tan gran éxito en Madrid el día del estreno y en los sucesivos, me pidió por favor que no fuera.

El otro punto de vista

Según él, los actores, al cabo de las muchísimas representaciones que llevaba el espectáculo, habían transformado *La Celestina* en una especie de sainete cómico para satisfacer la tendencia a la risa constante que mostraban los espectadores. El «punto de vista» de los espectadores de los días de estreno en Madrid no es el mismo que el de los días sucesivos, porque su afición, su conocimiento del teatro, su relación con los actores, su grado de profesionalidad son muy distintos. Y en los casos de éxito, este público de días sucesivos es el mayoritario, al que los actores y actrices tienen tendencia a entregarse, con gran satisfacción de los empresarios y en algunos casos incluso del autor burlado. Respecto a aquellas representaciones de *La Celestina,* ante las primeras escenas de la obra, el punto de vista del público —en el teatro representado no es tan fácil llevarle de la mano como en la narrativa— y su influencia sobre el modo de representar de los actores, la había convertido poco a poco en obra cómica, hecho que deploraba el director por lo que estimaba una traición a su trabajo y al texto de Fernando de Rojas, aunque no dejaba de satisfacerle el éxito.

A él, hombre experimentado, el suceso, aunque no agradable, no debió de resultarle insólito, pues ya sabía que los actores, aunque estén representando un drama o una «alta comedia» o un «melodrama social», al percibir el primer asomo de risas en el público suelen pasarse al bando de los reidores.

Y aquí viene lo anecdóticamente curioso. Veinte años después la colección Cátedra publica *La Celestina* en edición de Dorothy S. Severin. Por ella, los que no lo sabíamos nos enteramos de que, según advirtió P. E. Russell, «el lado cómico de *La Celestina o (tragi) comedia de Calisto y Melibea* no ha sido tenido en cuenta suficientemente por la crítica del siglo XIX».

En la interesantísima introducción se habla de «parodia», se menciona el «punto de vista humorístico». Se relata que el propio autor «nos dice en varias ocasiones que emprendió su tarea después de haber encontrado un texto divertido y que decidió continuarlo en la misma vena...». Unos amigos le dijeron que no podía denominar «comedia» a una obra que tenía un final trágico. No es seguro que puedan considerarse trágicos el asesinato de Celestina ni que mueran ajusticiados Sempronio y Pármeno, pues son «los malos» y sus muertes, según sean escenificadas, pueden mover al público a risa sana. Sí son trágicas las muertes de Calisto y Melibea. Por ello, en atención al parecer de sus amigos, aunque el episodio trágico es muy breve en proporción a la longitud de la obra, Rojas, convencido de que no había escrito una tragedia, la rebautizó «tragicomedia». Y ahí quedó.

Mi propósito en esta divagación era resaltar la circunstancia paradójica de que unos actores y actrices, al dejarse llevar por el punto de vista del público de hoy —el de Madrid y el de la turné— y traicionar la puesta en escena de su director, sus indicaciones, sus órdenes consiguieran una representación más fiel a la intención de su autor y más acorde con el punto de vista del público de antaño.

Ejemplo parisiense

En los años cincuenta, durante el Festival Internacional de Teatro de París, una compañía de actores irlandeses representó la obra de John Millington Synge *The Playboy of the Western World* (*El farsante del Oeste, El farsante del mundo occidental, El pillete del Oeste*, según). Esta representación causó una gran sorpresa a parte del público y a la alta crítica.

Tal vez algunos recuerden el argumento de la obra, rural y violenta, considerada en Europa a través de lecturas y de escasas representaciones, casi todas del llamado «teatro experimental», como perteneciente al «teatro poético» puesto de moda a principios de siglo por Maurice Maeterlinck. La trama y la idea central son muy lineales. A una taberna campesina llega un mozo que lleva once días fugitivo. Confiesa que en el calor de una discusión ha matado a su padre —hombre dominante y perverso—, y su crimen, su valentía y su astucia para evadirse despiertan la admiración de los que le escuchan, la familia del tabernero y algunos clientes.

El tabernero incluso piensa que puede serle útil para ayudarle en algunos trabajos duros y defenderle si llega el caso. Pero a los pocos días se va descubriendo que el crimen no ha sido tal, sino una simple trifulca con el padre, que se presenta herido, pero no de gravedad y reprende a su hijo, que se atemoriza.

La admiración por el supuesto asesino va decreciendo hasta desaparecer conforme se descubre la verdad. (Este mismo tema y esta idea fueron utilizados por el creador del realismo mágico, Massimo Bontempelli, en su novela *La familia del herrero*.)

La causa de la gran sorpresa que la representación de los actores irlandeses causó al público y a la alta crítica parisiense fue que *El farsante...* siempre se había leído y puesto en escena como drama poético —en España, en los años cuarenta, el TEU (Teatro Español Universitario), con dirección de Modesto Higueras y creo recordar que protagonizado por José María Rodero, lo representó de acuerdo a ese mismo estilo—, y aquella compañía, la irlandesa, sin duda más fiel a la tradición, al modo en que la obra se representó en su tiempo, lo hacía como lo que llamaríamos en España un «sainete», incluso un «sainete cómico», ligero, agilísimo, de acción precipitada y siempre divertida.

El punto de vista del público irlandés, al que la obra fue destinada por John Millington Synge, respecto al hijo que había asesinado a su padre y al padre que aparecía herido y los campesinos y campesinas admirando al asesino no era el mismo que el de la alta crítica y el público experimental europeos.

Utiliza Synge en sus obras dialectos arcaicos que transfigura en un lenguaje especial recreado por él. Este lenguaje, difícil de traducir (Juan Ramón Jiménez fue admirador y traductor de Synge, y Valle-Inclán admirador y algo imitador) y las acciones y reacciones de los personajes, a veces cercanas al disparate, debieron de ayudar a pensar que, puesto que aquello no se entendía bien, sería poético.

Pero lo cierto es que para los irlandeses era una fiesta alegre y desenfrenada.

Teatro en Lima

Tuve ocasión de presenciar en Lima una muy cuidada representación del drama psicológico de J. B. Priestley *Llama un inspector,* pieza ejemplar del llamado teatro burgués.

Transcurre la obra en el salón de una acomodada familia británica, pero en una segunda realidad podríamos decir que se desarrolla en el interior de la conciencia de los atormentados personajes.

En la representación a la que asistí en Lima, al ser en homenaje a una delegación española que participaba en un evento cultural, no se había abierto taquilla sino que se habían repartido las entradas como obsequio para tener la seguridad de un lleno absoluto, lo cual se consiguió y tiene su mérito, pues a veces la gente no va al teatro ni gratis, bien lo sabemos los que nos hemos dedicado a esto. El público era en su mayoría juvenil y, sin que pueda yo aclarar por qué, predominaba el elemento femenino.

Conviene recordar, aunque superficialmente, la trama de la angustiosa obra, realista pero a la que el autor añade un toque pretendidamente mágico en la figura del inspector Goole.

Un matrimonio, sus dos hijos y el pretendiente de la hija celebran en la intimidad el compromiso matrimonial de ésta. El señor de la casa es un importante industrial. El prometido es hijo de otro poderoso industrial. Han terminado de cenar y charlan todos alegremente cuando una doncella anuncia la llegada de un inspector de policía que tiene a su cargo la investigación del caso de una muchacha que se ha envenenado y acaba de morir en el hospital.

El señor de la casa recuerda que esa muchacha trabajó en su fábrica y fue despedida por promover una huelga para pedir aumento de sueldo. Pero él no se considera culpable del estado de ánimo que haya podido llevar a la muchacha al suicidio.

(A partir de aquí, excepto en la figura del inspector, puede encontrarse un parecido con *Vestir al desnudo,* de Pirandello.)

La muchacha, tras ser despedida de la fábrica, consiguió colocarse en una *boutique* en la que cumplía bien su cometido, pero fue despedida porque una clienta habitual, la hija de un importante industrial, por un motivo insignificante, recurrió a su influencia para que la muchacha fuese despedida. (En la representación de Lima, esta coincidencia de despidos causados por personas de la misma familia provocó unas aisladas risitas en el teatro.)

Pero ¿pudo ser eso lo que llevó a la muchacha a la desesperación? Según la investigación del inspector, ante la imposibilidad de encontrar otro trabajo decente, cambió de vida. Y entonces, en un cabaré, conoció al pretendiente de la hija del gran industrial (esta nueva coincidencia familiar volvió a provocar las mismas débiles risas).

Al poco tiempo se hicieron amantes. El pretendiente, cuando formalizó sus relaciones matrimoniales, abandonó a la desdichada cabaretera. Pero la prometida, al enterarse por el inspector retrospectivamente de esta traición de su novio, le devuelve el anillo. (Nuevas risas se suman a las anteriores, ante el cariz que va tomando el enredo.)

Un público sano

(Como persona práctica en la materia, puedo afirmar que eran risas a favor de la obra, no en contra. Lo que ocurría en el escenario, el público, desde su punto de vista, empezaba a encontrarlo divertido. Que todas aquellas personas, tan cercanas unas a otras, pudieran estar implicadas, sin saberlo, en el suicidio de la muchacha era para morirse de risa.)
El pretendiente frustrado se marcha de la casa. Pero todavía hay otra persona de la familia que ha visto a la antigua dependienta: la señora de la casa, que preside un comité de beneficencia ante el que se presentó la futura suicida suplicando una ayuda. Era la amante del prometido de la hija de la señora que presidía el comité y esto hizo que muchos más espectadores se sumaran a las risas de los otros.
Empezaba aquel ingenuo público a comprender la trama del vodevil y a disfrutar con las sensaciones a que daba lugar. La joven desdichada insistió en su súplica: había tenido relaciones con un joven que no podía casarse con ella y que la había abandonado: iba a tener un hijo. La presidenta del comité consideró aquella situación peligrosa y confusa y negó la ayuda, sumándose así, entre las gozosas carcajadas del público, a la fila de posibles culpables del suicidio.
Parece que al autor se le había olvidado el hijo del señor de la casa; pero no, surge ahora, borracho como una cuba, y confesando que él es el padre del hijo de la amante del prometido de su hermana, con lo cual ya los espectadores se desternillan. Además, ha robado dinero de la caja para gastárselo con su amante. (Más risas.)
Todos los cinco, en una escena coral presenciada por el inspector, se culpan de malvados, se recriminan, se acusan mutuamente de haber impulsado a la muchacha al suicidio. (Aquí las risas son ya tan generales que no se entiende el diálogo. Pero son risas felices, a favor de la obra, que culminan en el momento en que con un gran efecto de luces y de sonido, el hijo se abalanza sobre su madre con intención de estrangularla y ésta cae al suelo. A las risas sigue una gran ovación.)
Poco después, concluye la obra. Antes, en este montaje, el inspector se dirige al público y pronuncia un elocuente discurso sobre la conciencia y la ética, que cae en el más absoluto vacío. Aquel inspector les parece una especie de aguafiestas. Cuando la obra concluye con una llamada telefónica llena de significado trascendente, la ovación es unánime. El espectáculo ha entusiasmado al público. Si todas las obras fueran tan divertidas como ésta el teatro marcharía mejor.

Cuestión del punto de vista, del punto de vista del público que quizás deberían tener en cuenta no sólo los rectores del espectáculo, sino los de nuestra convivencia, no vaya a ser que un día se encuentren con que el público está escuchándoles y mirándolos muerto de risa.

De otros viajes

(Soy dibujante de historietas. Acabo de dibujar una a toda plana en la que trato de explicar que los españoles creen mucho en la suerte, excepto cuando tienen éxitos personales, que los atribuyen no a la fortuna sino a sus propios méritos. Observo la plana, aún a lápiz, sin pasar a tinta y sin colorear y considero que ha quedado muy fea. Quizás el origen de este sueño esté en que me hallo empeñado en escribir mi autobiografía.)

De los otros viajes que he mencionado, acaso el recuerdo que con más frecuencia me vuelve es triste: el de Toulouse, en donde una especie de Casa de España comunista y otra especie de Casa de España anarquista siguen enfrentadas y tirándose los trastos a la cabeza, aunque ahora, de momento y afortunadamente, son sólo trastos dialécticos.

Y ambas, la autoritaria y la libertaria, están enfrentadas con el gobierno de Madrid porque se le ha ocurrido instalar allí una sede del Instituto Cervantes, con lo que unos y otros consideran que se han invadido sus territorios.

Tenía algo de patetismo escuchar las conversaciones de algunos veteranos de guerra que parecían seguir en las barricadas y confrontarlas con las de sus nietos y bisnietos franceses, la mayor parte de los cuales ignoraba la historia de España.

Al hilo de la política y al margen de mi oficio

La Historia nos enseña que existen países a los que les ha ido muy bien con el sistema de cambiar periódicamente de jefe de gobierno. Aunque el jefe quiera continuar y aunque haya cumplido bien su misión y la mayoría de los ciudadanos deseen que continúe, debe cesar, por imperativo de la ley.

Parece que esos son los vientos que desde hace unos años soplan por aquí. También existen hoy en día (estas reflexiones son de hace ocho años) —y existieron en otros tiempos— países a los que no les va mal, en los que el jefe de gobierno cesa, deja su puesto a otro, vuelve al poder, de nuevo cesa y le sucede una serie de jefes rápidamente sustituidos por otros, y todo esto sin ninguna periodicidad. Por contra, nadie ignora que hubo períodos muy gloriosos de gloriosísimos países en los que el sumo mandatario permaneció alrededor de medio siglo. Como en las relaciones amorosas, en las relaciones entre pueblo y pueblo hay, afortunadamente, varias formas de pasarlo bien. Muchos hombres y mujeres encuentran su placer erótico en la variación, otros en la mutua fidelidad y algunos en entregarse místicamente a los deleites de la imaginación. Por desgracia, a todas esas formas de pasarlo bien en el amor se corresponden otras tantas de pasarlo mal. Pero no es esta la única similitud entre los modos de gobernar y los modos de amar.

Enamorados y rufianes

Hace algún tiempo las masas no tenían dirigentes, sino protectores que, a cambio de defenderlas de amenazantes enemigos, las oprimían y las explotaban. El perfecto aristócrata, el de buena crianza, odiaba a las masas, o las despreciaba o, cuando menos, le producían cierto asco. Los dirigentes de masas de ahora —políticos o líderes obreros— no sólo no las odian, sino que, enamorados, establecen con ellas algo muy parecido a un noviazgo, a una relación erótica. De ahí viene que de vez en cuando las traten mal. Todos los amantes experimentados saben que es muy difícil mantener una relación sexual prolongada si de vez en cuando no se le da a la pareja un disgusto tremendo. Cuando los dirigentes castigan a los dirigidos con impuestos que pueden parecer inmoderados o con prohibiciones arbitrarias y les echan encima a los guardias y al ejército no lo hacen por defender sus particulares intereses, sino por mantener vivo el fuego del amor. También las masas están enamoradas de sus dirigentes. Por esa razón los amenazan a veces con abandonarlos o con cargárselos, cometiendo lo que debería denominarse no magnicidio, sino crimen pasional.

En la fase de seducción los machos se adornan como mejor pueden, exhiben su fuerza, su musculatura, ofrecen amparo; las hembras, además de adornarse, adoptan ademanes, miradas, que luego, en la vida cotidiana, les parecerán ridículos y caerán en el olvido. Los dirigentes hacen otro tanto, y por ello, una vez iniciada la convivencia con las masas y convertida en hábito, resultan decepcionantes. No pueden lucir a diario la belleza superpuesta de que hacían gala en la fase de seducción. Y, en consecuencia, las masas dejan de gritar a coro: «¡Eres el más guapo, eres el más guapo!» Reflexionemos con rigor. Si los dirigentes aman a las masas, ¿por qué les suben constantemente los impuestos?, ¿por qué les suprimen plazas de trabajo o les obligan a trabajar más de lo saludable, como en la industrialización del siglo XIX o en la URSS de Stajanov?, ¿por qué las amordazan y no les dejan decir lo que piensan? La respuesta a todas estas preguntas y a otras de la misma índole que pudieran formulase es sencilla y la misma: por darles achares. Los achares, ya se sabe, forman parte del juego amoroso, son celos, tormentos, penas que se provocan deliberadamente para castigar a la otra parte no con la intención de romper la ligadura, sino al contrario, con la de avivar los deseos de la pareja.

Como resultado de estos achares, o de otras causas, a veces a las masas les entran unos feroces ataques de celos, les parece que sus amados dirigentes no se ocupan bastante de ellas, que se divierten con otras cosas. Entonces las masas pasan de la admiración al odio —la relación amor-odio es bien conocida—, y la emprenden a golpes con su pareja. Y también se dan circunstancias en las que son los dirigentes las presas del arrebato celoso al creer que las masas están a punto de abandonarlos, que piensan que no son necesarios, que pueden gobernarse por sí mismas o elegir otro sistema de organización de la convivencia, y se lían a tiros con el objeto de su amor. Hay masas que durante años viven bajo la bota del opresor, que se dejan maltratar, esquilmar, que trabajan casi sin compensaciones para que el opresor se dé la gran vida, y cuanto más grande y poderoso es el opresor, más felices y orgullosas se sienten ellas. Esta es una relación amorosa bien conocida: la de la puta y el rufián. Y así como hay putas que lamentan su situación, de la que no saben evadirse y que les resulta penosa, hay otras que se sienten en ella seguras y satisfechas. Tanto unas como otras, por temor o por amor, raramente rompen el trato con sus rufianes.

Lección de técnica

En mis largos tiempos de vida irregular y noctívaga he conocido chulos de la más baja categoría y otros muy distinguidos y que laboraban en alturas bastante elevadas. Siempre me ha atraído ese difícil oficio y he sentido curiosidad hacia sus pormenores. He tenido con algunos de ellos conversaciones bastante largas en las que yo era el modesto aprendiz. Tenía interés, entre otros datos, por saber si era cierto que el éxito de un buen chulo se apoyaba siempre en el tan difundido fondo masoquista que late en el interior de muchísimas mujeres. La respuesta de mi amigo el elegante rufián —pues éste no era un golfo callejero— fue afirmativa. Pero me informó, como ya lo habían hecho otros, de que no era ese el único secreto de la técnica. El chulo debía en primer lugar tener buen ojo para distinguir dónde había una posible pieza y dónde todo esfuerzo resultaba inútil. En el inicio de la faena debía mostrarse halagador, incluso generoso, arriesgando algunas inversiones. Debía ser también solícito. Cuando hubiera conseguido una relación algo estable debía exhibir frecuentemente, de manera casi constante, la amenaza del abandono (como los jefes políticos con la dimisión)... Pero mi curiosidad principal consistía en saber si era cierto lo de los buenos resultados que daban los malos tratos, físicos o sentimentales. Entendía que la dureza, la agresividad, el desprecio, podían estimular la pasión de la puta enchulada. Pero ¿a qué extremos era recomendable llegar? ¿Era conveniente pegarles, hacerles daño?

—Sí —me respondió mi amigo—, y casi todos hemos recurrido alguna vez a ello. Pero tienes que estar dispuesto a todo, quiero decir a perderla. Depende de cómo le pille. Puede echarse en tus brazos llorando y puede, si está en su casa, darte con la puerta en las narices, y si está en la tuya marcharse dando un portazo y desaparecer para siempre.

Vuelta a lo mío

Excepto en Villafranca de Xira y en Piediluco para intervenir respectivamente en *Belle Époque* y en *Marcelino, pan y vino*, mi estadía en las ciudades que he mencionado más arriba fue muy breve. Esa es la razón de que durante esos años me quedara tiempo de sobra para intervenir en veinte películas, cinco de ellas dirigidas por mí mismo. De algunas, aunque muy de pasada, hablo en otras páginas.

41
Ofertas sorprendentes

Después de las bodas de oro

Pero bastante después. Echo la cuenta cuidadosamente. Empecé a los dieciséis años. Por tanto, mis bodas de oro con este oficio fueron a los sesenta y seis años. Tengo setenta y siete. Luego hace once años de aquellas bodas, que, para no llamar la atención, ni de amigos ni de enemigos, no celebré. Cayeron en el año ochenta y siete, un año como otro cualquiera. Según mi más reciente filmografía, la aparecida en la revista *Nickel Odeon,* aquel año intervine como actor en *El gran Serafín,* del director argentino José María Díaz Ulloque; *Moros y cristianos,* de Luis García Berlanga, y *Mnemos,* de José Luis Garci (episodio de la serie de TV *Historias del otro lado).* Un año como otro cualquiera.

Fue el año en que los socialistas iniciaron su segundo mandato, la Comisión Europea elaboró un programa de medidas del Acta Única y Turquía solicitó formalmente la adhesión a la Comunidad. El disco más vendido fue *The Joshua Tree,* y el juguete más solicitado a los Reyes Magos, Gusy-Luz. También fue el año de la matanza de ETA en Hipercor. En fin, un año como otro cualquiera.

Pero a lo que voy es a que, gracias a la eventualidad de mi oficio —supongo que en otros trabajos eventuales ocurrirá algo parecido— a pesar de los cincuenta años pasados hasta las bodas de oro, desde la Spanish Civil War hasta la matanza de Hipercor, y a pesar de los otros once años añadidos, desde el juguetito Gusy-Luz hasta el caso Lewinsky, sigo sintiéndome joven. ¿Por qué? Porque estoy esperando, esperando una próxima oferta de trabajo como cuando hace treinta años no tuve ninguna, como cuando hace sesenta las que tenía eran miserables. Como a veces, muchas veces, tuve algunas que resultaron recompensadoras, brillantes, estimulantes.

Pero ahora, alejado de la gran ciudad, en retiro elegido, espero como antaño esperaba en la mesa del café acompañado por otros y otras que esperaban como yo. Y de ahí me viene esta ilusión de juventud no ya recuperada sino nunca perdida.

Primera oferta

A finales del año 1994 la productora de cine Rosa García me dijo que había tomado una decisión para mí tan sorprendente que resultaba casi incomprensible: de uno de los dos guiones que tenía de Luis Alcoriza, el director de cine hispano-mexicano, en algunas películas colaborador de Buñuel, quería que yo dirigiera uno. La causa de que esta proposición me sorprendiese era que una película anterior, *Siete mil días juntos,* dirigida por mí sobre guión del propio Alcoriza, que yo adapté, había cosechado un notorio fracaso. Aparecieron unas cuantas notas muy elogiosas en la prensa, la película obtuvo el premio a la mejor dirección en el Festival Cinematográfico de Comedia de Peñíscola y nada más.

Ni *Fuera de juego,* película que dirigí unos años antes, ni *Siete mil días juntos,* ni la siguiente que hice para Rosa García, *Pesadilla para un rico,* partían de ideas mías. Las tres fueron guiones elegidos por los productores, y a mí me costó bastante trabajo arreglar esos guiones, no digo ya para que funcionaran bien, sino para que estuvieran a mi gusto. Y tengo dudas de que ese trabajo fuera recompensado por el resultado final. Más bien me parece que no. Además, de las tres no hay ninguna cuyo espíritu, la idea de la película, me permita sentirme identificado. He hecho otras películas de las que sí me siento próximo. En esas tres los argumentos y los guiones no me parecen despreciables, creo que están correctamente elaborados, correctamente realizados. Pero no me identifico con ellas. En el caso concreto de la que ahora comentaba, *Siete mil días juntos,* el público, que no tenía por qué plantearse el problema de si se identificaba o no, decidió no ir a verla.

Manifesté mi incomprensión a Rosa, que se limitó a decir que confiaba en mí y que me enviaría los dos guiones de Alcoriza para que eligiese uno. Decidí no profundizar más. Si el proyecto llegaba a buen fin, Rosa García sería, de las veinte casas productoras para las que, hasta entonces, había trabajado como director, la única que después de encomendarme una película me encomendase otra.

Mientras me funcione la memoria no lo olvidaré.

Su idea era rodar la película en el verano del 95. Había tiempo para trabajar en el guión; llegamos al acuerdo de que también intervinieran en él García Mauriño y Morales, que habían colaborado en el guión definitivo de *Siete mil días juntos,* pero, no recuerdo por qué motivos, al final no lo hicieron.

De los dos guiones, elegí el que Luis Alcoriza había titulado *La aventura* —título que no me parecía oportuno por ser el de una famosísima película de Antonioni—, y Rosa García me dijo que también era el que ella prefería.

Creo recordar que invertí aproximadamente dos meses en adaptar el guión al momento actual, pues tenía más de quince años, y trasladar la acción de México a España. Los diálogos tuve que rehacerlos íntegramente. Hice también ligeros cambios en la estructura y llené algunas lagunas, pues el guión no estaba completo. En sucesivas lecturas quedé satisfecho de mi aportación.

Pero lo que me parecía difícil era encontrar el actor idóneo para el personaje protagonista, el financiero Álvaro de la Garza.

Segunda oferta

Otra oferta sorprendente —aunque creo haber dicho en otro lugar que en nuestro trabajo todas las ofertas son sorprendentes— me surgió por las mismas fechas. Uno de los jóvenes directores de cine más en boga, Manuel Iborra, uno de los cabezas de serie de la nueva hornada, tenía en proyecto una película de un solo personaje y había pensado que ese personaje fuera interpretado por mí.

Me dio a leer un primer guión —el curioso lector ya sabe que en las películas siempre hay un primer guión, un segundo, un tercero, un cuarto tratamiento, un quinto, una sexta versión, una séptima... mientras que se desconocen las primeras, segundas o terceras versiones de el *cantar de los Cantares*, la *Ilíada*, *El Quijote*, *La cartuja de Parma*, *Crimen y castigo*, *Guerra y paz*, *La montaña mágica*...— y quedé encantado y aterrorizado.

Encantado por la idea del desarrollo de la historia, y aterrorizado ante la posibilidad de tener que aprenderme de memoria aquel larguísimo texto, pues la película, en aquella primera versión, no sólo era de un solo personaje sino que ese personaje hablaba constantemente.

Se trataba de un soliloquio de, aproximadamente, hora y tres cuartos de duración.

El terror que sentía se atenuaba bastante ante la sospecha de que aquella película no se realizaría nunca.

Dos años después la película aún no se había realizado, pero el proyecto seguía en pie.

Para una solicitud a los poderes públicos
(a petición de la productora)

«Llevo cincuenta y cuatro años trabajando en esta industria del cine y todavía me suceden cosas nuevas. Quizás ésta es una de las causas de que me guste tanto mi oficio.

La cosa nueva que acaba de suceder es que me piden que explique por qué me ha atraído el proyecto de una película, *Pepe Guindo*, por qué he decidido sumarme a él y aceptar el riesgo de interpretar un personaje. No ya personaje protagonista, ni personaje-título, sino único personaje. Quizás esta petición no sea rara, pero a mí me resulta insólita por ser la primera vez que se me hace.

Es cierto que los periodistas suelen preguntarle a uno en ruedas de prensa o en interrogatorios por qué aceptó intervenir en la película de próximo estreno, pero se sale del paso con decir que unido el prestigio del director a la singularidad del personaje, el trabajo se presentaba atrayente, o algo por el estilo.

Pero ahora debo explicarme por escrito, y en uno o dos folios, y dirigirme a los poderes públicos.

Me atrae la novedad y voy a ello.

Está mal visto recurrir a comparaciones, pero es difícil valorar de otra manera. El texto de *Pepe Guindo* es el más bello texto cinematográfico que he leído nunca, así se lo dije a su director y coguionista, Manuel Iborra. Y en la versión que yo conozco hasta ahora, que no es la definitiva, la película es sólo texto. No sé si esa será razón para embarcarse en la aventura.

Y lo considero aventura porque ninguna de las ciento cincuenta películas en que he intervenido hasta ahora se parece a ésta. Y no me sorprende que alguien tenga curiosidad por saber por qué he decidido aventurarme, pues lo que de mí se espera en la interpretación de este personaje quizás esté por encima de mis fuerzas.

Es el personaje más intenso de mi carrera, el más complejo, el más largo, el más alejado de mi modo de ser, de mi carácter, de mis conocimientos. Tendré que estudiar mucho para aprender, de memoria —lo que más aborrezco de mi oficio— el magnífico texto y para compenetrarme con ese músico absolutamente desconocido para mí.

A veces, comentaristas que creen conocerme —que quizás me conozcan realmente— han señalado como una de mis características el ir contra corriente. Es posible que estén en lo cierto, y es una razón para aceptar este reto, el seguir siendo fiel a mí mismo.

Si puede considerarse raro y merecedor de explicación que me sume a este proyecto, más raro me parece a mí que el proyecto encuentre productor y distribuidor y exhibidores. También a ellos les preguntaría yo por qué se han embarcado en la aventura, por qué quieren hacer una película que no es como las demás películas.»

Vuelta a la primera oferta

Cuando entregué el guión de *Pesadilla para un rico* concluido a la productora le pareció bien y empezó las gestiones con la distribuidora y los posibles actores y actrices.

Carlos Larrañaga, uno de los varios que a mí me parecía adecuado, no podía por su trabajo en la famosísima *Farmacia de guardia,* que aún no había terminado, y por tener comprometida para después una actuación teatral en Madrid y en turné por otras ciudades.

De los otros actores que podían haber interpretado el personaje, uno tampoco tenía fechas libres, otro no le parecía bien a la distribuidora, otro no le parecía bien a Rosa García, otro tenía demasiadas exigencias, no todas de índole económica, tantas, que Rosa se indignó, sin verdadero motivo —hay que advertir que se indigna con facilidad, la misma con que se entusiasma, o admira, o le nacen súbitos amores.

Por fin, me dio una noticia no sólo importante sino definitiva para la marcha del proyecto: la distribuidora aceptaría el proyecto si Alfredo Landa se hacía cargo del personaje del protagonista, el financiero Álvaro de la Garza.

A mí hacer una película con Alfredo Landa como protagonista me apetecía mucho, supongo que como a cualquier otro director. Pero en mi caso concreto, no sólo porque es un magnífico actor sino porque cuando coincidimos en Italia en el rodaje de *Marcelino, pan y vino* nos llevamos muy bien y conseguimos divertirnos a pesar de lo duro, incómodo y desagradable que, por muy diversas causas, resultó el trabajo.

El personaje de Álvaro de la Garza, tal como lo había planteado Luis Alcoriza, en la misma línea que yo utilicé en las reformas, no parecía del todo adecuado a la personalidad de Landa como actor, por lo que debía hacer yo algunas modificaciones en el guión. No fueron demasiadas y enriquecieron el personaje en vez de perjudicarlo.

Otra oferta más

En lo que estaba ocupado en el guión de *Pesadilla para un rico* y en mi trabajo de actor en la serie televisiva *Los ladrones van a la oficina*, surgió —mejor diría resurgió, pues ya se me había hecho años antes— una oferta para intervenir en una película argentina, *El sueño de los héroes*, sobre la novela de Bioy Casares, dirigida por Sergio Renán, el tan justamente admirado realizador de *La tregua*. Como no me hablaron de fecha concreta no sabía si podría combinarla con mis otros trabajos.

Nuevas versiones definitivas

De los arreglos para acomodar el personaje de Álvaro de la Garza a Alfredo Landa surgió una nueva versión del guión, muy parecida a la anterior pero con algunos cambios.

Esta versión fue aceptada por la casa productora y también por la distribuidora. Todo dependía de la aceptación de TVE, cuya aportación económica, en ésta como en la gran mayoría de las películas españolas, es fundamental para la puesta en marcha del negocio. Ante el nombre de Alfredo Landa, TVE dijo que sí, aunque tenían que hacer algunas observaciones respecto al guión.

Le dije a la casa productora que prefería que esas observaciones me las dieran por escrito, pues transmitidas de unos a otros por vía oral siempre llegaban al destinatario de manera bastante confusa.

Así, pocos días después pude leerlas en letra impresa. No eran cuatro o cinco, como yo había supuesto, sino quince o veinte y no exactamente observaciones, sino objeciones.

El director de producción, Miguel Pérez Muriente, agudo observador desde su habitual barricada de silencio, dijo que, leída aquella lista de objeciones, podía pensarse que lo que pedía TVE era otro guión.

Yo insinué si no sería aquel el momento de dar marcha atrás y tomar la decisión de no hacer la película. Llevábamos ya más de seis meses en el empeño —en realidad, lo llevaba la casa productora; y, más en realidad, Rosa García— y, por un inconveniente o por otro, no cuajaba.

Al oírme, Rosa García puso el grito en el cielo. ¡Eso nunca! ¡La película se haría por encima de todo!

Yo me atreví a preguntar: «¿Por cojones?» «¡Sí, por cojones!», me respondió Rosa. Desde entonces, entre nosotros la película se tituló *Pesadilla para un rico* o *¡Por cojones!*

Rosa García es una mujer muy vehemente. Su estado anímico oscila entre la alegría desbordada y las puertas de la depresión. En medio, efusiones de cariño, irritabilidad, amenazas de venganza, llantos cuando se cree engañada o cuando sus deseos no coinciden con la realidad, desprecios insultantes, gran despliegue de su indudable atractivo personal. Sabe muy bien lo que quiere, aunque, como nos sucede a casi todos, algunas veces no sepa cómo conseguirlo.

A mí, una de las características temperamentales de los seres humanos que más fastidio me producen es la obstinación; y también es una de las cualidades que más admiro y envidio. Rosa García posee grandes cantidades de obstinación. Lástima que no se pueda pedir prestada.

El proyecto, en el aire

No me pareció a mí de una manera tan rotunda como a Miguel que TVE pidiera otro guión, pero sí que, para satisfacer el gusto de TVE, o acercarnos algo a él, habría que hacer una nueva versión.

Algunas de las observaciones u objeciones del informe eran fruto de la estupidez o del apresuramiento; otras se debían a aquella mentira tan divulgada de que «sobre gustos no hay nada escrito» y otras eran muy razonables y podían aprovecharse.

Así que puse manos a la obra de hacer otra versión en la que, prescindiendo de las estupideces y de lo que podía obedecer a gustos personales —ya que TVE es una empresa pública, no privada— pudiera incorporar las observaciones útiles que, a mi parecer, mejoraron bastante el guión. Debo consignar aquí que, parcialmente, el guión tuvo otras versiones, ya se adaptase para que el personaje de Mané, según la actriz con la que se contaba, fuese una veinteañera, una mujer experimentada cercana a la treintena o un putón desorejado de casi cuarenta años.

En todas estas adaptaciones, a mí el personaje de Mané me parecía muy bien, aunque en algunas unas Manés resultasen distintas a otras. Nunca pensé que estuviera traicionando la idea de Alcoriza.

Lo mismo ocurrió con los actores posibles para el elegante financiero Álvaro de la Garza. Carlos Larrañaga, Arturo Fernández, Imanol Arias, Andrés Pajares, cada uno con sus peculiaridades, me parecían idóneos, y a los dos o tres días de creer factible que lo incorporara uno de ellos, ya, cuando releía o corregía el guión, veía a Álvaro de la Garza con la apostura, las facciones y los modales del actor elegido. Lo más chocante me resultó la elección, por parte de la distribuidora, de Alfredo Landa.

Pero en cuanto me puse a trabajar sobre las modificaciones del guion para adaptarlo a sus peculiaridades, ya veía a Alfredo como un banquero incorruptible y descubría en el desarrollo algunas facetas de humor más acusadas que cuando pensaba en los otros actores.

Rosa García me propuso rodar algunas secuencias o buena parte de la película en Vigo porque eso le facilitaba la financiación. Le aconsejé que antes de tomar una decisión echara bien las cuentas, pero no vi ningún inconveniente. La acción de la película podía tener lugar en cualquier ciudad.

Norma, la jovencita del reparto

Manejamos varios nombres de actrices conocidas para el personaje de la protagonista femenina, Mané, pero el de Norma pensábamos cubrirlo con una actriz nueva, muy joven, que encontráramos haciendo pruebas.

Alguien me dio el nombre de Beatriz Rico, que, casualmente, intervenía en la serie que estaba dirigiendo Óscar Ladoire. Le pregunté y me dio unos informes espléndidos. Se lo comuniqué a Rosa García y no tuvo nada que oponer. Quedó en que buscaría alguna película en la que hubiera intervenido para que yo pudiera verla.

Pero a los pocos días una señora amiga me llamó para decirme que me precipitase al televisor, pues en aquel momento aparecía en pantalla Beatriz Rico —de la que yo había hablado a dicha señora amiga— y era gorda y muy mayor. Emma y yo, obedientes, nos precipitamos al televisor, pero Beatriz Rico ya había desaparecido. Yo —reconozco que imprudentemente— la aparté de mi memoria.

Una casualidad favorable

Por pura casualidad, en el Festival de Cine Iberoamericano de Huelva vi a una señorita joven, muy guapa, de estilizada, moderna y sugerente silueta a la que alguien llamaba Beatriz. Pregunté: «¿No será Beatriz Rico?» Alguien me respondió que sí.

Me la presentaron y le expliqué que había pensado en ella para un personaje de una película que aún no tenía fecha y que quizás —por razones de la misteriosa zona económica, aunque esto me lo callé— no se hiciera nunca, pero que había rechazado la idea porque me llegaron informes de que era muy mayor y gorda. Ella dijo algo así como que todavía no, y en eso quedó la cosa.

Pero al regreso a Madrid comuniqué a la casa productora lo que había ocurrido y que a mi parecer Beatriz Rico era adecuada para el personaje de Norma. A la casa productora le pareció bien y seguimos buscando actriz para el personaje de Mané, la protagonista.

También en Huelva me encontré con Alfredo Landa, que estaba muy contento con la posibilidad de rodar la película. Hizo algunas observaciones al guión y a su personaje. Todas eran atinadas. Pensé incorporarlas y así lo hice en cuanto llegué a Madrid. De esto surgió, como es natural, una nueva versión, aunque esta vez con ligerísimas modificaciones.

Alfredo Landa y yo estábamos a punto de contratarnos, como actores, en otra película, *El abuelo,* según la novela de Benito Pérez Galdós —de la que ya hizo una versión cinematográfica Rafael Gil—, dirigida y producida por Garci —en este caso no se divisaban problemas en la zona económica—. Debíamos ajustar nuestras fechas con el inicio de *Pesadilla para un rico,* que quedó señalado para mediados o finales de febrero.

Y llegó de repente la inesperada noticia: Garci, por no haber llegado a un acuerdo definitivo con TVE, no produciría *El abuelo.* Yo lo lamenté porque mi personaje era muy interesante, el director de primera fila y muy admirado por mí, y el proyecto, de gran envergadura.

Pero, por otro lado, la suspensión de la película nos dejaba más libertad para fijar la fecha de *Pesadilla para un rico.* Se fijó la de primeros de febrero, que quizás habría que aplazar hasta finales si yo intervenía en *Los Porretas,* una película para la que me habían hablado hacía tiempo, basada en una antigua serie de radio de gran audiencia.

Pesadilla para un rico fue definitivamente aceptada por Televisión Española. Rosa estaba contentísima, exultante. Debíamos empezar inmediatamente la preparación. Quizás ya fuéramos un poco alcanzados. Sobre todo teniendo en cuenta que yo había de estar en Buenos Aires una semana por el compromiso adquirido con Sergio Renán de interpretar un personaje de la película *El sueño de los héroes,* sobre la novela de Bioy Casares, compromiso al que ya no podía, ni deseaba, renunciar.

Nuestra película, *Pesadilla para un rico,* se empezaría a primeros de junio, tal vez en Vigo.

Al día siguiente me mostraron en vídeo las localizaciones de Vigo, que no me convencieron. Hablamos también de las posibles sustituciones de Silke, a la que había visto con Emma en *Hola, ¿estás sola?* y me había parecido muy adecuada para el personaje de Mané, como presencia física y como actriz.

Pero el departamento de producción había hablado con ella o con su representante y la respuesta había sido negativa porque tenía otro compromiso para las mismas fechas.

Estaba resultando más difícil de lo que yo había supuesto encontrar la actriz idónea para Mané. Silke era la quinta actriz en la que había pensado para ese personaje protagonista que, por una u otra razón, no podía hacerlo. Veríamos unos vídeos que, para ayudarnos en esa dificilísima búsqueda, nos facilitaría TVE.

Me encontraba satisfecho del nuevo final del guión —la muerte del protagonista por infarto en el momento del coito—, aunque daba por supuesto que a algunas personas no les caería bien, pero, a mi parecer, redondeaba el personaje de Álvaro de la Garza de manera muy coherente y era un final, como pedía la Preceptiva Literaria del bachillerato, lógico e inesperado.

Los vídeos que nos proporcionó TVE, con trabajos de actrices jóvenes, no me produjeron buena impresión. De modo que de los tres personajes importantes femeninos sólo teníamos actriz para uno, el de Alicia, que encajaba perfectamente en Carmen Elías, con la que hasta el momento no había problemas de fechas. Pero para su hija y para Mané no teníamos actrices. Sólo había la posibilidad de Beatriz Rico para el de la hija, Norma.

Rosa García me preguntó si Beatriz Rico no podría hacer el personaje de Mané, mucho más importante que el de Norma. Vi en la tele un episodio de la serie que había dirigido Óscar Ladoire, y me pareció Beatriz Rico muy adecuada para el personaje. Más, incluso, que para el de Norma. Rosa también había visto el episodio y estaba de acuerdo conmigo.

Respecto a mis condiciones económicas, quedé con Gavilán en que si, en mi ausencia, Rosa García quería hablar de ellas, pidiera quince millones, y si Rosa hacía una contraoferta, la aceptase sin discutirla.

Teniendo en cuenta mi relación con Rosa García —insisto: la única «casa productora» que me ha contratado como director dos veces—, a Gavilán mi proposición le pareció correcta.

42
Viaje de ida y vuelta

Buenas noticias

El mismo día en que salíamos para Buenos Aires —y que lo había destinado a estudiar, pues, como siempre, tenía miedo a no saberme el texto; lo demás puede disimularse o es cuestión de apreciaciones—, Rosa llamó para darme una buenísima noticia: Raúl de la Morena se incorporaba a la película, porque se había suspendido la de Berlanga sobre Blasco Ibáñez. Se puso él mismo al teléfono para confirmármelo. Ya estaba viendo, con Miguel, el productor ejecutivo, los vídeos de chalés y posibles exteriores en Vigo. Algo más tarde llamó Hans Burmann, el director de fotografía, para lo mismo.

Tendría de nuevo el equipo de *Siete mil días juntos,* uno de los mejores que pueden conseguirse.

Mi Buenos Aires querido...

Recién llegados a Buenos Aires, Sergio Renán, el director, vino a saludarme y a cambiar impresiones. Habló, como suele ser costumbre argentina, de política, del peronismo, de Alfonsín (del que era partidario pero había cometido muchos errores). Se disculpó por dirigir el Teatro Colón bajo Medem. Me elogió muchísimo. Y allí mismo, en el salón del hotel, tuvimos una sesión de trabajo como de una hora. Me leyó, disculpándose, el texto íntegro de mi papel. Sus explicaciones fueron muy minuciosas, útiles, acertadas, ilustrativas. Necesarias para un guión como aquél, un tanto intrincado. Tendríamos ensayo al día siguiente. Según me dijo, llevaba ensayando con los demás actores un mes.

Hacía ocho años —quizás diez, no lo recuerdo bien— que no dirigía una película.

Me recordó nuestro encuentro de Alduccio o Valentín y el de Alcalá de Henares con ocasión del Premio Cervantes a Bioy Casares, años atrás.

Ya entonces me dijo que estaba a punto de hacerse esa película, con Víctor Manuel de productor. Hablamos también de cuando fui a la Fiesta de la Democracia en 1988. Me invitó a cenar de parte de Brandoni. Y, de su parte, a almorzar cualquier otro día. Y a ver una representación en el Teatro Colón. No estuve muy cortés al insistir en que necesitaba todo mi tiempo para estudiar.

El ensayo resultó agradable. Las indicaciones de Renán eran muy válidas. Cambió, con mucho acierto, el sentido de una escena que los tres actores habíamos entendido mal.

El domingo, el día antes de comenzar el rodaje, Emma me dijo que acababa de leer en *El País* la noticia de la muerte de María Luisa Ponte. No nos habíamos enterado hasta ese momento, pero debía de haber muerto cuatro días antes.

Almorzamos, invitados por Renán, en Lola —un restorán muy acreditado, en La Recoleta, elegante zona de recreo cercana al cementerio—. Generalidades sobre la película y cambio de impresiones sobre la ópera. Renán dirige el Teatro Colón y ni a Bioy Casares ni a mí nos gusta la ópera. Pero Renán tenía el proyecto de montar una sobre una novela de Bioy Casares en la que uno de los momentos más sobresalientes es la romanza final, cantada por un mudo.

Pero mi pensamiento iba por otro lado.

María Luisa en ninguna parte
(*ABC*, 18 de mayo)

La cómica María Luisa Ponte nació durante la turné de una compañía teatral; yo también, aunque en otro continente. Después, por suerte para mí, nuestros viajes y nuestras permanencias nos acercaron en muchísimas ocasiones. Hace pocas semanas, cuando ella residía en Aranjuez, nuestro errabundo oficio me llevó a Buenos Aires para intervenir en la película *El sueño de los héroes,* del director Sergio Renán, según la fantástica —en todos los sentidos— novela de Bioy Casares. Mas, a pesar de ser autor con Borges de la ya clásica *Antología de la literatura fantástica,* no puede afirmarse que sea fantástica su escritura, aunque él la clasifique como de «ficción»: es no ya real, sino superreal (quitémosle el ismo).

Los fantasmas son frutos de la fantasía, pero ello no significa que no existan, sino que los ha sacado a la luz la fantasía del hombre sin necesidad de pasar por la criba o la fábrica de la realidad. Quizás los fantasmas no sean producidos por el hombre sino que sean el hombre mismo. Creo, desde mi punto de vista de actor, que esa es la literatura de Bioy, en la que algo he debido profundizar para preparar mi personaje del brujo Taboada, uno de los más seductores de mi carrera de actor. La faceta más atrayente de mi trabajo me parece ésta de averiguar el carácter, el temperamento, el comportamiento del personaje, no tratando de añadir algo a la ideación del autor, sino de esclarecerla para llegar a confluir con su propósito. Como cuando el comisario Maigret trata de comprender por qué aquel pobre hombre se ha convertido en un criminal. Esta me parece, digo, la faceta más apetecible de mi trabajo; y, por contra, la más dura, la más dolorosa el estudio, el aprendizaje, al pie de la letra, del texto, aunque sea bello, adecuado, interesante como el de Bioy. «Si lo que me quiere decir es que no cree en brujerías, ya lo sé. Yo tampoco.» Esa es la presentación de mi personaje, y el texto no es difícil de aprender, lo reconozco. Pero más adelante debo decir: «Usted ha hecho una especie de viaje. Un viaje más largo de lo que cree. En ese viaje no todo es bueno, ni todo es malo. Pero por usted mismo y por los demás, no vuelva a emprenderlo.» Tengo que decirlo tal cual está escrito porque no sólo es perfecto sino necesario: es la clave de la historia. Llevo estudiándolo desde antes de desplazarme a Buenos Aires. «Usted ha hecho un viaje muy largo... No... Más largo y que no es bueno para los demás... ¡No! No emprenda usted un viaje malo para los demás... ¡Tampoco! Su viaje no será ni bueno ni malo...» Repeticiones y más repeticiones, errores y más errores hasta que el párrafo está dominado. Antes de rodar la primera escena tengo cinco días en Buenos Aires en los que puedo seguir estudiando este párrafo y los demás. El domingo —el trabajo comienza el lunes— Sergio Renán nos invita a almorzar con Bioy Casares en el agradable y elegante restorán Lola. Nuestra mesa está junto a un ventanal y a través de él se ve la calle y a la gente que pasa, pero por un efecto de la luz exterior y la interior, la gente de la calle no nos ve a nosotros, a los comensales, y a causa de esto, yo, que estoy situado frente a la vidriera, me veo convertido en un *voyeur* de los que se regodean observando cópulas en los burdeles. Casi todas las señoras o las jovencitas se detienen un instante frente al ventanal convertido en espejo y, sin vernos a nosotros, recomponen su peinado, retocan su maquillaje. Ser mirado sin ser visto produce una extraña sensación de superioridad, como la que deben de sentir algunos espías enterados de los secretos de gobierno. La señora o la jovencita se aleja, pero muy pronto es sustituida por otra que nos convierte también en seres inexistentes. Al fin y al cabo estamos en el universo de Bioy Casares, que con elegancia física y mental, con sonrisa irónica y seductora, sigue la conversación sobre la belleza de la ópera, que defiende apasionadamente Sergio Renán, director del Teatro Colón, uno de los más prestigiosos del mundo.

Hace cuatro días, mientras volábamos hacia Buenos Aires, moría en Aranjuez mi amiga, mi compañera —en la jerga teatral, hasta hace pocos años, compañero, compañera significaba lo que en otros oficios colega o en política correligionario, aunque se tratase de un cómico del otro lado del mundo— María Luisa Ponte; y mi compañera Emma Cohen hasta esta mañana no se ha atrevido a darme la noticia, porque yo debía estar concentrado en el estudio de mis párrafos: «He creído cambiar destinos ajenos. Prefiero que el mío siga solo, como él quiera», y el brujo Taboada se dispone a morir. Alzo de vez en cuando la mirada del plato con el bife y la dirijo al misterioso espejo tras el que veo a los seres que no me ven, porque, personaje de Bioy Casares, no existo. Espero que uno de ellos, de los que se detienen y miran al interior del restorán sin saber que lo miran, sin vernos, sea María Luisa Ponte, una de las mujeres que mejor han sabido amar —y no me refiero ahora a los placeres táctiles o al amor cristiano, ustedes me entienden.

Dice en *Contra viento y marea,* su libro de memorias:

«Aunque he tenido muchos pretendientes, mi vida amorosa no es para asombrar. Un día estábamos en casa de Fernán Gómez hablando de amantes cuando le oí decir:

—Conozco a María Luisa de toda la vida, y se pueden contar con los dedos de la mano los novios que ha tenido.

Al oír esto me produjo una sensación extraña. Porque yo no he podido abandonarme a esas aventuras que otras cuentan.»

En nuestra sucia posguerra que, afortunadamente, para varias generaciones ya no es más que una lección en un libro de Historia, muchos nos alimentábamos únicamente de esperanzas, esperanzas inconcretas —lo que Franco y los suyos habían dejado al abrir la caja de Pandora—, y si algo real teníamos que nos reconfortase era la amistad, la presencia de personas como María Luisa Ponte. Su belleza, su encanto personal, su alegría «a pesar de todo», su risa luminosa fueron inolvidable remedio para los que pasamos nuestra juventud en los tiempos oscuros.

Ahora no es que se haya ido a ninguna parte. Simplemente es que en nuestro viaje de cómicos no volveremos a coincidir nunca.

La Ponte y el amor

(Con motivo de la muerte de la actriz María Luisa Ponte se han escrito muchos y merecidísimos elogios a su singular arte de actriz. Voy yo a dedicar estos escasos renglones no a la actriz, sino a la amiga, a la mujer. No recuerdo si el momento final de una comedia a la que voy a referirme es el de *Para ti es el mundo* o el de *La diosa ríe*, ambas de Arniches. La segunda la leí, la primera la vi en mi adolescencia. Debe de pertenecer mi recuerdo a la primera, puesto que me parece estar viendo a la actriz Concha Catalá, exponente señero de la escuela naturalista, sola en la escena, recomponiendo el tapete de la mesa camilla, mientras murmuraba, tras el infeliz desenlace de la leve trama amorosa: «No saben querer... No saben querer...» Y descendía lentamente el telón. En nuestro idioma español no es fácil la matización entre los vocablos querer, Amar —al vuelo del ordenador ha surgido esta errata: el infinitivo Amar con mayúscula; prefiero no corregir la errata—, desear, gustar. Pero al escribir «querer» el sainetero se adelantaba al lenguaje coloquial en el que la utilización de «Amar» produce cierto rubor, «gustar», por sentimiento menor, a veces puede resultar ofensivo y «desear» se reserva para otros momentos o simplemente se reserva sin sacarlo a la luz. Se refería Arniches a las mujeres que no saben Amar, aunque, por su buen oído para escuchar a la gente de la calle, utilizase el verbo querer. Sin ningún rubor puede afirmarse que la cómica María Luisa Ponte no pertenecía al género de mujeres al que se refería el personaje interpretado por Concha Catalá: la Ponte, incluso cuando en los arrebatos de celos, que certifican amor, golpeaba o arrancaba mechones de pelo a sus rivales, supo Amar.)

Principio y fin de rodaje

El trabajo del primer día de *El sueño de los héroes* transcurrió muy bien. El equipo parecía muy eficaz, muy profesional, y se resolvían en muy pocas tomas planos muy complicados.

Según el director, Sergio Renán, la acusada crisis del cine que atravesaba la industria argentina había ocasionado una ventaja: la jornada laboral no tenía límite.

Esta puede ser una de las razones de que el plan previsto para seis días se realizara en cinco.

Guardo buen recuerdo del trabajo de aquellos días en Buenos Aires. Sergio Renán es un director perfecto, que sabe muy bien lo que quiere conseguir, tanto de los actores como de la cámara. Mi personaje, el brujo Taboada, era interesantísimo, con una gran carga literaria, que a mí casi nunca me parece defecto, ni como director ni como actor ni como espectador ni como crítico. Lo pasé muy bien en aquel trabajo.

Sólo recuerdo una decepción. Quisimos aprovechar la mañana del sábado —nuestro vuelo era nocturno— para pasear por la hermosa avenida de Mayo, y la hermosa avenida los sábados por las mañanas es un desierto: las tiendas, incluso algunas librerías y algunos cafés, cerradas; la gente, en sus casas.

No obstante, paseamos y compramos un libro en la única librería abierta. Y pudimos tomar una cerveza. Pero la avenida de Mayo no era la avenida de Mayo, porque estaba el decorado pero faltaban los actores.

La zona misteriosa

Cuando llegamos a Madrid no había ninguna noticia de *Pesadilla para un rico,* pero vino a casa el decorador, Julio Esteban, para hablar de los decorados y las localizaciones. No se mostró muy optimista. Sin embargo, los dos estábamos muy de acuerdo en cómo debían ser y el estilo que queríamos darle a la ambientación. Pero lo cierto es que en España cuando se trata de realizar una película que se desarrolla entre ricos siempre se tropieza con dificultades —Bardem en *Muerte de un ciclista* las sorteó muy bien—, y al final los ricos siempre parecen menos ricos que los ingleses, franceses, americanos...

Lo primero que me dijo Rosa García, cuando a los pocos días estableció contacto conmigo, fue que, por motivos financieros, la película no podía rodarse en Vigo, ni siquiera unas secuencias. No me había parecido mal rodar en Vigo y tampoco me pareció mal dejar de rodar allí.

En cuanto a que los motivos fueran financieros, eso les hace entrar en la zona del misterio. He intervenido en la financiación de unas cuantas películas dirigidas por mí —*Manicomio, El mensaje, La vida por delante, Mayores con reparos, ¡Bruja, más que bruja!*—, pero en cuanto a la administración del dinero siempre, salvo en la última, confié en dos grandes amigos, ya desaparecidos, Cayetano Torregrosa y Juan Estelrich. En las películas dirigidas por mí pero financiadas íntegramente por otras personas he procurado defenderme de las cuentas, ignorar los presupuestos, no sé cuáles les han arruinado ni cuáles han aumentado mínimamente su fortuna. Esta actitud no obedece a confianza ciega ni a desprendimiento ni a que el dinero me cause repugnancia sino, simplemente, a comodidad. Si los responsables del dinero andan por los lugares de trabajo con tranquilidad, sonríen y hasta cuentan algún chiste, deduzco que estamos dentro del presupuesto; si se ponen nerviosos, van de un lado para otro y vociferan por cualquier motivo, pienso: a esta gente le falta dinero. Con todo esto quiero decir que para mí lo de ir a rodar a Vigo o no ir a rodar a Vigo entraba en la zona misteriosa.

En cuanto a esta zona misteriosa, ya antes de comenzar el rodaje, ni siquiera en la fase de preparación, sino cuando todo eran simples conversaciones, advertí en la casa productora y sus representantes ciertas nerviosidades, rápidos paseos de un lado a otro y alguna que otra vociferación, de lo cual deduje que la financiación de la película no estaba rematada. También deduje que la culpa de esto debía de ser mía, por haber dirigido demasiadas películas, pues estamos en la etapa en que la ayuda oficial se da sólo a películas cuyo director no haya dirigido más de dos películas, y yo he dirigido ya algunas más de veinte. Sintiéndome culpable, respeto aún más la zona misteriosa. Pero dejaba de tener aprensión y me acostaba pensando: todos estos cambios, estas múltiples versiones, estas meditaciones, aunque superficiales, sobre el contenido y el continente de *Pesadilla para un rico* ¿no llegarán ni siquiera a pesadilla, se quedarán en un simple sueño?

Otra novedad inesperada sorprendió desagradablemente a Rosa García, la indignó: se sintió traicionada por Raúl de la Morena y, sobre todo, por su fidelísimo Hansi Burmann: ninguno de los dos intervendría en la película porque al fin se hacía la serie sobre Blasco Ibáñez que dirigía Berlanga y los dos debían cumplir un compromiso ya firmado.

Resultaba dificilísimo encontrar ayudante de dirección. De los que habían trabajado conmigo en otras ocasiones, ninguno podía. Y el puesto es fundamental para la buena marcha del trabajo.

También iba retrasado lo de encontrar una muchacha actriz para el personaje de Norma, la hija de Álvaro de la Garza, una vez que habíamos decidido que Beatriz Rico pasase a hacer el personaje de Mané.

Al disponer de Loewe, a Javier Artiñano le parecía que no tropezaría con demasiadas dificultades en el vestuario. Estábamos de acuerdo en casi todo. Él opinaba que en la cena con invitados en casa de Álvaro de la Garza no debían ir de esmoquin; yo creía que sí, salvo uno o dos.

Recibí la comunicación de la casa productora de que, por el escaso tiempo de preparación, el comienzo del rodaje se aplazaba del 3 de junio al 10.

Rosa García me dijo que ya teníamos ayudante de dirección: uno que le habían recomendado como muy eficaz y del que a mí también me habían hablado elogiosamente: el que llamaban Charli. También estaba tratando de llevar, por consejo mío, como segundo ayudante, a Bruno, el que había trabajado en *Pintadas,* la película de mi ahijado Juan Estelrich en la que intervine como actor a comienzos de aquel año.

Al día siguiente llamó muy contenta, porque, aunque no pudo contratar al llamado Charli, ya había contratado a un ayudante de dirección en quien confiamos los dos, Ramiro de Maeztu, que también dirigiría el doblaje, y a Bruno, el italiano.

Antes, había llamado muy disgustada porque otro ayudante que nos habían recomendado no sólo resultó que no había hecho más que una película como primer ayudante sino que además contestó que le habían ofrecido un *spot* publicitario y le convenía más. No tenía nadie más a quien dirigirse y me consultó lo de Maeztu, que a mí me pareció bien.

No pudimos ver ni en el «combo» ni en el televisor las localizaciones que trajeron Miguel y Rosa, por razones técnicas misteriosas. Sí vimos las fotos de las localizaciones del teatro, el bar, el callejón. Y los bocetos de Julio Esteban para el decorado de la obra griega que se representa. Todo estaba muy bien, muy a mi gusto.

Pero calculé las localizaciones necesarias: eran 45 —y, contadas con más precisión 52— y hasta el momento sólo teníamos 4.

Una casualidad desfavorable

Además, a los pocos días surgió un motivo, y no leve, para que Rosa pasase del estado de euforia al de explosión nerviosa. Alfredo Landa, a punto de firmar el contrato, se volvió atrás. No haría la película. En las fechas comprometidas, en vez de *Pesadilla para un rico,* por indicación de TVE haría el personaje que me habían ofrecido a mí en *Los Porretas.*

Esto último no me afectó demasiado, pues aún no conocía el guión de *Los Porretas* ni en su tiempo había escuchado la serie de la radio y, por tanto, no estaba encariñado con el proyecto; pero en cuanto a *Pesadilla para un rico* significaba de nuevo la inviabilidad del negocio, puesto que no había protagonista masculino, y que todo se quedase de nuevo en el aire y que Rosa tuviese que tomar de nuevo la decisión de hacer la película por cojones. Ya hacía casi año y medio que había tomado esta decisión por primera vez.

¡Rosa García al teléfono! ¡Estaba contenta, tranquila, sin nervios! Ya había protagonista: Carlos Larrañaga, si le gustaba el guión; y el personaje —en esto, yo no tenía dudas.
La distribuidora aceptaba; la tele también. Habría que modificar algo el guión y aplazar la película hasta el 3 de junio para acomodarnos a los compromisos teatrales de Larrañaga.
Nueva adaptación del personaje de Álvaro de la Garza: de Alfredo Landa a Carlos Larrañaga. No fue difícil, encontré que las mejoras añadidas en las anteriores adaptaciones seguían siendo aprovechables, y los cambios necesarios, poquísimos.
De tanto formar y reformar el guión, me encontraba ya muy dentro de su estructura y de su literatura y podía proceder sin grandes dificultades a ilustrar cinematográficamente esa narración literaria. Rodaría la película —definible como comedia negra— de la misma forma que si fuera un drama, sin perseguir el humor ni la comicidad, puesto que en la mente del protagonista es drama todo lo que sucede.
Lo de acomodar la acción a la España actual resultó fácil, pues la actualidad española se presta mucho a la leve intriga de la narración.

El pabellón de trofeos

Vimos en La Moraleja el pabellón de trofeos de un amigo de Carlos Larrañaga.
Impresionante. Sobre todo por la cantidad de trofeos y el tamaño del local.
Esto último era un inconveniente, pues tendríamos que reducirlo con la cámara, porque era excesivo, parecía más un museo que una sala de trofeos particular.
Durante todo el tiempo que estuvimos en esta visita traté al mayordomo tomándolo por el dueño de la casa. Como el dueño y algunos de sus acompañantes se iban a los toros —estábamos en plena feria de San Isidro— nos marchamos en seguida a tomar unas copas a casa.
Larrañaga no vino. No se encontraba del todo bien pero yo no me había enterado.
Vinieron, con Rosa y Miguel, Julio, el decorador, y el director de fotografía con el que por fin contamos, Javier Salmones.

Tema conflictivo

La conversación fue distendida y agradable, pero surgió un tema conflictivo. A Rosa García no le gustaba la música de nuestra anterior película, *Siete mil días juntos* —habían pasado dos años y hasta aquel momento no me había dicho nada—, porque era música de lata, enlatada, insistía mucho en esto, y a ella no se le vendía música de lata.

Yo creí entender que quería decir música vulgar, ya muy oída, copiada de otras músicas.

Propuso que en vez de hacer la música Mariano Díaz la hiciera José Nieto, porque había oído un concierto de él y le había parecido una maravilla. Y si yo prefería llevar a Mariano Díaz quería que le convenciese de que hiciera una música mejor, una música que no fuera enlatada.

Yo le respondí que proponerle eso era imposible y quedó la pelota en el tejado.

Ese era un problema de no fácil solución, porque yo quería tener la música antes de empezar la película, como en otras ocasiones.

Durante el viaje, no sé si a la ida o a la vuelta, a Barbastro, para dar una conferencia sobre «Cine y literatura», comprendí de pronto el problema de Rosa García con la música de la película.

Lo que ella llamaba con insistencia música de lata, música enlatada, era la música de sintetizador, con la que trabajaba siempre Mariano Díaz. Y ella no quería eso de ninguna manera, porque la música enlatada estaba muy mal y le gustaba mucho más el concierto de José Nieto.

Le expliqué a Rosa lo que había entendido de la música de lata y del sintetizador y quedamos en que yo me encargaría de explicarle a Mariano Díaz que a la casa productora no le gustaba la música de sintetizador. Así lo hice. Rosa, por su parte, se encargaría de buscar a otro músico.

Varios problemas y alguna solución

Tanto el figurinista Javier Artiñano como Carlos Larrañaga, en la cuestión del vestuario del personaje protagonista encontraban problemas, porque los trajes de los que podían disponer no respondían a la categoría que les había dicho la casa productora ni al lujo que yo imaginaba para la película.

Larrañaga decidió aportar su ropa y hacerse por su cuenta los trajes que faltaran.

El inconveniente más grande, en cuanto a vestuario, estaría en la secuencia de la cena, en la que los comensales son catorce y tienen que estar casi de gala, no puede haber diferencia entre los protagonistas y los demás.

Larrañaga dijo que durante una cacería a la que él, que ya se ha retirado de la caza, podía asistir, se podrían rodar, un poco como documental, los planos necesarios para la película. Esto yo no lo veía tan sencillo.

Pero me preocupaba principalmente no tener la actriz para el personaje de Norma y que de las 45 localizaciones que precisaba la película, aunque pasaban los días, seguíamos teniendo sólo 4.

Una de aquellas noches vi la segunda mitad de una película que me gustó muchísimo y que desconocía: *La caja*, del portugués Manuel de Oliveira.

El primer día de junio Rosa me comunicó por teléfono que había decidido aplazar una semana el comienzo de la película —esto, no sé por qué razón, sucede en casi todas las películas—; no empezaríamos el lunes 10 sino el lunes 17. Esto en cuanto a tiempo de preparación era ventajoso, pero temía que nos ocasionara problemas al final por las fechas tan ajustadas de Larrañaga.

Almorcé, según mi costumbre, con unos cuantos actores y actrices de la película.

Todo estaba en marcha, pero a cada momento me preocupaba más la lentitud de las localizaciones. Nos faltaban cerca de cuarenta y no tenía las plantas de ninguna. Julio Esteban tropezaba con muchas dificultades.

Vi en el televisor unas pruebas que el ayudante de dirección, Ramiro de Maeztu, había hecho de unas actrices nuevas, jovencitas, para el papel de Norma y elegí a Eva María Serrano.

Por aquellos días estuve en Barbastro dando una charla sobre cine y literatura, y en Barcelona para recoger el trofeo al lector, de la Asociación de Libreros. Este acto resultó muy agradable. Entre todas las damas asistentes destacaba una, bellísima, pero no sé quién era.

Empecé una breve serie de ensayos en casa con algunos actores, Carlos Larrañaga, Beatriz Rico y Eva María Serrano. Saqué la conclusión de que no me había equivocado en aquellas elecciones. Los ensayos, al ser con fotos y vídeo, resultaron muy útiles. Me sirvieron como orientación los ensayos en Buenos Aires con Sergio Renán.

La película *Pesadilla para un rico* todavía estaba en algunos aspectos poco preparada, casi demasiado confiada a la improvisación —que siempre me causa temor—; y en otros, bien preparada.

Seguimos con los ensayos.

Almorcé con los directivos de Espasa, que me aconsejaron muy amablemente y con gran interés por mi obra futura, que releyera *Stop* por si consideraba conveniente hacer algunos arreglos. Creí entender —no sé si será pesimismo— que no les había gustado del todo y me comprometí a hacer lo que me pedían.

Hice los arreglos, que con el paso del tiempo he olvidado en absoluto en qué consistieron.

Lo que claramente les parecía mal, y así me lo dijeron, era el título —que a mí en cambio, me gusta y me parece adecuado—, pero al recordarles que yo había titulado *Stop (novela de amor),* les pareció muy bien.

El trabajo de Julio Esteban para conseguir las localizaciones era ímprobo, pues para cada lugar, lógicamente, tenía que ver tres o cuatro. Luego tenían que parecerme bien a mí los cincuenta y, lo más importante, la casa productora tenía que llegar a un acuerdo con los propietarios o con las autoridades.

En capilla

Faltaban sólo días. Vi en casa algunos vídeos de las localizaciones. Y una noche, en la tele, la película francesa *Germinal,* sobre la novela de Zola. Me entusiasmó. No creo recordar que en España tuviera ningún eco. Si se consideran los inconvenientes con que se tropieza para hacer una película sencilla, como al fin, si se superan todas las dificultades, será *Pesadilla para un rico,* me parece imposible que se haya podido hacer algo como *Germinal.*

El viernes 14 de junio, cóctel en el hotel Palace para celebrar el inmediato inicio de la película. Quedó bastante bien, nada pretencioso. Después almorzamos por allí cerca Rosa, Pérez Muriente, Carlos Larrañaga, Álvaro de Luna y yo.

Sorprendente prólogo

Por la mañana del sábado, reunión con Ramiro de Maeztu para preparar el rodaje de la próxima semana.

Trajo la noticia de que el trabajo previsto en el plan para el lunes 17, primer día de rodaje, no podría hacerse porque aún no había llegado el permiso de la Guardia Civil para rodar los exteriores de la laguna y estábamos en fin de semana, con imposibilidad de hacer cualquier gestión.

No había más remedio que rodar dos interiores naturales no previstos para ese día.

Ramiro de Maeztu se prestó a trabajar conmigo también el domingo para elaborar de nuevo, en vista de la falta de permiso de la Guardia Civil, otro plan de trabajo para la primera semana. Mi ayudante estaba muy preocupado, como yo, porque el tiempo dedicado a la preparación había sido muy escaso. Quería tener listo, por lo menos, todo el plan de la primera semana, solucionando el fallo de la falta de permisos.

43
Diario de una pesadilla

(A Rosa García)

JUNIO

Lunes, 17

Al fin comienza el rodaje de *Pesadilla para un rico* —«por cojones», que diría la productora Rosa García.
Se nos ha dado muy bien el trabajo. Como no pudimos hacer el plan previsto, por falta de los permisos de la Guardia Civil, hemos rodado en el reservado de Las Margaritas y en el aparcamiento subterráneo —en Algete y en San Agustín de Guadalix— con Álvaro de Luna y Calos Larrañaga.
Álvaro de Luna con el pelo oscurecido y unas gafas grandes queda perfecto para el personaje.
Lo malo es que al rodar estos dos interiores nos hemos quedado sin cobertura por si llueve o surge cualquier otro inconveniente. Pero el ambiente del equipo ha sido muy bueno. Eficacia, compañerismo, buen trato.

Martes, 18

El lugar en que rodamos hoy se llama Pinilla de Buitrago. Están convocados Carlos Larrañaga y Álvaro de Luna. La hora de comienzo es la 1 y la de final las 22.
Escrito así parecen veintiuna horas, pero son nueve.

En la larga secuencia, una de las mejores del guión, de la orilla de la laguna no se podrán rodar más de un plano o dos cada día. Yo había calculado más de tres. Ha habido por esa razón algún retraso respecto al plan. Según Javier Salmones, que ha visto proyección en el laboratorio a las 11 de la mañana, el trabajo de ayer está muy bien. Pablo del Amo me manda recado en el mismo sentido.

Hacemos los planos de la conversación telefónica de coche a coche entre Lorenzo (Álvaro de Luna) y Álvaro (Carlos Larrañaga). Y después, el plano inicial, la llegada del coche, de la secuencia de la laguna, la 114.

En realidad, desde mi puesto de director he tenido muy poco trabajo, pero al llegar a casa me encuentro cansado. Veo una media hora de *La marcha Radetzky*, segunda parte, que ha grabado Emma. Pero me entra sueño y me voy a dormir.

Miércoles, 19

Ya están listos los permisos de la Guardia Civil y podemos rodar libremente y con su ayuda en las carreteras y en la orilla de la laguna. Con aire triunfal me lo comunica el jefe de producción.

Intervienen en las secuencias Carlos Larrañaga, Carmen Elías, Eva Serrano, Manuel Alexandre, Luis Perezagua, César Lucendo, Virginia Buika, Lola Mariné y Álvaro de Luna.

Las noticias de la proyección de lo rodado ayer son muy buenas, pero el día de hoy ha sido desastroso. El trabajo se nos ha dado muy mal. Hemos pasado el tiempo yendo y viniendo de allá para acá montados en la plataforma y en el cámara-car sin poder rodar a causa del mal tiempo, del tiempo desigual; se nublaba; salía el sol, llovía; incluso ha caído una tremenda granizada.

No resultó tan fácil como se había pensado rodar en carreteras asfaltadas de forma que parecieran de tierra y la inestabilidad de la luz nos ha perjudicado.

Al final, al anochecer, se estabilizó el tiempo y pudimos rodar un plano bastante largo y complicado de la escena 114, la de la orilla del lago.

La única compensación que he encontrado a todas estas inquietudes es que la muchacha encargada de manejar el monitor de vídeo desde el que debo controlar el rodaje es jovencísima, bella y llena de encanto.

Es hija de los señores en cuya casa hemos localizado el jardín, la piscina, el vestíbulo, un pasillo, la cocina y el salón del chalé de

Álvaro de la Garza, los señores de Prieto. Estudia Imagen y Sonido y se ha contratado en la película para hacer este trabajo. Tendrá que acompañarme codo a codo durante seis semanas.

Maneja muy bien el monitor —yo sería incapaz de hacerlo— y su sonrisa compensa de los nublados, la lluvia y el granizo.

Recordando las dos últimas películas en que he intervenido como actor, *Tranvía a la Malvarrosa* y *El sueño de los héroes*, creí que la jornada habitual era de diez horas de trabajo, cuando, en realidad, la que utilizamos en *Siete mil días juntos* era de nueve, como así me lo recuerda el jefe de producción.

Calculando seis semanas de rodaje a cinco días por semana, esto supone treinta horas menos de rodaje.

También me he equivocado al suponer que en la secuencia 114, la de la orilla de la laguna, no podríamos hacer más de tres o cuatro planos por día, pues en realidad sólo se puede hacer uno.

La luz conveniente, crepúsculo, no vale hasta las 9 y 20, y a las 9:45 ya es de noche y deja de valer.

Estos dos errores más la inestabilidad de la luz durante todo el día y el habernos quedado sin coberturas al consumirlas el primer día de rodaje por faltar los permisos de la Guardia Civil, originan un retraso que será muy difícil de remediar y que, como es natural, empieza a poner nerviosos a los productores.

Jueves, 20

Pablo del Amo me manda recado diciendo que el trabajo de ayer, aunque escaso, fue muy bueno.

El plano complicado de la laguna salió muy bien.

Hemos hecho el trabajo previsto para ayer, pero ya estamos en un atraso considerable.

Según me dicen, ya tenemos unos permisos de la Guardia Civil que todavía faltaban para rodar en algunas carreteras, pero está resultando muy dificultosa la localización de los lugares necesarios para rodar las diversas secuencias.

A última hora rodamos otro plano complicado de la secuencia de la laguna.

Estoy bastante alarmado, porque, según mi planificación previa, me faltan seis o siete planos de esta secuencia y no podemos rodar, por la luz de anochecer, más que un plano por día, con lo cual la secuencia prevista en tres días necesitaría diez.

Y no tenemos qué hacer durante el resto del día hasta que a las 9 y 20 haya la luz adecuada.

Y no llueva. Pues nos vale la lluvia artificial que hacemos nosotros, pero no la de verdad.

El plan de trabajo trazado de antemano ya no sirve, por no haber tenido previamente los permisos de la Guardia Civil, por el tiempo variable que hace en el valle del Lozoya y por no poder rodar más que un plano en vez de los tres o cuatro que yo había calculado, de la secuencia de la laguna.

La jornada de hoy ha sido casi exacta a la de ayer.

Con luz estable hemos podido rodar cómodamente lo que hace uno o dos días parecía imposible.

Viernes, 21

Seguimos lo mismo. La misma localización, el mismo ambiente, los mismos actores, las mismas secuencias.

Tenemos el problema de cómo cubrir el tiempo necesario para llegar a la hora crepuscular y poder seguir rodando la secuencia 114. He visto, sólo por fuera, un extraño local, llamado Harpo y Groucho, y le digo a Julio Esteban que le eche una ojeada. Echada la ojeada, a él le parece adecuado para rodar el «bar de copas» que teníamos localizado en Algete.

Me preocupa mucho el retraso que lleva la película por lo ajustado de las fechas de final de Carlos Larrañaga y por lo ajustado también que me imagino el presupuesto de la casa productora, aunque yo no he intervenido en él. He echado cuentas en casa y calculando el plan no en treinta días, sino en treinta y tres, acuerdo al que parece que ha llegado el ayudante Ramiro de Maeztu con la casa productora, llevamos cerca de dos días de retraso sobre cuatro que hemos trabajado. Y hoy tenemos un plan raquítico. A la 1, hora de comenzar, hemos hecho un plano algo complicado, pero no demasiado, en el que intervenían doce actores, todos, salvo Carlos Larrañaga, de los que cobran por sesiones y que a las 3 de la tarde ya habían terminado.

Después se invirtieron dos o tres horas en hacer unos planos tontos de unos pinchos en una carretera, sin actores, y nos fuimos a preparar el plano del anochecer en el borde de la laguna. Sólo pudimos rodar uno, ni siquiera dos planos cortos de detalles del maletero y un pedrusco. Yo había calculado que esta secuencia habría que rodarla en varios días para tener siempre luz de atardecer o de anochecer, pero nunca pensé que pudiéramos rodar sólo un plano por día, porque de saberlo habríamos organizado el plan de trabajo general de otra manera. Ahora tenemos que ir improvisando localizaciones por aquí cerca que nos permitan llenar en los días que faltan para acabar la secuencia, las horas que van desde la 1 del mediodía hasta las 8 de la noche. Calculo que con el trabajo realizado hoy se ha perdido otro medio día.

Julio Esteban es partidario de rodar el «bar de copas» en el club que hay a la salida del pueblo, Harpo y Groucho; nos ahorraríamos el desplazamiento hasta Ciudad Santo Domingo donde lo habíamos localizado, y podríamos rodarlo a cualquier hora.

También ha encontrado un sitio para rodar el cuarto de los golfos, pero no tenemos aún al actor que haga de Boni, que es el personaje más importante de esas secuencias.

Domingo, 23
(por la mañana)

Ayer, sábado 22, preparé algo el trabajo del lunes. Hice un orden de rodaje nuevo para ganar algo de tiempo, pero supongo que habrá razones para que no pueda seguirse.

Después leí unos cuantos artículos de prensa y tomé notas para escribir uno para *ABC* con la intención de cumplir lo que me han pedido: uno cada quince días.

Decidí repartir el personaje de Boni al que me pareció durante las pruebas que lo hacía peor; el otro, el que trabajó conmigo hace años en *Chechu y familia,* ya ha comenzado a rodar en el papel de Óscar, el hijo de Álvaro de la Garza y Alicia.

Pensé utilizar el sistema de planos muy cortos, como se suele hacer con los niños y con los animales, y recurrir con frecuencia a P. P. y G. P. P. Trataré de conseguir que lo interprete con inexpresividad.

Si se deja cortar el pelo y logramos que tenga un rostro adecuado, quizás, recurriendo también al doblaje, pueda servir. Intentaré hacer unas pruebas con él el lunes en las pausas del rodaje.

Redacté de nuevo la escena del club conservando los diálogos pero variando las descripciones para ajustarlas a ese propósito y le pregunté por teléfono a Ramiro de Maeztu si el chico querría cortarse el pelo y si podríamos hacer las pruebas con Beatriz Rico. Quedamos en que haría las gestiones el lunes a primera hora y en que hoy, domingo, después de comer, vendría a enseñarme un vídeo de otro posible Boni. Esto, más que alegrarme, me perturba. No creo que haya tiempo para hacer las pruebas de los dos.

Por la tarde

Vi el partido España-Inglaterra en el que fuimos eliminados en la tanda de penaltis.

Después empecé dos artículos para *ABC*, pero no pude continuar ninguno.

Vi un trozo del segundo capítulo de *La marcha Radetzky*; no estaba grabado el capítulo completo. En su lugar vi una media hora de *Indochina*. Me gustaba, pero me entró sueño y me fui a dormir.

También, por la mañana, leí números atrasados de *Le Monde*.

He pensado que en un chalé con jardín que hay en el pueblo, Pinilla de Buitrago, se podrían rodar las escenas, brevísimas, de Gutier hablando por teléfono, que según el guión transcurren en un despacho. Podrían situarse en el jardín.

Nos vemos obligados a encontrar localizaciones cerca de donde estamos, de la laguna.

Lunes, 24

Seguimos en lo mismo de estos días.

En la orden de trabajo hay una nota que dice: EL ORDEN DE RODAJE DE LAS SECUENCIAS DEPENDE DEL HORARIO QUE MARQUE LA GUARDIA CIVIL.

Nos llega la orden de la casa productora de que la secuencia 114, la de la orilla de la laguna, se debe acabar definitivamente, que ya no se puede rodar más.

Suprimo algún plano, ruedo otro de manera distinta a la prevista y dejo dos insertos para rodar en cualquier otro lado; y con la eficaz colaboración y resignación del director de fotografía, Javier Salmones, conseguimos dar gusto, contra nuestra opinión, a la casa productora.

Precisamente uno de los planos que me he visto obligado a suprimir fue inventado, con situación de la cámara y todo, por Parra, el jefe de producción, pero, precisamente por orden suya, no he podido darle gusto. También era un plano que le gustaba mucho al director de fotografía, Salmones.

Hemos rodado, con muchas tomas pero con un resultado que me parece buenísimo, en un plano-secuencia, la escena del bar de copas entre Álvaro (Carlos Larrañaga) y Mané (Beatriz Rico).

También hemos aprovechado para hacer pruebas a Pablo Tribaldos para el personaje de Boni. Creo que han sido satisfactorias.

Ayer, domingo, escribí dos artículos para *ABC*. Ninguno era de los empezados, ni utilicé las notas.

Entre los dos artículos, después de comer, vino Ramiro de Maeztu y vimos unos vídeos de muchachos para el personaje de Boni. Ninguno me convenció.

Quedamos en que hoy haríamos las pruebas con el otro, Pablo Tribaldos, si se podía organizar lo necesario.

Por la noche vi un trozo de una película de Blake Edwards, una comedia al viejo estilo americano, que no me gustó nada.

Preocupado por la lenta marcha del trabajo de *Pesadilla para un rico* no dormí muy bien.

Martes 25

Hemos cambiado de ambiente. Estamos en Ciudad Santo Domingo, la misma urbanización en que yo vivo. Aquí se han localizado algunas pasadas de automóviles y unas cuantas habitaciones del chalé del protagonista, Álvaro de la Garza; no el magnífico pabellón de trofeos, localizado en un salón de un chalé de La Moraleja que, de puro espléndido, más que pabellón de trofeos de un hombre rico aficionado a la caza parece un museo.

Todavía nos faltan por encontrar unas treinta localizaciones.

El retraso, ya casi irrecuperable, pesa sobre todos, especialmente sobre el equipo de producción y produce cierta nerviosidad muy comprensible.

Hoy hemos rodado bastante, pero no hemos cumplido el plan porque era demasiado largo. Ya me lo pareció cuando lo leí. Nos ha quedado sin hacer la media escena de Norma (la otra media se rodará en otra localización) acusando a su padre de que se avergüence de ver fotos de mujeres desnudas. Y también nos han quedado por hacer dos pasadas del Rolls. Hemos hecho una pasada del Rolls por una avenida de la urbanización, la escena del chófer y la hija en el interior del coche, la llegada del sastre al comienzo de la película y la salida de la familia en el Rolls.

La casa productora ha contratado a un equipo catalán para que se encargue de rodar el «Así se hizo». Parecen gente muy dispuesta, muy profesional y muy simpática. Se comprometen a molestar lo menos posible y yo les pido que lo que hagan no tenga el aire de los *trailers* de propaganda que suelen hacerse, sino que sea más bien un reflejo neutral del rodaje. Parecen de acuerdo.

Pablo del Amo ha informado de que está muy bien el plano-secuencia de la escena del bar de copas, en que Álvaro (Carlos

Larrañaga) y Mané (Beatriz Rico) deciden ir a un «refu» que ha encontrado Mané.

Ramiro de Maeztu, el ayudante, ha llamado a casa para recordar que tengo que hacer una reforma en algo de lo que se va a rodar mañana y le ha dicho a Emma que el director de fotografía, Javier Salmones, está algo decepcionado porque no se hace un plano de la laguna que él piensa que mejoraría la secuencia y que podía ser muy bonito. Intentaré insistir con el jefe de producción, Parra, pero no tengo esperanzas.

Me comunican que el Jaguar que utilizamos —y que es casi el protagonista de la película— tiene una avería electrónica y durante unos días no se podrá disponer de él.

También está muy preocupado Ramiro de Maeztu porque piensa que rodamos menos de lo que se podía rodar.

Cuando me he enterado de esto he pensado que en sus cálculos entraba que hoy hiciéramos alguna hora extraordinaria para rodar la media escena de Norma y Álvaro en el jardín, pero a mí, quizás por excesiva prudencia, no me lo dijo.

Como mañana tenemos jornada de noche estoy procurando acostarme tarde para dormir durante el día.

He visto casi entera la película francesa *Historia de una revolución* y ahora voy a hacer la reforma a que se ha referido Ramiro de Maeztu y a preparar, aunque sea sólo por encima, el trabajo de mañana.

Jueves, 21

Rodamos la escena de la gasolinera. El tiempo del guión no responde al tiempo real de llenar el depósito, mucho más largo, y no puedo rodar la escena desde que llega el coche a la gasolinera. Comienzo cuando ya el empleado está cargando el depósito. Como el plano inmediatamente anterior es el cierre del maletero en una carretera oscura y apartada pienso que el cambio de secuencia no quedará mal.

Al fin, gracias a una gestión de Larrañaga, pudieron arreglar la avería electrónica del coche, el Jaguar, que nos impedía utilizarlo. Por eso hemos podido rodar hoy con él. Pero tiene la arrancada muy lenta y tendremos que hacer algún truco en montaje y en el sonido.

Después rodamos en la carretera oscura y apartada el momento en que Álvaro, para poder llegar a la gasolinera a cargar el depósito, oculta el cuerpo de Mané en el maletero.

Creo que todo ha quedado bien, pero no hemos hecho el plan completo. Nos ha faltado una vista lejana de la gasolinera y un plano del salpicadero. Todos los días nos dejamos algo colgado. Por eso, aunque según el cálculo de tiempo aproximado de montador y *script*, que coinciden, no vamos mal, yo creo que el retraso va creciendo de día en día.

Sábado, 29

Son las siete y media de la tarde.
    He procurado dormir todo el día, porque mañana tenemos jornada nocturna, empezando a las 0 horas, en la noche del domingo.
    Ayer trabajamos también de noche. Hicimos las llegadas al llamado refugio. Y la salida de Álvaro con el cuerpo de Mané. Como era imposible llevarla a pulso o arrastrarla, busqué un encuadre en el que no se vieran los pies y encargué que buscaran unos patines de ruedas. Así conseguimos el efecto de que Larrañaga llevaba el cuerpo de Beatriz Rico en vilo o a rastras.
    Después rodamos la escena en que el vagabundo encuentra el supuesto cadáver en el maletero y empieza a llover.
    El trabajo fue muy incómodo. Al principio porque no teníamos acotada la zona ni policía para ayudarnos y tuvimos que rodar ante la presencia de unos trescientos niños que, como es época de vacaciones, no tenían ninguna prisa y no paraban de gritar y de asediar a Larrañaga y llamar tía buena a Beatriz Rico, y más tarde, por la incomodidad de la lluvia y de las horas pasadas. No cumplimos el plan de trabajo. Estos últimos días casi nunca lo cumplimos. No sé si nosotros vamos demasiado despacio o el plan previo no se ajusta a la realidad.
    Hoy algunos han visto proyección del trabajo de los últimos días y todos dicen que es muy buena.
    Al no disponer hoy de cámara-car, un breve texto de la voz interior de Álvaro que en el guión era inmediatamente después de arrancar el coche, he tenido que rodarlo antes de arrancar.

JULIO

Martes, 2

Como la localización encontrada para pabellón de trofeos es desmesurada no se puede entender que esté en el mismo edificio del chalé en que estamos rodando. He supuesto que es otro cuerpo de edificio. Para explicarlo, rodaremos dos planos, en campo y contracampo, uno en el chalé que estamos y otro en La Moraleja, en la sala de trofeos del amigo de Larrañaga. Son planos nocturnos y con lluvia. Álvaro de la Garza llega a la casa y el mayordomo Raúl (Alexandre) con un paraguas le acompaña hasta el pabellón de trofeos.

No sé por qué extraño misterio en la orden de trabajo está consignado todo lo necesario para esta improvisación, incluso la participación del actor Alexandre, que de no rodarse esto no tendría que haber venido, pero no figura la secuencia con ningún número especial. O sea, que, según eso, la secuencia no tendría que rodarse, o, peor aún, no existe.

Cuando llego a la hora o, la consignada para comenzar el rodaje, me encuentro con que la gente está no en la localización prevista para esta secuencia añadida —un solo plano— sino en el garaje que sería la siguiente. Le pregunto al ayudante, Ramiro de Maeztu, qué es lo primero que vamos a hacer y él me contesta que no sabe lo que vamos a hacer. Me enfurezco. Por lo visto, es una de las dos o tres veces al año que me toca enfurecerme. Le digo que si él, que es el ayudante de dirección, el que tiene que organizar el trabajo, no sabe lo que vamos a hacer, mejor que se vaya. Queda despedido. Inmediatamente, sale corriendo hacia su coche. Me da la impresión de que, en vez de enfadado, se va con la satisfacción profunda de quien se quita un peso de encima.

No comprendo cómo ha podido convocar a Alexandre para primera hora sin saber lo que se iba a hacer. Ni cómo ha conseguido no enterarse.

Durante toda la sesión de trabajo me hago cargo de las funciones del ayudante de dirección. Lo paso bastante bien. Pero una de las dos secuencias que había que rodar en el garaje no se puede hacer porque el departamento de producción no ha comprado las linternas adecuadas sino otras que no sirven para las necesidades del rodaje. Falta más de una hora para terminar la jornada, pero decido que nos marchemos a nuestras casas. (Todo esto se refiere a la noche del domingo al lunes.)

Miércoles, 3

Rosa García ha funcionado perfectamente, y ayer, día 12 de rodaje, se ha incorporado un nuevo ayudante de dirección, Charli, hombre joven que parece muy dispuesto y eficacísimo. Cuando le he ofrecido que, puesto que era el primer día y entraba en una película ya empezada y de la que no sabía nada, permaneciese sólo de oyente, me lo ha agradecido pero ha dicho que prefería incorporarse al trabajo en el acto, y así lo ha hecho. Y hoy es un día en que se ruedan trozos de seis secuencias en las que intervienen ocho actores.

Viernes, 3

Hoy es el día 15 de rodaje. No hemos llegado ni a la mitad, puesto que se amplió el plan a treinta y tres días. Sin embargo, yo, al ser la escena una de las últimas del guión, tengo la impresión de que se está terminando.

La localización es el salón del chalé de la avenida Central de Ciudad Santo Domingo, donde ya hemos rodado algunos días y cuyos propietarios, gente educada y de muy buen trato, unos días parecen arrepentidísimos de haberse metido en esto y otros muy contentos de seguir nuestras peripecias y de soportar los inconvenientes de un rodaje. Las secuencias que rodamos hoy son las de la reunión de regreso del teatro. Para mí tienen el incentivo de que hay que conseguir que interprete un señor japonés que ha encontrado Rosa García de no sé qué manera y que no es actor. Recurro al sistema de rodar todo lo suyo en planos de muy corta duración y dejando fuera de cuadro algunas de sus frases cuando los párrafos son algo largos. Me he apoyado en esta secuencia para dar algo de brillantez a los quince minutos finales de la película que en guión me parecen los más flojos. Es necesario que el conjunto de actores funcione bien y con ligereza y que Álvaro y Carlos interpreten sus partes con mucha intensidad para ver si esa intensidad se transmite a los espectadores en esta zona débil. Después, lo que queda de la película, apenas cinco minutos, debe ir a galope hasta el final.

Rodamos de noche desde las 21 horas hasta las 6. Mi impresión es que el resultado va siendo bueno. Nos queda un poco para el lunes.

Martes, 9
Las fiestas del hambre

Estos días, como algunos de mis compañeros, amigos y familiares saben, me hallo inmerso en la dirección de una película. Dije «estos días» y dije mal, pues debí haber dicho «este año», ya que el trabajo de dirigir una película empieza el día en que al director le hacen la arriesgada proposición y desde ese día hasta el comienzo del rodaje —lo que nostálgicamente sigue llamándose «primera vuelta de manivela»— pueden pasar meses, incluso años, en los que en la cabeza, en la mesa, en el ordenador del director en ciernes el trabajo no cesa.

Es este un raro menester que ocupa todo el día. No de sol a sol sino también de luna a luna, pues en lo que llega el sueño —cuando llega, cuando no huye espantado por los problemas del rodaje— se le aparecen al director los planos de la película, los que ha hecho y los que le quedan por hacer, los posibles enlaces de un plano con otro, los rostros de los actores, lo que de la interpretación de éstos se ha logrado o podía haberse logrado con más talento, más autoridad o más paciencia; los rostros de las actrices, especialmente de las jóvenes y agraciadas, consuelo y amargura del director provecto, y también los rostros de técnicos, obreros y empleados de producción, aunque estos rostros estén libres de tentaciones satánicas, y la «idea» total de la película, los posibles errores ya irreparables.

Pues bien, este trabajo absorbente que ocupa veinticuatro horas al día, muchos de estos días no consiste en nada; el director, al que se le suele atribuir la autoría de la película y cuyo nombre aparecerá en destacados caracteres, no tiene nada que hacer. Surgen múltiples problemas, pero ninguno es de su negociado. Es posible que, como en mi caso actual, hace un mes haya ensayado con los actores y su ayudante la escena que hoy debe rodar y, tras algunas repeticiones y alguna que otra corrección, se haya considerado satisfecho. En tal caso, entre los rodajes de unos planos y los de otros, cuyos esquemas y coordinación ha preparado en casa, debe esperar largo tiempo a que el director de fotografía —el iluminador dicen acertadamente en algunos países de habla hispana— ilumine unos planos y otros.

En esas pausas, a veces larguísimas, puede intentar esclarecer alguna duda que le plantea el guión, cada día menos, pues cada día son menos los folios sobre los que hay que trabajar; pero otras veces no le asalta ninguna duda y no puede rellenar el tiempo vacío con lecturas, por muy cultas que sean, o con la prensa del día, pues se convertiría en un ejemplo de ocio malo para el resto del equipo, y malísimamente visto por el departamento de producción y sus inteligentes y simpatiquísimos chivatos. El director debe, en estos lapsos, permanecer inactivo y sumido en triviales pensamientos, como si alguna de aquellas lindas jovencitas será octófila o si llegará a cobrar alguna vez la parte de sueldo que lleva en aportación, si se diera el caso.

Los que no se dedican a esto del cine ignoran —y nada les va a aumentar su cultura general saberlo— que según una costumbre, no vieja porque el cine a sus cien años no lo es, cuando se rueda la toma 1 del plano 1 de la secuencia 1, el director debe invitar a todos los colaboradores en el empeño de sacar a flote la película. Hoy no se da ese caso. El plano 1-1-1 se rodará dentro de unos días. Pero hoy es el paso del Ecuador. La película está planteada definitivamente en treinta y tres días y hoy es el día diecisiete. Nuestra jornada laboral comienza a las 7 de la tarde y concluye a las 4 de la madrugada. ¿No debería yo, como director, invitar a una copita a estos actores, actrices, técnicos, operarios, administradores, parásitos?

Me asaltan recuerdos. De otras épocas, de otras circunstancias. Aquella actriz hispanoamericana que, por seguir las costumbres de su país, hizo un regalo de Navidades a cada uno de los cuarenta empleados del teatro y vio, entre lágrimas, cómo algunos se lo devolvían porque no eran tan pobres como para aceptar eso.

O aquella otra, que el día que terminó su rodaje en una película invitó a todos a una copita y unos pinchos en la cafetería de la esquina y casi nadie acudió porque todos estaban ya fuera de la jornada laboral de ocho horas y no podían perder más tiempo.

¿Debo o no debo invitar a mis compañeros a este «paso del Ecuador»? ¿Debe o no debe la casa productora invitarnos de vez en cuando, como en la película anterior, a unas pastas y un vinito al concluir el rodaje del día? Me vienen recuerdos más remotos que los mencionados anteriormente. Lo siento por el amable corresponsal que hace meses, no recuerdo si en carta personal o en «carta al director» del diario *ABC*, me pidió que dejara de lamentarme de lo mal que lo había pasado en la posguerra; pero me vuelven recuerdos de lo mal que lo pasamos en la posguerra, y puedo escribir sobre lo que me venga en gana tras pedir mil perdones al amable corresponsal.

¡Qué jolgorio en el Teatro de la Comedia cuando el empresario don Tirso Escudero o el autor Jardiel Poncela, o ambos de consuno, invitaban a la compañía y al personal del teatro para celebrar las 100 representaciones de una comedia, en el propio escenario, tras levantar el decorado! O, para mayor lujo, en el cercano restorán Regio —durante la República se llamó Riego y el propietario aprovechó las letras del rótulo cambiándolas de orden—. Desde días antes comentábamos los últimos de la compañía en qué consistiría el menú, cuántos días faltaban para el evento. Don Tirso era hombre generoso. A su amante la llevaba a comer a Paul, el restorán más caro de Madrid; luego, en el saloncillo, entre salida y salida a escena, nos lo contaban. Se rumoreaba que algunos empresarios de teatro, para sobornar a ciertos críticos, les daban de comer. Comer, comer, comer. Se comprende que entonces se celebrase y se agradeciese el rasgo liberal del regalo, no sólo de víveres condimentados, sino de un par de medias de nailon, que venían de Lisboa, de un encendedor, de unos discos de gramófono. Se agradecía el homenaje de los jefes al trabajo bien realizado, a lo que considerábamos trabajo bien hecho, pero, sobre todo, se saciaba el hambre. Eso diferencia aquellos tiempos del nuestro, en el que el hambre está en otros sitios y menos a la vista y no se puede saciar con un banquete del autor afortunado, con una copita y unos pinchos de la estrella. Hoy muchos prefieren media hora de libertad a cuatro o cinco canapés. Afortunadamente.

El plano ya está preparado. El director de fotografía se ha dado prisa. Ya no necesito seguir el vuelo de mi memoria. He decidido no celebrar el «paso del Ecuador».

Viernes, 12

Rodaje en el callejón, puerta trasera del teatro, y una pasada, ya de noche, del Rolls por cualquier calle. El horario es de 15 a 24.

Localización: calle Sacramento. San Sebastián de los Reyes.

Calle tranquila, sin aglomeración de curiosos, casi no pasa nadie.

Un señor de un taller mecánico se enfadó y causó molestias. Vociferó no contra nosotros sino contra el Ayuntamiento, que nos había concedido el permiso. Hubo que calmarle. El nuevo ayudante, Carlos Llorente (Charli) tuvo mucha mano izquierda, es un hombre utilísimo para este trabajo en muchos sentidos.

A todos nos afectó mucho el calor. Sobre todo a Carlos Larrañaga.

En este trabajo surgen a cada paso inconvenientes inesperados, como el de la avería del Jaguar. Ahora resulta que en el pabellón de trofeos no se podrá ver un armero con seis u ocho rifles, de los que Álvaro de la Garza debe elegir uno, porque está prohibido que los cazadores, aunque tengan licencia, posean más de dos rifles. Inmediatamente, discusión entre varios miembros del equipo, como sucede con frecuencia: unos dicen que es verdad, otros que no, al tío de uno le quitaron los rifles, un amigo de otro tiene un armero con diez rifles y no le pasa nada...

El trabajo de hoy creo que quedó bien. Tuvimos una larga pausa como de dos horas, hasta que se hiciera de noche, en la que no había nada que hacer ni dónde ponerse. Yo estuve en la calle viendo cómo oscurecía y firmando algunos autógrafos a unos niños.

Esto de ir retrasados y tener tiempos libres en los que no hay nada que hacer es habitual en nuestro trabajo.

Sábado, 13

Este no es un diario íntimo. Quiero decir que aunque esté compuesto de simples notas de trabajo redactadas al vuelo del ordenador, o de la pluma o el boli, lo escribo con la intención de que se publique. De ahí que me preocupe que muchas de las cosas que consigno carezcan de interés para el lector no profesional.

Hoy, por ejemplo, pienso, para aprovechar una pausa del trabajo, escribir algo sobre la productora Rosa García, que a mí, aparte de mujer atractiva y de gran don de gentes, me parece una persona ingenua y candorosa.

Esto, tanto para mis compañeros de profesión como para los lectores no profesionales, requiere una explicación.

La productora de esta película, mi gran amiga y protectora Rosa García, tiene, como es lógico y natural, defensores y detractores, como cualquier hijo de vecino, como usted y como yo; y ahora, a punto de reanudar el trabajo del día, pienso que más serán los segundos que los primeros —quiero decir los detractores que los defensores—, porque si no, no estaríamos en este país.

Pero incluso los más obstinados de sus detractores se rinden ante una evidencia, y esta rendición, el reconocimiento de esta evidencia, tiene carácter de elogio, aunque elogio formulado a regañadientes: Rosa García, habiendo sido figurante, doble de luces, sastra de rodaje, representante de actrices, ha llegado a ser productora de seis películas, ¡ha llegado a producir, en calidad de lo que se llama «productor independiente», seis películas! Todos los que estamos en el ambiente sabemos que producir una es dificilísimo. No pueden negarle sus sistemáticos detractores inteligencia, habilidad para los negocios, persuasión, pero, por encima de todo, admiran en ella el tesón, la tenacidad inquebrantable, la confianza en sí misma y en sus fuerzas, la facultad de seguir y seguir y seguir adelante, sorteando obstáculos, derribando barreras, doblegando voluntades, cuando ha vislumbrado una meta o ella misma se la ha planteado. Admiradores y detractores están acordes en reconocer este mérito o, cuando menos, esta peculiaridad de su carácter.

Mediado el trabajo de esta película, dos años después de haber rodado, también a las órdenes de Rosa García, *Siete mil días juntos*, y bastantes después de habernos conocido en mis intervenciones como actor en las películas *El anacoreta* y *De hombre a hombre*, sin negar la tenacidad como su rasgo más definitorio, me llama la atención otra peculiaridad de su temperamento de la que quizás ni ella misma sea consciente: la ingenuidad, el candor.

A veces la he visto comportarse como un niño que hiciera trampas en el juego sin advertir que se hallaba frente a unos adultos, tramposos profesionales, jugadores de ventaja. Fruto también de su candidez es su tendencia a confundir la realidad con el deseo. O los amigos con los conocidos.

También creo que es su candor, su ingenuidad, lo que la impulsa a utilizar de vez en cuando pequeñas mentiras, mentirillas, como arma defensiva en la cruenta batalla cotidiana, y que tales ingenuidad y candor le impiden advertir que con su mentirilla se está enfrentando al inmenso ejército de mentirosos entonadísimos que puebla este país y que se abastece desde los mendigos harapientos hasta los prelados de vestuario carnavalesco pasando por los sabios togados. También he podido observar que mi querida amiga y reiterada empresaria carece de esa tortuosa habilidad que se les pide a los diplomáticos: la de engañar diciendo la verdad.

Las pocas veces que ella engaña, en defensa de sus intereses y, por consiguiente, los de la casa productora, o sea, por interés de la película, quiere decirse por interés de todos nosotros; en fin, de la industria cinematográfica nacional, engaña sin dobleces, sin tapujos, sin complicados requilorios. Para entendernos: sin habilidad diplomática.

Fruto también de su candidez es la tendencia a aceptar rápidamente consejos, o simplemente informaciones, noticias sobre las materias que cree no dominar, sin tener en cuenta que en nuestro país, entre los consejeros, los informadores y los portadores de noticias abundan los malintencionados, y los torpes son legión.

Insisto y remato: la nota más acusada del temperamento de mi querida amiga y empresaria, la admirable Rosa García, es la ingenuidad, el candor.

Martes, 16

Enérgica decisión ante un desfavorable imprevisto.

Ayer por la mañana todo estaba listo para el trabajo: el actor, la actriz, el director, el equipo técnico. Pero al retrasarse casi dos horas el inicio del rodaje en el hotel Castellana, por faltar no sé qué artilugio luminotécnico, Rosa García tomó la decisión de despedir al equipo de producción íntegro. No valieron nada los esfuerzos de Charli ni los míos por convencer a la casa productora de que con aquello empeoraba las cosas, que la película necesitaba un departamento de producción. Pero la heroica Rosa García había tomado una decisión y era imposible que se volviera atrás.

Desde ese momento, ella, Miguel, las cuatro bellísimas meritorias y los tres eficaces chóferes sustituirían al departamento de producción. Rosa García, consultando a su abogado, había descubierto que, según contrato y la legislación vigente, no podía despedirlos, pero sí mandarlos de vacaciones. Y los mandó de vacaciones, ante el espanto de Charli y el mío.

Jueves, 18

Ayer el primer plano que debíamos rodar era muy sencillo —yo estaba seguro de que conseguiríamos empezar a la hora exacta—: el coche, el Jaguar, avanzando y rebasando la cámara. No pudo hacerse porque el coche no estaba. Estaba todo lo demás. Incluso el material humano sin faltar nadie. El coche llegó una hora más tarde de lo previsto.

Luego el trabajo se dio bastante bien, pero la hora perdida era irrecuperable. Había planos de Larrañaga y planos de los chicos, algunos independientes unos de otros. Primero hicimos los de Carlos para asegurarnos, pues ya se acerca la amenaza de su final de contrato improrrogable; luego haríamos los planos de los chicos.

Se aclaró el misterio del armero.

Carlos Larrañaga, al que yo había nombrado antes de iniciarse el rodaje asesor cinegético honorario, nos dio la solución. Nadie puede tener más de dos rifles, pero casi todos los cazadores matriculan también a su mujer, a su padre, al chófer... Así pueden tener en el armero ocho, diez, doce rifles. Por lo tanto, no hay ningún inconveniente para que en la película, en el pabellón de trofeos, se vea un armero con ocho o diez.

Poco después de cortar para el bocata, casi todos los del equipo pidieron agua y no había, hacía un calor agobiante y estábamos en un monte abrupto y sin autorización para entrar en la casa cercana, donde habíamos trabajado el día anterior; en ausencia de alguien del departamento de producción —para tomar decisiones no servían las cuatro bellísimas meritorias ni los tres chóferes— di permiso al equipo para que cortaran el trabajo y se fueran a buscar el agua.

Se fueron a una gasolinera cercana y tardaron más de una hora en regresar, ante la indignación de la casa productora, que se personó en el lugar de los hechos cuando allí no había casi nadie.

Esto, más el retraso del coche, hizo que no se cumpliera el plan. Quedaron varios planos de los chicos.

Por pequeñas imprevisiones y algunas estupideces —muy humanas, por otro lado— ya se ha perdido el buen ambiente que había al comienzo.

Imagino que esto, como el tiempo perdido, también es irrecuperable.

Martes, 23

Hace unos días, de parte de la casa productora me había llegado una noticia muy preocupante, desastrosa para la marcha de nuestro trabajo, pero que yo ya me esperaba: no se podía rodar en el gran pabellón de caza o museo de aquel hombre rico de La Moraleja.

Aunque yo ya había planificado las tres secuencias que tenían lugar en aquella localización y había resuelto cómo reducir, por medio de encuadres, el tamaño del gigantesco pabellón, la noticia no me hizo demasiada gracia.

Pero lo cierto es que ya durante dos o tres días, en los ratos de espera, me había entretenido en imaginar que rodaba esas secuencias en una especie de sala de pasos perdidos o segundo comedor que hay en el chalé de los amabilísimos señores de Prieto. Aunque también pensaba que los señores de Prieto estarían hartos de nosotros. El problema no estaba en los animales disecados, pues ya Julio Esteban me había dicho que un taxidermista de Toledo se dedicaba al alquiler y venta de estas piezas, sino en el local. No tener definitivamente contratadas todas las localizaciones cuando una película está tan avanzada es muy grave y a mí me complica el trabajo, pues no puedo preparar nada en casa ni hacer plantas ni historietas ni colocar muñecos en una maqueta provisional. Espero que alguien dé una idea para solucionar este gravísimo problema, pues debemos rodar las tres secuencias mañana o pasado. Yo no quiero lanzar la idea, pues en este país todo el mundo tiene tendencia a la oposición. Aguardo un poco y al fin, alguien, no me he fijado bien en quién ha sido, insinúa que quizás podría rodarse en esa habitación, que es en la que nos encontramos, mientras Javier Salmones y los suyos iluminan el garaje. Al principio no me parece muy brillante la idea, pero en seguida acepto. La casa productora debe hablar cuanto antes con los propietarios del chalé para prorrogar uno o dos días el contrato. Julio Esteban debe movilizarse para la cacería de leones, osos, ciervos, jabalíes disecados.

Y así, ayer, lunes, 22 de julio, pudimos rodar, y con muy buen resultado, dos de las tres secuencias que hay en el pabellón de trofeos y en las que intervienen catorce personajes. La otra, de Álvaro de la Garza (Carlos Larrañaga) en solitario, se rodará otro día.

Intervino por segunda vez el improvisado actor Kunio Kowayasi con muy buen resultado.

Jueves, 25 de julio

Aunque en mi agenda viene este día señalado como festivo, para nosotros no lo ha sido, y no he podido acudir a la fiesta que todos los años da por su santo mi gran amigo el doctor Martínez Fornés. Ha ido sola Emma y le ha entregado la edición de *Martín Fierro* que para esta ocasión compramos en Buenos Aires.

Al llegar a casa, después del trabajo, el decorador Julio Esteban y mi chófer para la película, Fernando, hombre amabilísimo, servicial y gran profesional, me acompañan tomando unas copas y charlando en la terraza en lo que llega Emma. Cuenta que lo ha pasado muy bien, me trae saludos de Santiago y de Elena, su mujer, y dice que se ha marchado de la fiesta antes de lo que habría deseado para no dejarme a mí solo tanto tiempo. Da gusto lo bien que nos llevamos todos.

Lo malo es que la película va retrasadísima —en ninguna de las películas que he dirigido me he retrasado tanto— y que el ambiente se nota enrarecido. A pesar de lo cual me dormí pronto.

Martes, 30 de julio

Ayer fue una de las jornadas más importantes del trabajo de la película. Importante, por dificultosa. También por rodarse —o empezar a rodarse— una de las secuencias de las que arranca el tema central de la película —la relación entre Mané (Beatriz Rico) y Álvaro de la Garza (Carlos Larrañaga)—. Esta secuencia, un largo recorrido en coche —en realidad no recorrido, porque la mayor parte transcurre en un atasco—, está fraccionada en tres secuencias —interrumpidas por llamadas telefónicas angustiadas de Lorenzo Calvo (Álvaro de Luna) a casa de Álvaro de la Garza— pero dos de ellas son muy largas, hay que recorrer varias calles, Mané tiene que llegar saltando por encima de los coches, intervienen treinta automóviles, con sus correspondientes ocupantes y conductores. Fue imposible encontrar un recorrido circunvalatorio en Algete, con las correspondientes autorizaciones, y al fin la solución partió de Rosa García que consiguió las autorizaciones necesarias para cortar las calles en Pozuelo.

Sin un hombre de la profesionalidad, la energía y la eficacia del nuevo ayudante, Carlos Llorente (Charli), estas secuencias no habrían podido rodarse. La productora ejecutiva Rosa García y el director de producción Miguel Pérez Muriente, al verse privados de equipo de producción, echaron pie a tierra —lenguaje taurino— y trabajaron como desesperados durante los dos días que ha durado el rodaje de las complicadas secuencias. Han ordenado la circulación de los automóviles, han discutido con los comerciantes que se consideraban perjudicados, han vociferado para suplicar —¿ordenar?— a los transeúntes que se apartaran cuando podían estropear con su presencia una toma. Al no existir el equipo de producción, tal como anunció Rosa García, han sido de gran utilidad las cuatro bellísimas meritorias y los tres chóferes. Estoy sorprendido. Rosa García, ordenando, gritando, disculpándose, corriendo de una calle a otra, ha sufrido un desgaste quizás excesivo.

Los vecinos de estas calles de Pozuelo a los que tanto incordiamos se han portado extraordinariamente bien. Hubo momentos en que tuvimos la impresión de que no existían. El segundo ayudante de dirección, el italiano Bruno Buzzi, bastante nuevo en estas lides, me manifestó su asombro por la diferencia entre el comportamiento cívico y solidario de estos vecinos de Pozuelo con el terror que le produjeron los doscientos niños desmandados del primer día que rodamos en Algete. (Por imprevisión, no hubo ayuda de la policía, ni cintas para delimitar nuestro terreno. Al día siguiente sí hubo ambas cosas y los niños se comieron las cintas o las usaron como serpentinas de carnaval. Este segundo día no llamaron a coro —de doscientas voces— ¡¡Tía buena, tía buena!! a Beatriz Rico, como el día anterior, pero porque este día no actuaba, no estaba allí.)

Tengo muy buena impresión de todo lo rodado en estas tres difíciles secuencias, en especial de la interpretación que del personaje de Mané ha hecho Beatriz Rico, una actriz excepcional.

Julio Esteban no consigue llegar a un acuerdo con la casa productora respecto a cuál va a ser la localización del apartamento llamado refugio. Ya estamos —teóricamente— en la recta final y aún no se sabe dónde se va a rodar este «refugio», uno de los decorados fundamentales de la película. Yo ya he trabajado en casa, con mis muñequitos, sobre tres plantas distintas, que, sucesivamente, se me ha dicho que no valían por no haberse llegado a un acuerdo entre la propiedad y la casa productora.

Aparte del refugio, de las numerosas localizaciones todavía nos faltan diez. Supongo que en algunas tendré que rodar sin haberlas visto antes.

AGOSTO

Jueves, 1

Ayer, miércoles, 31 de julio, rodamos desde las 3 de la tarde hasta las 12 de la noche. La mitad del trabajo fue en el exterior del edificio empresarial y no lo pasamos nada bien por el espantoso calor que hace allí, en la plaza exterior del edificio, totalmente encristalada, durante la tarde de agosto. A mí esta localización me gusta mucho, a Salmones no tanto, quizás por problemas de fotografía, pero de haber conocido antes este problema del calor quizás hubiera buscado otro sitio.

Al atardecer, nos trasladamos a Algete, cenamos y rodamos los planos del interior del ascensor en uno de decorado construido bajo la dirección de Julián Esteban.

Todo estuvo muy bien organizado y funcionó perfectamente, salvo el calor de la plaza empresarial; sobre todo porque en el equipo hay dos personas que sufren excesivamente con el calor: Carlos Larrañaga y yo.

Viernes, 2

Ayer, jueves, 1 de agosto y hoy, viernes, estamos sujetos al enérgico plan inventado/impuesto por el ayudante Charli: dos días de jornadas dobles y rodar en la mañana del sábado; si no, no hay manera de terminar con Carlos Larrañaga antes del mediodía de lunes, cuando se marcha de Madrid para cumplir sus compromisos teatrales.

Estas son las jornadas de que disponemos para rodar las secuencias del refugio.

El piso encontrado es demasiado pequeño, un poco agobiante, no para el resultado en pantalla sino para moverse las cuarenta personas del equipo durante el trabajo. Es necesario que en el piso estén sólo los imprescindibles.

A pesar de estas dificultades, el trabajo se nos da muy bien. Carlos Larrañaga y Beatriz Rico están magníficos. Tendrán dos éxitos personales. El tamaño del piso, sesenta y cuatro metros para 6 habitaciones —de las que hemos tirado algunos tabiques— es agobiante incluso para el equipo reducido, la cámara, las vías, la grúa, los proyectores.

Calor, un calor asfixiante. En el pequeño cuartito de maquillaje y vestuario nos han puesto un aparato de refrigeración. Colocamos junto a él el monitor de la expertísima Ana y procuro no moverme de allí, pero es inevitable ir de vez en cuando a la habitación en que se rueda, acertadísimamente decorada por Julio Esteban, pero llena de cacharros, trastos y muebles que aumentan el agobio.

Lunes, 5

Ramiro de Maeztu, el anterior ayudante de dirección, convenció a la casa productora de que en vez de treinta días el plan de trabajo debía tener treinta y tres.

Txarli Llorente (Charli), el nuevo ayudante de dirección, ha convencido hace días a la casa productora de que el plan de trabajo estaba mal hecho y de que debe ser no de seis semanas y media sino de ocho; cualquier otra cosa le parece engañarse.

Opina, y así me lo ha dicho, que los trastornos que padece el rodaje tienen como causa inicial que cuando se aceptó el plan de seis semanas alguien debió advertir a la casa productora que eso era imposible.

Entiendo que uno de esos «alguien» puedo ser yo.

Asumo la responsabilidad, aunque asumirla no sirva para nada, puesto que aquí los contratos de director no tienen cláusulas penales.

En la convocatoria estaba previsto terminar en el decorado «refugio» —lo he planificado en tres localizaciones distintas que sucesivamente se me fue comunicando que no eran las definitivas— y desplazarse a «desvío a la laguna» en la finca Las Pueblas. Se cumplió.

Charli comunicó a todos, según la tradición —el cine, joven que cumple cien años, tiene ya tradiciones—, que Carlos Larrañaga en ese momento terminaba su trabajo en la película. Fue despedido con aplausos y abrazos efusivos.

Estoy bastante satisfecho del rodaje en el refugio. El trabajo del decorador ha sido excelente y también el de los actores.

El sábado o el domingo veré estas secuencias en casa con Pablo del Amo —así lo venimos haciendo desde que empezó el trabajo en la película y me parece una forma espléndida de pasar las tardes de los sábados y los domingos.
Tengo también muy buena impresión del trabajo de Salmones.

Martes, 6 (noche)

Hoy hemos rodado el interior del disco-bar en que se reúnen los chicos. Pablo Tribaldos no me ha decepcionado. Con el sistema de los planos de poca duración y muy cercanos creo que resultará convincente. No le hemos cortado el pelo pero porque su colega lo lleva al cero, pero le hemos hecho coleta. Beatriz Rico, en su escena de presentación en la película, ha estado como ya era de esperar en ella, después de lo visto en las siete semanas de rodaje. Creo que la escena ha quedado muy bien y cumple su misión de romper bruscamente con el aire de las escenas anteriores.

Jueves, 8

Ayer, miércoles, 7 de agosto: el teatro. Planos del escenario, en los que no está el personaje de Álvaro de la Garza.
El cuarto de los golfos.
Una cabina telefónica.
Despedida emocionada a Beatriz Rico, que, concluido su trabajo en la película, sale inmediatamente para Brasil, donde tiene que acabar otra, ya empezada.
Ya no queda casi nada. La película se termina. ¿De verdad se termina?

Viernes, 9

Ayer, jueves, 8 de agosto, hicimos una jornada doble, de once de la mañana a 1 de la madrugada.
Por la mañana, pasadas del Rolls por calles de la ciudad. Por la tarde, exterior del disco-bar. Este rodaje fue en el callejón que en principio teníamos localizado como «callejón refugio». Creo que hubo problemas con una vecina, pero yo no me enteré bien.

También tuvimos que estar esperando, sin trabajar, a que se hiciese de noche, cerca de dos horas, como desde que empezamos la película.

Hoy, para celebrar el final de la película, me toca rodar en localizaciones que no he visto nunca.

Sábado, 10

Ayer rodamos una pasada del Rolls.

Después, los despachos del personaje Lorenzo y del personaje Portes. Los dos decorados estaban muy bien y eran muy adecuados.

Me alegra ver lo alegre que está Álvaro de Luna por haber interpretado este personaje.

Y también lo agradecido que se muestra Romero Marchent por haber hecho el suyo, cuando soy yo quien debo agradecerle que haya hecho un papel tan breve.

Después del rodaje, la casa productora nos ofreció una copita en los jardines del hotel en que hemos rodado el segundo despacho, el de Portes, hotel Santo Mauro.

En las dos localizaciones trabajamos con facilidad, sin inconvenientes, fue un día muy agradable. Se ha terminado el rodaje, lo cual no quiere decir que se haya terminado la película.

Nos falta controlar todo el sonido para ver los trozos que han quedado imperfectos y es necesario doblarlos. El director de doblaje es Ramiro de Maeztu, que ha vuelto a incorporarse al equipo. Luego se necesitan unos cuantos días para lo que llamamos «efectos de sala», que son todos los sonidos que, por diversas razones, no se han registrado directamente. Luego hay que «pre-mezclar» estos sonidos con los diálogos. Después hay que componer la música —en otros casos he tenido la música antes de comenzar el rodaje, pero en esta película ha sido imposible— y por fin, mezclar ruidos, diálogos y música. Me olvidaba de que también el director de fotografía, Javier Salmones, tiene que igualar luces y colores. Todo esto nos ocupará, poco más o menos, hasta primeros de noviembre, pero Rosa García dice que eso es imposible y que la primera copia estará antes del día 30. Si ella lo dice, hay muchas posibilidades de que sea así.

Por múltiples razones ha sido difícil encontrar músico para la película. José Nieto, el predilecto de Rosa García por el concierto que había escuchado, no tenía tiempo. Luis Cobos andaba de acá para allá, del Canadá a Moscú, y era muy difícil establecer contacto con él. Otro que le recomendaron a Rosa García, de un día para otro, subió en un millón de pesetas su precio y esto era intolerable. Al fin, Rosa García, ayudada por el equipo que se ocupa del «Así se hizo», ha encontrado músico. Le propongo dos fórmulas: primera, que lea el guión y vea lo que hay de la película tal como está ahora y sobre eso componga una «mini sinfonía» en cuatro tiempos: *allegro, amoroso,* terror y marcha triunfal, de dos minutos cada tiempo. Luego, Pablo del Amo y yo manipularemos esa música como creamos conveniente. Segunda fórmula: esperaremos a que la película esté totalmente concluida, incluso afinado el montaje e incorporados los títulos; él decidirá en qué momentos le parece que debe haber música, se tomarán las medidas y él compondrá lo que crea necesario. Elige la primera fórmula y entregará la música dentro de unos días, pues al final ha resultado que este músico también trabaja con sintetizador. Por último, Pablo del Amo y yo dedicaremos unos días a ajustar la música con la imagen en el televisor de casa. Cuando me encuentre por ahí a Mariano Díaz, que tan excelentes músicas compuso para *Las bicicletas son para el verano* (versión teatral), *El mar y el tiempo* y *Siete mil días juntos,* ya veremos cómo le explico esto.

Miércoles, 14

Tengo unas notas de este día que no encuentro por ningún lado.
No he recibido noticias del nuevo músico.
He visto con Pablo del Amo unos cuantos rollos de la película, no los últimos, casi afinados del todo. Secuencia por secuencia, todas me parecen bien. Del conjunto, no consigo hacerme una idea respecto al interés que puedan despertar.

Viernes, 16

El músico está muy preocupado porque la casa productora no le proporciona una placa —o algo así— sin la cual le es imposible componer la música.

Jueves, 22

Dediqué la mañana a ordenar libros y papelotes de mi mesa. Tardé mucho y avancé poco.
Por la tarde vino Pablo del Amo con el propósito de que afináramos la película.

Encontré unas cuantas cosas que ya estaban señaladas de otros días y que no se habían hecho. Del Amo lo atribuyó a descuido de alguno de sus ayudantes.

Más me sorprendió que faltaban algunas secuencias, todas las del despacho del personaje Lorenzo Calvo, el que interpreta Álvaro de Luna.

Del Amo comprendió que estaban ya preparadas para doblar. Pero eran tantas las cosas que estaban sin hacer, señaladas de otros días, y las secuencias que faltaban, que el montador acabó comprendiendo que no podía ser simple descuido: la explicación era que la cinta que había traído no era la última sino otra más antigua, que por eso no tenía correcciones, y las secuencias que faltaban no estaban aún rodadas cuando se montó esta cinta, pertenecían al último día de rodaje. Avanzó un poco más la cinta y comprobó que estaba en lo cierto.

Llamó a Cinearte, donde tiene el montaje, para que cuanto antes nos enviaran la cinta ya corregida, la que habían telecinado aquella mañana. Le respondieron que inmediatamente salía para mi casa Miguel Pérez Muriente con dicha cinta. Total, eran 30 kilómetros.

En lo que llegaba Miguel con la cinta adecuada se le ocurrió a Del Amo que a lo mejor lo que buscábamos estaba en la cinta que teníamos, pero más adelante, cuando terminara la película.

Así ocurrió. Al final de la cinta estaba, efectivamente, lo que buscábamos: la película entera, con las últimas correcciones.

Nos pusimos a trabajar sobre ella, a comprobar dichas correcciones.

Y llegó, echando el bofe, Miguel Pérez Muriente con otra copia de lo mismo.

No nos atrevimos a decirle lo que había ocurrido, y él tenía tanta prisa que ni se detuvo a tomar una cerveza antes de emprender los 30 kilómetros de regreso.

Viernes, 23

Por la mañana he seguido ordenando la mesa, pero muy poco tiempo, porque me he levantado tarde.

Por la tarde ha venido el equipo de «Así se hizo» a someterme al interrogatorio aplazado. No me ha resultado violento. El director Lucinio me ha hecho muchos elogios de mi libro *El tiempo amarillo*, que parecían sinceros, y eso siempre predispone a favor y relaja. La entrevista (el interrogatorio) ha sido sencilla y agradable y sí se ha hablado de la película, no exclusivamente de mí, como ocurrió cuando *Siete mil días juntos*.

Después he controlado con Pablo del Amo la segunda mitad de la película y, ya menos cansado y confuso que el otro día, he aclarado la escena conflictiva de la representación de la obra griega. Ha estado también, «de oyente», mi joven amigo Fernando Costilla, hijo de un íntimo amigo de mi hijo, y que quiere dedicarse a director de cine. Viene de vez en cuando a ver nuestros trabajos; no sé si le servirá de algo. Él cree que sí.

El músico Alexander Kandov ya tiene su ansiada placa y puede empezar a componer.

Rosa García me anuncia que el domingo a las 12 estarán en casa Salmones y Margarita para precisar lo que deberán rodar el lunes —efectivamente, la película no estaba terminada cuando celebramos la «última vuelta de manivela»— mientras yo asisto al doblaje, que ocupará toda la tarde, dirigido por Ramiro de Maeztu.

Sábado, 24

Comienzo a ordenar de nuevo los papelotes de mi mesa.
Escribo frases sueltas que pueden hacer falta para el doblaje.

Domingo, 25

Ayer dediqué la mañana a la desagradable tarea de seguir ordenando papelotes, pero me resulta dificilísimo conseguir que haya orden en la mesa.

Al despertarme de la siesta estaba medio inconsciente y me quedé en el sillón un rato muy largo, sin hacer nada. Luego ordené algunos papeles más.

Ha llegado la buena noticia de que Gavilán ya está en su casa, repuesto de un arrechucho. Suelen darle en verano.

Por la noche vemos una película feísima, *Matrimonio con un mafioso*, en dos inacabables partes.

Antes llamó el director de doblaje, Ramiro de Maeztu, muy preocupado porque la casa productora no quiere que uno de los actores acuda a la sesión de doblaje y él lo considera necesario. Le ha convocado por su cuenta y ya veremos lo que pasa.

También llamó, y también preocupada, la *script*, Margarita, que, por encargo de Rosa García, se desplaza desde Málaga para dirigir el día de rodaje —el lunes— porque Rosa García le ha dicho que de ninguna manera puede llevar el camión cisterna al rodaje, y la escena más larga que tiene que rodar se desarrolla bajo la lluvia. Hoy domingo, cuando vengan Margarita y Salmones, hablaremos de esto.

Miércoles, 28

Hoy es el día de mi cumpleaños. Por la noche vendrán unos cuantos amigos a acompañarme en la celebración. Ahora voy a preparar los canapés.

Ayer, 27 de agosto, dediqué casi toda la mañana a preparar una vinagreta y la tarde, después de la siesta, a distribuir botellas por diversos sitios de la casa.

A la hora de la cena llamaron Rosa García, Margarita, Salmones y Pablo del Amo, desde Cinearte, para decirme que en ese momento se terminaba el rodaje de los insertos de prensa y con eso se llegaba al final de la película. Ellos ya lo estaban celebrando. Pero aún queda poco más o menos mes y medio entre restos de doblaje, efectos de sala, música, mezclas...

Me acosté muy pronto y, en lo que me venía el sueño quise seguir leyendo el diario de Amiel PERO NO SÉ DÓNDE LO HE PUESTO. (No funcionaban las minúsculas. Ha sonado un silbido muy bonito y ya vuelven a funcionar.)

SEPTIEMBRE

Miércoles, 4

Ayer dediqué la mañana a los arreglos de *Stop* y la tarde a leer el diario de Amiel. Hoy tengo dos sesiones de doblaje, mañana y tarde.

Creo que fue anteayer cuando Gavilán me comunicó que los italianos que me habían ofrecido una sesión de trabajo en una película se habían echado para atrás. En principio me alegré, pues era bastante incordio para muy poco beneficio. Pero luego no pude evitar recordar que también se habían echado para atrás los catalanes de la película de Domènec Font y también Garci con lo de *El abuelo*. Es mucha gente que se echa para atrás el mismo año y eso puede ser significativo.

Me ocurrió ayer algo curioso. Al hablar con Gavilán y comentar que por su enfermedad no pudo venir a la reunión de mi cumpleaños me hizo caer en la cuenta de que acababa de cumplir setenta y cinco años y no setenta y seis como yo creía, por haber calculado mal. He ganado un año de una manera bien tonta.
Quiero comprobar con la lista de invitados cuántos faltaron. Creo que fueron cerca de veinte. ¿También eso es significativo?

Viernes, 6

Ayer me quedé todo el día descansando, en la cama. Leí la prensa y el diario de Amiel.

Hice la lista de los bloques musicales para la película, pero no la terminé.

Joaquín Jordá ha traído un recado de parte de una productora mexicana que me propone un trabajo, pero aún no se sabe la fecha.

Ha llamado también Iborra para decir, muy contento, que Fernando Colomo está dispuesto a producir la película sobre los recuerdos del músico y que se podría hacer en enero. Quedamos en que Colomo, Iborra y yo nos veremos aquí, en casa, el sábado.

No he recibido nada del músico de *Pesadilla para un rico*.

Domingo, 8

Ayer por la mañana hice arreglos en *Stop*. Por la tarde vinieron a casa Iborra con Fernando Colomo y su mujer, que es la productora ejecutiva de sus películas, según creo. A él ya le conocía. Ella me causó una impresión magnífica, en todos los sentidos. En resumen, lo que querían era tomar contacto y comunicarme oficialmente que a los Colomo les parecía bien el proyecto de Iborra. Yo no dejé de manifestar mi asombro, pues es un proyecto rarísimo. Lo que Iborra tenía que decirme sobre los cambios efectuados en el guión respecto a la primera versión ya me lo habían dicho, por lo que la mayor parte de la agradable reunión se fue en charlar sobre otros asuntos.

Empecé a releer las últimas páginas del diario de Amiel, que había terminado por la mañana, en la bañera. Son terribles. Anoche me dormí pronto, pero anteanoche tardé mucho.

Lunes, 9

Arreglos en *Pesadilla para un rico*.
Llama Pablo del Amo para decir que conviene ver la película seguida por si hiciera falta alguna última corrección, pues están terminados los «efectos de sala». Podemos ver la película mañana martes 10. Como he quedado a las 7 de la tarde para un interrogatorio con Antonio Castro tendré que trabajar con Del Amo a las 4 y media. Quedamos en eso.
Sigo leyendo, como todos estos días —ahora es una relectura— el *Diario íntimo* de Amiel.
Rosa García ha llamado para decir que posiblemente el jueves estará la música. Que puedo oírla en su casa o en Cinearte. Elijo Cinearte porque tenemos también la posibilidad de recurrir al montaje.

Miércoles, 11
(12 del mediodía)

Ayer, martes 10, se me fue la mañana en hacer escasos arreglos en *Stop* —más bien en poner en orden algunas páginas—, hablar por teléfono con Gavilán y tomar un vaso con mi amigo Marcelino, el de la tintorería, que vino a traer unas prendas. Por la tarde, afinar el montaje con visionado completo de *Pesadilla para un rico*, y después interrogatorio con Antonio Castro para *Dirigido por...* Pablo del Amo me cuenta de parte de Rosa García que hasta el jueves no tendrá el músico la mini sinfonía de la que vamos a extraer los bloques para la música de fondo. También me dice que el músico ha pedido ver algunos trozos de la película para tomar unas medidas, lo cual no concuerda con la fórmula de «mini sinfonía» que el músico había elegido. Del Amo no pudo enseñarle nada porque la película estaba cortada para los «efectos de sala».

Domingo, 15

Ya esté haciendo una cosa u otra, leyendo a Stendhal o cocinando cordero asado, me siguen asaltando recuerdos de *Pesadilla para un rico*, y tengo que detenerme en lo que estoy haciendo para recordar tal escena o tal otra y para seguir la concatenación de la película entera. Veo, principalmente, los colores de la película como manchas difusas, pero que componen un todo armónico. Si hago un esfuerzo notable puedo volver a centrarme en lo que estaba haciendo, cocinar o leer a Stendhal o la prensa del día.

Jueves, 19

Durante la tarde seguimos ajustando las músicas, que nos habían llegado ayer. Emma fue de gran utilidad manejando el casete. Pablo y yo solos no habríamos podido hacerlo. Este trabajo me gusta mucho. Se lleva uno grandes sorpresas al ver lo bien que se acomodan fragmentos musicales en los lugares para los que no habían sido pensados.

Miércoles, 25

Ayer por la mañana olvidé mi propósito de dedicar las mañanas a escribir y aplazar hasta la tarde la lectura, incluso la de la prensa, y se me fue la mañana en *ABC* y *Le Monde*. Trabajé muy poco en los arreglos de *Stop*.

Por la tarde trabajé un poco más, pero voy mucho más lento de lo que suponía. Como ayer encontré muy dificultosa la lectura de las últimas páginas de *Radiaciones,* leí durante unas horas *El jinete polaco,* cuya lectura había suspendido al iniciar *Pesadilla para un rico*. Lo pasé muy bien con todo lo referente al comandante Galaz, en la parte central del libro. La prosa de Muñoz Molina es elegantísima, acorde con su fama.

También me ha llamado Pablo del Amo. Hoy, 25 (ahora son las 8 y media de la mañana), mañana y pasado se hacen no las mezclas sino las premezclas de los diálogos, con lo cual las mezclas definitivas no se harán hasta el lunes y se llevarán otros tres días.

Tarde: hemos empezado las mezclas en jornada de mañana. Se ha dado bien el trabajo.

Sábado, 28 de septiembre

Hemos estado en el Círculo de Bellas Artes haciendo la foto multitudinaria para el libro *Cuentos de cine,* organizado todo por Juan Cruz. Se han hecho unas cuantas fotos distintas, todas multitudinarias, porque los cuentos que se publicarán en el libro son casi cuarenta. Emma está un poco decepcionada, porque pensaba verse incluida en una selección de quince o veinte. Confieso que yo también.

Después de las fotos y una copita servida en la sala de juntas —que habría valido muy bien para la de la película *Pesadilla*— Juan Cruz nos ha llevado a unos cuantos a comer a La Estrecha. Lo he pasado bastante bien oyendo las invenciones que ha contado Manuel Vicent.

Al volver a casa, trozos de películas y fútbol en la tele.

Lectura de *El jinete polaco*.

Veo dos trozos de películas, una española y otra alemana, a cuál más rara. ¿O será que estamos ya, como me dijo hace tiempo Gutiérrez Aragón, fuera de órbita?

Lunes, 30

Gracias a la eficacia y la experiencia del montador Pablo del Amo y de los técnicos de Cinearte, el trabajo de las mezclas de sonido se nos ha dado muy bien. Lo hemos hecho en tres tardes y nos quedó perfectamente, y habíamos conseguido que quedase bien acoplada. El último día acabamos muy pronto y nos sobró tiempo para controlar todos los rollos.

Las músicas son muy adecuadas para la acción; no creo que resulten insistentes en ninguna escena, aunque a veces, como en casi todas las películas, se agradece que en algunos momentos, o en secuencias enteras, no haya fondo musical. Me gustaría volver a hacer una película en la que, como en *El mundo sigue*, no hubiese música de fondo. Quizás este sistema fuese adecuado para *La Puerta del Sol*, si alguna vez se hace y la dirijo yo.

44
Avive el seso y despierte

Comentarios inevitables

Aunque insistí en que aquel pase era puramente de trabajo, para controlar el resultado de las mezclas, fueron inevitables los comentarios sobre si la película estaba bien o mal. Rosa García y Miguel Pérez Muriente dijeron que estaba muy bien. Yo me ratifiqué en mi idea que estaba bastante bien secuencia por secuencia, algunas me parecían brillantes y casi todas correctas, pero no tenía una opinión clara respecto a la película en su totalidad. A Rosa le gustaba mucho el final. Como estoy de acuerdo con ella —dos personas, al leerlo en el guión, me aconsejaron suprimirlo— me parece una prueba de su buen gusto.

Después nos invitó Rosa a cenar y estuvimos en Casa Paco. El optimismo de Rosa, su punto de vista de que si algo no le va bien es por alguna injusticia, son irremediables. Traté de frenar su entusiasmo, pero fue imposible. Al mismo tiempo, manifestó algo que se podría llamar terror por si la película no marchaba bien.

Traté de insinuarle que la fecha que le daban para el estreno, mediados de noviembre con imposibilidad de entrar en las fiestas de Navidad, no es la mejor del año para el negocio del espectáculo sino casi la peor. Pero ella dijo que estrenaría en esa fecha y si la distribuidora no se comprometía a mantener la película, la daría sólo dos días y volvería a estrenar en enero del año próximo. A esto no se me ocurrió ningún comentario. No sabía si me encontraba ante una prueba más de la reconocida y admirada tenacidad de Rosa García o ante una nueva manifestación de su ingenuidad, de su candor.

(Una fotografía grande, ampliada, en blanco y negro. Es una fotografía muy bella, de gran calidad. Una orgía sexual íntima; no sé precisar bien, aunque miro la foto con cuidado, con detenimiento, si son tres, cuatro o cinco las personas, hombres y mujeres, que participan. Unos están desnudos, otros medio vestidos. Unos, en una *chaise-longue*, otros, en el suelo, sobre un alfombrín.

Esta fotografía debo utilizarla en la próxima película que voy a dirigir. Aunque todavía no sé de qué manera.

Antes, me gustaría hacer, utilizándola como modelo, un dibujo a la acuarela. También de tamaño grande. Lo malo es que no domino esa técnica.

Desde que estoy contemplando la foto se escuchan unos sonidos agudos, metálicos, no del todo desagradables, que no sé precisar de qué provienen. Y también otros más fuertes, graves, nada armoniosos, muy molestos para el oído. Esos sonidos, los agudos y los graves, son los que me despiertan.)

Stop

Leí que un escritor extranjero, no recuerdo de qué nacionalidad, había publicado con gran éxito una novela que transcurría íntegramente en campeonatos de tenis y el ambiente que los rodea, y pensé que se podía hacer un relato que transcurriese en festivales cinematográficos. Luego, como suele suceder muchas veces, salió otra cosa, aunque en ¡*Stop! Novela de amor*, hay tres festivales de cine.

Puede parecer, según me dijo una joven periodista en un interrogatorio, el argumento de una película, porque en realidad lo fue. Antes que la novela, con el mismo tema, escribí un guión de cine. Cuando dos o tres casas productoras lo rechazaron decidí transformarlo en novela.

Casi todos los episodios que componen la novela, que el director cinematográfico José Luis García Sánchez, a cuyo cargo correría la presentación, supone llena de claves, son cosas que he oído por ahí, pero no puedo garantizar su veracidad, ni considero necesario que sean verdaderas. Como pretendía, sin causa justificada, huir de lo autobiográfico, cuando se me ocurría algo que tenía relación directa conmigo prescindía de ello.

Aunque en principio no fuera esa mi intención, creo que para los lectores de revistas de sala de espera la mayoría de los personajes de la novela pueden resultar estereotipos.

La misma periodista a la que me he referido más arriba me preguntó —con cierto matiz crítico— por qué en casi todo lo que escribía abundaban los guiños al lector. Sin entender del todo lo que son «guiños al lector» supongo que es un defecto que no he conseguido corregir, aunque sé que ahora está mal visto, y que proviene, me parece, de mi deformación profesional como actor de teatro, de la costumbre de actuar con el público delante, en confabulación con él.

Relacionado con lo anterior, recuerdo que en las conversaciones con Haro Tecglen para el libro de Diego Galán no podía evitar la impresión de que se advertía demasiado que hablábamos para terceros y que los dos contábamos cosas que habíamos contado siempre.

Tenía esperanzas de que en días sucesivos aquellas malas impresiones fueran desapareciendo. Creo recordar que desaparecieron.

Sobre la protección al cine

En 1996, a raíz del triunfo del PP en las elecciones, escribí el siguiente artículo, que se publicó en el diario *ABC*.

«Uno de los numerosos errores del gobierno anterior, el llamado socialista, fue el de la protección al cine nacional. Entre las últimas medidas que adoptó estuvo la de limitar las subvenciones a las películas para cuya realización el productor hubiera elegido un director no profesional. O, cuando menos, de muy escasa profesionalidad; si había dirigido más de dos películas, ya no tenía derecho el productor a percibir subvención.

Como ocurre casi siempre, esta medida molestó a muchísima gente; en este caso, a los profesionales.

Algunos interpretaron mal la medida y creyeron que su intención era, con fines electoralistas, ayudar exclusivamente a los jóvenes, pero en seguida surgieron voces desde arriba para explicar que un director nuevo, o sea, un "no profesional", podía tener cincuenta años o más y no por ello quedaría excluido de la subvención.

Lo curioso es que dicho sistema de ayuda al cine consideraba que se podía subvencionar una película si era no profesional el director, pero no si lo era el productor, el director de fotografía, el autor del guión, el montador... Creo que la razón de esta discriminación no se expuso nunca, o por lo menos a mí no me llegó la exposición.

Entre los perjudicados por dicho sistema estábamos todos los directores de mi generación y aun de generaciones posteriores si habían conseguido hacer más de dos películas.

Como es sabido, los sedicentes socialistas perdieron las últimas elecciones y fueron sustituidos por los conservadores, derechistas, centristas, liberales, neocapitalistas, tecnócratas, socialdemócratas, que, según costumbre inveterada, se consideraron obligados en todo o en casi todo, por lo menos en lo más aparente, a hacer o prometer lo contrario que hicieron o prometieron sus antecesores en el poder y ahora oponentes.

Esa es la razón de que hace días, al hojear la prensa, recibiera una grata sorpresa. Según había prometido en el mes de julio el director del Instituto de Cinematografía y de las Artes Audiovisuales, al llegar el otoño se ha hecho público el texto definitivo del anteproyecto de reforma por real decreto de la ley de 8 de junio de 1994 de ayuda al cine español. En este anteproyecto no se suprimen las ayudas a los directores no profesionales, lo cual a toda la gente del cine nos llena de alegría, pues la mayoría de estos directores no profesionales cuyos productores pueden optar a las subvenciones, aunque no estén excluidas las personas mayores, son jóvenes, y nadie ignora el respeto, el cariño, la admiración, que, en todos los órdenes de la vida, los maduros y los ancianos sentimos hacia los jóvenes, los que han de seguir portando la antorcha que otros antes que nosotros encendieron. ¡Si los jóvenes directores no nos sucedieran, nosotros pasaríamos a la historia como los enterradores del cine español! Por esta misma razón no tenemos nada contra la idea, de la cual ya llegan rumores, de una protección especial para las películas dirigidas por niños.

Pero estoy a punto de perder el hilo. Decía que en este texto del anteproyecto, sin suprimir las ayudas a los no profesionales, se estimula también económicamente a aquellos productores que encarguen sus trabajos a profesionales de probado talento, como si a los políticos que deciden y redactan los textos, las leyes, los proyectos y los anteproyectos les hubiera dado de pronto un ataque de sentido común.

En cuanto entre en vigor la citada reforma, antes del mes de enero, recibirán ayuda económica previa, según el proyecto que la empresa productora haya presentado, todas aquellas películas realizadas por un director profesional que haya conseguido realizar más de cinco películas, con lo cual se considera que ha dado pruebas de su profesionalidad y de su capacidad para conseguir la confianza de las empresas productoras. Esta ayuda se verá muy incrementada si el director ha conseguido realizar más de veinte o si ha entrado en la categoría de "autor" por haber realizado varias películas de las que puedan considerarse "personales" a juicio de un jurado competente del que estarán excluidos los políticos. El incremento de la ayuda será mayor si el citado director ha recibido premios nacionales, como los Goyas o los del Círculo de Escritores Cinematográficos, y más incrementado si los premios fueran internacionales, como los de los Festivales de Cannes, Venecia, Berlín, Montreal o el Óscar de Hollywood. Todas estas ayudas económicas serán incrementadas en un 20 por ciento cuando el director sobrepase la edad de setenta y cinco años, no sólo para premiar la constancia en el trabajo y el servicio a la nación de dicho director, sino para compensar el gasto que en cuanto a cuidados médicos, alimenticios y de confort acarreará a la empresa productora. En los casos en que los directores se hagan cargo también de los riesgos de la producción, financiando las películas con los ahorros conseguidos en años de trabajo, la ayuda se duplicará como premio a su heroísmo y con la intención de que tal comportamiento sirva de ejemplo a los jóvenes y a los no profesionales. Cuando el nombre del director tenga un prestigio señalado, como los de Bardem, Berlanga, Saura, Aranda, Garci, Gutiérrez Aragón, Trueba, García Sánchez, Martínez Lázaro, Armiñán, Camus, Víctor Erice y otros, la empresa productora no deberá pormenorizar su proyecto con los nombres del resto de los técnicos y actores ni presentar síntesis del argumento para referir a los poderes públicos si la historia acaba bien o mal sino que el nombre de dichos directores se considerará suficiente garantía para que la película se haga merecedora de ayuda.

También los que han obtenido grandes éxitos populares, de los llamados "de taquilla", como podían ser, por seguir poniendo ejemplos, sin ánimo de convertirme en árbitro, Luis Lucia, Vicente Escrivá, Pedro Masó, Ramón Fernández o Mariano Ozores, tendrán derecho a ayudas para estimular a aquellas empresas productoras que se esfuerzan en hacer un género de cine muy acorde con los gustos del gran público.

En cuanto a casos muy excepcionales, como el del director Almodóvar, cuyas películas no precisan ningún tipo de ayuda, por ser supercomerciales incluso en los países extranjeros, se ordena que en la correspondencia oficial y en los medios de difusión dependientes del Estado, como RTVE, se le aplique siempre el tratamiento de Excelentísimo Señor.

Dispuesto no sólo a felicitar a mi admirado Almodóvar sino a comentar con unos cuantos compañeros de mi generación y de otras posteriores la grata nueva, me abalancé sobre el teléfono, pero antes de que hubiera marcado ningún número me desperté.»

Breve meditación sobre mi oficio

Uno de aquellos días, en el diario de Thomas Mann leí algo sobre mi oficio de actor que me llamó la atención.

Es del sábado, 23 de marzo de 1935:

«Después del té fuimos Katia y yo en coche a la ciudad y vimos la producción anglo-india *Bengalí* —es posible que Mann cometa un error, me parece que la película es estadounidense; en España se tituló *Tres lanceros bengalíes*—, doblada al alemán; evidentemente una de mis impresiones más fuertes en este campo, algo demasiado patriótica, pero un maravilloso conjunto de actores y tomas asombrosas de combates y también imágenes íntimas. Es muy peculiar ese sentimiento de vergüenza ante la masculinidad. Los antiguos poetas, escaldos, bardos, etcétera, se defendieron de él mediante la glorificación de los héroes en el canto. Pero aun cuando me inspiraron un gran cariño los valientes jóvenes que aparecían en la película —y es que eran, en verdad, auténticamente humanos, pues esos intérpretes representan un nuevo tipo de actor, que no sólo imita, sino que conserva también una actitud humana...»

Lo que advierte Thomas Mann es el resultado de la aplicación de las enseñanzas del naturalismo al cine, que sólo fue posible después de la llegada del sonoro, al librarse la interpretación de lo que en el cine mudo tenía, quizás necesariamente, de pantomima.

Un sueño no es más que un sueño

Poco después fue la reunión anual del patronato del Instituto Cervantes. Aunque hubo ratos en los que no sabía qué hacer, andando, solo, de un lado para otro, un poco como gallina en corral ajeno, o como cómico entre catedráticos, en otros lo pasé bastante bien. Charlé con Cela, con Vargas Llosa, me alegró mucho volver a encontrarme con Bioy Casares, recordamos el almuerzo en Lola, en La Recoleta (Buenos Aires), con Sergio Renán. Ya se había terminado la película *El sueño de los héroes,* pero él aún no la había visto.

También hablé con un señor muy agradable, simpático, inteligente, extravertido, que se dirigió a mí en principio para preguntarme si un fraile que andaba por allí, en ese momento hablando con Mora Figueroa, era el prior, o como se llame, del monasterio. Yo le informé de que era el bibliotecario. La cara de este señor tan simpático no me resultaba desconocida, sobre todo su frente despejada me pareció haberla visto en algún lado.

Caí en la cuenta de que la había visto, así como su nariz inclinada, en las caricaturas que se habían publicado con motivo de las desgraciadas declaraciones del secretario de Estado para la Cultura sobre el cine español, Cortés.

Era, en efecto, Cortés. Así le llamó oportunamente otro invitado, y ya supe con quién me andaba. Recordé que días atrás había estado dudando si al llegar en esta reunión del patronato del Instituto Cervantes a los ruegos y preguntas no debía proponer que se destituyera a ese secretario para la Cultura que había hablado tan pésimamente del cine español. Por suerte, ya había decidido no meterme en camisa de once varas.

También hablé con una amable directiva del Instituto muy preocupada por la crisis teatral y por la imposibilidad de que el Instituto fomentara representaciones teatrales fuera de España por su elevadísimo costo.

Hablé también con Gutiérrez Aragón y con Ruiz Gallardón, tan simpático y atrayente como siempre. Y con un escritor mexicano, cuyo nombre tendría que buscar. Procuraría que no tirasen los periódicos de ese día y del siguiente.

Su Majestad tuvo la gentileza de acercarse al grupo en que me encontraba para interesarse por mis trabajos de entonces.

Varias personas, entre ellas el propio Cortés, se refirieron con elogios al artículo que publiqué en *ABC*, el del sueño sobre la protección al cine español. Cortés me hizo caer en algo que yo no había pensado: como sólo al final digo que aquello era un sueño, los lectores que no hubieran leído el artículo por completo pudieron creer que lo que en él se decía era verdad.

Uno de aquellos días dejé listo el original de la novela *Stop* —con algunas correcciones sugeridas por la editorial— para entregarlo a Espasa.

45
Renovadas esperanzas

No faltan preocupaciones

Pablo del Amo estaba preocupado porque la casa productora se retrasaba en los últimos trámites para que en Cinearte hicieran el repicado a 35 mm. Era el último trabajo que quedaba por hacer. Lo que restaba correspondía al laboratorio y podía ser muy premioso, llevar tiempo.
Mi mayor preocupación ya no se refería a *Pesadilla...*, sino a que empezaban las conversaciones entre Haro Tecglen y yo para el libro de Alfaguara y aún no conseguía hacerme una idea de en qué podía consistir aquello. Sentía gran curiosidad por la primera sesión y también un gran temor de que no supiera desenvolverme.
Rosa García me felicitó porque le había gustado mi artículo sobre la protección al cine español y también me dijo que ya estaba en orden el traslado de los trabajos que faltaban de Cinearte al laboratorio. Dentro de unos días tendríamos copia estándar.
Un día de aquellos, por su prestigio, vimos en la tele una película larguísima que me pareció totalmente estúpida, reiterativa y aburrida. Salvo la belleza del rostro del protagonista, Tom Cruise, que acababa siendo cargante de puro exhibida, no creo que tuviera otra cosa digna de contemplar. En los títulos decía que la había dirigido Pollack; en uno de los periódicos, Sidney Lumet. Da igual: la dirigió el departamento de producción.
Del mismo género, intriga, la ignorada película francesa sobre las carreras de caballos que vimos días atrás era mucho más entretenida y más original.

Malas noticias

José María Gavilán me comunicó la muerte de mi viejo y queridísimo amigo —aunque desde años atrás no nos veíamos— Francisco Tomás Comes.

Al comenzar las conversaciones con Eduardo Haro Tecglen hubo algunos inconvenientes en el registro de sonido y una vez subsanados por Diego Galán comenzamos la charla en una *suite* del hotel Palace.

Resultó más sencillo de lo que yo me había imaginado. Pero me pareció muy difícil que de cinco sesiones como aquella pudiera salir material para 300 folios, que son los que dijo que harán falta. Efectivamente, invertimos el doble del tiempo calculado.

Algunos días intervine muy poco en las conversaciones. Me esforzaba, pero no se me ocurría casi nada.

Una noche, para desengrasar de tanta película americana «de acción», me quedé a ver una película francesa, *Delicatessen*, a la que algún crítico ponía tres estrellas. Me pareció horrorosa.

Llamaron de *ABC* pidiendo un nuevo artículo. Me puse a hacerlo en seguida con unas notas que ya tenía, y siguiendo el propósito de que los artículos de entonces lo mismo pudieran ser artículos para la prensa que hojas de un diario, que páginas de unas memorias.

El cine español es muy feo

Tengo el corazón desgarrado entre dos amores. Me gusta el cine americano y me gusta el cine europeo, los amo a los dos. Debemos irnos acostumbrando a decir «cine europeo» en casi todas las ocasiones en que decimos «cine español», no sólo porque el país en que estamos pertenezca a la Unión Europea sino porque nuestros intereses, nuestras aspiraciones y nuestros enemigos son los mismos. Con el cine inglés tengo el problema de que nunca sé si considerarlo de aquí o de allí. Sé que Edgar Allan Poe es un escritor americano y Charles Dickens es un escritor europeo, pero no sé si debo considerar europeos o americanos al actor Charles Laugthon y al genio Charles Chaplin; o al vicegenio Alfred Hitchcock. Ahora el cine americano y el cine europeo, en aras de la agresividad industrial, se tiran los trastos a la cabeza, y a mí me parten el corazón.

Recuerdo que cuando era niño diferenciábamos entre películas feas y bonitas. Las de Laurel y Hardy eran bonitas, y casi todas las de aventuras; las de terror —«de miedo», decíamos nosotros— entraban en las bonitas; las de amor eran feas todas, y no digamos las de música: esas eran feísimas. Debo hacer una salvedad respecto a una de las más bellas películas de amor, *La momia*, que a nosotros nos parecía bonita porque era de terror; lo del poema de amor se nos escapaba, aunque nos gustaban mucho nuestras compañeras de clase.

Para mí fue una sorpresa oír que mi madre un día, durante el almuerzo, hablaba de que había visto una película mala, que no tenía ni punto de comparación con la que había visto días antes, *El pequeño rey*, que era muy buena y que cuando la dieran en un cine del barrio no debía dejar de ir a verla yo.
¿Había películas buenas y malas? ¿Como chicos buenos y malos en el cole y en la calle? ¿Como vendedores buenos y malos en el mercado de Olavide, según oía comentar a mi abuela y a la criada? ¿Como vecinos buenos y malos?
Más adelante comprendí que esto eran modos de expresarse, que «buena» para determinada gente quería decir «bonita» para otra, como «mala» podía significar «fea».

Dada la edad mental que manifestó en sus declaraciones en la Menéndez un político con elevado cargo ministerial, supuse que quería decir que las películas españolas de estos últimos años eran casi todas muy feas —no puedo rebatir ni secundar la afirmación porque son muchísimas las que no he visto— y que por esa razón el Estado debía disminuir sus ayudas al cine español. Así, los cinematografistas españoles haríamos películas más bonitas, pues ya se sabe que los artistas y los intelectuales españoles navegamos mejor con el viento en contra. Cervantes escribió su obra inmortal en circunstancias muy adversas y por eso *El Quijote* le quedó tan bonito.

Por aquellas fechas confesaron los grandes ejecutivos de la cinematografía estadounidense que al no ser amortizables sus superproducciones en su mercado interior necesitaban intensificar su presencia en los mercados foráneos. Vamos, que desenterraron el hacha de guerra. Por si no hubiera razones para defender el cine europeo, había una que parecía suficiente: el cine europeo era atacado. A juzgar por sus manifestaciones, nuestro secretario de Estado para la Cultura había tomado partido: el de los traficantes de whisky y de rifles del lejano Oeste.

Casi inmediatamente después de hecho público su estimulante proyecto, la cuadrilla se lanzó precipitadamente al ruedo. Uno de los peones de brega, José María Otero, con la elegancia y la discreción que le caracterizan desde hace tiempo y en cuantas corridas ha intervenido, salió rápido del burladero para echar un capote al maestro, el incipiente maestro que acababa de pisar con malas maneras un terreno que no pisaría sino un mal discípulo. Otero manifestó que el maestro donde dijo digo quiso decir Diego y viceversa. Algo después, por el otro lado del burladero, se lanzó a la arena Esperanza Aguirre, nueva en esta plaza, también con ánimos de salvar al diestro (¿o para algunos siniestro?) de la inminente cogida.

Quedó claro que, como casi siempre que hablan los políticos, a aquel hombre no se le había entendido bien. Él, a pesar de que su alto cargo se relaciona con la cultura, no se había referido en su acre censura a los aspectos culturales o artísticos del cine español, sino a su aspecto industrial. A pesar de los dos Óscar, de la triunfal aparición de Almodóvar, de las bellísimas jóvenes actrices y los apuestos jóvenes actores surgidos en los últimos años, de la utilización de lo mejor de la narrativa actual como fundamento de los guiones, el aspecto industrial de nuestro cine había sido desastroso y ese aspecto, el industrial, era el que preocupaba al político que, aparentemente, nos había ofendido desde la excepcional tribuna de la Menéndez, porque a este joven y prometedor político, a pesar de denominarse su cargo secretario de Estado para la Cultura, lo que le preocupaba era la industria, por lo cual lanzo la sugerencia de que, para no desperdiciar su probado talento, se le traslade de ministerio.

Debemos admitir, puesto que los datos constan oficialmente en las estadísticas, que el cine español es industrialmente enclenque. Pero digo yo que si el cine español fuera muy bueno —o muy bonito— y gustase mucho al público —a todos los públicos— e hiciera grandes ingresos en taquilla y se disputasen las películas españolas los anunciantes en la televisión no sería necesario protegerlo. Por el contrario, hay que protegerlo —aunque no demasiado, para que los profesionales no nos enriquezcamos y seamos causa de envidia— no porque es español, sino porque es débil, pequeño, feo; a ver si con cuidados, con mimos, con buenos tratos, disimulando sus defectos, exagerando sus escasas virtudes, aumentando la ración de alimentos, se consigue que crezca, que se haga un hombre, que se haga un cine, un hombre o un cine fuerte, culto, independiente, divertido y poético, que sepa contar chistes y cantar canciones sin tener que copiar unos y otras a los vaqueros y a los gángsteres.

En sus manifestaciones, el secretario de Estado para la Cultura ha dejado bien clara, de manera tajante, su postura contraria —en lo que se muestra coherente con la tendencia de su partido— a aplicar al cine la cláusula de «excepción cultural» que defiende Francia. Por encima de los intereses nacionales o de los europeos, por encima de las señas de identidad o del mantenimiento de las diversas culturas, hay un interés superior: la satisfacción del público, el supremo juez, como le llaman algunos. ¿El público dice que las películas que hay que ver —y, por tanto, que hacer— son las de catástrofes, disparos que destrozan cuerpos enteros, bichos gigantescos que devoran automóviles y chalés, extraterrestres antiguos como su padre H. G. Wells, explosiones a cinco minutos la bomba, películas desprovistas de poesía, de psicología, de mensaje revolucionario, de contenido ético, de afán de elevación del individuo?

¡Santa palabra! Y el que no pueda hacerlas por falta de medios o de ingenio o de promoción y difusión o de apertura de mercados o de mundialización, que se dedique a otra cosa. Hay profesiones, como las de notario, torero, secretario de Estado, futbolista, pintor abstracto, camello..., en las que también se puede ganar dinero y hacerse un nombrecito.

¿Un honor inmerecido?

No tenía ninguna noticia de *Pesadilla para un rico,* y ese silencio me inquietaba.

En compensación, cubrí una de mis más vergonzosas lagunas de cultura cinematográfica: conseguí ver al fin en la tele de casa la célebre película *La noche del cazador,* que la habíamos grabado días antes.

La vi en un puro deleite. Su fama es merecidísima, incomprensible su fracaso inicial. Su estructura de *thriller* que hacia la mitad se transforma en cuento infantil de terror sigue siendo original después de medio siglo.

Con gran sorpresa por mi parte recibí la noticia de que la revista *Cambio 16* me había concedido el premio de teatro de aquel año. El motivo de mi sorpresa era que me consideraba retirado del teatro desde hacía más de quince años.

Según mi costumbre, por si había que pronunciar unas palabras en el acto de entrega de los premios, escribí unos renglones, ya que, a mi parecer, improvisar no se me da muy bien.

Resultó que en aquel acto de entrega de premios no era necesario hablar. Por ello doy a la luz aquí aquellos renglones entonces inútiles.

«Señoras y señores, queridos amigos y compañeros: muchas gracias por vuestra asistencia, y a la revista *Cambio 16* por la concesión de este premio, del que me enorgullezco y que en estos tiempos audiovisuales tiene la virtud de recordarme que mis primeros y torpes pasos de cómico los di en un escenario.

No sólo en el campo del espectáculo sino en campos muy distintos, algunos honores se reciben por la obra hecha, pero otros por la que se ha dejado de hacer. En el no hacer algo también se puede mostrar un rigor, un talento, una exigencia consigo mismo, un respeto al público que son merecedores de recompensa.

La gran actriz y bellísima mujer estadounidense Shirley MacLaine, en el momento de recibir su Óscar de Hollywood, mostrando al público la dorada estatuilla, exclamó con sonrisa orgullosa y resplandeciente: "¡Creo que me merezco este premio!"

Hoy yo, salvando distancias, puedo decir lo mismo aunque por un motivo bien distinto. La estrella americana creía merecer aquel premio —también creo yo que Shirley MacLaine lo merecía—, y así lo proclamaba, por lo que había hecho. Yo creo merecer éste, cuya concesión agradezco cordialmente y alienta mi imprescindible vanidad de actor y proporcionará alegría a mis amigos, creo merecer éste, digo, por lo que no he hecho. Y lo afirmo sin ningún ánimo irónico.

A lo largo de mi vida de cómico, comencé en 1938, hay autores, como los magníficos humoristas Jardiel Poncela y Alonso Millán, de los que he representado tres o cuatro comedias; de Pirandello, dos; de otros, entre los que debo mencionar como cumbres más destacadas a Tirso de Molina, Benavente, Mihura, Maquiavelo, Boccaccio, Casona, Shakespeare, De Filippo, Bernard Shaw, Tolstói, Andreiev, Ibsen, Calderón, sólo una.

Pero eso para mí es tiempo pasado, pasadísimo. Lo veo desde hoy, 1997, como algo remoto, hecho por un personaje al que puedo observar con cariño pero con cierta frialdad.

De estos veinticinco años que *Cambio 16* celebra llevo dieciocho sin intervenir como actor en el teatro. Mis últimas actuaciones, en una turné por diversas ciudades de España, representando *El alcalde de Zalamea*, tuvieron lugar en 1980.

Desde entonces hasta ahora he tenido la prudencia de no subir al escenario. Y vuelvo a lo dicho anteriormente: el no hacer algo también dignifica, también aumenta el prestigio de lo que sí se ha hecho. Son muchos los artistas de cualquier especialidad que gozarían de mejor fama si algo de lo que han hecho hubieran dejado de hacerlo. No sé si esto es justo o injusto, pero es así. Puedo yo entender que este premio se me concede generosamente por méritos retrospectivos o, también generosamente, por la prudencia de no haber hecho nada, en lo que a mi trabajo como actor teatral se refiere, en los últimos dieciocho años. En cualquiera de los dos casos, reitero mi gratitud.»

Hacia el final de las conversaciones

Diego Galán había escuchado ya todo lo que habíamos charlado Haro Tecglen y yo y transcrito gran parte. Tenía muy buena impresión, pero como al despedirnos preguntó si podríamos estar un día más, pensé que quedaba algo corto lo que llevábamos hasta el momento. No me pareció mal hacer durante un rato más con Eduardo lo que llevábamos haciendo desde jóvenes.

De *Pesadilla para un rico* llevaba días sin saber nada. Estaba en espera de la salida de la primera copia y me extrañaba no tener noticias ni del laboratorio ni de la casa productora ni de Javier Salmones.

Gloriosa aparición

Y de repente apareció Rosa García, exultante, radiante, feliz. Vino a casa con Pérez Muriente, el director de producción, animadísima, plena de entusiasmo y de esperanzas, como siempre (rectifico: como casi siempre), y me contó varias cosas, que eran las siguientes.

Que habría como preestreno una gala benéfica en el Palacio de Congresos, por todo lo alto, con unos mil quinientos espectadores. Luego, allí mismo, una cena para doscientas personas (no me fijé bien en la cifra exacta).

En varias ocasiones le había dicho que no era yo partidario de actos de ese género, y que aquella película no era adecuada para un acto así; se lo reiteré, pero ya estaba hecho.

Miguel la apoyaba y opinaba que aquello era necesario para compensar la falta de unos cuantos millones de publicidad en televisión con los que contó en la película anterior, *Siete mil días juntos*, y que ésta, por una variación de las normas, no los tenía.

Emma tendría que elaborar una lista no sé si de treinta, cuarenta o cincuenta invitados nuestros para la cena.

Otra de las cosas era que el estreno normal sería en el cine Gran Vía el 14 de noviembre, y que la película se mantendría cuatro semanas, hasta el 15 de diciembre, en que, para la Navidad, entraría, como siempre, la gran programación americana.

Me mostré quizás excesivamente pesimista al opinar que si el primer lunes, el 18 de noviembre, la entrada era floja, la película no llegaría a la segunda semana.

La tercera cosa fue que el año siguiente pensaba producir una película —de la que tenía una sinopsis, no un guión, de Luis Alcoriza—, dirigida por Manuel Gutiérrez Aragón.

Que no me la encargaba a mí porque el tema no me iba, ya que era de violencia, y ese género lo dominaba mejor Gutiérrez Aragón.

La cuarta y última cosa fue que prefería que yo dirigiera, hacia mediados de año, la versión cinematográfica de mi novela *La Puerta del Sol*, para lo cual estaba ya dispuesta, de manera oficial, a que llegáramos a un acuerdo para que empezase a escribir el guión.

La fórmula de compromiso que propuso me resultó un tanto confusa, por mi torpeza en esta materia, y preferí que se entendiera con Gavilán.

Cambio brusco

Pasados muy pocos días, llamó Rosa indignada, excitadísima, porque le había dicho la distribuidora que *Pesadilla para un rico* no se estrenaría en la fecha prevista, sino siete días después, con lo cual estaría en el cine tres semanas en vez de cuatro como le habían prometido, porque la fecha de retirarla de cartel seguiría siendo la misma para dar paso a la película americana antes de Navidad.

Saqué la consecuencia de que *Pesadilla...*, una vez vista, no les había gustado lo suficiente como para que resistiera cuatro semanas en la Gran Vía. Le dije a Rosa que se preparase anímicamente para que la película, si el primer lunes no conseguía una buena entrada, estuviera sólo una semana. Esto no hizo que cediera su indignación, su tremendo disgusto.

Excepcionalmente, Emma y yo fuimos al cine en Madrid, porque ella tenía mucho interés en ver una película, *Rompiendo las olas*. Es una gran película, muy posiblemente una obra maestra, y principalmente una bella historia, pero yo acabé extenuado. He perdido la costumbre de ver cine en un cine (que, por cierto, a las 4.30 estaba lleno). No estaba yo preparado para una duración de dos horas y media sin poder moverme y sin anuncios, sin *spots* publicitarios. ¡Cómo habría agradecido la irrupción de la chica del Martini en medio de la austeridad «dreyeriana»! Volví a observar que entre los doscientos espectadores sólo uno se acercaba a mi edad. Y no creo yo que la mística —tema central de la película— sea uno de los temas que más apasionan a la juventud actual. Tampoco estaba preparado para lo monótono y repetitivo de las imágenes.

Rueda de prensa

De la rueda de prensa que tuvo lugar para la presentación de *Pesadilla...* no saqué ninguna impresión sobre si a los periodistas que asistieron, muy numerosos, les había interesado la película.

En prevención de que escasearan las preguntas, caso frecuente en estas ocasiones, como apertura leí la siguiente exposición.

«No fui yo quien eligió *Pesadilla para un rico,* sino la productora, Rosa García; pero al leer el guión, aunque en un primer tratamiento incompleto, me pareció que se trataba de algo realmente cinematográfico, pensado y sentido para el cine, y que yo podía estar capacitado para dirigir la película. La apariencia exterior de un guión de peripecias de cine negro en contraste con un fondo de humor, me resultaba hasta cierto punto familiar.

Me planteé la realización como una película para un público mayoritario. Aunque debo aclarar que, como no consigo hacerme una idea precisa de cuál es el gusto del público de hoy, ese público al cual quiero dirigirme es un público imaginario. El tema y el guión que lo desarrollaba no eran profundos ni trascendentes, así que no precisaba la película un ritmo lento para dar tiempo a los espectadores a que pensasen y a que admirasen los méritos del director y sus colaboradores, sino que éstos debían pasar más bien inadvertidos hasta que la película llegara al desenlace.

A una de las facetas que presté más atención fue a esta del ritmo, no a que fuera necesariamente atropellado, ni siquiera igual en todos los sectores de la película, sino a que cada sector tuviera el ritmo que a mí me pareciera más adecuado. No resultó muy difícil conseguirlo, ya que el guión se compone de muchas escenas breves.

Pesadilla para un rico está rodada de un modo habitual, sin ninguna innovación. Ensayé algo con los actores antes de comenzar el rodaje, como se hace en muchas películas. Quizás fue demasiado corta la fase de preparación, lo que hizo que nos retrasáramos en el rodaje y en vez de seis semanas, que eran las presupuestadas, tardamos ocho. La productora no tuvo más remedio que resignarse.

En lo esencial el guión primitivo no fue modificado. En lo que he tenido que trabajar más ha sido en los diálogos, que son todos nuevos, pues el habla de Ciudad de México de hace quince años se parece poco al habla del Madrid actual... También he procurado que no sólo en el habla sino en las circunstancias generales se advierta que la acción transcurre en la España de estos últimos años.

No tropecé con grandes dificultades para acomodar los actores a sus personajes. Ni con los muy conocidos ni con los elegidos en sucesivas pruebas. Los ensayos previos al rodaje facilitaron esta labor. Al llegar a los decorados, la incorporación de los actores a los personajes era perfecta, por lo menos según mi parecer; otra cosa es lo que puedan opinar la crítica y el público. Al decir esto me olvidaba de un personaje con el que sí hubo dificultades: el japonés que aparece en cuatro o cinco ocasiones. Lo escribí pensando en un actor japonés que vive en Madrid y con el que he coincidido en dos o tres películas, pero a última hora resultó que estaba fuera de España. No encontramos en Madrid otro actor japonés, y para un papel breve no se nos pasó por la cabeza la idea de traer del Japón a un actor que hablara español. No sé dónde, nuestra productora ejecutiva, Rosa García, encontró, ya muy avanzado el rodaje, cuando el tiempo se nos echaba encima, a un señor japonés que hablaba español y que, aunque no era actor, le echó valor y consiguió una interpretación espléndida.

En la película hay planos brevísimos y unos cuantos planos-secuencia. Este sistema, que podemos llamar ecléctico, lo utilizo porque creo que la duración del plano debe acomodarse a la necesidad de la secuencia; el propósito de utilizar sistemáticamente el plano-secuencia requiere una serie de condicionamientos y un gran esfuerzo, y en algunas películas en las que se advierte este esfuerzo el resultado es malo. También opino que es errónea la creencia de que por fraccionar una secuencia en muchos planos se va a acelerar el ritmo. El ritmo puede ser velocísimo en un plano-secuencia y lentísimo en una secuencia de treinta planos.

En *Pesadilla para un rico* no abundan los primeros planos, creo que tiene los precisos. Y son más abundantes en la parte final, de una manera deliberada, conforme se hace más agobiante el problema del protagonista.

Es posible que, en comparación con el cine que hacen los jóvenes directores de las últimas hornadas, mi modo de rodar pueda considerarse demasiado académico, un tanto anticuado, y no me molesta del todo que dé esa impresión. Una de mis intenciones prioritarias cuando dirijo una película, cuando escribo un libro o un artículo o cuando, como ahora, doy ciertas explicaciones, es "no estar a la moda". Le tengo prevención a la moda. De ahí que pueda resultar académico, o antiguo.

El procedimiento de intercalar escenas en blanco y negro entre las de color ya lo utilicé en el mediometraje *Las mujeres de mi vida*, y ni en aquel caso ni en éste lo hice porque estuviera de moda sino porque es un recurso expresivo más con que cuenta el cine. Recurso que se viene utilizando desde hace ya bastantes años.

En un momento de la película Álvaro de la Garza dice que es banquero, pero esto no es significativo; lo mismo podía haber dicho inversionista o financiero. Ya en el guión de origen, el de Luis Alcoriza, era un hombre muy rico, y esto sí es útil para el funcionamiento de la trama: que sea un hombre rico a punto de convertirse en más rico todavía.

Desde que la productora Rosa García y yo nos planteamos la posibilidad de hacer la película pensamos en Carlos Larrañaga como un posible Álvaro de la Garza, por adaptarse físicamente, en edad y en aspecto, al personaje, por su atractivo personal, por su prolongado éxito popular en la serie *Farmacia de guardia*, por su larga experiencia profesional y por su dominio del oficio de actor. Puede advertirse en mis últimas películas —ésta y *Siete mil días juntos*— una evolución hacia dar prioridad a la narración sobre el fondo o el significado. Esta aparente evolución puede deberse a que los guiones de ambas películas son originales del mismo autor, Luis Alcoriza. Así como en algunas anteriores películas dirigidas por mí, *¡Bruja, más que bruja!, Mambrú* o *El extraño viaje,* se me han podido atribuir características que, en realidad, lo eran del guionista Pedro Beltrán.

No tengo las condiciones o el talento necesario para buscar dinero. Casi siempre he hecho mis películas con dinero ahorrado de mi trabajo o con dinero de productores que, no sé por qué misteriosas razones, confiaban en mí. Cuando más escaso de dinero he andado para el rodaje ha sido cuando las productoras eran más ricas, como en *Mi hija Hildegart.* En esta que ustedes acaban de ver, *Pesadilla para un rico,* hemos tenido el dinero necesario para lo que debía verse en la pantalla. Si ha habido escaseces estaban todas fuera de campo.

Hace muchos años realicé *El extraño viaje,* hace sólo dos, *Siete mil días juntos,* y algunos comentaristas han creído ver, en cuanto a género, esta última emparentada con aquélla. No pienso insistir en esta línea de manera deliberada. La elección de esas dos películas no fue mía, sino de las respectivas productoras. Y el que estén emparentadas en cuanto a género es puramente casual.

Una vez concluida la película y tras ver la primera copia no se ha hecho ningún cambio en el guión, ni ningún corte. No por cuestiones financieras o por falta de tiempo, sino porque no nos pareció necesario ni a la casa productora ni a mí.»

Para elaborar esta exposición copié unas cuantas preguntas de diversos interrogatorios a los se habían sometido directores extranjeros en la prensa francesa. Luego respondí las preguntas a mi modo, aunque para algunas respuestas casi me sirvieron las de aquellos directores. Después suprimí las preguntas o las incluí en las respuestas. Por eso quedó todo un tanto deshilachado. Cuando terminé de pronunciar la exposición, los periodistas hicieron algunas preguntas en la misma línea, sin plantear problemas, sin agresividad, a mí, a Carlos Larrañaga y a Beatriz Rico. Ninguno encontramos dificultades en contestar.

Después de la rueda

Durante las copas y los canapés que se sirvieron después, el músico, Alexander Lubomirov Kandov se mostró muy satisfecho. No pensaba que su música quedase tan ajustada a las secuencias de la película. Encontró solamente que en algunos momentos el registro era demasiado alto.

Álvaro de Luna estaba también muy satisfecho. Opinaba que la película tenía un interés ascendente. El director de fotografía y segundo cámara, Javier Salmones, me felicitó, al parecer con sinceridad, y dijo que el resultado era mejor de lo que él se esperaba.

Las opiniones de los pocos que habían intervenido en la película y la veían por primera vez eran todas muy favorables.

46
Presentación, nudo y ¿desenlace?

Amable pausa otoñal

Uno de los sábados de aquel mes de octubre almorzamos en casa con Álvaro de Luna, Carmen, su mujer, Manolo Alexandre, Pablo del Amo, Enrique Brasó y su compañera Lola. Celebrábamos la recogida del membrillo.

Hace unos años Pablo del Amo nos regaló un membrillero y un melocotonero. El melocotonero lo destruyó al plantarlo el jardinero que teníamos entonces, ante el pavor de Pablo y el mío, que al contemplar la labor del jardinero preveíamos el desastre. Pablo leía en un libro cómo debía plantarse el melocotonero y observaba al jardinero, que despreciaba la letra impresa, hacía todo lo contrario. También yo en aquellos años leí libros de jardinería, y lo dejé al comprobar la repugnancia que causaban en los jardineros. Temí que me tomaran manía.

El membrillero fructificó y aquel año dio una cosecha espléndida.

El viernes, Emma, al llegar a casa —volvimos juntos, ella de hacer compras para el almuerzo en común, y yo de mis conversaciones con Haro Tecglen—, se llevó un tremendo disgusto al enterarse de que Octavio, el jardinero que tenemos ahora, había recogido los membrillos, con lo que fracasaba nuestro proyecto de celebrar la recogida en presencia del padre del membrillero, Pablo del Amo. A Dolores se le ocurrió esparcir por el suelo del huerto los que había recogido Octavio y, afortunadamente, en el árbol todavía quedaban bastantes. Esto serenó a Emma, y el sábado pudimos hacernos unas cuantas fotos recogiendo los membrillos.

Luego almorzamos —antes del bacalao Gomes de Sá, especialidad de Pablo del Amo, que tuvo un gran éxito, habíamos preparado gazpacho y consomé al no poder prever si el tiempo, tan cambiante en aquellos días, pediría una cosa u otra. Y decidimos dar a elegir. Algún comensal prefirió probar las dos cosas—. El gazpacho fue obra, como siempre, de Dolores, esta vez, como la anterior, con el aditamento de melón y jamón y se celebró mucho. También tuvo buena acogida el consomé Bocuse que preparamos Emma, yo y la imprescindible Dolores.

Después estuvimos charlando de los temas de siempre hasta las doce de la noche, pero lo pasamos muy bien. El rato más divertido fue el que empleó, casi inútilmente, Pablo del Amo en explicarnos en qué consistían las marcas cinematográficas Sogetel y Sogepaq y sus ramificaciones. Yo eché mi cuarto a espadas con mi opinión de que su creación se debió a la intención del gobierno socialista de ayudar a las empresas potentes en detrimento de los profesionales que quisieran producir películas de modo independiente. Nadie rebatió esta opinión.

Los últimos en marcharse fueron Pablo y Manolo Alexandre. A última hora se habló de algún tema de política de los que salen en los periódicos, pero yo intervine poco. Del Amo se llevó unos cuantos membrillos y la cacerola en la que había cocinado el bacalao —lo trae medio preparado de su casa— y Manolo se llevó también un membrillo.

(Acaba de aterrizar el avión de pasajeros. De él desciende el rey de España, Juan Carlos I. Se detiene. Tras él forman un arco personas de la Real Casa y agentes de policía. De pronto, el rey Juan Carlos saca una pistola y de dos disparos mata a un gángster que queda tendido a sus pies.

Yo, sin inmutarme, observo la escena desde muy cerca, de espaldas a mí mismo.)

Todo sea por la promoción

Emma y yo tuvimos que hacer la lista de nuestros invitados para la gala benéfica del preestreno de la película. A mí me resultaba muy dura la elección, pues como tengo la idea, quizás errónea, de que a todo el mundo le ocurre lo que a mí, que no le gustan estos actos, quiero recurrir estrictamente a los amigos de mucha confianza, a los que me creo con derecho a molestarlos. Y no resulta fácil decidir cuál es más íntimo, cuál puede perdonarme más sinceramente la molestia.

El nuevo director del Centro Dramático Nacional me propuso interpretar un personaje en una obra que iba a dirigir Lavelli. Le respondí que me consideraba retirado del teatro desde hacía casi quince años. Muy amablemente, no insistió. Fue una conversación agradable.

Recuerdo que por la noche de aquel día vimos una vieja película que ya habíamos visto en su tiempo, *El golpe*, de George Roy Hill, con Paul Newman y Robert Redford. Me gustó tanto como la primera vez. Un guión perfecto. Folletín ciudadano de aventuras, al estilo de los del siglo pasado. Sin trama amorosa. No es necesario que los dos actores protagonistas sean guapos, pero el departamento de producción —pienso que influyó sobre todo el de promoción— contrató a los dos más guapos que había. De esta manera, la falta de interés que podía encontrar en buena parte del público femenino la serie de peripecias que componen la historia quedaba compensada con el atractivo sexual de esos dos seleccionadísimos machos.

No era, ni con mucho, la primera vez que el cine americano utilizaba este lícito recurso.

Pegas basta última hora

Surgieron inconvenientes para la gala de preestreno. Las condiciones acústicas de la gran sala en la que había de proyectarse la película no eran adecuadas para el sistema de sonido Dolby, que fue el utilizado. Pocos días atrás, en condiciones semejantes, se había proyectado en Valencia la nueva película de García Sánchez, *Tranvía a la Malvarrosa*, y se oyó pésimamente, no se entendieron los diálogos.

Se intentó organizar el preestreno en otro cine, pero yo creía que ya era muy tarde para desorganizar y volver a organizar. También me extrañaba que la asociación a cuyo beneficio se hacía aquella gala y los responsables del Palacio de Congresos pudieran haber aceptado sin que ninguno de sus directivos hubiera visto la película.

Como teníamos un pase de laboratorio para controlar la primera copia, trataría de que Rosa me aclarase aquellas dudas.

Acudimos Rosa García, Miguel Pérez Muriente, Pablo del Amo, un especialista en sonido Dolby que había comprobado la acústica de la sala del Palacio de Congresos y yo.

Por parte de aquellos espectadores cómplices la película tuvo muy buena acogida. La copia estaba muy bien, salvo dos o tres errores, de fácil enmienda, aunque no se encontraba en Madrid el director de fotografía, Salmones, para dar las indicaciones precisas. El personal de laboratorio estaba capacitado para arreglárselas solos. Como la película tiene un solo «fundido encadenado» de los que a mí no me gustan, hablé con Del Amo de la posibilidad de suprimirlo. Quedamos en que hablaríamos de esto con más detalle.

Opinión personal

Siempre pensé, desde que releí el guión que yo mismo había reformado, que las mejores secuencias, las más eficaces, estaban hacia la mitad de la película. Una era el enfrentamiento del chófer y el señor de noche, en el garaje, los dos con linternas, y otra la de la laguna, y que a partir de un poco antes de esas escenas el interés de la película subía y se mantenía alto por algo más de media hora y luego había un descenso y se llegaba vertiginosamente al final.

En este último visionado no tuve esa impresión. La película, a partir precisamente de la mitad, me aburrió algo. Con generosidad hacia mí mismo, puedo atribuirlo a las muchas veces que, seguida o en trozos, la he visto, como ocurre siempre. En este visionado la parte que me ha resultado más satisfactoria, lo mismo por mi trabajo que por el de los actores, Carlos Larrañaga y Beatriz Rico, por la del director de fotografía y segundo cámara, Javier Salmones, y por la del decorador Julio Esteban, es la que se desarrolla en el llamado «refugio», que empieza en el primer tercio de la película y concluye justo antes de llegar a la mitad. Ya cuando leyó el guión por primera vez el ayudante Carlos Llorente, Charli, dijo que había que prestar mucha atención a esa localización, en todos los sentidos, pues aquellas secuencias formaban la columna vertebral —algo así dijo, no lo recuerdo bien— de la película. Entonces yo no lo creía así, pero ahora, vista la película, me inclino a pensar que tenía razón.

Un cambio más

Rosa nos comunicó que, definitivamente, la gala de preestreno no se celebraría en el Palacio de Congresos sino en el cine Avenida, y que al día siguiente la película pasaría al cine Gran Vía. A todos nos pareció esto muy raro y nada beneficioso para el negocio. El distribuidor vería la película el día siguiente a las 12, y a las 2 me llamaría Rosa para decirme qué le había parecido.

Después de charlar un rato en el bar de enfrente al laboratorio, Rosa nos invitó a unas copas y unos pinchos en El Molino, en la carretera de Algete, que era precisamente el mismo sitio en que habíamos empezado la película, el mesón de carretera que en el guión se llamaba Las Margaritas. Lo pasamos muy bien hablando de cosas que no tenían nada que ver con la película. Nos divertimos.

Nos quedaba un mes de inquietud, hasta que el 14 o el 15 de noviembre se estrenara definitivamente *Pesadilla para un rico*. Pero, pasados muy pocos días, Rosa llamaría para dar una noticia inesperada. La gala benéfica de preestreno y el estreno tendrían lugar en días sucesivos en el cine Avenida y en él seguiría la película sin pasar al Gran Vía. Aunque esto no constituyese ninguna garantía de éxito, para mí era una buena noticia, pues era más normal que lo de pasar de un cine a otro.

Rosa no volvió a llamar para decirme lo que le había parecido la película al distribuidor, pero en conversación con Pedro del Amo le dijo que al distribuidor le había gustado mucho.

(Estoy en una fiesta, un cóctel o una reunión con gente de cine. No puedo concretar con qué motivo se ofrece el ágape. De pronto veo entre los asistentes a Gabino Diego y rápidamente voy hacia él, aprovechando ese momento en que se encuentra solo. Nos saludamos con todo el afecto que sentimos el uno por el otro. Nos abrazamos. Le digo que me alegro muchísimo de encontrarle, porque así le adelanto que en una película que voy a dirigir en el mes de enero hay un personaje muy interesante, aunque no es el protagonista, que quiero que lo haga él. Me contesta que encantado de volver a trabajar conmigo. De nuevo nos abrazamos. Alguien se lo lleva a otro grupo. Yo me alejo hacia otro lado, meditabundo. ¿Por qué le he dicho eso si en la película que voy a dirigir en el mes de enero no hay ningún personaje adecuado para él, si yo nunca he pensado que intervenga en la película. ¿Por qué le he dicho eso? No puedo aclarar mi duda, porque me despierto.)

Mi Preceptiva de bachillerato decía que las obras debían tener presentación, nudo y desenlace. Si se agarra la metáfora por el nudo, queda una tontería: se coge una cuerda, se hace un nudo, y luego se deshace. Pero no tomemos a broma materias de las cuales nos alimentamos. Creo que a lo largo de esta ampliación de *El tiempo amarillo* y un poco a salto de mata, sin orden ni concierto, se ha hecho la presentación del proyecto cinematográfico que debería dar lugar, y lo dio, a la película *Pesadilla para un rico*, se le ha hecho un nudo —especialmente en la garganta de los productores— durante toda la parte del diario, y llegamos al desenlace en la ¡Gran Gala Benéfica!

Estuve en el cine sólo a la entrada para saludar a los que iban llegando en calidad de anfitrión, a medias con Rosa García, y luego me fui, según mi costumbre, a una taberna cercana. De la taberna me trasladé rápidamente al local denominado Teatriz donde se serviría la cena multitudinaria.

Todas las noticias que me llegaron fueron de lo más estimulante. La película había gustado muchísimo. El elegantísimo público había guardado silencio cuando era necesario oír o comprender las peripecias y había reído en los abundantes momentos cómicos y se había desternillado en las situaciones culminantes. Elogios para el guión, para la dirección, para los intérpretes, para la fotografía. El final de la proyección había sido acogido con un gran aplauso. Rosa García resplandecía. Yo estaba felicísimo. Sobre todo, por la sensación de haber acertado como profesional. Habían guardado silencio cuando yo había querido que lo guardaran. Habían reído cuando yo había querido que rieran. En fin, desde el principio «habían entrado», que decimos nosotros. Me felicitaron los amigos, los compañeros, algunos desconocidos.

Aquello fue el preestreno en la Gran Gala Benéfica.

Al día siguiente fue el estreno en el mismo cine, el Avenida. Hubo algún despistado, profesional, que fue creyendo que aquel estreno era un estreno sin enterarse de que había habido preestreno. Público del de verdad casi no acudió: un poco menos de medio cine. Según noticias que debo considerar fidedignas —yo no estuve— el público permaneció indiferente del principio al final. A veces, sonaron risitas sordas, aisladas.

Tengo por costumbre no leer las críticas, pero me llega el eco. En este caso fue que la crítica había sido fría, sosa.

El público no acudió a ver esta película.

No sé por qué misteriosa razón, en la Gran Gala Benéfica habíamos matado la gallina de los huevos de oro.

Y con esto no quiero decir que no se deban hacer Grandes Galas Benéficas. Yo haré siempre lo que me mande el departamento de promoción.

El tiempo sigiloso

Para la gente de mi edad o similares el tiempo tiene la delicadeza de pasar sin hacer ruido. Hace muchísimos años sentía yo el paso del tiempo cuando saltaba del examen de ingreso en el bachillerato a un aula de la universidad, y en medio, en el entretanto, había sucedido nada menos que una Guerra Civil de tres años. ¡Tres años! De la adolescencia a la juventud, de un yo a otro yo. En cambio, ahora, veinticinco inadvertidos años han pasado podríamos decir que con silenciosa suavidad, procurando no causar nuevas heridas ni abrir otras con el bisturí de la nostalgia.

La celebración de sus veinticinco años de existencia por la publicación *Cambio 16* me recordó que era un cuarto de siglo el pasado desde un día perdido en la desmemoria. Estábamos en otro tiempo y también en otro país, porque alguien había robado el nuestro. Podemos aceptar, no hay que ponerse así, que el país era el mismo, que lo del robo —a mano armada— es una exageración y que, simplemente, el régimen político era otro. Puede que fuera así. Veinticinco años son muchos, y más con los que debo añadir desde entonces, y se sabe que la memoria es traicionera. Otro régimen político, he dicho. Pero ¿otras costumbres, que al fin y al cabo es lo que importa? Ya había ocurrido la revolución sexual de los sesenta y, contra todos los designios de la clase gobernante, la juventud de nuestras cinco o seis clases sociales se había organizado en régimen de amor libre, salvo excepciones, como es lógico y natural.

Era el año 1972 y entre aquellos jóvenes de la década prodigiosa, los sesenta, había muchos que empezaban a dejar de serlo. Pero las nuevas costumbres, los nuevos modos de convivencia, se iban extendiendo a lo largo de los años. Y se imponían sigilosamente, como si la historia, no la Historia grande, la de las batallas, la de las casas reinantes o gobernantes, sino la pequeña historia, la pequeña historia inmensa, la de todos nosotros, los que en este escenario de dos plantas, dividido horizontalmente (*up and down*, me parece que decimos ahora) estamos en la planta de abajo, a la que de vez en cuando bajaba la señorita Julia. Pero ella era la excepción entonces, cuando el psicópata Strindberg la espiaba.

Iba diciendo que era como si la pequeña historia se hubiese descalzado para que no crujiese a sus pasos el entarimado del tiempo y poder avanzar sin despertar a los mayores, a los resentidos mayores a quienes el resentimiento y la frustración convertían con tanta frecuencia en ásperos vigilantes, en caprichosos jueces, en molestos verdugos.

En aquel año, después del transcurso del cuarto de siglo, los mayores habían pasado al bando no de los pequeños, que seguían siendo algo oprimidos, aunque ya podía escandalizar a algunos el lenguaje que se gastaban y cómo preferían sin disimulos el *Kama Sutra* al Museo del Prado, sino a los medianos, medianos en edad, en fortuna, en conocimientos, en propiedad de las calles, aceras y calzadas.

¿Qué novedades habíamos tenido en aquel tiempo? Política ondulante, suaves movimientos, casi ninguna transformación, no revolución, evoluciones como de baile —antiguo baile de buena sociedad, no tango, ni flamenco, ni rock ni rap—, ni siquiera movimientos pendulares, la vida en un circo, en un ruedo taurino, sin salida, sin meta, siempre en el mismo sitio. Los «progres», derrotados. Muchos cambios de palabras, de letras, de siglas; ningún cambio de fondo, de ideas, de proyectos.

Stuart Mill de hacía ciento noventa años.

O Bentham de hacía dos siglos y medio.

En esta casa, en vez de los inquilinos parecía que gobernase la casa y la casa era la misma y venía de otras épocas. Si el observador pecaba de ingenuo y le ponía buena voluntad, podía creer que algo había cambiado.

Antaño, a la igualdad, a la fraternidad, a la justicia, a la libertad les iba mal; en aquel tiempo, como en el de hoy, la igualdad, la fraternidad, la libertad y la justicia tenían libertad para decir lo mal que les iba. Aunque el inexorable tiempo hubiera renunciado, en su deseo, y obligación, de progresar, a las estúpidas y crueles bombas indiscriminatorias y hubiera elegido descalzarse para propiciar un andar sigiloso, las enormes orejas de papel habían escuchado su avance durante aquellos veinticinco años, y los propietarios de las orejas y los perspicaces espías y cronistas bajo su mando habían ido dejando constancia de cómo, a pesar de todas las aparentes derrotas, y de las que aún le esperaban, el hombre común —no el gobernante—, el de las aceras y las calzadas, había avanzado y seguirá avanzando contra supersticiones, amenazas y castigos, hacia la convivencia y la libertad.

47
El conde de Albrit, Pepe Guindo, Ramón y Cajal y Cicerón

Anoche, cuando dormía

(Me he acostumbrado a intercalar mis sueños en este relato. Pero hoy la duermevela no me traía ningún sueño y yo sentía que estaba a punto de despertar. Por eso cogí a un chiquillo para que me acompañara y con un cazamariposas nos fuimos al campo a cazar un sueño. Pero no lo encontrábamos. No era que no consiguiéramos atraparlo, sino que no había ningún sueño a la vista. Íbamos de un lado a otro, del bosquecillo a la pradera, y nada. Y yo sentía que la duermevela dejaba paso al despertar. Y desperté sin que hubiéramos atrapado ningún sueño en el cazamariposas.

El origen de este antisueño —la palabra es de Manuel Pilares— está en la película en que he intervenido recientemente, *La lengua de las mariposas,* de José Luis Cuerda.

¿Saben ustedes, pacientes lectores, cuándo, en qué momento de mi vida, he tenido yo las mejores ofertas de trabajo, las más importantes, las más gratificantes para un actor o para un escritor? Les recuerdo a los que hayan leído este libro con interés pero con ligereza que en la edad de la plenitud, a los cuarenta años, después de haber sido Balarrasa y «el que se moría en *Botón de ancla*», estuve dos sin recibir ninguna oferta. Y me las pude arreglar porque tenía un mayordomo que venía de «casa grande» y tenía experiencia en comprar a fiado, y también por la generosidad de algunos amigos. Pues bien, ahora, camino de los setenta y siete años, cuando a otros hace más de quince que les ha llegado la jubilación, es cuando a mí me han llegado las tres mejores ofertas de mi vida. Lo cual no sirve como demostración de nada, pero contribuye a hacer evidente el disparate que a cada momento estimula y amenaza nuestro trabajo. Menciono en primer lugar la oferta de dirigir para el cine mi novela *La Puerta del Sol,* no por orden cronológico, sino porque es un proyecto que ya se ha frustrado, que no existe, mientras que los otros dos aún están en pie y uno de ellos, la versión cinematográfica de *El abuelo,* de Galdós, dirigida por José Luis Garci, ya está totalmente logrado. Y el otro, *Pepe Guindo*, dirigido por Manuel Iborra, comenzará a convertirse en imágenes sonoras precisamente en la mañana siguiente a la noche en la que escribo estas líneas.

Soy actor, cómico, comediante, histrión —como gustéis— y mi pensamiento ante una obra teatral o un guión de cine se va en primer lugar al personaje, a los personajes, a las personas entre las que se trama la historia, al juego de sus caracteres. Es una deformación profesional.

Es difícil encontrar dos personajes tan distintos como el aristócrata decimonónico don Rodrigo, conde de Albrit, y el músico, pianista y cantante Pepe Guindo que, en su incipiente juventud, actuaba con orquestas por Oriente en los sesenta de este siglo, la década prodigiosa. Cierto que cuando el Pepe Guindo cinematográfico se enfrenta a los espectadores es ya un anciano que recuerda su vida. De ahí que el disparate de recurrir a este cómico no sea tan disparatado. Cumplido mi trabajo en una de las películas, *El abuelo*, y en fase de estudio del texto la otra, *Pepe Guindo*, con ambos me siento ya identificado y los dos me parece normal que hayan sido encomendados al actor Fernán Gómez.

Y, paradojas de nuestro divino oficio —digo divino por lo que tiene de religioso—, el que se me hayan encomendado estos espléndidos personajes de anciano, el que se haya confiado en mí, el que no se me haya despreciado, me devuelve, o me ayuda a conservar, mi ilusoria juventud.

Ramón Gómez de la Serna en *Automoribundia* reproduce trozos elogiosos que le dedicaron otros escritores al presentar sus conferencias. Charles Chaplin en *Mi vida* reproduce íntegro el bellísimo discurso que le dedicó el entonces presidente de la Sociedad de Autores francesa, Roger Ferdinand. ¿No puede este cómico, tan dudoso de su fama, hacer algo semejante a lo que osaron hacer esos genios, que no necesitaban regar sus laureles?

Una vez justificado, me atrevo a reproducir el artículo «Muy personal. Sobre Fernando, *El abuelo* y yo» que en la revista *Nickel Odeon*, editada por José Luis Garci y dirigida por Juan Cobos, publicó Cayetana Guillén Cuervo.

«Estaba aterrada. Llevaba ensayando tres semanas, pero no con él. Acercar mi voz a la suya sería llenar la sala, o vaciarla. Me latía el corazón como antes del primer beso, y nada, ni la mano del director, siempre a mi lado, y a favor, me protegía de mi pensamiento. Porque todo está ahí, sobre las cejas, en la mente fruncida por pensar por ti y por los demás, por Dios. Porque la mente en blanco es un instante que, como una bola de mercurio, no hay quien agarre entre los dedos.

Saludó sin cruzar su mar Mediterráneo con otros ojos y se sentó, mirando al folio y sin más palabra que la de Galdós. Se protegía de los que como yo temblaban —una forma de hablar— por mirar las barbas, esperando que fuera Dios el que empezara a hablar robando el tiempo a aquella tarde de septiembre. Que es molesto sentir cómo te observan de los pies a las cejas, y viceversa, en busca —digan lo que digan— de la diferencia. Y el tiempo se paró. Leyó, no como Dios, sino como el abuelo, que era, por una vez, más que ser Dios. Y es que si el universo es tan pequeño como el salón azul de *Nickel Odeon,* un guión en tus narices, seis actores más —que buscan la diferencia— y tu director, acertar —otra vez—, APROBAR, es, por una vez, más que ser Dios. Su voz rompió el azul de las paredes y arrastró mi voz, deshizo el nudo, estiró la espalda, la cintura, el cuello de Lucrecia, condesa todavía en minifalda que empezaba a explicarle que la razón no sólo es pequeña, insuficiente, parca frente al amor, sino que miente, engaña, justifica apagar lo único grande de la vida. Que el alma es una nube que cambia de color y de dueño, que el amor nace eterno pero muere casi sin avisar, como la propia muerte. Y que un amor sincero, que te quema la piel, que te aclara un poquito el color de los ojos, que te enferma de ganas de vivir o morir a su lado, es tan sagrado como el que juró fidelidad delante de una cruz y quedó grabado en la memoria de miradas extrañas, transitorias. Y Fernando, el abuelo, escuchaba mi texto, mi voz, apoyaba en mis ojos su mar Mediterráneo, y me dejaba ver, majestuoso, sereno, cuál es —o no— la diferencia. Y es que el león, el grande de verdad, no necesita que te eches a temblar para marcar su paso; que, al contrario, prefiere tu equilibrio, tu fuerza, tu talento; admirar —más o menos— es la única forma de respeto, la última posibilidad de que te vea si te está mirando, de que te escuche si te oye, de que sepa tu nombre. Y no le importa si su barba tiembla con la destemplanza de su corazón, o que sepas que en su calma hay miedo, agujeros negros, vértigo, dolor, porque la ironía, el humor, el ingenio, el verbo, la sabiduría, le dejará sobrevolar tus dudas y las suyas, la amargura, el horror, y aterrizará, siempre brillante, con otro tema de conversación.

Me roba la atención. Y la risa. Cualquier tema me acerca a su talento para contar las cosas. Pagaría por sentarme a mirarle las manos sin disimular, cómo borran o enfatizan un rasgo del relato que hace distinto, irrepetible, lo que vaya a narrar. Y esas cejas que a veces le acompañan y otras te intentan avisar de que exagera, miente o calla la verdad. Sentada frente a sus arrugas me he sentido grande, como él, por poder compartir el instante de una realidad de mentira, tan viva que arrastra con sus tonos, sus gestos, su disfraz, a la que nace como única verdad, la que hasta ayer te definía y hoy se mezcla sin puertas ni ventanas con lo que no era nada y hoy lo es todo. Porque si el bar de Rick estaba en Casablanca, a Lucrecia Richmond se le rompió el alma al confirmar que el señor de Polán no podría entenderla jamás. Todo verdad. Cada suspiro. A éste y al otro lado del Estrecho. Por eso, compartir un instante de esa mentira eterna, inmortal, con uno de los pocos que ya tienen la inmortalidad —indiscutible— en un bolsillo y que guardan en el otro una gran sabiduría y su propia opinión de la verdad, era morir de un placer raro, peculiar, intentando atrapar el momento más allá del recuerdo.

Siempre calmo. Rodar con él me dio serenidad. Y no ensayar antes de hacer la toma me ayudó a provocar culpas, rencores, miedos, emociones que el texto entre sus labios me arrancaba desde lo más profundo. Con su voz, con su pelo alrededor y el mar Mediterráneo en mis pupilas tenía ya bastante para enfrentarme a mí y a él. Nunca un mal tono y sí varias sonrisas de cómplice derrota ante los malos tiempos. Una nube o un sol de mil demonios que permitía rodar y no huir más hacia delante. Un vino y un queso compartido que daban al bigote, a la barba y la media sonrisa una excusa para no frenar. Algún viaje en avión y patinando por los largos pasillos de la nueva y eterna terminal de Barajas que, además de agujetas, nos dejó algún tema de conversación. Y no sé si será coincidencia, pero recuerdo siempre mucho humor. Conmigo, mucho humor. Mirada inteligente. Siempre.»

Efecto moviola

¿Qué pensaría aquel joven que yo fui si estuviera hoy aquí conmigo, sentado en el jardín, este jardín en el que llevo no más de quince años y ya he visto morir de vejez a más de cuatro sauces, uno de mis árboles predilectos, y a otros los tenemos con muletas, qué pensaría, digo, si yo le recordara aquel poema que escribió cuando, por contagio —ya lo he dicho en otro lugar del libro y ahora, a punto de despedida, lo confirmo— escribió sobre los viejos y sobre la juventud?

Sabemos que es mentira
la juventud de los viejos.
Los viejos nacen viejos de repente.
Nacen en el seto de un parque.
En la cama de una familia.
De pronto, a media mañana.
en la esquina de una calle.

—¡Un viejo, un viejo
—grita la chiquillería que sale del colegio—;
ha nacido un viejo!
Nadie ha visto antes a este viejo,
cuando aún no lo era.
Ni está en las fotografías amarillas
de ese estudiante,
o ese soldado,
o ese cura,
o ese señoritingo
que baila en la verbena.
Ninguno de esos hombres
es este viejo.
Porque los viejos
no han existido antes,
nunca han sido jóvenes.
Han nacido viejos de repente.
casi todos en las calles oscuras de la noche
en esos ratos en que se descuidan los serenos.

¿Qué pensaría hoy el joven que escribió aquello, el joven que está dentro de mí, que no me abandona, pero que quizás no me reconoce? ¿Qué pensaría? Cualquiera sabe. Mejor pensar en otra cosa.

Otra cosa

¿Cómo lo pasaría un anciano que se viera obligado a vivir sin luz eléctrica, sin píldoras que le regularan la tensión, sin automóviles que le trasladaran de un lado a otro —en caso de urgencia o por recreo—, sin teléfono, sin televisión...? Pues así vivía Catón el Viejo cuando Cicerón, que no vivía en mejores condiciones, puso en su boca: «Porque ni puede ser tolerable la vejez en una suma pobreza a un sabio, ni puede dejar de ser pesada a un necio, aun en la mayor opulencia.»

«Rasgo característico de la vejez es pensar que con nuestra ruina debe precisamente coincidir la del Universo». (Cajal.)

No es mi caso. Ese pensamiento recuerdo haberlo tenido en la infancia. Pensaba: si me muero, que desaparezca todo. Sentía dolor ante la idea de que yo podía desaparecer del mundo, aunque fuera mi mundo el pequeño mundo de la infancia, y que el mundo siguiera y que siguieran allí, en mi calle, en mi colegio, los otros chicos, los buenos y los malos.

Pero luego unos filósofos me enseñaron lo que era asumir y unos sabios me explicaron que a esta galaxia, después de mi inexorable desaparición, le quedaban inexorablemente unos cuantos siglos más. Y hace bastantes años que lo asumí, y me sorprende que un sabio tan sabio como don Santiago no lo tuviera asumido.

Más injusto, o más cruel, debería parecerle al anciano que, después de llegar él a la edad provecta, siguiera existiendo la juventud. Y en culturas como la nuestra, la actual, convertida en espectáculo permanente. ¿Por qué cuando yo envejecí no envejecieron todos, no envejeció todo?, debía haber clamado el sabio don Santiago, el de la nobilísima cabeza de anciano.

La vejez no es agradable, no es placentera, no produce ningún gozo por sí misma; pero tampoco es dolorosa —si no se convierte en enfermedad o en cúmulo de enfermedades— porque no se la siente. El espíritu, o la memoria, viven en plena juventud, a la espera de algo.

Estoy en el jardín de nuestra casa, a la vista de los rosales, frente a los árboles caducos, esperando la llegada de unos amigos, el regreso de mi compañera, que ha ido a la ciudad a hacer recados, la oferta de un nuevo trabajo...

Madrid, Algete. 1997-1998

NOTA FINAL

Por consejo, que considero muy acertado, de la editorial, traslado aquí la «Nota final» que en ediciones anteriores de *El tiempo amarillo* aparecía tras el capítulo VIII de la cuarta parte, y la enlazo con la nota final de esta ampliación.

Me fueron de utilidad para llevar a cabo este trabajo los prefacios de Eduardo Haro Tecglen a *Las bicicletas son para el verano, Los domingos, bacanal* y *La coartada*. Igualmente, las entrevistas autobiográficas de José Manuel Martín y Marino Gómez Santos, los libros homenaje de Manuel Hidalgo y Diego Galán, y las conversaciones de Juan Tébar para la colección «De palabra».

Utilicé artículos publicados en el dominical de *El País* y de *La Vanguardia, Diario de Cinecittà*, publicado en *Revista Internacional del Cine,* y una crónica aparecida en *Gaceta Ilustrada*.

Como libros de ayuda he utilizado, tanto en aquella primera entrega como en esta ampliación, el *Diccionario de sinónimos y contrarios,* de Editorial Teide, que nos regaló Frederic Rahola; el *Diccionario de la Lengua Española,* de la Real Academia, regalo de Concha Barral y de su marido; el *Diccionario de uso del español,* de María Moliner, obsequio de Nuria Rahola, y el *Diccionario de dudas de la lengua Española,* de Manuel Seco.

Trabajé con máquinas de escribir electrónicas Olivetti PRAXIS 45 D, Olivetti ET compact 65, ordenador Olivetti ETV 300, lápices Faber, Staedtler Noris y Júnior del número 2, tijeras 3 claveles, pegamentos Pelikan y Pritt, fotocopiadora Canon PC 2 y casi siempre papel Din A 4 para copias, que me recomendó Carlos Saura cuando escribimos el guión de *Los zancos*.

Durante los tres años, poco más o menos, que me llevó la redacción y composición del libro, intervine como actor en las películas *Cara de acelga,* de José Sacristán; *Mi general,* de Jaime de Armiñán (en ésta Manuel Pilares y yo colaboramos en el guión); *Moros y cristianos*, de Luis G. Berlanga; *Esquilache,* de Josefina Molina; *El río que nos lleva,* de Antonio del Real, y dirigido e interpretado *El mar y el tiempo*, y escrito alrededor de ciento veinticinco artículos para el suplemento dominical de *El País*. Escribí, en colaboración con Emma Cohen y Jesús García de Dueñas, los guiones para la serie televisiva *Juana la Loca*. Y el cuento para niños *Retal*. Viajé a Barcelona, San Sebastián, Cuenca, Bruselas, París, Montpellier, Brujas, Gante, Blois, Malinas, Valladolid, Burgos, Segovia, Toledo, San Juan de Puerto Rico, Lisboa.

Para calmar la sed durante el trabajo bebí agua Bezoya, y como estimulantes whisky White Label y vino blanco común muy frío.

Isabel Gómez realizó la definitiva copia mecanografiada.

La mayor parte de los capítulos fueron escritos a la vista de la sierra de Guadarrama y frente a un televisor Saba encendido.

En cuanto a los capítulos 39 a 47, que conforman la presente ampliación, he utilizado algunos interrogatorios de prensa: uno que me hizo Mauro Armiño, dos Amilibia, y uno o dos de los que lamento no recordar ni tener a mano, por mi desorden culpable, el nombre de los interrogadores.

Alguna deuda tengo también con el espléndido número que me dedicó la revista *Nickel Odeon*.

Debo manifestar mi gratitud a la documentalista Teresa Pellicer, sin cuya colaboración no habría podido rematar la labor ni en la anterior entrega ni en la presente.

En ambas, Emma Cohen me ha ayudado a disminuir mi desorden.

He utilizado varios artículos publicados durante los últimos cinco años en la famosa «tercera» de *ABC*.

He trabajado con ordenador Macintosh LCIII, lápices Faber, y de otras marcas suministrados generosamente por hoteles, rotuladores en color Staedler Noris y bolígrafos rojos o negros, preferentemente de la marca Pilot. En mis desplazamientos fuera de Madrid no he utilizado el ordenador sino pluma estilográfica Parker Duofold, modelo de los años treinta, obsequio de Teresa Pellicer.

Durante los doce meses empleados en componer esta ampliación he intervenido como actor en las películas *El abuelo*, de José Luis Garci y *La lengua de las mariposas*, de José Luis Cuerda, y he comenzado hace apenas unos días *Pepe Guindo*, de Manuel Iborra. He viajado a Oviedo, Gijón, Llanes, Viena, Praga, Lisboa, Évora, Santiago de Compostela, Pontevedra, Orense y Allariz.

Para calmar la sed durante el trabajo he sustituido, no sé por qué razón, el agua Bezoya por Solán de Cabras. Como estimulante, whiskys White Label y Chivas y vino blanco común muy frío, pero ambos en dosis más reducidas que en la anterior entrega.

Esta ampliación no está compuesta a la vista de la sierra de Guadarrama porque un nuevo chalé que ha brotado enfrente del nuestro me ha taponado el paisaje.

El «Diario de rodaje» de *Pesadilla para un rico* está redactado un año antes que el resto de la ampliación.

El poema sobre los viejos incluido en el capítulo 47 no es del todo original, sino un ejercicio de estilo. Glosa, en verso libre, un fragmento de prosa de Miguel de Unamuno.

F. F. G.

Este libro se terminó de imprimir
el 29 de enero de 2015

«Con esto, yo lo que quiero es dar una lección,
por mis muchos años, yo puedo permitir este gusto,
a todos los que creen que el futuro esta en sus manos
y no en las manos, de los que se han apoderado
del futuro de todos nosotros»

LA SILLA DE FERNANDO